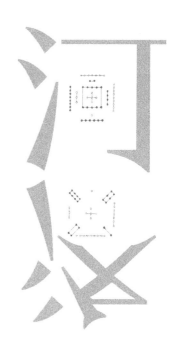

河洛文化研究丛书

河洛文化与闽南文化

杨崇汇　主编

河南人民出版社

图书在版编目（CIP）数据

河洛文化与闽南文化／杨崇汇主编．— 郑州：
河南人民出版社，2018.2
（河洛文化研究丛书）
ISBN 978 - 7 - 215 - 11335 - 0

Ⅰ．①河… Ⅱ．①杨… Ⅲ．①文化史—河南
—文集 ②文化史—福建—文集 Ⅳ．①K296.1 - 53
②K295.7 - 53

中国版本图书馆 CIP 数据核字（2018）第 027159 号

河南人民出版社出版发行

（地址：郑州市经五路 66 号　邮政编码：450002　电话：65788063）
新华书店经销　　北京虎彩文化传播有限公司印刷
开本　710 毫米 ×1000 毫米　　　1/16　　　印张　44.25
字数　500 千字
2018 年 2 月第 1 版　　　　　2018 年 2 月第 1 次印刷

定价：307.00 元

目　　录

河洛文化与客家

关于河洛文化研究的几点思考

陈义初

今天,第十二届河洛文化研讨会在福建厦门召开,这是经过两年的认真筹备,在全国政协的协调、指导和在福建省政协的大力支持下召开的,可喜可贺。从 2003 年 10 月第十八届世界客属恳亲大会在郑州召开之际,时任全国政协副主席的罗豪才同志提出加强河洛文化研究到现在已经整整十年了。今天,我希望利用这个机会,对十年来的研究工作做一简要的回顾,同时对今后河洛文化研究提出一些建议,以向与会的专家学者学习。

一、回顾

概括起来说,十年来,在河洛文化的研究上我们主要做了三件事。

一是持续召开了九次河洛文化研讨会,

2004 年 10 月 26～28 日在郑州和洛阳召开了第四届河洛文化研讨会,主题是"根在河洛"。

2006 年 4 月 26～28 日在洛阳召开了第五届河洛文化研讨会,主题是"河洛文化与汉民族"。

2007 年 10 月 22～25 日在安阳召开了第六届河洛文化研讨会,主题是"河洛文化与殷商文明"。

2008 年 9 月 22～24 日在巩义召开了第七届河洛文化研讨会,主题是"河洛文化与闽台文化"。

2009 年 10 月 20～22 日在平顶山召开了第八届河洛文化研讨会,主题是"河洛文化与姓氏文化"。

2010 年 9 月 28～29 日在广州召开了第九届河洛文化研讨会,主题是"河洛文化与岭南文化"。

2011 年 4 月 15～17 日在了台北召开第十届河洛文化研讨会,主题是"河洛文化与台湾文化"。

2012 年 10 月 10～11 日在赣州召开了第十一届河洛文化研讨会,主题是"河洛文化与客家文化"。

2014 年 6 月 12～13 日在厦门召开了第十二届河洛文化研讨会,主题是"河洛文化与闽南文化"。

二是承担了三个国家社科基金重大项目的研究工作。

《河洛文化的起源、传承及影响》,2004～2007 年,该课题发表论文 14 篇,出版论文集 3 部,专著 6 册,共计 413 万字;

《河洛文化与闽台关系研究》,2009～2014 年,该课题将出版论文集 5 部,专著 8 册;

《河洛文化与华夏历史文明的传承与创新》,2012～2015 年,该课题将出版论文集 2 部,专著 4 部。

与此同时,2004 年,在《光明日报》开办《河洛文化研究》专栏,发表了李学勤、汤一介、刘庆柱等 12 位专家的文章。

2006 年 2 月 24 日,《光明日报》连续两天以整版篇幅发表了《河洛文化:连结海峡两岸的纽带》长篇文章并配发了编者按语。

三是作了一些河洛文化的普及工作。主要有:

2007 年,协助、参与拍摄了电视连续剧《大唐儒将开漳圣王》。

2008 年,协助、参与拍摄了也是反映陈元光故事的电影《热血中原魂》。

2009 年,在河南电视台、郑州电视台台播放了香港凤凰卫视拍摄的电视文献片《解密东方河洛文化》。

2012 年,与中国华艺音像实业有限公司联合拍摄了《台北知府陈星聚》历史文献片,10 月 1 日、2 日中央电视台第四频道在《海峡两岸》栏目予以播放。

2013 年春,协助信阳豫剧团《开漳圣王陈元光》剧组在广州、汕头、漳州、云霄、泉州、厦门进行了演出,4 月又赴台湾在宜兰、南投、云林、高雄、台北等地演出。

当然,这里必须提出的是为整合力量、促进河洛文化研究不断深入与提高,在罗豪才副主席的指导帮助下,2006年春天在北京成立了中国河洛文化研究会。

上述的流水账似乎有一些枯燥无味,而实际上,其中蕴含着河洛文化研究的巨大转变,这就是从2009年开始酝酿,从2010年开始,河洛文化研讨会走出了河南省,分别在广东、江西、台湾和福建召开;同样从2009年开始承担国家社科基金重大项目研究的专家也从第一批的主要是河南的专家学者,到第二、三批时组织广东、江西、福建、北京的专家学者参与。所以,2009年是一个重要的转折点,用一句话来概括,就是让河洛文化的研究走出河南,从一定程度上讲,这也是我们开展河洛文化研究的一个重要目的。

二、认同

有的同志可能要问,河洛文化研讨会的举办走出河南,能够在广东、台湾、江西、福建召开真就这么重要吗? 实际上,许多专家和我一样,以为非常重要。因为,过去有很多人,包括很多专家学者,对河洛文化的概念是不清晰的,对河洛文化在中华文明起源与发展中的主流、主干、核心地位认识是不清晰的,特别是河洛文化和很多地域文化的源流关系是不认同的。这四次研讨会的召开,与会议的专家学者很多,发表了很多新的见解和观点,取得的学术成果是巨大的。如果用一句话来概括的话,那就是两个字"认同"。所谓认同,就是认同河洛文化是中华民族文化的核心文化,是我国众多的地域文化之根。研讨会在广东、台湾、江西、福建的召开就学术意义而言,就是对"根"文化的初步认同,四部论文集中汇编的近400篇论文就是对"根"认同的明证。正如一些台湾学者和朋友所指出的,过去只知道400年前祖籍在福建,现在又知道了1200年前根在河南,台湾与大陆渊源深远,千丝万缕,永远切割不断。

三、合作

在信息时代,不论自然科学或社会科学,加强不同学科、不同领域和不同地域的合作是非常重要的,不仅有利于最新成果的共享,而且可以更好地发挥各自的特点,取长补短,优势互补。这也是十年来河洛文化研究的一个特点和经验。就一般文史方面的学术研究或地域文化研究而言,主要依靠的是典籍、资料文献和田野调查。往往可以在书斋中进行独立研究。河洛文化则与很多地域文化不同,它不仅与周边文化关系密切,而且和客家文化、闽台文化、岭南文化、赣鄱文化、华侨文化关系密切,渊深源长。由于历史悠久,地域辽阔以及语言差异、民俗差异较大,就一个地域而言,经常会出现片面性和顾此失彼的现象。如在客家文化及闽南文化研究中,有的过于强调人口播迁、血统关系,有的则加以否定;有的因不懂古代汉语而不明客家方言与中原音韵之关系。如果豫、闽、粤、赣、台五地的史学、语言学、人类学、考古学等专家及大专院校、科研机构联合攻关,就可以克服地域局限、学科局限等障碍,使研究领域更加开阔,研究层面更加深入。因此,要提高河洛文化的研究水准,决不能满足现有的五地已经召开了一轮研讨会议,而是要以此为契机,进一步加大五地的合作才行。

四、提高

五年来,河洛文化研讨会先后在广东、台湾、江西和福建召开,四次研讨会取得了很多成果,但我认为这还是初步的,因为主要的成绩还只是在"认同"这个阶段。今后的任务就是在取得"认同"的基础上,能够得到进一步的提高。

所谓提高,就是我们不能够满足于学术会议的召开,而是在召开的同时更要提升学术会议的质量,并且通过学术会议的召开能够引起更多的领导同志对河洛文化研究的关注。(今年全国政协二次会议召开时,俞正声主席在报告中,就对河洛文化研究高度评价而且提出要给予更多的支持),吸引更多的专家学者参与到河洛文化的研究上来。这是其一。第二就是把河洛文化的研究同当今现实密切联系起来,同实现伟大的"中国梦"结合起来。今年2月24日,习近平总书记在中央政治局第十三次集体学习时指出:"博大精深的优秀传统文化是我们在世界文化激荡中站稳脚跟的根基。"他强调说:"要讲清楚中华优秀传统文化的历史渊源、发展脉络、基本走向,讲清楚中华文化的独特创造、价值理念、鲜明特色,增强文化自信和价值观自信。要认真汲取中华优秀传统文化的思想精华和道德精髓,大力弘扬以爱国主义为核心的民族精神和改革创新为核心的时代精神,深入挖掘和阐发中华优秀传统文化讲仁爱、重民本、守诚信、崇正义、尚和合、求大同的时代价值,使中华优秀传统文化成为涵养社会主义核心价值观的重要源泉。"

　　全国政协之所以积极协调、指导四省合作研究河洛文化,支持赴台湾召开河洛文化研讨会,正是因为博大精深的河洛文化蕴含着强烈的民族精神,弘扬河洛文化中的根文化内涵,有着重要的时代意义,其主要体现在两个方面,一是在学术研究上有利于中华文明探源工作的深入,有利于弘扬我国优秀的传统文化。众所周知,在我国古代传统文化中,夏商周三代是最具创新精神的,我国很多元典性的文化都是那个时代在一张白纸上创造的。比如传说中的大禹治水,开中国水文化之先河。尤其是周代,包括政治、经济、文化,几乎都是创新,《诗经》中的一句话概括得很好:"周虽旧邦,其命惟新",一切都在创新或者改新。如大家熟悉的分封制,井田制,就国家治理体系及经济制度而言,也是创新。我国的孝德文化、忧患文化、自强不息精神、民为邦本的思想,明德慎罚的法治观念,小康社会的理想,富国强兵的思想、各民族的和谐融合,"率土之滨,莫非王土"的辽阔疆域及大一统思想等,其源头都在周代。周代令人称道的"百家争鸣",产生了儒家、道家、墨家、法家、兵家、名家、阴阳家、纵横家等。诸子文化群思想活跃,敢为人先,产生了许多闪耀着智慧的思想和观念,例如《周易》的"与时偕行",《吕氏春秋》的"不法先王之法",至今还给人们无限的启迪。正是这些思想经过激荡与碰撞,融会而形成了灿烂的古代传统文化。上述的许多思想大家,都产生或长期生活在以洛阳为中心的河洛地区,对河洛文化的形成作出了巨大贡献。

　　河洛文化研究的另一个重要意义就是有益于祖国的和平统一,有益于海峡两岸人民及世界华人华侨对中华民族的认同、中华文化的认同和祖国的认同。其中尤其是河洛文化与客家文化关系的研究,对两岸以及国际的文化交流、经济合作已经产生了十分重大的影响。

　　总而言之,研究河洛文化首先是可以增强中华民族的文化认同感,也就是说,使分布于世界各地的中华民族儿女都能够认识到河洛文化是中华民族的"根"文化,我们在文化上、血脉上是同根同源的。其次,"和合"理念是河洛文化的精髓,以"和合"精神来提升我们的价值观,对从整体上构建和谐社会,促进我国社会和谐与整个世界更加和谐意义重大。这就是我们今天研究河洛文化的根本所在。

　　刚才我引用了习总书记的讲话,我感到,这是改革开放30多年来,在中央高层领导对中国优秀传统文化的论述中,讲得最全面、最深刻、最实际、最没有八股气味的一次。我想,只要我们认真领会习总书记的讲话精神,又注意联系今天的实际,充分利用各省的地域优势,加强省际合作,加强两岸合作,那么,不论在提高河洛文化研究的质量和水平方面,也不论在发展文化创意产业方面,空间都是非常广阔的,都是大有可作为的。

五、建议

为此,谨提出以下建议。

1. 把研究工作与队伍建设、基地建设结合起来

提高研究水平,除了各级领导的重视以外,各地要根据当地特点通过省社会科学规划办制定总体规划,并有计划地在大专院校、研究机构发现、培养和组织一支研究队伍。队伍建设是至关重要的。经过这十年的研究和研讨会在五地的召开,我们已经有了一批热心河洛文化研究的专家学者。但是,就学科建设而言,这些专家还都不是"河洛文化学"的专门家,而只是"兼职"专家,这与我们深入研究的要求还有非常大的距离。因此,要走好下一个十年的研究之路,队伍建设和基地建设就显得十分重要。我们真诚地希望,在有条件的地方和院所,要意识明确地加强研究队伍的建设:如尽量建立专门的研究所(室),不能建立专门研究机构的也要使一些研究人员在河洛文化研究方面有所侧重,将其成果视为被考核的工作量。尤其是河南,要采取一定的措施,在现有研究的基础上,在郑州、开封、洛阳等地建立若干个研究基地,为专家的研究创造一个有较好条件的"窝"。二是必须培养一批河洛文化研究的学术带头人,使他们成为当地河洛文化研究的组织者和领头人。三是以学术带头人、学术研究基地为核心,形成研究河洛文化的群体,这是河洛文化研究能够可持续发展的重要保证。

2. 把研究工作与队伍建设、基地建设结合起来,把研究工作与地方建设、提升地方形象结合起来

去年 8 月 19 日,习近平总书记在全国宣传工作会议上指出,宣传工必须作到"四个讲清楚":"要讲清楚每个国家和民族的历史传统、文化积淀、基本国情不同,其发展道路必然有着自己的特色;讲清楚中华文化积淀着中华民族最深沉的精神追求,是中华民族生生不息、发展壮大的丰厚滋养;讲清楚中华优秀传统文化是中华民族的突出优势,是我们最深厚的文化软实力;讲清楚中国特色社

主义植根于中华文化沃土、反映中国人民意愿、适应中国和时代发展进步要求，有着深厚历史渊源和广泛现实基础。中华民族创造了源远流长的中华文化,中华民族也一定能够创造出中华文化新的辉煌。独特的文化传统,独特的历史命运,独特的基本国情,注定了我们必然要走适合自己特点的发展道路。"习总书记"四个讲清楚"和"三个独特"的论述,对我们未来研究河洛文化是很有指导意义的。

任何工作都是有功利性的,即使所谓的纯学术研究也是有功利性的,只是一些人感觉不到而已。河洛文化研究工作要想更好地得到当地政府和群众的认可,不断提高研究的水平,就必须与当地的经济文化建设相结合而不能与之脱离。党的十八提出建设"美丽中国"以来,各地都据此提出了有地方特色的"建设美丽××"的口号。实践表明,只要把河洛文化研究与当地独特的文化传统、独特的发展定位,独特地域优势结合起来,促进当地社会和经济文化建设,就一定会受到当地党和政府的重视。近20年来,梅州、赣州、河源和宁化等地的文史工作者和在大专院校工作的教授学者通过客家文化发展的历史研究,分别提出了建设"客家之都"、"客家摇篮"、"客家古邑"和"客家祖地"的建议及实现的载体、规划和方案,被政府采纳之后,已经取得了举世瞩目的巨大成就。这充分表明,只要我们的研究工作有利于提升当地形象,有利于经济发展,有利文化强县(市),在城乡文明建设中提供精神动力和理论支撑,研究工作的路子就一定会越走越宽

3. 把研究工作与文化创意产业结合起来

创新是一个民族进步的灵魂,是一个国家兴旺发达的不竭动力,更是研究工作具有影响力、生命力的首要因素。近些年来,随着后工业时代的到来,服务型的经济如雨后春笋,蓬勃发展,知识经济的出现,使我们深切地体会到包括社会科学研究在内创新与变革的重要性;同时也使我们看到学科渗透、交叉研究的生命力,看到了基础学科研究与应用研究相结合的必然性。就河洛文化研究而言,这些年来,大多专家的研究仍多集中在历史源流、文献爬梳、史迹考辨、意义阐解,文物收集、事象分析等方面。为了弄通某一问题,有的专家苦其心志,甘居寂寞,数载独坐冷板凳,最后终成正果,精神非常可贵。但我们也要看到,相比之下,对河洛文化的现代意义、开发利用、未来发展、形成产业或与产业结合所用气

力较少,还未能与时代发展同步。可喜的是,我们已经看到,南方的一些年轻学者,尤其台湾的一些年轻学者,利用知识密集、思想敏锐之优势,将河洛文化研究与文化创意产业相结合,走向社会,走向大众,在旅游、影视、动漫等领域一试身手,取得了骄人的成绩和优异的社会效果,受到社会和政府部门的欢迎和肯定,很多专家都成了当地政府用得着、离不开智囊中的座上客。这也从一个方面说明,只要勇于创新,锐意开拓,河洛文化的研究就会不断出现新的局面。

当前,河洛文化研究已在新的起点迈向了更远的征程,今后的路还很长。鲁迅先生曾说:"地上本没有路,走的人多了,也便成了路。"如前所述,我们已经走出了一条路,我们有理由相信,随着河洛文化的深入人心,这条路一定能够越走越宽广,为实现中国梦,为中华民族的伟大复兴做出更大的贡献!

（作者为河南省政协第九届委员会副主席、中国河洛文化研究会常务副会长）

闽南文化的源流与特点

台闽两地同名村　连通两岸河洛情

陆炳文

中国人跟外国人最大的不同,在于有种根深蒂固的"阿同"观念,就是同宗同乡族人间,同样会尊前敬祖、怀乡寻根、重土报本,不管人走到那里,都不会忘记根本;我们这种传统观念,最容易表现在"同名村"上;从前中国大陆移民渡海赴台,早在"唐山过台湾"之初,同姓同籍的人,就习惯聚居在一起,互相照应,相互扶持,时间一久,自成聚落,并自取地名,且相沿把该地冠上故乡名称、或本族姓氏,于是成为极具乡土味的什么厝、什么村、什么里,同名村由此产生。

相对于大陆其他各个地方,台闽两地这种情形尤其明显。而台闽同名村的型式,又有两个典型类别,亦即"冠籍地名"和"冠姓地名"之分。"冠籍地名"或"冠姓地名",尚且均可追溯到明清时期,大多移居台湾的福建先民,在垦荒地形成了以同地域、同家族、同宗姓相连结的血缘聚落,或聚居村落之后,其自然群聚地名,多以福建祖籍地的原乡名称、或故里风俗习惯来冠名,久而久之与祖地之间,有了很好的感情连缘,不忘本之情油然而生。

在台闽两地流行一句俗谚,叫做"陈林满天下"或"陈林半天下",形容或许有些夸大,但是陈姓林姓人多确是不争的事实,几乎每五人中就有一人姓陈或姓林,因此岛内最常见的"冠姓地名",毫无疑问地是陈厝、林寮等,他如李厝、许家村等也不少,宋屋虽少只在桃园县有一处,马家村也仅苗栗县才存在,却是个中最具代表性的两例。这些"冠姓地名"乃血缘结合的典型产物,富有强调宗族团结一致的用意,像这样的地方,全台不计其数,如同闽粤两省,早已司空见惯。

再则,"冠籍地名"更富怀乡、思念大陆故土的意义。例如在台泉州人多的聚落,便叫泉州厝,陕西人多的村落,则称陕西村;后者坐落于彰化县秀水乡,表示陕西村最初的一批移民,绝大多数来自大陆西北的陕西省。在台湾旧地名当中,以往冠籍者总数可是上百,其中福建地名最多达 51 个,其次有 30 个属于广东地名,其余为其他省市自治区。"冠籍地名"即台湾一些村里所冠以祖籍的地名,与大陆祖地系出同根同源同名,重视根源毫无二致,取名雷同就不足为奇了。

整个台湾地名冠以姓氏者,跟大陆上的冠姓地名完全相同;此外,岛内地名冠以原籍者,又多由内地闽粤两省地名的移植而来。由于台闽两地同名村,体现连通海峡两岸河洛情,加以两相对照,我们就会发现,台湾与大陆的确有不可分割的密切关系,若从同名村的角度来看两岸,甚至可以说存有密不可分的一体关系。

过去数百年以来,台湾与大陆的两岸关系,单就同名村的形成与型制、发展与演化来观察,无形之中已经产生三方面的良好效应,实即:亲情加深、乡情加重和风情加浓;特别是在最近这 5 至 8 年间,两岸关系和平发展到现在,借助于政府跟人民的携手努力,民间交流的加强与逐渐深化,和官方沟通的开展与逐步流畅,让亲情在两岸同胞间涌动,让乡情在"阿同意识"中交融,让风情在共同家园中重温,这些都证明两件千秋万代大事业:中华民族的伟大复兴为时不远,中华国族的完整统一指日可待。

同名村的概念,套用简单说法,即为两个名字相同的村庄,闽人入台后难忘自己家乡,聚居地自然而然沿用家乡名。我们以近一年来发生的两件事证,说明台闽同名村民,如何两地一家亲,实足加深亲情、加重乡情、并加浓风情,以至于连通两岸,接续河洛文化情。

第一件事证,发生在今年(2014 年)2 月 13 日,场景分处闽台两地同名村,就是福建泉州市惠安县山霞镇"青山"村,数百名乡亲通过卫星联机的方式,与海峡对岸的台北市万华区"青山"里的同胞,"隔海喊话",互贺新年,共庆元宵佳节,纪念共同祖先;随后,两岸同名村内,又共同举行了祭祖仪式,衣着传统特色服饰的惠安女表演腰鼓,来与台湾艋舺青山会战鼓团,"隔空同台"演出地方杂技。

"台湾的青山里就是从青山村移民过去的,我们是同根同源的族人,他们的祖庙跟我们也一直有联系。"77 岁的青山村民、主祭者李春火用闽南语,亦即台湾话、河洛话说。"这次利用高科技共度佳节，我们联系更直接更密切了"。李春火接着写诗助兴，道出心声："泉州湾畔众妖娆，夜奏琵琶海上飘；隔岸台澎闻雅韵，也弹南曲《闹元宵》。"这项活动除了以 LED 视频互动，两岸乡亲还开通"同名一家亲"微信群、两岸村长里长互发拜年视频、进行无线电网络通联等，连通两岸河洛情之活动，大家都希望以后再有机会，台湾跟大陆两边经常联系。

台北万华青山里李姓里长也指出："通过电波传播我们两岸的心连心，永远团结在一起，牵起我们的血脉亲缘。"更值得称道的是，两岸的祖庙青山宫，同时举行祭祖典礼，艋舺青山里的里民击鼓，惠安青山村的村民敲锣，此一从未有过的场景，看似不可能的想法，两岸青山民众通过两地同名村实现了。我们后来也一再发觉，明清两季就有不少泉州移民，像李氏这般络绎到台湾开垦，惠安先民曾将生活、文化、俗习和风土民情，带到台北万华一带，落地生根，开花结果，且把该地取名与故乡青山同名的青山里。如此同名村在台湾还有 1000 多个。

台闽同根同源同名村，两地青山村里乡亲，围桌团聚，比邻而坐，拥抱同名的宗谊，使用同样的乡音，诉说着割舍不断的血脉亲情，寄情于"青山一道同风雨，明月何曾是两乡"，气氛温馨，场面感人。这种相亲相聚相见欢的心情，岂是任何语言文字所能表达出来的，只能从众人心神表情里，约略领会了：亲情在两岸同胞间涌动，乡情在"阿同意识"中交融，风情在共同家园中重温，此言不虚。

第二件事证，则发生在去年（2013 年）6 月 16～21 日，为期一周的"第五届海峡论坛"，在福建厦门召开期间，首办"闽台同名村镇续缘之旅"和闽台"同名村·心连心"联谊活动周，替台湾乡亲提供了一次祖地寻根、再叙乡情的机会，邀请岛内 13 个县市，28 个乡、镇、村、里长、村民代表及青少年等，前来参加系列根亲文化交流活动，并与闽南漳州、泉州、厦门对应的同名村乡亲，展开闽台同名村对口，恳亲交流，接续乡情，寻根谒祖。

该次活动最为生动之处，表现在空前未有的盛举，也就是 6 月 17 日，福建泉州南安市崇武镇大岞村，举行的"闽台同名村恳亲交流会"，迎来了台湾新大岞乡亲会会长、79 岁的张细山，带着基隆大岞村村民一行 25 人，回来老家恳亲、祭祖。基隆大岞村总干事张金山，一到祖地就激动地说，"台湾大岞村就是由张细山这一辈，20 世纪 50 年代建立并发展起来的，基隆当地信妈祖的人，在那边想念故乡盖一个庙，叫做大岞妈祖庙，让这些过台的人，在那边聚在一起，大岞村就是这样成型的,村民已由原先的 80 多人,如今已成长到 1000 多人"。据了解,泉州大岞村的村民,也由最初的 5000 多人,发展到今天 13000 多人。

在恳亲交流会结束后,泉州惠安大岞村清河张氏宗亲,与台湾基隆大岞村张细山一行,共同参加了盛大的祭祖仪式。这一幕感人至深,触动了福建一些同名村的在场代表,有感而发,希望也能与海峡对岸的同名村对接上;福建漳州南靖县默林镇双溪村主任詹天福,更是有备而来。詹天福兴奋地说:"这次我是带族谱来参加这个会,我的祖家在双溪村,台湾有四个双溪村,到底跟我这个双溪村,有无渊源关系?我就准备用族谱来对接,只要找到它是南靖,我就可跟着接上头"。

如同这样的对接、交流、恳亲、祭祖,闽台两地乡亲们,共聚一堂话乡愁,共祭祖宗寻根源。在闽台同名村联谊活动周内,我们还发现了好几起,已知福建泉州、漳州、厦门 3 地,与台湾新北、台南、彰化、嘉义、基隆、高雄、花莲、新竹、及南投等 13 个县市,其中 28 个乡、镇、村、里同名村聚落之间,至少有 19 对同名村里,友善进行了对接,而泉台"结对子"的,就有 13 对同名村,可见从泉州府迁徙来台开基,人数最多的确属实。当天同名村签约仪式上,双方签署了友好交流合作意向,彼此将定期或不定期互访,传承同名村落的河洛文化,进而加深同胞情感,相互提供便利服务,促进两地交往合作,造就两岸正向发展。

据悉,自从明清以降,移居台湾的福建先民,主要是源出泉州府,其次为漳州府及汀州府,台湾汉民族的祖先,闽南地区实为大宗。我们调研中,重新检视两岸相关谱牒文献记载和闽粤台族谱文献研究报告表明,闽粤先民移居台湾、开发台湾,在垦荒地蔚为同名村风气,波及岛内首善之区台北市,甚至于衍生出若干同名街道,有如泉州街、漳州街与汀州路,此间所建构具有丰富人文特色的血缘、地缘、文缘、史缘、商缘、谱缘的台闽六缘关系,是在别处过去所没有见到的,又以史迹源流来证明"闽台六缘",俱足起到缘结两岸之三大作用:有助亲情在两地同胞间涌动,有益乡情在"阿同意识"中交融,有利风情在共同家园中重温。

该项闽台"同名村·心连心"联谊活动周,作为海峡论坛的创新品牌是首次推出,深化同名村落的文化传承,进一步深化同名村民间之情感、友谊和共识,已属难能可贵,再加以根据论坛主题、和"聚焦亲情·共圆梦想"的大会主议题,首度配合办理"世界闽南文化节",续办"海峡客家风情节",结合闽客族人,一同祖地寻根,两岸香火共传,熔铸亲缘纽带,延绵河洛情怀,扎根草根乡野,连动地方情愫,成功拉近了两地闽客族群在感情上的距离,势必连带缩短了两岸和平统一上的时程,不仅是民间研究河洛文化取得成果的一桩好事,而且系河洛情谊助成国族和谐的头等大事。

（作者为台湾海峡两岸和谐文化交流协进会会长、台湾文化艺术界联合会理事会主席、全球中华粥会世界总会会长和中国河洛文化研究会常务理事）

闽台文化与中原是"一条根"

郑昭明

一、由寻根拜祖引发的心灵震撼

早在三、四十年前,海峡两岸霜冻期迎来一波波春潮。在家庭亲人的催促下,我踏上了回祖地的寻根之旅。当我踏上厦门港的一刹那,我即感受到祖地亲人那温馨的亲情直透我的心怀,几十年来郁结于心中的怀疑、惶恐被一路的春风荡涤殆尽。当我找到祖地漳州府海澄镇时,远远看到一座掩映在翠绿的田园中的村庄上空高悬"宝里"两字的路牌时,我才发现我已来到了先人几百年梦寐以求难以到达的祖地。我的双眼已经模糊,抖着嗓音对车上的亲人说:"我们先人的墓碑上,就是刻着'宝里'这两字!"

之后多年,我应邀多次参加全国政协在北京举行的国庆招待会并回乡谒祖访亲或陪伴台湾同仁回乡寻根祭祖,投资建业,到大陆已经200多次了。我几次陪同台湾友人回乡谒祖时亲眼目睹,不管是赵、钱、孙、李,还是郑、王、陈、林、黄、连、吴、蒋……他们远远见到开台先人的祖居——宗祠时,常会扑跪在地上匍匐着,泪声高喊:"阿祖,不孝子孙回来了!"这是什么?是什么使他们呼天抢地不能自已?这就是奔流在他们血管里的同宗热血骤然沸腾的结果。这条血脉的渊源,刨根究底就是开台的先人从闽地衍传来的,闽地的先人的血脉,是从中原大地衍传而来的;一千多年的衍传,形成一条历史久远、粗壮硕大、深扎大地并不断衍生亿万根须的"一条根"。

二、族谱:中华民族血缘的真情血库

自古以来,中国人流传着一句再普通不过的话:"儿行千里,难忘母恩。"不管你走了多久,不管你走了多远,总忘不了生你养你的母亲。千百年来的史籍、诗文戏剧,常广义地把大地比作母亲,把中华比作母亲,把祖国比作母亲。在具有五千年辉煌文化史的中国,哺育了一代代中华民族子孙。据古籍《说文》所释:"华"是百花齐放、欣欣向荣的意思。在远古时,中原大地从轩辕氏黄帝炎帝之始,后有尧、舜、禹直至建立繁盛的夏朝,令生活在这片广袤的大地上的人们引为骄傲,美其名为"华夏"。在长期的劳动生活中,各民族在分分合合中,不但创造了独特的血缘文化,也悟到了为安定民众、提高生活必须建立统一的国家。《汉书·五行志》中就提到韩非子的《初见秦第一》将帝王之都城称为"中国"。各民族在"中国"母亲的呵护下,形成了一个"包括我国古代民族,当代56个民族及海外的同胞"这个大中华民族。她像一条缀满珍珠的彩带,不论经历多少年代,不论经历多少次外强的侵犯和占领,都没有被断链或落珠。这其中坚韧的纽带,就是有一条相同的血脉。

随着时代的变迁和族人的衍传,人们采用了姓氏来作为血缘这种认同的符号。据大量古籍记载,最早的姓氏是由"根"引伸而来的;弯曲的根叫氏,直通的根叫氏。而姓是女子所生,"以此为祖"。在母氏社会,虽然当时为区别部落不同而产生的姓都以"女"字作偏旁,但已懂得得禁止同胞或旁系兄弟姐妹通婚。到了黄帝、炎帝、蚩尤等人出现后,父权制逐步建立,许多以职权为姓的现象出现了。其间发展状况不再赘述,从百家姓直至现今三千多姓,总脱离不了血统的特殊标记。这种标记的跟踪最普遍的做法是修著族谱。

族谱是一个家族血缘的总版图。它包括记录这个家族的源头(一般在序中体现)、繁衍地域、重大事件、世代辈份及名字(生死年月日)、仕宦名人及著作、宗祠、家庙、楼亭碑阁及墓葬等。由于家族中记录是不分贵贱尊卑,因此"人人有份",对后人研究当地历史、地理、民俗、景点,有很好的价值。因此,人们对家族的谱牒十分重视,极力保护,还有"三代不修谱视为不孝"之说。哪怕是遇到天灾、战乱,一有机会也要再修、再著。修族谱时,必须净身、盥手、更衣,修完后必须高悬宗祠梁檩,每年春秋二祭时,才能取下宣读其中的祭文。从前从大陆飘洋过海到台湾或南洋的华人,都会抄一份祖谱随身携往新住地,如有遗失,就仿效祖地的模式重新编著。据我所见,当年日军占领台湾时,推行日本文化,烧毁华人族谱,但许多台湾人会把族谱埋入地下,有待一日能再看到祖先的记录。以我家而论,由于当年私藏了开台振衣公的旧谱,到日本投降后,我家又续修旧谱,在后来回祖地寻根时,起了大作用。

近年来,由于历经战乱和长期分离,修谱和展谱、交流族谱成为台湾和大陆、东南亚一些国家华人的热门工作。我曾在河南荥阳、北京研讨会上,广州、陕西华县、福州、台湾、莆田、泉州、厦门、漳州、南平等地观看了规模颇大的族谱展览。通过交流,族谱成了民间权威的发言人,使许多台湾同胞和海外的华侨找到了祖地,圆了寻根谒祖的夙愿。一位台南的先生高兴地告诉我,他通过族谱交流,找到了泉州市南安石井,才知道自己是民族英雄郑成功的血缘亲人。一位基隆市郊的先生说,他的家庄脚(村庄)叫内林街,去年到厦门参加了两岸百姓论坛,看了族谱,才知道漳州的"内林街"村就是他的祖家地。当年先人入台时,为了不忘祖地,便用祖地的名称来决定新庄的村名。不久前,国民党荣誉主席连战对照了祖上的族谱,找到了祖地。当他和夫人来到漳州市马崎村谒祖访亲,亲人们千人空巷到村口隆重欢迎,连战夫妇在热情的欢呼声、锣鼓鞭炮声中,止不住热泪盈眶,感慨万分地叫了声:阿祖,我回来了! 这就是血脉的缘分喷涌出来的真情,在场的人都为之动容。

三、地缘:排解乡愁的纪念

历代先人从中原到福建,从福建到台湾,人缘引出了地缘。闽地与台湾一衣带水,隔海相望。古籍记载:台湾原为古"华夏古陆"的一部分,古称夷洲、东番等,唐时就有大陆民众到台湾拓荒渔猎。南宋时属福建路。元朝在澎湖设巡检司保卫岛属。明代称台湾,因倭寇常以此岛为跳板骚扰大陆沿海,明朝政府加强澎湖一带巡守,同时组织多批东南沿海民众携农具耕牛到台湾开垦、定居,多者一次一、二万人。1624 年,荷兰兵乘我澎湖巡检换防之机占领台湾,1662 年民族英雄郑成功驱荷复台,以"大明"政权对台湾实施行政管辖。北宋朱彧的《萍洲可谈》提到:自三国始,沿海一带民众……到夷州开荒,经商,以当时唐人为骄傲,往往自称"唐的人",对家乡故土,也称唐山。沿习至今,仍有台湾人著书或口传,称"唐山过台湾","台湾回唐山"。清朝初,在台设"台湾府",属福建省管辖,光绪间,升格为台湾省。1895 年日军占领台湾,50 年后,在两岸军民的奋战下,日本投降,我国收回台湾。

一千多年来,大陆民众与台湾各民族百姓共同建设美丽宝岛。人来人往,思亲思乡,台湾同胞常在新居地立下与祖家相同的名称,以解乡愁。因此,今天在台湾各地,随手可点百千个大陆各地的府、县、乡、村、街、巷田的同名地名。这种现象,是台湾人特有的地名文化品牌,它能与血脉一样使乡情千年不改。例如:在台湾冠省名的台中陕西村、青海、广东厝……台湾各地冠城市名的有锦州、昆山、泰山、三峡、白沙、大埔、永安、鼓山、潮州、满州……至于我的祖家漳州,由于台湾的漳州祖籍乡亲占全台约一半,所以引伸的地名更是多不胜举。如漳州、铜山、龙泰、安靖、和云、芝山、圆山、白叶、陈城、庵后、六斗、樟普、茄定……。在一次会议上,我看到漳浦县的埔里村资料,是多姓乡亲到台湾开拓,形成了今日的台中埔里镇。龙溪角美镇有锦湖社,宗亲迁入台南八掌溪两岸,村名叫锦湖里,锦湖村。

由此可以想见,同宗迁居地,以祖地村名立名,天天可以看到村牌,人人常在叫唤,不但过了思乡的瘾,更使之一年年、一代代传承下去,永志不忘。这就是地名文化的魅力。

四、神缘:中华民族挞恶扬善的传统美德的见证

有人说,在台湾形容起庙宇,真是"三步一岗、五步一哨"。这些寺庙的形成,大都是中原文化的延续,是台湾同胞感念中华民族先民善良处世美德的认同,也令人感受到台民"唐山过台湾"为求平安、发展所经历的艰辛。

在台湾,常可听到一句古谚:"唐山过台湾,心肝结一丸。"就是说,到台湾谋生,积下许多心头的纠结。一个生活优越的人,平日都懒得四出奔波,唯有那些历经天灾人祸尤其是战乱的人,才会像候鸟一样无奈迁徙。台湾海峡两岸的历史我无需多说,而数次的大迁徙和后来到台湾投亲、经商、渔猎的先民都得经过一条令人毛骨悚然的"黑水沟",那里海葬了无数的不幸的人。为了平安,人们就把希望寄托在神明之上。因此,泅渡的,乘船的,都曾有许多人随身奉请祖地神明(或符神)的记录。最初从中原迁衍东南沿海的先民,将黄帝的尊像带到浙、闽、粤,迁台的先民又带到台湾。在台湾有数百座"开漳圣王"庙,圣王陈元光是唐代河南固始县人,入闽开漳有功,成为两岸的保护神。最常见的妈祖是海峡两岸百姓信奉的海神,浙、闽、粤等省沿海敬奉妈祖的神庙遍布各地。迁台的先人就把妈祖的金身从莆田湄洲、漳浦乌石等地分灵到台湾的各个角落。同样,

祈求除邪祛病的人们把海澄的保生大帝也分灵奉请过去,在台湾现有保生大帝庙上百座。为驱除倭寇,荷军的侵扰,人们将郑成功雕像奉敬,做生意讲信义的人把关帝的金身分灵过去……不论在台湾走到哪里,都可以看到从祖国大陆各地分灵的神明庙宇。

除了求生求发展以外,台胞奉请祖地神明朝拜,很重要的是传承中华民族的优良传统美德。作为一个中国人,五千年的文化经过创新、淘汰、传承,礼义廉耻、忠信和合的道德标准深深地融入人们的心灵之中。有人说,崇拜神明是一个封建迷信,我不敢苟同。我认为,每个时代,都会从人群中推举出一批为国为民做了许多好事的先贤,塑身纪念。忠诚的比干、义薄千秋的关羽、忧国忧民的屈原,精忠报国的岳飞,驱敌复台的郑成功,禁毒先驱林则徐,推崇礼义的孔丘……都是中华民族的骄傲。敬奉他们,能视为迷信吗?当然不能,有谁看过,哪一个地方有将妲己、秦桧、吴三桂、李鸿章、汪精卫等祸国殃民的败类供奉朝拜呢?因此,朝圣劝善,将使我们的社会更和谐、更温馨。

五、民风民俗:中原到台湾特有的天地人之间的约定

人是世界的主宰,没有人的世界是一片荒漠废墟。自古以来,人们为了在这个世界很好地生存并繁衍下来,必须携手共赴。因此,人们在长期生活中看待天地山水及人际关系,形成了许多约定,这些约定深入于民间千家万户中,久而久之成为风俗习惯。比如对待日月轮回、山川变故、生离死别、婚嫁生育、人伦道德、学庠科举、经商建业,直至细微到待人接物,言辞娱乐等,在中国包括旅居海外的同胞中,这些风俗无不打上源头萌发地河洛的烙印。

在我年幼时,如果用手指指着日头、月亮,会被家长视为对天的不敬。后来我才了解,我国古代中原有羿射九日、嫦娥奔月的典故,是天庇护我们地上的万民,因此,拜日、拜月、拜星辰,成为祈求上苍给予人间风调雨顺的愿望。于是,约定了拜天的日期(如正月初九拜天神),之后,引伸到拜山拜水之俗,如泰山封禅,五岳镇邪。再者,每年四季变化,设立四时祭祀,如迎春踏青,夏祀河伯,秋祭重阳,冬驰雪原,使四季之交有和谐的接替。对于氏族,有拜龙、拜蛇,拜犬守门,拜鹰飞天,拜母牛奶人。这些习俗,大陆有,台湾也有。

婚嫁生育,关系到家庭、个人的兴衰。因此,新婚时必须回避一切邪虐,尤其是新娘出门必须头遮物件(如竹匾、凉伞),派人查探路上是否有出殡队伍等,两岸都有这种做法。小孩子出生,要拜神拜祖,稍长时,要由母亲带着到邻居去乞讨一次(喻从小培养艰苦精神)。由于中原礼义廉耻的熏陶,孩子见到长辈要躬身至孝,入学时要拜孔子,这些至今在台湾仍然保留着。

以语言来说,台湾话属闽南语语系,而闽南语则是中原古语的活化石,所以在台湾的语言中:"灶脚"(厨房)、"罔"(不要)、"娘爸"(父母)等,都可在古代中国名著小说中找到。在人们茶余饭后的闲谈中,台湾很多民歌、民谣、故事都是从闽南流传来的。如我在漳州听到小朋友们唱着童谣《乡社团》:"正月鼓仔灯,二月种花生……"就想起儿时我们台南的小孩子也这样唱。民间故事《抓贼打虎靠亲兄弟》、《三人五只眼》、《周成过台湾》等,都是从大陆传到台湾的。在郑成功复台的记事中,就有当时的将士将龙溪县石码镇的锦歌带到台湾的记载,后来锦歌这门曲艺被掺入戏剧因素,成了现今台湾著名的剧种"歌仔戏"。据研究,锦歌中的一些曲调,还有当年先民从河南、江西学来的民歌的音韵。

类似例子,真是举不胜举。民俗民风存在百姓的口头,存在人们举手投足之间。

细细品味台湾的文化,其草根之味令人感到质朴而亲切。追根溯源,可以看到一条年代久远、粗壮强劲的主根,深深扎在海峡两岸的大地上,而她的须根,也在台湾广披宏发,显现中华民族优秀文化的一份精彩。

（作者为台湾工党主席）

闽南文化中的朱子崇拜探因

孙君恒　孙宇辰

　　朱熹(1130—1200)是福建人,出生在闽北尤溪县,足迹遍及福建全省。不仅闽北崇拜朱熹,闽南同样崇拜他,例如:朱子学会 2011 年在厦门大学成立、福建有朱熹讲学的书院几十个,笔者就参加过 2007 年在晋江举办的朱熹理学与晋江文化研讨会,关于朱熹的文化研讨会持续不断、民间的纪念活动更是积极频繁。2007 年、2010 年、2012 年,我们专门为此,从福建北部到南部分别进行了考察,试图了解闽南朱子崇拜的文化之因。

一、地缘文化之因

　　闽南遍布朱熹活动足迹。朱熹奠定了福建"海滨邹鲁"确然卓立的文化地位。

　　泉州是朱熹青年时期做官讲学之地,又是他一生多次来过的地方。当年,喜好山水之乐的朱熹,利用公务之暇常常与朋友相偕遍游泉州名山胜景,在游历过程中,留下了大量的诗文以纪念他的出游及感受。朱熹任同安主簿及其后两度重游泉州(54 岁及 61 岁),足迹遍及泉州治下的晋江、南安、惠安、安溪、永春等县及当时同安县治下的金门、厦门等地。朱熹在同安主簿任上,"职兼学事",特别重视教育,为同安争取教育经费,修县学,建"经史阁"(县学图书馆),亲自讲学;又访问其父遗迹,讲学"鳌头精舍"。

　　厦门留下朱熹足迹。朱熹在厦门的同安有 5 年时间。他任同安县主簿,为官以教养为先务,对同安故宰相苏颂的道德学问深表钦佩,走遍同安的山山水水,倡导植树,并留下许多墨迹。日常公务,细致入微,对赋税簿籍,逐日点对,以防吏员从中作弊,凡对百姓有利的事,必恪尽职守,不惮劳累。

　　漳州与朱熹有缘分。光宗绍熙元年(1190 年)，朱熹以花甲之年出知漳州。他重教化、整弊俗；兴学校、倡儒学；宽赋税，恤民瘼；政绩显著，影响深远。朱熹一生撰著、编次、注释、校刊许多名著，用力最精的《四书章句集注》，就是在知漳州期间完成并以官帑刊刻行世的。

　　朱熹及其门徒，在闽南宣扬孔孟的仁义忠孝道德，宣扬理学的修身养性，宣扬古代的礼教，对于泉州等地人民纯朴忠厚民风和道德水准的提高，当然会起相当重要的作用，所以泉州一时有"海滨邹鲁"之称。他描写泉州有一副对联："此地古称佛国，满街都是圣人。"

二、血缘文化之因

　　家族的延续，需要文化的基因。从事文化教育的朱家人，有明确的文化意识，积极发扬光大朱熹思想。

　　《朱熹家谱》有流传。1982 年，福建省尤溪县在征集文物中，于梅仙公社乾美大队桥尾村朱熹后裔朱培清家，发现了四百多年前的明刻本《朱熹家谱》。它被称为 1982 年全国四大文物发现之一。新发现的《朱熹家谱》名为《紫阳朱氏建安谱》(下称《建安谱》)，编修于明代。

　　中国古代经典家训中有《朱熹家训》、《朱子家训》，都是家庭教育和儒家思想的好教材。《朱熹家训》和《朱子家训》"朱熹家训"与"朱子家训"是两篇不同的文章，分别由南宋理学家朱熹和明代朱柏庐所作，不熟悉的人常把两者混淆。但是其共同思想实质，以"修身"、"齐家"为宗旨，集儒家做人处世方法之大成，思想植根深厚，含义博大精深。学问一脉承袭于宋代大儒朱熹，利他、群我的处世精神一脉相承。"读书志在圣贤"，重视人的品德培养。其内容所放射的理性光芒，向世人展示了中华民族的优秀道德文明和深厚的文化底蕴。

　　2011 年，厦门大学校长朱崇实教授，被选举为朱子学会这个国家一级学会的第一届会长。学会旨在整理朱子学派的文化典籍，翻译朱子学派的主要传世经典，发掘朱子学派的精神文化遗产，开展相关的文物保护工作；编辑、出版学术性书刊，举办朱子学的基础教育、经典导读，开展培训活动；开展朱子学的学术咨询、法律咨询和身心健康咨询、环境与生态文化咨询工作；设立朱子学研究奖学金、奖教金，鼓励和支持文化工作者和其他民间人士积极从事朱子学研究；开展对台、港、澳地区及海外的朱子学的学术交流与合作等。

现在,韩国朱熹的后裔有近 15 万。朱子后裔,数百年来,始终保持着"紫阳(朱熹号"紫阳")世家"好学力行,重仁义,尚气节的优良家风,并以大贤后裔受到韩国历代朝野人士的尊重和民众的爱戴。人们尊称朱熹所居之地龙潭之朱苗川新安村为"仁夫里"、"君子里"、"朱子川"。朝鲜李朝高宗皇帝曾诏曰:"贵哉朱之为姓,云谷武夷,以其地名之近而尊尚;况朱字姓穷天地,亘万古,凡有血气者孰不爱之尊之教。"韩国朱子后裔派出代表团,于 1990 年在新安朱氏中央宗亲会会长朱昌均的率领下,首次组团来福建武夷山参加由武夷山朱熹研究中心与中国孔子基金会联合举办的"纪念朱熹诞辰 860 周年国际学术会议"。与会期间,他们到建阳寻根访祖,拜谒了朱熹墓,实现了韩国朱子后裔世世代代所梦寐以求的寻访故土的夙愿,并出资两万美元,委托建阳市人民政府在朱子陵园前建一座"思源亭",以表示韩国朱子后裔怀念之情。接着,1992 年春,韩国朱子后裔代表在朱昌均会长的带领下,又一次踏上其先祖朱熹的故里,参加由武夷山朱熹研究中心与建阳市人民政府共同举办的"纪念朱熹创建考亭书院八百周年活动"。朱昌均会长在朱熹陵前为韩国朱子后裔捐资建造的"思源亭"剪彩,并在亭前立碑记载韩国朱子后裔来故土寻根访祖,建"思源亭"的始末。这座"思源亭",可以说是中韩两国人民传统友谊的象征。1993 年,中韩两国朱子后裔共同发起成立了"世界朱氏联合会",为增强世界各地朱氏联谊,推动世界人民之间的经济文化交往,促进社会文明与人类进步,维护世界和平而作出积极的贡献。

三、官方文化之因

朱熹的学说博大精深,从宋末历元明清的七百年间,一直被奉为官方意识形态,对中国的政治生活、文化结构、思维方式、伦理道德、风俗习惯乃至生活方式,都产生了很大影响。

朱熹是中国历史上一位极具影响力的思想家和教育家,朱子文化源远流长,博大精深。在中国文化史、传统思想史、教育史和礼教史上影响最大的,首推孔子,后推朱熹。因而当代著名历史学家蔡尚思寓论于诗:"东周出孔丘,南宋有朱熹:中国古文化,泰山与武夷。"

朱子理学孕育、成熟、传播、发展,闽北因此被称为"闽邦邹鲁"、"道南理窟"。著名国学大师钱穆先生曾经指出:"在中国历史上,前古有孔子,近古有朱子,此两人,皆在中国学术思想史及中国文化史上发出莫大声光,留下莫大影响。旷观全史,恐无第三人堪与伦比。"①

朱熹思想是正统儒家的历史传承。洛学是北宋洛阳以程颢、程颐兄弟为首的学派。他们提出了"理"的哲学范畴,认为理存在于天地万物之中,"一草一木皆有理"。还认为理是"天理",乃人类社会永恒的最高准则,并以此阐释封建伦理道德,把三纲五常视为"天下之定理"。洛学以儒学为核心,并将佛、道渗透于其中,旨在从哲学上论证"天理"与"人欲"之间的关系,规范人的行为,维护封建秩序。二程洛学奠定了宋明理学的基础,在中国哲学史上有重要地位。南宋的朱熹,在二程开辟的方向上继续发展,成为洛学在南方的发扬光大者。有的学者称朱熹的理学为闽学。

四、民间书院影响

朱熹一生与书院关系密切,书院的思想传播,影响深远,不仅在福建,而且在中国其他地方。朱熹在泉州城内创办小山丛竹书院,亲自讲学授徒。朱熹后来知漳州,在漳州道院讲学,同样非常注重教育,大力推动教育事业的发展。文脉见证,读书人更加崇拜朱熹。朱熹的《白鹿洞书院揭示》、《岳麓书院学规》,千古流芳。

与朱熹有关系的书院大概有:

(一)朱子创建的书院

1.寒泉精舍：是朱熹创建的第一所书院,位于福建建阳县崇泰里马伏天湖之阳。

2.云谷晦庵草堂：是朱熹创建的第二所书院,位于福建建阳县泰里云谷山庐峰之巅。

3.武夷精舍：是朱熹创建的第三所书院,位于福建武夷山五曲隐屏峰之下。

4.考亭书院：是朱熹创建的第四所书院,位于福建建阳三桂里考亭玉枕峰之麓。

---

① 钱穆《朱子新学案 朱子学提纲》,巴蜀书社,1986 年版,第 1 页。

（二）朱子修复的书院

1.白鹿洞书院：白鹿洞书院位于江西庐山五老峰之下，宋淳熙六年（1179年）十月修复。

2.岳麓书院：岳麓书院位于湖南长沙岳麓山下，绍熙五年（1194年）重新修复。

3.湘西精舍：湘西精舍位于湖南长沙岳麓山下，绍熙五年（1194年）重新修复。

（三）朱子读过的书院

1.南溪书院：南溪书院位于福建尤溪县南公山之麓，绍兴四年（1134年）朱熹在此读小学。

2.星溪书院：星溪书院位于福建政和县治星溪之南正拜山下，宋宣和五年（1123年）朱熹曾随父在此读书。

3.屏山书院：屏山书院位于福建崇安五夫里屏山麓。朱熹少年时在此读书。

4.云根书院：云根书院位于福建政和县治西。

5.湛庐书院：湛庐书院位于福建松溪湛庐山下。

（四）朱子讲学的书院

1.瑞樟书院：瑞樟书院位于福建建阳麻沙渡头（今废）。

2.逸平书院：逸平书院位于浙江江山，原名南塘书院。（清咸丰十年毁于兵火）

3.兴贤书院：兴贤书院位于福建崇安五夫里籍溪坊（今兴贤村）。

4.石井书院：石井书院位于福建石井镇（今安海）。

5.龙光书院：龙光书院（亦称荣光书院）位于江西丰城荣塘剑池庙左。

6.南轩书院：南轩书院位于湖南衡山县南岳后，乾道三年（1167年）八月讲学与此。

7.城南书院：城南书院位于湖南长沙城南妙高峰下。

8.濂溪书堂：濂溪书院位于江西九江城南濂溪巷。

9.石洞书院：石洞书院位于浙江东阳。

10.月林书院：月林书院位于浙江上虞。

11. 东山书院：东山书院位于江西余干冠山东峰。

12. 怀玉书院：怀玉书院位于江西玉山县金刚岭之阳。

13. 银峰书院：银峰书院位于江西德兴县市延福坊。

14. 草堂书院：草堂书院位于江西玉山县怀玉山下。

15. 主一书院：主一书院位于湖南湘潭县西南百二十里地接衡州府衡山县界。

16. 蓝田书院：蓝田书院位于福建古田杉阳村北境墓亭山麓。

17. 溪山书院：溪山书院位于福建古田县北(今废)。

18. 螺峰书院：螺峰书院位于福建古田九都螺坑(今凤都乡螺坑村)。

19. 石湖书院：石湖书院位于福建福鼎县潋城村(今秦屿镇冷城村)。

20. 问津书院：湖北武汉新洲区旧街镇孔子河村。

在民间书院运动中,朱子是运动的中坚与旗帜,终其一生,他以极大的热情投入到了书院建设与复兴之中。据统计,书院运动中,与他直接有关的书院有40所,其中创建书院4所,修复书院3所,在20所书院讲学,为7所书院撰记、题诗,为6所书院题词、题额。另外,他年轻时读书以及成名后讲学等经行之地,后人建有27所书院,以为纪念。以上合计有67所,相关书院数量之多,远远在同时代各位理学大师之上,其对于南宋书院建设的贡献,由此可见一斑。

五、名人旅游之因

把朱熹作为名人,配合美丽的山水文化,可以实施旅游。朱熹思想,似乎成为当地旅游的灵魂。朱子文化与旅游文化结合,突出朱熹理念中人与自然和谐的主题。游客寻访名人足迹,印证、强化了朱熹的名气,增加了对他的崇拜。

福建注意开发朱子文化旅游。该线路可起于政和,从朱熹孕育地起步,基本循出生地、过化地、受教地、工作地、终老地而感受文化伟人的生平足迹、思想历程。远期打造"海西朱子文化旅游圈",即以闽北闽南朱子文化资源为主,包括尤溪、厦门、泉州及漳州,邻省江西之婺源和铅山,形成一个"朱子文化圈"。"朱子文化旅游线路",打造"朱子朝祭游"、"大众朝圣之旅"产品。该旅游产品的线路设想与建设相吻合,能够使各地的朱子文化资源打造成"文化体验之旅"的数日游产品。"海西朱子文化旅游圈"将成为高层次的朱子文化深度旅游。①

六、海外传播之因

朱子学对中国文化的影响广泛深刻，并且流传海外，日本、韩国、新加坡、美国、加拿大等国学者都高度重视对朱子学的研究，"朱子学"已成为国际学术界的重要术语概念。

朱熹的学说自 13 世纪向海外的东亚、南亚传播，中世纪成为东亚各国共同接受的学说，被视为东方文化的表征。明末以后，朱子学又由来华的传教士介绍到欧美，对一些西方国家的思想文化亦产生了不同程度的影响。世界朱氏联合会会长朱茂男认为，在全球化的时代里，朱子思想"理一分殊，求同存异"是现今全球理应学习的课题。

朱子学于 13 世纪 20 年代就开始传入与中国邻近的日本、朝鲜及越南等国，由于这几个国家当时的社会结构与中国基本相似，因此朱子学在传入后不久便融入了当地文化。14 世纪至 16 世纪，日本朱子学摆脱了禅学的束缚，并与原有的神道相结合，走上了独立发展的道路，出现了专门研究朱子学的儒家学派。后来江户时代的德川幕府为了维护其封建统治，更是把朱子学奉为"官学"。从此，朱子学在日本进入了鼎盛时期，朱子学不仅作为修身齐家的理论，而且成为治国平天下的武器。明治维新之后，许多日本思想家为了解决资本主义带来的各种社会问题，继续潜心研究朱子学，以寻找实现"道德之教"的良药。1890 年，日本天皇公布了《教育敕语》，确立了以儒家道德思想为主要内容的国民道德教育方针，这标志着朱子学在日本已逐渐融入资本主义意识形态。

朱子学在东南亚的新加坡、泰国及马来西亚等国传播。华人创办华文学校，把《四书》、《五经》列入当地华文学校的主要课程。东南亚的华人还把朱熹"格物、致知、诚意、正心、修身、齐家、治国、平天下"作为他们个人发展模式：成为他们"安身立命、自强不息"的精神力量。新加坡政府甚至把"忠孝仁爱礼义廉耻"八德具体化，赋予现代化和新加坡化的内容，把其当作一以贯之的治国之纲。20

---

① 大武夷新闻网《朱熹必须走出闽北——如何打造和利用朱子文化》，http://www.fujian.gov.cn/ztzl/lyfj/lyzx/201210/t20121031_539401.htm

世纪中叶以后,东南亚更是兴起了一股朱子学研究热,他们把朱子学作为解决西方物质文明给社会带来弊病的方法,认为朱子学是治心之学,加以推崇。

欧洲人认识朱熹是从 16 世纪开始的,其影响主要在知识界。17 ～ 18 世纪,朱子学在法国引起了强烈的反响,当时的孟德斯鸠、伏尔泰等许多启蒙思想家都曾研究过朱子学,并从中吸取营养。而朱子学对 18 世纪德国哲学家的影响则更为突出,德国著名的哲学家、自然科学家莱布尼茨在朱子学的基础上,提出了著名的"唯理论"学说,并发表了关于"道"的《单子论》,从而开创了德国古典思辨哲学,同时为现代数理逻辑和计算机科学的形成和发展奠定了最初的理论。康德、叔本华也同样深受朱熹思想的熏陶,尤其是康德,他在《宇宙发展概论》中提出的天体起源假说,与朱熹的宇宙哲学中的"阴阳二气的宇宙演化论"的观点十分相似。因此他被称为"歌尼斯堡的伟大的中国人"。值得一提的是,在 1634 ～ 1742 年间,欧洲发生了一场关于中国礼义的争论,从而使欧洲学者对朱子学进行更深入地研究,这为朱子学西传提供了大好机会。

美国到 18 世纪才由来华传教士传入朱子学,但 20 世纪以来,美国对朱子学的研究却出现了热潮,其大力投入研究包括朱子学在内的中国学的资金,仅 1958 ～ 1970 年,投入经费就达 7000 万美元。还出现了不少研究朱子学的专家及其著作,美国大多数学者对朱子学持肯定态度,他们认为美国的民主政治也间接地受到朱子学的影响,今后还要继续加以研究。

闽南形成朱熹的崇拜,原因是多方面的,是社会历史和现实因素综合的结果。我们以上就六个方面进行了探讨,列举了事实,仅仅是一孔之见。

(孙君恒,武汉科技大学文法学院教授;孙宇辰,在读研究生)

闽南话传播与广东地名文化景观

司徒尚纪

　　闽南话是广东一种主要方言,分布在潮汕到海南岛沿海地带。以闽南话为最重要一个依据,划分出福佬民系和福佬文化区,与广府、客家文化区一起,构成广东区域文化版图。福佬文化有许多显著文化特质和风格,在区域文化各个层面上都有鲜明表现,其中在地名文化上反映也甚为突出,是福佬文化区一个很有个性的文化景观。借助于这些地名分析,可了解福佬文化历史、内涵和对外传播,以及与周边文化的交流和融合,具有重要的学术和实用意义。

一、闽南话在广东传播的自然和人文背景

　　闽南话分布于广东莲花山脉和南海之间,为河流冲积或海积平原,地势低平,河网交错,海上交通方便,利于人群往来。广东相邻的福建,北部多山地丘陵,人口多集中于南部平原和低丘地区,与潮汕平原实为一体。明人王士性说"潮(州)与汀、漳平壤相接,又无山川之限。其俗之繁华既与漳同,而其语言又与漳、泉二郡通"。① 这种区域关系,为闽南话的传播奠定了深厚的自然和人文基础。

　　福建与潮汕地区一样,古代为闽越人居地,族源相同。唐杜佑《通典》云:潮州"亦古闽越地"。② 宋欧阳忞《舆地广记》曰:"潮州春秋为七闽也,战国为越人所居。"③宋王象之《舆地纪胜》也指出:"虽境土有闽广之异,而风俗无漳潮之

---

　　① 王士性《广志绎》卷4。
　　② 杜佑《通典》卷182,"州郡十二·潮州"。
　　③ 欧阳忞《舆地广记》卷35,"广南东路·潮州"。

分。"①故闽南和潮汕自成一体,有别于岭南其他地区,加上两地在历史上有过一个时期属同一个政区。唐太宗贞观三年至十年(629—636年)潮州与福建同属江南道;唐玄宗开元二十一年(733年)潮州隶于福州都督府,翌年潮州与漳州脱离福建,改隶岭南经略使;到唐玄宗天宝元年(742年)漳、潮二州一起割属福建经略使,天宝十年(751年)再归岭南经略使;唐肃宗至德上元元年(760年)复归福州;唐代宗大历六年(771年)潮州割隶岭南节度使。自此以后,潮州才经束与福建的行政建置关系,稳定地在广东政区范围内存在和发展,但这前后有140多年在同一政区之下所形成的牢固的社会经济和文化联系,无疑为闽南人迁移和文化扎根潮汕奠定了牢固的基础。故后有潮汕"亲闽疏粤"之说,与此不无关系。

二、闽南话形成和对外传播

据语言学者研究,上古时代,在各种社会变动中,吴越人向南迁移,给福建带来吴越语,潮州也被其影响,渗入吴越语成分。东晋南朝以降,中原汉族曾四次大规模进入福建,大大地增加了福建地方人口,也带来了中原汉语,与吴越语、闽越语相互交流和融合。特别是唐代陈政、陈元光父子开发漳州,促进了当地社会经济发展,也包括了语言的融合,闽南话基本形成,并覆盖潮州。一个有力证据是韩愈贬潮州,"以正音为郡人海,一失其真,遂不复变"。② 即以中原汉语统一当地语音,但未见成效,可见潮州话已基本定型,难以改变。这自然离不开闽南话的传入。

唐末五代十国,福建在王审知治理下,社会经济稳定发展,成为东南富裕之邦。到宋室南渡,大批中原人士避乱入闽,福建人口急剧增加,土地承载不了巨大人口压力,只有外迁到近潮州和广东其他沿海地区。宋代入居潮州人口增加,经济文化兴盛,杨万里诗云:"旧日潮州底处所,如今风物冠南方。"这进一步加强了闽南话的发展和与闽南文化交流、闽南话成为与粤方言并存的一种方言。

宋代以后,大批闽南人迁入雷州半岛和海南岛,闽南话与与当地土话发生交

---

① 王象之《舆地纪胜》卷100,"广南东路·潮州"。
② 陈香白辑校《潮州三阳志辑稿》卷之三,"风俗形胜",中山大学出版社,1989年,第19页。

流,融合和变异,最终发展为闽南话的两个分支,即雷州话和海南话,成为闽南话在广东的两大板块。康熙《海康县志·风俗志》曰:"雷之语有三,……一有东语,亦名客语,与漳、潮大类。"道光《广东通志》也云:"琼岛孤悬海外,音与潮同,杂以闽人。"同时的《琼州府志》也记:"琼语有数种,曰东语,又曰客话,似闽音。"这样,宋明以来,琼雷地区已纳入闽南话分布区,与潮州地区一起,形成广东闽南话,也是福佬话地带,各种语言文化景观也同时出现。

三、广东闽南话地名文化景观

地名是一种可视又可悟的文化景观,具有丰富的历史、民族、民系、文化等内涵。闽南话在广东传播,使闽南话地名成为它分布地区一种很有区域特色文化景观,异于广东其他方言区地名。

移民到达新地,建立聚落,多以故土地名命名。这类闽南话地名在潮汕地区至为普遍,包括以厝、坂、墘、社、湳、汕等为首尾地名。其中厝为典型闽南话,意为房子、家,扩大即为聚落。厝这个闽台常用字,在福建用作聚落等地名有 3643 处[1],至于粤东有多少,据不完全统计,潮州厝地名有 36 处,揭阳 13 处,汕头 28 处,汕尾 46 处[2]。从地名结构看,多属"姓 + 厝"模式,即一厝一姓,移民聚族而居,地名闽南话特色很明显。如饶平有张厝、李厝、陈厝、林厝、崔厝、施厝等,澄海有刘厝、黎厝、蔡厝、廖厝、灰厝、王厝,海丰、陆丰也有不少以厝为聚落地名。而丰顺则有罗厝、张厝、林厝、洪厝、胡厝等,但已属个别地名,说明丰顺为客家文化区与福佬文化区过渡地带。至于垵(安)、坂、墘、陇(垄)、埭、社、湳等字地名,俗字不少。有些不见古书(如垵、墘),作为地名在闽台很常见。而据《广东省今古地名词典》和《中华人民共和国地名词典.广东省卷》,这类地名在粤东很个别,说明它们多为小地名,不为一般地名工具书所载。如饶平有上社、坂上、安田、下安、光陇等;汕头有上社、南社、蔡社、淘墘、金山埭、草埭、李厝埭、公埭、新田埭、埭头、上埭等。汕尾有前中社、社尾、博社、社排、社径、水墘、田墘、社前、坂英等。此外,"陇"字地名也不少,计潮安有 12 处,汕头有 19 处,汕尾有 9 处,揭

① 李如龙《地名与语言学论集》,福建省地图出版社,1993 年,第 140 页。
② 王彬《广东地名文化景观及地理分异研究》,中山大学博士学位论文,2007 年,第 197 页。

阳有 10 处等。"寮"字地名,饶平有 13 处,汕头有 37 处,汕尾有 49 处,揭阳有 21 处等。但在民系混杂地区,地名分异也很明显。如揭阳市普宁县东部为闽南语地名群,西部为客家地名群。前者有丰美、新厝、洋古金、何厝围、华陇、林厝寨、新寮、吉洋、郭厝寮、乌堆洋、社香寨、布袋寮、埔上、埔下、扬美、付浦、潮来港、华溪等。后者则有大排祭、黎头祭、麻竹坑、白水礤、长山崟、雷公嶂、峨眉嶂、禾崟、礤仔下、水背岗、丰田坑、岭下、田仔坑等,明显带有山区地貌特点,恰是客家人居地,与上述分布在沿海台地、平原地区闽南话地名形成鲜明对照①。

闽潮人迁居雷州半岛和海南岛,许多聚落地名也在两地传播。福建常用一些表示人文地理的地名在海南很常见。在海南 1∶100 万地图上 527 个地名中,有 87 个(占 17%)可在福建省地图中见到。这些相同的地名反映了两地地名特点。如文昌县较大地名在福建沿海同样出现,文昌有东郊、东坡、东门,莆田也有;铺前港为文昌一个港口,福建闽侯、同安沿海也有此地名;东阁、蓬莱、南阳、后湖、凤尾、竹林这些都是文昌较大的居民点,同样的地名在福建的福清、闽侯、晋江、漳浦、长乐、平和、东溪等县出现;在儋县、昌江沿海有海头、海尾、光村等港湾,它们分别在福建龙溪、莆田、晋江可找到。以上地名主要分布在岛北部沿海,又以文昌为集中,西南和东南沿海较少,中部几乎绝迹,少数在山区边缘,这与闽潮商人活动地域不无关系。今日福建常见地名如坑、田、围、尾、头、潭、塘、坡等在海南很普遍。移民到达新居地,希望安居乐业,于是以安、仁、丰、兴、福、龙、和等命名周围地物,这类含义的地名在两地屡见不鲜,乃两地居民共同心理素质的反映。另外,两地相同地名,在福建者主要在泉州、漳州、福州等沿海地区,内地甚少,反映这一带历史上商业和航海盛况。而在海南同一地名往往出现在福建多个地方,说明海南移民来源于福建很广泛。如澄迈县有太平,在福建永春、南平、浦城、建瓯等县皆可见;定安县有龙门,同样出现在福建漳平、龙岩、安溪、长乐、大田等县;蓬莱在文昌,也见于福建安溪、永春、长泰、闽侯等县。这类事例甚多,当然不是每个地名都有必然联系,但它们的一致或相类,应是两地移民和文化传播的结果。

而在雷州半岛,现有南田(塍)村、林宅(厝)寮村、平余(村)、平原(村)、白

---

① 王彬《广东地名文化景观及地理分异研究》,中山大学博士学位论文,2007 年,第 196~197 页。

院(村)、那卜(村)、那双(村)、麻扶(村)等。据有关考证,其中"田"、"宅"与闽语"塍"、"厝"读音一致,"余"、"原"、"院"韵母与闽语相同,"那"、"麻"声母与闽语相同,都说明闽人移入雷州半岛留下地名。它们读音差异和用字不同,为后来音变结果.但无改于移民文化地域转移的事实。另外,雷州半岛一些小地名,皆以"仔"相称,与闽南话相似。在海康(今雷州市)即有井仔、网门仔、下寮仔、坑仔、六洲仔、下元仔、东塘仔、英龙仔、新村仔、坡仔、调错仔、贤样仔、培家仔、油河仔、迈创仔等。在遂溪县有钗仔、石塘仔、打铁仔、分界铺仔、牛圩仔、湾仔、田头仔、黄川仔、石滩仔、那梭仔、急水仔、岭尾仔、迈典仔、河图仔、高塘仔、高田仔、新塘仔、莲塘仔、尖仔等。湛江市郊区有铺仔、后塘仔等,徐闻县有田亩仔、枝仔、梁村仔、龙仔、南林仔等。廉江县有新屋仔、田头仔、良村仔、塘仔、黄塘仔等①。显见,这些仔字地名有较强的地域性,未见于《湛江市地名志》,为小地名,故不收,但恰好有闽南语地名特色,为移民带来所致。

除了上述聚落地名,广东福佬系地区以闽南话表示的涉海地名也不在少数,当然也有一部分是与聚落地名重复的。作为政区名称反映了临海特点,如汕头、汕尾、潮阳、潮安、潮州、澄海、海丰、南澳,以及海南、海口、琼海、海康、徐闻等,皆离不开与海有关的含义。

福佬人以耕海为生,以"洋"、"港"、"埭"、"埕"、"陇(垄)"、"塭"等为首尾的地名不少。"汕"即为一种捕鱼工具。港湾、海滨在当地经济生活中占重要地位,这类地名很多,如牛田洋、枫洋、社光洋、南坑洋、黄竹洋、内洋、大坡洋、靖海、海山、海门、洋背、鸭头洋、舵浦、浮洋、湾头、官田洋、秀浦、海埔底、靖海、遮浪、下西港、港西、后港、大港以及海安、清澜、潭门等。特别是带"牛"字地名,鲜明地反映了以海为田的农耕文化。除牛田洋外还有不少这类地名,如澄海有牛埔,南澳有白牛,海丰有牛湖、牛头港、牛巴脊、牛脚村、牛皮地、牛母笋等。潮汕人围海造田,称为塭,以塭为通名的地名很多,如澄海有咸塭、新田塭、公塭,汕头市郊有周厝塭、草塭,金山塭,陆丰有町下塭、新塭、大塭头等。此外,煮海、采珠也为福佬人经济来源之一,这些产业地名有灶浦、珠浦、盐鸿、蟹地、盐屿、盐町、盐町头、珠池等。这些产业多依托海滨沙堤兴办,当地称沙堤为陇,即土埂,潮汕有东垅、

---

① 司徒尚纪《雷州文化概论》,广东人民出版社,2014年,第191页。

北垅、内垅、陇尾、营垅、塘垅、金陇、陇一、陇二、寄陇、横陇、蔡垅、西陇、南陇、挑里陇、陇头、冠陇、下长陇、梅陇等。陇与"埭"皆有土坝之义,于是"埭"字地名在潮汕也常见。仅澄海一地即有尾埭、美埭、上埭、上埭尾、下埭尾、埭头、海埭等。闽潮人到了雷州半岛,也把很多海洋词汇带来,如"洋"字地名在雷州市有 37 处,如草洋、北洋洋等,在茂名则有亚洋、洋六水、洋头坪、洋桥、大洋、湖洋角、湖洋湾等,反映福佬海洋文化在粤西南的烙印。

两广沿海,特别是海南岛渔民远涉鲸海,开发南海诸岛,那里很多地名也属闽南方言。海南渔民称环礁为"筐"或"圈",故西沙群岛羚羊礁也称"筐仔",华光礁也称"大筐"或"大圈",南沙群岛榆亚暗沙在深水中,则称"深筐"或"深圈"。环礁中潟湖称为"石塘",西沙永乐群岛多环礁,渔民称之为"石塘"。宋周去非《岭外代答》曰:"传闻东大洋海,有长沙、石塘数万里"[1],西沙华光环礁则称"大塘"。这些名称说明南海诸岛自古以来已为我国人民认识、开发和经营,福佬系渔民功不可没。

妈祖作为闽潮雷琼人奉祀至笃的海神,除了小孩命名与妈神相关以外,以其为通名的地名广见于沿海,尤以航海、渔业发达地区为甚。例如在汕尾,1949 年前后 7 个街区中有 4 个以妈祖命名,即新宫妈、凤山妈、后寮妈、千金妈。在妈祖(天妃、天后)庙分布地区,这类地名甚多,包含着深刻的海洋文化底蕴。

四、小结

基于相类的自然和人文环境,闽南和潮汕实为一体。在历史发展进程中,闽南话应首先形成,继向潮汕地区传播。唐末五代,闽南社会经济进一步发达,人口增加,闽南方言继续进入潮汕,潮汕方言即福佬话基本定型。宋代以降,闽南居民大量迁入潮汕,同时抵达雷州半岛和海南岛,并发展为当地居民的主体,统称福佬系(人)(后又分潮汕系、雷州系和南海系,闽南话随而传播福佬系地区,并成为广东主要方言之一,主要沿广东沿海分布。闽南话具有丰富文化内涵、文化特质和风格,其中伴随移民传入广东闽南话地名,在聚落地名、涉海地名等方面,呈大面积分布,反映广东沿海地形、聚落规模、宗族、农业、手工业、渔盐业、水

---

[1]　周去非《岭外代答》卷 1,"地理门"。

利工程、文化交流等众多内容。说明闽粤间具有深厚历史人文渊源和紧密的区域关系,是一种宝贵的历史文化遗产,应予珍视和开发利用,为建立区域经济合作,构建泛珠三角(即9+2)经济区服务。

(作者为中山大学地理科学与规划学院教授)

北民南移与赣闽粤生态环境的变化

龚国光

一、河洛地区早期生态环境及衍化

河洛地区的稻作文化早在原始农耕时代就比较发达。炎帝是上古传说中的英雄,因创始和教民种植,被尊为神农。《管子》载:"神农作五谷于淇山之阳,九州人乃知食谷。"①"淇山",即今河南辉县西北,该地属于黄河中下游中原地区,是古代农业的发源地。它促使中华民族由游动的采猎时代,开始进入稳居的农牧时代,这在人类文明史上是一个巨大的进步。三门峡南交口中的仰韶文化稻作遗存的发现,表明距今 6000 年前的仰韶时代,河洛地区是很适宜喜温湿的水稻生长的。由此可证,河洛地区早在史前时期即是中国农耕文化的中心区域,也是农业经济基础最为雄厚的地区。据专家考证,殷商之前,即距今大约 5000 千年至 8000 千年之前,全世界处于一个温暖期。当时黄河流域的年平均温度,比今天要高出 2 到 3 摄氏度,雨量很充沛,黄河流域曾生活着大象、犀牛等今天仅生活在热带地区的动植物。正由于这种优越的自然条件的关系,黄河流域,尤其是黄河中下流地区得到全面开发。由此产生了中国的农本思想。

中国农本思想产生于周。此前,便有上古时期"尧谨授时,禹勤沟洫,稷播嘉种"的传说,它揭示在奴隶社会奴隶主关心农业的一种美德。②《易经》是初民对四季更替、万物盛衰、天道周旋等自然律动的从"时"的维度上的直观掌握,其思想带有以"时"度物的直观经验性,而它正是农的核心性观念。植物生长盛衰的时间性,决定了农的思想的时间性,从这个意义看,《易经》正是一部农的哲学

---

① 《管子·轻重篇》,载《诸子集成》,中华书局,1954 年版。
② 《淮南子·齐俗训》,载《诸子集成》,中华书局,1954 年版。

著作。"时",上古时期的人们多指天时,天时所指的就是四时,而四时即是农业之时。孔子说:"道千乘之国,敬事而信,节用而爱人,使民以时。"杨伯峻《论语译注》作注说:"古代以农业为主,'使民以时'即是《孟子·梁惠王》上的'不违农时'。"它深刻反映了"农时"观念在社会生活中的重要性,从而形成了中国古代以"时"度物的基本思想。这种根深蒂固的农本思想和单一的农耕经济模式,把秦汉隋唐的强盛国势迅速地推向巅峰。一个最极端的例子就是《汉书·食货志》所载:"太仓之粟陈陈相因,充溢露积于外,腐败不可食。"

但是汉唐的繁荣,却是以破坏黄河流域生态环境为代价的。邹逸麟先生《中国环境变迁的历史回顾》,较详细地描述了这种环境渐变的过程。秦国商鞅变法的核心就是"耕战";汉武帝发动对匈奴的战争,其开疆拓土的结果,把北方游牧民族赶走,从内地移民数十万,变草原为农耕;由长安通往西域的河西走廊,是最不适宜农耕的,到了唐代,这条"河西走廊"成为西北地区最重要的农耕区。单一的农耕模式导致黄河流域的过度开发,加之人口的过度密集和战争的频繁爆发,波澜壮阔的北民南移的迁徙运动便不可避免了。

二、固始在北民南移中的历史地位

光州固始作为北民南移之始,在中国大移民史上具有举足轻重的地位和特别重要的意义,被人们誉为全国著名的"河洛奥区"。它不仅是大批士族由河洛中心移居于此的"衣冠始集"之地,而且更是"北民南移"的起始源头。分析一下固始的地理环境是件很有意思的事情。固始地处偏僻,山水相依,具有极其丰富的生态资源,与黄河中下游生态的恶化成正比,加之地处豫境东南的最边端,从而成为中原动乱流民避难的首选之地。早在晋代"八王之乱"的流民迁徙中,固始便成为豫皖由北而南的重要通道。值得注意的是,在河洛民众南移入皖的同时,陕西、甘肃、宁夏、河北等地的民众又纷纷迁入河洛。即是说,中原地区的每次板荡而出现的迁徙,并不是只有"北民南移"的单一运动,而是以河洛为中心的全方位的大变动大迁徙。因此,固始作为豫地民向往的"河洛奥区",已成为一种历史必然。它不仅吸引着河洛中心地区的士族群体向这里迁徙,为流民提供了理想的寄托之所,而且作为"北民南移"始发之地,又为北民群体再度南下提供了充足的物质准备。这一独特的地理优势,生动表明固始具有一种天然的

"调节器"的功能。它不仅具有强大的吸纳力,而且更具有极大的输出力,在人居流动上,固始终保持着一种生态环境的良性循环。

三、北民南移对江西农业的巨大影响

吴福文《试论客家民系的形成》说:"唐末至北宋迁徙的客家先民规模具备了形成客家民系的势力;以其分布情况看,已基本开始占据今日的赣闽粤地区;一些重要的文化事象已经开始形成;他们已在心里开始安于立足赣闽粤地区。"①这一表述符合北民南移的实际,其中有两点值得肯定:一是提供了相当数量的劳动人手;二是带来了相对先进的生产工具和技术。仅以江西为例,白居易《除裴堪江西观察史制》云:"江西七郡,列邑数十,土沃人庶,今之奥区,财赋孔殷,国用所系。"②这一状况表明,江西自中唐以后作为重要的产粮区已经处在这一发展的前列。北民南移促使江西农业的勃兴,概之有以下几点:

第一,江西耕地得到全面开发。江西以山地丘陵为主。遍布于省境周围的边缘山地,构成省际的天然界线和分水岭,而位于边缘山地内侧的广大地区,低山、丘陵、岗阜交错其中,著名的吉泰、赣州、信丰、兴国、瑞金、南丰和弋阳等诸多盆地即座落于此。随着北民举族不断向赣地中南部的迁徙,宋代江西耕地的开发,不仅已遍及全省,而且还渗透到偏远山区了。黄庭坚北宋神宗元丰五年(1082)任泰和知县,写有《次韵知命入青原山口》诗:"坑路羊肠绕,稻田棋局方。"又有《双涧寺》诗:"开泉浸稻双涧水,煨笋充盘春竹林。"这些诗篇印证了江西两宋时期山地开发的足迹和农耕文明的进步。沈括《梦溪笔谈》说:"北宋每年江南发运司岁供京师米,以六百万石为额,江南东路九十九万一千一百石;江南西路一百二十万八千九百石,江西占其五分之一强。"③至南宋,产量以成倍计,江西崇仁人吴曾《能改斋漫录》说:"本朝取米于东南者为多。然以今日计,诸路共六百万石,而江西居三分之一,则江西所出尤多。"④因此,江西古称"天下粮仓",可谓名副其实。

---

① 载《石壁之光》,厦门大学出版社,1993 年版,第 99 页。
② 白居易《除裴堪江西观察史制》,载《白居易集》卷五十五,《四库全书》本。
③ 沈括《梦溪笔谈》,卷十二,《官政二》,《四库全书》本。
④ 吴曾《能改斋漫录》,上海古籍出版社,1983 年版。

第二，小麦已在江西广泛种植。南宋孝宗淳熙七年(1180 年)，陆游曾在江西抚州一带小住，写下不少诗篇，收集在《剑南诗稿》卷十二中，《金溪道中》云："驾犁双犊健，煮茧一村香。"这里已用双牛深耕。又《小憩前平院戏书触目》云："稻秧正青白鹭下，桑葚烂紫黄鹂鸣。村墟卖茶已成市，林薄打麦惟闻声。"这说明北方种植的小麦，在南宋初期已移植到了江西。杨万里《三月三日雨作遣闷十绝句》诗："平田涨绿村村麦，嫩水浮红岸岸花。"又《过杨村》诗："红红白白花临水，碧碧黄黄麦际天。"庄绰《鸡肋篇》云："建炎之后，江、浙、湖、湘、闽、广，西北流寓之人遍满。绍兴初，麦一斛至万二千钱，农获其利，倍于种稻。而佃户输租，只有秋课。而种麦之利，独归客户。于是竞种春稼，极目不减淮北。"①这是江西农耕的一个新的变化。

第三，稻作深耕与理论书籍出现。稻作深耕的典型案例，就是理学家陆九渊的一段话："吾家治田，每用长大镢头，两次锄至二尺许。深一尺半许外，方容秧一头。久旱时，田肉深，独得不旱。以他处禾穗数之，每穗谷多不过八九十粒，少者三五十粒而已。以此中禾穗数之，每穗少者尚百二十粒，多者至二百余粒。每一亩所收，比他处一亩不啻数倍。盖深耕易耨之法如此，凡事独不然乎?"②这段话是想说明治学"行万里路，读万卷书"的必要性，但从一个侧面深刻反映江西农事深耕的过程。在水稻农业发达的基础上，出现了我国历史上第一部水稻品种专志著作，这就是曾安止的《禾谱》。曾安止，字移忠，号屠龙翁，北宋泰和人。北宋熙宁九年(1076 年)进士。历官洪州丰城主簿、知江州彭泽县，在鄱阳湖地区的官宦生涯，为其观察和研究江西水稻品种及栽培方法提供了便利。双目失明后，弃官归乡，潜心农事，著《禾谱》五卷，记录了江西吉安一带的水稻品种达五十余种，这还仅是全书的一部分。农为政先的重农思想，为北宋时期江西稻作农业的兴盛，留下了一份极为难得的实践资料。

第四，先进农具得到广泛使用。曾安止《禾谱》问世，影响深远，此间，发生一件很重要的事情。苏轼贬谪岭南，途经吉州泰和，得见《禾谱》，高兴之余，写了一篇《秧马歌》附于《禾谱》之末，其序云："过庐陵，见宣德郎致仕曾君安止，出

---

①　庄绰《鸡肋篇》，中华书局，1983 年版，第 36 页。
②　陆九渊《象山语录》，上海古籍出版社。

所作《禾谱》,文既温雅,事亦详实,惜其有所缺,不谱农器也。"①于是,便有曾安止的侄孙曾之谨,以"追求东坡作歌之意",撰写《农器谱》三卷,后又作《农器续谱》二卷。其内容十分丰富,涉及到农事用具的各个层面,分为:耕作的犁具,除草的锄具,翻土的铲具,收割的镰具,装稻的车具,遮日挡雨的衣具,盛粮的筐具,粮食加工的舂具,烧饭的炊具,计粮的量具,储粮的仓廪等十大农器分类。它们既各司其职,具有独立性;又连环相扣,相互依存,形成庞大的农耕器具体系,实已具备近代先进农业文明的诸多特征。

四、过度开发使生态破坏引起的思考

司徒尚纪《岭南地理环境对客家风俗文化的影响》说:"宋元客家地区开始较大规模开发,新迁来的客家和当地土著居民都以森林为主要劳动对象,对自然环境有一定破坏。……明清以后,客家人口大增,毁林开荒规模加大,生态环境急剧恶化。近几十年山林破坏更为严重,大量水土流失严重,动摇了当地的农业基础,迫使一批又一批客家人远走他乡。"②这一情况在赣闽粤具有普遍的意义。我们发现一种特殊现象,就是从江西迁至闽粤的客家人,到了清代,有一部分人又从福建和广东等地回来了,人们称之为"回流"。为什么出现这种"回流"现象,原因很简单,由于"大量水土流失,动摇当地农业基础"而"失去土地",不得已他们成群结队拖儿带女来到赣西北的修水县,长期住在山林里,被称为"棚民"。棚民在山林里砍树、烧炭、造纸、种蘑菇等等,整个山区的自然环境都被这种掠夺性的开发给破坏了,从而造成自然生态的恶性循环。

再看改造滩涂,修建圩田这件农事活动。圩田又称"围田",即农人在低洼的地区四周筑起坚固的圩岸,把河水或湖水隔开。圩内有河渠,多余的水通过水渠排泄出去。圩岸上有闸门,旱天引水灌田,雨天闭闸防涝。从而促使良田千顷与种植水稻的景象十分盛行,并带动了各种经济作物的种植,茶、橘、桑、麻等经营开发有了大的发展。但由于开发过度,河流、湖泊里大量泥沙淤积,长出新的滩地,这又吸引很多人去开垦滩地。后来,更以这种开垦模式向鄱阳湖"进军",

---

① 苏轼《秧马歌》,载《苏诗精华》,中华书局民国线装版,第21页。
② 载《河洛文化与客家文化》,河南人民出版社,2012年9月。

由于鄱阳湖这种无节制的"围湖造田",结果使鄱阳湖水患无穷,灾害频发。

"梯田"现象在赣闽粤地区十分普遍。进入宋代,耕地面积得到进一步扩大,江西即出现"大田耕尽却耕山"的景象,到了南宋,杨万里《过白沙竹枝词》云:"耕遍沿堤锄遍岭,都来能得几生涯?"这种现象不仅和人口密集有关,而且人口的流动的主要成分是"北民",由于北方移民爱吃小麦,又由于小麦对水分要求不高,所以早在宋代,赣闽粤的丘陵、山地都开垦出来种植小麦。明朝中叶,美洲的耐旱作物,诸如玉米、番薯、土豆、花生等传入中国,为大批农民挺进山区提供了得天独厚的条件,因为有了这些耐旱作物作为生存保障,他们长年累月可以不出深山。整个山区的自然环境被这种掠夺性的开发给破坏了。

总的来说,自然生态的恶化,北方比南方要严重一些,原因就在于北方的开发比南方要早得多,所形成的危害也大得多;南方的破坏程度也很严重,但由于其开发程度相对较晚,所以危害的程度不是很深。现在南方各省加紧"退田还湖"、"退山还林",对于湿地立法,画定红线,坚决禁止市场主体对湿地的侵占,打出"既要金山银山,更要绿水青山"的口号,提出生态立省、森林立省的宏伟目标,这一切,都表明民众生态环境的自觉意识的提高。

对待生态资源,度的把握十分重要,所谓"度",亦即"中庸",这是儒家思想的核心。在儒家思想中,对"人定胜天"是否定的,它始终强调"天人合一"的重要性,即尊重自然,爱护自然,善待自然,和自然和谐相处。李克强总理说:"我们要向雾霾等污染宣战,不是说向老天爷宣战,而是要向我们自身粗放的发展方式和生活方式宣战。……向包括雾霾在内的污染宣战,就要'铁腕'治污加'铁规'治污,对那些违法偷排、伤天害人的行为,政府决不手软,要坚决予以惩处。"①这说明对于自然生态环境,国家已经把它提升到"国策"和"战略"的高度来应对。反思历史,就是总结正反两方面历史经验,形成自觉意识,直面今天,管控未来,用心灵呵护祖国的蓝天碧水。

(作者为江西省社会科学院研究员)

---

① 李克强《答中外记者问》,2014年3月13日。

闽南文化研究的几个问题

刘登翰

历史研究和文化研究最大的区别在于：历史是实证的，文化是诠释的。历史通过实证，证明它的存在，而文化通过诠释，达到一种建构；当然，文化的建构也必须有实证作为基础或背景。这是就研究方法的不同而言。不过，西方新历史主义认为，所谓"真实"的历史并不存在，所有历史都是历史研究者眼中的历史。在这个意义上说，历史也是一种建构。中国历史以帝王为中心，从三皇五帝开篇，秦汉晋唐，宋元明清，一路数下来。为什么是这样，而不是别样？这个诠释系统就是建构。历史的建构，也是一种文化。

闽南文化研究也面临实证和建构的问题，以及二者如何辩证地互补。这是深化闽南文化研究的关键之一。

一、关于闽南文化的移民性、本土性和世界性

闽南文化是一种移民文化，这是历史决定的。自晋以降，逮至南宋，八百年间中原移民陆续南徙入闽而至闽南，中原文化也随之南播，成为闽南社会建构的文化主体和基础。闽南社会是中原汉族南徙的移民社会，闽南文化是中原文化的下位文化，或者说是中原文化的后传文化，因而闽南文化是一种移民文化，这个定位十分清楚。源自中原的闽南文化，主要来自河洛地区，这是因为历史上的中原移民，大量从这里南徙，特别是在中唐以后，对福建社会影响最大的两次军事移民，陈元光父子和唐末的王审之兄弟，及其所携的军队，都来自或相传来自河南固始。人是文化的最重要载体，也是文化最主要的传播媒介。人到哪里，文化就带到哪里。闽南文化承自中原的移民性，就从这里开始。今日的闽南文化，尚保存着中原文化深厚的基因和元素，无论方言，无论习俗，也无论宗族世家的

族谱记载,都见证着这一文化的历史传承和渊源关系。

但是到了南宋以后,再少见有北方大规模移民入闽的记载。此时福建人口已趋饱和,人口的平均密度已超过全国,历史上流动不居的移民社会也转化成为移民的定居社会,并开始出现向外输出人口的呼声。南宋叶适就主张"分闽浙以实荆楚,去狭而广",认为应将闽浙过多人口移往两湖,"可益田垦,增税赋。"(见《文献通考·户口考》)南宋以后迄今又近八百年,中原文化在进入闽南滨海的地理环境和吸收闽越土著的海洋文化元素中,发展了兼具中原文化与海洋特色的闽南文化的特殊性格和风韵。在这个意义上我们说,闽南文化同时是发展于本土的草根文化。闽南文化的移民性和本土性,是我们认识闽南文化的两面。

如果说当年叶适"分闽浙以实荆楚"的主张未能充分实现。那么到了十六、七世纪以后,定居闽南的中原移民开始出现大规模的二度迁徙,其首指台湾而后又远逸海外,把具有闽南特色的中原文化再次播向台湾,播向闽南人(包括定居台湾的闽南人)足迹所到的世界各地,特别是东南亚。据资料统计,现居于闽南地区的闽南人口约1500万,居于台湾的闽南籍人口约1700万,而散布于世界各地的闽南人近2000万。这个人口数据让我们想到,闽南人不仅在闽南,今日的闽南人,已经是走出了"闽南"这一地域的一个民系的概念;今日的闽南文化也带有某些民系文化的特质。它已越出闽南的地域囿限,成为一种更广泛的世界存在。

这是闽南文化的世界性。一个新的概念:世界闽南文化,成了近年多次在两岸和东南亚地区举行的学术研讨会中使用频率极高的新词。

我们讨论闽南文化的世界性,当然不能离开闽南文化承自中原的移民性和它发展于闽南的本土性。三者既是互相承续发展的过程性关系,也是互相渗透胶结的结构性关系。我们说闽南文化的本土性,并不否认它是中原文化下位的一个地域性文化;我们说闽南文化的世界性,也不等于说闽南文化是脱离了中原文化和它在闽南本土发展的一种全球性的文化。这里有个"度"的问题。就像闽南的海外移民在各移入国家是个弱势的族群一样,闽南文化的世界存在,相对于所在国的主体文化,也是一种弱势文化。它走出了闽南地域,但并没有走出闽南人的圈子。在异国他邦,它是闽南人为保存自己族群记忆和凝结族群力量而坚守的文化,而不是世界不同民族共同的文化。闽南文化的世界存在和闽南文化作为一种世界文化,是两个不同的概念。我们关注闽南文化的世界性存在,关注它在异文化环境中的坚守和异变,这些都是我们深化闽南文化研究的新课题。但闽南文化的世界性研究不能脱离它的本土背景,闽南文化的海外研究与闽南文化的本土研究,二者如何相辅相承,互相促进,这是我们所期待的。

二、关于闽南文化的大陆性和海洋性

闽南文化究竟是大陆性文化(所谓黄色文明)还是海洋性文化(所谓蓝色文明),这是所有从事闽南文化研究的学者至为关心的问题。

所谓大陆文化和海洋文化,最早来自黑格尔的论述。黑格尔在《历史哲学》的"历史的地理基础"一节中,把体现出"思想本质上的差别"的"地理上的差别",划分为三种类型:一、干燥的高地、草原和平原;二、巨川大江灌溉的平原流域;三、与海相连的海岸地区。第一种类型以游牧民族为代表,第二种类型以农耕民族为代表,第三种类型以海洋民族为代表。他认为:"阿非利加州是以高地做它的主要的、古典的特色,亚细亚洲是和高地相对的大江流域,欧罗巴州则是这几种区别的综合。"然而,非洲"还笼罩在夜的黑幕里,看不到自觉的历史的光明",而亚洲虽然是世界历史的起点,"精神文明从这里升起",但世界的历史是从"东方"走向"西方",而欧洲是绝对的"西方"。当他们"从大海的无限里感受到自己的无限的时候",他们便以智慧和勇敢,超越"把人类束缚在土壤上"的"无穷依赖性"而走向大海,进行征服、掠夺和追逐利润的商业。只有它们,才是"世界的中央和终极","绝对是历史的终点"。毫无疑问,黑格尔的世界体系带有明显的欧洲中心主义的历史偏见。建立在黑格尔历史哲学基础之上的大陆文化和海洋文化的区分和定义,同样无法走出黑格尔偏见的阴影。如他认为大陆文化天然是"保守的、封闭的、苟安的、忍耐的",而海洋文化则天然是"冒险的、扩张的、开放的、竞争的"。偏见比无知更可怕,这种先验地对人类文明高低贵贱的论断,是给世界某些民族带来歧视、不公和灾难的思想根源和理论背景之一。

尽管黑格尔的历史哲学在阐释人类文明的起源和揭示不同文明的性质上有着合理的内核,但其内在悖论也常为学者所质疑。在讨论大陆文化和海洋文化时,我们应当摒弃黑格尔的定义,回到这两个概念的本体意义上来。

　　闽南背山面海,是个滨海地区。早期居住在这里的闽越先人,山行水处,善于舟楫,很早就有走向海洋的壮举。据海外学者从 DNA 的研究发现,远在 6000 年前到 1000 前的漫长岁月里,闽越先民及其后裔就曾从福建沿海出发,经台湾然后逐岛向南迁徙,横越整个太平洋,最终南到新西兰,西抵马达加斯加,东达夏威夷和伊斯特岛。(注:详见史式等著《闽台先住民史》,九州图书出版社,1999 年版)。西晋以后,北方中原人口陆续入闽而至闽南,在长期的滨海生活中,涵化闽越先民的海洋文化因素,发展了民间社会以海为田、经商异域的小传统,使南播的中原文化有了新的亮色和变貌。以儒家为核心的思想和文化,是中华社会发展的主导,也是闽南社会建构的主导。缤纷的海洋文化为闽南社会增添了色彩和魅力,但并未能从根本上改变闽南社会的性质,闽南社会依然是建立在农耕文明基础之上的中华文化大传统的一部分,一个发展着海洋文化小传统的部分。

　　因此,辩证地考察闽南文化的大陆性和海洋性关系,我以为可以用多元交汇的"海口型"文化来予以概括。"海口"本是一个地理学的概念,通常用来说明内陆河流与大海交汇的地方。在海口周围,从内陆带来的泥沙冲积而成的三角洲,往往是土地最为肥沃、物种最为繁富、人口最为稠密、经济也最为发达的地方。海口是闽南处于山海之间的特殊地理位置。把自然地理学和经济地理学的概念转化为文化地理学的概念,闽南文化也是一种"海口型"的文化。其涵义有二:一、闽南文化是大陆文化向海洋文化的过渡。随同中原移民携带入闽的大陆文化,在长期的滨海生存环境中,沟通两岸,走向大海,涵化和发展出新的海洋文化因素,形成了大陆文化在闽南的一种特殊的"海洋性格"。二、闽南的滨海环境,在宋元以后的历史发展中,成为一个广泛接受各种外来文化的"海口"。无论阿拉伯文化,东南亚文化,东北亚文化,还是西方文化,也无论是以和平的贸易方式,还是以战争的殖民方式,都最先从这里(还有广东、浙江)登陆,然后北上进入中国政治、经济、文化的核心地带。闽南作为为异文化进入中国的"入海口",同时也造就了闽南文化多元交汇的特殊形态。它正负值共存地赋予了闽南文化的开放性和兼容性特征。特别在近代的发展中,在引进西方先进文化、推动社会鼎革,发挥了重要作用。但也正如泥沙俱下、龙虫并存的海口型地理一样,"海口性"文化的多元性和丰富性,有时也难免芜杂和混乱,其本身就是一种特殊的文化现象。

三、关于闽南文化的历史性和当代性

文化是历史形成的。闽南文化是自晋以降一千多年来,中原文化南播闽南在滨海地理环境中融合古闽越文化积淀而发展的特殊的滨海文化形态。文化的历史性研究一直是闽南文化研究最重要的内容之一。

但文化不会停止在历史的某个点上,文化总是伴随历史的发展而与时俱进。这样的文化才是活态的文化,与时代同行的文化,和社会共同建构的文化。不能把文化的历史性和文化的当代性对立、割裂开来。历史是当代的昨天,当代是历史的今天。研究历史是为了当下,关注当下必须借鉴历史。我们以往的研究较多关注的是文化的历史层面,无论文献无论田野,讲说的都是文化的昨天,而相对忽略对文化的当下存在状态和发展状况的研究,也即文化的当代性问题,这本应成为我们研究的重心之一,却往往被忽略。

以下四个方面的因素,对当代闽南文化的发展有着重要影响。

其一是伴随着历史发展和社会变迁带来闽南文化的异变和创新。现代的生活方式、精神仪式,带来新的文化形态,这样的例子枚不胜举。最典型的莫如近代以来闽南社会对海洋的开发和发展,由浅滩走向远海,由近水走向深蓝,不仅是以海为田,更是谋生异域,也不仅在经济上通商,更在文化上兼容。闽南人走遍世界,扩大了闽南人从陆地到海洋的生存空间和生存意识。随着“过台湾”和“下南洋”而来的生存方式的改变,也带来闽南的文化风尚和生活习俗的许多变化。一些凝结着闽南人生存沧桑和崭新境遇的文化形式,诸如南洋客、番客婶、番仔楼、侨批、海外关系等等,成为近代闽南文化新的象征;而当下年青学子的出国留学、投资海外、合资办厂等等,更成为常见的习尚。在沟通中外的文化传播与融合中,也给闽南文化带来新的变异。这些都有待于闽南文化研究者像做历史研究的田野调查那样,去发现和总结。

其二,现代科技的发展为闽南文化注入创新的因素。这从富于闽南特色的文化产业,例如惠安的石文化、德化的瓷文化、安溪的茶文化等表现得最为突出。石雕工艺是惠安传承数百年的传统工艺,主要以建筑工程的石构件和传统的狮子、观音造型为主。但近几十年来,不仅以惠安女为创作主体利用电钻创造了维

妙维肖的石板影雕,享誉海内外,而且有大批经过正规美术院校专业培训的艺术人才,参与到惠安石雕的创作中来。不仅在工艺上引进现代的生产技术,而且在美学观念上升华传统石雕的现代意识,在大型的室外装饰和现代艺术的创作上,都有重大的突破。德化瓷文化、安溪茶文化,乃至厦门的漆线雕等,都有相似的经历和经验。科技注入文化,带来文化的遭变,这是当代文化发展的重要动力之一。

其三,现代社会的人口流动和频繁交往,促使不同文化在同一地理空间中的共存、碰撞、渗透和融合,形成闽南文化变异、发展的迥异于前的生态环境。传统社会的封闭性,特别像福建这样的地理环境,山分水隔,容易形成文化(特别是方言)的碎片化和单一化,所谓"五里不同风、十里不同俗"以及闽方言的复杂,皆来于此。近代以来闽南的渡台过番,正是在挣脱社会的封闭中走向文化的开放。闽南由历史上曾经的移民社会,变成向台湾和南洋移民的出口地;而今日的闽南再次成为四面八方外来人口的聚集地和走向的重要港口。据厦、泉、漳(含下属区、县)三市 2010 年的人口调查,厦门市常住人口约 350 万,其中外来人口约 170～180 万,拥有厦门人口的半壁江山;泉州市常住人口约 720 万,被称为"新泉州人"的外来人口约 200 万,占总人口的四分之一强;漳州市外来人口略少,在 480 万常住人口中也有 62 万人。在厦、泉、漳的中心城区如厦门市、泉州市区、晋江、石狮等,实际上已成为新的移民城市。四面八方的外来人口带来各自不同的文化,或者融入在闽南文化之中,或者与闽南文化并存成为今日闽南文化外在的多元文化环境,都为闽南文化的变异和发展创造了客观条件。今天我们在闽南社会的现实生活中,随处可见这种交融混和的文化现象。从闽南大厝到融汇南洋风格的嘉庚建筑,从道地的闽南菜肴到混杂川菜、湘菜、鲁菜以及东南亚风味、日韩风味、西洋风味的各式料理,都是这种文化杂交、融合的结果。

其四,历史文化经过现代的转换,成为宝贵的文化资产,在现代社会发挥积极的作用。这包括我们以现代价值观念对传统文化进行重新诠释,例如以对土地(大自然)的感恩与敬畏,来诠释福德正神(土地公)的信仰,用悲悯情怀和以德报怨的精神,来诠释闽南民间的普度民俗,使这些传统的信仰、习俗,重新在当代社会生活中焕发出光芒。用当代意识来诠释传统,赋予传统当代的生命,和让传统进入我们日常的生活,成为活在当代的文化,是一个问题的两面,使我们的文化,既有历史的深度,又有现代的生命活力,这是一举两得的事。

四、关于闽南文化的文象和文脉

文象和文脉的概念,是温家宝总理在 2007 年 6 月参观北京中华世纪坛全国非物质文化遗产专题展览时提出的。他说:"非物质文化遗产也有物质性。要把非物质文化遗产的非物质性和物质性结合起来。物质性就是文象,非物质性就是文脉。人之文明,无文象不生,无文脉不传;无文象无体,无文脉无魂。"又说:非物质文化遗产能够几千年传承下来,就在于有灵魂。"一脉文心传万代,千古绝唱是真魂。文脉就是一个民族的灵魂。"在温家宝的表述中,文象是物质的、可视的、显形的文化,文脉是非物质的、隐视的、无形的文化。它们构成了中华文化结构中可观察的文化外层和不可观察的文化内核。

温家宝关于文象和文脉的论述,不仅针对文化遗产而言,也深化了我们对整个文化的认识。闽南文化同样也存在着外层文化事象和内面文化精神的结构关系。作为地域文化,闽南文化的表层文象,更多地体现出地域文化色彩和魅力的个性特征;而作为中华文化下位的闽南文化,其内在文脉则更多地表现为中华文化共同的精神传统和价值体系。文象的繁花照眼和文脉的一以贯之,是中华文化结构一体多元的辩证关系。

以往我们的闽南文化研究,较多关注的是文象,是一个个具体的文化事象,是文化项目的表层现象。文象的研究,是为了文脉的传承。如何深入文象的表层,揭示文象的内在精神,使作为民族灵魂的文脉得以更好地传承、弘扬。这是我们研究文化的目的。闽南文化研究的深入,同样面临如何透过文象研究弘扬文脉——文化精神的问题。

五、关于闽南文化的雅文化和俗文化

文化的雅、俗之别,是一种形象的说法,并无本质上的优劣贵贱之分,只是就文化的表现形态不同所做的大致的区别。

所谓俗文化,或称俗民文化、常俗文化,是指以俗民(庶民)为主要载体和对象,建立在他们生活传统、信仰传统、社区组织传统和经验传统之上的,比较朴素、粗糙,因而带有一定自发性、原生性、非理性和传承性的那一部分文化现象。

这是一种带有很大民间性的世俗文化。而所谓雅文化,或称精英文化、士人文化,一般是以士人(士和士大夫,亦今日所说的知识精英)为主要载体和对象所表现出来的一种文化形态。它是对前人实践和经验(包括俗民的实践和经验)进行整理概括,扬弃提升,从而成为系统比较完整、逻辑比较严密、比较富于理性色彩的社会意识形态和知识谱系。它常常由文化的表层进入文化的深层,从社会的底层进入社会的上层,成为统治阶级用来制约和推动社会发展的文化力量。因此,相对于俗文化的下层性和民间性,雅文化带有浓厚的上层色彩和官方色彩。二者既互相依存和渗透,又互相对立和排斥。一方面,雅文化是对俗民实践和经验的综合概括、扬弃提升,在这个意义上可以说,雅文化源之于俗民文化;另一方面,雅文化作为上层的意识形态,又对俗民文化起着制约、规范和改造的作用,使俗民文化不致超越一定体制下的意识形态、制度规范和道德规约。在中华民族多元一体、幅员广大的各个不同区域中,以士人为载体和对象的雅文化,更多地表现出整合统一的文化共性,而以俗民为载体和对象的俗文化,则更多地体现出独特地域色彩和魅力的文化个性。二者所形成的正是文化结构中上层文化与下层文化、官方文化与民间文化、文化共性与文化个性对立统一的辩证关系。

闽南文化当然应当包括雅文化和俗文化两个方面。雅文化主要来自于对中原儒学道统和文化精神的传承和发展,即使如朱熹、李贽、苏颂那样的大家,也无不如此。而俗文化则是与闽南民众日常生活紧密相连的各种文化形态和仪式。闽南文化的特殊地域色彩和个性魅力,主要表现在俗文化之中。这也是我们谈及闽南文化,便离不开方言、宗族、民间信仰、民间戏曲和歌舞等等的原因。但是在讨论闽南俗文化时却不应忘却雅文化的存在及其对俗文化的影响,俗文化中潜隐的雅文化精神内核,以及两者互相渗透和制约的复杂关系。

当前两岸民间的文化交流,闽南文化占据重要地位;而两岸闽南文化的交流,是以俗文化为主体。这是因为:俗文化作为一种生活方式,是以移民自身为载体,作为移民的生存方式最先由闽南进入台湾,与"身"俱来地不仅在闽南,也在台湾拥有最广泛的群众基础。无论宗族血脉、生活习俗、民间信仰主神、民间文学艺术等等,许多都直接承自闽南祖地。因此,两岸民间文化交流,自然最先从这里出发;对血缘的认同,文化的认同,乃至对民族的认同,国家的认同,也最早在这里奠立基础。俗文化责无旁贷成为两岸文化交流的主体。

六、关于闽南文化的过程性研究和结构性研究

文化的过程性研究，是一种动态的历时性研究。我们寻找文化的源头，从时间的角度来审视、记述文化在历史进程中怎样伴随人类社会的进步，发生、变异和发展，揭示它的历史脉迹和文化传统。而文化的结构性研究，则是一种相对的静态研究。我们从空间的角度来解构文化的各个构成要素，分析文化各个要素之间的关联关系，不同的文化要素怎样结构成文化的整体。过程性研究和结构性研究是文化研究的两翼，相互不可替代，应当相互补充和印证。

以往我们的闽南文化研究，比侧重于过程性研究，而相对忽略结构性研究。这种缺失，容易造成我们研究的"跛脚"。

文化是一个总体性的概念。什么是文化，我们看不见，看到的是一个个具体的文化事象。一讲闽南文化，我们脑子里出现的就是闽南话、南音、梨园戏、歌仔戏、寺庙的拜拜、宗族的祭典、过年的风俗，等等。所有这些被视为文化的事象，都不是孤立地存在着。它们互相连接、互相依存，形成一条条文化链，一条条文化链结成一个庞大的文化网，我们就生活在这样复杂的文化网络之中。举一个浅显的例子，闽南人或许因其迁徙途中危艰丛生，或许因其山海环境瘴疬海难不断，民间的泛神信仰十分繁富，一块石头可以是神，一个树桩也可以是神。寺庙是表达民众信仰最神圣的地方，邻近几个村子有相同的信仰，便以最有灵性、同时也是建筑最为华贵的寺庙为中心，形成一个共同的祭祀圈；这个共同祭祀圈同时也成为共同的经济圈；而寺庙聚集人气，是人际交流的中心；村中长辈或权势者借寺庙议论、决定、发布大事，寺庙又实际上成为村中的政治中心。文化、经济、政治就这样围绕一座寺庙联结在一起。这是大致的情况，虽为古早的事情，对我们今天仍有启发。各种文化事象也存在着互相联结和依存的逻辑关系。仍以寺庙为例，这是民众的信仰中心。一座寺庙的建筑，发展了特殊的建筑行业；寺庙的华贵装饰，推动像剪瓷、漆线雕这样特殊装饰工艺；佛像的塑造，也发展了木雕、石雕、铜雕、泥塑等特种工艺；而无时不在的祭祀，丰富了民众对各个民间主神祭拜的精神仪式；为了娱乐神明也娱乐自己，请戏谢神成为民间戏曲和民间表演团体生存的土壤之一。以寺庙和信仰为中心形成的文化链，使不同的文化事象互为环境，伤一环而损全身。"文革"期间的破四旧、禁祭祀，而使相关文化事象和文化产业频临绝境，就是深刻的教训。文化事象都是个别的，只有联结一起才成为"文化"。从个别到整体，其相互关连的逻辑关系，应当成为我们研究的重心之一。

这只是文化结构关系的一个侧面。文化的结构系统研究，应当包括文化的构成要素研究、文化的结构方式研究，文化要素的相互关系研究，以及文化与环境的关系研究等多个方面，这是一个系统工程，有待于我们深入去探讨。

（作者为福建省社会科学院文学所原所长、台湾研究中心原主任、研究员）

闽南文化根植于河洛文化

汤恩佳

　　中华文华源远流长,博大精深,包含众多的地域文化,河洛文化、闽南文化就是其中重要的地域文化,而且这两类文化都有鲜明的儒家文化特色。我们探讨闽南文化与河洛文化的关系,就在于寻找血缘之根和文化之根,返本开新,推动建立文化认同、民族认同与国家认同。

　　闽南文化分布于闽南厦、漳、泉,也存在于龙岩的新罗区和漳平县、广东的潮州、汕头、揭阳、汕尾和雷州半岛,海南的汉族地区和台湾的绝大多数地区、港澳地区等。闽南文化并不是在闽南独立自生的文化,而是河洛地区的人民带着河洛文化来到闽南等地,与当地社会、自然、文化相结合而产生的文化。其实,河洛文化有两个概念,一是指黄河与洛水流域的文化,二是指始于晋代以来,不断从以河南固始为中心的中原地区所传入福建、广东、浙江等地的,特别是闽南区域所形成的文化体系,在这个意义上,河洛文化与闽南文化就是很相近的概念。

　　人是文化的载体,人去到哪里,文化就被带到哪里。河洛地区人民大规模南迁是公认的历史事实,有人考证,闽人的族谱有大部分籍贯为河南固始。南下的河洛人从中原地区带来宗教、思想、文化、语言、戏曲艺术、风俗习惯,闽南方言最接近于唐宋时期的中原语言,儒家的"仁、义、礼、智、信、忠、孝"成为闽南人的道德理念。南传的河洛文化不会完全保持原有形态,而是与闽南的海洋特色相结合,并有所创新,有所发展。但是,我们要清楚,闽南文化根源于河洛文化。有人归纳闽南文化的基本特征是重乡崇祖的生活哲学、爱拼敢赢的精神气质、重义求利的价值观念和山海交融的行为模式,其中既有孔教儒家文化的基因,也有闽南地域的特色。

　　台湾地区有人试图将台湾文化与中华文化割裂开来,其实,他们无视这种历史事实:台湾文化来自闽南文化,而闽南文化又来自河洛文化;占台湾总人口98%以上的汉族人都是从闽粤移民台湾的闽南人和客家人,而闽南人和客家人指秦汉以后历经唐宋元明清,因不堪战乱灾疫从北方中原河洛地区移往闽粤的人民;闽南话本身就是河洛语言,是晋唐时期中华民族所普遍通行的官方语言;台湾供奉的神明如妈祖、观世音菩萨、圣关帝君、福德正神等都来自于中原的儒释道三教。所以,当我们理清闽南文化的来龙去脉,就可以反击“去中国化”的谬论。研究和弘扬河洛文化、闽南文化,可以不断增强台湾同胞的民族认同感。

以儒家为主的中华文化是中华民族形成的基本条件。仅仅靠血缘关系和地缘关系,无法形成地域广大、人口众多的中华民族。中华民族的重要标志,就是以河洛文化为根的儒家文化。河洛地区的人民大量南迁,向南部带去了先进的河洛文化,接受了河洛文化的地区,也自然就融入进了中华民族的大家庭。

研究闽南文化,我们一定要返本溯源,认真研究河洛文化的发展脉络。《易·系辞上》说:“河出图,洛出书,圣人则之”,所指的是:上古伏羲氏时,洛阳东北孟津县境内的黄河中浮出龙马,背负“河图”,献给伏羲。伏羲依此而演成八卦;大禹时,洛阳境内洛河中浮出神龟,背驮“洛书”,献给大禹。河图与洛书是中国古代流传下来的两幅神秘图案,凝结着中国古代人民超凡的智慧,被认为是河洛文化的滥觞,是儒家经典《周易》来源,也是儒家气学理论的根本依据。《易》为中华民族传统文化之总根、总源;因此,以“告诸往而知来者”(《论语·学而》)为己任的孔子,必然十分重视这个中华民族传统文化之根,并加以发扬光大。司马迁说:“孔子晚而喜《易》”,序《彖》、《系辞》、《象》、《说卦》、《文言》。读《易》,韦编三绝。曰:“假我数年,若是,我于《易》则彬彬矣。”(《史记·孔子世家》)孔子不但学过《易》,而且还作过《易传》;不但向弟子传授过《易》,而且弟子以后的师承关系也是历历可数。1973年,湖南长沙马王堆汉墓出土的帛书中有一部《周易》,卷后附有佚书《要》等两篇,记录着孔子与其弟子研讨《易》理的问答。

中华民族的先祖,受到崇拜和称颂的首推炎帝和黄帝,中华民族自称为“炎黄子孙”,河洛地区孕育了伟大的华夏文明,是炎黄二帝的主要活动区域。《史记·五帝本纪》说“黄帝者,少典之子”,《国语·晋语》中记载:“昔少典娶于有蟜氏,生黄帝、炎帝。”黄帝、炎帝两个氏族都是少典氏族的后裔,而少典是有熊(今河南郑州新郑市)的国君,故《帝王世纪》有“黄帝受国于有熊”之说。据《世本》

记载:黄帝、炎帝、尧、舜、禹、契等族的后代,占据 152 个属地,组成 152 个方国,包括 875 个氏。现在社会上存在的姓,90% 以上包括在这 800 多个氏以内。因此,可以说,所有的中国人包括台湾同胞和海外华人也都是炎黄子孙,都根植于河洛大地。先秦时代,河洛地区在政治、军事、经济、文化诸多领域中诞生了一大批精英,如夏禹、伊尹、傅说、姜尚、周公、老子、庄子、墨子、商鞅、子产、申不害、吴起、鬼谷子、苏秦、邓析、公孙衍等,形成了儒、道、法、兵、墨、名、纵横等诸多文化流派,并产生了一大批典籍。

周王朝建立后,周公在洛阳依据华夏文明的成果,制礼作乐,礼的主要内容有宗法制、封诸侯、五服制、爵位、谥法、官制、刑法以及吉、凶、军、宾、嘉五礼等,并且,为配合上述典礼仪式,周公制定了相应的乐舞。周公礼乐的价值是:"礼所以经国家、定社稷、利人民;乐所以移风易俗,荡人之邪,存人之正性。"

孔子曾说"郁郁乎文哉! 吾从周",他不远千里来到洛阳,考察、学习周公制定的礼乐,把"克己复礼"作为终生奋斗目标。周公庙位于今洛阳市老城西关外定鼎南路东侧。"孔子入周问礼碑"立于洛阳市老城东大街北侧的古文庙前,刻着"孔子入周问礼至此"几个大字。后世将"周孔"并称,周公、孔子、孟子一脉相承,周公为"元圣"、孔子为"文圣"、孟子为"亚圣"。孔子正是依据周公制定的礼乐,适应时代的变化,有所损益,建立了规范中国人行为、建立社会道德秩序的礼教。孔子通过问礼河洛,大量吸收周文化的智慧。孔子率弟子游学于河洛各地,为河洛文化的发展提供了新的文化因数,提升了河洛文化的品质。

由于河洛地区长期以来是政治中心,在政治力量的推动下,河洛地区又成为文化中心。为了巩固政权、维护统一,政府将河洛文化作为官方文化,以政治力量向全国推行,要求朝野奉行。周公在洛阳的"制礼作乐",把传统的河洛文化规范化、法制化,从而奠定了河洛文化作为官方文化的基础。周朝建立之后,不断把大批在河洛地区成长并深谙周礼的人分封到全国各地,这些人带去了先进的河洛文化。周公东征获胜后,其子伯禽被周封为鲁公,伯禽就国鲁地后很快就着手"变其俗,革其礼"。孔子在河洛文化的基础上创立儒家文化,在汉代以后获得了至高无上的地位。河洛文化在中华文明发展史上长期处于核心地位。早期的河洛文化具有正统性,成了中华大地上其他地区文化的重要源头。在河洛文化的辐射和影响下,"东夷"、"西戎"、"苗蛮"接受了河洛文化。河洛文化东进而产生齐鲁文化,河洛文化南移而产生楚湘文化。河洛是经学的中心,也是儒家文化教育中心。

中国当下最迫切需要的,就是通过重建儒释道三教,形成中国人民的文化认同,并通过文化认同进而形成国家认同。中国大陆人民和港澳台人民同时信仰儒释道三教,就能达到同心同德的局面。

中华民族要实现伟大复兴,首要的问题就是要保持国家的团结与统一。保持国家的团结与统一,就需要国家认同。美国哈佛大学亨廷顿教授说,要用英语和基督教来形成美国的国家认同。相应地,我们也应当认识到,要用孔子儒家思想与汉语来构建中国的国家认同。统一的中华民族需要有一个强有力的精神轴心,这个精神轴心就是孔子儒家思想。海峡两岸的和平统一大业面临诸多分歧,但有一点却是共同的,即两岸同胞都是炎黄子孙,都有着共同的儒家文化传统。如果孔教儒学在海峡两岸得到广泛传播,两岸各阶层民众在孔教的信仰与交流的互动中,想到彼此共同的炎黄祖先,流着同一祖先的血液,从而加深彼此了解,捐弃前嫌,有利于形成中华民族的向心力和凝聚力。宋楚瑜说,台湾有些人是忘了本,去了根,这是根本不对。任何一个中国人,如果丧失了中华儒家文化这个根,就会犯根本性的错误。有了孔子儒家思想这一精神轴心,两岸终必团结,达致全国统一的局面。儒家"大一统"的观念为和平统一树立了目标,任何偏离这一目标的行为,都会遭到全国人民的共同反对。儒家的"和而不同"是和平统一的指导思想,这种思想具体实践下来,就是"一国两制"方案的提出。

祖国和平统一大业,是整个中华民族炎黄子孙共同参与的伟大事业。包括儒教、儒学、儒官、儒商、儒将、儒医在内的六类儒家,遵照孔夫子及历代各位贤者的教导,按照仁、义、礼、智、信五常去参与社会活动,手中掌握着促进中国和平统一的精神武器,以孔子儒家思想作为中华民族团结的精神纽带,理所当然地成为中国和平统一大业的积极推动者。儒学阐释孔子儒家文化,儒教以多种途径向广大群众传播孔子儒家信仰,从而建立中华民族的民族精神,培养中华民族的民族认同意识,形成中华民族团结的精神纽带。儒商则是以儒家理念推动中华经济圈的形成,建立连结海峡两岸的经济纽带。儒官、儒将在儒家仁爱、和平理念的指导下,推动两岸关系向着和平统一的方向发展。

回顾人类历史,世界上每个国家、每个民族,都有自己的传统文化、传统思想、传统宗教信仰、民族精神轴心。唯有这样,国家民族才有根基,才能自立于世界民族之林。否则,就会走向民族虚无,最后被外来势力颠覆,不战而败,与前苏联一样,瓦解成十五个国家。

本人自担任孔教学院院长和主席至今共二十七年,为推动和弘扬孔教义理和教义,捐资一亿多港元。数十年来,孔教学院在我的带领下,致力于推动将孔子圣诞之日作为香港的教师节及公众假期。今年本院喜见争取多年在香港兴建孔庙已踏入直路,现在各项筹备工作正进行中,香港孔庙预计耗资约六至七亿港元,本人将捐资二亿。而另一喜讯是中国教育部报请国务院审议《教育法律一揽子修订建议草案(送审稿)》,征求意见稿拟将中华教师节日期由 9 月 10 日改为 9 月 28 日即孔子诞辰日。香港民政事务局曾德成局长代表香港政府宣布认许自 2014 年起每年 9 月第 3 个星期日为"香港孔圣诞日"。本人从商半世纪,素有香港"染料大王"之美誉,又被称为"汤三儒",即集儒商、儒学、儒教于一身的三重身份,我很乐意接受别人给我的这个雅号。这个雅号并不是虚荣,而是见证本人长期从事商业活动,薄有成就,同时,也是本人在全世界推动孔教儒学的复兴运动的一种成果,这个雅号正是鞭策我继续矢志不移地为弘扬孔教儒学而贡献力量!

本人坚信孔子儒家思想有六大主要功能:

一、能促进世界和平;二、能提升全人类道德素质;三、能与世界多元文化共存共荣;四、是中国 56 个民族, 13 亿人民的精神轴心;五、能促进中国和平统一;六、能达致与世界各宗教文化平起平坐。谢谢各位,并祝各位事业进步,身心康泰!

（作者为香港孔教学院院长、博士）

福州文风之鼎盛

杨祥麟

河洛文化是福建文化之根。福建是大陆最东南角的一省,与台湾隔海相望,关系也最密切。开发台湾,福建人尤有最大功勋。福建之名初始于唐代,唐置福建经略史而名,取福州、建宁(今建瓯县)二地首字而命名。福建省简称闽,古时周代为七闽之地,省内又有闽江最大的河流而名。又称为八闽,自元代分全省为福州、与化、建宁、延平、汀川、邵武、泉州、漳州等八府而得名。

福建省的最大河流闽江流域占全省五分之二,武夷山以东,戴云山以北诸水,皆汇流于闽江。上流有三,曰建溪,出浦城县,至福川八百里;曰富屯溪,出光泽县,至福州八百六十里;曰沙溪,出宁化县,至福州九百三十里。三溪在延平县会合以后,合称曰闽江,下二百里至水口镇。由此可通小汽船,二百里到福州。福州马尾以下,可通海输,去海口尚有百里之遥。闽江上游水急滩险,但风景秀丽,水绿山青,西人以之比拟欧洲之莱茵河。

福州是福建省省会所在地,旧时附近有闽县及侯官县,故合称为闽侯县。以地多榕树,故简称为榕城。当闽江之下游,扼八闽之枢纽,东连沧海,西绕群山,是东南的一大都会。自清代《南京条约》开为商埠,是我国最早的五口通商之一。商埠设于城南闽江中的南台岛上,市肆整齐,闽海关与各国领事馆都集中于此。省城建于闽江北岸,自南门至江滨,市容繁盛,人烟稠密,与汉口、九江合称为我国三大茶市。茶与木材、竹纸是三大输出品,但其名产漆器则闻名海外。茶叶以武夷茶最为著名,是我国名茶之一。

福州至南台岛架有石桥,因中洲峙于江心,故桥分为二,北曰万寿桥,南曰江南桥,合长百四十丈,甚为雄伟壮丽,为闽省一大工程。桥以北的南台一带,是福州商业最繁荣之处。江中帆樯云集,惜闽江中沙洲处处,较大的海轮,只能到下游三十里的马尾镇,不能上溯福州。民国后集资疏浚,吃水二十尺之海轮已可直驶福州南台,对于福州的商业,大为有利。由于处在上海到香港航道的中间,东航可到台湾的基隆港,地位特别重要。

福州是福建省的政治、经济、交通中心,也是文化中心。历代以来,文风鼎盛,人材代出,向有"海滨邹鲁"之誉。汉晋以后,中原衣冠,悉迁江左,福州曰晋安、泉州曰晋江,皆由来有自。南宋以后,诸儒先后讲学,蔚为文献之邦。朱熹讲学于武夷山中,贡献更大。名儒国士,更先后辈出,如宋代之李纲,开发台澎的郑成功,禁烟抗英之林则徐,都是历史上重要人物,民国初年的林琴南、严几道,都是一代学人,对我国输入西洋新思潮,西洋文化,厥功至伟。

榕城多山多水

在中国,福建与广东两省与南洋接触最早,对于都市的开发与建设大有关系。福州由于地居东海要冲,处于山海江湖之中,集诸江之水,成为著名的海河都市。文物璀璨,山明水秀,形势之美,东南第一。

福州系一商业兼政治都市,城内多系机关、学校、住宅,榕树荫蔽,颇为幽静,街道建筑,使人发思古之幽情,有北平故都之风。福州有一特点,是城内外的小山特别多,分布于全城各处,风景也特别美,城市山林,别具风光。福州民谚有:"三山藏、三山现、三山看不见。"均形容山之多也。

隐藏的三山,是玉泉山、罗山和玉尺山。玉泉山有"泉山古迹",为市内胜景之一。罗山有法海寺名刹,暮鼓晨钟,香火极盛。玉尺山在光禄坊,是一座小山。看不见的三山则是玉山、芒山和钟山。

丸仙山是城中的名山,风景甚美,有九仙观、大士殿、定远台、白宫寺、丹井、戚公祠、吕祖宫、天君殿等胜景。在山麓建有白塔一座,与乌石山麓的石塔遥相辉映,是市内有名的两座塔。

乌石山亦为三山之一,山下房屋鳞次栉比,山上青葱一片,景色极美。山中有道山亭、蟠桃坞、凌霄台、浴鸦池、雷劈岩、介寿亭、双骖园、鹊舌桥、无垢净光塔、一线天等胜景。

屏山亦在城内,有镇海楼、七星虹等名胜。镇海楼的楼额是宋代朱熹大儒所书,极为名贵。

福州三山可以说是天然的公园,城内小型园林甚多,旧多属私人所有,幽雅恬静,曲院回廊,与南门外的繁华市街,有着十分鲜明的对比。

福州多山多水,除了闽江的风帆来去,烟波苍茫,城西尚有一个小西湖,是一个风光宜人的市民游憩之所。小西湖以在西门外而得名,但其规模则远逊杭州之西子湖。但仍不失为一风景幽美的去处。湖中碧水清涟,湖畔垂柳依依,颇多雅趣。湖中筑有宛在堂,有"诗庵"之称,为省城的骚人墨客经常诗酒游燕之所。每当烟雨满楼台,把酒啸吟;或值明月映湖上,泛舟碧波,均各有其情趣。亦可访昔贤林则徐读书故址,颇有"风雨如晦,鸡鸣不已"之感慨。

福州的漆器闻名中外,尤以西方人士最感兴趣,西人称我国的丝绸、瓷器和漆器都极珍贵。漆器光洁美观,实用耐久,又因南方天气炎热,多用漆枕,亦一特色。城内温泉有百合温泉,甚为有名,远近人士,均在此入浴。

鼓山涌泉寺

鼓山是福州附近的一大名胜,也是八闽首屈一指的胜景。山上有东南第一名刹"涌泉禅寺"。

鼓山位于城东约十里,闽江之滨。山的得名,据《读史方舆纪要》中载,因山顶有巨石如鼓而名。由山麓拾级而登,山中筑有广阔的石板路,沿途植有苍老的巨松古柏,绿荫遮道,景色绝幽。由山麓到涌泉寺,须登石级两千余级,途中经仰山亭、七佛亭、半山亭、道亭、更衣亭、驻锡亭等。途中有一山岩,为蒋介石驻跸福州时,亲题"其介如石"四字,气魄雄伟,苍劲有力,后经寺僧雇工刻壁,永留纪念。

涌泉寺殿宇巍峨,庄严华丽,丹柱碧瓦,金碧辉煌,充分显示出我国古代寺庙建筑艺术之美。山门前有石碑一座,分刻对联云:"净地何须扫,空门不用关。"寺内广阔幽静,大雄宝殿中供巨型三宝如来佛像,丈六金身,金光灿烂,妙相庄严,为游人所最称道,大殿极为宽大,可容千人在堂中诵经膜拜。大雄宝殿前有一联云:"面对香炉,不用隔江招手;背临为屿、请看顽石点头。"殿后进为法堂,左厢有钟楼、客堂、闽王祠、伽蓝殿、藏经堂等;右厢为鼓楼、经版楼、戒堂、禅房、方丈、宝积仓、僧房、厨房等,规模之宏大,实不下于西湖之灵隐寺。1926 年,为供信众游人住宿之使,特建造三层客舍明月楼一座,可容千人食住。素菜特别有名。每年四月八日佛祖寿诞,为一年一度之盛典,凡皈依沙门新剃度僧侣,均来寺受戒,是日红男绿女,登山观礼,有如山阴道上,应接不暇。

涌泉寺历史古老,该寺地址据传原为一毒龙潭,唐建中四年,有裴胄居士,延僧灵胜入山,在潭旁诵法严经以制压毒龙,因名其地为华严台。五代梁开平二年,王审知填平该潭,建为禅寺,延僧神宴居住。宋真宗赐题"鼓山白云峰涌泉禅寺"额。明永乐、清康熙帝均赐御书"涌泉禅寺"匾额,以后历朝扩建,成为一大名刹。寺内藏有清代康熙、乾隆所颁赐之藏经七千余卷,为镇山之宝。

鼓山海拔一千余公尺,山上以涌泉寺为中心,有不少名胜古迹,如喝水岩、一线天、水晶潭、国师岩、蹴鳌桥、水云亭、听雨楼、万松湾,十八岩洞等胜,志载山有一百零八景,林泉寺洞,无一不备。在山门前不远之灵源洞、水云亭等附近石壁上,多为历代文人雅士所题书。

鼓山之绝顶峰,名曰圽嶭,登绝顶远眺,城郭如画,闽江如带,田园阡陌,风帆隐现。晨朝的日出,夜晚的渔火,各有不同的景色。据说当丽日悬空,晴朗无云之际,在山顶可达眺台湾山峦,宛如海上仙山,隐约天际。

马尾罗星塔

螺江也是福州附近的一处名胜,距福州约二里许,在闽江的一个沙洲,长约二里许,四面环水,筑石为堤。洲上有数百人家,自成村落,名曰螺洲。村落虽不大,但高墙大厦,鳞次栉比,村中建有孔子庙、文昌阁、朱子祠、妈祖宫、读书斋、藏书楼等处。相传古代有一位螺仙女在此修炼成仙,今尚存有石碑记其仙迹故事。螺江正对五虎山,旗山、鼓山为其左右翼,下则闽江浩荡,风帆去来,江村人家,别有情调。在洲上,可望见北岸山麓之协和大学,设备完善,风景宜人,是福州的最高学府。

马尾镇在福州之东,闽江下游的北岸,有公路及汽船通福州。虽系一江边市镇,但全国均闻其名,马尾是中国现代海军的发祥地。太平天国之乱后,清中兴名将左宗棠奏设海军,由闽人沈葆桢在马尾创办海军船厂,修建船舰,训练海军,逐渐成为国家海军训练之摇篮。清代之南洋海军,即以马尾为主要基地。

马尾又名马江,市容极为热闹,马尾海军学校及马尾造船厂的规模都很大。中国现代海军最初的将领多出身于此。二次大战中,日军曾攻陷马尾,海军各项设备几全部遭破坏。胜利以后,犹未能恢复旧观。

罗星塔在马尾镇附近山坡上,塔身为石块建成,四周并无栏杆,由塔内可攀登塔顶。俯瞰闽江广阔浩荡,艨艟巨舰,寄碇江中,形势之壮丽,风景之优美,堪称闽江第一胜处,由江上远眺罗江塔,实为马尾镇的标志。罗星塔附近江面极宽,由江中远眺塔身,隐现雾中,闽江浩荡东去,风帆沙鸟、轻舟远树,充满诗情画意。

由罗星塔东下,八十里方到闽江出海处的闽安镇,为福州的门户。黄歧岛横陈江口,分江水为二,一为南水道,一为北水道。黄歧又名五虎山,有五虎门,与长门炮台相望,是闽江的门户。与马祖列岛隔海相对。

在台湾各地均有妈祖庙,每逢妈祖诞辰,极为热闹,信众举行大拜拜,以庆祝妈祖圣诞。比较福州马尾两地庆祝妈祖诞辰方式,似乎马尾民众对妈祖之尊崇较台湾有过而无不及。据说妈祖姓林,是一少女,父兄均在海上捕鱼为生。有一次,海上大风雨,数日未停,父兄海上捕鱼未归。一夜,她梦见自己在大海中,见父兄船覆,她即跳入海中,救起父兄。与梦同时。她父兄果在海上覆舟,在无边黑暗中见海浪中有一红灯,遂抱船板向红灯游去,终得平安到岸。但返家后,妈祖已死去。以后海上频频出现妈祖救难奇迹。于是闽粤各地沿海渔民,到处聚资建庙,奉祀妈祖,每出海前后,都到庙上祈祷求福,应验至灵。连日本的海军与渔民都在船上供奉妈祖,信奉不衰。

(作者为台湾中华博远文化经济协会荣誉理事长、河南运台古物监护委员会副主任)

畲族源于河洛

雷弯山　钟美英

畲族,自称 shan ha(山哈),意为"山里的客人",是我国东南沿海的主要少数民族。现以"大分散、小聚居"的形式散居在福建、浙江、江西、台湾、广东、安徽、贵州等省海拔 200～700 米左右的半山区、山区,主要聚居在闽东、浙南山区。属于典型的原生态山地民族。2010 年第六次全国人口普查为 708651 人(不含台湾 10 多万人),比第五次全国人口普查(709592,不含台湾)少 941 人。现有 1 个畲族自治县(景宁畲族自治县)、46 个畲族乡(镇)。

畲族,被称为"畲",学界认为,始于南宋刘克庄的《漳州谕畲》,"凡溪洞种类不一,曰蛮、曰猺、曰黎、曰蜑,在漳者曰畲。西畲隶龙溪,犹是龙溪人也;南畲隶漳浦,其地西通潮、梅,北通汀、赣……""畲,刀耕火耘"。① 称为"畲",是由于当时畲族先民到处刀耕火种、开荒种畲的游耕经济生活。自此开始,文化人用"畲"来称呼这个共同体。

然而,不能由此得出南宋才有"畲"民。因刘克庄的《漳州谕畲》云:"民不悦(役),畲田不税,其来久矣。"②"其来久矣",说明在他用"畲"称呼之前早就存在了。事实也是这样,《西山杂录》等书云,晋江东石镇源于东石寨,东石寨的前身是畲家寨。永平年间(公元 58～78),汉明帝为了征服散居在闽南沿海的畲家族,派兵攻打,最终,畲家族被征服了,不得不被迫迁徙到闽东福鼎县等地。《福建通志》引《丁氏古谱》说,六朝以来,九龙江两岸,"尽属蛮獠"。《资治通鉴》云:"黄连峒蛮二万,围汀州"。③ 这里所谓的"蛮獠"、"峒蛮"均指活动在福建境

---

① 刘克庄《后村先生大全集》,卷九十三,《四部丛刊,集部》。
② 刘克庄《后村先生大全集》,卷九十三,《四部丛刊,集部》。
③ 《资治通鉴》卷二五九,《唐纪》七十五。

内的畲族。《云霄厅志》载,该地有一最古的庙——"五通庙","未开郡之先(注:唐垂拱二年,公元 686 年以前),蛮人所建"。在庙柱上镌有"盘、蓝、雷"的字样。唐初,陈元光上书要求建立漳州的《请建州县表》云:"……况兹镇地极七闽,境连百粤,左衽裸椎髻之半,可耕乃火田之余,……所事者搜狩为生……"。左衽裸椎髻之半;火田之余,火田、余田,畲也!表明此地一半是畲族先民。唐末五代的玄泰禅师把以祈山烧畲为生,具有今年祈了一坡,明年又祈另一坡的不断转徙的山民称为"畲山儿"。其《畲山谣》曰:畲山儿,畲山儿,无所知,年年祈断青山嵋。……年年研罢仍再锄,千秋终是难复初。又道今年种不多,来年更祈当阳坡。[1]《漳平县志》记载:该县的"郊洞半是盘、蓝、雷"。《诏安县志》记载:该县"六蛔则畲民所居"。《五华县志》、《兴宁县志》、《平远县志》也记载,当时畲民众多。谢重光的《畲族与客家福佬关系史略》中,通过对元代几次大规模的畲民反抗进行分析,从而对当时畲民人口进行了估算,认为闽赣粤浙"四省总计210万左右"。[2] 当时福建省行政区划为八路,漳、泉、汀、邵四路(福建半个省地域)共 1043748 人,畲民有 80 余万,占总人口的 80%。同时,汉文史籍上,对畲民的记载与其他少数民族一样,不同时期用不同名称来称呼这个民族共同体,初为"蛮"、"夷"、"狄"、"戎"、"僚"、"峒"或"峒僚"等,后来为了避免过激的鄙视色彩,改以"人"或"民"来指称,如"畲人"、"畲民"等。到了近代,西方民族理论进入中国,于是国人逐渐地改用"族"作为表述单位,如将"满人"改称"满族","苗人"改称"苗族","畲民"改称"畲族"。

那么,漳州是畲族的发源地吗?长期以来,学者们各抒己见,未能达到共识,仍然是一桩众说不决的学术公案。主要有"土著说"、"越族后裔说"、"南蛮说"、"武陵蛮说"、"东夷说"、"徐夷说"、"河南夷说"、"多元一体说"等多种说法。[3] 这些不同的观点,都试图对畲族的族源给予富有原创性的阐释。但他们都是从自身所在的地域、所持有的资料,从不同学科、分别从自身特定的理论背景和研究角度出发进行探讨的。由于考证的依据和角度不同,结论也就必然众说纷纭,莫衷一是。

---

[1] 《五灯会元》,卷六《南玄泰禅师》,中国佛教典籍选刊本,中华书局,1984 年版。
[2] 谢重光《畲族与客家福佬关系史略》,福建人民出版,社 2002 年版,第 232 页。
[3] 岳雪莲 王真慧《畲族族源探析》,《兰台世界》2012 年 28 期。

　　的确,中华民族多元一体,汉族的形成是多元一体,多数的民族形成是多元一体,畲族也不例外,多元一体。但事物的性质是由主要矛盾的主要方面所决定的,因此,畲族的形成,不可能是各个"元"的叠加,必须找到主要的源。"福建土著说"主要论据是"闽"、"畲"之间有着密切的内涵联系,即"闽"—"蛮"—"僚"—"畲"一脉相承。"闽"是福建的土著,福建最早的主人,其遗裔就是今天的畲族。所以,畲族是福建土著民族,仅仅是字面音、义的推理,缺乏实证资料。"越族后裔说"所引用的材料多是明清时期的,那么这个共同体原来来自何方?越人的习水性,善驶舟、会造船,主要从事种植水稻和渔业生产,不从事狩猎。而畲民从事"刀耕火种"和狩猎,这与越人的生产方式根本没有渊源关系。越人是以"蛇"为图腾崇拜文化现象,这与畲人视龙凤为图腾崇拜文化现象,其对象完全不同,也与图腾崇拜具有民族的稳定性和连续性自相矛盾。"南蛮说",是历史上对南方少数民族的泛称,而不是特指畲族。特别是"越族后裔说"、"南蛮说"、"福建土著说"不能说明为什么畲族传统文化的丰富多彩,且闽粤交界地没有史料证明此地产生过人类。因而,畲民不可能是闽南的土著,那么只能是外来的。"武陵蛮说"、"东夷说"、"徐夷说"、"河南夷说"属于"外来说"。"武陵蛮说"是外来说的代表,认为畲族源于汉晋时代的"长沙武陵蛮"。持这种观点者从畲瑶两族的信仰、姓氏、地名、语言、文书等诸多文化现象进行了比较,最主要论据是"武陵蛮"和畲族有共同的图腾信奉文化现象。近年来"武陵蛮"一说已较淡漠,因除了与晋干宝的神鬼志怪小说《搜神记》中的《盘瓠》等故事的类似传说外,史书中找不到畲族是武陵蛮的一支或从湖南迁来的其他线索。信仰盘瓠图腾的民族很多,从小范围来说,西起新疆东至海岛、北起东北南至东南亚都有;从大范围来说,此俗遍及世界五大洲,为何不说他们都源于"武陵蛮"?且畲族与盘瑶之故事有区别。特别是唐代畲民没有这一图腾,而后来才出现,其由来如刘克庄云:"余读诸畲款状,有自称'盘护'孙者,彼畲曷尝读范史知其鼻祖之为'盘护'者,殆受教于华人耳,此亦溪峒禁防懈而然欤。"[1]清楚地写明,畲民的盘瓠图腾是后来统治者加上去的。近年来,随着研究的深入,学界把畲族源于"武陵蛮"的看法,向前推到与江淮和黄河之间的"东夷"中"徐夷"有亲缘关系。于

---

①　刘克庄《后村先生大全集》,卷九十三,《四部丛刊,集部》。

是就有了"东夷说"、"徐夷说"。而东夷是活跃于新石器时代的东方大族,先秦古籍中常称东夷各部为"九夷",东夷可分为蚩尤(太昊、少昊、羲和)、帝俊、莱夷、徐夷和维夷5大部落联盟。高辛即帝喾,这在许多古文献及后世论著中都有明确表述,如《史记·五帝本纪》索隐:"高辛,地名,因地为号。喾,名也。"帝喾是东夷一支的首领,这也已为学术界所公认。因此,最终畲族的族源就可统一到了河洛。所以,从方法论上看,如果"只见树木不见森林",那么就出现各种不同学术观点,形成学术公案;而从"见林"角度来思考畲族的族源问题,那对畲族族源问题就会有了统一的认识,相互之间并不矛盾,而是统一的,统一于河洛。

畲族源于河洛,不仅仅是通过研究方法、逻辑推导的必然,而且有历史与现实的文化根据。由于在我国长期的封建制度下,少数民族受到民族歧视和压迫,特别是畲民长期处于迁徙中,没有文字,也没有受教育的权利,如浙南,直到新中国成立前夕,还是三不准:不准上学、不准参加考试、不准在戏台前看戏,因此,他们的历史,更多的是一种社会记忆,通过各种文化事像进行表达。

一是考古资料证明畲族源于河洛。广东梅县(原畲族聚居地)考古所得资料表明,其出土器皿有的与黄河流域的龙山文化相似。它是畲族自河洛南迁而来的物证,土著者绝无龙山文化之遗留。汉族客家和瑶族等晋代、唐宋时才迁来闽南,此时科学已大大发展了,不会带这些器皿。漳州华安汰内等地今存的摩崖石刻,非图也非文,是由图向文过渡的符号。自唐至今,多数专家们认为是"商周畲人"或谓"蓝雷民族"所为。甲骨文是商族文化特征。商族创造了甲骨文,其支族迁入西南,必然带来早期的甲骨文字。

二是畲族语言具有河洛成分。语言是民族"活化石"。畲族有自己的语言。畲语中至今尚存留一些上古语词,其中有些词语在如今的汉语中也找不到了,却可从《诗经》等古籍中找到引证。

三是历史教育源在河洛。畲族最隆重的祭祀活动是"做聚头"。早期是半个月,在闽粤交界地时是七天七夜,如今在浙南是三天三夜。所请的诸神中就有"十位河南神祖师"及"封山""房山"等地的"祖师郎",说明"做聚头"活动在"河南"时就创立了。"做聚头",要召集那么多与畲族起源和信仰有关的"祖",聚集了这许多"头",又要带领"学史"者演示、追溯畲族发展的主要历史过程,使"学史"者与旁观者了解本族的历史的源头,"学史"者最终又在组织上参加了这些

"头"的行列,称为"聚头"一点不假,一切仪式最终是聚到祖宗这个源"头"上。聚到堂上所贴的"河图洛书筑宗公堂、盘古血脉流传祖宗"的源上。"学史"要"造水"、继而要"度水"、至终有"食水"的仪程。这"食水"手续是由"法师"变"来"法水"后由传祖的"本师公"用龙角或竹管亲自播渡给继承人"新是子弟"吃下去的,而且如是者三次,畲民称之为"传宗接代"。此程仪是象征"树有根,水有源",畲族后代应知自己的根源而代代相传。因而这个过程用汉语可叫"传师学史"、"奏名传法",如德国学者哈·史图博所说的是把"活着的人的名字告诉祖先,把祖先的法则传给后代"。实际是民族教育,用今天世界语来说是"体验式教学"。是族内已经掌握民族历史、军事和劳动技能的"师"者边歌边舞向弟子"传法",即传授民族的历史与技能。在整个"学史"过程中,所占的内容比例较大的是民族的历史迁徙。在军事部分的"把坛结界"、"招兵"、"排兵"、"团兵","统兵"、"赏兵"等行军打仗的情节中,有"过九重山"、"过淮南"、"打扬州"、"过桃源洞"等等,描述了畲民初期的军事活动和南迁的过程。先由鄢师迁至南阳平月,平月为畲民第一故乡。到了商朝末年,因民不聊生,分作两路向东南逃迁。一路由四十一世孙蓝斯仁、雷勃然、钟元、盘正堂、雷横、钟锦彤等带领五万多四姓族众带上游祖,从南阳平月出发经过桐柏山,过汉水、长江直奔洞庭湖南岸,湖南罗城桃源。入广西桂林、江西宜春、吉安、龙虎山,最后到达粤、闽、赣三省交界地,广东凤凰山为第二故乡。第二路由蓝新全、雷彤、蓝昌奇等人带领四姓两万人从南阳出发往东北方向逃迁,到达山东省充州后再往南下入安徽省内,经 1300 多年才达江苏省江宁后走出江苏进入浙江,于公元 1061 年迁入福建福清定住。蓝吉甫继娶李氏生育五子,卒后坟牛栏岗。[①] 唐初开始,畲民又从广东潮州向外迁徙。明清时期,大量畲民逐渐向闽东、浙南山区移动。

畲民家家户户中堂的香火榜上都标明祖居河洛的望籍,盘姓是南阳郡,蓝姓是汝南郡,雷姓是冯翊郡,钟姓是颍川郡。人死后,墓碑上盘姓刻的是南阳郡,蓝姓刻的是汝南郡,雷姓刻的是冯翊郡,钟姓刻的是颍川郡,回归河洛。凡是蓝姓族谱必书上《汝南蓝氏宗谱》,雷姓族谱必书上《冯翊雷氏宗谱》,钟姓族谱必书上《颍川钟氏宗谱》。

---

① 雷招华 钟玮琦《畲族史源》,第 56～74 页。

四是图腾物源于河洛。图腾 totem 是群体的标志,旨在区分群体,是最早的社会组织标志和象征。它具有团结群体、密切血缘关系、维系社会组织和互相区别的职能。同时通过图腾标志,得到图腾的认同,受到图腾的保护。畲族有龙、麒、凤等多图腾崇拜的文化现象,表明畲族源于河洛。因东夷的太皞就是"以龙为纪"、"龙师而龙名",小皞族团则以凤鸟为图腾,"凤鸟适至,故纪于鸟"。颛顼的父亲韩流就是"麟身巨股"是以麒麟图腾为标帜的族团。畲民做聚头时大门口或显著位置必悬挂一幅"金鸡图"。这是东夷的日与鸟合而为一的自然崇拜与图腾崇拜整合的遗迹。拜鸟与拜日的相伴相生,密不可分,"丹凤朝阳",即是拜鸟与拜日相结合的生动体现。少昊集团是东夷最强盛者,不仅仅以鸟为图腾,并创造的大汶口文化和山东龙山文化,这正是东夷文化的典范。《左传·昭公十七年》载:"我高祖少昊挚之立也,凤鸟适主,故纪于鸟,为鸟师而鸟名。"山东龙山文化中独具特色的器物——陶鬶,其造型不能不令人联想到一只昂首鸣日的雄鸡。由此可见,畲族凤凰崇拜的来源于东夷,特别是凤族的鸟图腾。且畲族祠堂或堂屋正柱上必题有"安邦定国功建前朝帝誉高辛亲敕赐,附马金卿名垂后裔皇子王孙免差徭"的族联,横幅是"凤凰到此",或"麒麟到此"。

五是服饰具有河洛符号。服饰是一个民族在形成、发展过程中凝结起来、传承下来具有本民族独特心理状态的视觉符号。穿同种服饰的人,时时会相互传递这样的信息,我们是同一个民族的人,实现着民族的认同感和内聚感。畲族具有自身特色的服饰。特别是畲族妇女,头戴笄,衣着花边衫,腰系彩带,足穿花鞋,色彩斑斓,绚丽多彩,称之为"凤凰装"。"凤凰装"的上衣、围裙用大红、桃红、杏红及金银丝线镶绣出五彩缤纷的花边图案,象征凤凰的颈项、腰身和美丽的羽毛,围裙象征凤凰的腹部;扎在腰后随风飘动的绣花腰带象征着凤尾,各种颜色象征凤爪,佩于全身叮当作响的银饰象征着凤凰的鸣啭。畲族的凤凰崇拜实质上是对其祖先鸟图腾崇拜的古老记忆。因凤凰的发展演变经历了三个时期,即商周的玄鸟期→秦汉至隋唐的朱雀时期→宋元明清的凤凰期。穿戴了这套凤凰装,是畲族后人为了纪念祖宗,不忘源头。这是畲族继承东夷的凤鸟图腾崇拜遗俗留下的印记。因在畲族宗谱中,始祖名号旁注以"鸟成者土雄也"。总之,畲族的凤冠、凤凰装、凤尾鞋,直到凤凰山地名,女性凤取名的习惯,贯穿一气,凝结着畲族信仰古东夷凤鸟图腾崇拜的情结,它与封建社会时期龙凤图案被历代封建帝王专宠而垄断的王权象征物不能混为一谈。同时,凤凰装等重要礼服必以黑布制成,以黑色为主色调,这是畲族服饰文化的另一显著特征,凡这与汉族尚红的传统截然不同。东夷尚黑,东夷尚黑的原因与玄鸟图腾崇拜有关。《诗经·商颂·玄鸟》载"天命玄鸟,降而生商",商民族即由东夷发展而来。可见,畲族尚黑,亦可在族源及其图腾信仰上找到一脉相承的传承性。

（雷弯山,畲族,中共福建省委党校教授;钟美英,畲族,中共福建省委党校助理研究员。

闽南历史上的棉布生产与对台贸易

徐晓望

　　闽南是中国最早生产棉布的地区之一,而且,自南宋以来,闽南的棉布一直是当地商人进行海上贸易的主要商品,研究闽南的棉布生产及贸易,是闽南海洋文化研究的一个侧面。

一、宋元时期闽南的棉布生产与贸易

　　就像中国以丝绸生产为其特点,棉布是发源于印度的一种世界性纺织品。古代中国,丝绸贸易铸就了东方与西方之间的贸易线路,人们称之为丝绸之路与海上丝绸之路。其实,在丝绸之路上,原产于南亚的棉布也向东方传播,尤其是在东南亚,很早就形成了棉布生产,并影响了中国。[1] 棉布进入南中国,与佛教的传播有关。[2] 从史料来看,《南史·海南诸国传》已经关注到林邑的吉贝。南宋的《诸蕃志》记载:"吉贝,树类小桑,萼类芙蓉,絮长半寸许,宛如鹅毳,有子数十,南人取其茸絮,以铁筋碾去其子,即以手握茸就纺,不烦缉绩,以之为布。最坚厚者谓之兜罗绵,次曰番布,次曰木绵,又次曰吉布,或染以杂色,异纹炳然,幅有阔至五六尺者。"[3] 如其所说,宋代东南亚的棉布生产技术水平较高。唐宋之际,中国主要对外贸易点是广州和泉州,在东南亚诸国的影响下,闽粤诸地都出现了棉布生产。正德《漳州府志》记载:"木绵布,即吉贝也。吉贝,木名。旧志谓传自林邑诸国,树高七八尺。今本地生者只有三四尺。春种,夏秋开花,结蒲,蒲中有茸,细如鹅毳。茸中有核,大如豆。用轮车绞出之,乃以木竹为弓弹碎之,

---

　　① 安东尼·瑞德《东南亚的贸易时代 1450~1680》,吴小安、孙来臣译,北京商务印书馆,2010 年。
　　② 郑学檬 徐东升《唐宋科学技术与经济发展的关系研究》,厦门大学出版社,2013 年,第 16 页。
　　③ 赵汝适《诸蕃志》卷下,中华书局,1996 年版,第 192 页。

纺以为布,其布多品。"①方勺说:"闽广多种木绵,树高六七尺,叶如柞,结实如大菱而色青,秋深即开,露白绵茸然。土人摘取去壳,以铁杖杆尽黑子,徐以小弓弹令纷起,然后纺织为布,名曰吉贝。今所货木绵,特其细紧者尔。当以花多为胜,横数之得一百二十花,此最上品。"②如方勺所记,当时闽粤一带已能用棉花纺织成布。朱松的诗:"炎海霜雪少,畏寒直过忧。驼褐阻关河,吉贝亦可裘。投种望着花,期以三春秋。茸茸鹅毳净,一一野茧抽。南北走百价,白氄光欲流。"③彭乘记载:"闽、岭以南多木绵,土人竞植之,有至数千株者。"④一人种植数千株,这是可观的小商品生产。如莆田县,"家家余岁计,吉贝与蒸纱"。⑤朱熹在漳州任上教民"多种吉贝、麻苎亦可备衣着"。⑥南宋时期,由于甲胄的制造需要棉布作衬里,棉布价格大涨,福建民众种棉织布的越来越多,如南宋绍兴年间,泉州上供的棉布达5000匹。⑦宋代福建的棉布销售四方,据方大琮的记载,当时广州也销售来自泉州港的棉布:"吉贝布,海南及泉州来,以供广人衣着。近见舶司有捉泉布为南布透漏者,亟与辨放。泉亦自种收花,然多资南花。但南船至广为近且多,至泉为远且少。泉能织以相及,此岂不能织以自用?……近闻南妇能缲,能纺以为纱,则织而为布甚易。虽曰绸,曰絁,曰蕉,皆是女工。若更推力及此,可使阎闾细民俱暖,有布自著。虽不必抑泉可也。故劝织妇。"⑧研究方大琮这段文字,可知,当时的泉州从南海各区域进口棉花织布,然后输出广州等地,方大琮因而在广州推广棉布纺织。以上说明,泉州是南中国最早从海路引进棉纺织业的地区,并且在宋代已经发展了棉布的小商品生产,其产品从海路远销广州等地。⑨

---

① 陈洪谟修 周瑛纂 正德《漳州府志》卷十,《诸课杂志》,中华书局2012年点校本,第210页。
② 方勺《泊宅编》卷二,中华书局,1983年,第16页。
③ 朱松《韦斋集》卷三,吉贝,《文渊阁四库全书本》,第12页。
④ 彭乘《墨客挥犀》,引自沈维桢《服物考》,见李仁溥《中国古代纺织史稿》,岳麓书社,1983年,第126页。
⑤ 刘弇《龙云集》卷七,《莆田杂诗十二首》,《文渊阁四库全书本》,第5页。
⑥ 朱熹《晦庵集》卷一百,劝农文,《文渊阁四库全书本》,第17页。
⑦ 黄任等乾隆《泉州府志》卷二一,田赋,清乾隆刊本,第87页。
⑧ 方大琮《铁菴集》卷三三,书目文献出版社,《1988年北京图书馆藏古籍珍本丛刊》,第11 – 12页。
⑨ 参见苏基朗《刺桐梦华录——近世前期闽南的市场经济》,浙江大学出版社,2012年,第103页;徐晓望《宋代福建史新编》,线装书局,2013年,第172 – 173页。

元代闽南的纺织业进一步发达。元明之际的陶宗仪说:"闽广多种木绵,纺织为布"①,这说明元代的棉花种植主要在福建与广东。福建的棉布在国内小有名气,元人胡三省说"自闽广来者,尤为丽密"②,它逐渐引起元代统治者注意。元朝在纺织业领域设有专门的管理机构。至元二十六年(1289 年),元朝设立福建等五省木绵提举司,每年向百姓征收十万匹棉布,平均一省在二万匹左右。③

二、明代闽南棉布生产与贸易

明代初年,朱元璋在全国范围内推广棉花种植,中国的江南与华北平原很快成为中国最大的棉产地。与其相比,最早引种棉花的福建在国内的地位急剧下降。王应山《闽大记》说:"此中多麻枲,罕种木绵……若绵布,悉自他至"。④ 其中原因在于:福建的气候潮湿多雨,而棉花喜欢干燥,所以棉花在福建很难大发展。《八闽通志》的物产志记载福建出棉花的各个府是:建宁府、泉州府、兴化府、延平府,其中兴化府"近来间有种者,亦不甚多"⑤。然而,弘治《兴化府志》的记载有所不同:"有绵布,织吉贝为之。吉贝今所谓木棉花也。树三四尺,春种秋收,其花结蒲,蒲中有茸,细如鹅毛,茸中有核大如豆,用输车绞出之。乃以竹弓弹碎,纺以为布。下里人家女妇治此甚勤,每四五日成一布,丈夫持至仙游,易谷一石。"⑥可见,兴化府的棉花种植是在明中叶发展起来的。

明代前期福建人的生活较为简朴,多数人穿着苎布衣服,所以棉布的市场较小,但明中叶以后,沿海一带的商品经济大有发展,人们的消费水平大大提高,棉织品在各地受到欢迎,闽南民间种棉业也有发展。安溪县"近时山坡平旷多有种之者"⑦。正德《漳州府志》记载:"木绵布,即吉贝也。……纺以为布,其布多品"。⑧ 嘉靖《漳平县志》记载:"绵,少,不足本土之用。"⑨同安县,"生吉贝之棉,

①　陶宗仪《南村辍耕录》卷二四"黄道婆",中华书局,1959 年版,第 297 页。
②　司马光《资治通鉴》卷一五九,胡三省注,上海古籍出版社,1987 年版,第 1053 页。
③　宋濂等《元史》卷十五,世祖纪,中华书局 1976 年标点本,第 45 页。
④　王应山《闽大记》卷十一"食货考",中国社会科学出版社,2005 年,第 190 页。
⑤　黄仲昭 弘治《八闽通志》卷二五,福建人民出版社,1990 年点校本,第 556 页。
⑥　周瑛 黄仲昭 弘治《兴化府志》卷十二,货殖,福建人民出版社,2007 年点校本,第 335 页。
⑦　林有年 嘉靖《安溪县志》卷一"物产",国际华文出版社,2002 年,第 43 页。
⑧　陈洪谟修 周瑛纂 正德《漳州府志》卷十,诸课杂志,中华书局,2012 年点校本,第 210 页。
⑨　曾汝檀 嘉靖《漳平县志》卷四"物产",漳平图书馆 1985 年重刊本,第 12 页。

而女子善为本"①。万历年间,一位游客"过泉州至同安、龙溪间,扶摇路旁"皆是棉花②。万历《泉州府志》记载:"绵布,即吉贝为之,七邑俱有。"③

泉州沿海是福建主要棉布产区,"棉布为类极多,晋江之南乡及南安、同安多有之。长四丈二尺为一匹,时布五百缕,上布七八百缕,细密坚致,如青花布、斜文布,直经斜纬,织文方斗"。安海商人"从河南、太仓、温、台等州有棉之处,岁买数千包,方足一年之出入。至冬月人闲,则入安溪、永春、德化贩卖"④。这些棉花主要供各地妇女纺纱织布,安溪县妇女"冬棉夏葛,以为女工"⑤。万历初年的漳州,"帛之属,绵花,用轮车绞出之,乃以木竹为弓,弹碎之,纺以为布,其布多品。"⑥

这些记载表明:晚明从兴化至闽南泉漳沿海,兴起了棉纺织业,棉花种植亦盛。在沿海的影响下,福建一些山区也开始纺纱织棉,如尤溪县生产"土线布,以吉贝纺纱织成,乡都近兴泉者间有之。""花巾,即手巾,以黑白纱缕相间织成,邑产颇多,用充礼仪。""线布,以绵纱苎缕交纺成线者,青白色,织而为布,用作被面,坚厚且华。"⑦可见,在闽南纺织业的影响下,尤溪县的棉纺织业在明末大有发展。

闽南棉纺织业发达,但本地棉花生产不多,纺织业能够发展起来,其原因在于:当时的闽南从江南棉产区进口棉花。褚华的《木棉谱》云:"闽粤人于二三月载糖霜来卖,秋则不买布,而止买花衣以归。楼船千百,皆装布囊累累,盖彼中自能纺织也。"⑧太仓县的棉花输出也是靠福建商人的采购,每年九月,"南方贩客至,城中男子多轧花生业"⑨。在前引有关商人的史料中,我们看到两位徽州商人到福建做棉花生意,其中如张沛,"财本数千两,在瓜州买棉花三百余担"。给

---

① 何乔远《闽书》卷三八"风俗志",福建人民出版社,1995 年点校本,第 943 页。
② 王世懋《闽部疏》丛书集成初编第 3161 册,第 6 页。
③ 阳思谦 黄凤祥编纂《万历泉州府志》卷三"舆地下",泉州市编纂委员会 1985 年影印明万历刊本,第 38 页。
④ 安海志修编小组《安海志》卷十一"物类·布帛",1983 年自刊本,第 114 页。
⑤ 何乔远《闽书》卷三八,风俗志,第 943 页。
⑥ 万历《龙溪县志》卷一,明万历元年摘抄本胶卷,第 19 页。
⑦ 邓一萧纂修崇祯《尤溪县志》卷四,物产志,明崇祯九年刊本,书目文献出版社《日本藏中国罕见方志丛刊》,1990 年影印本,第 595 页。
⑧ 褚华《木棉谱》,丛书集成初编本,上海商务印书馆 1937 年,第 11 页。
⑨ 张采等崇祯《太仓州志》卷五,风俗。明刊本。

人留下深刻的印象。福建布商成为江南一带的财神。吴伟业的《木棉吟序》:
"隆武中,闽商大至,州赖以饶。"清代初年,因海禁及战争的因素,海上运输线中
断,对江南棉业经济产生巨大影响:"今累岁弗登,价贱如土,不足以供常赋
矣。"①《木棉吟》:"眼见当初万历间,陈花富户积如山,福州青袄鸟言贾,腰下千
金过百滩。看花人到花满屋,船板平铺装载足。……薄熟今年市价低,收时珍重
弃如泥。天边贾客无人到,门里妻孥相向啼。"②清代经济恢复之后,福建商贾涌
进江南市场,如《镇洋(太仓)县志》称:"木棉,州境皆种,然惟邑产者佳。以杨林
塘岸土沙埴得宜,故闽广人贩归其乡者,市题必曰太仓鹤王市棉花。每秋航海来
贾于市,亡虑数十万金,为邑首产。故先列焉。闽人曰:'鹤王市棉花,较他产柔
韧而加白,每朵有朱砂斑一点,离市十数里外即无'。"可见,当时太仓棉花在福
建市场上有极高的声誉。③

事实上,闽南也从广东和江南进口一些棉布。王应山《闽大记》说:"此中多
麻枲……若绵布,悉自他至。"④王沄的《闽游纪略》说:"闽中……不植木棉,布
帛皆自吴越至。"⑤许多商人将棉花输入福建。"张沛,徽州休宁人,大贾也。财
本数千两,在瓜州买棉花三百余担。歙县刘兴,乃孤苦茕民,一向出外肩挑买卖,
十余载未归家,苦积财本七十馀两,亦到此店买棉花。二人同府异县,沛一相见,
乡语相同,认为梓里,意气相投,有如兄弟焉。棉花各买毕,同在福建省城陈四店
卖,房舍与沛内外。"⑥"通州有姓苏名广者,同一子贩松江梭布往福建卖。布银
入手,同至半途,遇一姓纪名胜,自称同府异县,乡语相同,亦在福建卖布而
归。"⑦有的人还参加福建的海上贸易。(徽商许本善)"将服贾,资斧不具。伯
予千金,乃贩缯航海而贾岛中,赢得百倍。舟薄浯屿,群盗悉掠之。"⑧这条史料
表明,当时徽商还参加了漳州一带的对外贸易。江西棉布也进入福建。冯梦龙

① 吴伟业《梅村家藏集》卷十,木棉吟序,宣统三年刻本,第15页。《清代诗文集汇编》第29册,第
    62页。
② 吴伟业《梅村家藏集》卷十,木棉吟,宣统三年刻本,第15页。《清代诗文集汇编》第29册,第62
    页。
③ 金鸿修、李鏻纂:乾隆《镇洋县志》卷一,封域类,物产,第138页。
④ 王应山:《闽大记》卷十一,食货考,第190页。
⑤ 王沄:《漫游纪略》卷一,闽游:《笔记小说大观》第十七册,江苏广陵古籍刻印社1983年,第5页。
⑥ 张应俞《骗经》,大众文艺出版社,2002年版,第364页。
⑦ 张应俞《骗经》,第325页。
⑧ 汪道昆《太函集》卷四十,许本善传,《续修四库全书影印明刊本》,第3页。

说:"寿(宁)无土宜,贸易不至,故人亦无习贾者。惟正街铺行数家,贩卖布货杂物,然皆江右客也。"①"土织布最粗,江右人市郡中细布,重茧而至,颇得善价。"②这条史料反映了江西棉布商在福建的重要性,他们往往深入福建的山区。也有些福建商人从广东贩运布匹,如龙岩县商人"其至自江浙者,布帛居多,杂物次之,磁器又次之。至自广东者,则布疋器用兼半云"。③ 这条史料说明,龙岩的棉布来自江南及广东。

由此可见,明末的闽南棉布市场活跃,闽南商人不仅从江南、江西、广东进口棉布,也从江南一带进口棉花,发展棉纺织业。④

吉贝布。种于园圃。其种有二:一曰大树吉贝,高七八尺,可以耐久。一曰吉贝,仅二三尺,此种为多,然一岁一种,不能久也。熟时其实如裂,中绽出如绵,土人采之,以铁铤碾去其核;乃用竹木为弓,牵弦以弹,令其匀细,卷为筒,以车纺之,抽其绪而缀之,织以为布。

三、清代闽南的棉纺织品市场

清代福建闽南一带,各县都有棉布生产。漳州的平和县:"绵布,以吉贝为之,以吉贝为之,亦曰吉贝布。种于园圃。其种有二:一曰大树吉贝,高七八尺,可以耐久。一曰吉贝,仅二三尺,此种为多,然一岁一种,不能久也。熟时其实如裂,中绽出如绵,土人采之,以铁铤碾去其核;乃用竹木为弓,牵弦以弹,令其匀细,卷为筒,以车纺之,抽其绪而缀之,织以为布。布类不一,细密者良。"⑤棉布是人类消费最多的产品之一,尤其是冬天,穿一袭棉布衣服,显然比一袭苎布衣服更耐寒。不过,因从外运来的棉布价格过高,闽南沿海民众采购外来的棉花制成棉布,这就导致了福建沿海棉布加工业的发展。乾隆时期的漳州:"棉苎等布,本机所织,不让他郡。而苎则取之江右,棉则取之上海。"⑥乾隆《安溪县志》

① 冯梦龙《寿宁待志》卷上,风俗,福建人民出版社,1983 年,第 49 页。
② 冯梦龙《寿宁待志》卷上,风俗,第 50 页。
③ 汤相等嘉靖《龙岩县志》卷上,明嘉靖三十七年刊本胶卷,第 66 页。
④ 徐晓望《晚明福建与江浙的区域贸易》,《福建师范大学学报》2004 年 1 期;人大复印资料《经济史双月刊》2004 年 3 期。
⑤ 王相 昌天锦等康熙《平和县志》卷十一,物产志,厦门大学出版社 2008 年,第 491 页。
⑥ 李维钰乾隆《漳州府志》卷四五,纪遗下,乾隆四十一年原刊,嘉庆十一年补刊本,第 9 页。

又说："布虽由本地妇工,而棉花多自北地来者,粗细不一。又有丝经棉纬者,曰丝布,颇细密,不多。"①泉州"泉所生者谓之土吉贝,少而不适于用,岁仰给于江左。"②《同安县志》则说:"同所产者谓之土吉贝,少而不足于用,岁仰给于江右。"③以上的"江左"是指江南,"江右"是指江西,可见,清代的闽南,虽然能够生产一些棉花,但数量不多,棉花主要来自江南与江西二地。嘉庆年间的《南平县志》云:"惟西路至沙县一路,又至顺昌一路,为邵汀二郡及江西省往来所必经,布客、烟客、货银甚多。"④可见,江西布客在福建是有名的。他们将江西的布匹、棉花运往福建沿海一带。在19世纪初,印度棉花也开始输入闽粤,一个外国人说"进口的孟买棉花目前全部销售于两广制造,孟加拉棉花一部分销于两广,但以福建制销为主。"⑤蓝鼎元称"漳、泉多木棉,俗谓之吉贝"。在他看来,最好引进闽南的纺织技术,在台湾发展纺织业。⑥

其时织布的利润相当不错,许多妇女可以用一部纺车养家,如同安后溪的杨氏,"二十三岁夫殁,坚心苦志,以纺织为业,嫁女娶妇,皆从十指出。守节四十余载。"又如厦门莲坂的叶氏,"日织布自给,抚子女成立。"⑦同安县:"棉布,布之为类不一,有红边布、许厝布,台湾庄出自东界,陈井布,龙屿,户皲布出自西界,有斜纹布,出自惠安,近东西界学为之。此皆吉贝所织而成者"。⑧ 同安县的金门镇、马巷镇,一个以纺纱业称盛,一个以织布业出名,周凯的《金门志》说当地妇女"多以纺车为事","金门与马巷同辖,乃马巷妇女皆以织布为业,一妇日可获利一钱银有余,而金门妇人但能纺木棉织苎而已,其利甚薄。若家制为织机,共事织布,其利正不少也。"⑨漳州的海澄县与厦门隔海相望,《海澄县志》记载:"棉布,女功以此为素业。"⑩这些记载表明:明清从兴化至闽南泉漳沿海,棉纺织业相当发达。

① 沈钟等乾隆《安溪县志》卷四,物产,厦门大学出版社1988年版,第118页。
② 黄任乾隆《泉州府志》卷十九,物产,《中国地方集成》,福建府县志辑,22,第481页。
③ 陶元藻等乾隆《同安县志》卷十四,物产志,货之属,民国八年重刊本。
④ 杨桂森《请弥盗议》,杨桂森《南平县志》卷二一,艺文志,同治十一年增修本,第65页。
⑤ 彭泽益《鸦片战争前广州新兴的纺织工业》,《历史研究》1983年第3期。
⑥ 蓝鼎元《与吴观察论治台湾事宜书》,载《平台纪略》附录,台湾文献丛刊第14种,第54页。
⑦ 周凯 凌翰等道光《厦门志》卷十四,鹭江出版社1996年标点本,第482页。
⑧ 吴堂 刘光鼎等嘉庆《同安县志》卷十四,物产,嘉庆三年刊本,第24页。
⑨ 周凯 林焜熿等道光《金门志》卷十四,风俗记,台湾中华丛书委员会1956年刊本,第355页。
⑩ 邓来祚等乾隆《海澄县志》卷十五,风土,风俗考,乾隆二十七年刊本。

　　闽南棉织业的发达,使其可以向外输出棉布。早在宋代,即有泉州棉布输入广州的记载。又有一条道光时期厦门的材料:"向来在厦商人,将本省漳州府属及同安县土产之棉布等物,由海道运至宁波、乍浦、上海、天津、锦州、盖平及台湾鹿港一带销售。"①

　　由于传统的手工棉布得到大多数人的喜欢,松江的梭布在福建仍是畅销品,不过,多数农民仍然选择购进棉花织布自用的方式。1869 年的厦门海关报告说:"每年在东北季风时期从宁波运来大约 10000 包原棉,去年的平均价格为每担 24 元。几乎没有洋纱进口。家家都置有纺车,将棉花纺成纱,随后又织成布。这些活几乎仅由妇女和孩子们承担。去年泉州土纱的平均价格为每担 31 元,而最便宜的洋纱——孟买的棉纱,在厦门的售价也不会低于每担 36 元。""泉州城是土产棉布在南方的最大贸易中心,我发现有许多仓库堆满了土布。"②在这一基点上,福建与江南一带"船去棉花返"的贸易形式仍在延续。1892 年前后,闽浙总督卞宝第说:"即棉布一项,贩自苏松者,约二十万束,值银一百二十万两,其从浙江、江西来者尚不在此数。"③可见,直到清末,福建仍从邻近各省运入大批棉布,那种以为英国棉制品完全取代国内棉制品的观点是没有根据的。

四、清代闽南与台湾的棉布贸易

　　清代台湾草莽初辟,农业发达,而手工业落后。多数手工业品来自福建。"凡绫罗、绸缎、纱绢、棉布、葛布、苎布、蕉布、麻布、假罗布,皆至自内地。有出于土蕃者,寥寥,且不堪用。"④据《台海使槎录》记载:"海船多漳、泉商贾",他们贸易于漳州,载回布料等商品。……海壖弹丸,商旅辐辏,器物流通,实有资于内地。"⑤棉布的需求量较大,"消用尤广,岁值百数十万金"。⑥ 尽管台湾人也像福

---

①　李文治《中国近代农业史资料》第一辑,三联书店出版社,1957 年版,第 490 页。
②　厦门市志编纂委员会、厦门海关志编委会《近代厦门社会经济概况》,鹭江出版社,1990 年,第 34 页。
③　卞宝第《卞制军政书》,第 4 卷,第 15~16 页。转引自彭泽益《中国近代手工业史资料》第二卷,第 25 页。
④　周钟瑄康熙《诸罗县志》卷十,物产志,台湾文献丛刊 141 种,第 194 页。
⑤　黄叔璥《台海使槎录》卷二,《赤嵌笔谈》,台湾文献丛刊第 4 种,第 47~48 页。
⑥　连横《台湾通史》卷二六,工艺志,北京商务印书馆,1983 年,第 450 页。

建人一样喜欢江南的松江布,但其市面上有许多产自闽南的布匹。清代同安县的马巷镇民众以外来棉纱织布,"棉布,为类不一,有红边布,许厝布,台湾庄"。①台湾庄之名,表示此布输往台湾。台湾的方志也承认,台湾消费的棉布漳泉所出最为大宗,有"池布、井布、眉布、金绒布诸名目,尽白质",待运抵台湾后再行染色。②

　　五口通商之后,闽南输出台湾的布帛增加。"同安县地方,乡村妇女,专以纺织为业,每人纺织,著月可得工资二三金,使可藉资家计,惟所织布帛,销售台地为最多。"③"泉州和台湾间有着广泛的贸易往来,主要的出口货是南京布、烟草和瓷器。"④这里所说的"南京布",即是泉州所生产的土布,晚清冠名"南京布"的泉州土布大量输出台湾。1872年厦门港输出台湾的传统商品有:棉花、南京布、丝线,⑤在台南,晚清后期的台南海关记载:"在1890年中,经安平本国海关的帆船为185艘。它们输入的主要货物有:生棉、南京棉布以及少数的外国布匹。"⑥厦门海关的史料又说:"大量土布出口肯定是由民船运出的。这种土布在本口岸附近的石码、漳州、同安、安海、灌口及其他地方大量生产。据估计,每年的供应量不会少于88000万捆,每捆20或25匹。每匹布28市尺长,宽为1.8尺至1.4尺,重量从1.6斤到1.4斤。其价格依照重量,从85分到65分不等。一匹布足够做一件短夹克和一条裤子。""本地和台湾有许多人并不看重土布的耐用,而是因它比外国布便宜而喜欢它。"⑦总之,泉州一带的布匹多经过泉州港的木帆船运到台湾的中小港口,所以,海关所见的福建对台湾布匹出口不是很多。由于江浙棉布与英国棉布、日本棉布在台湾都很有市场,粗估晚清台湾消费的闽南土布及麻布,每年应有100万银元。

　　综上所述,闽南棉布生产的历史悠久,清代中后期,因海上交通发达,印度棉花也进入了闽南市场。清代台湾开发之初,手工业落后,许多日用品都要从大陆

①　万友正《马巷镇志》卷十二,物产,光绪十九年重刊本,第19页。
②　柯培元《噶玛兰志略》卷十一,风俗志,台湾文献丛刊,第92种,第118页。
③　松浦章《清代台湾海运发展史》,卞凤奎译本,台北博扬文化事业有限公司2002年,第53页。
④　厦门市志编纂委员会 厦门海关志编委会《近代厦门社会经济概况》,第34页。
⑤　厦门市志编纂委员会 厦门海关志编委会《近代厦门社会经济概况》,第86~87页。
⑥　孟国美(P. H. S. Montgomery)《1882~1891年台湾台南海关报告书》,谦祥译,台湾银行经济研究室编《台湾经济史六集》,台湾银行1957年原刊,台北古亭书屋1979年影印本,第126页。
⑦　厦门市志编纂委员会、厦门海关志编委会:《近代厦门社会经济概况》,第56~57页。

运来,闽南的棉布因而成为闽南输出台湾的主要商品之一。有人认为,早在荷据时代,闽南的布匹就进入台湾售卖,我期待这方面的研究成果。

（作者为福建省社会科学院历史研究所所长、研究员）

明清时期闽南海洋渔业资源文献考述

姚伟钧

闽南地区背山面海,渔场滩涂广阔,海洋渔业资源相当丰富。明清时期,由于土地兼并的加剧和人口的急剧增加,使沿海地区的人地矛盾空前加剧,大量的百姓处于无地可耕的严峻状态之中,因而被逼纷纷下海谋生,他们"以海为田",[1]"藉海为活"[2],所谓"闽人活计,非耕则渔",明人何乔远《闽书》就记载说:"长乐滨海,有鱼盐之利","福宁州,东南际海,鱼盐螺蛤之属,不贾而足,虽荒岁不饥","泉州沿海之民,鱼虾蠃蛤,多于羹稻"。[3]沿海人民迫于生计,努力开发海产资源。千方百计开发海洋资源解决耕地不足的矛盾。正如清人王步青《种蚶诗》中的"东南美利由来擅,近海生涯当种田",生动地反映了明清时期开发海洋的盛况和海洋渔业对东南沿海地区社会经济生活的重要性。在此过程中,我国海洋捕捞和养殖技术得到迅速发展,从而又促进了明清时期我国海洋文化发展,另一方面又在一定程度上缓和了当时人多地少的矛盾。

明清时期闽南海洋经济的发展,产生了一批记载闽南人海洋经济活动的著述。例如,明代屠本畯《闽中海错疏》和清代郭柏苍《海错百一录》两书专记闽中海产,书中记载了数以百计的闽中海洋生物及淡水鱼类品种,而且对其生态、习性、捕获方法,乃至经济价值都尽可能做了详细的介绍。这些文献著作具有这么一个特点,它们既是闽南海洋文化的一个重要部分,又是闽南人民饮食文化的载体,传递了丰富的海洋文化信息。因此,对这些文献进行梳理、研究,是研究闽南海洋文化的一项基础性工作。本文拟就明代和清代前期闽南海洋饮食文化资源

---

① 郁永和《采硫日记》卷上。
② 民国福建《霞浦县志》卷十八。
③ 何乔远《闽书》,福建人民出版社,1995 年。

的文献,择其要者作一考述,以便学者进一步研究。

一、《闽中海错疏》

《闽中海错疏》,明屠本畯撰。屠本畯,字田叔,浙江鄞县人,明万历年间曾以父荫任太常寺典簿,迁礼部郎中、两淮盐运司同知,后担任福建省盐运司同知。很多文章资料认为屠本畯生卒年不详,张安如根据民国《鄞县志》等资料考证其可能生于嘉靖二十一年壬寅(1542 年),卒于天启二年壬戌(1622 年)。屠本畯在生物学领域的著作,除了撰成《闽中海错疏》三卷之外,还著有《海味索隐》、《闽中荔枝谱》、《野菜笺》和《离骚草木疏补》等书,内容涉及植物学和动物学等生物学领域。其中,《海味索隐》和《闽中海错疏》被誉为姊妹篇。

是书是屠本畯于万历二十四年(1596 年)应同乡余君房之请所写,专记福建所见到的海错(海产品),是我国最早的地方海产动物志。名为闽中(即今福建),实则广及闽浙及广东海产。自序称:"闽故神仙奥区,天府之国也。并海而东,与浙通波,遵海而南,与广接壤,其间彼有此无,十而二三耳。……海物惟错,类能谈之,榷醝余暇,疏为海错三卷。"清代张海鹏在该书跋中,说该书"若名若味,若品若用,详哉其言之也",确是海产动物的洋洋大观。《四库全书总目提要》评曰:"其书颇与黄衷《海语》相近,而叙述较备,文亦简赅。惟其词过略,故征引不能博赡,舛漏亦所未免。……然其辨别名类,一览了然,颇有益于多识,要亦考地产者所不废也。"

全书共分 3 卷,上、中卷载鳞部 167 种,下卷载甲部 90 种,分别记述 200 多种水产动物的名称、品种、产地及形态特征和生物学特性等。这些动物包括海淡水鱼类、两栖类动物、软体动物(如贝类)、节肢类动物(如虾类)……,多是海产珍品,对研究海产动物和开发、利用海洋资源都是重要的文献。每种都载明形态和习性,有的还加了作者按语,或征引典籍,辨别是非。该书后来有明人徐(火勃)作的《补疏》。在介绍海产品的同时,许多地方提到了食法。

如"鱲鱼":"《毛诗》注:鲷也。细鳞有黑花纹。《本草注》云,蛎蛇所变,亦有相生者。诸鱼中唯此鱼胆甘可食"。"赤鬃":"味丰在首,首味封在眼,葱酒蒸之为珍珠。""鯸":鲑也。一名胡儿,一名鯸鲐,一名河豚……味至美,然有毒。按:……以其味美,吴浙喜食之。今烹者必覆盖蒙密,忌炱灼落其中,杂以荻牙或橄榄烹之,方可食。""海蜈蚣":"状类虾姑,产兴化海中,土人取之,切以为脍食。""蛤蜊":"壳白厚而圆,肉如车螯。蛤蜊,止消渴,开胃气,解酒毒,以萝卜煮之,其柱易脱(补疏)"。"石鳞":"生高山深涧中,皮斑肉白味美。……闽人饮馔以此为佳品"。这些海产品食法的记载,对研究闽浙地区的饮食烹饪极具参考价值。

书后还附记了海粉、燕窝这两种并非产于福建的海产品。燕窝作为食物原料,在过去的食经中并未出现。屠本畯写作本书时还不清楚燕窝的详细状况,只知道是南海的珍品。介绍燕窝乃海燕所筑,衔之渡海中,翮力倦,则掷置海面,浮之若杯,身坐其中,久之复衔以飞等奇谈妙论。最后以"待彼都近海人质之,而后信也"结束 。

《闽中海错疏》中鱼类的描述较为简洁,很少援引典籍进行鱼类注释。援引的典籍多放置于按语中,典籍包括如《酉阳杂俎》、《八闽通志》、《兴化志》等。屠本畯为浙江鄞县人,因而鱼类描述多以四明谚语或以四明土产为证,例如:"宁可弃我三亩稻,不可弃我鳘鱼脑"即为四明谚语。又如:"按鲦,四明奉化县有之,鳞脊俱青,故名青鲫,冬月味甘腴,春月鱼首生虫渐瘦不堪食。"这表明四明奉化县也出产鲦。纪昀在《钦定四库全书》中的提要说道:"本畯所附案语多引四明土产以为证,盖即征闽越而通之之意。"纪昀还以鲨鱼为例,将黄衷《海语》与《闽中海错疏》中的描述进行比对,指出《闽中海错疏》"文亦简赅可取,惟其次过略"。尽管《闽中海错疏》中的鱼类描述非常简单,但是鱼类特征的相关描述并非由屠本畯自创。

在屠本畯撰写《闽中海错疏》之前,福建本地已有地方志对品种丰富的鱼类进行过记载,如前一章节述及的《八闽通志》,及宋淳熙九年(1182 年)《三山志》,正德十五年(1520 年)《福州府志》,万历七年(1579 年)《福州府志》和万历九年(1582 年)《闽大记》等。正德《福州府志》云:"是编纲领次第,上遵《一统志》,近法《八闽通志》,取证于《闽中记》、《三山志》、《三山续志》,缵述新闻而为书。内山邑颇详。外邑仅据其志,有不能致详者矣。"由此可见,正德《福州府志》已经综合了几种地方志的内容。但专门记载,《闽中海错疏》是我国第一部,这部渔业专著是对广大渔民长期从事劳动生产实践的总结,从侧面反映出明清时期福建渔业生产的发展水平。福建各地海产中,较具地方风味、最受百姓欢迎的是牡蛎、泥蚶、蛏、蛤、贻贝（淡菜）、虾、黄花鱼、加腊鱼、鲳鱼、马鲛鱼、带鱼、乌贼等，种类丰富的海产品为丰富福建闽南人的日常食谱提供了广阔的天地。

《四库全书·史部地理类》、《艺海珠尘》、《学津讨源》、《丛书集成初编》（自然科学类）、《农学丛书》、《万有文库》、"国学基本丛书"等均收有此书。

二、《海味索隐》

《海味索隐》，明屠本畯撰。本书的规模不及《闽中海错疏》，但可视为该书的姐妹篇。黄虞稷《千顷堂书目》卷九《食货类》著录该书称："张九嶷《海味索隐》一卷"。此著录是不正确的。屠本畯在该书自序中谈到了创作《海味索隐》的缘由，称："张九嶷偿游蛟川、翁州、小白华诸境，而食海味，随笔作赞颂铭解十六品。……不佞因而索隐千条下，政恐失真，故为订讹也。……不佞宦游闽中，著海错通谱，今十六品出，而余睽乎其后矣。"由此可知，是书为屠本畯订正张九嶷《食海味随笔十六品》而作。

《海味索隐》十六品分别为：蚶子颂、江瑶柱赞、子蟹解、砺房赞、淡菜铭、土铁歌、蟹颂、蛤有多种、黄蛤颂、鲎笺、团鱼说、醉蟹赞、鳇鱼鲞鱼铭、青鲫歌、蛏赞、鲻鱼颂等。每一品的下面均有屠氏的索隐。如《淡菜铭》中，张九嶷云：（淡菜）"观其外而知其内，可谓西子不沾"，"不宜食"。而《海味索隐》则说："淡菜土名壳菜，味清而美，不作腥气。未可以其形不雅而谓之'色恶不食'也。《铭》贬太严。"诸如此类。虽未涉及具体烹饪技术，却述及性味、别名、产地、食法等内容，可为研究明代闽地海味概貌作以参考。

明代传教士利玛窦曾经记录了明朝后期的鱼类资源与消费情况："中国东面和东南的海里确实是鱼群充斥。"[①]而北方因水域面积较小，所产鱼类等水产品也较少。明代前期北人食用鱼类等水产品较少，明代中后期鱼类等水产品大量北运，北京等城市中的上层居民也能够经常食用鱼类等水产品。谢肇淛的《五杂组》记叙了这一变化："余弱冠至燕，市上百无所有，鸡鹅羊豕之处，得一鱼，以为稀品矣。越二十年，鱼蟹反贱于江南，蛤蜊、银鱼、蛏蚶、黄甲累累满市。

---

① 利玛窦《利玛窦中国札记》第一卷第三章，第13页，中华书局，2010年。

此亦风气自南而北之证也。"①这些记载说明闽南一带的海产品北上的情况。

是书有《说郛续》本、《明人百家短篇小说》本、《五朝小说大观》(皇明百家小说)本等。

三、《海错百一录》

《海错百一录》,清郭柏苍撰。郭柏苍,字帘秋,又字青郎,福建侯官(今福州)人。道光二十年(1840年)年中举,委派为训导,累迁至内阁中书主事。一生淡泊功名,勤于著述,除《海错百一录》外,还有《乌石山志》、《三元沟史末》、《闽会水利考》、《福州浚湖事录》、《闽产录异》、《竹间十日话》等。

此书作于光绪十二年(1886年)。共五卷。分记渔、记鱼、记介、记壳石、记虫、记盐、记菜等部分。以福建方言为标目,对形状、分布、生态、养殖等一一加以说明。后面附记海鸟、海兽、海草等篇。是一部内容全面的福建海产专书。

是书中记载了福建很多海产品及其加工方法,对于了解海味的烹饪原料有一定参考价值。如"海鳗","冬至前后以红糟和盐风干之,或暴为鲞";如"海蜇","层刃之,白者曰蜇皮,腹下臃肿肥滞而紫黑者曰蜇跤,周围比附如悬絮者曰蜇鳔,皆以灰矾和薄盐压去其汁,腹中无肠,形如败芒而渣滓者曰血,猪油姜豉炒亦美品"。再如"土螺","以竹网漉而洗之,腌以薄盐带沫货之,临馔加醋"。有些地方,还记载了海产品的药用价值。如"乌颊鱼,可以疗病";海螵蛸可"治妇人血崩";鲼鱼,"尾长有节,螯能棘人";"魟鱼之美在肝",但"多食令人头晕"。等等。

郭柏苍著此书十分不易,如其自序所言:"以数十年所见者,证之老渔。老渔所见者,粗细必记,不厌其鄙。以老渔所闻者,证之诸书。诸书同亦录之,存其名,备其说,使音与义合。其因音讹而训背者,皆从删。"所以,书中所录大抵皆是言之有据,能经得起考证的。当然,有些解释也有其时代的局限性,但总体来看,亦不失为一则具有科学价值的资料。

是书有光绪刻本传世。

---

① 谢肇淛《五杂组》卷九,《明代笔记小说大观》,第1683～1684页,上海古籍出版社,2005年。

四、《闽小记》

《闽小记》,清周亮工撰。周亮工(1612~1672年),字元亮,号栎园,又号缄斋,人称栎园先生。祥符(今河南开封)人。明崇祯进士,任潍县知县,后授监察御史。降清后任户部右侍郎等职,终于江南督粮道。知识广博,长于古文与词,著述甚多,除《闽小记》外,尚有《赖古堂集》、《因树屋树影》等。

《闽小记》即为作者清康熙年间任福建布政司时所作。全书共4卷,主要记述作者在闽期间所见物产民风、琐事遗闻。有关饮食内容散见于各卷之中,在卷一中,记有龙虾、江瑶柱、闽茶、海错、佛手柿、荔枝、燕窝、土笋等;卷二中记有蜜渍兰、海参、西施舌、闽酒等;卷三中记有蕃薯、长乐瓜荔、墨鱼、鲦鱼,龙虱等;卷四中记有鼓山茶等。每物名下简述性味、形状,有些还涉及食法。如记"燕窝"云:"燕窝菜竟不别是何物,漳海边已有之。盖海燕所筑,唧之飞渡海中,翮力倦则掷置海面,浮之若杯,身坐其中。久之,复衔以飞。多为海风吹泊山澳。海人得之以货,大奇大奇。右见《瓦釜漫记》。余在漳南询之海上人,皆云燕唧小鱼,粘之于石,久而成窝。据前言,则当名为燕舟;据海上人言,亦可名为燕室矣。有乌、白、红三色。乌色品最下,红色最难得。白色能愈痰疾。红色有益小儿痘疹。南人但呼曰燕窝,北人加以菜字。"在这条文字中,作者既写了燕窝形成的两种说法,又写了燕窝的品种,食疗作用与异称,具有相当珍贵的参考价值①。又如记"土笋"云:"涂苟(即土笋),予在闽,常食土笋冻,味甚鲜异。但闻生于海滨,形类蚯蚓,即沙巽也。谢在杭作泥笋,乐清人呼为沙蒜。"再如记"蜜渍兰"云:"人言兰花不可食,此为珍珠兰误耳。珍珠兰虽非断肠草,然食其根,亦能伤人。兰花则否。余常见建宁人家蜜渍兰花。冬月以之点茗,一花泛泛,鲜如初摘……或曰:兰必蜜后始可食。"这也是中国古籍中兰花入馔的较早记载。此外,该书还有对闽茶、闽酒、龙虾、西施舌、蕃薯等闽地特产的记载,如说龙虾"味如蟹螯中肉,鲜美逾常";江瑶之肉"美只在双柱";土笋冻"味甚鲜异";海参有"温补"之功;西施舌"以色胜香胜",等等,这些都对研究清初福建的饮食具有一定的参考价值。

---

① 邱庞同《中国烹饪古籍概述》,第197~198页,中国商业出版社,1989年。

尤其需要指出的是,是书中载有蕃薯的传入情况:"蕃薯,万历年中得之外国。瘠土沙砾之地,接可以种。初种于漳郡,渐及泉州,渐及莆(田),近则长乐、福清皆种之。盖度闽海而南,有吕宋国,……闽人多贾吕送焉。其国有朱薯,被野连山而是,不待种植。……润泽可食,或煮,或磨为粉,……夷人虽蔓生而不訾者,然而不与中国人。中国人撷取其蔓咫尺,挟小盒中以来,于是入闽十余年矣,借闽饥,得是而人足一岁。其种也,不与五谷争地,凡瘠卤沙冈,皆可以长。粪治之,则加大。天雨,根益奋满。即大旱,不粪治,亦不失径寸围。"这一记载对于研究番薯传入我国的历史有着非常重要的参考价值。何乔远《番薯颂》载:"其初入吾闽时,值吾闽饥,得是而人足一岁。其种也,不与五谷争地,凡瘠卤沙冈,皆可以长,粪治之则加大,天雨根益丰满。即大旱不粪治,亦不失径寸之围。泉人鬻之,斤一值一钱,二斤而可饱矣。"清康熙时"兴、泉、漳遍地皆种,物多介贱,三餐当饭而食,小民赖之"。番薯引进后传播很广,当时徐光启亦在江南试种,到了清代乾隆时,又推广到华北以至全国。番薯在所有外来植物中是传播最广、贡献最大的,尤其对福建。因为福建沿海一带,有无数丘陵和岛屿,那里的人民,全年都以番薯做粮食。

是书版本主要有:清康熙间赖古堂刊本(2卷本)、《龙威秘书》(第7集)本、《古今说部丛书》(第8集)、《丛书集成初编》(史地类)本等。

明清时期,闽南地区相比前代海洋渔业经济有了长足的发展和进步,我们通过以上四部文献典籍记载的大量的海洋渔业资源、海产品种类、数量以及生产技术、海产品加工等,表明了海洋渔业经济是闽南沿海地区必不可少的经济生产方式。明清时期的海洋渔业,在很大程度上也拓宽了闽南沿海地区传统农业的经营范围,对扩大城乡人口的食物来源,增加人民收入,缓和人多地少的矛盾,起到了不可忽视的作用。蓬勃发展的海洋经济、对外交流增多,也为明清时期闽南人民走向海洋提供了新的历史机遇,拓展了他们发展和活动的舞台。

(作者为华中师范大学历史文化学院教授)

妈祖信仰的文化意义

闫德亮

一、承继了古代神话的文化精神

妈祖传说是时代造就的新神话,丰富了中国神话的宝库。妈祖传说与产生于两三千年以前中原地区的古代神话有着相同或相似的感生模式与神格特征。

感生神话是古代神话的重要内容,神话帝王及英雄大神们的神异出生最为人们惊异:伏羲是其母履巨人足迹而生,炎帝是其母感神龙而生,黄帝是其母感北斗而生,尧是其母感赤龙孕十四月而生,殷祖契是其母吞燕卵而生,如此等等。妈祖的降生是最具古代神话感生模式的。妈祖是其母"夜梦观音菩萨送给她一粒药丸,吞下后身感有孕,怀胎十四个月而生"。妈祖出生时"流星划天,异香氤氲经久不散"。传说出生后的妈祖,在观音菩萨与女娲大神的佑护下,聪明颖慧,异能过人,神通广大,深得百姓爱戴,被称为"神姑"、"龙女"或"通贤灵女"。妈祖的神异出生与神性职能,是人们对古代神话的一种摹仿。

古代神话中大神们的重要神格特征主要表现在两个方面。一方面为"崇高的品行和无私的奉献精神"。伏羲、女娲、炎帝、黄帝、颛顼、帝喾、尧、舜、禹等,他们十分注重品行和德操的修养,都具有无私的品格和崇高的美德。他们为了人们的利益无私无畏、勇于奉献、敢于承担、不怕牺牲。如:盘古用身体化育日月山川,女娲补天造人置媒,燧人氏发明火,炎帝尝百草而识药性,禹治水三过家门而不入,女丑曝尸祈雨,夸父逐日,后羿射日等。古代神话的大神们的品德与精神在人民的心目中占据着崇高的地位,为世世代代所传颂所敬仰。妈祖短短一生都在行善济人排险除恶,死后整天一身红衣飞行在大海的上空,为出海者保驾护航提供帮助。妈祖这种热爱生命、乐于助人、敢于担当、甘于奉献、舍己为民的高尚品行与圣洁德操来自于她的生命意识和对生命的珍爱,凝聚了中华民族真善美的价值观和道德观,饱含着中华民族伟大的精神实质,因而也受到了人民群众的热忱爱戴和衷心崇敬。古代神话中主要大神们另一方面的重要神格特征表现为"保民佑民的责任感"。盘古、燧人氏、有巢氏、女娲、伏羲、炎帝、黄帝、颛顼、尧、舜、禹、后羿、后稷等大神都是保民佑民的典范,他们为部族的发展、壮大发挥了巨大的正能量。妈祖作为人们心目中的神灵,其主要职责主要表现在救难护航、祛疫疗疾、祈雨解涝、降魔伏怪等方面,较好地体现了中华民族的忠义孝悌、乐善好施、拯危救困、见义勇为、惩恶劝善、助人为乐等传统美德和尚德精神,这是古代神话的主要内涵与精神实质,也是妈祖传说对古代神话的发扬光大。

二、遵循了华夏民族的文化选择与文化走向

当我们审视民族历史与民族文化时,发现传承与创新是华夏民族文化选择与文化走向的规律,也是华夏民族得以生生不息的要因。妈祖信仰的形成与发展很好地诠释了华夏民族文化选择与文化走向的规律。

中古时期的有宋之世,福建沿海的海上作业有很大发展,但囿于科学认识与技术水平,对变化莫测的海洋与多变的天气难以准确掌握,海难事件屡有发生。为了海上平安,对神有敬意且相信神能保佑平安的福建沿海人们开始把目光再次聚焦到神的身上。但审视已有的海神发现:龙王缺乏民族的尚德精神,观音济世太泛难有暇时护佑更多海上生灵,于是信巫崇神的福建沿海民众就选择了本土救难护航的巫女林默娘妈祖作为新的海上保护神,这其中寄托了人们对远古神灵的崇拜。

妈祖作为海上保护神,其神职身份与神祇职能是在不断发展中丰富和完善的。确立于宋初的海上保护神妈祖其最初的神职是海神,或曰航海保护神,其神祇职能主要是航海保护。随着时代的变迁,朝代的更迭,在民间的崇信与朝廷的褒赐加封中,日复一日,年复一年,妈祖渐传渐神,在民众的"铸神"活动中她便成了一位无所不能、有求必应、集多种神职神性于一身的复合神和万能神。除最初的海神身份外,妈祖还是河神、水神、雨神、医神、商神、平安神等。另外,妈祖还是"生育神":东南沿海不孕妇女都要祭妈祖,并且还要"拴娃娃",祈求早生子女。妈祖"天上圣母"的名称不仅带有忠贞节孝的内涵,而且还有生育女神的意义。"助战护国"是妈祖的另一重要神职功能,故妈祖又有"军神"的称谓。从宋、明、清起妈祖就有帮助官军克敌致胜的传说。另外,在妈祖传说的演进中,其中还被融入了很多道教佛教色彩,妈祖又成了道班的神仙和佛界的成员,这从其出生去世的传说中可见一斑。

妈祖信仰的演进既遵循着古代神话的演进规则,又蹈循着古代神话的演进轨迹。随着时间的流逝,中国古代神话及其大神们演进的轨迹是:单一或较少的神职神性变为多种或复合的神职神性,道佛的浸入使其神祇职能更加丰富。如画八卦的伏羲成了上古文明创造者,被誉为文化始祖神;黄帝成了华夏族的始祖和道教的教主;刑杀之神西王母成了天帝之女及玉皇大帝的夫人,被称为"王母娘娘";补天造人行媒的女娲成了民间的送子娘娘;如此等等,不一而足。

古代神话演进的原因与契机主要表现为四个方面:首先是文化的选择。儒家文化对神话的选择与重塑要求神话帝王成为人间帝王们的典范,成为人间顶礼膜拜的偶像,于是古代神话成了宗教崇拜。其次是政治的需要。夏商周三代的"天帝观"对古代神话进行了历史化改造,汉代又把古代神话改造成了皇家进行宣传统治的工具,神话帝王及英雄都成了人间帝王和德教典范,其职责是以保护天下社稷苍生为重。第三是民众的心愿。远古之时,民众对神话人物顶礼膜拜,使很多大神都成了万能神复合神。第四是道教佛教的浸入。道教佛教的浸入使很多古代神话多多少少都迈上了仙话化佛教化之路。

妈祖传说的演进规律表现为呈直线上升且按扇形扩展。妈祖由人到神,由海神到复合神、万能神,由民间信仰到官府褒封祭祀,这与古代神话的演进一样,也是文化的选择、政治的需要、民众的心愿及道佛浸入共同作用的结果。民众对海难的恐惧产生了妈祖救难护航的神职,人们对妈祖的崇拜和希望又移情出她的祛疫、驱寇、解旱、止雨、护国、送子等其他神职与美德。历代皇帝及封建统治者为其统治的稳固,常常利用神权来进行辅政,妈祖的多种神职美德正好能帮助其稳定社会、巩固政权,于是历代皇帝几十次对妈祖进行推崇和褒封,从"夫人"、"天妃"、"天后"直至"天上圣母",使妈祖由民间神擢升为官定的航海保护神、战神等多种神职,而且神格越来越高,传播的范围越来越广,由海滨僻壤走向五湖四海,达到无人不知无人不晓的局面。另外,面对妈祖影响的愈来愈大,道佛也纷纷把妈祖拉向自己的阵营,以扩大它们的影响,这样一来,妈祖的形象更完美,神通更广大。民众与皇家对妈祖的需求中都包含着东方民族尚德精神的文化传统,透出了"修齐治平"的东方文化取向要求。

三、丰富了海洋宗教信仰的宝库

宗教是人类社会发展到一定历史阶段出现的一种文化现象,这种文化现象表现为:人们相信现实世界之外存在着超自然的神秘力量或实体,该神秘力量统摄万物而拥有绝对权威、主宰自然进化、决定人世命运,从而使人对该神秘产生敬畏及崇拜,并从而引发出信仰认知及仪式活动。

海洋宗教信仰具体表现为海神信仰,其诉求目的是保证海上航运的平安及劳动果实的丰厚。关于海神信仰古已有之,如《山海经》就有东海海神禺虢、北海海神禺京(禺强)、西海海神巨乘等。这些拖着图腾尾巴、形象抽象模糊的海神,在人们心目中却是无比神圣和至高无上的,是人们敬仰的早期海洋保护神。后来随着佛教的进入,人们心目中的海神成了龙王、观音等。然而,随着海洋业的发展,福建沿海海上作业的人们更需要一个能真正地保佑他们平安的且属于本土的新的海上保护神。

谁能胜任新的海上保护神角色?在中国传统文化观念中,巫觋常常是被视为神灵的,而当时福建巫风盛行,以巫代神也符合当时福建的时风。根据阴阳五行理论,海属阴,这个海洋神灵还必须是个女性。这样,身为女性、"妃为里中巫"(1192年纂成的《莆阳志》)、"以巫祝为事,能预知人祸福"(南宋廖鹏飞撰写的《圣墩祖庙重建顺济庙记》)、又能在海难来临之时救人于危难的林默娘,就顺理成章地成了人们心目中能战胜自然支配自然和护航救难的海上保护神——海神。

妈祖成为新的海上保护神,还有其深层的文化交融背景。妈祖俗名林默娘,是林姓始祖比干公的第87代后人。史载比干遇害后,其妻陈氏为躲避官兵追杀,逃难于长林石室,生子名坚,因生于林(今河南省卫辉市),被周武王赐以林姓,史称林坚。林坚食邑博陵(今河北蠡县),林氏子孙后裔散居于九州。东汉末、三国时期中原林姓大批南迁,进入江浙一带。晋永嘉之乱以后,林禄因讨伐有功被追封为晋安(今福州)郡王,其也被认为是中原林氏入闽始祖。妈祖为林禄22世孙女,其父林愿(一说名惟悫),宋初官都巡检。迁往福建的林氏与土著闽越后裔杂居相处,中原人的"中心"文化与闽越人的土著文化互动相融、求同存异、渐趋统一,居民心态也发生变化,中原移民要加强"中心"地位,闽越土著需要提升文化地位,于是两者在寻求海上平安、树立新的海上保护神中达成了文化认同与心理共识,林默娘成了中原移民与闽越土著共同的企盼焦点,成了中原内陆文化与闽越沿海海洋文化的典范结合。

人们对待妈祖就像远古先民对待远古神灵一样:虔诚崇拜、由衷敬仰、定期祭祀。作为新的海上保护神,妈祖成为闽地海商、船户、水手以及旅客在海上与狂风恶浪作斗争的精神支柱。凡商船进出港口之前,都要到妈祖庙宇进行祈祷;船家们在自己船上设神龛供奉妈祖神像,挂神符,插令旗,佩"天后赐福",祈求航行一路平安。妈祖海神信仰以特定的形式给予海洋社会经济活动以强大的精神支持和心灵抚慰。

妈祖信众每年都在妈祖庙举行大规模的祭祀活动。在妈祖诞辰和羽化升天之日,湄洲祖庙及各地妈祖庙(宫)都举行隆重的祭典。祭典仪式由主祭一人、与祭若干人主持,主祭、与祭等虔诚地上香、行三跪九叩大礼,接着行"初献礼"、"亚献礼"、"终献礼",最后"焚祝文、焚宝帛"。整个仪式在香烟缭绕、钟鼓齐鸣、炮声震天中开始和结束。信众们虔诚上香、膜拜、祈福,秩序井然,整个祭典过程人山人海,瑞气氤氲,雍容肃穆,表现出信众对妈祖的崇敬与敬畏。据统计,每年莆田湄洲小岛的妈祖庙接待朝圣信众达 30 多万,湄洲祖庙已成为妈祖信众的心灵原乡。

妈祖在民间传说中被赋予的解救海难、除寇平患、助人济困、护国保民等神能,这让统治者看到了其对社会稳定、国家安宁、经济发展的作用,于是有宋以来,历代朝廷对妈祖进行褒赐加封,这大大推动了妈祖信仰的传播。借此,妈祖由传说到庙祀、由民间到宫廷、由海岛到内陆、由地方到全国、由中国到世界,使妈祖信仰成为当今世界最著名的海洋宗教信仰。据不完全统计,目前全世界共有妈祖庙近 5000 座,信众近 2 亿人。可以说世界上有华人的地方就有妈祖信仰,有妈祖信仰的地方就有妈祖庙。

四、助推了中华民族的文化认同与道德构建

妈祖信仰在世界范围内的广泛传播,成为海内外华人文化认同的纽带。早年这一文化认同纽带表现为海内外华人为了祈求平安幸福都在住居地客居地建筑妈祖庙。这些客住他乡的游子不仅把妈祖庙当作会馆,成为他们相互交际、联络感情的理想场所;更重要的是把妈祖庙当作他们精神寄托的象征、文化认同的标志。现在这一文化认同的纽带表现为众多的海内外华人不远千里到湄洲祖庙朝拜,其表达的诉求不仅是祈求平安祛病消灾之类,更重要的是求得精神的慰藉,表达对湄洲祖庙的认同、表达对祖宗文化的认同。对妈祖信仰的共同诉求表现出了对中华民族与中华文化的认同,表现出了中华民族与中华文化强大的感召力、凝聚力和向心力,它似一条坚强的纽带,把海内外华人华裔紧紧地连接在一起。

经过千余年传承,妈祖信仰已形成一种文化氛围和行为模式。妈祖身上体现的孝道、仁爱、慈济、诚信、和平等品质,以及同舟共济、见义勇为、忘我无私、自强不息、百折不挠的精神,时时激励着妈祖信众及其他民众,在妈祖信众及其他民众中产生了一种无形的潜在的心理定势和行为约束力,使信众及其他民众以妈祖的真善美为道德标准、行为准则与价值追求,在日常的言行举止中,自觉抵御自私、懦弱、怠惰、苟且、贪赃、枉法等恶劣品质的侵蚀,努力使自己的思想和行为符合妈祖信仰所包涵的真善美的价值取向和道德要求。在当前的市场经济中,许多人唯利是趋,见利忘义,人际关系日益淡薄,"孝"、"慈"、"仁"、"爱"、"诚"、"信"、"正直"、"和平"等中华民族传统美德受到很大的冲击。所以,弘扬和发展妈祖信仰文化有助于构建一种既符合时代精神又能合理继承传统美德精华的道德体系,规范社会成员的行为,维护社会的稳定。妈祖信仰所具有的这种道德重建功能必定会对社会秩序的协调产生积极的作用。

总之,妈祖信仰体现了中华民族的主流意识和核心价值观,妈祖信仰诠释了中华民族的文化走向和价值选择,妈祖信仰包含了华夏子孙的道德情感与理想信念,妈祖信仰具有传承创新、弘扬道德、净化社会、启迪人生、实现梦想的文化意义。

（作者为河南省社会科学院研究员、《中原文化研究》杂志副主编）

从行状墓志看宋代闽人的光州固始认同

李　乔

行状、墓志是中国古代记述人物生平事迹的重要文体,其内容大都述及传主家族迁徙之序、现居之地,是研究移民的重要参考资料。《全宋文》所收宋人行状、墓志中不少将传主家族来源追溯至光州固始,如:

陈氏。苏颂《陈池安墓志铭》:"其先世占籍光州固始,唐季避地徙闽。"①叶祖洽《陈襄行状》:"其先本光州固始人,当五代之末,随王氏入闽,因家于闽之福唐。"②孙觉《陈襄墓志铭》:"其先光州固始人,五代时王氏入闽,因随家焉。"③黄裳《陈士杰墓志铭》:"高祖避唐季乱,自光州趋温陵,始为晋江人。"④胡百能《陈长方行状》:"其先浮光人。十世祖魏公显,唐僖宗时任太保、福建道节度使,终,葬于福州侯官县,子孙因家焉。"⑤楼钥《陈居仁行状》:"七世祖司直避五代之乱,自光州徙于泉之莆田。"⑥魏了翁《陈贵谊神道碑》:"陈公讳贵谊,字正甫,其先固始人,后徙居于福清。"⑦周必大《陈居仁神道碑》:"七世祖自光州避地徙泉之莆田县。"⑧刘克庄《陈炜墓志铭》:"上世由固始迁莆,遂聚居乌石山前。"⑨

丁氏:刘克庄《丁伯桂神道碑》:"丁氏自固始迁莆。"⑩刘克庄《丁元有墓志

---

① 苏颂《福清陈氏墓志铭》,《全宋文》册 062 页 180。
② 叶祖洽《承奉郎守秘书省著作佐郎知太常寺陈先生行状》,《全宋文》册 104 页 85。
③ 孙觉《陈先生墓志铭》,《全宋文》册 073 页 34。
④ 黄裳《承事陈君墓志铭》,《全宋文》册 103 页 366。
⑤ 胡百能《陈唯室先生行状》,《全宋文》册 193 页 255。
⑥ 楼钥《华文阁直学士奉政大夫致仕赠金紫光禄大夫陈公行状》,《全宋文》册 265 页 188。
⑦ 魏了翁《故参知政事兼同知枢密院事赠少保陈公神道碑》,《全宋文》册 311 页 86。
⑧ 周必大《华文阁直学士赠金紫光禄大夫陈公居仁神道碑》,《全宋文》册 232 页 369。
⑨ 刘克庄《陈光仲常卿墓志铭》,《全宋文》册 332 页 136。
⑩ 刘克庄《丁给事神道碑》,《全宋文》册 331 页 37。

铭》:"莆无他丁,君之先自固始迁。"①

方氏:周必大《方崧卿墓志铭》:"九世祖自光州固始县徙家兴化军。"②叶适《方崧卿神道碑》:"方氏自固始迁莆田九世矣。"③陈宓《方缜墓志铭》:"始祖讳廷范,光州固始人,唐末仕闽,历长乐、古田、尤溪宰,晚居莆田,殁葬灵隐寺山下。"④王迈《方应龙墓志铭》:"方氏自光之固始来,十有四代。祖金紫公廷范,宰长乐,治产于莆,遂为莆人。"⑤刘克庄《方信孺行状》:"琡自固始迁莆田。"⑥刘克庄《方其义墓志铭》:"按方氏谱,自固始迁游洋之叱石,五世祖廷评迁莆田之轮井。"⑦

傅氏:孙觌《傅谅友墓志铭》:"其先自光州避广明之乱徙闽中。"⑧陆游《傅凝远墓志铭》:"其先为北地清河著姓,后徙光州,为固始人。唐广明之乱,光人相保聚,南徙闽中。"⑨

顾氏:刘克庄《顾氏墓志铭》:"安人(顾氏)之先,自固始徙莆。"⑩

韩氏:刘克庄《韩永墓志铭》:"韩氏自固始入闽,居怀安者三世矣。"⑪

和氏:徐铉《和冲煦墓志铭》:"末叶湮沉,徙居固始。先君从郡豪王氏南据闽方,今为晋安人也。"⑫

洪氏:朱著《洪万善墓志铭》:"九世祖殿中丞讳保用,五季末至自光州固始县,因家焉。"⑬

黄氏:李纲《黄伯思墓志铭》:"其远祖自光州固始徙居闽中,为邵武人。"⑭朱熹《黄崇墓志铭》:"其先光州固始人,十一世祖膺避地闽中,今为邵武军邵武

① 刘克庄《丁元有墓志铭》,《全宋文》册 331 页 197。
② 周必大《京西转运判官方君崧卿墓志铭》,《全宋文》册 233 页 58。
③ 叶适《京西运判方公神道碑》,《全宋文》册 286 页 291。
④ 陈宓《处士方君墓志铭》,《全宋文》册 305 页 305。
⑤ 王迈《莆阳方梅叔墓志铭》,《全宋文》册 324 页 415。
⑥ 刘克庄《琼州户录方君墓志铭》,《全宋文》册 332 页 64。
⑦ 刘克庄《宝谟寺丞诗境方公行状》,《全宋文》册 330 页 361。
⑧ 孙觌《宋故左承议郎权发遣和州军州事傅公墓志铭》,《全宋文》册 161 页 11。
⑨ 陆游《傅正议墓志铭》,《全宋文》册 223 页 198。
⑩ 刘克庄《顾安人墓志铭》,《全宋文》册 331 页 191。
⑪ 刘克庄《韩隐君墓志铭》,《全宋文》册 331 页 377。
⑫ 徐铉《故唐慧悟大禅师墓志铭》,《全宋文》册 002 页 378。
⑬ 朱著《有宋淑人洪氏墓志铭》,《全宋文》册 296 页 111。
⑭ 李纲《故秘书省秘书郎黄公墓志铭》,《全宋文》册 172 页 278。

县人。"①朱熹《黄中墓志铭》:"其先有讳膺者,自光州固始县入闽,始家邵武。"②朱熹《黄洧墓碣铭》:"其先世相传自光州固始入闽,居建阳之水东,后徙瓯宁之演平。"③何澹《黄永存墓志铭》:"其先光州固始人,唐末惟淡者入闽,家昭武。"④何澹《黄通墓志铭》:"公字景声,始祖惟淡自光州固始徙昭武。"⑤黄榦《黄振龙行状》:"九世祖自光之固始从王氏入闽,因仕焉"⑥程珌《黄椿墓志铭》:"黄氏之先,光州固始人也,五季之乱,从王审知入闽为判官,因家焉。"⑦真德秀《黄振龙墓志铭》:"其先自固始入闽。"⑧刘克庄《黄简墓志铭》:"黄氏自固始迁闽,至八世祖校理公兴自泉迁莆。"⑨

李氏:余靖《李虚舟墓碑》:"七世祖讳昌,始居光山。同郡王氏之王闽越,其孙讳盈以族从焉,迁徙名数于建安。"⑩王安石《李虚舟神道碑》:"公姓李氏,故陇西人。七世祖讳某,始迁于光山。五世祖讳某,以其郡人王闽,从之,始为建安人。"⑪王安石《李宽墓志铭》:"其先陇西人,后移光山,至君六世祖又移建安。"⑫林之奇《李楠行状》:"其先居光州固始,唐末从王氏入闽,遂为福州侯官人。"⑬真德秀《李冲墓志铭》:"公之先自固始入闽,为侯官人。"⑭

林氏:林光朝《林师说墓志铭》:"林氏其先光州固始人,居仙游六世。"⑮刘克庄《林诞墓志铭》:"其先固始人,八世祖著作平迁福清。"⑯李昂英《林植墓志铭》:"国朝南渡初,乃先世著作郎佐郎俛始徙其族浮光,绝复规菟裘,遂定居于

① 朱熹《金紫光禄大夫黄公墓志铭》,《全宋文》册 253 页 92。
② 朱熹《端明殿学士黄公墓志铭》,《全宋文》册 253 页 95。
③ 朱熹《转运判官黄公墓碣铭》,《全宋文》册 253 页 150。
④ 何澹《黄公永存墓志铭》,《全宋文》册 282 页 198。
⑤ 何澹《黄公通墓志铭》,《全宋文》册 282 页 205。
⑥ 黄榦《贡士黄君仲玉行状》,《全宋文》册 288 页 421。
⑦ 程珌《黄君茂龄墓志铭》,《全宋文》册 298 页 158。
⑧ 真德秀:《宋故乡贡进士黄君墓志铭》,《全宋文》册 314 页 162。
⑨ 刘克庄《黄柳州简墓志铭》,《全宋文》册 331 页 203。
⑩ 余靖《故尚书虞部郎中致仕李公墓碑》,《全宋文》册 27 页 126。
⑪ 王安石《虞部郎中赠卫尉卿李公神道碑》,《全宋文》册 65 页 102。
⑫ 王安石《广西转运使李君墓志铭》,《全宋文》册 65 页 204。
⑬ 林之奇《李和伯行状》,《全宋文》册 208 页 94。
⑭ 真德秀《国子监主簿李公墓志铭》,《全宋文》册 314 页 173。
⑮ 林光朝《林兵部墓志铭》,《全宋文》册 210 页 117。
⑯ 刘克庄《林沅州墓志铭》,《全宋文》册 331 页 162。

闽之长溪。”①黄震《林守道墓志铭》：“昭宗朝，有光州之固始林氏随王潮兄弟王闽者。”②

刘氏：韩元吉《刘允恭墓志铭》：“八世祖陶与其兄随，居光州，避地至闽。”③真德秀《刘爚神道碑》：“遭五季之乱，自光州固始迁焉，遂为建阳后山人。”④

潘氏：黄榦《潘植行状》：“九世祖讳□，事王氏为银青光禄大夫，自光州固始入闽，家于福州怀安县之水南。”⑤

宋氏：林光朝《宋棐墓志铭》：“公之先系来自固始，有曰骈者，……徙于莆。”⑥

苏氏：苏颂《苏绎墓志铭》：“许公（瓌）之曾孙曰奕，元和中，终光州刺史，子孙因家于固始。光州之四世孙、赠隰州刺史讳益，自固始从王潮入闽，又为泉州同安人。”⑦曾肇《苏颂墓志铭》：“元和中，（苏瓌）曾孙奕卒光州刺史，始家固始。又四世孙益随王潮入闽。”⑧邹浩《苏颂行状》：“徐州（苏诜官徐州刺史）之孙奕，元和中终光州刺史，家固始。光州之孙益，自固始随王潮入闽。”⑨

孙氏：魏了翁《孙景玉墓志铭》：“（孙氏）居福之乌石山下者，故光之固始迁也，后又徙长溪之西乡。”⑩魏了翁《孙调墓志》：“（孙氏）世居光之固始，唐末徙福之乌石山。”⑪叶梦鼎《孙功棐遗德碑记》：“祖出光州固始县人，避朱泚之乱，徙家福州长溪县。”⑫

王氏：曾巩《王冏墓志铭》：“其先太原人，中徙河南，其后自光州之固始徙福州之侯官。”⑬王安石《王回墓志铭》：“（河南王氏）后自光州之固始，迁福州之侯

---

① 李昴英《学士林君墓志铭》，《全宋文》册344页114。
② 黄震《艾隐先生林君墓志铭》，《全宋文》册348页387。
③ 韩元吉《刘令君墓志铭》，《全宋文》册216页291。
④ 真德秀《刘文简公神道碑》，《全宋文》册314页58。
⑤ 黄榦《处士潘君立之行状》，《全宋文》册288页416。
⑥ 林光朝《敷文阁待制开国宋公墓志铭》，《全宋文》册210页101。
⑦ 苏颂《叔父卫尉寺丞景陵府君墓志铭》，《全宋文》册062页168。
⑧ 曾肇《赠司空苏公墓志铭》，《全宋文》册110页120。
⑨ 邹浩《故观文殿大学士苏公行状，《全宋文》册132页1。
⑩ 魏了翁《孙武义墓志铭》，《全宋文》册311页260。
⑪ 魏了翁《孙和卿墓志》，《全宋文》册311页261。
⑫ 叶梦鼎《孙防御遗德碑记》，《全宋文》册343页335。
⑬ 曾巩《王容季墓志铭》，《全宋文》册058页221。

官。"①

　　吴氏：汪藻《吴点墓志铭》："其上世占籍光州，于唐为闻家，后徙闽之邵武。"②曾丰《吴珫墓志铭》："吴氏为莆著姓，其先光州固始人，自永嘉避地来莆。"③

　　许氏：李纲《许份神道碑》："公之高祖崇国公讳遂，五季时自光之固始徙居于闽。"④

　　叶氏：林光朝《叶颙行状》："其家牒为光州固始，避地而南，今为兴化之属县仙游人。"⑤

　　詹氏：叶适《詹体仁墓志铭》："詹氏之先，有自光州固始家于建武夷者。"⑥真德秀《詹体仁行状》："其先光州固始人，十八世祖迁于建之武夷。"⑦真德秀《詹渊墓志铭》："其先有自固始入闽者，至武夷之下居焉，遂为崇安人。"⑧

　　曾氏：曾肇《曾公亮行状》："唐广明中，有自光州固始县避乱徙家闽越，遂为泉州晋江县人者，公之七世祖也。"⑨陈宓《曾噩墓志铭》："其先自光州固始入闽，散处泉、漳二郡。"⑩

　　郑氏：范祖禹《郑穆墓志铭》："其先光州固始人。唐末，高祖为王潮所虏入闽，遂死之，子孙家福州，今为侯官人。"⑪杨时《郑毂墓志铭》："其先光州固始人。唐僖宗时避乱从王潮入闽，居建城南乡之龙池。"⑫袁燮《郑和悟行状》："太淑人讳和悟，福州闽县人也。其先家于光之固始，五季末徙焉。"⑬刘克庄《郑寀

①　王安石《王深父墓志铭》，《全宋文》册 065 页 152。
②　汪藻《左中大夫致仕吴公墓志铭》，《全宋文》册 157 页 321。
③　曾丰《知汀州吴朝奉墓志铭》，《全宋文》册 278 页 62。
④　李纲《宋故龙图阁直学士许公神道碑》，《全宋文》册 172 页 262。
⑤　林光朝《左正奉大夫守尚书左仆射同中书门下平章事兼枢密院使事南阳郡开国公食邑三千一百户食实封一千户授观文殿学士致仕赠特进叶公行状》，《全宋文》册 210 页 89。
⑥　叶适《司农卿湖广总领詹公墓志铭》，《全宋文》册 286 页 200。
⑦　真德秀《司农卿湖广总领詹公行状》，《全宋文》册 314 页 51。
⑧　真德秀《监车辂院詹君墓志铭》，《全宋文》册 314 页 158。
⑨　曾肇《曾太师公亮行状》，《全宋文》册 110 页 99。
⑩　陈宓《大理正广东运判曾君墓志铭》，《全宋文》册 305 页 302。
⑪　范祖禹《宝文阁待制郑公墓志铭》，《全宋文》册 099 页 24。
⑫　杨时《枢密郑公墓志铭》，《全宋文》册 125 页 122。
⑬　袁燮《李太淑人郑氏行状》，《全宋文》册 281 页 360。

行状》:"其先自固始迁闽之长溪。"①田□子《郑国宝、郑国瑞墓志铭》:"郑之先自固始来泉。"②

周氏:林之奇《周毅行状》:"其先光之固始人,从王氏避地,遂居福之闽县。"③

朱氏:朱子肃《朱著圹志》:"十世祖御史中丞至自光之固始,遂贯福州闽县。"④

这些由族人、亲朋、门生、故吏所撰的行状、墓志,对先祖的追述大都依据传主家谱,《方其义墓志铭》的"按方氏谱"⑤、《方应龙墓志铭》的"系其谱而铭之"⑥、《苏绛墓志铭》的"谨案家谱"⑦、《叶颙行状》的"其家牒为光州固始"⑧都明确告诉人们,关于传主祖先的迁徙是来自家谱记载。族谱是族人身份认同的重要依据,可见宋时光州固始已经得到了福建人的广泛认同。

光州固始认同的形成,与唐末五代固始人王审知王闽治闽引发大规模固始移民入闽有关。唐僖宗光启元年(885),固始人王潮、王审知兄弟率乡民随王绪义军入闽,并建立闽国,追随王潮、王审知兄弟入闽的光州固始籍将士落籍闽地,而且王潮、王审知兄弟建立闽国政权后,创造的和平、安定的发展环境,又吸引了大批固始人投亲靠友进入闽地,福建人口由唐元和五年(810)的74467户,迅速增长到宋太平兴国五年(980)的466820户,其中有不少来自光州固始。在上述行状、墓志中"唐末从王氏入闽""五代之末,随王氏入闽""五代时王氏入闽,因随家焉""避广明之乱徙闽中""广明之乱,光人相保聚,南徙闽中""从王氏避地""从郡豪王氏南据闽方""随王潮兄弟王闽""唐僖宗时避乱从王潮入闽""自固始从王潮入闽""自固始随王潮入闽""唐末,高祖为王潮所虏入闽""五季之乱,从王审知入闽"也说明了这一点。大批来到闽地的光州固始人由于具有共

---

① 刘克庄《枢密郑公行状》,《全宋文》册331页1。

② 田□子《宋郑氏兄弟墓志铭》,载李灿煌编《晋江碑刻选》,厦门大学出版社,2002年,第276-278页。

③ 林之奇《故左奉议郎临安府学教授周仁仲行状》,《全宋文》册208页95。

④ 朱子肃《宋龙图阁学士侍读吏部尚书朱公圹志》,《全宋文》册317页70。

⑤ 刘克庄《琼州户录方君墓志铭》,《全宋文》册332页64。

⑥ 王迈《莆阳方梅叔墓志铭》,《全宋文》册324页415。

⑦ 苏颂《叔父卫尉寺丞景陵府君墓志铭》,《全宋文》册062页168。

⑧ 林光朝《左正奉大夫守尚书左仆射同中书门下平章事兼枢密院使南阳郡开国公食邑三千一百户食实封一千户授观文殿学士致仕赠特进叶公行状》,《全宋文》册210页89。

同的历史记忆和遭遇,很容易便形成了一个以"闽祖光州"为标志的共同体。

　　光州固始认同的形成,还与闽地土著人的同化有关系。王审知治闽期间,除重视发展当地的经济,提高人民生活水平外,还特别重视改善汉蛮关系。由于以光州固始人在政治、经济、文化等方面都有较大的优势,闽地土著为了适应社会生存和谋求发展的需要,通过编修族谱,宣称自己的祖先来自光州固始,重构本民族的历史记忆。随着当地土著人的不断加入,以"光州固始"为祖籍的群体就像滚雪球一样不断壮大,光州固始认同得以加强。

　　　　　　　　　　　（作者为河南省社会科学院中原文化研究所研究员）

福建古代方志的现代价值

王玉德

一、福建的方志传承

"方志"一词最早见于《周礼》。方志是"记述一方的地理、历史纲要,变而为备载这一地区古今各种事物的百科全书。"①。《中国地方志综录》收录宋至民国志书 7413 种,《中国地方志联合目录》统计则有 8264 种,《中国地方志总目提要》收录旧志 8577 种。福建编修方志的历史悠久,②在晋代、宋代、明清有突出特点。

福建在晋代就有了方志。福建最早的方志是《瓯闽传》,《隋书·经籍志》有存目。《瓯闽传》的成书时间是晋代,还是晋代以后,学者有争议。民国年间的湖北咸宁人张国淦《中国古方志考》认为《瓯闽传》产生于晋代。除了《瓯闽传》,福建还有《闽中记》。公元 394 年,晋安郡太守陶夔编《闽中记》,有可能是闽地的第一部方志,但此志已经失传。其后,唐代林胥、宋代林世程分别编有《闽中记》,也失传了。南宋王象之《舆地纪胜》是历史地理学家案头必备之书,也是文史工作者不可或缺的参考资料,其中保存了《闽中记》的 11 条佚文材料。

福建在宋代流行修志。有人考证宋代福建有志书 86 种,但目前幸存的宋志不过 3 种,分别是:泉州人梁克家编的《三山志》(明以前称为《长乐志》),其宋版已丢失,仅有明末刻本;泉州人黄岩孙编的《仙溪志》,有抄本传世;赵与沐编的《临汀志》,原本已佚,然而在《永乐大典》幸存。这三个本子已经重印。《三山志》记载了福建的地理、人生、土俗、财赋等,是研究闽地历史的重要资料。

---

① 《辞海》,上海辞书出版社,1999 年版,第 4397～4398 页。
② 王耀华主编《福建文化概览》(福建教育出版社 1994 年)第 25 章讲述福建方志。此外,陈峰著《厦门古代文献》(厦门大学出版社 2010 年),对厦门地区的方志有详细论述。

　　福建在明清时期大规模修志,修志成为制度。明代福建修有230种左右的方志,有80种幸存。洪武年间,马英修纂《玉融志》、梁礼修《泰宁县志》,均失传。现存最早的明代方志是永乐二年(1404年)年修的《政和县志》,有抄本传世。明代,黄仲昭修《八闽通志》87卷,史称善本,现由福建人民出版社重新印行。万历年间,何乔远的《闽书》154卷,王应山的《闽大记》55卷,王应山的《全闽纪略》8卷都有较好的声誉。清代福建共修志242种,有151种保存。顺治七年(1650年)修《浦城县志》、顺治九年(1652年)修《永安县志》,均保存。康熙、乾隆、道光年间分别修有《福建通志》。福建还流行乡镇修志。如,福清修有《海口特志》,晋江修有《安平志》。民国年间,陈衍等修《福建通志》,计611卷,内容丰富。其他方志60种左右,有承旧开新的特点。

　　福建学人修志的能力特别强。以嘉靖年间修的《玉融志》为例。书前有林富撰写的《序》,说这部志书是癸巳(1533年)冬天在县令的安排下编修的,一群乡贤文士(寒谷、方俶等人,还有一些学生)集中居住到玉融的圣迹寺,有县丞周澜(黄冈人)亲自督阵,用64天修成的。现在看来,这个工作效率是相当高的,两个月时间拿出一个流传至今的方志,福清文人的干劲着实令人惊诧!

二、福建方志所见闽地环境史资料

　　任何一部方志都要能为现实提供服务。福建,得名于福州、建瓯二地字首。福建省简称闽。历史上,曾经在今福建的福州、建瓯、泉州、莆田、漳州、长汀、邵武、南平设有州府,故人们称福建为八闽。福建人早就认识到方志的经世致用价值。如明代万历年间叶向高在《玉融志·序》说朝廷的命官到县,总是先问方志,"夫志以征邑,其来旧矣"。以方志之作为了解地方的信息资料,这已成为一种风气。在福清任职的官员亦如此,"福清,海上之岩邑也,其幅员之广,户口之蕃,章绂之众,赋税之赢,盖闽中罕俪焉"。福建方志提供了环境各方面的信息。如:气候。徐观海编《将乐县志》卷一附有《气候》,说到当地的气候说:"全闽滨海之区,煦暖和畅,号曰炎海。将乐据延平上游,距海五百里,地势爽垲,崇山周围,寒无堕指,暑鲜爍肤。雾笼溪而阴霾立,岚移岫而清风徐来。四时成岁,田蔀春秋可采焉。"①卷十六记载:"元至正四年,夏秋大疫。福、邵、延、汀四郡皆然。"②卷十六记载:明代成化十一年,"自夏徂冬不雨,菽粟无获,灾疫荐臻,人民困瘁,莫此为甚"③。清代施鸿保《闽杂记》卷一记载了福建的一些自然现象,如"风有形色"条记载:"风有形色,海旁人常见之。其形首圆腰阔,自腰以下,两旁分张,后有尾曳出,第有数十丈。"在"暴风与飓风不同"条记载:"海中大风曰暴。…飓乃海中灾风,其至叵测。暴则来必应期,可以趋避者也。"④"虹占风雨"条记载:"神州人以虹占风雨,朝见西方,高者多大雨,低者多大风;夕见东方,高者多大风,低者多大雨,皆三日内应之。"⑤

植被。据《八闽通志》,山区林木多,有柑、柏、桧、杉、樟、楠等。建宁府建安郡(今建瓯)马鞍山,人工栽种大片松树。民间植树有一些奇怪的习俗。清周工亮撰《闽小记》,其中卷一谈到福建不种柳树的习俗。"相传二十八宿中有柳,故种柳者横插倒植,无不立生。余在闽,八郡俱至,道旁曾未见一枝。会城中仅十数株。漳城才三四株。岂柳星独不照闽中耶?诚所不解。"⑥

动物。福建大部分山区因天然森林被毁损,动物的种类和数量均大幅度减少,致使深山的猛虎被迫闯进农耕地区觅食。因此,明代当地老虎咬伤人畜的记载增多。闽东安溪县,"正德十六年(1521)春,猛虎群出,多伤畜类,民难往来"。崇祯年间,冯梦龙任寿宁县令,在编撰《寿宁县志》时称:"余莅任日,闻西门虎暴,伤人且百余矣。城门久废,虎夜入咬猪犬去。"⑦清代徐观海编《将乐县志》卷十六记载:"正德八年,虎食人。冬饥。"嘉靖七年,"虎遍伤人。县簿洪俊教民设阱捕之,其害始除。"⑧虎伤人,愈来愈严重,于是由政府出面组织民众捕虎,得以缓解虎患。其后,仍然有虎患,史不绝书。平和县在明末有老虎为患。天启甲戌春,"有五虎为患。近藏附县山林,伤人畜无数。知县王立准祝告城隍,山人遂

① 徐观海编《将乐县志》,厦门大学出版社,2009 年,第 43 页。
② 徐观海编《将乐县志》,厦门大学出版社,2009 年,第 518 页。
③ 徐观海编《将乐县志》,厦门大学出版社,2009 年,第 519 页。
④ 施鸿保《闽杂记》,福建人民出版社,1985 年,第 6 页。
⑤ 施鸿保《闽杂记》,福建人民出版社,1985 年,第 11 页。
⑥ 周工亮《闽小记》,福建人民出版社,1985 年,第 21 页。
⑦ 参见陈登林 马建章《中国自然保护史纲》,东北林业大学出版社,1991 年,第 152 页~153 页。
⑧ 徐观海编《将乐县志》,厦门大学出版社,2009 年,第 520 页。

殪一虎,两虎自毙,其患遂除。邑人朱龙翔有《灭虎记》。"①

海产。明代屠本畯撰《闽中海错疏》,万历年间成书。屠本畯,浙江鄞县(今宁波)人,曾任福建同知。全书三卷,介绍了鳞部海产 167 种,介部海产 90 种。书中主要记载了福建等地的水生动物,是了解海滨地区生物的宝贵资料。此书说明,人们有了初步的分类常识,对区域环境与海洋环境的动物加强了关注。

矿藏。《闽杂记》卷九"水晶"条记载:"漳州各县皆出水晶,平和尤著称。有五色,赤如血者名血晶,黄如蜜蜡者如蜡晶,紫如茜染者名紫晶,皆难得。"

水情。《闽杂记》卷二记载了福建人的水文知识,如"河水不犯井水"条记载:"吾乡语云:'河水不犯井水'。盖河水自上下流,井水自下上溢,故有井在河旁不一二步而井味自咸,河味自淡者。福州井楼门外温泉,其源广不愈丈,逼近城河,而一热一冷,犹井与河也。"②乾隆《汀州府志》卷三《山川》记载:"南方称泽国,汀独在万山中,水四驰而下,有若迂溪,崇山峻岭,南通较交广,北达淮右,瓯闽粤壤,在万山谷斗之地,西邻赣吉,南接潮梅,山重水迅,一川远汇三溪水,千障深围四面城。"闽西地势不一,随水势之高下,引以灌田,水力设施极为脆弱,抗洪防旱能力几乎等于零。当春夏之交,山水暴至,易于为灾,明崇祯甲申、清康熙癸巳、道光壬寅,滨溪田庐淹没无算,城中女墙可以行舟,无家不覆,无墙不圮。万历三十七年己酉五月二十六日,福建将乐县发生百年不遇的大水灾。徐观海编《将乐县志》卷十六记载:"先是三月间,日晕如轮者二,多震雷,淫雨;至是日,大水入城五丈,山崩地裂,溺死者万数,漂流民物、田园、房屋、城署、学宫、桥梁、道路不可胜计。……数百年来,大水无如此甚者。"③清代黄许桂主修《平和县志》,其中的《水利志》记载平和县多山,水利重要。"盖和邑灌田之陂,多溪壑之水,发源甚远,每霖雨即涨溢,长堤环岸,多为荡决,民甚苦之。"明代在平和县兴修多处水利设施,地方官员重视水利。如"明万历三十八年,知县李一凤增筑新陂十六处,修补旧陂十四处,民至今德之。"④

又如乾隆《福清县志》,其中提供的环境信息颇多:

---

① 黄许桂主修《平和县志》,厦门大学出版社,2008 年版,第 494 页。
② 施鸿保《闽杂记》,福建人民出版社,1985 年,第 32 页。
③ 徐观海编《将乐县志》,厦门大学出版社,2009 年,第 523 页。
④ 黄许桂主修《平和县志》,厦门大学出版社,2008 年版,第 94 页。

卷二《地舆志》讲述了风水，称福清"负山带海，东南一都会也。"又说"福清形胜大约始自永福县瑞云兜率而百丈，达于邑界。……左止于海，右止于石竹之前，灵石黄檗绵亘为玉融，以为县治之案。……合二十四流，为五为三，汇于龙首河，潮经重梁，入三十里过邑前以逆之。其江谓螺蚊，盖言其曲也。向海而出，而名山绣错，表以危塔，锁以长桥，有巨镇重卫为之绾毂。其与玉融同宗，渡海为白屿者，亦复出玉融，以阙乎金翅。形家曰官鬼而壮堪舆者备矣。"卷二记载了与风水相关的两座山"金翅山，在永福里，高数百丈，形如鸟翅，故名。漳县西北。玉屏山，在北隅，县来龙，有石如玉，下接鹫峰。"我读这本县志，想到前人说福建人笃信风水，言不诬也。

卷三《建置志》讲述了城池，说福清古无城，仅有五门，到了嘉靖年间，因为抗倭，才修筑了城池，并不断扩建。"三十七年，倭攻北门，登山放铳，边毙二人，守者奔溃，城遂陷。"万历年间，增修了串楼，夹垣、敌台等。

卷五《学校》记载，福清县旧有龙江书院、明德书院、闻读书院、石塘书院、兴庠书院、双旌书院、文昌阁、朱贤祠，此外又有文山、文在、文明、中和、崇文等社学。

卷七《祀典》可知福清旧有社稷坛、风云雷雨山川坛、先农坛、邑厉坛、乡厉坛、城隍庙、忠爱祠、忠烈祠、戚公祠、崇德祠等。邑厉坛的设置，与悲壮、悲伤之类的事情有关。戚公祠是纪念戚继光的场所。

三、福建文化与河洛文化之关系

福建文化是本土发生发展的文化，但福建文化深受中原文化影响。西晋末期，中原地区更加动乱，南迁入闽的北方人更多。公元308年，中原动荡，衣冠始入闽者八族：林、陈、黄、郑、胡、何、邱、詹。这就是历史上所说的"衣冠南渡、八姓入闽"。在此之前，北方汉族人就有进入福建的，但为数较少；永嘉年间及其以后，北方汉人入闽较多，形成了一次高潮。669年，陈政、陈元光父子带领军人及其随军家属征獠蛮并在福建驻扎下来。据《颍川开漳族谱》，陈政先是统率府兵5600名入闽，后又以兵少请援。朝廷命陈政的两个兄长陈敏、陈敷领兵南下。估计入闽的这两支军队有万人左右。他们最终在漳州立足，被称为开漳始祖。

从方志还可以查到福建的许多文化景观与河洛文化有相关之处。如嵩山有少林寺,而福清县的东张镇新宁里,在唐代建有南少林寺,现遗址犹存。

福建历史上的一些名人,不少祖籍为河南。明代夏玉麟等编《建宁府志·人物志》记载建宁县在宋代的名人李虚己,说其"五世祖盈,自光州从王潮徙闽,遂家焉。父寅有清节,南唐至诸司使,后归宋,第进士"①。

闽学的学术大家有许多,而宋代学者杨时(1053—1135)是理学里程碑的重要人物。杨时,号龟山先生,南剑州将乐(今属福建)人。他在29岁那年前往河南颍昌,拜程颢为师,勤奋好问,学习成绩优异。杨时与游酢、吕大临、谢良佐并称"程门高弟"(程门四大弟子)。东南学者,推为"程学正宗"。朱熹、张栻的学术,皆出于龟山。清代徐观海编《将乐县志》卷八记载:"杨时,字中立,龙池都人。五世祖自弘农避地,居将乐。时幼颖异,能属文。稍长,潜心经史。登熙宁九年进士第。闻程颢兄弟讲孔孟绝学于河洛,乃调官中赴,以师礼见颢于颍昌,相得甚欢。其归也,颢目送之,曰:吾道南矣。"②杨时历官浏阳、余杭、萧山知县,荆州教授、工部侍郎、以龙图阁直学士专事著述讲学。杨时把中原之学传到福建,是闽人的骄傲。南宋绍兴五年(1135年),杨时辞世,终年83岁,葬于将乐水南乌石山麓。朝廷赐"左大中大夫",又赠"太师、大中大夫"等封号,谥"文靖",并在将乐龟山麓建有"龟山书院"、"道南祠",明代弘治九年,万历皇帝追封杨时为将乐伯,并允许在文庙中列杨时作为从祀。《将乐县志》卷八载有《题复宋儒杨时从祀疏》,文末有"追封宋儒杨时为将乐伯,从祀孔子庙庭,位列司马光之下,胡安国之上"③。当时的将乐县知县李熙有《请崇祀龟山恤后疏》说:"杨时,学传东洛,道倡南闽,辟邪翼正,继往开来,诚有功于吾道者也。"④

近代思想启蒙者严复是福建人,但严复的祖上是河南人。1768年立的《重建阳岐严氏宗祠碑记》记载:"余族世居河南光州固始县,至唐天祐年间怀英公随王师入闽,以军功晋秩朝议大夫,镇守福州,遂择闽之阳岐而居焉,岐之有严氏,盖怀英公始也。"⑤严氏是唐代进入到福建,逐渐成为名门旺族,并产生了严复这样的杰出人物。其文化之根,仍在河南。

---

① 夏玉麟等《建宁府志》,厦门大学出版社,2009年版,第529页。
② 徐观海等《将乐县志》,厦门大学出版社,2009年版,第306页。
③ 徐观海等《将乐县志》,厦门大学出版社,2009年版,第313页。
④ 徐观海等《将乐县志》,厦门大学出版社,2009年版,第314页。
⑤ 引自苏中立 涂光久主编《百年严复——严复研究资料精选》,福建人民出版社,2011年,第3页。

福建的漳州人对河南固始县有特别的感情。其实,福建还有来自河南其他地区的人。清代黄许桂主修《平和县志》,其中有《杂识志》,考证说:"漳人称祖,皆云来自光州固始者。由王潮兄弟从王绪入闽,王审知因其众克定闽中,以桑梓故独优固始;而陈将军元光亦出固始,故言氏族者至今本之,而不尽然也。按:郑樵家谱后序云:吾祖本出荥阳,过江入闽,皆有源流,孰为光州固始人哉?"①

福建的一些历史名人,曾经在中原地区作出过贡献。明代的福建人林希元有《林次崖先生文集》传世,从中可见他对中原的贡献。他在嘉靖八年(1529年)撰有《荒政丛言》,缘由是这年二月在河南发生大饥荒,世宗诏地方有司赈济,林希元时任广东佥事,专门写了《荒政丛言》,建议朝廷积极抚恤中原灾民,提出救荒诸法六纲二十三目。他说:"有三便:极贫便赈米,次贫便赈钱,稍贫便转贷。有六急,重死急羹粥,疾病急医药,病起急汤米,既死急募瘗,遗弃孩稚急收养,轻重系囚急宽恤。"他的建议得到嘉靖皇帝的赞许,诏令颁行《荒政丛言》。②

综上可知,福建在历史上重视方志的编修,所编方志提供了较为丰富的环境信息与文化信息,这些信息对于我们研究福建的历史文化是很有帮助的。

(作者为华中师范大学历史文化学院教授)

---

① 黄许桂主修《平和县志》,厦门大学出版社,2008年版,第500页。
② 陈峰著《厦门古代文献》,厦门大学出版社,2010年,第94页。

河洛移民历史及其与闽南人文关系

陈榕三

《台湾省通志》指出："本省人，系行政上之一种名词。其实均为明清以来大陆闽粤移民即河洛与客家之苗裔。"正因为此，台湾人习惯称自己"河洛郎"。在闽台地区的开发大舞台上，河洛人始终扮演着十分重要的角色。正是有这样一个坚实的人文基础，河南人与福建、台湾人血脉相通，有着割舍不断的文化情感。

文化是民系族群的精神支柱，是人的精神活动和具体行为及其产物的总和，是社会和谐、经济发展不可或缺的重要因素。

"闽南文化是一种移民文化。它基于一个基本的历史事实，古代福建是南方百越族之一支——闽越的活动地区。秦汉之际，中原地区已进入以汉文化为核心构建起来的封建社会，而福建尚是以闽越文化为基础和表征的部族社会。

自永嘉以后直至两宋，因北方战乱等原因而不断南徙入闽的中原汉族移民，在把闽越族及其文化融入其中的历史发展中，逐渐成为社会的人口主体；同时，随同移民携带而来的中原汉族文化，也成为福建社会构建的文化基础。随着中原移民由闽北逐渐进入闽南，也把中原文化带入闽南。"①

一、河洛人向外政治移民的历史进程

从西晋到南宋，从河南向外移民而且明显属于政治原因者，主要有以下四次或者说四个阶段。

第一个阶段是西晋末年永嘉之乱（307 年）及其后长达百余年的时间。据葛

---

① 见 2009 年 12 月 08 日《光明日报》刊登的刘登翰文。

剑雄主编的《中国移民史》①第二卷的列表,可知在这次长时段的人口大迁徙中,从河南迁出的著名宗族不下数十。诸如陈郡(今淮阳)殷氏(殷颤、殷叔文等),陈郡阳夏(今太康)谢氏(谢鲲、谢安、谢玄、谢石等,);陈留尉氏(今尉氏县)的阮氏(阮孚等);阳翟(今禹州)的褚氏(褚翜、褚叔度等),河内温(今温县西南)的司马氏(司马纯之,司马亮等)等。

西晋末年士族入闽,史书记有背景,方志记有姓氏。

《晋书·帝纪第五》记载:怀帝永嘉年间,北方少数民族乘中原内乱,举兵争霸中原,固始士民纷纷南徙。唐代,福建闽县人林谞撰《闽中记》记载:"永嘉之乱,中原士族林、黄、陈、郑四族先入闽,今闽人皆称固始人。"宋代人梁克家修福建志书《三山志》卷二十六记载:"爰自永嘉之末,南渡者率入闽,陈、郑、林、黄、詹、丘、何、胡,昔实先之。"其中固始士族尤为显著,这从当地士族祠谱中得到印证。明嘉靖《固始县志·隐逸》引《闽中记》载:"观福清唐尚书右丞林赞、御史中丞陈崇可见。"固商《黄氏宗谱·序》:黄姓于"永嘉之乱,中原板荡,流闽者百五十余户"。此期由固始入闽的士族不仅有林、黄、陈、郑四姓氏,还有邱、叶、何、张、阮、危等姓氏。

第二个阶段是唐前期高宗——武后——睿宗时代陈政、陈元光父子的"平乱"与"开漳"(669—711 年),唐末五代王潮、王审知兄弟父子的"王闽"(885—945 年)。前者是唐高宗时,闽南"蛮獠"起兵叛乱,光州固始陈政奉命率将士113 员、府兵 3600 人前往平叛,陈政之子陈元光随行。由于初战不利,陈政之母魏敬,兄弟陈敏、陈敷率固始 58 姓府兵数千人驰援,终于平定泉州、潮州(今属广东)间的"獠乱"。688 年因陈元光之请,朝廷下令设置漳州,陈元光任漳州刺史,陈氏父子治理漳州 40 余年。陈氏子弟及属下府兵中多数人此后就定居闽南。

第三阶段是在唐末农民大起义中,固始人王潮、王审知兄弟起兵后率部南进,经江西进入福建。随同他们入闽的固始人,据清末固始进士何品黎考证,有18 姓 5000 多人。而《中国移民史》第三卷中的列表则显示,此次有 40 个姓氏,"数量在二三万人左右"。固始陈氏、王氏两次带往福建的移民,成为后来有族谱

---

① 葛剑雄主编《中国移民史》,福建人民出版社,2003 年 9 月。

可据的河南人迁居福建的基本群体。

第四阶段是北宋末靖康之变(1126年)后近200年的人口迁徙。其中"临安移民的76%来自河南,其中绝大多数又来自开封"。可见当时河南是最主要的人口迁出地,而且"自河南迁出的移民中上层人物特别多"。因为只有中上层人物才有可能在文献中留下记载。福建是其重要迁入地。

如漳州地处福建泉州和广东潮州之间,自汉代以后"久成荒徼,蛮獠纷乱,民不知礼,号称难治"。唐代陈元光平定乱事,增置漳州,变"七闽"为"八闽",建县置吏,委派属官治理。开创漳州地区的屯田制度,让驻军垦荒自给;招致中原流民,着手兴办学校,使漳州成为"治教之邦"。福建《云霄县志》称颂陈元光说,"公开建漳邦,功在有唐,州民永赖"。所以,陈元光的"开漳"实可视为唐王朝治下有计划有组织的政治移民和治理开发活动。

政治移民与经济移民最大的不同,是前者首先会明显改变迁入地的政治生态和社会结构,而后者的作用则首先是扩大资源开发和增加物质生产。

在南宋政权前期,将领和士兵多为中原移民。对于文官,高宗也一再"诏令侍从官举西北流寓之士。被举者甚众"。但朝中文臣和地方官员中的南方人士仍然不断增加,最后终于占据绝对优势,从而产生南北地域观念和军、政之间的矛盾。

在这种大势之下,南宋朝廷已不可能再像东晋那样设置侨州郡县。故其始只能让移民以"流寓"的身份存在,科举考试也特置"流寓试"。而到南宋定都临安十年之后,就通过确定移民的财产和"户等"这种方式,使移民在定居地"入籍"。又过了十四年后,取消了"流寓试"。不仅如此,为维持宋代当地人不得在当地任官的制度,高宗"诏令西北流寓及东南人寄居满七年,或产业及第三等以上者"不得在新定居地"差遣"。种种措施,无非是尽力消泯移民和土著的分别,使两者浑然一体,这样才支撑了南宋150余年的偏安局面。①

从上述四个阶段的移民情形来看,由于南迁的上层人物掌控了权力资源,在一定程度上得以制订和执行吸引、安置、保护移民的制度和政策,所以在上述各阶段相当长的时间里,南迁移民持续不断。

---

① 任崇岳《中原移民简史》,河南人民出版社,2006年11月,第61页。

政治原因移民的结局一般是认同当地。随陈氏父子赴漳州的丁儒,先后任军谘府祭酒和承事郎参理州事,晚年就在漳州归田。其作品中有"土音今听惯,民俗始知淳。烽火无传警,江山已净尘","辞国来诸属,于兹结六亲。追随情语好,问馈岁时频。相访朝与暮,浑忘越与秦","呼童多种植,长是此间人"等诗句,生动地再现了他们逐步融入当地社会的情景,但仍带着一股无可奈何而又只能随遇而安的心理。而移民的"后生晚辈但见生长于是,慷慨仗义谁与共之",对于他们生于斯长于斯的异乡,显然会逐步认同。①

上述四个阶段因政治原因而引起的外向移民,除陈元光父子的那次之外,其余的从短期来看,或者可以说曾经造成各个有关时期的分裂割据之局。但从长远来看,却加速了中国广大南方的开发,促进了南方从政治到文化的中原化,从而最终有利于中国版图的巩固和文化的多样性统一。

二、河洛移民与闽台姓氏的关系

中国姓氏以悠久而正肃闻名于世。其中"光州固始"至闽台的姓氏流向,尤为突出而又支系明晰。它起于一千六七百年前的晋代,突出在唐代,直至宋、元还有流徙,可谓"晋代肇启,宋、元不已"。

闽台许多宗庙祠堂里镌刻"宗由固始,将军及泽"。在福建至今仍保存完整、有史可考的70座名祠、130姓氏之祠堂、家庙或纪念祠,供奉着由"光州固始"入闽始祖150人。台湾同样也有众多祭祀始祖来自"光州固始"的祠堂、家庙,他们与原乡固始现存祠堂、家庙共同形成独具特色的姓氏资源。

闽人谱牒中,最少有60个姓氏号称其入闽始祖,来自于唐代的陈政、陈元光与王潮、王审知两批移民。其中,王、郭、叶、何、詹、孙、姚、唐、万、汤、丁、刘、黄、李、许、曾、吴、沈、施、余、吕、龚、柯、潘、赖、庄、张等姓氏,直接指出其先祖来自于"光州固始"。

其他,还有点明来自"河南固始"、"固始"、"河南光州固始"、"河南"、"汝宁光州固始"以及"河南光州"。但总的来说以包含有"固始"与"光州固始"者占绝大多数,因此"光州固始"在闽人心中,已成为家族寻根的符号,具有十分神圣

---

①　郑淑真 萧河 刘广才《根在河洛》,河南人民出版社,2000年11月,第11页。

的地位。①

同样,台湾现有县志和谱牒中也不断出现台闽祖根在固始的论述。1988年,台湾出版了世著《台湾族谱目录》,收录多姓万余谱牒,这些家族开基祖,大部分来自"光州固始"。

从晋朝以来陆续南迁的"光州固始"移民,在泉州沿江而居,"晋江"因此而得名。被誉为"活化石"的泉州南音南戏,至今仍保存中原晋唐古音。还有许许多多的中原古姓氏,也保留在闽南,如陈、林、黄、王、郑等等。

台湾《唐山过台湾》的故事说:"台湾人的姓氏、名字的排行,乃至家族世代相袭的堂号和郡望,无一不是大陆各地的延续,台湾有的,大陆必定会有。"

目前台湾 2300 多万人口中,泉州府籍的占 44.8%。根据最新统计资料表明,目前台湾"百家姓前十名为陈、林、黄、张、李、王、吴、刘、蔡、杨"。这与泉州百家姓前十名(陈、林、黄、王、李、吴、张、郑、蔡、苏)的排列顺序十分接近。

2000 年 11 月,固始县人口普查时统计,县内有 560 个姓氏。由于历史悠久,固始历史地域几种文化交汇,成为姓氏产生较多的县份。如孙,此姓源于春秋楚庄王时令尹孙叔敖。其孙辈去叔字为孙氏。孙叔敖,楚国期思县潘乡人。春秋潘乡,即今固始县城一带。②

固始姓氏入闽,主要集中在唐代的两次移民,据最新研究成果,至少有蔡、曹、陈、程、戴、邓、丁、董、范、方、冯、傅、高、龚、顾、郭、韩、何、和、洪、侯、胡、黄、江、金、康、柯、赖、雷、李、连、梁、廖、林、柳、刘、卢、吕、罗、骆、马、茅、倪、潘、彭、邱、商、邵、沈、施、宋、苏、孙、汤、唐、田、涂、汪、王、魏、翁、吴、萧、谢、许、薛、严、杨、姚、叶、应、尤、游、俞、余、袁、曾、詹、张、郑、周、危、朱、庄、卓、邹 86 姓,随唐代两次固始移民入闽。③

唐高宗总章二年(669 年),朝廷先后派陈政率兵 3600 名、45 姓和其兄弟陈敏、陈敷率兵 5000 余人、58 姓军校入闽执行军事。

唐末,中原战乱,光州固始人王潮、王审知兄弟随王绪统军入闽,俗称"十八姓从王",这 18 姓指的只是军校,后又有"七十姓从军"的说法。据新编《固始县

---

① 郑淑真《固始姓氏源流路线图》,河南人民出版社,2004 年 9 月,第 176 页。
② 参见《固始网》《固始历史》条,互联网。
③ 萧河《历史姓氏》河南人民出版社,2004 年 6 月,第 156 页。

志》和最近"豫闽台姓氏源流研讨会"论文,当年随王审知入闽的约有二、三万人,50 余姓。

宋末景炎元年(1276 年),宋帝赵昰携随从入闽,定居闽中的约 50 个姓,其中赵、简、游、范、杜、纪、姜、田、女、邵、童、饶、华、凌、俞、钱等姓,是此前未曾入闽的。①

据 2000 年 11 月人口宗族籍贯统计,福建省人口有汉族人 2958 万人,占全省总人口的 98.45%,其中祖籍在河南固始的就有 1000 多万人,加上客家人 500 多万人和河南其他地区的入闽人口,河南籍后裔已占福建人口一半以上。而漳泉地区"光州固始"籍也占了多数。

清末,福建已有姓氏 200 多个。

据考证,从福建的姓氏发展过程看,有如下特点:

第一,姓氏的外来性。福建历史上很早就有居民,但在西周时期,只有贵族有姓,庶民无姓,福建地处蛮荒之地,闽族只有图腾,没有姓氏。中原士人南下福建,同闽族人融合,带来中原的姓氏文化。今福建话仍把女子称为"诸娘人",称男子为"唐部人",可看出原住民的无姓状态。他们同中原人士融合后,采用中原人的姓氏。

第二,福建姓氏大多来自河南固始县。汉武帝灭闽国后,移其民于江、淮间。后有不少人返回福建。这样,就存在福建同地处河南、安徽交界的河南固始县的一条古代交通要道,即由福建出闽北到江西,经由九江一带过长江进入安徽,由安徽寿州到河南光州固始县。相反,其也能成为中原移民南下的路线。唐代,陈政、陈元光入闽,唐末王审知兄弟入闽,带领大量固始县居民进入福建,留居福建。这些男子当时就被称作"唐部人",为福建姓氏的主要渊源。②

而从《台湾通志》所提供的材料,也可以看出,台湾的居民姓氏主要结构和福建大致相似,这是因为台湾居民大多是由福建播迁到台湾的,尤以漳州和泉州地区移民为最多。据 1930 年台湾统计的人口资料,当时台湾总人数为 3751600 人,其祖籍注明从漳州和泉州二府移去的为 3000900 人,占当时台湾省总人数的

---

① 张华《根在固始》河南人民出版社 2004 年 6 月,第 215 页。
② 参见杨海中《闽台文化 根在河洛》,《中国文化报》2006 年 10 月 29 日。

百分之八十。

福建的姓氏专家称,台湾的姓氏主要是从福建迁入,台湾的"十大姓"中和福建有 9 个是相同的,连排序都惊人地相似。

如《台北县李氏族谱》称:"先祖光州固始人,唐末随王潮入闽。"台北县板桥镇《王氏族谱》谓:"三十四世晔为光州定城令,因家于固始。"台湾《黄氏族谱》记载:"前先四十三世南陆居河南光州固始。"据基隆市《颜氏族谱》谓:"颜氏随陈元光入闽,永历十五年颜望忠随延平王入台。"与福建相关族谱相同。固始—福建—台湾播迁线路清晰可考。①

三、河洛移民与闽南文化的关系

固始先民具有中原文化先进的社会制度、思想文化、生产技术、生活方式,因而他们在迁移到荒蛮之地后,不仅能够迅速立足,而且有能力不断拓展自身的生存空间,优化自身的生存环境,包括成功地向海外发展。

河洛文化的包容性、统一性、乡土情谊、家族本位和崇儒重德等典型特征,在闽南文化中都有体现。使闽南文化包含了崇儒拜祖、家族经济、乡土情怀、习俗传承、自强不息等传统文化的重要元素。

闽南文化主要是西晋、唐宋时期中原文化的延伸。

西晋,北方汉族开始大量入闽,与当地闽越族融合同化,带来了黄河流域的先进耕作和冶炼等技术,促进了该地区的社会发展。而不同的民族融合与交流形式,大大缩短了中原人与闽越人之间的距离,增强了文化间的相互影响,其中主要的是中原文化对古闽越文化的影响。

唐初,泉、潮间被视为"蛮獠"的少数民族,几乎还处于氏族社会末期,多住在"背山面海"的"蛇豕之区",以狩猎为生,山洞为家,他们常与安居从事农耕的汉人发生冲突,(见陈元光《谢准请建州县表》)。陈元光取消部落奴隶制度,创建漳州,并大力推行中原农耕制度及汉蛮通婚。此后,中原文化包括语言在闽南全面普及。

唐初陈元光祖孙数代作为儒家政教思想的实践者和中原文化的传播者,对

①　张华 萧河 刘广才《台湾河洛郎》,福建人民出版社,2004 年 6 月,第 105 页。

漳、泉、潮、汕诸州日后成为饮誉海内外的文风昌盛的历史文化名城,其属地成为民风淳厚、才俊辈出的礼义之邦,起了毋庸置疑的奠基作用。并以其蓬勃的历史感召力和传承力,对后世教育的发展、文化的积淀和良风美俗的形成,产生了绵绵无止的影响。①

开闽王之一的武肃王王审邽(858—904 年),入闽之后,一直留守泉州,任泉州刺史十二载。其长子延彬继任,后任泉州刺史二十六载。父子两代经营泉州,政绩声望卓著。至今已传四十余代。

王审邽十分重视延揽人才,决意筑巢引凤,择南安的唐安乡修文里(今丰泽区北峰)地带兴建招贤院礼纳之,命长子延彬董其事。

居此,可以讲学论经,咏歌吟诗;或游畅、或听泉、或放舟、或垂钓……各取所好,加上审邽父子的礼遇,因此北方士人,欣然来投。如唐朝翰林学士韩偓、大司农王林、太学博士倪曙、宏文馆直学士杨赞图、王倜等,皆经纶之才,均得三王委以重任,对闽南的政经文教的发展,有着重大的贡献。现尚存“招贤村”名及村头之“招贤井”,村中之“招贤亭”遗址供人凭吊。

王审邽父子又以招贤院众多贤士教导士子、诱掖童蒙、咏诵诗书,使闽荒海陬之区,文风习习蔚成“海滨邹鲁”。

三王府置府学,县置县学,乡辟村间也办私塾,并对入学生员设厨馔以供给,使幼者佩于师训,长者置于国库。当时八闽学风,成为十国之冠,也使闽国人才辈出。据统计,泉州一地,在梁、唐二代就有十人以上进士,其中陈狄、黄仁颖先后获第一名(状元)。

王延彬不但经常出没于招贤院,与诸文人士吟诗作赋,还在南安三十二都(今南安霞美镇邱店、云台等地)建造云台、凤凰、凉峰三座别馆,作为歌舞游乐场所。引进中原梨园乐伎舞女,于此笙歌凤舞。各种设施亦随之兴建而成乡里,因名其地为清歌里。北方乐伎的到来,引进了中原歌舞,逐渐融入闽南乡土乐曲舞蹈,从而带动了本地戏曲文化的发展。

王审邽重视并积极开展敬祖的河洛文化习俗工作。他本身也还带了头,续

①　何池《开漳圣王陈元光》,福建教育出版社,2000 年 11 月,第 168 页。

写了自家遗书。①

官方的敬祖政策催动了民间的敬祖习俗热潮。并使这一热潮延续至今。

徜徉闽南的大街小巷、村间乡里,常可见建筑物的门额横匾往往镌刻着诸如"九牧传芳"、"江夏衍派"的醒目大字。有人就能够看着这些郡望堂号而立即讲出房主的姓氏来。闽南这些郡望堂号又是怎么来的? 当然还得往上追根溯源到河洛。

闽南与台湾一水之隔,是台湾同胞的祖籍地之一。闽南与台湾自古本一家,骨肉情深,血脉相连,语言相通,习俗相同,有着密切的"五缘"文化关系。早在宋元时期,就有闽南人迁往台湾,明末清初又有大批随郑芝龙、郑成功移民东渡台湾。

西晋末年,晋室"八王"之乱后,固始士族径徙入闽,多以耕读为业,忠孝传家,成为闽民。此次南徙士民多沿晋江以居(黄展岳著《泉州南朝以前的历史考古问题》与《福建历史文化与博物馆研究》),晋江也因晋人沿江住居而名。《晋书·地理志》记载太康三年(282年)闽地建安、晋安二郡有民户8600户;《隋书·地理志》大业初年(605年),建安郡(相当晋置建安、晋安二郡)有民户12420户。320余年,户口增加3820户,其中相当部分是固始士民入闽所致。②

唐代固始移民以社会下层和普通百姓为主,这也导致了闽南地区整个社会全面"中原化"。使昔日蛮荒之地,渐成文明之邦,政治、经济、文化、军事、社会风俗等全面融入中华民族大家庭,并逐步贴近中原水平。居民的血统、心理素质和民族意识自此与中原息息相通,源远流长的华夏文化在闽南之域得以发扬光大。"中原化"和"中原意识"从此成为闽南社会主流、政治共识。

南宋中原移民的中上层群体,作为中原文化尤其是制度文化和学术文化的主要载体,又给闽地带来中原政治制度、思想文化的大发展。③

中原移民不仅促成了闽台的"中原化",即政治制度的一体化进程,也从社会层面改变着闽台的组织结构,这主要体现为中原宗族制度的普及。西晋时中原的名门大族迁居闽地,奠定了闽台宗族组织的基础。唐宋时士大夫和普通百

①　《闽国史事编年》第184页。
②　葛剑雄主编《中国移民史》,福建人民出版社,2003年9月。
③　葛剑雄主编《中国移民史》,福建人民出版社,2003年9月。

姓的南迁,使闽台的宗族组织更为繁盛。故从宋代起,闽台各地普遍出现宗族祠堂、义庄、族学等事物,以及纂修族谱、家乘的宗族活动。

今之闽台,随处可以看到表明先祖来自中州、固始的墓碑、墓志、家乘,在府、县志、族谱中,也记录着与中原的渊源关系。宗法制度的确立,又从社会基础上巩固了"中原化"和"中原意识"的历史成果。至今,闽台人仍以"河洛郎"、"河洛话"为荣。

(作者为福建省社会科学院台湾研究中心副主任、研究员)

固始移民与闽台姓氏分布特征的形成

赵保佑　　陈建魁

　　福建与台湾的姓氏人口特点极其相似,在当今福建和台湾人口中,陈、林、黄姓三姓人口的比例均居于前三位,而且人口比例也相差不大。那么,发端于中原的陈林黄三姓又是怎样播迁到福建,又从福建播迁到台湾了呢? 我们认为,这是历史上中原三姓族人不断南迁的结果,而光州固始在其中扮演了重要的角色。限于篇幅,仅以林姓为例,并结合林姓家谱所载,就历史上林姓南迁及其在闽台的发展情况略作考述。

一、西河林、济南林到晋安林和下邳林

　　林姓自产生之时起相当长一段时间内,主要是在黄河中下游一带播迁的。

　　林姓得姓始祖林坚被分封于西河后,后来又改封于博陵,子孙从此便在博陵一带发展繁衍。至林坚子林载时,又被赐爵为博陵侯,任冀州牧,统治今黄河以北、太行山以东的广大地区,他的子孙也在这一广大范围中生活,甚至迁徙、移居。

　　在林姓姓族的发展史上,战国时人林皋是一个承上启下的人物,上承西河林,下启济南林,地位极其重要。西汉初期,林皋的后裔林挚等迁居齐郡邹县,后因齐郡更名济南郡,林挚之子林纂遂为济南人,形成了对后来影响深远的济南林氏。林挚家族经过汉朝前中期十数代的发展,到汉宣帝时出世了一位有林姓发展史上举足轻重的人物——林尊,被林氏奉为济南望族的开基始祖,后来的下邳林氏、晋安林氏、光州林氏等均为林尊后裔。

　　济南林经过三四百年的发展,到东汉经史博士林农生活的时代,宗族庞大,人口众多,势力强盛,因此为当权者所忌,遭到汉灵帝和奸宦董卓的排斥,一家有

七百余口同时被杀,家族势力受到了极大的削弱。关于这次林姓的灾难,林氏《长山世谱》有载,唐代温彦博所撰《林氏宗谱序》也说:"后汉之末,复遭董卓擅权乱政,士爵播迁,每忌林族诸士,布言林氏宗党强于河北。汉主蒙其谱诉,宗族被戮者 744 人……衣冠避于南地。"这次灾难,林农及其父林封虽未被杀,但被免职罢归。林农恐祸及于己,乃与父老隐居于济水之东。到献帝建安年初,林农曾复出为官,任司隶校尉。三国时期,这支林氏的主体在曹魏政权中任职。西晋建立后,这支林氏有多人任职于朝,祖先的基业得到了进一步的光大。

东汉中期以后,济南林的其他分支陆续有林氏族人南迁。林姓人成批南迁,则始于东汉末年。东汉末年,由于北方战乱,中原河淮地带的世族和民众一次就有十余万户流徙江南。三国时期,孙吴政权大力组织流民屯田开荒,江南世族也积极吸纳流民到自己的庄园内开荒生产。许多林姓人就是在这种情况下南迁的。

林姓大族南迁福建多在两晋以后,特别是西晋末年以后。西晋末年的"八王之乱",致北方战乱不息,士民大批南迁。北人南迁的主要地区是江左一带。《通鉴·晋永嘉五年》载:"时海内大乱,独江左差安,中国士民避乱者多南渡江。"北人南迁的势族中,林姓占有重要的地位。唐林諝《闽中记》曰:"永嘉之乱。中原士族林、黄、陈、郑四姓先入闽。"另据林氏《晋安世谱校正序》记载:"当中原板荡,衣冠卿相从闽居者有八族,林、黄、詹、陈、郑、邱、何、胡是也。"

林氏望族之一"下邳林氏"就是西晋末年林姓人南迁形成的。西晋末年的动乱尽管对中华民族来说是一场毁灭性的灾难,但从客观上来说,却促进了林姓的进一步繁衍和迁徙,使林姓生活的空间进一步扩大,对后来林姓发展产生重大影响的"晋安林"便是由此而开基的。追本溯源,"晋安林"来源于"济南林",是从林姓始祖比干一脉相承而来的,开基始祖便是"下邳林"开基祖林懋之弟林禄。如同林懋开创"下邳林"一样,林禄开创"晋安林",也是由他出任晋安郡(治今福建福州)太守引起的。

另外,"下邳林"在传到第八代林国敏时,也因出任台州刺史而由江苏南下,成为台州和温州等地(在今浙江境内)林姓人的开基始祖。从此,由"济南林"分衍而出的"晋安林"、"下邳林"无不光大于南方。特别是以今福建为中心的东南沿海一带。今天中国大陆所形成的林姓在分布上南多北少的基本格局,其根源便是由此引起的。

二、莆田林和濂江林、控鹤林、陶江林、后安林

莆田林氏是晋安林氏的最大支派,其后家族繁盛,从而使莆田成为继西河、济南、下邳、晋安之后林氏的第五个发祥地。

"晋安林"开创了林姓在东南沿海一带发展的历史。由于晋安林在历史发展中分支众多,特别是有些在后来还回迁于北方和台湾等海外各地,以至于成为天下公认的林姓最大支派。晋安林氏第九代林茂迁徙于福建莆田北螺村,由此形成莆田林氏,其后族大人多,播迁四方,成为晋安林氏的最大支派。莆田也被誉为林姓继、济南、下邳、晋安之后的第五个发祥地。

莆田林氏是晋安林氏的继续和发展。莆田世系是从隋朝初年开始的,它的开基祖林茂,在隋文帝开皇三年(584 年),从晋江迁居莆田北螺村。后来在唐朝时期名闻天下的九牧林氏和阙下林氏都是林茂的后代所开基,因此林茂被这两支林氏奉为共同的始祖。

九牧林氏是唐代人林披所开基,其后瓜瓞绵绵,迁衍广泛,名人辈出。

林披是莆田开基祖林茂 7 世孙。先后娶妻 3 人,即郑氏、陈氏和朱氏。三夫人后来一共生有九子,这 9 个儿子后来都明经及第,俱任刺史之职。由于州刺史又称州牧或牧守,他们也被称为州牧。兄弟 9 人合在一起,号称"九牧"。加之他们父子相继,世代显贵,家声广播,世泽绵远,在古代被称为"八闽"之地的福建一带独领风骚,因此被以"八闽世泽,九牧家声"相称,或者被称为"莆田九牧"、"九牧林家"等,以纪念这段颇为荣耀的历史。所以,凡属林披后裔,多用"九牧"作为堂号。

阙下林氏为唐代人林攒所开基,其后裔广播海内外。

唐朝初期,固始人陈政、陈元光父子带兵入闽平定"蛮獠啸乱",奉朝准建置漳州及属县。据统计,陈元光父子入闽所带府兵将士与眷属共有 84 个姓氏。唐朝末年,中原动乱,固始人王潮、王审知兄弟带领乡民义军入闽,除暴安民。昭宗诏授王审知福建威武军节度使。后梁太祖进封王审知闽王。随从"三王"入闽,开发建设闽地的光州固始籍民五千多人。据《八闽祠堂大全》等资料记载,随从"三王"入闽的姓氏有 83 个。

在唐代中原先民两次大南迁过程中,林姓是重要族群。其后发展成林姓较有影响的支系。其中有林延皓的"控鹤林氏"、林穆的"陶江林氏"、林硕德的"上街六桥林氏"、"濂江林氏"、林廷甲的"福全后安林"等支。

林延皓(870~936年),字仁寿。他与河南固始人王审知有旧交,遂在唐僖宗广明元年(880年)举家迁往河南固始,投靠王审知。后来王潮、王审知父子入闽开辟漳州,林延皓随行,成为王审知入闽之部将。唐昭宗光化元年(898年)授威武军节度副使,拜拱辰控鹤都使。唐末始居福州,五代后梁开平三年卜居吴山。他的后裔以其官衔而称为控鹤林氏,又称福州吴山林氏,尊林延皓为一世祖。今控鹤林氏的后裔主要分布在福建的福州、连江、福清、长乐等地。

林穆,唐末世居在河南光州固始县,系出山东济南的士族。为避战乱,随王潮、王审知的军队于885年辗转入闽各地。林穆在军中运筹帷幄,为王审知得力的助手,故唐封为左朝奉大夫。为陶江林氏始祖。904年他自择桑梓,定居于乌龙江畔枕峰村,迨至十三世裔孙林津龙的南宋"尚书干官",里人以官名称其家乡为"尚干"。宋末元初,其子林维本弃官归里,与其妹五娘(义姑)移居永庆里塔林村(今尚干镇),沿着陶江而居,代代发祥,到今历世数十达九百宗,因而称为"陶江林"。昔林氏祠堂落成,有名士撰题对联,赞扬林氏宗族之盛。文曰:"唐宋元朝十八状元三拜相,高曾祖考四千举子五封侯。"辛亥革命元老之一的胡汉民题联曰:"尚书干官世裔,国府主席家风。"民国国府主席林森亲撰"受氏姓周家,历秦汉晋唐以迄明清,看累代称帝称王庙祀几如林县远;发祥由陶水,从鲁齐河洛迨迁闽越,溯上世自南自北族居传到干官兴"的楹联。

林硕德(860~926年),字邦定,号天复,河南光州固始人。一向素以智谋勇略,为乡里所推崇。唐僖宗中和元年(881年),林硕德率众投奔王绪领导的寿州(今安徽寿县)农民起义军。当王绪起义军进入光州后,节度使秦宗权封王绪为光州刺史,王潮为军正,审知为都监,硕德为监丞。光启元年(885年),为避开已降服于黄巢的秦宗权勒索债赋,王绪统率5000多名义军和一部分光州、寿州的吏民,渡江南下,经江西九江、南昌,进入闽地。攻克了汀(长汀)、漳(漳州),队伍不断扩大。队伍至南安时,因军粮不继,军心涣散。加之王绪生性猜忌,在滥杀刘成全、李逢益、陈浩等数名干将后,又想杀害王审知三兄弟及其老母董氏。危急时刻,林硕德接受王潮兄弟的恳请,策划竹林兵变,带壮士数十人,活捉了王绪,并将其关在牢中,不久王绪自尽。于是王潮被推举为主将,统率全军。竹林兵变后,林硕德成为王潮的得力部将,与王审知一起率精兵夺取泉州、攻下福州。乾宁元年(894 年)四月,林硕德奉命率兵独趋邵武,八月中秋定泰宁,军声大振,传檄四方,远近州、县纷纷响应,相继归顺,从此闽疆统一。林硕德也因军功卓著被王审知封为威武军军判。乾宁四年(894 年)十二月,王审知继任威武军节度使,封琅琊王。林硕德则又被封为威武军都统使。后梁开平三年(909 年)王审知封闽王,林硕德封为开闽都统使。乾化三年(913 年),林硕德致仕,食邑古侯官县治,定居闽王王审知赐建的大屿头山三进封第(今称上街六桥林祖厝),见玉浦江环绕,始建六座木桥,使之四通八达,遂称六桥林氏。

　　濂江林氏,入闽始祖也是光州固始人,有人考证其名叫林浦。这支林姓至明代大盛于时,其地在今福州市郊区城门乡的濂江村。濂江林氏族谱初编于明永乐年间,因族人在明清两代出过多位名人而享誉乡梓,世传"七科八进士,三世五尚书,国师三祭酒,五传十州牧"。《明史》感叹说:明代"三世为尚书,并得谥'文',林氏一家而已"。自唐末始祖入闽至清一千年历史中,曾出过三位大夫,其中一位光禄大夫,二品官衔;五位尚书;十八位进士;六十七名举人。其中林枝春为清乾隆三年(1738 年)榜眼。这样的一部族史,是何等的辉煌!

　　林廷甲(860 ~ ? 年),光州固始人,自幼习射箭、骑马。唐僖宗乾符五年(878 年)应试,捷登武第。七年后从沙陀贵族李克用击黄巢,攻克长安(今陕西西安),以战功受指挥使,佐御固始。中和四年(884 年)随王绪入闽,王绪败后从王潮、王审知。唐昭宗景福二年(893 年)任骠骑兵马司,卜居福建晋江凤山。其子林亮兴迁居晋江后安,故后裔称为"后安林氏"。

三、台湾的板桥林、雾峰林及其他

　　林姓人开拓台湾的历史可以追溯到东晋时期。唐代以后,往来台湾与大陆之间的商人日益增多,有人遂定居台湾。而大陆林姓居民大批迁居台湾则在明清以后,且多为福建人。

　　宝岛台湾自古是中国领土。林姓人到达台湾的历史可以追溯到很久以前。相传早在东晋时,就有人航海到达澎湖等地。而确知姓名的林姓人入台则在唐代。今天台湾及海外林姓人口众多,与此不无关系。

据文献资料记载,唐代时林姓人已远航海外。清人蔡永兼《西山杂志》载:"唐开元八年(720年),东石(今晋江东石)林知祥之子林銮,字安车……试航至勃泥(婆罗州),往来有利,沿海畲家人俱从之去,引来番州。蛮人喜采绣,武陵多女红,故以香料易绣衣。晋江舟人竞相继航海。"书中还说:"唐乾符时(875~879年),林銮九世孙林灵仙,字灵素,经商航海台湾、甘棠、真腊诸国,建造百艘大舟在鳌江,家资万贯。"

在林銮的带领下,当地许多人都从事台海贸易。林銮九世孙林灵仙靠往来大陆和台湾间贸易还因此成为当地巨富,其商船所及,甚至到达真腊(今柬埔寨)等国。林姓由闽入台多在明清时期,特别是在郑成功开拓台湾前后,大批的林姓人开始迁往台湾居住,成为台湾许多地方的开拓者和历史名人。如在南明永历年间(1647~1661年),郑成功抗击荷兰殖民者,有福建同安人林圮、尤溪人林凤担任他的部将,随其收复台湾。后来,林圮率领部众在台北竹山镇一带开荒垦田,林凤则率众在台南六甲庄一带辟田开地。这两处地方,原来的名字分别叫林圮埔和林凤营。永历年间入台者还有福建平和人林宽老、林虎、林一等人。至清朝康熙年间(1662~1722年),又有福建漳州人林天生、林万福、林浮意等人率宗族来台湾,合作开垦嘉义笨港等地;福建晋江人林启鸾则迁居澎湖,林奕生、林奕元兄弟居诸罗,林文快、林文俊兄弟居风山;福建德化人林采士、林道甫居漳化,等等。雍正五年(1727年)有林天成入台开垦淡水兴直堡(今台北县新庄镇),十一年(1733年)有福建尤溪人林应寅、林平侯父子迁居台湾台北。乾隆年间(173~1795年),有泉州人林耳顺招募广东人开垦竹南,漳浦人林成祖开垦淡水,镇平人林洪开垦竹南,漳州人林潘磊开垦大甲镇,饶平人林钦堂入垦新竹,泉州林文意兄弟三人合垦港东,等等。后来,在嘉庆、道光以后,林姓人还不断迁居台湾,定居在有关地区,使台湾的林姓人口进一步增加。

当初林姓人经历了千难万险才来到台湾,但其以勇于开拓的精神,终于在当地站稳脚跟,甚至成为富甲一方的著名家族。其中知名者如台北的板桥林家、台中的雾峰林家。

雾峰林氏始祖林石为游洋林氏后裔,他在乾隆十九年(1754年)来台湾,定居在今台中县雾峰乡,数传至林文察时,因平定八卦会起事有功,以所赐山木田地经营樟脑,成为台中首富,业务遍及整个台湾及上海、日本等地。

板桥林家则由原籍福建尤溪的林应寅开基,他在清朝雍正十一年(1733 年)带着儿子林平侯入台湾居于兴直堡(今台北县新庄镇),后林平侯之子林国华迁板桥,家族更加兴旺发达,成为台湾著名林姓家族,因而被称为板桥林氏。

除雾峰林氏和板桥林氏外,明清以后从大陆入台的林姓人经过世世代代的发展,已经遍布台湾各个地方。

《福建省志·人口志》指出:"宋代以前,以北方人口迁入为主,宋代以后逐渐变为向国外和台湾省迁出人口为主。"1955 年台湾史学家陈绍馨在《台湾的人口变迁与社会变迁》中指出:"福建移民多以菲马与台湾为其目的地,故至今台湾与菲马之华人百分之八十籍贯属福建省。"说明台湾移民大部分从闽迁出,这也从上面所述林姓历史上的南迁情况得到验证。

当今,在福建,林姓人口占总人口的 9.4%,主要城市中,林姓人口多居于前两位。如在泉州、莆田,林姓人口居第二位;在福州,林姓人口高居第一位。而林姓在全国各大姓中,人口居于第 17 位;在林姓的发源地河南,林姓人口则居于第 89 位。中原的林姓首先播迁到福建,又从福建播迁到了台湾,这其中,光州固始林姓在其中占有重要的比重,而入闽的林姓人很多与光州固始有或远或近的联系。目前,台湾的林姓人超过 200 万人,占台湾人口总数的 8.28%,是岛内为仅次于陈姓(占 11.06%)的第二大姓。

(赵保佑,河南省社会科学院正院级干部、研究员;陈建魁,河南省社会科学院河洛文化研究中心副主任、副研究员)

东南的"厝"、江南的"库"源自中原的"舍"

周运中

厝是闽南乃至福建、台湾、广东、海南、东南亚的闽语区最常用的方言特色用字,本指房屋,扩展为村落通名,比如林厝即指林家村,新加坡有蔡厝港、林厝港。厝是闽南语的常用字,闽南语的邻居叫厝边,屋内叫厝内。语言学家李如龙先生研究福建方言与地名的分布关系,发现厝、坂、埕、兜、墘等字,只见于闽方言区,屋、崇、背等字只见于客家方言区。① 屋是汉语通用语,中国各地都有此字,不是闽语的特色用字。但是厝是闽语的特色用字,厝字是不是闽南语原创的一个字呢?很多人以为厝是福建原创字,本文首次提出,正如中国南方很多俗字一样,厝字看似是东南原创字,其实源自中原的古汉语,本来是中原的常用字,东南的厝字和江南的库字就是源自中原的舍字。

一、东南的厝与江南的库

厝是最有闽南特色的地名用字,原义是民居,引申为村庄聚落名。其实不但闽南有这个地名,闽北、闽东都有,只是闽南最多,而闽北、闽东较少。台湾、广东、海南的闽语区,都用厝字。

一般人认为厝是闽语特有字,其实不是。浙江南部的丽水市境内,也是厝的分布区。在浙江丽水地区的遂昌、松阳、庆元、龙泉、景宁、云和及温州地区的泰顺等地,普遍使用厝字表示房屋。丽水、缙云二地,厝、屋通用。② 这些地方现在是吴语区,但是毗邻闽语区,这提醒我们:厝字的源头可能出自吴语,甚至是比吴

---

① 李如龙《汉语地名学论稿》,上海教育出版社,1998年,第119~121页。
② 曹志耘主编《汉语方言地图集》词汇卷,商务印书馆,2008年,第101页。

语更北的方言。南部吴语的厝字不是因为福建移民才出现。因为这个字是南部吴语分布广泛,历史上没有从福建向这些地区的大规模移民。

根据语言学家研究,闽语作为汉语的分支,前身是吴语。虽然进入福建的北方移民有浙江、江西两条干道,但是江西早期汉语方言主要也是受吴语影响形成。在六朝隋唐时期,赣语、客家话还没有最终形成,而吴语的地位在南方最高,所以吴语对闽语的影响最大。①

吴地在江南的最北部,是越文化和汉文化较早融合之地,富春县(今浙江富阳)人孙权建立的吴是第一个囊括中国东南以与北方抗衡的王朝。孙权致力于开发东南江南山地,强迫山越汉化,在浙南、湘赣及闽西北建立很多新县。东晋南朝时期,南方的中心仍在三吴。此时仍有很多人从吴会再往东南迁徙,源自江浙一带的吴文化流布到东南全部,所以语言学家认为闽语和吴语关系最近,保留了很多古代吴语的特征。当苏南、浙北的北部吴语已经不断靠拢北方话之后,浙江南部的吴语还有很多词汇和闽语一致或同源,陈章太、李如龙对比 127 个闽语词与温州话相同的有 56 个,郑张尚芳先生曾经列举出 35 个这样的词汇。② 这些同源词汇多数属于人身和生活词汇,所以容易留存。所以南部吴语的厝字也是一个古老的方言底层,不是从闽语区借来的字。

关于厝字的由来,有很多争论。有的学者以为厝的本字就是作为措置意思的厝字,《汉书·地理志》五方杂厝,注:"厝,处也。"其实这个厝是措置的意思,不是房屋的意思。我们看到古籍或文物上的厝字,要分析其在上下文的意思,不能简单看成是现在东南方言的厝字。其实古代特别是北方的厝字多是指措置、处置,《广韵》:"厝,置也。"《释文》:"厝本作措。"《庄子·逍遥游》:"又何厝心于其间哉?"《孝经·丧亲》:"卜其兆宅,而安厝之。"《汉书·贾谊传》:"夫抱火厝之积薪之下。"厝的本义是措置,有学者认为从措置引申出房屋之义,③笔者认为不可能,这种引申的例子找不到,措置和房屋差距很大,不可能从措置引申出房

① 周振鹤　游汝杰《方言与中国文化》,上海人民出版社,2006 年,第 38 页。
② 郑张尚芳《闽语与浙南吴语的深层联系》,第六届闽方言国际研讨会,1996 年,香港科技大学。郑张尚芳《由音韵地位比较来考定一些吴闽方言词的本字》,《方言》第 5 卷,2005 年,收入《郑张尚芳语言学论文集》,中华书局,2012 年,第 211～223 页。
③ 黄典诚《闽语作房屋解的"厝"字》,《黄典诚语言学论文集》,厦门大学出版社,2003 年,第 195～200 页。

屋的意思。

还有的学者以为厝的本字是处,《广韵》:"处,处所也。"《易·旅》:"旅于处。"《史记·五帝本纪》:"迁徙往来无常处。"[①]笔者认为此说也不可能,因为从处字的构形来看,其原义与房屋无关。处的本义是停留,与措置的措是同源字,但是处所是晚出的引申义。

笔者曾经长期在江南生活,熟悉吴语地区的地名。现在的吴语地区,有个常见的地名俗字:厍,普通话读作 she。这个字显然是舍的俗字,不过它的字形、读音都很接近厝。厝也是晚出的俗字,读音从错或措。厍之所以下面是车,显然是把车作为声旁。正如厝的读音从措、错,所以我们要考察车的方言读音。北部吴语,车读 tsu,厍读 so。介于南北吴语之间的浙江台州吴语,车读 tsuo,音近闽南话的厝,台州吴语保留了较多的古音,南部吴语正是逐渐向闽语过渡。在江苏中部的泰如片方言中,车的读音是 tsa,接近闽南语的 tshia。

不仅如此,泰如片方言所在的江苏中部里下河地区,是中国水网密集度仅次于江南平原的地区,这里最常见的地名就是厍的本字舍字,读作 sa。泰如片方言现在被语言学家划入江淮方言,这是江淮方言中最接近吴语的一支,它的底层方言就是吴语。

江苏省中部的高邮、江都等县方言分为东西两区,东部的里下河地区属于东部的泰(州)如(皋)方言,或者称为通泰方言,西部的大运河沿线属于淮扬方言,由于淮扬方言比较接近北方话,所以这里的舍读 s?i 或?i。淮扬方言的人接触到了泰如方言的 sa,以为是大厦的厦,不知就是舍。所以在高邮、江都东部的很多地名带有厦字,其实都是舍的讹写。

江苏中部,不止舍这一个地名通名用字和闽南的厝有关,还有一个堬,里下河地区有些地名有堬字,这种地名在江苏省仅见于里下河地区,比如:建湖县大蒿仑(应为堬)、堼塌仑、兴化沈堬镇。《江苏省建湖县地名录》第 83 页对北蒿仑、南蒿仑两个村子地名来源的解释是:"传说土墩上长满蒿子而得名。"则堬是土墩的意思,第 180 页对堼塌仑的解释是:"苏州方言,意为泥墙。"《辞海》对堬

---

① 郑张尚芳《由音韵地位比较来考定一些吴闽方言词的本字》,《郑张尚芳语言学论文集》,第 221 页。

的解释是："坎陷。"①元末陶宗仪《南村辍耕录》卷二十四《刘节妇》说："刘节妇,泰州坂埨人。"②说明里下河地区的埨字地名至少元代就有,这个罕见的地名用字又见于闽南方言区,写作仑,去声,指坡度小的山岗,台湾至少有上百处地名带仑字,李如龙先生说本字不明,③实即埨。里下河地区之所以保留这个古字,因为本地区历史上受战乱影响较小,所以保留古代文化较多。

有趣的是,江苏中部的建筑风格也很接近福建。江苏省的民居屋脊多有鸱吻,但是鸱吻翘起最高的地方就是东台市到南通市一带,而且南通一带的屋脊中间凹下,类似闽南建筑。这种风格只见于江苏省中部,江南、淮北都没有,直到浙南的温州地区,建筑风格才又开始接近福建。南通市在宋代以前是一片沙洲,南唐为静海军,后周改为通州,圆仁《入唐求法巡礼行记》提到长江口的白水郎,说明这里的原住民是越人,他们和东南沿海来往较多,这可能就是南通、泰州地区建筑风格也类似福建的原因。

所以我们不难猜出,闽语的厝,其实就是吴语的庢和泰如方言的舍。因为这两个字的字形构造方式相同,而且读音极为接近,意思也相同,都是指房屋,引申为村落通名。

这个民居及聚落用字起源很早,可能在六朝隋唐之前常用,所以被江南的移民带入福建,在此变成厝。当然,不少迁居福建的江南人的祖先是中原人。因为起源很早,而且进入闽地很早,所以后人忘记,以为是闽语原创词。唐代的福建还没有多少名人或典籍,所以厝这个字出现在现存文献的时间较晚,但是我们不能说厝这个字出现的时间晚,不过是因为晚近才被记载,很可能很早就出现。因为厝这个字是民间造出的俗字,所以出现在正式典籍的时间比较晚,或许经过长期演化,才在很多同源俗字中选择这个字形作为正式字形。

二、厝、庢源自中原的舍

吴语作为汉语的一个方言,其源头也在江淮地区,至少通过江淮地区从北方或者楚地传入江南。所以厝的最早源头也是在江淮及中原东南部,这里在上古

① 建湖县地名委员会编《江苏省建湖县地名录》,内部发行,1983 年。
② 陶宗仪《南村辍耕录》,中华书局,1959 年,第 297 页。
③ 李如龙《汉语地名学论稿》,上海教育出版社,1998 年,第 134 页。

时期是华夏的南疆,正如今日的福建是中国的南疆。那时的气候比今日暖湿很多,大象、犀牛、鳄鱼在商代的中原很常见,周代的气候变冷,但是这些热带动物在长江流域还很常见。所以上古的江淮的情景就接近福建,江淮地区地势低洼,河网密布,气候暖湿,所以民居多是南方常见的干栏建筑(木楼、竹楼),或者建造在人工修筑的高台上。今日的里下河地区,村落还多是建在水中土台上。所以出现了舍,舍就是这种民居的象形。上面的人字头是屋顶,下面的十字是木楼的支架,最下面的口是土台。

学术大师王国维曾经推测宋就是商的音转,宋都商丘(今河南商丘市)就是商族兴起之地,宋国延续商朝,所以宋、商读音接近。① 其实宋字的上面是一个屋顶的象形,下面是一个木,原意也是木楼。《说文》卷七下:"宋,居也,从宀,从木。"上古音的商是书母阳部,宋是心母侵部。

宋地附近还有徐人,淮河以南还有舒人,在淮河边上的今蚌埠境内还有涂山,古代的当涂县在此,现在安徽南部是当涂县是在东晋的战乱中侨置在南方。其实徐、舒、涂三个字同源,都与舍、余有关。当今中国的余姓主要分布在河南、江西、湖北、四川、广东、安徽、浙江、重庆、湖南、云南等地,皖赣鄂豫交界处为最密之处。② 舒姓南迁江西,而后有江西填湖广,湖广填四川,所以当今中国的舒姓主要分布在重庆、湖南、湖北、四川、江西五地,占全国舒姓 71%,除了西南地区,皖赣鄂豫交界处就是最密之处。③ 余姓与舒姓的分布区接近,《陈书》卷二十九说到新吴县(今江西奉新县)洞主余孝顷,说明余姓很早就迁入江西北部。奉新县邻近的靖安县、高安市发现了徐王青铜器,因为公元前 512 年,吴国灭徐,徐人南逃到吴国的敌国楚国,④则余姓也有可能出自南迁的徐人。

舍的原意就是屋舍,上面是屋顶的象形,中面是木,下面是口。舍的读音也接近宋、商,其原意都是木楼。《说文》卷五下:"舍,市居曰舍。从亼、中,象屋也。口象筑也。"徐中舒说:"以舍之义训,定余所象为屋顶及梁柱形,当无大误。舍复从口者,《说文》云,象筑也,当谓筑地为基址。余之与舍,有屋顶、梁柱、基

---

①　王国维《说商》,《观堂集林》,中华书局,1959 年,第 518 页。
②　袁义达主编《中国姓氏·三百大姓》上册,华东师范大学出版社,2007 年,第 154 页、彩图 40。
③　袁义达主编《中国姓氏·三百大姓》中册,华东师范大学出版社,2007 年,第 256 页、彩图 164。
④　李学勤《东周与秦代文明》,上海人民出版社,2007 年,第 117 页。

址,而无四周的墙壁,是仅能适合于淮水流域。"①

其实舍就是榭的本字,上古音的舍是书母鱼部[ya],榭是邪母铎部[zyak],音近。《说文》卷六上:"榭,台有屋也。"《尔雅·释宫》:"阇谓之台,有木者谓之榭。"榭就是木楼,或者是高台上的屋子,所以就是舍。

后人经常以为木楼仅见于华南,其实上古的中原也有很多干栏建筑。商代的气候非常暖湿,胡厚宣根据甲骨文记载指出商代终年可雨,冬季降雪不大,黍和稻可种两季,最多的农产是稻,犀牛、大象、貘、獐、竹鼠等南方动物很多,相当于现在的南方气候。② 所以《吕氏春秋》卷五《古乐》说:"商人服象,为虐于东夷。"商人乘象,可见当时气候暖湿。而商人活动的东方大平原湖沼密布,河道纵横,草木茂密,虫蛇出没,所以商人需要居住在木楼上。楼字与干栏是同源字,干栏是汉译越语,原为复辅音。《太平寰宇记》卷八十八昌州(治今四川大足县)风俗说:"有夏风,有獠风。[獠]悉住丛菁,悬虚构屋,号阁兰。男即蓬头跣足,女即椎髻穿耳,以生处山水为姓名。以杀为能事,父母丧,不立几筵。"这里说獠人住在悬空的屋子,称为阁兰,即今所谓干栏建筑。《太平寰宇记》另外有四处提到干栏建筑,其中卷一百六十三又称高栏,都是异译。

《韩非子·五蠹》说:"上古之世,人民少而禽兽众,人民不胜禽兽虫蛇,有圣人作,构木为巢以避群害,而民悦之,使王天下,号曰有巢氏。"韩非是韩国人,韩国在今河南省中部。商代之前河南省东南部还有干栏建筑,也即构木为巢。但是周代之后,气候变冷,所以这种建筑消失了。后世传言此地原来是构木为巢,所以出现了有巢氏的传说。

综上所述,现在中国东南浙、闽、台、粤、琼五省的闽语、吴语地区及东南亚闽语人群分布区的房屋、聚落常用字厝字,其实就是北部吴语常用的库字,字形、读音、意义都很接近,而库是舍的俗字,所以厝、库二字都是源自中原的舍字。舍是高台或木楼建筑的象形字,因为上古的中原南部及江淮一带气候正是现在的华南气候,所以需要在高台或木楼上居住。这就是宋、舒、徐等一系列地名、族名的由来及徐、舒、涂、余等姓氏的由来,宋的字形、读音、意义很接近舍、榭,是同源

① 徐中舒《黄河流域穴居遗俗考》,《先秦史十讲》,中华书局,2009 年,第 142 页。
② 胡厚宣《气候变迁与殷代气候之检讨》,《甲骨学商史论丛二集》,河北教育出版社,2002 年,第857~906 页。

字。舍变成江南的厍和东南的厝，传播路线极为清晰。厝、厍、舍都是民众日常生活最常用的字，其实除了这个字，还有很多字是从中原传入东南，本文无法一一展开。我们从东南地区最常用的厝字就可以看出几千年来的气候区和文化区南移的大势，从上古汉字演变出各地变体就可以看到上古的中原华夏文化如何变成现代多元一体的中华文化。

（作者为厦门大学历史系助理教授）

闽南文化对河洛文化的继承与发展

金相超

关于"闽南文化",从字面上可以看出它就是一种区域性文化。然而,对于"闽南文化"内涵的界定,学术界历来就有不同的说法。有以现在的政区划分为标准,把福建省厦门、漳州、泉州三市所属的地区文化叫闽南文化;有以讲方言为标准,把凡是讲闽南方言的地区的文化叫闽南文化;有以民系为标准,把凡是属于闽南民系的人的文化称闽南文化;有的认为闽南文化源自中原河洛地区。①其实,"闽南文化"是一种源远流长博大精深的文化,以上各种说法都属于"闽南文化"的范畴。华侨大学陈少牧先生在"第三届闽南文化学术研讨会论文提要"中就"闽南文化"的内涵作出了独到的解释。他认为,闽南文化是中华民族文化的子系,是在从晋唐传入的中华文化的基础上,融合了原土著居民的本土文化,在漫长的岁月发展进程中,经过一代代闽南人在社会实践中,不断挖掘、弘扬、创造并吸收采纳了阿拉伯文化、南洋文化、西方文化等外来文化的特质和合理因素,有机地融入其体系内孕育发展起来的,它具有鲜明的地方特色、独特的性格和丰富的内涵,它不仅具有中原文化的特质,而且还具有古越文化和海外文化的多元文化特征,是中华文化的一朵奇葩。本人认为,在陈少牧先生之说的基础上,关于中原文化对闽南文化的影响可以追溯到秦汉时期。

河洛文化是中原文化和黄河流域文化的核心,是中华民族文化的主根和主源。因此,河洛文化也是客家、闽台文化的根源②。闽南文化立足本土文化,在继承中原河洛文化的基础上,通过特殊的地理位置优势,又积极吸收其他域外文

---

① 胡沧泽《关于闽南文化研究的若干思考》,《漳州师范学院学报(哲学社会科学版)》,2011年第1期。

② 程有为《河洛文化概论》,河南人民出版社,2007年,第1页。

化,形成闽南文化的多元体系。因此,闽南文化来源于河洛文化,又异于河洛文化。

一、北人南移及闽南地区的发展历程

在中国古代社会,河洛文化具有正统的不可替代的崇高地位。在我国现存的二十五史中,"河洛"一词出现了 108 次之多,在某种意义上,河洛地区已经成为了中原的代名词。周成王之时,"乃营成周洛邑,以此为天下之中"①。史称:"昔三代之君(居),皆在河洛之间。"②又曰:"三川之二周,富冠海内。""三川"指的是位于河洛地区的黄河、伊水、洛水三条河流。《河图》与《洛书》又是河洛文化的重要标志。《周易》曰:"河出图,洛出书,圣人则之。"③所以,河洛地区成为当时天下的政治经济文化中心。随着河洛先民的南移,河洛文化得以迅速扩散和传播。

任何文化的形成与发展都需要一个漫长的过程。河洛文化向闽南地区的传播也经历了这样一个历史的阶段。闽南地区,古为闽越之地,土著居民为闽越族。在石器文化阶段,闽越人以蛇、青蛙等动物作为图腾,"闽"即指信仰蛇神的氏族。在今福建的许多地方还有蛇王庙,并保留着崇蛇的传统。④ 民初,闽地就以这样一种落后的文化方式存在着。秦汉时期,闽越王无诸占据闽地。秦始皇统一中国后,"皆废为君长,以其地为闽中郡"⑤。汉高祖五年(公元前 202 年),因为助汉反秦有功,无诸再次恢复闽越王的称号,管辖闽中之地。后因闽越国多次反叛,于公元前 111 年被汉武帝讨灭,"皆将其民徙处江淮间",闽中之地成为蛮荒之地。

魏晋南北朝时代,由于战乱等原因,出现了中原汉人第一次大规模南迁的浪潮。《建瓯县志》:"晋永嘉末,中原丧乱,士大夫多携家避难入闽。建为闽上游,大率流寓者居多。"宋代《福州图经》:"晋永嘉衣冠趋闽。"⑥在闽越人逐渐融入

---

① 《史记》,中华书局,1963 年,第 2716 页。
② 《史记》,中华书局,1963 年,第 1371 页。
③ 黄寿祺 张善文《周易译注》,上海古籍出版社。2001 年,第 556 页。
④ 王晓文《闽文化的多元性及其地缘环境分析》,《福建师范大学学报》,2002 年第 1 期。
⑤ 《史记》,中华书局,1963 年,第 2979 页。
⑥ 黄仲昭《八闽通志》(上册),福建人民出版社,2006 年,第 54 页。

中原民族的同时,中原汉族也开始向东南地区迁移,汉文化随之迁播福建,并与地方土著文化相互交融,共同促进了闽南地区的开发与经济发展,逐渐改变昔日的荒凉景象。当时南迁至闽南晋江流域的中原汉人不少,他们大多"沿江以居"①。这次移民,对闽人的心理产生了很大的影响,迄今为止,福建闽南语系的闽中还自称"河洛人"②。

隋唐时期,闽南地区得到了进一步的开发。隋在福建建设闽州,唐设福州、建州、泉州,后来又增设了漳州和汀州,还设置福建经略使,福建之名从此出现。唐高宗时期,朝廷命令岭南行军总管陈政进军闽南,陈政、陈元光父子先后平定了当地"獠蛮"的啸乱,留守闽南,并上表请求设置漳州,以加强对闽南的统治。随从他们戍守闽南的官兵也都在漳州地区落籍,他们披荆斩棘,屯垦成边,互为婚配,成为闽南人的一支重要来源。③

唐末五代时期,安史之乱的爆发引起北方的又一次大动乱,出现了第二次北人大规模南迁的浪潮。光州刺史王绪"举光寿兵五千人,驱吏民渡江"④,于光启元年(885年)进入闽中。后来王潮、王审知父子依靠这支力量统一福建五州,建立闽国割据政权。王氏实行保境安民、招徕流民的政策,"中土士族以闽峤僻左右,可以避世,故多依焉,衣冠之胄与编户杂处"。中原移民的大量南下,使福建人口跃上一个新的台阶,促进了闽南地区的进一步发展。

宋代,闽南迅速崛起。北宋末年,金兵南下骚扰中原,中州百姓再一次出现南下浪潮。宋室南迁后,在福州与泉州分别设立西外宗正司和南外宗正司,安插南迁宗室。一些世代居住于开封、洛阳的高官贵族也陆续入闽定居。当时著名的金石学家赵明诚的家族也于建炎年间南迁,其兄赵存诚"以泉南俗淳",从平成移居泉州。北宋末年福建人口密度为每平方公里16人,低于全国人口密度的平均水平,而南宋初,福建人口密度为每平方公里25.4人,则高于全国人口平均密度。⑤闽南地区因此成为了南宋王朝经济发达、文化昌盛的先进地区。

宋末元初,闽南地区的泉州港曾一度成为当时的第一大港,在对外与对内的

① 黄仲昭《八闽通志》(上册),福建人民出版社,2006年,第177页。
② 徐晓望《闽文化的崛起与河洛文化南传》,《寻根》,1994年第1期。
③ 陈初义主编《河洛文化与汉民族散论》,河南人民出版社,2006年,第235页。
④ 《资治通鉴》,中华书局,1976年,第8320页。
⑤ 徐晓望《闽文化的崛起与河洛文化南传》,《寻根》,1994年第1期。

交流中占有重要地位。自明朝以后,由于人口的增加、海禁以及战乱,闽南地区的人口开始向外迁移,一改之前北人南下的潮流,闽南地区的文化也随闽南人的外迁而传播各地。

　　总之,从秦汉至元明清,河洛人的南下,构成了闽南人民的主体,河洛文明也因此而被移植到闽南地区,对闽南文化的崛起起到了十分巨大的作用。

二、闽南文化对河洛文化的继承

　　河洛文化与闽南文化同属地域文化,然而他们之间的关系却存在着巨大的差别。河洛文化奠定了华夏民族文化根性的基础①,在学术界,这已是毫无疑问的共识。由于河洛文化是闽南文化的源头,所以,闽南文化中仍然保留着汉民族文化的鲜明特征。

　　闽南方言保留了唐宋以前的汉族北方话的原貌。吕清玉在《中原河洛文化是福建传统文化的摇篮》一书中指出:"闽台地区的闽南人的语言是河洛古语。"因此,闽南话也可称为"河洛话"。闽南语的形成与中原汉人在历史上三次大举南迁紧密相连。魏晋时期中原汉人第一次大举南迁,逐渐形成现在的闽南人。现泉州、漳州等地使用的闽南语中的"十五音系统"即源于东晋中原汉语。② 中原汉人的第二次大规范南迁是在唐末,这一次入闽的中原汉人带来了唐朝的中原汉语。两宋时期,第三次人口南迁,再次把中原的语言带入闽中。尤其是后两次大迁徙,带来的都是唐宋时期的北方方言,也即中原官话。这种北方方言就是现在流行于闽台地区的闽南方言的前身。因此,闽南方言至今基本保留唐宋时期中原汉族北方方言的风貌。闽南方言是史学界公认的"华夏中古音"的活化石。《台湾通史》作者、史学家连雅堂说:"漳、泉之语,传自中土。"可见,闽南方言是继承了中原河洛文化发展而成的。

　　习俗方面,闽南地区保留着与中原文化非常密切的乡土遗迹。泉州、惠安、晋江的梨园戏、高甲戏、南音等戏曲艺术,至今仍然保留着晋唐时期的艺术风韵。其中,南音有"中原古乐活化石"的美誉。晋江、泉州的掌上木偶和提线木偶,至

---

① 龚国光《河洛文化与赣鄱文化》,河南人民出版社,2011年,第206页。
② 苏振芳《闽南文化与中华文化的内在联系及其特点》,《福建论坛(人文社会科学版)》,2004年第2期。

今还保留着河洛地区的腔调。此外,闽南人还有很多的节日活动,其形式和内容也同样继承了中原文化传统。① 如过春节,要祭祖拜年玩龙舞狮;元宵放灯、清明扫墓、重阳登高等等。这些节日,都沿袭了中原文化。

礼仪方面,遵循中原古代礼制传统。首先,闽人的婚礼也是按照传统的婚俗。"父母之命,媒妁之言",然后就是极其复杂而繁琐的订亲仪式。新娘进门时也要拜天地、入洞房。这些婚姻仪式与中原风俗完全符合。其次,就是丧葬。闽南地区,好多地方仍然遵循中原入土为安的观念实行土葬,孝子们身着白服,手抚哀杖,披麻戴孝,脚穿草鞋等等,和中原古代丧葬礼制一脉相承。

教育方面,闽人重视儒家的正统思想,主张"耕读为本"和"学而优则仕"的行为准则。唐初,漳州设立州学,创办了松州书院;唐朝开元年间,泉州兴建了孔庙,闽南教育开始兴起。② 泉州在唐代有 12 位进士。五代时期,王潮兄弟入闽,统一闽地,"作四门义学"③,泉州"文风大盛",聚集了北方南下的一批文人雅士,促进了闽南地区的文学发展。

经济方面,北人南下,带来了中原先进的农耕技术。范文澜先生在《中国通史》中说:"梁末大丧乱,晋安郡独富饶安宁。"唐末五代,光州固始人王潮兄弟率中原人入闽,"还流亡,定赋敛,遣吏劝农"。中原传统的内陆性农业文化已成为闽文化的主体。开山填水、牛耕及改良的耕犁代替了原始的"火耕水耨"。兴修的塘、坝、陂、堤等农田水利设施,提高了农业生产效益。占城稻、木棉、闽茶等优良品种的培育及复种制度的推广繁荣了农产品的供应。在发展农耕的基础上,逐步奠定了中原文化扎根闽地的厚实基础。在历史上,闽地由于战乱较少,社会比较安定,经济文化也较为繁荣。

洛学闽学化。洛学是北宋著名学者程颢、程颐创立的学说。因"二程"为洛阳人,又在洛阳一带讲学,故称洛学。它以"理"为哲学本体,因而又称"理学",或者"道学"。"二程"学说南传后,对宋代学术具有很大影响。南宋偏安江南,洛学随之南移,并以"闽学化"的形式展现出主流文化的强大生命力和影响力。④

①　陈初义主编《河洛文化与汉民族散论》,河南人民出版社,2006 年,第 243 页。
②　马建华《闽南文化述略》,《艺苑》,2012 年第 2 期。
③　《新唐书》,中华书局,1975 年,第 5492 页。
④　中国河洛文化研究会、中华侨联总会《河洛文化与台湾文化》,河南人民出版社,2011 年,第 665
页。

对洛学闽学化做出杰出贡献的是杨时、罗从彦、李侗和朱熹。洛学起于"二程",集大成于朱熹,此间杨时、罗从彦、李侗道统相传,是洛学闽学化不可或缺的重要人物。杨时更被人称为"理学大师"、"闽学鼻祖"。杨时就学于程颢,学成南归时,程颢"送之出门"说:"吾道南矣。"①杨时南归后积极传播洛学,使洛学得以在闽地生根发芽。罗从彦师从杨时,"尽得龟山不传之秘",为闽地文化的发展也做出了不可磨灭的贡献。

除此之外,闽南地区在宗教信仰及建筑文化等方面也对中原文化有一定的继承。闽南文化与河洛文化渊源已久,血脉相承,使两个不同的地域拥有很多相同的文化,表现出强烈的继承关系。

三、闽南文化的新发展

闽南文化虽然根植于河洛文化,但闽南地区作为一个异于河洛地区的自然地理,必然有其异于中原文化的独特文化。即闽南文化既继承了中原文化的精华,又根据自身条件和对外交流,吸收引进了其他文化,形成一种多元的文化体系。

首先,闽南文化具有海洋性。闽南地处中国东南沿海,山多地少,自戴云山以东、以南至于海,多为丘陵山地,除了漳州、泉州一小块平原外,其余地区土壤贫瘠。②《厦门志》载:"闽南濒海诸郡,田多斥卤,地瘠民稠,不敷所食。"③闽南地区沿海的地理优势和土地贫瘠狭小的状况,必然迫使闽南人走向海洋。闽南人与海洋打交道有着悠久的历史。早在先秦时期,闽地的先民闽越族就"善舟船",以舟为车,以楫为马。其后闽人就有了先进的造船技术,到了汉代,福州不仅是东南沿海的重要商港,还是岭南七郡贡献的转运口岸。④ 海洋文化影响最大的是在唐宋时期,泉州港成为当时的"东方第一大港"。造船业的发达与港口的建立,为闽南地区的海洋文化的发展奠定了坚实的物质基础。

在经济上,丰富了闽人传统的生活和生产方式。在闽人真正走向海洋之前,

---

① 《宋史》,中华书局,1977 年,第 12738 页。
② 胡沧泽《关于闽南文化研究的若干思考》,《漳州师范学院学报(哲社版)》,2011 年第 1 期。
③ 周凯《厦门志》道光十九年镌,鹭江出版社,1996 年,第 182 页。
④ 胡沧泽《闽文化第一讲 闽文化概说》,《政协天地》,2011 年第 1 期。

过着火耕水耨的农耕生活。但是,闽人对海洋的进一步开发,为闽人的生存开辟了一条新的道路。闽人不仅可以通过捕鱼来作为农业生产的补充,甚至以海洋作为生存的唯一来源。到了宋代,闽南人"多以海商为业",而且达到了"浮海之商,以死易货"的程度,出现了许多拥有自己船队的富商。这就是闻名中外的"闽商"。海洋贸易的发展,催化了闽南地区社会商品经济的发展,经济的发展提高了商人在政治上的地位,一定程度上改变了传统社会"重农抑商"的观念,同时也提高了闽南地区的地位。

对外交流上,积极吸收海外先进文化,并把自己的文化传向世界各地。自宋元、尤其是明清以来,闽商在中国商界活跃了几百年的历史。创造了东渡日本、北达欧亚,西至南北美洲、南抵东南亚各国的辉煌历史。① 随着海外贸易的发展,阿拉伯的伊斯兰文化、西方文化纷至沓来,构成了丰富多彩的闽文化。闽商的足迹遍布世界各地,在进行贸易往来的同时,世界各国的文化与思想也顺带着传入闽地。像阿拉伯商人、欧洲意大利人及犹太人,还有印度人,他们的经济实力都很雄厚,在经商的过程中,也传播了文化。在福建的各种外来文化中,阿拉伯的穆斯林影响最大。② 当时居住于泉州的的穆斯林有数万人之多,他们中的巨商富贾在元代几乎操纵了泉州港的外贸权益。此外,伊斯兰商人在泉州城南建立了自己独立的聚居区,又在东郊开辟了独立的伊斯兰公墓,还修建了进行宗教活动的伊斯兰教寺院。③ 伊斯兰文化根据闽南的社会特点不断自我调整,最终实现伊斯兰文化的本土化,这也是伊斯兰文化之所以能够在闽南长期传播的重要原因。在各国文化带入闽地的同时,闽南文化也随之被带到各地,多种文化间的融合与碰撞,形成闽南文化博大精深的内涵。

宗教信仰上,与闽南人海洋生活联系紧密的信仰就是妈祖崇拜。渔船或商船出海,一般都要到妈祖庙进香,求问出海佳期。同时船上设有神龛,奉祀妈祖。④ 这种有别于中原内地信仰的妈祖崇拜,正是在海洋文化影响下产生的独特地方文化。

---

① 福建省炎黄文化研究会、漳州市政协《论闽南文化》(上册),鹭江出版社,2008 年,第 65 页。
② 福建省炎黄文化研究会、漳州市政协《论闽南文化》(上册),鹭江出版社,2008 年,第 66 页。
③ 谢重光《闽南文化与伊斯兰文化的互动和交融》,《海交史研究》,2006 年第 1 期。
④ 胡沧泽《闽文化第八讲 福建民间信仰和习俗》,《政协天地》,2011 年第 9 期。

其次,闽南文化向台湾地区的播迁。闽文化形成以后,不断向外传播,尤其是海峡对岸的台湾岛。闽文化向台湾的传播主要集中在明清时期,是由大量的闽越之族向台湾地区移民所致。清顺治十八年(1661年),闽人郑成功从金门出发,历经八个月,从荷兰人手中收复台湾,并将士兵留驻台湾。这次带去的水陆官兵眷口3万多人,沿海民众东渡台湾的也有10万多人。① 闽人移居台湾,为闽南文化的传播提供了强大动力。康熙二十二年(1683年),清廷又从郑氏手中收复台湾,"改置台湾府,属福建省"②。行政上的建制为闽人移台及闽文化在台的传播创造了有利条件。福建的民间信仰如妈祖信仰、清水祖师信仰、开漳圣王信仰等也都成为台湾民众的主要民间信仰。此外,台湾的建筑、民间工艺、饮食、民俗等也都带有很深的福建烙印。正是有鉴于此,台湾历史学家连横在其《台湾通史》一书中称台湾之人为"中国之人,闽越之族"。

综上所述,闽南文化与河洛文化是枝与根的关系,闽南文化来源于河洛文化。然而,闽南文化又不仅仅限于河洛文化,而是在与各种文化的交流融合之中不断成长壮大的文化,闽南文化的博大精深促使其逐渐突破闽南地区,走向世界,成为一种别具特色的优秀文化。

（作者为湖北省社会科学院楚文化研究所硕士研究生）

---

① 胡沧泽《闽文化第一讲 闽文化概说》,《政协天地》,2011年第1期。
② 《清史稿》,中华书局,1977年,第2263页。

陈元光与闽南文化

陈耀国

开漳圣王陈元光，河南光州固始人，唐初奉诏南下，为闽粤大地的早期开发建立了不朽业绩，也为闽南文化的形成发展作出重大贡献，其影响深远。

一、开漳圣王陈元光的历史功绩

陈元光，字廷炬，号龙湖，生于唐显庆二年(657年)二月十六日。唐总章年间，岭南地区(今福建广东一带)发生"蛮獠啸乱"。公元669年，陈元光随父陈政奉命率58姓，123员将校，3600名府兵沿淮河、运河，经江浙，过仙霞岭，进入闽地后，沿浦城、仙游等地，到达九龙江。后因我寡敌众，前进遇阻，退守九龙山。公元670年，陈政母亲魏敬以及哥哥陈敏、陈敷举家带援军入闽，途经浦城时，陈敏、陈敷相继病故。魏敬忍痛节哀，以72岁高龄统率援军与陈政先头部队会合，军威大振，遂破九龙岭，越蒲葵关，进驻云霄漳江平原。清《云霄厅志》载，"云霄即古绥安县地，据闽粤之交，为泉潮二州瓯脱地。"魏敬、陈政率军过绥安溪时，见溪水清澈见底，对将士们说，"此水如上党之清漳"。由此漳江得名，"故漳州名郡，漳浦名县皆本此"。

陈政，字一民，父陈克耕随李渊起兵归唐。陈政以良家子从征，官拜玉钤卫翼府左郎将归德将军。陈政奉诏"前往七闽百粤交界绥安县地方，相视山原，开屯建堡"，披荆斩棘，不畏艰难，取得了军事斗争初步胜利，建立以云霄火田为中心的指挥大本营。公元677年，陈政终因"百凡草创，备极劳瘁"，病逝任所。翌年，陈政夫人司空氏病故，陈元光葬父母于云霄山，改名"将军山"，沿袭至今。陈政逝世后，21岁的陈元光奉命统兵，连续取得军事上的胜利，"仪凤二年，广寇陈谦等连结诸蛮攻潮州，守帅不能制，元光以轻骑讨平之"；永隆二年(681年)，岭南贼寇攻南海边邑,循州司马高琁受命征讨,檄元光潜师入潮,元光沿山倍道,突袭寇垒,俘敌万计,岭表悉平。陈元光"威惠并举,剿扶同步,首恶必办,胁从不问",经过八年时间,岭南出现了比较安定的社会局面。公元686年,为长治久安计,陈元光奏请建州,时武后主政,批准在云霄西林建置漳州,领漳浦、怀恩二县,陈元光为首任刺史,直至战殁,长达25年之久。

以陈元光为代表的开漳先辈,万难不屈,艰苦创业,从中原大地带来古代的华夏文化在闽粤大地传播。刘登翰先生《中华文化与闽台社会——闽台文化关系论纲》指出,陈元光"不仅带来体现在中原先进生产水平的物质文化,还移入了规约社会人际关系的制度文化和满足移民全面发展需要的精神文化。"陈元光以"平定啸乱、建州置县、发展生产、传播文化、民族融合"杰出功绩名垂青史,受历代朝廷追封21次。后人尊奉陈元光为"开漳圣王",陈政为"开漳始祖",云霄被誉为"开漳圣地"。朱维干先生《福建史稿》指出,"陈元光将军建设漳州,是本省一大事迹,其姓名虽不见于新旧《唐书》,而在福建总不失为一位历史人物。"

二、开漳圣王陈元光文化是闽南文化形成发展的重要内容

始于唐初的开漳圣王陈元光文化,是陈元光及其部将开发闽粤历史功绩的概括和总结,是唐代中原文化与古代闽越文化融合形成的成果,是以汉文化为主体的地域性文化,是中华文化组成部分之一。至今保留了古代中原语言、艺术、信仰等古代中华文化的表征。其标志是闽南族群和闽南语言。

福建地处东南沿海,早在一万年前的旧石器时代已有人类活动,历经新石器时代,青铜文化以及秦汉等时期,福建先民创造了具有特色的闽文化,但从总体上说,在远古时代福建生产力水平是远远落后于中原地区的。唐初的福建,在全国来讲,尚属经济落后的边远地区。隋朝福建仅有建安郡,郡治在闽县;唐武德元年(618年),改建安郡为建州,州治在闽县;武德四年(621年),州治迁建安(建瓯)。武德六年(623年),建州又析置泉州(因州治有泉山),州治在闽县,景云二年(711年),泉州改闽州,州治在闽县(即今福州)。唐开元十三年(725年),改闽州为福州(因州西北有福山而得名)。又查,武后圣历二年(699年),武荣州改为泉州(即今泉州),州治在丰州镇(今南安县),开元六年(718年),州治迁至今泉州。因此,福建在历史上有两个泉州地名,一个是景云二年(711年)

以前的福州,当时叫泉州;一个是现在的泉州,景云二年以后由武荣州改名泉州。搞清楚福州地名的变化,对陈政、陈元光奉诏入闽的"泉潮"地域概念会有一个清淅认识。陈政被委任为岭南行军总管职,实际上是福建广东最高军政长官,负责两地军政要务。据史料记载,在晋、唐时期,中原有三次向福建大批移民。第一次是晋代永嘉年间的衣冠南渡,这次入闽者八族,主要分布在晋江流域;第二次是唐总章间陈政、陈元光父子率军入闽,主要分布在岭南地区(今福建广东一带);第三次是唐末王潮、王审知入闽,主要分布在闽北。其中陈元光的入闽行动,具有组织性强,目标明确,人数众多,影响深远等特点。陈元光文化在闽南文化孕育、形成、发展、衰落四个阶段中,其形成、发展阶段是闽南文化的重要内容。

下面,我们从政治、军事、经济、文化等层次分析陈元光入闽行动对闽南文化形成发展的重大影响。

陈元光主政漳州25年,从中原带来先进的政治经济制度。政治上,建州辟县,建立"唐化里",对汉蛮百姓"编图隶籍",建立与国家行政管理一致的制度,重视边陲稳定,始终维护国家统一。军事上,集中力量,打击首恶,胁从不问,争取民心,实行府兵制,推行寓兵于农的屯田政策,解决军队后勤保障问题;平时,把军队分为上、中、下营,分别驻守岳坑、西林、将军山下等地,互为支援;在辖境内,建立据守四个行台:一在泉之游仙乡松州堡,上游直至苦草镇;二在漳之安仁乡南诏堡,下游直至潮之揭阳县;三在新里大峰山芦溪堡,上游直至太平镇止;四在常乐里佛潭桥,直至沙溪湾里大巫(太武)山而止。同时,也在各主要制度点建立36个堡所,为加强建设,陈元光坚持亲自巡守。经济上,陈元光带来中原先进的生产力和生产方式,农业方面推行"均田制"、"耕者有其田"、"免税免役"等措施,调动劳动者的积极性。陈元光带领将士兴修水利,改造贫瘠山地为旱涝保收的良田,当年修建的火田"军陂",至今仍然发挥水利工程作用;其推广水稻栽培技术,农田深翻细作技术,提高了粮食产量,满足了百姓日常口粮需要。鼓励通工惠商,"兴贩陶治",发展造船、晒盐、织布等手工业作坊。文化上,陈元光十分重视文化教育,他在州府行政机构中特设负责教育的文学职官,倡议创办分校,并于景龙二年(708年)创建第一所书院——松州书院,其子陈珦直接负责书院教育,据《漳州府志》载,陈珦"辟书院于松州,与士民讲习,时州治初建……"。陈珦后来"举明经及第,授翰林承旨学士。"陈元光在文化教育上的最大成就是形成'闽南话'。陈元光及部属军眷,大部来自河南光州,他们讲的是"河洛话"。入闽后,与当地闽越百姓和谐相处,相互融合,并接受外来文化,形成以汉文化为主体的闽南地域性文化,其突出标志为"闽南语"。闽南话是"古汉语的活化石"。黄典诚先生指出,"只有唐初陈政、陈元光父子率众入闽屯居,才有可能把当年的河洛话带到闽南地区,然后传播开去"。刘登翰先生指出,"闽南方言是初唐陈政、陈元光父子率府兵入闽平定獠蛮'啸乱',驻军闽南而定型的"。随着岁月推移,闽南族群不断迁徙,闽南话也传播到台湾等地,90%以上台湾同胞讲闽南话。闽南话是维系海峡两岸同胞同根同宗的亲情纽带。

在民族问题上,陈元光推行教化怀柔政策,尊重当地民俗,实行地方自治,鼓励汉蛮通婚,"男生女长通蕃息,五十八姓交为婚,"逐步消除了民族与族群隔阂。

陈元光入闽时期是唐代走向兴盛的重要历史时期,中原地区先进的经济政治制度在闽粤大地广泛传播,"北距泉兴、南逾潮惠,西抵汀赣,东接诸岛屿,方圆数千里无烽火之惊,号称乐土"。从上述文字中可以看出,唐初的漳州是一个地域辽阔的"大漳州"。我们至少可以理解为,北至福州、莆田、仙游,南至汀江下游广东惠州;东至台湾诸岛屿;西至龙岩汀州、江西赣州东南等地域。今天,在浙江平阳、温州、粤东、海南、江西东南部、广西东部、台湾以及东南亚等地区,都有开漳将士当年留下的史迹,都是讲闽南话的地方。《福建通志》载,"惠安县北有陈政故宅,谓'政戍闽,家温陵之北,枫亭之南'"。仙游陈百才先生指出,陈政父子率军入闽,屯兵于云霄绥安,而置家于温陵之北的仙游枫亭陈庐园。王树声先生指出,陈元光及家族五代人袭职,实际上长期主政晋江流域(泉州),给晋江流域带来中原地区思想文化,推动晋江流域大发展,促成了嗣圣元年(684年)在晋江口设立武荣州,后来成为泉州。至今,在泉州地区留有10座奉祀陈元光庙宇。在厦门,留有祭祀陈元光庙宇的同安丙洲昭应庙等3座庙宇;在龙岩,清乾隆《龙岩州志·卷八·古迹志》载,威惠祠,在城西门外。祀唐开建漳州、漳浦将军陈元光,宋历封灵著顺应昭烈广济王。漳平和睦溪畔新桥有灵著庙,又称开漳王庙,已有200多年历史。郭启熹先生指出,陈元光开辟漳州,包括龙岩、漳平,他是闽南人民的圣王,也是闽西人民的开山祖。在广东饶平县、南澳岛、海陆丰等都有圣王庙。

综上所述,陈政、陈元光率军入闽,不论人数、时间、作用、影响等,是晋唐时期中原三次南下大移民中最具影响力的一次行动。他们"为闽文化的发展和传播以及闽南地区的文化事业作出贡献"。后来,开漳后裔又迁台湾和海外。据1953年台湾人口统计,户数在500户以上的姓有100个,根据族谱和其他资料称,其中有45姓是唐初随陈元光从中原迁到福建,以后再到台湾。黄典诚先生指出"台湾同胞的祖根,500年前在福建,1300年前在河南固始"。叶国庆先生指出,"陈元光父子率中原数十姓子弟入闽'驱除峒蛮,开辟土地,始建漳州',屯兵之所,遍及福建全省,巡守所及,远至江西之抚州、虔州、广东之潮州、惠州,元光入闽与中国南方移民史,漳州开辟史有极其重要关系。"

三、弘扬开漳圣王陈元光文化的意义

以陈元光为代表的开漳先辈所创立的开漳圣王文化,历经1300多年,已远播世界各地,并在海内外华人华侨、闽南民众中深深扎根。开漳圣王陈元光文化的光环已超越漳州,辐射海峡两岸以及世界各地。因此,研究开漳圣王陈元光文化,应以更开阔的视野,更宽阔的胸怀全面把握开漳圣王陈元光文化在闽南文化中的核心地位。

我们要弘扬开漳圣王陈元光文化的爱国爱乡精神。陈元光祖孙六代,前仆后继,开发闽粤,建置开发漳州150余年,把"自秦、汉、三国、六朝以迄唐初,荒僻之地",建成了海滨邹鲁、东南名区。陈元光始终坚持国家疆土统一,把自己统辖管理的地方纳入国家行政版图;始终贯彻"奠皇恩于绝域",为官一处,造福一方;始终倡导民族和睦,维护中华民族大团圆。陈元光文化是联系和团结世界华人华侨的桥梁和纽带。

我们要弘扬开漳圣王陈元光文化的血缘祖根文化特色。陈元光及其部属,是一个群体,是由人变神的真实传奇。当年开漳将士背乡离井,千里迢迢南下戍边,定居闽粤大地。尔后越洋渡海,开拓宝岛台湾,移居东南亚各地,为人类文明谱写了新篇章。当年的开漳将士如今已繁衍形成了8000万人的闽南族群,包括2300万台湾同胞在内,都是闽南儿女,其祖先都在闽粤大地。我们要加大开漳圣王陈元光文化的宣传力度,加强中华文化认同感,为祖国统一大业的实现作出应有的贡献。

（作者系福建省云霄县开漳历史文化研究会会长）

闽南"河洛郎"开发台湾海洋文化的启示

王炜中　陈榕三

河洛先民具有中原文化先进的社会制度、思想文化、生产技术、生活方式,因而他们在迁移到荒蛮之地后,不仅能够迅速立足,而且有能力不断拓展自身的生存空间,优化自身的生存环境,包括成功地向海外发展。

中原河洛后裔的闽南人是开发经营台湾的主力军。他们成功的历史经验有哪些,有哪些能为我们今天所用。本文试作些探索。

一、先经营澎湖后开发台湾的战略

唐五代时期,为了适应与推进国内外各种航海活动的需要,在中原中央政权的支持下, 福建造船能力和工艺技术,较之前朝有所增强。

唐代,国力充裕,交通发达,航海活动更加扩展,造船基地的数量大幅度上升。据《资治通鉴》所载:南方沿海的扬州、福州、泉州、广州与交州,皆是著名的海船建造基地。

福建内河造船工场,遍布各水系流域,民间多就地取材,自行建造;沿海造船厂场,公私皆有。《唐会要》载:福建建造的海船,一般可容数千石。民间的大海船也很多,载重约八九千石以至万石。[①]

五代时,河南人王审知治闽,其侄儿王延彬为泉州刺史,20 余年曾"多发蛮舶,以资公用"。郡人籍之为利,人因谓之"招宝侍郎"。于是,泉州利涉益远,从海外开来的商舶,大多停在泉州港。

根据史料,澎湖的开发远比台湾的开发早了数百年,使台湾的开发有了根据

---

① 《唐会要》卷八十七。

地和样板。

《新唐书》称：泉州清源郡，"自州正东海行，二日至高华屿，又二日至龟壁屿，又一日至流求国①"。高华屿与龟壁屿即今之澎湖列岛的花屿与奎壁屿。

《台湾通史》还记载："及唐中叶，施肩吾始率其族迁居澎湖。肩吾汾水人，元和中举进士，隐居不仕，有诗行世。其《题澎湖》一诗，鬼市盐水，是写当时之景象。"②

澎湖，东与云林、嘉义、台南三县相望，西与福建厦门相对。全县由澎湖本岛及周围其他 63 个岛屿，面积约 127 平方公里，世居人口中以福建泉州人最多。

澎湖于宋代已正式收入中国版图，当时福建泉州已有人移居澎湖，元代移民渐多，至元十六年（1279 年），元代统治者在澎湖设巡检司，隶属福建省泉州府，其开发时间比台湾本岛早 380 余年。明朝时曾两度失于荷兰人。郑成功收复台湾后，在澎湖设安抚司。清代先后设巡检、通判。日据时期设澎湖岛厅。台湾光复后，1946 年设澎湖县。

12 世纪 70 年代，一支毗舍邪人（是来自台湾或菲律宾的少数民族）来到澎湖和福建泉州沿海骚扰。为了加强抵御，南宋泉州知府汪大猷于乾道七年（1171 年）在澎湖造屋二百区，遣将分屯。据《汪大猷行状》记载："乾道七年，四月起知泉州，到郡……郡实濒海，中有沙洲数万亩，号平湖。忽为岛夷号毗舍邪者奄至，尽割所种，他日又登海岸杀略，禽四百余人，歼其渠魁，余分配诸郡，初则每遇南风，遣戍为备，更迭劳扰，公即其地，选屋二百间，遣将分屯，军民皆以为便。"③此外周必大的《汪大猷神道碑》中也有大略相同的记载："乾道七年……四月起知泉州，海中大洲号平湖，邦人就植粟、麦、麻，有毗舍耶蛮，扬帆奋至，肌体漆黑，语言不通，种植皆为所获，调兵逐捕，则入水持其舟，已而，浮民为向导，劫掠近城亦屿洲，于是春夏遣戍，秋暮始归，劳费不资，公即其地，造屋二百区，留屯水军，蛮不复来。"④

从以上记载的"中有沙洲数万亩，号平湖忽有岛夷号毗舍邪者奄至，尽割所

---

① 《新唐书》卷四十一《地理志》。
② 连横《台湾通史》上册第 5 页。
③ 楼钥（与汪大猷同仕于孝宗、光宗两朝，汪死时楼任吏部尚书）《攻媿集》卷88。
④ 周必大《文忠集》卷六七。

种"及"海中大洲号平湖,邦人就植粟、麦、麻",可见,当时已有闽南汉族人民移居澎湖,并且从事种植业了。另外,从以上"初则每遇南风,遣戍为备",及"春夏遣戍,秋暮始归",可以看出南宋乾道年间已定期派兵到澎湖巡防了,后因"更迭劳扰"、"劳费不资",汪大猷才亲临其地,并且建造兵营二百间,留屯水军,进行长期的驻守。

由于宋军驻守澎湖,故曾任南宋泉州市舶司提举的赵汝适在其所著《诸蕃志》中明确记载:"泉有海岛曰澎湖,隶晋江县。"①

元朝统治者不仅驻兵澎湖,而且还进一步诏谕台湾。至元二十八年(1291年)海船副万户杨祥,请求带兵六千人去招降,朝廷从其请。与此同时,从小生长福建,熟知海道利病的书生吴志斗也上书说:"若欲收附,且就澎湖发船往谕,相水势地利,然后兴兵未晚也。"

据《元史》记载:当一切准备就绪以后,至元二十九年(1292年)3月29日他们从汀路尾澳(福建汀江下游)开船出征,当日巳时,在海洋中正东,望见有"山长而低者"。杨祥认为已到琉求,改乘小舟,率众到低山下,命军官刘闰带领二百余人,分乘十一艘小船登陆,岛上的人听不懂语言,引起争执,元兵被杀三人,不得不撤军,继续东行。4月2日,抵达澎湖,杨祥与吴志斗、阮鉴发生龃龉,第二天,因吴志斗失踪,只好返回大陆。

到成宗元贞三年(1297年),福建省平章政事高兴再次请求诏谕,他说:"今立省泉州,距琉求为近,可伺其消息,或宜招宜伐,不必它调兵力,兴请就近试之。"元朝政府批准他的要求,同年9月,高兴派遣省都镇张浩,福州新军万户张进率军赴琉求诏谕,由于这次规模较小,仅生擒俘虏一百三十余人而返。

尽管元朝政府二次经营台湾没有获得太大的成就,但在澎湖正式建立了巡检司,据汪大渊的《岛夷志略》记载,澎湖"地隶晋江县,至元年间,立巡检司,以周岁额办盐课中统钞十锭二十五两,别无差料"。虽然巡检司官位不大,秩九品"职巡逻、捕获",但至少说明,继南宋建造兵营二百间后,元世祖至元年间已正式在澎湖设官驻守了。

直到元末,福建才有去台湾本岛贸易的商船。汪大渊在琉球条中说:"地产

---

① 赵汝适《诸蕃志》卷上"留求国"条。

沙金、黄豆、黍子、琉黄、黄蜡、鹿、豹、麂皮,贸易之货,用土珠、玛瑙、金珠、处州瓷器之属,海外诸国,盖由此始。"可见当时福建商人已将土珠、玛珠、玛瑙、金珠、处洲的瓷器运到台湾,与当地居民交换沙金、黄豆、黍子、琉黄、麂皮等土特产。汪大渊所附的海舶可能就是商船,所以《岛夷志略》对台岛的物产及贸易之货,记载特别详细。

二、坚持海洋文化开放性是成功的关键

在台湾的开发过程中,一批批移民,历经艰难困苦,漂过海峡,来到台湾。移民经历了漫长和复杂的过程。向台湾移民的主要是福建闽南人。闽南人原是来自河洛的移民。

闽南文化受河洛文化和海洋文化的多重影响,由此形成了闽南人敢于冒险犯禁、勇于进取和积极开拓的人文精神。这种移民习性以及"山高皇帝远",尤其是游离当时的政治和权威中心、濒临海洋的边缘环境,形成了闽南"河洛郎"特有的叛逆和铤而走险的自立精神。

自唐宋以来,闽南河洛人就以其面临大海的自然优势,敢冒风涛之险而搏击海洋,积极地开展对外贸易和交流活动。在宋元时期,闽南河洛人就有崇尚工商的习俗,《舆地纪胜》载:"(泉)州南有海浩无穷,每岁造舟通异域";明朝人冯璋在《通番舶议》中评论说,"泉漳风俗,唯利通番,今虽处以充军、处死之条,尚犹结兑成风,造船出海,私相贸易,恬无畏忌"。虽然"泉人贾海外者……海道回远,窃还家者过半,岁抵罪者众",但仍敢冒海禁之险而入海。为了突破封建官府的封锁,以养家糊口,明清时期的闽南私人海上贸易就带有亦商亦盗的特点。到了明朝末期,闽南人还成了海上走私的主力,其走私网络遍布东南沿海地区,并依靠强大武装的支持,泉漳一带的海商海盗集团曾经一度控制了东南沿海的制海权。意大利学者白蒂在《郑成功》一书中认为:自隆庆元年(1567年)开放海禁后,闽南商人逐渐主导了中国海外贸易近四百年的历史。①

福建沿海人口稠密,土地数量、出产均相对匮乏。统治阶级残酷剥削,又导致沿海地区"倾家荡产,十室九空"。"海禁"也影响了渔贩、盐民生活。而地主

---

① 　福建社会科学院网历史文化篇。

豪绅为追求安逸与奢侈的生活,也积极扩大航海活动。凡此种种,使福建民间经营航海者大有人在,史称"海商",并且"禁愈严,而走私者则愈炽"①。

海商分布以漳泉为多,尤以漳州地位最重要,其主要据点在漳州月港(又名月泉港,在今龙海县海澄镇),位于漳州城东南 25 公里,东距厦门仅几公里,外通海潮,内接溪涧,因"一水中堑环绕如偃月"而得名。该港为九龙江出海处。

唐代,月港零散居住着一些畲族人,以捕捞为主。陈元光开发漳州后,逐渐兴旺起来,漳属各县产品多由此以木帆船转运往东南亚各地。这里人多地少,且地多斥卤,民多赖海为业,有大量熟悉贸易航运的舵工水手、商人。许多人干脆到东西洋各地谋生,甚至旅居海外。

明代,虽然官方执行海禁政策,但由于月港远离省会,地僻一隅,"正座官司,威令不到",故其私商航海活动十分频繁。景泰四年(1453 年),"民多货番",成化八年(1472 年),泉州市舶司迁福州后,这里更成为民间海上走私的中心。"闽人通番,皆从漳州月港出洋。"②成化、弘治年间(1465～1505 年),月港人烟辐辏,商贾咸聚,"风回帆转,宝贿填舟,家家赛神,钟鼓响答,东北巨贾,竞鹜争驰,以舶主上中之产,转盼逢辰,容致巨万……称小苏杭"③。

正德年间(1506～1521 年),广州港暂时被关闭,中外航船"皆往漳州府海面地方,私自驻扎。于是利归于闽,而广之市井萧然矣"。月港已超过广州、福州,成为中国最繁荣的海运港口。"富商巨贾,捐亿万,驾艨艟,植参天之高桅,悬迷日之大蓬,约千寻之修缆"④,航行东西洋各国。其中整个台澎沿海都是其东洋航线落脚点及中继站。

嘉靖年间(1522～1566 年),福建海商无论数量和实力均达到空前水平。在吕宋经商的闽商有数万人之众。这一时期,活动在闽台海面上的海商大贾、通番"巨寇",如阮其宝、李大用、谢和、王清溪、严山老、许西池、张维以及二十四将、二十八宿等,大都为漳州月港人,常于走马溪旧浯屿住舡,自月港出货。

后来一些海上贸易集团的头头,就以台澎为根据地,进行大陆与台湾及南洋

① 《明太祖洪武实录》卷二百五。
② 《嘉靖东南平倭实录》。
③ 乾隆《海澄县志》卷十五《风土》。
④ 《天下郡国利病书》卷一百二十。

群岛的三角贸易。如嘉靖二十三年(1544年)"漳贼陈老等结巢澎湖",嘉靖四十二年(1563年),林道乾被俞大猷追至澎湖,遁入台湾,大猷侦知台湾水道行迥,不敢冒进,留偏师于澎湖。林道乾以台湾为据点"从者数百人"①。

倭寇为患福建始于洪武三年(1370年)。这时的"倭寇"尚是真倭,多是日本南北朝之乱中的失势南乱武士、流亡海岛的无业"浪人"、走私商人、破产农民组成的海盗集团。明政府正是如日中天之时,还可控制局面。

随着海禁政策与海商成长矛盾的加深,明政府逐渐腐败,福建"倭乱"越来越严重。尤其嘉靖年间,"倭寇"活动达到顶峰。嘉靖四十一年(1562年),"是时倭贼土寇,北自福建福宁沿海,南至漳泉,千里萧条,尽为贼窟,附近居民,反为贼间"。尤"多江南人或漳人"。就连"倭寇"的头目,也多为中国人,像李光头、许栋、王直、洪泽珍、严山老等,既是大海商、大海盗,又是"倭寇"魁首。他们不为官府认同,无法自由经商,故与日本海盗结合起来与明朝政府展开斗争。这便是后期"倭乱"的真相。当时就有人认识到"盗与商同是人也,海通则盗转而为商,海禁则商转而为盗。"②

勇于开创的福建海商,在与明政府不断斗争中,探索、总结了不少远洋航路(当时称"针路",因其以指南针辨别航向而得名)。记录在史的有52条。这些航路多从漳州月港起程,其中经澎湖至鸡笼(台湾基隆港)、淡水(台湾淡水港)是最繁忙的航路之一。③

明末,以郑芝龙为首的郑氏海商集团成为闽台航海活动的主体。《台湾通史》记载:"天启元年,海澄(明称月港)人颜思齐率其党人入居台湾,郑芝龙附之。"

后来,郑芝龙兼并李旦(侨居日本平户大海商、原福建泉州人)、颜思齐两家的海上商帮的遗产,扩大武装力量,雄踞东南海上,官军对其也无能为力。其最得势时,号称有大小船舶万艘,直接拥有3000艘,船只常年航行中日之间,"富甲全闽"④。

---

① 卜大同《备倭图记》。
② 采九德《倭变事略》。
③ 《东西洋考》卷九。
④ 黄宗义《赐姓始末》。

　　这里特别要指出的是郑芝龙在协助福建饥民移往台湾中起了很大的推动作用。"崇祯间,熊文灿抚闽,值大旱,民饥,上下无策。郑芝龙乃招饥民数万人,人给银三两,三人给牛一头,用海舶载至台湾,令其发舍,开垦荒土为田"。

　　由于海商们的频繁活动,当时福建与台湾的货运联系是密切的。据统计,从1636年11月至1638年12月共2年零2个月,由福建往台湾的贸易船有1014条,台湾回福建的贸易船672条。其中虽然有的是渔船,但当时的渔船也兼营贸易,所以都按贸易船统计。

　　明崇祯十七年,"淡水已出产大量之琉磺,由于中国有战事,故多输往大陆,本年初有大小帆船30艘,为装运琉磺而开来淡水"①。

三、以民促官是开发台湾成功的保证

　　传统的河洛宗族习惯也是闽南人海外移民的原因。河洛人宗族观念很强,盛行田产长子继承制,由长子继承祖业,其他儿子只得外出谋生,寻求发展,以便来日衣锦还乡,光宗耀祖。再则,凡是在海外稍有成就的闽南人,也喜好把族中的亲人带往海外发展,因此赴台湾谋生越来越盛行,在一些较为集中的地区更是成为主要谋生途径。

　　闽南河洛人较少的安土重迁观念和敢于冒险犯禁的进取精神,在明清时期得到了充分的发挥。但在封建政府的强力压制下,他们也为此付出了沉重的代价。闽南一带地瘠民稠,丘陵山地众多,尤其是在沿海的平原地区,出现了"人满为患",拥有土地和农耕已不足于养家糊口,这种自然环境加之深受移民文化的熏陶,促使大量的闽南人挈妻携子移居海外和台湾地区,实现了"贷海为市"。闽南人的族性,向海外移居的族人比居留在本土的人还要多。据《台湾省通志稿》卷2《人民志·氏族篇》记载:现在的台湾汉民中,原籍为福建泉州、漳州二府的,约占台湾人口数的70%以上。可以说,闽南文化既是中华文化的合理延伸,又是接受外来文化和海洋文化熏陶的结果,因此,闽南人比较注重财富的追求和发展。宋代莆田人刘克庄在《泉州南郭吟》曾写道:"闽人务本亦知书,若不耕樵必业儒。惟有桐城(刺桐城,指泉州)南郭外,朝为原宪暮陶朱。海贾归来富不

---

①　乾隆《福建通志》卷七十四

赀,以身殉货绝堪悲。似闻近日鸡林相,只博黄金不博诗。"应该说,这种重商主义、注重生活条件的不断改善和务实逐利的进取精神,对台湾闽南人的开发理念和经营发展起到了重要作用。①

1683 年,清王朝统一台湾。次年九月,康熙帝解除"海禁",宣布"开海贸易"。从此,台湾与大陆的通商货运进入了新的历史时期。

初期,闽南百姓迁台受官府严格控制。康熙年间,海禁尚严,闽台往返船只,须经厦门出入盘查;厦门至澎湖,须官兵护送,大大限制了闽台交往。至雍正十年(1732 年)始允许有"田产生业"者,向地方官申请,然后报批准,"填给路引",携眷赴台。自此,大批携妻带子、举家搬迁成为移民台湾的特点。以往闽人赴台多是单身前往,不时返乡,属于临时性质。而今携妻带子在台湾定居,则作长期打算。嘉庆十六年(1811 年),台湾汉民达 241217 户,人口逾 200 万。较之郑氏集团统治台湾时,150 年间增长 10 倍。

耕地面积从荷据时期约 92000 余亩,清统一之初约 20 万亩,猛扩到 850 余万亩。开发先从中南部始,而后扩展到全岛,行政建制也从隶属福建行省的一个府升格为独立的行省。

在五口通商前,福建沿海木帆船商运仍有所发展,从厦门港出航,东向可对渡台湾。一年之中,船舶可往返数次。②

康熙五十年(1716 年),福建巡抚陈宾奏准:"往台湾、澎湖贸易之船,不宜零星放出,必至二二十只,方许一同出洋;台、厦两汛,亦酌量船只多寡,拨哨船三、四只护送。"时称"联综之法"。

这时期厦门与安平(今台南)鹿耳门不仅是闽台之间指定的惟一对渡口岸;浙江、江南等省往台湾贸易之船,也"必令到厦门盘验,一体护送,由澎而台";返航亦走相同的对渡航线。但商民经常无视于这一指定航线,"其贪时之迅速者,俱从各处直走外洋,不由厦门出入"。

乾隆四十九年(1784 年),"覆准福建泉州府晋江县属之蚶江口与台湾府彰化县属之鹿仔港设口开渡,其厦门商船仍照旧编记栅档出入挂验,不准越蚶江渡

---

① 福建社会科学院网历史文化篇。
② 连横《台湾通史》上册第 5 页。

载。"蚶江商船只出口,责令蚶江通判验明编号挂验放行;至鹿仔港海口出入船只,令鹿仔港知查察。

台湾淡水厅八里坌口,"在台湾府极北,从前本系禁口,例禁商船往来。"八里坌"系贩洋要路,又为台郡北部门户",清军台湾淡水营即驻扎八里坌。"上淡水及鹿仔港未设口岸以前,例禁商民出入。乃该管文武各员,并不严行查禁,辄敢收受船户陋规,较之通商口岸,得受规银者,情节较重。"

面对商民已在淡水八里坌私下通商的事实,清政府亦不得不作政策上的调整。乾隆五十三年六月二十三日(1788 年 7 月 26 日),大学士九卿议覆:钦差协办大学士陕甘总督办理将军事务福康安、福建巡抚徐嗣曾奏,"淡水八里坌距五虎门水程约六七百里,港道宽阔,可容大船载运,应开设口岸以便商民"。五十五年,清廷正式"覆准台湾府属淡水八里坌对渡福州五虎门,设口开渡"。

道光初年,姚莹在《答李信斋论台湾治事书》中言道:"台之门户,南路为鹿耳门,北路为鹿港、为八里坌,此为正口也;其私口则凤有东港、打鼓港;嘉有苯港;彰有五条港;淡水有大甲、中港、椿稍、后陇、竹堑、大按;噶吗兰有乌石港,皆商艘络绎。"可见,已有的正口仍不能满足经贸发展的需要;于是,台湾府各处"私口""皆商艘络绎"。

道光四年(1824 年)闽浙总督赵慎珍、福建巡抚孙尔准"患商运不前,嘱台湾府方传穟筹之";方传穟于"道光四年采舆论,请开五条港"。再次要求增开新的口岸,在当时已形成"舆论"。当年,闽省当局奏请增开台湾海丰(五条港)、乌石二港为正口获准。

（王炜中,广东华侨华人研究会副会长、潮汕历史文化研究中心副理事长;陈榕三,福建社会科学院台湾研究中心副主任、研究员）

从核心价值看河洛文化与闽南文化的关系

杨世利

河洛文化孕育了华夏文明,是中华文化的核心,是中国传统文化的主体。闽南文化是历史上中原汉人一次次南迁到闽粤地区形成的次生文化。河洛文化是闽南文化之源,闽南文化是河洛文化之流。

河洛文化与闽南文化是如何传承、创新的? 要搞清楚这个问题,需要河洛文化与闽南文化的比较研究。只有通过比较研究才能弄明白河洛文化与闽南文化各自有什么特点,其传承关系如何,也只有这样才能更好地理解华夏文明的本质,才能真正明白中华文明多元一体的真正含义。

关于河洛文化、闽南文化以及这两种文化的比较,已经有了很多研究成果。这些研究在比较两者的特点时观点上有一些共同倾向,比如都倾向于认为河洛文化是大陆性文化、农耕文化,而闽南文化是海洋性文化;认为河洛文化重农抑商,闽南文化重商;认为河洛文化封闭、保守,闽南文化富有开放意识、开拓精神,等等。现把这些典型观点列举如下。

胡沧泽先生指出,"闽南文化更主要更为本质的特点,乃在于它的海洋性","闽南文化的海洋性,体现在它的开拓拼搏精神","还体现在它的开放意识"。[①]庄锡福、吴承业先生指出,"中华文化是典型的农耕文化,'以农为本''重农抑商'几乎是三代以来朝朝相承的基本国策,并积淀为浓厚的文化心理。"而闽台文化形成了"有别于中原文化'重农桑'传统的'重工商'的文化心态",另外,闽台文化还有"勇于冒险犯难、向外开拓",以及"敢于蔑视权威礼法的精神"。[②]

---

① 胡沧泽《关于闽南文化研究的若干思考》,《漳州师范学院学报》2011 年第 1 期。
② 庄锡福 吴承业《论闽台文化的海洋性特征》,《台湾研究》2000 年第 4 期。

刘登翰先生认为闽南文化是大陆文化向海洋文化过渡的多元交汇的"海口型"文化,"一方面,以儒家文化为核心的中原文化在闽南社会的建构,使闽南文化纳入在汉民族文化的中心体系之中,这是闽南文化与中原文化的共性;而另一方面,融入在来自中原汉文化之中的海洋文化精神,突出了闽南文化的本土性特征,形成了闽南文化的个性。"①刘福兴先生指出,"河洛地区是典型的农耕型地区,河洛文化本质上是一种农耕文化。这一特点既造就了田园诗一般古朴厚道的民风和自然亲切的乡情,但也涵养了河洛百姓安土重迁、顾家恋乡、安贫乐道、求安稳、怕冒险、不思进取的小农意识和保守观念。""在这种正统文化的熏陶下,重视土地、重视农业,极力贬低商业,视商贸文化为洪水猛兽,认为无商不奸、无奸不富的观念和意识自然就形成一种风气。"闽南文化具有海洋精神,表现为"坚忍、勇毅的勤俭拼搏精神",以及"强悍民风和冒险好斗的精神"。闽南的特殊地理环境和人文背景,"客观上造成了闽南的商业气氛活跃,重商思想浓郁。"②杨海中先生指出,"相对河洛文化大陆性特点而言,闽南和客家文化的海洋性开放性特征更为浓重,因而闽南人、客家人的开拓精神、重商意识也更加突出和鲜明。"③李振宏先生指出,"学术的本质使命,是执行社会批判;而我们的河洛文化研究,则只讲弘扬,不知批判。像河洛文化这样一种农耕文化,存在诸多落后的惰性文化因素,对于今天的市场经济社会,有着很强的不适应性,这点被严重忽视。"④

如何看待以上诸位学者对河洛文化与闽南文化的比较? 首先必须承认,以上观点是持之有故、言之成理的。其次,对两种文化的比较研究也有待进一步深入。不深入研究,有些问题无法自圆其说。比如,在比较两种文化时,河洛文化呈现的是保守、落后的负面形象。而在单独研究河洛文化时,我们用的都是赞美和肯定的词语,比如我们认为河洛文化是中华传统文化的精华和主流,河洛文化具有吸引力、凝聚力、带动性、包容性、融合性、正统性、传承性、综合性、开放性、先导性、原创性、根源性、厚重性、辐射性等。⑤ 河洛文化的正面形象与负面形象

———————————

① 刘登翰《论闽南文化》,《福建论坛》2003 年第 5 期。
② 刘福兴《河洛文化与闽南文化之比较》,《商丘师范学院学报》2006 年第 6 期。
③ 杨海中主编《河洛文化与闽台文化》,河南人民出版社,2009 年版,第 6 页。
④ 李振宏《大陆学界河洛文化研究的现状及问题》,《中原文化研究》2013 年第 2 期。
⑤ 对河洛文化的这些正面评价可参见张新斌《河洛文化若干问题的讨论与思考》,《根在河洛——第四届河洛文化国际研讨会论文集》,大象出版社,2004 年版。

如何统一起来认识？既然河洛文化有保守、落后的一面,那么传承了河洛文化的闽南文化何以又有那么多的优点？对河洛文化既要弘扬,又要批判,如何处理二者的关系？所有这些都需要研究的进一步深化。

对待传统文化的科学态度是取其精华、弃其糟粕,这个原则大家都知道也都认可。问题在于这个原则缺乏可操作性,传统文化的精华与糟粕往往是不可分的,就像一枚硬币的正反两面。河洛文化的本质或核心是什么,它的先进性是主流,还是落后性是主流,如何传承,如何创新,如何批判？这些问题必须有明确的回答,不能有丝毫的含糊。

要搞清楚河洛文化的本质是什么,首先要明白文化是什么。关于文化的定义,学界有不同的认识。薛瑞泽先生归纳了中国学界对文化的定义,认为大致有四种观点,"一是物质文化与精神文化;二是物质、制度、精神;三是物质、制度、风俗习惯、思想与价值;四是物质、社会关系、精神、艺术、语言符号、风俗习惯等。"[1]杨海中先生在《河洛文化与闽台文化》一书中对文化的定义是,"文化是指一个国家、一个民族的历史、地理、传统习俗、风土人情、生活方式、行为规范、文学艺术、思维方式、价值观念、审美情趣等等。"[2]笔者认为这些概念虽然角度不同,但都有道理,并且基本上把属于"文化"的内容全面列举了出来。

需要指出的是,人们创造出的"文化"品类众多、包罗万象,但各种"文化"并非杂乱无章的堆积在一起。"文化"是一个体系,各种"文化"是按照一定次序排列在一起的。现实中的文化不是抽象之物,文化都是具体的,文化是一定时间和空间中的产物。文化有时间性,所以文化是发展的、运动的,而不是静止的。文化有空间性、地域性,所以文化都是一定地理环境的产物。文化是人创造的,文化是一定人群的生活方式。人的社会生活需要生产、生活等物质资料,所以有物质文化;在社会中人与人交往需要规则、规范,所以有风俗、习惯、礼俗、伦理等文化。人都生活在一定国家中,所以有政治生活,这就产生了法律、制度文化。人不仅有物质生活,还需要精神生活,这就产生了文学、艺术、审美、哲学、科学等精神文化。人不仅有现世的、世俗的各种需要,还有来世的、永恒的、终极的、超越

① 薛瑞泽《河洛文化的概念问题》,《根在河洛——第四届河洛文化国际研讨会论文集》,大象出版社,2004 年版。

② 杨海中主编《河洛文化与闽台文化》,河南人民出版社,2009 年版,第 1～2 页。

的需要,所以就产生了宗教、信仰等有关核心价值观的文化。

综观这些林林总总的文化,可以发现,所谓"文化"无非就是规则。物质文化是规则,精神文化也是规则;风俗、伦理、道德是规则,法律、制度也是规则,宗教、信仰等核心价值观同样是规则。风俗、道德是不成文的规则,法律是成文的、具有强制性的规则,宗教、信仰是心中的、神圣的规则。在这些规则中,宗教、信仰是最高规则,精神文化次之,制度文化再次之,风俗、习惯和物质文化等居于最底层。居于最高层的宗教、信仰等核心价值观受时间、地域影响最小,最稳定,最具超越性。居于最底层的风俗、习惯以及物质文化受时间、地域影响最大,最具变易性。这就是笔者对"文化"体系排序的总体看法。

明乎此,就可以回答文化的本质和核心是什么了。很显然,文化的本质和核心只能是宗教、信仰等核心价值观。在一个文明中,核心价值观是各种"文化"的总开关和制高点,它渗透到了精神文化、制度文化、习俗文化、物质文化等方方面面。每个民族都有自己的文化,但不是每个民族的文化都可以被称为"文明",只有产生了属于自己的达到宗教、信仰高度的核心价值观,才配称为"文明"。中华文明或曰华夏文明是与西方基督教文明同样高度的文明。河洛文化是华夏文明的核心,河洛文化的本质是信仰、是核心价值观,河洛文化是具有高度超越性的文化。

文化具有超越性,恰恰是这一点,被我们严重忽视了。忽视的原因在于我们对唯物史观理解有误。按照马克思主义唯物史观的观点,文化属于上层建筑,而上层建筑是由经济基础决定的,所以我们总是试图把文化还原为经济基础,这实际上是解构了文化,也否定了人类对超越世界、对永恒价值的不懈追求。事实上,马克思主义虽然对宗教的作用评价不高,但并不否认信仰的作用,因为马克思主义本身就是一种信仰、一种理想主义。中国人之所以接受了马克思主义,原因之一就是河洛文化中有"大同"理想,而大同理想与共产主义理想很接近。

河洛文化本质上是信仰、是中华文明的核心价值观所在,它的地位相当于西方文明中的基督教文化。宗教、信仰不属于学术范畴,它不是实证的。宗教、信仰反映了人们心中最深层次的梦想,是对不完美的现实世界、世俗世界的超越。河洛文化诞生的河洛地区是内陆,河洛文化诞生的时代是农耕时代,所以河洛文化的物质文化层面、风俗习惯层面带有大陆农耕文化的深刻印记,但这些都处于河洛文化的外围层面。河洛文化的核心即信仰层面是可以超越地理环境限制的。河洛文化崇拜圣人、追求大同理想,圣人之德、大同社会理想与大陆文化、农耕文化没有必然联系。河洛文化的信仰层面虽然是超越具体时代、具体地域,具有永恒的价值,但也并非一成不变,它同样需要适应时代的需要。传承与创新河洛文化核心理念的方式是现代诠释。所谓现代诠释,首先要认同这种价值,然后根据现实社会的变化和需要,对传统价值进行诠释,使这种价值被人们理解、认同、践行。这种现代诠释也是一种批判,是内在批判。站在科学的、理性的、现代学术的立场上对河洛文化的核心理念进行研究、批判,属于外在批判。对传承、创新河洛文化而言,内在批判优于外在批判。

　　既然河洛文化的本质与核心是信仰层面的核心价值观,那么闽南文化对河洛文化的传承与创新就首先是对河洛文化核心价值的传承与创新。河洛文化的核心价值具有超越性,可以超越于具体的地域——河洛地区。"河洛郎"迁徙到闽南后,河洛文化在闽南这个新的海洋性地理环境中生根、发芽、茁壮成长,形成新的地域文化即闽南文化,河洛文化就这样在闽南大地发扬光大。闽南文化可以称之为河洛文化在闽南。闽南文化在风俗习惯、物质文化层面具有鲜明的地域特色——海洋性特色,但在核心价值方面仍然是河洛文化的核心价值。自强不息、厚德载物、开拓进取、勇于创新,这些优秀的品质属于闽南文化,同样属于河洛文化,也属于整个中华文化、中华民族。中华文明多元一体,多元的地域文化主要表现在物质文化、风俗习惯等方面。在核心价值方面各地域文化其实是相同的,所谓"一体"即统一到儒家价值观上。所以研究区域文化一定要区分文化的不同层面,不可把不同层面的内容混为一谈。

（作者为河南省社会科学院历史与考古研究所副研究员）

明清时期的晋江学者及其著作考述

李玉洁　芦　宁

明清时期,晋江涌现出大批的学者,他们著书立说,为我国的经学、史学、兵学、水利学、文学等做出了杰出的贡献,展现了晋江地区深厚的文化底蕴。

一、晋江学者对经学的贡献

儒家十三经主要包括《周礼》、《仪礼》、《礼记》、《左传》、《公羊传》、《穀梁传》、《诗经》、《商书》、《易经》、《论语》、《孝经》、《尔雅》、《孟子》等十三部儒家经典,研究之学被称为经学。经学是我国政治文化的主流,也是学者做学问的主流,明清时期成为显学。福建省晋江学者对经学的研究有很多的独到之处,并作出了很大的贡献。

明人何楷,字玄子,晋江人,天启乙丑(1625 年)进士,官至吏科给事中。何楷著有《古周易订诂》十六卷,该书"取材宏富,汉晋以来之旧说杂采并陈,不株守一家之言;又词必有据,亦不为悬空臆断穿凿附会之说,每可以见先儒之余绪。明人经解空疏者,多弃短取长,不得已而思其次,楷书犹足备采择者,正不可以驳杂废矣"①。

何楷还著有《诗经世本古义》二十八卷,自汉迄明凡研究《诗经》者,无人能出其右。何楷"学问博通,引援赅洽,凡名物训诂,一一考证详明;典据精确,实非宋以来诸儒所可及。譬诸搜罗七宝,造一不中规矩之巨器,虽百无所用,而毁以取材,则火齐木难,片片皆为珍物。百余年来人人嗤点其书,而究不能废其书,

---

① 《四库全书总目》卷五《经部五·易类五》,台湾商务印书馆影印本文渊阁,1986 年。

职是故矣"①。何楷《诗经世本古义序》说："凡余说诗,是不一术。先循之行墨,以研其义;既证之他经,以求其验。既又考之山川谱系,以摭其实;既又寻之鸟兽草木,以通其意。既又订之点画形声,以正其误;既又杂引赋诗断章,以尽其变;诸说兼详,而诗中之为世为人若礼若乐,俱一一跃出,于是喜斯文之在兹,叹绝学之未坠也。当其沉思莫解,寝食都忘,疑窦将开,鬼神如牖,亦阅七载,手不停披,斯已勤矣。"②自汉迄明学人对《诗经》的研究,最有见地之书,当首推何楷的《诗经世本古义》。

明晋江人李贽,是中国明代后期重要的思想家。李贽,本名载贽,嘉靖壬子(1552年)举人,官至姚安知府,撰《九正易因》。李贽提倡人人平等,认为社会上根本不存在高下贵贱的区别。他说:"庶人非下,侯王非高。在庶人可言贵,在侯王可言贱。"也就是说判断事物的标准不同,认识自然是不一样了。李贽提出"天之立君,本以为民"的主张,开明末清初启蒙思想家民主思想之先河。

李贽的著作非常丰富,主要有:《藏书》、《续藏书》二十七卷,《史纲评要》三十六卷,《焚书》六卷,《续焚书》五卷,《初潭集》十二卷,《卓吾老子三教妙述》(又称《言善篇》)四集,《焚书书答》一卷,《焚书杂述》一卷,《文集》一卷,《诗集》一卷,《文集》一卷,《自著年谱》一卷,《传状》一卷,《读升庵集》二十卷,《世说新语补》二十卷,《四书评》、《坡仙集》十六卷,《李氏说书》八卷,《姑妄编》七卷,《李温陵集》二十卷,《禅谈》一卷,《龙湖闲话》一卷,《文字禅》四卷,《左德机缘》三卷,《李氏因果录》三卷,《业报案》二卷等。

明人蔡清,字介夫,号虚斋,晋江人,成化甲辰(1484年)进士,官至南京国子监祭酒,事迹见于《明史·儒林传》。蔡清所撰《易经蒙引》十二卷,专以发明朱子本义为主。该书不避门户,不委屈成说,有许多独到的见解。

明清时期,福建晋江学者对经学多有研究。陈琛,字思献,正德丁丑(1517年)进士,官至吏部考功司主事,撰《易经浅说》八卷。苏浚,字君禹,号紫溪,官至广西布政司参政,两淮盐政,撰《周易冥冥篇》四卷。杨瞿崃,字稚实,万历丁未(1607年)进士,官至江西提学副使,撰《易林疑说》。林欲楫,字平庵,万历丁

① 《四库全书总目》卷十六《经部十六·诗类二》,台湾商务印书馆影印本文渊阁,1986年。
② 何楷《诗经世本古义序》,台湾商务印书馆影印本文渊阁,1986年。

未(1607年)进士,官至礼部尚书,兼掌詹事府事,撰《易经勺解》三卷。郭宗盘,号鹏海,撰《重订易学说海》八卷。明林允昌,字为盘,号素庵,天启壬戌(1622年)进士,官至吏部郎中,撰《易史象解》二卷。刘鳞长,字孟龙,号干所,万历巳未(1595年)进士,官至南京户部郎中,撰《浙学宗传》,采自宋讫明两浙诸儒录其言行排纂成帙大旨,以姚江为主而援新安以入之故,首列杨时,次以朱熹、陆九渊并列,陈亮则附载于后,对浙江儒学之传进行编撰,无卷数。许顺义,字如斋,撰《六经三注粹抄》。杨道会,字惟宗,隆庆戊辰(1568年)进士,历官至湖广左布政使,撰《性理抄》二十卷,编取性理大全,删节繁冗。赵恒,字志贞,嘉靖戊戌(1538年)进士,官至姚安府知府,撰《春秋录疑》十六卷。吴映,字沐曰,撰《周易会辑》,其书大旨皆宗朱子本义,而折衷于引存疑诸书,持论亦颇平实。

由此可知,晋江学者对经学的研究作出了很大的贡献。

二、晋江学者对史学的贡献

在史学研究方面,晋江的学者也有很大的贡献。

清人陈允锡,字叠斋,顺治己未以荐举授平湖县知县,撰写《史纬》三百三十卷。《史纬》对历代史书重新编撰,"是书……有合并重复者,如周秦以前入《史记》,而汉高祖以至武帝则割入《汉书》,宋、齐、梁、陈、魏、齐、周、隋八史则与南北二史参考归一,其余表志纪传互见者,亦悉从汰除之类是也。有删削繁冗者,如宋史宗室世系,但系族谱。《元史·刑法志》全抄律文及但叙官阀,无关褒贬之列传是也。有更易旧第者,如退魏于蜀,后削二牧于昭烈之前,移吕布、二袁、刘表于东汉之类是也。有窜改旧名者,如项羽、吕后、武后不称本纪,宋留从劾,陈洪进不称世家之类是也。其他如《新唐书》则点正其文句,《元史·食货志》则连属其篇次者,为数尤多,卷帙浩繁,用力可谓勤至。"[1]虽然亦有人认为,是书繁简失度,分合无义者亦尚不少,但这部书网罗百代,其事确实繁难,司马光进通鉴表尚称其中抵牾不能自保,陈允锡此书虽有瑕疵,但其积毕生之力撰写此书,用功之勤,时有卓见,从中可见晋江学者做学问的功力。

明人徐缙芳,字奕开,万历辛丑(1601年)进士,官至监察御史,撰写《精忠类

---

① 《四库全书总目》卷六十五《史部二十一·史钞类》,台湾商务印书馆影印本文渊阁,1986年。

编》八卷。是书"辑录宋岳飞事实,艺文首为表类纪姓氏世系之属,次为传类纪生平始末,次为遗翰类皆飞诗文,次为宸纶类皆高宗所赐载于金陀粹编者,次为褒赠类皆历代制诰案牍,次为家集类皆岳珂之文有关于飞者,次异感类纪诸灵应,次诗类文类则皆后人题述之作也"[①]。这部书记载了一些街谈里巷之说,使其更有人民性,并且保存了较多的有关岳飞的史实。

明人李廷机,字尔张,万历癸未(1583 年)进士,官至礼部尚书东阁大学士,谥文清;撰写《汉唐宋名臣录》五卷。是书所录自(汉)文翁至(宋)杜衍凡六十人,黄吉士序,谓其录取严而用意微,盖借以讽当时廷臣有为而发,故不求全备云。

明人郭惟贤,万历甲戌(1574 年)进士,官至左副都御史,以忧归起户部右侍郎,未上而卒。事迹见明史本传。郭惟贤居官湖广巡抚时编撰《三忠集》十四卷,前有万历甲午(1594 年)自序,谓屈原秭归人,孔明南阳人,岳忠武虽起家汤阴,而封鄂王。苗裔迄今犹在武黄间,均以楚称,故合为一编于《离骚》。取朱子注编为七卷,于武侯集兼取将苑心书及杂文编为三卷,于忠武集则取金陀粹编中家集十卷,汰其大半。

清人张先岳,字北拱,撰《循良前传约编》四卷。是书一名《历代名吏录》,采诸史循吏传,各以时代先后编次。

明人何乔远,字稚孝,号匪莪,万历丙戌(1586 年)进士,官至南京工部右侍郎;撰《闽书》一百五十四卷。福建古称闽,自唐林諝撰有《闽中记》宋庆历中林世程重修之,历南宋及元皆无总志,明成化间莆人黄仲昭始为《八闽通志》,王应山复为《闽大记》、《闽都记》、《全闽记署》,皆草创未备。乔远乃荟萃郡邑各志,参考前代载记以成。是书分二十二门:分野、方域、建置、风俗、版籍、扦圉、前帝、君长、文莅、武军、英旧、方技、宦寺、方外、闽合、岛夷、灵祀、祥异、萑苇、南产、蓄德、我私。何乔远为后人研究古代福建保存了珍贵的资料。

明人史朝富、陈良珍,同撰《隆庆永州府志》十七卷。吕夏卿,字缙叔,泉州晋江人,举进士,为江宁尉,历官宣德郎守秘书丞,修《唐书直笔》四卷。明人程敏政编,林乔松注《咏史集解》七卷。程敏政还有《宋遗民录》,此书为其官景宁县知

---

① 《四库全书总目》卷六十《史部十六·传记类存目二》,台湾商务印书馆影印本文渊阁,1986 年。

县时取古人咏史之作,依代编次,自三代迄宋末止,七言绝句一体,采辑颇备然。

清人黄鹏扬,字远公,顺治丁酉(1657年)举人,有《读史吟评》一卷。是书杂咏史事,每诗之后附以论断,略如元宋无噂艺集例,而词之工则不及,无玩其意,旨似借讽明季之事。清人黄光升,字明举,嘉靖乙丑(1565年)进士,官至刑部尚书,撰《昭代典则》二十八卷,是研究明朝历史的重要材料。

三、晋江学者对兵学、水利研究及其文学的贡献

福建处于海防前线,经常受到倭寇、海盗的干扰和抢劫;又由于我国历朝国都多建在中原,福建离中原较远。在古代交通不发达的情况下,属于"天高皇帝远"的地区,这里曾出现过割据的独立王国,也出现过啸聚山林、集聚为盗或农民起义的现象,因此也造就了经验丰富的军事将领,出现了重要的兵学研究书籍。

明人俞大猷,字志辅,又字逊尧,号虚江,嘉靖中举武进士,累官都督同知兼征蛮将军,进右都督,谥武襄。俞大猷是著名的军事家和抗倭将领,还著有《剑经》一书,是专门研究剑术的军事书籍。他还编撰《洗海近事》二卷。是书"乃大猷裒辑用兵之时,奏疏、公牍、书札,始于隆庆二年正月,终于三年闰六月前。载谭纶、张瀚、朱炳如荐疏,后附操法及兵部覆本,并录成功后友人贺赠之文,而终以剿林道乾诸议。卷首有大猷自序,是书论用兵委曲,较史为详,而不先叙其事之始末,编纪年月以为提纲。虽诸篇以次编排,而端绪不一阅之,猝不能了了。盖大猷虽通晓文翰,而于着书序事之法,则尚未习,故不能使经纬灿然,首尾该贯也"。[①] 俞大猷是一将军武将,因此本书虽然不能像文人学者那样"经纬灿然,首尾该贯",但是该书保存了俞大猷时期保卫福建海防、抗击倭寇的重要资料,也体现了俞大猷的兵学思想。

明人顾斌,字质夫,万历己酉(1609年)举人,官广东信宜县知县,调蜀府左长史。顾斌撰《火器图》一卷,详细记述了军中火攻之具等。明人邓锺撰,字道鸣,撰《筹海重编》十卷。

清人万正色,号中庵,康熙十三年正色以岳州水师总兵官征吴三桂,累立战功,撰《小札》一卷,是时还作《平岳疏议》一卷、《平海疏议》一卷、附《平海咨文》

---

① 《四库全书总目》卷五十三《史部九·杂史类存目二》,台湾商务印书馆影印本文渊阁,1986年。

一卷。书中皆为奏章、疏议、咨文等,是研究福建水师、平定海坛及金厦两岛、平定吴三桂战争之重要史料。

晋江学者在学术方面,如治理水患、游记、杂文、诗歌等各个方面皆有很多成绩和建树。

明人黄克缵,字绍夫,万历庚辰(1580 年)进士,官至工部尚书,事迹见明史本传;著《古今疏治黄河全书》四卷。是书分黄河考略、治河左祖、三吴水利。诸目所录,上起祖乙之圯耿,下终万历三十二年。

明人黄文照,撰《古今长者录》八卷,是编辑周秦以迄明代忠厚长者之事。明人王慎中,字道思,晋江人,嘉靖丙戌(1526 年)进士,官至河南布政使参政。王慎中撰《遵岩集》二十五卷。慎中为文,多仿曾巩,与唐顺之齐名天下,称之曰:王、唐。明人蔡克廉,字道卿,晋江人,嘉靖己丑(1529 年)进士,官至户部尚书,撰《蔡可泉集》十五卷。其文每篇皆系以时地末缀以各体诗及案牍之文。明人庄履丰,字中熙,万历丁丑(1577 年)进士,改庶吉士,撰《梅谷集》十八卷。其集前十四卷皆杂文,后四卷为诗。明朝王明鳌,字懋良,晋江人,万历已卯(1579年)举人,官至宁波府通判;编《四六丛珠汇选》十卷。明人何炯,官靖江县教谕;编《清源文献》十二卷。该书成于万历丁酉,皆录其郡人之诗文。

清人潘鼎珪,字子登,撰《安南纪游》一卷,该书成于康熙二十七年,乃鼎珪游广东时,偶附海舶遇风飘至其国,因纪其山川风土之大略,与诸书所记不甚相远。

清人王命岳,字伯咨,号耻古,晋江人,顺治乙未(1655 年)进士,官至刑科都给事中;撰《耻躬堂文集》二十卷。是集自卷一至卷五为奏疏,卷六至卷十七为杂文,卷十八为诗,卷十九为周易杂卦牖中天,卷二十为读诗牖中天。其书分十二篇,大旨谓易杂卦无错简,而以互卦之法,推求其义读诗凡五十条,皆标识简端之语一篇或止一两句。如读简兮曰使我怀古之情更深。

明清时期,晋江学者的孜孜不倦的勤学与追求,不仅为世人留下了非常有价值的学术著作,为我国的古代文化做出了杰出的贡献,这充分表明,明清两季晋江有深厚的文化底蕴。

(李玉洁、河南大学历史文化学院教授、博士生导师;芦宁,河南大学历史文化学院研究生)

北宋晋江学者对宋王朝政治的作用和影响

黄有汉　李　豫

　　晋永嘉之乱,中原衣冠之士大批南迁,有一部分迁到福建等地。这些衣冠之士多是沿江而居。因怀念他们的家乡,把门前之江称为晋江。

　　至宋,晋江名人辈出,为人杰地灵之地。这里有浓厚的读书风气,许多读书人通过科举走上政坛,从学者而成为我国历史上有名的政治家,为宋王朝的政治发展做出了杰出的贡献,起到了非常重要的作用和影响。

一、晋江政治家对北宋前期政治的作用和影响

　　北宋前期,晋江籍的政治家主要有:曾公亮、吕夏卿、陈从易等人,他们文治武略,在政坛上或任宰相、或修史书,或保卫边疆,为北宋王朝之重臣。

　　曾公亮,字明仲,举进士甲科。知会稽县,民田镜湖旁,每患湖溢。公亮立斗门泄水入曹娥江,民受其利。……仁宗面赐之曰:"朕自讲席,赐卿所以尊宠儒臣也。"遂知制诰兼史馆修撰为翰林学士,判三班院。三班吏丛猥非赇谢不行,贵游子弟多倚势请谒。公亮掇前后章程,视以从事。吏不能举手,以端明殿学士。知郑州,为政有能声,盗悉窜他境,至夜户不闭。尝有使客亡橐中物,移书诘盗。公亮报吾境不藏盗,殆从者之废耳。索之果然。复入为翰林学士,知开封府。未几擢给事中参知政事,加礼部侍郎,除枢密使。嘉祐六年拜吏部侍郎、同中书门下平章事、集贤殿大学士。公亮明练文法,更践久习,知朝廷台阁典宪,首相韩琦每咨访焉。仁宗末年,琦请建储与公亮等共定大议,密州民田产银或盗取之,大理当以强。公亮曰:"此禁物也,取之虽强,与盗物民家有间矣。"固争之,遂下有司议比劫禁物法,盗得不死。神宗即位,加门下侍郎兼吏部尚书;熙宁二

年进昭文馆大学士,累封鲁国公,以老避位。①

　　吕夏卿,字缙叔,举进士为江宁尉编修唐书,成直秘阁同知礼院。仁宗选任大臣求治道,夏卿陈时务五事,且言天下之势不能常安,当于未然之前救其弊,事至而图之,恐无及已。朝廷颇采其策。英宗世,历史馆检讨同修起居注知制诰。帝尝访以政对曰:两朝不惜金帛以和二边,脱民锋镝之祸,古未有也,愿勿失前好。出知颍州,得奇疾,身体日缩,卒时才如小儿,年五十三。夏卿学长于史,贯穿唐事,博采传记杂说数百家,折中整比,又通谱学,创为世系诸表于《新唐书》最有功云。"唐开元中尊孔子为文宣王,遂以祖谥而加后嗣,非礼也,于是下近臣议改为衍圣公。"②

　　陈从易,字简夫,进士及第,为岚州团练推官,再调彭州军事推官,平息"王均盗据成都,连绵汉诸郡。彭人谋杀兵马都监以应之。时从易摄州事,斩其首谋者,召余党晓以祸福赏之。众皆呼悦,乃率厉将吏修严守械,戒其家童,积薪舍后曰:'吾力不足以守,当死于此。'贼闻其有备不敢入境,贼平。"……知州,岁大饥,有持杖盗取民谷者,请一切减死。论凡生者千余人。官迁太常博士,出知邵武军,预修《册府元龟》,改监察御史。进龙图阁直学士知杭州,卒③。

二、晋江政治家在宋神宗、王安石变法时期的作用和影响

　　公元 11 世纪,北宋皇帝神宗与王安石进行了一次伟大的变法运动。变法时期,晋江的政治家也大显身手,表现出非凡的魄力和勇气。如吕惠卿、蔡确等人皆是变法中的主将和旗手。当然他们也引起守旧派的忌恨,其后又被列入《宋史·奸臣传》,但打开历史的篇章,仍然掩饰不住他们的光辉和对历史的贡献。苏缄是晋江籍的将军,在宋神宗时期,捍卫宋朝边疆,杨汲疏水溉田,使"西部瘠土皆为良田"。他们为宋朝的发展做出了特殊的贡献。

　　吕惠卿,字吉甫。……王安石言于帝曰:"惠卿之贤,岂特今人,虽前世儒者未易比也。学先王之道而能用者,独惠卿而已。"及设制置三司条例司,以为检详文字;事无大小,必谋之。凡所建请章奏,皆其笔。擢太子中允,崇政殿说书集

---

①　《宋史·曾公亮列传》。
②　《宋史·吕夏卿列传》。
③　《宋史·陈从易列传》。

贤校理,判司农寺司。……惠卿以父丧去,服除,召为天章阁侍读同修起居注进知制诰判国子监,与王雱同修《三经新义》,又知谏院为翰林学士。……安石求去,惠卿使其党变姓名日投匦上书留之。安石力荐惠卿为参知政事。惠卿惧安石去新法必摇,作书遍遗监司郡守使陈利害,又从容白帝下诏言:终不以吏违法之故,为之废法。故安石之政守之益坚。……明年复知太原,哲宗即位,勒疆吏勿侵扰外界。惠卿遣步骑二万袭夏人于聚星泊,斩首六百级。绍圣中,复资政殿学士知大名府,加观文殿学士,知延州。夏人复入寇,将以全师围延安。惠卿修米脂诸砦以备寇,至欲攻则城不可近,欲掠则野无所得,欲战则诸将按兵不动,欲南则惧腹背受敌。留二日,即拔栅去,遂陷金明。惠卿求诣阙不许,以筑威戎威羌城。加银青光禄大夫拜保宁、武胜两军节度使。……复观文殿学士为醴泉观使,致仕,卒,赠开府仪同三司。①

蔡确,字持正。王安石荐确徙为三班主簿,用邓绾荐为监察御史。……帝言新法不便,欲稍去其甚者。确曰:"曹参与萧何有隙,至代为相,一遵何约束。今陛下所自建立,岂容一人挟怨而坏之法。"遂不变。元丰五年拜尚书右仆射兼中书侍郎。确自知制诰为御史中丞,参知政事。……元祐元年闰二月,始罢为观文殿学士知陈州。明年坐弟硕事夺职,徙安州,又徙邓。初,神宗疾革,王珪议建储事,确与同列皆在侧,知状。……王存坐,廉前出语救确。御史李常盛、陶翟恩、赵挺之、王彭年坐不举劾,中书舍人彭汝砺坐封还词命,皆罢去。确后卒于贬所。绍圣元年,冯京卒,哲宗临奠。确子渭京壻也,于丧次中阑诉。明日诏复正议大夫,二年赠太师,谥曰:忠怀。遣中使护其葬,又赐第京师。崇宁初配飨哲宗庙。②

苏缄,字宣甫,举进士调广州南海主簿州领蕃舶。每商至则择官阅实。其赀商皆豪家大姓,习以客礼见主者。缄以选往商,樊氏辄升阶就席。缄诘而杖之。樊诉于州。州召责缄。缄曰:"主簿虽卑,邑官也;商虽富,部民也。邑官杖部民,有何不可。"州不能诘。……累迁秘书丞知英州,侬智高围广,苏缄平息了侬智高的起义。……熙宁初,进如京使广东钤辖。四年交趾谋入寇,以缄为皇城使

---

① 《宋史·吕惠卿列传》。
② 《宋史·蔡确列传》。

知邕州。缄伺得实以书抵知桂州沈起。起不以为意,及刘彝代起。缄致书于彝,请罢所行事。彝不听反移文责缄,沮议令勿得辄言。八年蛮遂入寇,众号八万,陷钦廉,破邕四砦。缄闻其至阅州兵得二千八百,召僚吏与郡人之材者,授以方略,勒部队使分地自守。民惊震四出。缄悉出官帑及私藏示之曰:"吾兵械既具蓄聚不乏,今贼已薄城,宜固守,以迟外援。若一人举足,则群心摇矣。"……赠奉国军节度使,谥曰忠勇。赐都城甲第五,乡里上田十顷,听其家自择。……邕人为缄立祠,元祐中赐额怀忠。①

杨汲,字潜古,登进士第,调赵州司法参军州。……主管开封府界常平权都水丞,与侯叔献行汴水淤田法,遂酾汴流涨潦以溉,西部瘠土皆为良田。神宗嘉之,赐以所淤田千亩,提点淮西刑狱,提举西路常平,修古芍陂引汉泉灌田万顷;召判都水监为大理卿,迁刑部户部侍郎。元祐初以宝文阁待制知庐州,崔台符被劾,汲亦落职知黄州,历徐襄越州。绍圣中复为户部侍郎卒,召判都水监为大理卿,迁刑部户部侍郎。卒。②

三、晋江政治家对南宋政治的作用和影响

南宋时期,晋江政治家也有非常突出的表现。如洪天锡"言动有准绳,居官清介,临事是非不可回折";梁克家任官,虽近幸威权之人,亦不偏袒;北宋末南宋初年,曾孝序上疏大呼曰:"民力殚矣。民为邦本。一有逃移谁与守邦。"这些都表现出晋江政治家忧国忧民的思想品德和政治素养。

洪天锡,字君畴。宝庆二年进士,授广州司法。长史盛气待僚属。天锡纠正,为多丁肉艰免丧,调潮州司理。势家夺民田。天锡言于守还之帅方大琮,辟真州判官,留置幕府改秩知古田县,行乡饮酒礼,邑剧牒愬猥多。天锡剖决无留难,有倚王邸势杀人者,诛之不少贷。调通判建宁府,大水,擅发常平仓赈之,擢诸司粮科院拜监察御史兼说书,累疏言天下之患三:宦官也,外戚也,小人也;劾董宋臣、谢堂厉、文翁。理宗力护文翁。天锡又言不斥,文翁必为王府累。上令吴燧宣谕再三。天锡力争,谓贵幸作奸犯科,根柢蟠固,乃迟回护,惜不欲绳以

① 《宋史·苏缄列传》。
② 《宋史·杨汲列传》。

法,势焰愈张,纪纲愈坏,异时祸成,虽欲治之不可得矣。……迁广东转运判官,决疑狱,劾贪吏,治财赋皆有法;召为秘书监兼侍讲,以聩辞;升秘阁修撰福建转运副使,又辞。度宗即位,以侍御史兼侍读……进显文阁直学士提举太平兴国宫.三降御札趣之,又力辞,逾年进华文阁直学士,仍旧宫观;寻致仕,加端明殿学士,转一官。疾革,草遗表以规君相。上震悼,特赠正议大夫,谥文毅。天锡言动有准绳,居官清介,临事是非不可回折。

曾孝序,字逢原。以荫补将作监主簿,监泰州海安盐仓。累官至环庆路经略安抚使,过阙与蔡京论讲议司事曰:"天下之财,贵于流通,取民膏血以聚京师,恐非太平法。"京恨之。时京方行结籴俵籴之法,尽括民财充数。孝序上疏曰:'民力殚矣。民为邦本。一有逃移谁与守邦。'京益怒,遣御史宋圣宠劾其私事,追逮其家人,锻炼无所得。但言:'约日出师,几误军期。'削籍窜岭表,遇赦。……寻复职再知潭州。道州猺人叛,秉高恃险,机毒矢下石。官军不得前,于两山间仆巨木横累以守。孝序夜遣骁锐攀援而上,以大兵继进破平之,进显谟阁直学士,还龙图阁直学士知青州。缮修城池,训练士卒,储峙金谷有数年之备,金人不敢犯。……高宗即位,迁徽猷阁学士升延康殿学士,召赴行在。……先是临朐士兵赵晟聚众为乱。孝序付将官王定兵千人捕之,失利而归。孝序责以力战自赎定,乃以言撼败卒,夺门斩关入。孝序出据厅事,瞋目骂之,遂与其子宣教郎吁皆遇害,年七十九。城无主遂陷。……后赠孝序五,官为光禄大夫,谥威愍。①

梁克家,字叔子。幼聪敏绝人,书过目成诵。绍兴三十年廷试第一,授平江签判。……下诏求言,从之。令侍从台谏卿监郎官馆职疏阙失。克家条六事:一正心术,二立纪纲,三救风俗,四谨威柄,五定庙算,六结人心。其论定庙算,谓今边议不过三说,曰将、兵、财,语甚切直。累迁中书舍人。……明年兼知院事,初修金好。金索所获俘,启衅未已。克家请筑楚州城,环舟师于外,边赖以安。……克家独秉政,虽近戚权幸少不假借,而外济以和。张说入枢府,公议不与,寝命。俄复用说怒士夫不附已,谋中伤之。克家悉力调护,善类赖之。克家为右丞相兼枢密使,……克家劝上无求奇功,既而三省密院卒移牒泗州,敌不从,遣泛使来。举朝震骇。后二年,汤邦彦坐使事贬,天下益服克家谋国之忠。以观文殿大

---

① 《宋史·曾孝序列传》。

学士知建康府。①

　　结语:从以上的记述中可以看出,晋江政治家从北宋到南宋,一直活跃在宋代的政治舞台上,对宋代的政治做出了杰出的贡献,产生了重大的影响。

　　(李豫,河南大学历史文化学院教授、博士生导师;黄有汉,河南大学历史文化学院文物馆教授)

---

① 《宋史·梁克家列传》。

闽南文化的形态与特色

——探寻台湾戏剧音乐的渊源

盛胜芳

　　台湾原住民是最早到台湾的土著民族,原住民之乐舞虽具多样性,但始终未发展成戏剧形态。台湾直到明末清初汉人大量移民后,才带进来许多家乡之传统戏剧音乐,戏剧音乐艺术因此才开始在台湾移植及茁壮生长。[①]

　　台湾虽是小小一座岛屿,却是拥有极丰富戏剧音乐的省份,各种戏剧包括:由大陆传来、仍依原样保存的传统戏剧、在台湾移植后演变发展而成的地方戏剧或产生于台湾的新剧种等。[②]

　　由大陆传来的传统戏剧曾经陪伴着先民渡过不少辛酸岁月,曾是人们不可或缺的慰藉品。但这些戏曲都使用方言,语言上、音乐曲调上的不同差异隔阂,让它发展不易并受到阻碍,由此,渐渐产生出一种适合民众口味的新剧种——歌仔戏,不但其表演形式有中国传统戏曲特色,音乐更具浓郁乡土风味,通常使用一般口语化方言让歌仔戏很快受到青睐,成为最足以代表台湾戏曲的剧种。

一、汉族戏剧音乐之引进台湾及演变

　　台湾戏剧音乐之多,在全中国堪称是数一数二的省份。在台湾的戏剧大致可分为传统戏剧及地方戏剧。

　　台湾的传统戏剧皆由大陆传来,由先民带进台湾后几乎都保持原样。台湾的地方戏剧或由大陆传来后演变发展,或直接产生于本土,用的是台湾本土音

---

① 简上仁《台湾民谣》,台湾众文图书,2000 年二版,页 79。
② 许常惠《台湾音乐史初稿》,全音乐谱出版社,2005 年,五版,页 179。

乐。一般常把戏剧分为三类：大戏、小戏及偶戏。"大戏"指由成人演的，舞台、脚本、角色、规模等必须符合传统戏剧条件的戏；"小戏"指民间歌舞戏，"木偶戏"则是用木偶演的。[1]

二、台湾传统戏剧的发展

台湾的传统戏剧有大戏及偶戏。大戏指北管戏及南管戏二种；偶戏包括皮影戏、布袋戏和傀儡戏等。

1. 大戏

所谓北管与南管只是台湾音乐在发展中所产生的特有名词。北管指传自大陆北方，"北管戏"是北方语系戏剧；南管指大陆南方传来之南方音乐（特别是闽南音乐），"南管戏"是闽南语系戏剧。

（1）北管戏

在台湾音乐发展史中，北管戏有许多不同的名称，例如子弟戏、西皮、福禄、乱弹、四平、外江、正音、扮仙等，实际上每个名称都有它的由来及历史。

"子弟戏"是农业社会时代由农村子弟组成之业余剧团所演之北管戏，已成为北管戏的代名词。[2]

"西皮"与"福禄"曾是两个业余派系，西皮（新派），主奏乐器为吊规仔（京胡），信奉田都元帅，继承约乾隆年间的皮黄戏。福禄（旧派），主奏乐器为壳仔弦（椰胡），信奉西秦王爷，类似早期的梆子戏。"西皮"与"福禄"虽同属北管戏，但两者戏码不同，在唱腔及音乐风格上又各有差异。

"乱弹"与"四平"是两个职业剧种。乱弹戏兼演西皮与福禄，是一种混合昆曲、梆子、皮黄等数种声腔的戏曲，它的名称来自乾隆时代的花部唱腔。乱弹用单纯易懂的方言演唱，民间有句俗话"吃肉吃三层（五花肉），看戏看乱弹"。可见乱弹戏在当时的盛行及受到民众的喜爱。

"四平戏"又称四评或四棚，因传自潮州又称潮州戏。四平戏班均以"凤"为名，如复兴凤、小龙凤等。演出时，舞台中间悬挂"当朝一品"四个大字。四平的

---

[1]　许常惠《音乐史论述稿二》，台湾全音乐谱出版社，1996 年，页 73。
[2]　许常惠《台湾音乐史初稿》，台湾全音乐谱出版社，1996 年，页 180。

旦角常由男演员扮演,此是其特色。①

"外江戏"完全是皮黄戏进京后的早期京剧。"外江"在福佬话有"外地"之意,它的来源可能是广东汉剧。②

"正音"传入台湾大约在日据时代。正音戏即京剧,以北京官话发音故而取名"正音"。正音的票房几乎皆中上阶级人士,一般惯用"土音"(福佬语)的群众未必看得懂正音戏。

"扮仙戏"是一种开场戏,也是在正戏演出之前必演的"吉庆戏"。根据李文政与王振义的研究:将神仙戏放在"人间戏"之前演出的习俗,来自农业社会时代,农民必须靠天吃饭,故有祈求神明保佑、风调雨顺、五谷丰收的心态。在逢年过节演戏前,如先扮成仙人可获得较多祝福,讨个吉利。常演的戏码如《三仙白》、《醉八仙》、《天宫赐福》、《蟠桃会》等。由于声腔采用昆腔,一般民众不习惯,因此"扮仙戏"后来改成鼓吹(唢呐)乐,有动作道白而无唱腔的形式。③

北管戏唱腔基本上是"板腔体"。西皮与福禄的后场音乐(伴奏器乐)除了吊规仔与壳仔弦为主奏乐器,曲牌音乐以唢呐为主奏,配合单皮鼓、通鼓、大锣、小锣等,形成标准的鼓吹乐;戏曲演唱也会配合三弦、月琴、笛等,成为丝竹乐。④北管戏的唱词和道白,一般采用带有福佬音的湖广话,民间称之为"官话",近年来已改用本地话(闽南话)发音。台湾的北管戏,实际上最忠实地保存了大陆北方剧种不同时期的原貌。所谓清代四大唱腔:皮黄腔、梆子腔、昆山腔、戈阳腔,在台湾地区以不同时段的风貌,或多或少地保存下来,值得我们珍惜。例如,皮黄腔多出现在乱弹、西皮、外江、正音之中,而皮黄戏剧种早在1937年"七七事变"之前传入台湾。国民党政府至台湾又带进国剧。而梆子腔(约1790年代)多存在于乱弹与福禄。昆山腔(约1790年以后)则在被器乐取代前一直为扮仙戏所采用。此外戈阳腔流派之四平调很可能与台湾四平戏有关。总之,全中国没有其他省份将京剧两百年来演变的历史,如此忠实分段保存下来。⑤

---

① 简上仁《台湾民谣》,台湾众文图书,2000年,二版,页83~84。
② 许常惠《台湾音乐史初稿》,台湾全音乐谱出版社,1996年,页183。
③ 许常惠《台湾音乐史初稿》,台湾全音乐谱出版社,1996年,页183~184。
④ 许常惠《台湾音乐史初稿》,台湾全音乐谱出版社,1996年,页182。
⑤ 许常惠《台湾音乐史初稿》,台湾全音乐谱出版社,1996年,页184。

（2）南管戏

广义的台湾南管戏虽指传自大陆南方语系戏剧，但真正能在台湾生根发展者只有泉州、漳州及潮州的闽南语系剧种而已，因为多数台湾汉族使用闽南语系方言—福佬话之故。

在台湾保存的南管戏剧种有七子戏、高甲戏、白字戏三种。狭义的南管戏，仅指"七子戏"一种。①

"七子戏"又称七脚戏或七色戏，因为七子班脚色成员一共有生、旦、净、末、丑、贴、外七个童伶。台湾"七子戏"源自泉州梨园戏，"小梨园"以童伶为演员，"大梨园"则是成人演员。根据郁永河的记录可知，梨园戏至迟于康熙三十六年（1697年）以前已传到台湾。② 七子戏（梨园戏）采用南管音乐，伴奏乐器中弦乐有琵琶、三弦、大二胡等，管乐以洞箫为主，另有笛、大嗳、小嗳（唢呐）等，打击乐有堂鼓、小锣、拍鼓、拍板、响盏、双铃、锣等。"七子戏"曾经繁荣于本省，在戏界风光一时，南管戏随着社会结构变迁而逐渐被冷落，今非昔比。③

"高甲戏"又称九角、戈甲、交加，也是传自泉州的剧种。根据邱坤良的说法，高甲戏在合兴戏时期，演员常穿大甲在广场上的高台跳桌子而得名；"九角"是因它在梨园戏七子班上再加两个武脚；"戈甲"则因它是专演武戏的武班。④剧种形成约在清光绪年间，梨园戏渐趋衰落，改以梨园戏结合民间武术技艺及其他戏曲，而产生了这一新剧种"高甲戏"。高甲戏始于合兴班，并在闽南地区流传，后合兴班更求突破，除了保持只演宋江故事的传统外，也演半文半武的戏，因而得名"交加"。

"白字戏"是潮剧，由广东东部和福建南部的民间歌舞发展而成。当台湾产生了本土的白字戏"歌仔戏"后，渐渐取代了它的通俗地位，"歌仔戏"发展很快，后来居上，"白字戏"几乎消声匿迹。⑤

2. 偶戏

偶戏大致可分为"影戏"与"木偶戏"两大类。台湾所保存的偶戏有（1）皮

---

① 许常惠《台湾音乐史初稿》，台湾全音乐谱出版社，1996年，页185。
② 许常惠《台湾音乐史初稿》，台湾全音乐谱出版社，1996年，页185～186。
③ 许常惠《台湾音乐史初稿》，台湾全音乐谱出版社，1996年，页186。
④ 邱坤良主编《中国传统戏曲音乐》，台湾远流出版公司，1981年。
⑤ 许常惠《台湾音乐史初稿》，台湾全音乐谱出版社，1996年，页187～188。

影戏,(2)傀儡戏(伽儡戏),(3)布袋戏。

偶戏是由人为操控各色各样戏偶表演的一种戏剧表演艺术。"影戏"的各种戏偶材质,一般用厚纸或动物的皮雕镂,再依人物性格不同搭配各种服饰、脸谱。戏偶的造形是平面侧影,运用灯光反射后,经过表演者技巧性的操弄,可将戏偶侧影活生生地映现在架设好的影窗上。"木偶戏"则以木头雕制成戏偶之头、手等身躯主要部分,再披戴衣冠服饰。偶戏演出的戏台,麻雀虽小,五脏俱全,俨然犹如一个传统戏剧舞台之缩小。[①]

(1)皮影戏

台湾的皮影戏传自潮州或漳州,所用的音乐以潮州戏曲为主。因用牛皮雕刻出的戏偶脸孔像似猴子,台湾的"皮影戏"又被称为"皮猴戏"或"皮戏"。

(2)傀儡戏

台湾的"傀儡戏"是一种悬丝傀儡戏(又称提线傀儡),俗称"伽儡戏"。它是在戏偶身体各处关节上穿引丝线,丝线另一端则穿结在一块提线板上,所穿的丝线繁复,数目可从八条到二十四条不等。表演时,表演者一手握住提线板,另一手不断抽动丝线,舞动木偶,操控它做各种身段动作。一般相信傀儡戏与古代丧礼有关,因觉得木偶或即陪葬的"俑"演变而来。在过去台湾的乡村社会时代,演出伽儡戏的机会多与鬼神有关,上演伽儡戏的时刻,亦只在神庙落成或遭遇灾祸时,伽儡戏班的主持一般多由会唱道士调的道士兼任。由于伽儡戏很少再做纯伎艺、娱宾的表演等,诸多其他原因,让它如今没落,已几乎消失殆尽。

(3)布袋戏

台湾的"布袋戏"又称掌中戏,是以木头雕刻成中空的木偶头,布袋戏演出时,表演者以手掌穿过戏偶的衣服将手指置于木偶中空的头及左右手位置,凭着高超的技术本领,可能操作戏偶表演非常细致的身段。布袋戏传自泉州和漳州,是台湾偶戏界最受欢迎的木偶戏。台湾的布袋戏以往有南北派之分,南部好演武戏,唱北管,北部好演文戏,唱南管。随着时代改变,中南部布袋戏,在电视媒体传播下走上电光化,一般称它为"金光戏"。台湾最负盛名的布袋戏老艺人有

---

① 邱坤良主编《中国传统戏曲音乐》,台湾远流出版公司,1981 年。

李天禄(小宛然)、黄海岱(五洲园)等。①

三、台湾地方戏剧的发展

台湾传自大陆多彩多姿的戏剧,除了北管戏、南管戏、偶戏,还有歌舞小戏"车鼓弄"、"采茶戏"、"驶犁阵"等,这些戏剧有些大致维持原貌继承下来,有些则在台湾演变发展。不同的移民经过长时间共同生活下来,引起蜕变现象是极为自然的事,随着口味转换直接反映在民间音乐艺术上,"歌仔戏"就是这样产生的本土新剧种。

1. 大戏—歌仔戏

歌仔戏不是一时形成的,歌仔戏产生的年代依照不同阶段的发展来划分,可分成:

(1)念歌仔时期(1903以前),指以"歌仔"曲调叙述长短篇故事,是说唱的坐场阶段。

(2)小戏歌仔阵时期(1903年或1906年起),指一队人扮演民间故事中人物,边唱"歌仔调"边沿街游行表演身段,是歌舞小戏阶段。

(3)落地扫时期(1911年起),就地演出,常以几根竹竿围起一个空间即可表演,不用舞台,不穿戏服,小戏逐渐发展,但还在街头庙口表演阶段。

(4)大戏歌仔戏时期(1923年起),指已形成大戏,利用野台或戏院,正式做戏剧公演阶段。

(5)广播歌仔戏到电视歌仔戏时期(1954年起),已是日趋现代化之媒体演出形式。②

2. 小戏—歌舞小戏(阵头戏)

台湾民间的游艺团体通称"阵头"。可分为"武阵"与"文阵"。"武阵"例如八家将等,一般用锣鼓乐伴奏。"文阵"有车鼓、牛犁、采茶等,载歌载舞加上小戏剧的表演形式,这些渊源于大陆的小戏,经过长期演变发展已凸显台湾特有的乡土味,是具有民俗艺术特色的文化。

---

① 许常惠《台湾音乐史初稿》,台湾全音乐谱出版社,1996年,页188~189。
② 许常惠《台湾音乐史初稿》,台湾全音乐谱出版社,1996年,页198。

(1)车鼓戏。"车"字,福佬话有"翻"或"舞"之意。车鼓戏或称"车鼓弄",可能渊源自花鼓或闽南的车鼓。民间歌舞结合故事,是戏剧发展过渡阶段表演形式,车鼓戏很快结合当地的音乐,形成具有地方特色的歌舞小戏。

(2)牛犁阵。或称驶犁阵,基本演员是五个人及一只牛,有时加些旦丑角色以增诙谐乐趣。牛犁阵唱牛犁歌,台湾的"牛犁"可能传自大陆的"春牛",与本地的歌舞小戏结合形成的。

(3)采茶戏。采茶戏传自大陆南方客家地区,一般俗称"相褒"、"相褒戏"或"三脚采茶戏",亦都流行于台湾客家地区。经过本地化的演变发展,台湾的采茶戏常采一旦一丑对唱方式,俗称相褒。曲调由客家民歌如采茶歌、山歌、相褒歌为基础发展,仍以"九腔十八调"为主。①

(4)其他小戏。如"牵亡歌阵",以往盛行于台湾中南部,常在迎神赛会或七月普度时参与竞技,或是丧事时之超度节目。随着时代变迁,如今在南部乡下亦已难再见牵亡歌阵了。②

四、台湾戏剧音乐之闽南文化色彩

无论北管南管,皆是17世纪以来汉民族移民台湾所引进的民间音乐。台湾早期移民以福建漳州、泉州和广东客家族群为主,因此闽粤地区的民间戏曲,成为早期民间戏曲的主要来源。③ 北管与南管,两者音乐源流都来自大陆。北管产生于北方,以北京官话(湖广话)唱戏,属于清代梆子腔或皮黄腔系统唱腔。这类戏曲先流传至闽粤被称为"汉剧",再传入台湾称为"北管"。南管产生于闽南地区,以闽南话(河洛话)唱曲,专家认为是继承明代传奇的唱腔。这两大系统,风格截然不同,北管粗犷,锣鼓喧天,南管典雅柔和而哀怨,乐器采用琵琶三弦、洞箫拍板。④

台湾七子戏源自泉州的梨园戏,梨园戏是泉州南管乐结合民间歌舞及宋元南戏等产生的戏。梨园戏分为下南、上路(大梨园)及七字班(小梨园)三个流

---

① 参见盛胜芳《中原寻根:台湾文史与本土音乐导览》,《第五届固始与闽台渊源关系研讨会论文摘要》,中国·固始,2012年,页58。
② 简上仁《台湾民谣》,台湾众文图书,2000年二版,页121。
③ 林茂贤《北管戏曲与台湾社会》,《本土音乐的传唱与欣赏》,国立传统艺术中心筹备处,2000年,页122。
④ 许常惠《音乐史论述稿二》,台湾全音乐谱出版社,1996年,页83。

派。梨园戏的表演特色，一般用真嗓唱；对唱念声腔之运气咬字等十分讲究；对身段动作之细腻度更是要求严格①。梨园戏以南管乐伴唱，南管乐使用的乐器，规格较古老，例如南管洞箫，是唐宋遗留下来的一种竹管乐器，名为"尺八"。②

据研究，"锦歌"是漳州一带的民间小调。③ 歌仔戏的形成归功于漳州"锦歌"的引进说法，许常惠颇感有疑点："以台湾本土的立场，我认为'歌仔戏'的唱腔，是根据台湾的'歌仔'（包括'四空仔调'、'五空仔调'、'七字仔调'或'杂念调'）而发展下来。我们不否认台湾'歌仔调'与漳州'锦歌'（1949 年以后的新名称，原称'歌仔'，指民间小调）有着渊源关系，但研究台湾歌仔戏应以本地'歌仔'与本地'车鼓'为基础求其直接发展。"④

闽南语系戏剧之梨园戏、七子戏、高甲戏、白字戏，影戏、布袋戏、伽偭戏，已演变发展之车鼓、歌仔戏，带有福佬腔的北管戏（汉剧），台湾戏剧音乐形态与风格各有特色，依然展现浓厚闽南文化色彩。传统民间音乐的同一乐种，在台湾维持较早期的乐风，闽粤地区则因时代社会变迁，反而乐风有所改变。⑤

（作者为台东大学音乐学系副教授）

---

① 王郭章撰稿《南管教学手册》，台湾梧栖国中出版，1997 年。
② 许常惠《音乐史论述稿二》，台湾全音乐谱出版社，1996 年，页 65。
③ 曾永义《台湾歌仔戏的发展与变迁》，台湾联经出版事业公司，1993 年。
④ 许常惠《台湾音乐史初稿》，台湾全音乐谱出版社，1996 年，页 199。
⑤ 许常惠《音乐史论述稿二》，台湾全音乐谱出版社，1996 年，页 47。

河洛文化与闽南文化关系初论

张新斌

　　河洛文化和闽南文化均为地域文化,且在地域文化研究中最受到广泛关注①,形成域内与域外学界互动,学界与官方互动,多种学科互动,且产生了较大的影响。河洛文化和闽南文化具有亲缘性,在研究中论者似乎更多地关注了二者之间的亲缘关系,虽然专门论述两者关系的宏观研究成果并不算多,但结合这种关联的专题论述,并从大的角度讨论两者的关系,在地域间文化的互动研究中,仍具有示范意义。

一、河洛文化与闽南文化界定的异同

1.河洛与闽南的地域范围

　　河洛的地域范围,是学界讨论的热点。河洛有广义与狭义之分,河洛有洛阳一带、洛阳周边、北越黄河东达开封,以及狭义中原即河南说等四种说法。在正史中,有关"河洛"专词见诸于文献,《史记·封禅书》有"昔三代之居,皆在河洛之间",应为最早的"河洛"词汇的记载。"河洛"虽有专指"河图"、"洛书"之意,甚或成为某种学问的专称,但总体上还是一个地理的概念。"'河洛'一词在古代的应用中便具有地理学意义和学术史的意义,其中前者更具有微观、中观和宏观三层涵义。"②从地理的角度而言,河洛一方面离不开洛阳,另一方面也离不开黄河与洛水,即黄河与伊洛河交汇地带。因此,"狭义的河洛应该是洛阳与洛、河交汇一带,广义的河洛严格说应该是郑州以西的丘陵区,即在潼关或函谷关以

---

① 学界已举办11届河洛文化国际学术研讨会,河洛文化节,以及5届海峡两岸闽南文化学术研讨会和闽南文化节,成立有专门的学术机构,发表与出版有大量的论文与专著。
② 邢永川《"河洛"初考》,陈义初《河洛文化与汉民族散论》,河南人民出版社,2006年,第81页。

东,黄河以南,伏牛山以北的豫西丘陵地区。……广义的河洛,也可以跨过黄河,而达到太行山以南的古南阳地区。"①

　　闽南作为地理专称,最早见于韩愈所作《唐故中散大夫少府监胡良公墓神道碑》,有"使人自京师南走八千里,至闽南两越之界上,请为公铭"。韩愈曾为潮州刺史,他对粤闽交界处的地方,还应是有所感受。唐代以后,专记"闽南"之词的文献,多为志书与集书,反映了"闽南"与"河洛"在文献载体上的差异。从文献载录而论,"'闽南'一词由来已久,不同地方、不同人有不同的认识,其区域大到福建省,中到福建南部,小到泉州、漳州府。……'闽南'的定义发展到今天,通常指厦门、泉州、漳州三个市所属地区,得到多数人的认可,其中根本原因在于厦、漳、泉使用共同的闽南方言,因此,我们在研究闽南文化时,要充分考虑作为文献载体的闽南方言在闽南文化的形成和发展中产生的不可替代的重要作用。"②

　　从地理专词的角度考察,河洛与闽南的共同点,在于两者都是一个小于省级区域的地理概念,虽然文献中也有"闽南"等同于福建的说法,但从文化的亲缘性看,闽南文化与台湾文化合称为"闽台文化",尤其强调了"闽南话"这种方言的文化纽带性。但河洛,与中原并不能画等号,一般而言,狭义的中原就是指今河南,广义的河洛也仅是河南西部与西北部的区域。但在研究中,台湾学者、南方学者,多将两者等同。"所谓'河洛',就是指黄河与洛河,也就是今日的河南,广泛而言,也可称之为'中原'。"③固始,位于河南的东南部,位于江淮交界地带,与河洛显然不属于同一地理范畴,这里的文化为中原文化的一部分,毫无疑义,"河洛文化圈应该涵盖河南省全部地区"④,因此,固始显然应属于"河洛文化圈"所在的地区。

　　2.河洛文化与闽南文化的定义比较

　　河洛文化是地域文化,是河洛地区古往今来的物质与精神成果的总和。河洛文化以洛阳为中心,形成了古代长达数千载的政治中心为代表的中国古代的

---

①　张新斌《河洛文化若干问题的讨论与思考》,《中州学刊》2004 年第 5 期。

②　林国平《"闽南"小考》,《泉州师范学院学报》2013 年第 1 期。

③　卢博文《河洛文化与台湾——由中原渡海来台的神明谈台湾与河洛文化的渊源》,《河洛春秋》,2002 年第四期。

④　朱绍侯《河洛文化与河洛文化圈》,《寻根》1994 年第 3 期。

主流文化,其最早的标志为在中国文化中具有根源意义的"河图"与"洛书",甚或在古代文献中有所谓的"河洛学"。但是,由于古代洛阳,居"天下之中",在古代处于较为适中的位置,因此决定了河洛文化区别于一般地域文化的主流地位。近年来,学界对河洛文化形成了基本的共识,即"河洛文化是以洛阳为中心的古代黄河与洛水交汇地区的物质与精神文化的总和,是中原文化的核心,也是中华传统文化的精华和主流。河洛文化以'河图'、'洛书'为标志,体现了中华传统文化的根源性;以夏、商、周三代文化为主干,体现了中华传统文化的厚重性;以洛阳古都所凝聚的文化精华为核心,体现了中华传统文化的厚重性;以'河洛郎'南迁为途径,把这一优秀文化传播到海内外,体现了中华传统文化的辐射性。"①

闽南文化,经过讨论,形成了以下观点:以厦、漳、泉三市所属地区的文化为闽南文化;或以闽南方言为通行语的地区为闽南文化,除厦、漳、泉外,还包括龙岩、台湾、潮汕以及东南亚部分地区;闽南民系的族群文化。但是,闽南文化的研究者更关注的是人,"'闽南'在一般人心目中,首先是个地域的概念,人们首先想到的是泉、漳、厦这个地域,从地域文化研究的角度而言,这一地域文化也是可以成为单独的研究对象的,因此为了避免人们理解上的失误,应当将更大范围的闽南人文化统称为'闽南民系文化'比较合适。"②这种情况在地域文化研究中,并不常见。但在闽南文化研究中,"地域"与"族群"同等重要。所以,"闽南文化是两晋南朝、隋唐五代中原河洛汉人南下与闽南原住民交流融合而形成,经宋元不断吸收阿拉伯等外来文化而臻于成熟,明清时期由于人多地少,海禁及战乱而大批移民潮汕、浙南、台湾和南洋,从而在中国和东南亚存在的一种文化。"③

在南方的区域文化研究中,有"闽文化"、"赣文化"、"粤文化"的叫法,河南简称"豫",很少用"豫文化",以及"河南文化"这样的概念,而多以"中原文化"、"中州文化"称之。河南也很少以方位概念称"豫北文化"与"豫南文化"等,而有"河洛文化"、"牧野文化"等表述特定的地域文化。河洛文化与闽南文化有着强烈的亲缘关系,以至有人认为"闽南文化是衍生于中原地区的汉民族文化,

---

① 陈义初主编《河洛文化与汉民族散论》,河南人民出版社,2006年,封底。
② 汤漳平、许晶《浅谈中原文化与闽南文化之研究》,《漳州师范学院学报》2003年第3期。
③ 胡沧泽《关于闽南文化研究的若干问题》,《漳州师范学院学报》2011年第3期。

经由移民的携带,南徙入闽后形成的闽文化在闽南地区发展的亚文化形态"①。
但是,闽南文化不是河洛文化,也不是单纯的"移民文化",闽南文化是闽越土著
人与南迁中原人的结合体的文化,但其后裔更多地强调其中原正统,由此也形成
了"闽南区域文化是一种二元结构的文化结合体。这种二元结合体既向往追寻
中华的核心主流文化,又在某种程度上顽固地保持边陲文化的变异体态;既遵循
中华民族大一统政治文化体制并积极为之作出贡献的同时,又不时超越传统与
现实的规范与约束;既有步人之后的自卑心理,又有强烈的自我表现和自我欣赏
的意识;既力图在边陲区域传承和固守中华文化早期的核心价值观念,却又在潜
移默化中造就了诸如乡族组织、帮派仁义式的社会结构。这种二元结构的文化
结合体,可以把许多看似相互矛盾、相互排斥的人文因素,有机地磨合和交错在
一起。也许正是这种二元结构文化结合体,在一定程度上滋生了闽南区域文化
及其社会经济的持续生命力,从而使得闽南社会及其文化影响区域能够在坚守
中华文化核心价值的同时,有所发扬,有所开拓。"②闽南文化的这种"二元结
构",本质地反映了其与河洛文化的内在联系,闽南文化对族群的强烈关注,某
种意义上淡化了"地域"的分量,以及文化所植根的土壤。俗话说"一方水土养
一方人",闽南文化与台湾"闽南"族裔,以及东南亚的闽南族裔,虽然有着强烈
的联系,但从地域文化的角度而言,显然不能等同,尤如闽南文化与河洛文化不
能等同一样,这也许正是文化传播的强大的"辐射性"特点的最明显的案例。

二、河洛文化与闽南文化亲缘性的历史关联

河洛与闽南,地域相距遥远,但就中国的地域文化而言,两者关系极为密切,
其最大特点是直到今天闽南人对自身的中原河洛祖根的认同。就史实而言,构
成闽人尤其是闽南人的主体,来自于历史上的三次移民活动。

1.永嘉之乱"八姓入闽"开启了"河洛郎"南迁的序幕

两晋末年的"永嘉之乱",以洛阳为中心的中原士民,衣冠大族,举族南迁,
形成了中国历史上最重要的移民潮。《九国志》云:"晋永嘉二年(380 年),中州

---

① 刘福兴《河洛文化与闽南文化之比较》,《商丘师范学院学报》2006 年第 6 期。
② 陈支平《闽南文化研究的多元思考》,《泉州师范学院学报》2013 年第 1 期。

板荡,衣冠始入闽者八族,林、陈、黄、郑、詹、邱、何、胡是也。"以上八姓,在福建的传说中号称"开闽八姓"。《三山志》云:"永嘉之乱,中州板荡,衣冠入闽者八族,陈、林、黄、郑、詹、邱、何、胡是也。"又有《闽中记》言:"永嘉之乱,中原士族陈、郑、林、黄四姓先入闽。"而从族谱中,也能找到类似记忆。如《杨氏族谱》:"其先弘农人,永嘉过江,迁于闽越。"另外,唐代欧阳詹的文集中,收录有《杨公墓志铭》,"其先关右弘农人,永嘉过江,公自始迁之祖若干代处于闽越。"《郑公墓志铭》云:"其先宅荥阳,永嘉之迁,远祖自江上更徙于闽。"①反映至少在唐代已认可中原士民入闽的史实,不过从正史文献中,西晋末年南迁的中原士民主要集中于长江南北附近,"并没有中原士人直接入住福建的记载,但在后来移居闽地的居民中,无疑这次迁徙作为源头。"②但是清道光《晋江县志》卷一,专门讲到晋江的得名与晋末中原衣冠南渡有关,尤其是还有"洛阳江","洛阳桥",无论是直接迁入,还是时间不长的转迁,均反映了"'八姓入闽'的传说,与中原士民在西晋末年南迁的史实相吻合,他们虽然不可能如族谱所说均为'衣冠大族',但其移民的时间与福建设置'晋安郡'的时间相吻合,因此也预示着中原先进文化开发福建的开始。"③而这也是福建志谱所认可的河洛与闽南的最早联系。

2. 陈元光闽南"开漳",影响最大

唐总章二年(669 年),闽南"蛮獠"啸乱,高宗令归德将军陈政率府兵 3600人,将佐 113 员,前往治理。陈氏入闽平乱治漳经历三个阶段:一是稳定局势。陈政入闽后,战事不利,其兄弟陈敏、陈敷,其母魏氏率 58 姓军校驰援,陈氏兄弟先后战死,陈政之子陈元光袭父职,而入闽扎根。二是设置漳州。陈元光及其固始将士在平乱之后,就地参与闽南的开发,他上表设置漳州,并担任漳州刺史,发展生产,稳定大局,被后世誉为"开漳圣王"。三是融合发展。陈元光所率固始将士,就地安家,还与当地士族逐渐融合。元光死后,其子陈珦、孙陈酆、曾孙陈谟,相继担任漳州刺史,为漳州的发展奠定了重要的基础。④

---

① 欧阳詹《欧阳行周集·卷四》,上海古籍出版社,1993 年,第 25～27 页。
② 张新斌《试论客家先民首次大规模南迁纪念地的确立》;邓永俭主编《河洛文化与闽台文化》,河南人民出版社,2008 年。
③ 张新斌《论固始寻根》,《中州学刊》2002 年第 3 期。
④ 汤漳平 林瑞峰《论陈元光的历史地位和影响》,《福建论坛》1983 年第 4 期。

3. 王氏兄弟入闽，奠定了闽文化大发展的坚实基础

唐末光州固始人王潮、王审知兄弟，率领光、寿二州的士民南迁转战，避乱八闽，在福建地方史上，其有重要的地位。王氏兄弟入闽见于《资治通鉴》等正史，尤其在地方文献中占有较大的比重。"仅仅这一批的北方移民，可能就占了唐代福建总人口的1/5。尤其值得注意的是，王潮、王审知兄弟入闽以后，首先占领泉州、漳州达五年之久，然后才攻下福州，可见，他们之中的大多数人应定居在泉州、漳州。从泉州的族谱来看，当时确有许多人是随王潮与王审知南下的。"①

王氏兄弟，统治福建33年，这期间中原战乱，福建民和政通，王潮、王审知先后担任受中原王朝册封的威武军节度使。在这一时期，不但发展经济，鼓励农商，整肃吏治，广揽人才。尤其坚持向后梁、后唐等中原王朝进贡，还与吴越国建立良好的关系。王氏政权"不称帝而进贡中原在政治上的好处是：其一，强国找不到侵略的借口；其二，一旦外敌入侵，可以得到吴越及中原王朝的支持"②。但关键还是对中原核心文化的靠拢，以保持政权的正当性。王审知死后，王氏族裔建立了闽国，自公元926年至945年，时间虽不算长，其内部也有政变、战乱，但总体上保持了中原文化的格局，也为后世福建的崛起奠定了扎实的文化基础。

三、闽南文化中河洛印记的主要特征

1. 以光州固始为根基的血亲认同

在闽南文化中，物化的中原（河洛）记忆是"光州固始"。王氏兄弟为固始人，这是没有争议的。《新五代史·王审知传》明确记载，王氏为固始人。已发掘出土的王审知墓志上，也记载："闽王讳审知，字信通，姓王氏，其先琅琊人也，曾祖讳友则，……因家于光州，故世为固始人。"③在闽南族谱中，有较多类似的记载，如卢氏石狮沙美始祖卢子明、赖氏德化上涌始祖赖开国、苏氏同安始祖苏益、宋氏莆田始祖宋易、彭氏泉州虹山始祖彭枨、柯氏安溪始祖柯守顺、龚氏石狮始祖龚十三、吕氏永春始祖吕占、施氏永春始祖施柄、谢氏永春始祖谢十六郎、许氏安溪始祖许侍御、郑氏永春始祖郑可远、李氏晋江始祖李晦翁、黄氏虎丘始祖

---

① 徐晓望《闽南史研究》，海风出版社，2004年，第22页。
② 徐晓望《福建通史》（第二卷），福建人民出版社，2006年，第9页。
③ 福建省博物馆等《唐末五代王审知夫妇合葬墓清理简报》，《文物》1991年第5期。

黄霸、刘氏南安始祖刘文静等,均称来自于"光州固始"。尤其值得注意的是,宋初的闽南人口较唐元和年间,"净增三倍"①,实际上是中原移民对闽南的最大贡献。

陈政、陈元光父子,籍贯为"光州固始"说在明代后期以来的文献中较为盛行。清光绪《漳州府志》列132名将士及相关姓氏,方志与家谱中涉及的陈、戴、丁、蔡、方、郭、韩、何、李、廖、林、柳、卢、潘、沈、石、汤、萧、许、薛、颜、杨、姚、余、赵、钟、庄等姓氏,均称其先祖来自"光州固始"②。关于陈元光祖籍问题,学界依托早期文献,如唐林宝《元和姓纂》卷三,以为"右鹰杨将军陈元光"为"河东人"。宋王象之《舆地纪胜》卷九十一,所载《威惠庙记》中,也有"陈元光,河东人"的字样,实际上陈元光为"河东人"在早期文献中为一说而已。明万历《漳州府志》则认为,陈元光"其先河东人,后家于光州固始,遂为固始人"。以后的方志与谱书,则多持陈元光固始说。河东,有地理方位说,县、郡、道、路诸说,我理解,在这里似乎不是一个具体的郡或县,"唐以后泛指今山西全境为河东"③,尤其是治所在今太原的河东方镇,有河东节度使,其所辖,应为今山西,尤其是山西南部,而漳河地点在山西南部,因此陈氏早期有河东的经历,这也与所建漳州取晋南之漳水之名相吻合。在早期文献中,陈元光为"河东人"与"固始人",两说是并行的,唐欧阳詹为福建最早的进士,他所撰《龙湖行状》有"公讳元光,字廷炬,号龙湖,行百五十三,光州固始人。"明代虽有陈氏大宗谱因火烧而丧失之说,但元光后人陈烨明万历年间任光州守,专门在《光州志》中多处集录陈元光的事迹,"元光,光人也"并不是道听途说,而是作为闽南名宦世家中所保留家传资料的真实写照。虽然,在闽南族谱中,多以"光州固始"为籍,"闽人称祖'或曰'光州(包括光州固始),完全符合历史事实;闽人称祖'多曰'光州(包括光州固始),基本符合历史事实。"④"光州固始"不仅仅反映了南迁先民的籍贯的真实性或大部分的可靠性,更多地是反映了两地文化的纽带性,闽南文化中的中原血亲印记,是闽南文化对中原认同的具体体现。

---

① 徐晓望《福建通史·第二卷》,福建人民出版社,2006年,第57页。
② 李乔《"闽祖光州"现象研究》,中州古籍出版社,2011年,第44~45页。
③ 复旦大学历史地理研究所《中国历史地名辞典》,江西教育出版社,1988年,第533页。
④ 汪毅夫《关于"中原与闽台关系研究"的若干思考》;尹全海等编《中原与闽台渊源关系研究三十年》(1981~2011),九州出版社,2012年,第6页。

2. 以“二程”洛学为源头的儒学传承

陈政、陈元光父子对闽南的经营,使当地的文化基础有所提升,王审知家族对福建的经略,使福建的整体水平有较大规模提升。两宋时期,河南籍宰相20人,福建也有14人[①],因此,北宋建都在开封,中原是中心,但闽籍宰相曾公亮、章惇、李纲等入主中原,这也使得豫闽两地有了更直接的交流,而其基础,应该与上述唐代的两次中原移民有关。

人才优势除了表现在科举的大幅度提升外,也还表现在文化思想的传承上。北宋时期,形成了以二程“洛学”为代表的理学的出现。到了南宋,由朱熹光大,形成“闽学”,在儒学发展史上的“程朱理学”具有标志性意义。二程,为程颢(1032~1085年)即明道先生,程颐(1033~1107年)为伊川先生,二人是亲兄弟,为今河南嵩县人,他们受业于周敦颐,以“理”(天理)为哲学体系的最高范畴。朱熹(1130~1200年),生活在南宋时期,其师承李侗,但李侗的老师为罗从彦,罗从彦的老师为杨时,杨时则为程颐最得意的弟子之一,也是“程门立雪”典故的主角。虽然朱熹“是江西婺源人,……(但他)生于福建,他的学派后人称为‘闽学’”[②]。实际上,朱熹的主要生活经历在福建,“朱熹自己,虽说祖先是徽州人,但自从他祖父入闽,其父亲在福建做官,朱氏定居福建已有三代。就朱熹本人而言,他的一生除了其中几年在外做官讲学外,大部分时间在福建定居。所以,后人将其学术称为闽学,是理所当然的”[③]。

闽南与朱熹有着深厚的渊源关系,朱熹曾于南宋高宗绍兴二十三年(1153年)至二十七(1157年)任同安县主簿。又于光宗绍熙元年(1190年)担任一年时间的漳州知州。他不但在闽南讲学,也对闽南宗族社会的组织建构与运作有较多影响。号称“小朱子”的真德秀,为朱熹的再传弟子,他也曾在家乡浦城开馆讲学,传播理学。尤溪人陈淳,则在家乡讲学著书,他两度从学于朱熹,与朱熹有过直接的交流,以布衣学者的身份,推动了理学的发展。

3. 以语音为标志的中原唐音的保留

闽南方言,又称“闽南话”,是闽南文化的重要特征。闽南方言,是一个古老

---

①　陈国生《论我国古代宰相籍贯分布规律及其形成原因》,《内江师范学院学报》2004年第4期。
②　任继愈《中国哲学史》(第三册),人民出版社,1964年,第231页。
③　徐晓望《福建通史》(第三卷),福建人民出版社,2006年,第17页。

的语言系统,其中包含有古吴语、古楚语、吴楚通语,以及中原古汉语等语素,也受到印尼、马来语等外来语言的影响。历史上中原的移民活动,使得中原古语,尤其是唐代古语对闽南方言产生了重要的影响。"中原汉语对闽南方言的形成和发展产生了决定性的作用,这是不言而明的,但是,中原汉语并非完全替代闽南土著语言,闽南方言也绝不是中原汉语在福建地区的简单变化。闽南方言的形成与北方汉民入迁开发的历史进程相伴随,与中原语言保持着千丝万缕的历史联系,并呈现出不同时期汉语的层叠性表征。"①

黄典诚先生在对闽南语的研究中,关注到"福建和河南有着密切的乡土关系。福建方言就是从河南带去的。至今'客话'区人民还称闽语(方言)为'(黄)河洛(河)话',称说闽语的人为'河洛人'。"②这也促使黄典诚的河南之行,而真正到固始进行调查的则是他的学生、后来成为厦门大学教授的林寒生先生,也由此成就了福建的方言研究者首次到固始的专门考察之行,他认为,"福建方言中保留、传承汉语古音与古词汇的一些蛛丝马迹是推动他(黄典诚)寻根的一个原动力"③。在河南工作的福建籍学者欧潭生先生,则利用得天独厚的优势,开展了较为系统的固始方言考察,如"硬"读èng、"牛"读óu、"丸"读yúan、"六"读lù、"白"读bē、"足"读jū、"杏"读hèng、"居"读zū、"削"读sūo 等,两地读音完全相同。另外,将"起床"说成"爬起来"、"老头"说成"老货"、"老婆"说成"老马子"、"没有"说成"毛",两地也完全一样。④ 他在以后的系列研究中,列举了更多这样的词语实例,他重申黄典诚先生的研究,认为"闽台河洛话的语音系统与隋朝陆法言《切韵》一书基本一致,保留着中古时期河洛故国之音。……我们认为,《切韵》所反映的中原河洛古音从某种程度上说,就像语言'活化石'被保留在河南固始和闽台方言之中。"⑤"河洛话"随着闽南移民到了台湾,形成了台湾话,而其根源在河洛。

---

① 林枫 范正义《闽南文化述论》,中国社会科学出版社,2008 年,第 94 页。
② 黄典诚《寻根母语到中原》,《河南日报》1981 年 4 月 22 日。
③ 林寒生《缅怀中原(固始)与闽台渊源关系研究的开拓者黄典诚教授——兼论寻根之旅的缘起》;尹全海等编《中原与闽台渊源关系研究三十年(1981～2011)》,九州出版社,2012 年第 31 页。
④ 欧潭生《一千年前是一家——台闽豫祖根渊源初探》,《中州今古》1983 年第 5 期。
⑤ 欧潭生《三探台闽豫祖根渊源——方言民俗探微》;尹全海等编《中原与闽台渊源关系研究三十年(1981～2011)》,九州出版社,2012 年,第 54 页。

4.以中原名人为原型的民间神祇崇拜

闽南原为闽越之地,流行巫术,具有较为悠久的"信鬼尚巫"的传统。闽南的民间崇拜与中原接近,其时间应该在唐代,而普及的时间则是明代。这些信仰中,不但有全国性的神灵,也有地方性的信灵,尤以巫道性、宗族性、发散性、杂乱性为其特点①。

在闽南的地方信仰中,最有代表性的是以名人、尤其是来自于中原的名人为神灵,而且影响极为广泛,这种神祇,不但在闽南甚至成为八闽大地最常见的神灵信仰。一是张巡崇拜。张巡(708～757年)为唐代邓州南阳人,安史之乱时,他在雍丘抗敌,后转战宁陵,死守睢阳(今河南商丘)。尤其是睢阳保卫战,阻杀叛军数万,有效地遏止了叛军南下的势头,成为南方平和的守护神。宁德、德清、仙游、建阳、泰宁、建瓯、建安的东平王庙,长乐的睢阳庙,建安的龙城庙,将乐的忠靖行祠,邵武的东平祠等,主祀张巡,为闽台两地的保护神。二是陈元光崇拜。陈元光奏请设置漳州,故有"开漳圣王"之称。尤溪、仙游有威惠庙,福安有威惠王祠,福清有灵著王庙等;在台湾还有南投陈将军祠,台北惠济宫,云林福兴宫,新竹广济宫,均祀陈元光。三是王审知信仰。王审知因开闽而著称,被誉为"开闽圣王"。闽县有忠懿王庙,昭安有昭利庙等。王审知为福建的发展做出了较大的贡献,"随着王审知地位在闽人心目中不断提高并被崇拜为'八闽人主',原有的闽越诸王信仰逐渐被王闽诸王信仰所覆盖"②。这也是中原名人由人向神演变过程的真实写照。

河洛文化与闽南文化之间的关系,实际上反映了历史过程中,中原主流文化与边缘文化之间的互动,这种互动以中原移民的基本史实为核心,真实地反映了两者之间的传承关系,虽然文化与史实之间有着一定的差异,但却从另一个角度反映了以"光州固始"为代表的文化的认同感,这种强烈的文化记忆,实际上是中华文化向心力与凝聚力的真实体现。因此,河洛文化与闽南文化在中国的地域文化关系研究中,具有样本意义。

（作者为河南省社会科学院历史与考古研究所所长、研究员）

---

①　林枫 范正义《闽南文化述论》,中国社会科学出版社,2008 年,第 301～311。
②　林拓《文化的地理过程分析——福建文化的地域性考察》,上海书店出版社,2004 年,第 193 页。

试论闽南文化中的底层文化

汤漳平

一

　　在闽南文化研究的发展过程中,有一个让我长期感到困惑的问题,那就是究竟闽南文化的底层文化是什么?

　　读过许多研究者的研究成果,其中绝大多数人都认为,闽南文化如同闽文化一样,其底层文化主要应该是越文化。道理很简单,先秦时期越国曾是南方强盛的诸侯国,公元前3世纪后期,楚国打败越国,越人南迁入闽与原土著的七闽人融合而形成了闽越族。至西汉初期,越族首领无诸被汉高祖封为闽越王,建立了闽越国(前202年)。直到武帝时期,因东越王余善叛乱,汉武帝于元封元年(前110年)派四路大军攻打闽越国,灭之。尔后汉武帝以"东越狭多阻,闽越悍,数反复",故"诏军吏将其民徙处江淮间,东越地遂虚。"(《史记·东越列传》)这样,闽越国前后立国92年。而如果从战国后期越被楚所灭,南迁入闽算起,则越族在闽时间先后近二百年。至于之前的"七闽",有人认为即是百越的分支。

　　由于闽地曾有这样的历史,因此尽管其间越人被迁移,形成闽地空虚的状况,但许多研究者认为,越人的北迁不可能做得很彻底,因为据《宋书·州郡志》载:

　　　　建安太守,本闽越,秦立为闽中郡。汉武帝世,闽越反,灭之,徙其民于江淮间,虚其地。后有逃山谷者颇出,立为治县,属会稽。卷三十六《州郡志》第1092页,中华书局校点本,1974年标点本。

　　那么,究竟有多少闽越人未被迁走,史料无载。所以,研究者大多靠估计,有十万、二十万之说等。但这种估计是不可为据的。因为闽越国时期,全闽究竟有多少人,也不清楚。但从唐之前闽中人口统计看,至西晋有8000多户,此后从东晋到隋唐,历经四百年时间,人口一直未能增加,有时还仅5000余户。至隋大业年间才有12400余户,以每户4~5人计算,也不过6~7万人,因此说遗留下来的闽越人还有十万、二十万是不可能的。

自汉之后,在今闽北地区确有被称为"山越"的民众,但闽越人和"山越"之间是什么关系,至今也不清楚。徐晓望主编的《福建通史·远古至六朝卷》中说,"他们是本地的闽越人后裔还是从安徽、浙江迁来的山越人,则有些疑点。现有的史料与考古资料都不足以说明这一时期闽中越人的族属",因为"从考古出土的文物来看,他们的文化传统与闽越的联系不明显。"(第一卷《绪论》P10)这无疑是一种谨慎的治学态度。

虽然如此,这些年在闽文化、闽南文化的研究中多数人依然在重复着相同的观点,即越文化是闽文化、闽南文化的底层文化,其次顺便也提及还有吴、楚文化。尤其在谈到闽南文化的两个重要的特点,即民间信仰的敬鬼神与海洋意识产生时,更是很自然地和越文化联系起来。

其一是关于民间信仰的敬鬼神问题。因为越人是信鬼神的,所谓"楚人鬼而越人禨",(《列子·说符》)禨便是禨祥,都是讲楚人和越人信巫、信鬼的事。《吕氏春秋·异宝》也说:"荆人畏鬼,而越人信禨。"既然越人原居闽地,那么这种习俗自然是从越族传承而来的。

其二是闽南人海洋意识的产生与承传问题。闽人或闽南人都是中原移民的后裔,中原地区并不习水,不近海,那么海洋意识的产生,又容易让人联想到越人,因为越人原就是习惯于水上生活的族群。这样的联想固然有其合理推论的逻辑链,然而却也只能是终止于联想而已。

其实文化的传承,最主要是在于人,既然找不出有原闽越居民继续在闽存在的确实依据,又如何认定今日之闽文化、闽南文化是传承自越人呢?

相反,科学的发展,尤其有关人类基因的DNA检测,分子人类学的发展,却告诉我们,今日之闽人中,并无越人的血源关系。

2007年,李辉教授在《广西民族大学学报》(哲社版)上发表了一篇文章,题目是《分子人类学所见历史上闽越族群的消失》(第29卷第2期)。李辉教授为复旦大学生命学院现代人类学教育部重点实验室教授、博士生导师。有关曹操后裔的DNA检测便是由他们做出的。论文指出："分子人类学用DNA材料和计算生物学方法解答了很多人类学的问题。对于中国南方和东南亚地区最大的族群,侗傣族群和马来族群,分子人类学研究发现他们有共同的起源———百越族群,所以可以定义为'澳泰族群'。闽越是这个族群历史上重要的一支,曾经是福建的主体民族。"作者并强调指出,在这些年来的研究中,"百越族群的遗传结构已经基本厘清。"他们通过分子人类学DNA材料和计算生物学方法,调查了范围广泛的东亚人群中染色体O型其下三个亚型(01、02、03)的分布情况,厘清了现代的百越人群(现称为"澳泰族群")主要分布于东南亚的侗泰族群与马来族群,而在国内,则主要集中在上海和浙江地区。文章认为"通过对现代福建和其他闽语人群的分子人类学研究,结果并没有看到闽越的结构,闽语人群基本都是来源于北方的汉族移民。所以可以确定历史上的闽越族在福建地区基本已经消失"。应当肯定,这种研究所得出的结论是比较令人信服的,它廓清了长期以来许多学者仅凭个人印象作出的一些并不准确的估计。

二

闽南文化的两个重要的特点,即民间信仰的敬鬼神与海洋意识是如何形成的呢?下面先以祭祀为例,探讨闽南人在这一方面的传承问题。

当闽越人北上中原之后,中原民众陆续迁移入闽,在闽地开发的过程中,他们也同时带来中原地区的许多民间信仰。郑镛在《闽南民间诸神探寻》一书中认为,"闽南民间寺庙中的主神有近50%来自中原地区"(河南人民出版社2009年11月第1版,"绪论"第13页)。

中国自上古三代起,便十分注重对鬼神的祭祀,这是因为,"国之大事,在祀与戎"(《左传》)将祭祀提到与打仗同等重要的地位,今人当然很难理解。但在中国古代,华夏先民最重视"敬天法祖"。"敬天",就是对天地自然山川的敬畏,因而有了对天地、山川、风雨、雷电之神力的祭祀;"法祖"就是继承和弘扬祖先的事业。古人认为祖先死去而灵魂不朽,死后而为神为帝,依然在关注子孙的事情,因此人们也就看到殷商甲骨文中有大量祭祀商人祖先神的内容;同样,周人在《诗经》的《大雅》、《小雅》、《周颂》中都保存了大量的祭祀先祖的诗篇。司马迁在《史记·封禅书》中历记了从古舜帝至西汉数千年间历代帝王祭祀的情况:

《尚书》曰:舜在璇玑玉衡,以齐七政,遂类于上帝,禋于六宋,望山川,遍群神。辑五瑞,择吉日,见四岳诸牧,……

《周官》曰,冬日至,祀天于南郊,迎长日之至;夏日至,祭地祇。皆用乐舞,而神乃可得而礼也。天子祭天下名山大川,五岳视三公,四渎视诸侯,诸侯祭其疆内名山大川。四渎者,江、河、淮、济也。天子曰明堂,辟雍,诸侯曰泮宫。

其后又记载了秦、汉的祭祀神祇及制度,从《封禅书》中可以看出,越到后来,祭祀的神祇种类越多,形成一套完整的天神——地祇——人鬼的祭祀系列。

作为中华文化的一个分支,闽南文化中保存了古代中华文化传统中众多正统的祭祀神,是很自然的。而另一方面,环境的变化,也引发祭祀神祇的变化,这在自然山川之神中也有显著的体现。当然,作为掌握民众命运的天神,无论民众迁移到何方,都共有一个天,共有天上的日月星辰,都要关注自身的繁衍和发展,这种共同的心理,使中国人无论走到哪里,都敬仰天地自然神祇。但山川之神则有了新的变化。如同中原地区的祭山、祭河习俗一样,闽南人也祭祀自己所生存的土地、山川之神,只不过是新的山川、新的河神,自然还有东面的海神。对于以讨海及通商海外谋生的东南沿海民众而言,大海是又一片可以耕耘收获的地方。因而,不仅有传统的对龙王爷的祭拜,还有对新的海神——妈祖的祭拜。闽台间号称"四大民间信仰"是共同的,这就是妈祖、关帝、保生大帝和开漳圣王信仰,这四大民间信仰中,除关帝信仰是自中原传来,其余则皆为闽地自生的神祇,且均是由人而后成为神的。自然,其所以成为神,也是因其生前有功于民而死后被民众敬奉为神,再受到历朝历代的赐封而爵位愈高,影响愈大。

莆田长期属泉州管辖,只是到宋代才独立成为兴化军,因而与闽南联系特别紧密。作为海神,妈祖信仰与海上交通贸易联系尤为密切。

以上情况表明,闽台民间信仰中新产生的神祇,多与其自身生存的需要而创造出来,并成为其社会生活不可分割的部分代代相传,直至现在祭拜的香火仍然不断。当然,闽南人的祭祀神祇,还有一部分是不列入国家祭典的,被称为"淫祀",即不遵守礼法的祭祀。闽台之民众对神的祭拜是不分时候的,只要有问题、有困难就祈求神帮忙解决,就立即去庙里祭拜,这种风气,我认为就与受楚、吴、越等南方民俗影响有关。

三

可能有人会问,不是说闽南人都来自河南中原地区,怎么会和楚、吴越有关呢?这应从历史源头说起。今日不仅闽南人,所有福建人(包括福州人、客家人等),都说自己的祖地在河南固始。可是,对固始这个地方的历史情况如何,还是需要厘清楚的。

我们一般讲中原文化,其核心区应当是指黄河流域的中游地区,发端于河洛,即今黄河与洛水交汇的一片区域,以此为核心,向西扩展至陕西,向北延伸至山西。上古三代的夏、商、周,其国都虽然不断迁徙,如夏都六迁,商都七迁,但都没有离开这一区域。而其周边甘肃一带为西戎,内蒙一带为北狄,山东一带为东夷,长江以南则为南蛮。河南固始其地理位置在湖北、安徽与河南交界的三角地带,已属淮河流域,这里在商代是淮夷文化区。自古至今,受安徽一带淮夷文化影响最大。到春秋战国时期,吴楚间多次在这里交锋(20世纪70年代,这里还发现了吴国最后一位国君夫差的妻子句吴夫人的墓地)。后来吴被楚所灭,当然就不再有这种争执了。春秋时期,楚国在尽灭汉阳诸姬姓国后,挥戈北上,直取淮河流域广大地区。今河南信阳一带的古代诸侯国如樊、罗、申、江、黄、息、蒋、蓼均于这一时期为楚所灭,而往北及往东的沈、不羹、叶、陈、蔡、应、六等也在此后接连并于楚。

楚国的习俗和中原地区不同,楚国崇尚鬼神,流行巫歌,被称为"巫风",楚著名诗人屈原留下的《楚辞》诗篇,被日本学者藤野岩友称为"巫系文学"[1],《楚辞·九歌》是典型描写楚人祭祀内容的作品。东汉王逸在《楚辞章句·九歌序》中说:《九歌》者,屈原之所作也。昔楚南郢之邑,沅湘之间,其俗信鬼而好祀。其祠,必作乐鼓舞,以乐诸神。屈原放逐,窜伏其域,怀忧苦毒,愁思沸郁,出见俗人祭祀之礼,歌舞之乐,其词鄙俚,因为作《九歌》之曲。上陈事神之敬,下以见己之冤结,托之以讽谏。"[2]

---

① 藤野岩友《巫系文学》,重庆出版社,2005年3月。
② 洪兴祖《楚辞补注·九歌序》,中华书局,1983年。

《九歌》十一篇,除最后一首《礼魂》是送神曲外,其余十篇分别祭祀了十位神祇:它们是东皇太一、东君、云中君、湘君、湘夫人、大司命、少司命、河伯、山鬼、国殇。这十位神祇中,东皇太一、东君、云中君、大司命、少司命为天神;湘君、湘夫人、河伯、山鬼为地祇;最后配之以国殇,即为国牺牲的将士之魂。符合于天神——地祇——人鬼的祭礼。笔者认为它是楚王室的祭典,①自然是比较正规的祭典。

但是,楚国还盛行"淫祀"之风,也就是超越祭礼的祭祀。大概这种祭祀的音乐很动听,叫"巫音",因此在楚地流行,称为"巫风"。这种"巫风",据《国语·楚语》载,它其实最早是盛行于上古时期:"及少皞之衰也,九黎乱德,民神杂糅,不可方物。夫人作享,家为巫史。"②而且自九黎传至三苗,又传至商朝。《礼记·表记》引孔子的话说:"殷人尊神,率民以事神,先鬼而后礼。"③《商书·伊训》中也记述当时的情况是:"恒舞于宫,酣歌于室,时谓'巫风'。"④周取代商之后,在北方,由周公制礼作乐,加以规范,然而在南方,这种"巫风"并未停止,一方面是所谓"南蛮"的九黎三苗,被赶到南方后并未改变它的习俗,依然保存下这种"巫风"盛行的风气。其次,按照郭沫若的考证认为,楚人从北方迁到南方时,把商人原有的淫祀之风也带到南方。三苗的传统和商人的遗风相结合,形成楚国"巫风"的兴盛。陈国虽与宋、郑等国相邻,却也是"巫风"兴盛的地方。《诗经·陈风》中首篇《宛丘》,就是描写巫舞的诗篇。⑤《陈风》第二篇的《东门之枌》亦是如此,那位在"东门之枌,宛丘之栩",婆娑其下的"子仲之子",其实也是位巫风的舞者。《诗集传》引《诗序》云:陈,国名,太皞伏牺氏之墟。……周武王时,帝舜之胄有虞阏父为周陶正。武王赖其利器用,与其神明之后,以其女大姬妻其子。大姬妇人尊贵,好乐巫觋歌舞之事,其民化之。⑥

这是讲陈国也是巫风盛行之所,而陈国就在固始北面。就是说,这一大片地方,风气大致相同。

① 汤漳平《出土文献与〈楚辞·九歌〉》,中国社会科学出版社,2004年。
② 《国语·楚语下》,上海古籍出版,1978年3月,第562页。
③ 《十三经注疏·尚书正义》,中华书局,1980年10月,第163页。
④ 《十三经注疏·周礼正义》,中华书局,1980年,第1642页。
⑤ 朱熹《诗集传》,上海古籍出版社,1980年2月,第81页。
⑥ 朱熹《诗集传》,上海古籍出版社,1980年2月,第81页。

"巫风"盛行,其结果并不美妙,有的人还把楚国的衰亡同其喜好"巫风"联系在一起。如《吕氏春秋·侈乐篇》载:"宋之衰也,作为千钟;齐之衰也,作为大吕;楚之衰也,作为巫音。"①《汉书·地理志》(下)记载了各地的风土人情,在记陈国时,有这样一段话:

> 陈国,今淮阳之地。陈本太昊之墟,周武王封舜后妫满于陈,是为胡公,妻以元女大姬。妇人尊贵,好祭祀,用史巫,故其俗巫鬼。《陈诗》曰:"坎其击鼓,宛丘之下,亡冬亡夏,值其鹭羽。"又曰:"东门之枌,宛丘之栩,子仲之子,婆娑其下。"此其风也。②

这段话虽与《诗序》陈风前之语略同,而时则已过三百年矣。

又楚地,《汉书·地理志》(下)载:

> 楚有江汉川泽山林之饶,江南地广,或火耕水耨,民食鱼稻,以渔猎山伐为业,果蓏蠃蛤,食物常足,……饮食还给,不忧冻饿,亦亡千金之家。信巫鬼,重淫祀。③

在谈到吴越的民风时,则说:本吴粤与楚接比,数相并兼,故民俗略同。④

《地理志》在众多郡县中,独对陈、楚、吴、越之域书以"信巫鬼,重淫祀"、"其俗巫鬼",可知当时南北异俗已形成,非独今日如此。由此可知,被楚巫风笼罩的江淮地区信巫鬼,重淫祀之风是源远流长的,又被一批批移民带入闽南,并"发扬光大"。

四

关于闽南人的海洋意识形成问题。闽南人的海洋意识形成经历了漫长的岁月。

① 《诸子集成·吕氏春秋》,中华书局,1954年2月,第48页。
② 《汉书》,中华书局,1973年8月,第1653页。
③ 《汉书》,中华书局,1973年8月,第1666页。
④ 《汉书》,中华书局,1973年8月版,第1668页。

　　唐代入闽的中原人来到海边之后,面对大海发现的只是各种海味,同时也看到海上贸易的好处,但似乎主要是外商前来。泉州港就是如此,唐代末期诗人韩偓咏泉州,依然用"中华地向城边尽,外国云从岛上来"(《登南神光寺塔院》),说明此时海上贸易依然是外国商人来得多。因此才会有"云山百越路,市井十洲人"的景象。(包何《送李使君赴泉州》)

　　及至宋元,才是闽南人海洋意识的形成期,但还不是成熟期。此时的闽人,因连续数百年的移民,从原来的地广人稀转变为人口稠密区,而"八山一水一分田"的地理格局制约了粮食生产的发展,于是闽南人才将目光从沿海平原转向东面的大海和西面的高山。因山地虽不能种水稻,但可以从事经济作物的种植,于是而有了棉花、水果、甘蔗、茶叶等的种植。而转向大海时看到了海上贸易所带来的利益丰厚,因此也开始了走向大海的进程。谢履在《泉南歌》中写道:"泉州人稠山谷瘠,虽欲就耕无地辟。州南有海浩无穷,每岁造舟通异域。"

　　宋元时期国家对海上贸易是提倡并加以支持的,主要是可以收取数额可观的贸易税赋。因此才出现"漳、泉、福、兴化,凡滨海之民所造舟船,乃自备财力,兴贩牟利"的状况。(徐松:《宋会要辑稿刑法》卷二,第 137 页)至元代,闽南的海外贸易得到进一步的发展与繁荣,泉州超越广州而成为东方第一大港,大量外国商船来泉贸易,众多外国商人长期在泉定居,使泉州成为"七闽之都会","番货、远物、异宝、奇玩之所渊薮,殊方别域富商巨贾之所窟宅,号为天下最。"(吴澄《吴文正公集》卷二十八,第 13 页,文渊阁四库全书本)。泉州、兴化均出现本地商人组成的对外贸易的船队,如兴化的商人船队竟至有大舶二百艘,其舰运规模可见一斑。

　　闽南人海洋意识的成熟应以明末的郑氏家族海商集团的形成为标志。自明初起,朝廷实行禁海,甚至发布所谓"片帆不许入海"的诏令,使沿海民众断绝了一条重要的生路。朝廷的禁海结果,是民间与之相对的海上走私活动的产生。从明代前期至中期,长达二百年间,明朝一直不得不对海上的走私集团以及与之有关的倭寇作战,沿海民众不仅得不到濒海之利,反而遭受濒海之害。直至1567 年,在倭患基本平息之后,明朝廷首次在漳州月港设立督饷馆,允许中国商人可以由此出漳贸易,而政府则收取船舶税等。这样,走私贸易开始变为合法贸易。然而,明廷的对外开放是不得已而行之策,因此往往时开时禁,为保障海外贸易的正常进行,沿海商人自发组成了一个个海商集团。16世纪正是世界大航海时代的开端,西方的葡萄牙、荷兰、英国、西班牙等国家商船纷纷东来,以武装为保护开拓海外市场,中国沿海商人为保护自身利益也纷纷以武力相抗衡,争夺海上的制海权。其中郑成功的父亲郑芝龙的海商集团是在兼并了其他海商之后,形成的最大规模的海上武装集团,基本垄断了从中国沿海直至马六甲海峡的航道的制海权,其势力远远超过明廷的控制范围。郑氏集团的形成及之后数十年的活动,显示了闽南人海洋意识的自觉形成。郑芝龙降清后,郑成功父子以其父的旧部为依托,继续聚集抗清复明的事业。收复台湾及移民东南亚等,都与郑氏集团的活动密切相关的。

那么是否可以说,闽南人海洋意识的形成,是与中华传统的农耕文明并不相干的呢?我以为并非如此。中华文化的精神并非如一些人所认为的就是一种恒定的顽固、保守、一成不变的精神。中华元典之一的《易经》全书都是在讲通变的道理,所谓"易者,易也",易就是通变。因此如果以为中华文化中缺乏积极进取精神,那是不懂中华文化的精髓。《周易·系辞下》所谓"穷则变,变则通,通则久",也是讲通变,中华文化之所以长久保持下来,就是懂得通变,因此能够长久。海洋意识的形成,正是闽南族群自中原移徙闽南之后,在长期和海洋的接触中,逐步意识了海洋的生存之道,在漫长的岁月中逐步形成了开放的意识,与积极进取的开拓精神,支撑并加强了这种意识和力量。

关于闽南文化的底层文化问题是一个比较复杂的课题,希望有更多学者继续深入研究,必能得出更符合实际的结论。

(作者为闽南师范大学闽台文化研究所原所长、教授)

闽南文化:中华文化从大陆
走向海洋的智慧结晶

蔡亚约

海洋文化是人类依赖、征服海洋的一种生活方式。中华文化是一条龙,它从远古中原游来,驻足闽南,又从此奔入海洋,走向世界。闽南文化记载着中华文化之龙的游动,是中国海洋之文脉。了解闽南文化与海洋文化的情结,把握闽南文化的世界性、历史性、当代性,对推动闽南繁荣发展有着重要的意义。

一、海洋性特质使闽南文化成为一种世界的文化存在

闽南文化产生于中原,随着中原移民几次南迁来到了闽南,它体现了中华主体文化的本质特征,但与中原地区的黄土文化相比,闽南文化是一朵奇葩,是一种相对独立、自成体系的海洋文化,更具有开放性、多元性、兼容性、冒险性、进取性的特性。闽南文化是世界海洋文化的结晶,海洋特质使闽南文化成为世界的文化存在。

(一)相对内陆文化的封闭性和内倾的性质,海洋文化是兼容的,它使闽南人更具开放思想,从而促进闽南文化与世界多元文化的融合

海洋文化的兼容性体现在它引领多元文化的融合,为天南地北的文化提供一个和谐共生的平台,是强势文化和弱势文化、异域文化和本土文化、移民文化和主流文化的交织点。闽南文化有着"海纳百川"的胸襟,世界多元文化如同波涛汹涌的海浪在闽南碰击与融合。历代从中原入闽南的汉人带来的中原文化与闽越土著文化和海洋文化逐渐融合,生根发芽发展。海上东来的穆斯林及西方国家带来了海洋文化、伊斯兰文化、基督教文化、南洋文化在闽南这块神奇的土地上与闽南文化的开放、包容精神一拍即合,造就泉州"世界宗教博物馆"、厦门

鼓浪屿"万国建筑"等世界盛况,演绎了闽南数千年的海洋文明发展史。

(二)相对内陆文化的稳定性、守成性的特点,海洋文化是漂流和冒险的,它使闽南人更具进取精神,从而促进闽南文化向世界延伸发展

海洋文化的锐意开拓、不断进取的精神内涵和文化品格具有显著对外辐射性与交流性,进行着异域异质文化之间的跨海联动。这种跨文化传播是进行跨文化交流与传播的内在出发点,也是世界文化进步的主要动力。在闽南文化的历史发展过程中,"爱拼才会赢"的精神烙印早已渗入在闽南文化的脉络之中,征服海洋是他们的生活追求和生存需求。闽南地狭人稠,无广阔经济腹地,物产有限,且与内地交通不便,成为中国沿海贸易中心所凭借的是闽南人无畏的冒险、进取的人文精神,闽南人就是在这样的精神激励中不断延伸着自身发展空间,闯出通往阿拉伯的海上丝绸之路,勇敢地探索东亚与南亚海域,大量迁徙开发台湾,创造世界海洋活动的辉煌。

(三)相对内陆文化的自给自足的农耕色彩,海洋文化是崇商的,它使闽南人更具市场意识,从而构建闽南文化的世界性海洋航路网络

丰富的海洋资源、域外的神奇物产,以其灵动与深邃,一直诱惑着闽南人漂泊的冲动,创造财富的冲动,也造就了闽南经济的兴盛与发展。闽南人以商为荣,割据或偏安之海疆使闽南天然倾向于海外贸易,从一开始带有浓重的海洋文化商业气息。北宋开始,东亚近海的贸易开始活跃,闽南人海洋外贸从此未停过,哪怕是在明清海禁时期,依然闯荡海上走私商品,明末清初以郑氏的海盗军事兼海商集团的崛起,更是雄踞远东海上。在闽南海商发展的同时,大量居民迁徙到了台湾、东南亚,建立海外华商贸易网络,闽南文化也随着商流传播海外,成为了一种世界的文化存在。

二、闽南文化记载着中国从大陆走向海洋的历史脉络

"文化是人的生存样态,是人的生存环境",闽南人以出洋、经商为日常生活方式,闽南文化随着闽南海贸而发展繁荣。16世纪中期以后,闽南海商主导中国海外华商网络达300年。在此过程中,闽南人是最完美的实践者,闽南文化记载着中国走向海洋的历史脉络。

（一）五代宋元时期，以泉州刺桐港为依托的闽南海洋贸易崛起，成为其时代的顶峰

闽南本为古闽越人居地，他们习于海上谋生，"水行而山处，以船为车，以楫为马，往若飘风，去则难从"。从西晋到五代，中原汉人数次南迁闽南，成为闽南主体居民，闽南人航海通商的传统，除地理因素使然外，也受闽越"以海为田"的遗风影响。南朝时，泉州已成为东海与南海交通的中转港（扬州与交州间）。唐中期以后，中国海贸中心开始从广州部分移到泉州。五代时期，先后治泉州的王延彬、留从效和陈洪进均奖励海外贸易，积极招徕番商，发展海外贸易裕国，保持闽南百年的稳定发展时期，奠定闽南海外贸易的基础。

北宋时期，中国社会经济的发展步入黄金时期，是当时世界经济、文化、技术最发达的国家，闽南经济、文化发展则排国内前列，成就宋代泉州港繁盛和闽南崛起的物质基础。南宋期间，由于宋室南迁杭州，朝廷对泉州的政治、经济地位更为重视，加上南宋发展与高丽等东北亚地区的贸易，泉州在沟通东北亚和南海贸易方面占有地理优势。宋朝于元祐二年（1087年）在泉州设市舶司，泉州海外贸易蒸蒸日上，中外商人云集。当时，泉州船是坚固、适航性和耐波性都十分优良的船型，其水密隔舱，多重板结构的技术，代表世界最先进造船技术。泉州人长期的海外贸易中，逐步累积了一些天文定向、地文定位、海洋气象等知识，并通过海外交流、贸易影响世界航海业。南宋市舶收入占财政收入近三成，在一定程度上支撑着王朝经济。

到元代时，泉州通商的海外国家与地区达九十多个，输出商品种类也达数十种。当时游历泉州的威尼斯旅行家马可波罗写道："刺桐港是世界最大的港口之一，大批商人云集于此，货物堆积如山。"

（二）明代中后期，以漳州月港为依托的闽南海商走私、海寇和合法贸易是中国海商贸易的中坚

明代以降，由于泉州港逐渐淤塞，海舶难进，加上明初统治者惩治支持元朝的色目人，元代聚居泉州的数万色目番商及其后裔顿时星散。特别是明朝自洪武七年（1374年）厉行海禁，阻止个体海商进行海上贸易，通商港口悉被严查，泉州海上私商贸易迅速衰落。但东南沿海人民长期以来借海为生，海禁后舟楫不通，生计萧条，只好将货物集散地、交易场所、仓储、补给基地等转移到偏僻澳

湾之处,以走私形式维持宋元以来形成的海上私商贸易。漳州地区经济文化较相对落后,远离政治中心,不为朝廷官府瞩目,沿海多偏僻港口,又临近海贸渐兴的粤东地区,因此成为中国沿海走私贸易的中心区域,漳州月港则是走私贸易区域的中心港口。

明朝廷长期用武力镇压走私贸易,结果使走私商人转变为海寇商人,闽南的海上私商贸易由隐蔽的走私贸易转为武装对抗下的公开贸易。海寇商人因贸易、武装联盟等原因而勾结倭人,联合对抗朝廷的高压政策,海商组织也分化组合为几个较大的武装海商集团。

东南沿海商民与海禁的长期斗争,终于使朝廷认识到,海禁愈严,盗氛愈炽。隆庆元年(1567年),明朝部分开放海禁,开禁地点即在远离政治中心又是贸易繁盛之地的漳州月港。至17世纪初年,以月港为中心的贸易网络北起日本,包括各主要的中国港口,南至印尼群岛。每年从月港扬帆的船舶多达300余艘,历东西洋的47个国家,货物多达116品种。月港海外贸易的繁荣不仅给当地人民,而且给地方官府带来巨大的利益,被誉为"天子之南库也"。月港成为中国海商唯一开放港口,使闽南商人在中国东南沿海走私贸易中,由暂时拥有相对优势地位到独占先机,在中国海外华商网络中开始担任主角。

(三)明末清初时期,郑氏集团创建了中国的海上军事和商贸帝国

明后期,明政府采取以盗制盗方略,以招抚实力较强的郑芝龙团伙来对付其他华人海商集团和西洋海盗。郑芝龙在迅速打垮和收容其他海盗集团后,确立其在华商网络中的领袖地位。早在1625年,郑芝龙就于台湾南部的诸罗建立基地,大规模组织闽南人移民台湾,这些移民成为其海上力量的取之不尽的人力"水库"。1633年,郑芝龙与荷兰舰队在金门料罗湾决战,击败了荷兰舰队,台湾海峡成为郑氏舰队的内湖,闽南成为稳定的货源地和转运中心。郑芝龙还开辟对日贸易,确立了与日本及与大陆沿海各地贸易中对荷兰人的优势。从此,无数华商在其号召下耕耘于远东水域,海商远洋贩运,通常需领郑氏牌照,以厦门港、安海港为基地的郑氏海上霸主地位逐步形成。

郑氏集团经济、军事实力的形成,成为企图建立远东贸易霸权的荷兰人的最主要的对手,尤其在郑成功时代,他们之间的经济斗争一再发生于从南洋群岛到日本之间的所有港口水域,远东两大海上强权最终以军事力量决定最后的霸主

地位。1661年,郑成功在清朝严厉封锁金厦基地的情况下,挥师收复台湾,将台湾作为反清基地,同时也将荷人逐出南中国海以北,台湾成为郑氏主导的海商网络的主要基地。从此,以台湾为基地的闽南海商与移民互为依托,积极开拓远东海上贸易,成为闽南人主导的海外华商网络的重要组成部分。

（四）从清代前期以后,以厦门港为依托的闽南海商构建了海外华商贸易和移民网络,奠定了在海外的优势地位

郑氏集团覆灭后,闽南海商独步中国海外贸易局面不复存在。清朝在攻下台湾的次年(1684)将厦门作为往南洋贸易的官方发舶中心,闽南人依托厦门港和其遍布东南亚和中国沿海各港口的闽南籍商贸网络,长期主导中国海外贸易。从厦门发舶,使闽南向东南亚移民活动远较其他沿海省份便利,闽南海外移民开始大规模进行,直到19世纪中期,南洋各主要商埠的华人都是闽南人占多数。

厦门港长期垄断对台交通和移民,经营大陆、台湾、日本与东南亚之间的转口贸易,对闽南的海外贸易发展有很大的推动作用。厦门作为17世纪末以后近百年内唯一和台湾对渡的港口和远东水域重要的贸易港之一,是台湾货物国际流通的转运港,台湾经济的发展为闽南人移民台湾扩大了生存和发展空间。在1884年设省以前,台湾在行政上一直受福建省管辖,居民也绝大部分是闽南人及其后裔,区域文化特色与闽南无异,是闽南人社会在海外的延伸。台湾成为闽南人主导的社会后,闽南人海外商贸活动应是如虎添翼,形成更大规模的闽南方言群体。

清代闽南海商在东南沿海地区、尤其是江南沿海的商贸活动也相当活跃,其构建的贸易网络是郑氏时代陆上商贸网络的存留,这些国内贸易网络除表现在覆盖地域的广阔性以外,还表现在茶叶贸易等行业网络优势乃至行业垄断性。

鸦片战争后,西方列强用炮舰打开国门,厦门成为最早的五口通商港口之一,闽南一时成为西方资本和文化重要输入地,促使闽南文化和西方海洋文化冲突和融合。同时,东南亚诸国华侨也纷纷回乡发展,带回南洋多样风情文化,闽南文化至此进入新的变化发展阶段。

三、传承闽南文化的海洋精髓,全面打造海洋时代文化

20世纪50年代,闽南作为对台对金作战的海防前线,经济文化发展受到了

制约。改革开放后,闽南人凭借开放包容、开拓进取的海洋精神,依靠沿海临港的优势及闽南籍台胞、海外侨胞海洋网络,大力发展民营经济,建设经济特区,闽南金三角经济、社会、文化得到巨大发展。海洋是闽南的优势和生命线,无论从经济发展、文化交流和资源开发等领域,还是从人类生存、环境保护等角度来看,闽南人在新的历史发展时期中,应该更多地把眼光投向蓝色的海洋,传承闽南的海洋精华,致力于闽南文化的现代化发展。

(一)加快海洋历史文化的挖掘,赋于闽南文化的时代内涵

闽南文化的海洋性特质包含商港商贸、海洋科技、海洋军事、海洋移民的多样化建筑、古帆船制造技艺、闽南海洋生活风俗等丰富内容,挖掘海洋文化,是恢复中华文化多元性的需要,是为闽南的发展寻找文化的内驱力的需要。应当充分挖掘、整理和总结闽南传统的海洋文化历史遗产,取其精华、总结经验。深入挖掘、悉心整理与闽南海洋文明息息相关的存留的遗址、遗迹、古典籍、文艺、工艺,并做好相关保护工作,促使闽南海洋历史文化遗产增添活力、焕发生机;应树立海洋思维、海洋意识、海洋观念,精心总结当代世界关于海洋渔业文化、海洋商贸文化、海洋军事文化、海洋宗教文化、海洋民族民俗文化和海洋旅游文化等方面建设和发展的经验教训,提取文化因子,提炼海洋精神,赋予其时代内涵和创新机制,努力打造海洋文化名片和海洋文化符号,充分利用各种新兴方式、新型手段来包装宣传海洋文化,构建面向全球,更具备开放性、国际性的海洋文化。

(二)依靠海洋网络优势和文化创造力量,促进闽南海洋经济发展

闽南人在海外有华侨1000多万人,台湾闽南人就占70%,长期的经济文化活动中所积累起来的海洋航路网络、海外商业网络、人际关系网络、商品信誉等一系列网络具有财富的特征,是现代一种可转换的经济资本。应调动海外华侨力量,做好亲海、亲情、亲乡文章,促进闽南港口群、产业群、城市群联动发展,全力推进闽南国际航运中心建设,加快把闽南建成深化两岸海洋经济合作的核心区、具有国际竞争力的现代海洋产业聚集区。

文化创造是人类进步的源泉,海洋文化在提升经济发展质量中发挥着重要作用。随着世界经济进入新的发展阶段,向海洋产业转型升级,向海港旅游城市转型发展至关重要。应有效发挥海洋经济与海洋文化的互动优势和海洋文化的积极引领作用,引导闽南海洋经济全面、协调、可持续的发展。要完善促进海洋

经济绿色发展的政策体系,大力培育海洋药物、海水利用、海洋信息、海洋文化创意等海洋战略性新兴产业,打造蓝色经济区。要提升海洋产业创新能力,深入实施科技兴海战略,提高海洋科技成果的转化率,建立创新海洋综合管理试验区和海洋科技研发与成果转化的重要基地。

(三)利用丰富的海洋文化生态资源,加强海洋文化旅游产业发展

闽南大陆海岸线1450千米,海岛海岸线300千米,有着丰富的海湾、湿地、滩涂、海水、海洋生物生态资源。进军海洋、开发海洋是当代不可逆转的潮流,而维护海洋生态平衡,是发展海洋经济、实现可持续发展的战略基础。应加强海洋生态环境保护,推进闽南文化生态保护区建设、国家级海洋生态示范区建设,把闽南建设成富有特色、充满魅力的海洋生态美丽城市大都市区;应着力打造海洋博物馆和海洋主题公园,大力发展海洋文化创意旅游,精心打造"亲海、游海、读海、品海、玩海、赶海"的旅游品牌,并辅之以妈祖、郑成功、送王船、惠安女等多种形式的海洋民俗文化节庆活动,唤起人们对海洋文化的共鸣;应大力发展游艇帆船产业集群,加强游艇码头基础设施建设,培育国际游艇展览会,组织相关论坛、赛事等活动,营造文化平台;应大力营造海洋竞技文化和海洋饮食文化,发展海钓、游泳、帆船、帆板、摩托艇、冲浪、滑水、划船、水上飞机和沙滩足球、沙滩排球等运动,同时品尝海鲜风味餐饮,体会闽南菜的风情与文化。

(作者为厦门市闽南文化研究会副秘书长)

闽南文化的当代发展

林志杰

　　中华文化是由各民族文化构成的,民族文化以各地方文化为载体,地方文化、民族文化构成了多样一体的中华文化。在中华民族这个大家庭中,存在着形态各异的地域和民系文化,凸显着民族文化的多样性、丰富性。作为中华民族文化的一个重要组成部分,闽南文化具有独特的魅力。闽南文化由晋、唐、五代中原文化与闽南古百越文化融汇创造,至今保留着极为丰富的中古时期中原文化信息,是传统文化的宝库。宋元以来,闽南文化具有海洋一样的宽广胸怀,积极吸收外来文化的精华,丰富了闽南文化、中华文化的内涵。明清以降,闽南文化则展现出强大的辐射力和凝聚力,过台湾、下南洋,闽南儿女把闽南文化、中华文化带到了世界的每一个角落。他们在异乡自觉传承和发展闽南文化。

　　在经济全球化,在世界各种文化充分交流、相互碰撞的这种大背景下,我们要在更加广阔的时空背景下来重新认识闽南文化,要充分发挥闽南文化软实力在21世纪世界发展中的作用。我们在研究它的历史性的同时,更应该来关注它的当代性。正如著名学者刘登翰老师在《重视对闽南文化的结构关系研究》一文中所说:"文化是历史形成的,文化的历史性无可质疑。但文化不会停止在历史的某个点上,文化总是伴随历史的发展而与时俱进。这样的文化才是活态的文化,与时代同行的文化,和社会共同建构的文化。不能把文化的历史性和当代性割裂开来。历史是当代的昨天,当代是历史的今天。我们以往的研究较多关注的是文化的历史层面,无论文献无论田野,讲说的都是文化的昨天,而相对忽略对文化的当下存在状态和发展状况的研究,也即文化的当代性问题,这本应成为我们研究的重心。"

　　闽南文化是世世代代的闽南人智慧的创造与结晶,经过一千多年的创造和积淀,闽南文化有着极其丰富独特的内涵。包含了方言、口传文学、生产技术、民间工艺、行旅交通、建筑、服饰、饮食、民俗、商贸、医药、民间信仰、民间艺术、武术、游艺、大众传媒、民间教育、名胜古迹、先贤及其学术思想和闽南人的思想性格特征等方面。

本文着重从闽南方言与民间信仰两个方面来阐述闽南文化的当代发展。

一、闽南方言

闽南方言是闽南民系在漫长的历史过程中创造出来的特殊精神产物,是闽南文化的承载体。在闽南文化诸多要素中,闽南方言是基础性的要素。语言环境,是文化生态的空气。当语言(方言)消失,这一文化也就差不多消亡。因此,保护传承方言是闽南文化当代发展的前提与保证。

闽南方言生态环境是随着经济发展和社会生活变化而变迁的。不过在相当长的时间里,这种变迁比较缓慢。在近五十年来,闽南方言发生了根本性的变化。根据厦门市统计局、国家统计局厦门调查队联合发布《厦门市 2013 年国民经济和社会发展统计公报》,截至 2013 年年底,常住人口 373 万人,全市户籍人口 196.78 万人,非户籍人口 204.7 万人。而泉州市总人口约 762 万,外来人口超过 200 万;漳州市外来人口略少,在 480 万总人口中也有 62 万人。闽南再次成为外来人口聚集的移民城市。这些非户籍人口大多来自外地、外省,他们带来了迥异于闽南文化的外区域文化,构成了闽南这一地理空间中的新的文化生态。闽南文化要面对这一庞大的外来人口;这一庞大外来人口所携带的不同地域文化,也在影响着闽南文化。现代社会的人口流动和频繁交往,促使不同文化在同一地理空间中的共存、影响、碰撞和融合,形成闽南文化变异发展的崭新生态环境。

根据厦门市中心城区中小学校问卷调查,只有不到百分之十的学生会讲闽南方言,会讲的闽南方言词汇不多。而一些居住生活在厦门的外来人员或称为"新厦门人"则有学习闽南方言的愿望。所以在厦门工人文化宫、中山路及一些街道社区则有学习闽南方言培训班。2014 年,海沧区开展"闽南方言与文化进校园",全区公民办幼儿园、小学和初中都要上"闽南语"课,每周一节。而且,还是有指标的,通过幼儿园、小学到初中,孩子们除了了解闽南文化,还要掌握约

5000 个闽南方言的常用词,800 个到 1000 个常用句;理解部分闽南方言的俗语、成语。

地域文化和方言是息息相关的。在闽南文化中无论是进入世界非物质文化遗产项目的南音、进入国家"非遗"项目的梨园戏、歌仔戏、高甲戏、答嘴鼓,还是进入省市非遗项目的民间传说、东山歌册、莲花褒歌、方言讲古等无不依赖于闽南方言。目前这些世界级、国家级非物质文化遗产面临的最大困境,不是没有传承的年轻人,而是他们的观众逐年的、大量的在萎缩,因为年轻的一代越来越多不会讲闽南话甚至不会听闽南话。闽南方言是这些非遗项目生命延续的关键所在,"皮之不存毛将焉附"。不优化闽南文化遗产的语言环境,大量非物质文化遗产的消亡就是迟早的事情。因此,修复和优化区域文化的语言环境是文化生态保护极其重要的任务。文化部门必须和教育部门、语委、媒体、法制乃至政府的最高部门相互配合,制定出切实可行的保护当地方言的法律法规。同时还应当以适当的措施来保证闽南方言母语的教育进入学校,开展教学活动。

利用现代传播手段,媒体特别是电视台和广播电台应当保证有相当的方言节目频道和时段。

二、民间信仰

闽南民间信仰充分地体现了闽南文化的核心精神即感恩与敬畏、宽容与悲悯、开放与创新,展现了闽南文化的普世理念。

闽南文化伴随历史发展、社会变迁和科技进步所出现的发展与创新,使我们生活在现代文明之中。当下我们以现代价值观念对闽南民间信仰进行重新诠释,经过现代的转换,成为宝贵的文化资产。例如以慈济健康来诠释保生大帝信仰,以对土地(自然)的感恩与敬畏来诠释福德正神的信仰,用悲悯情怀和以德报怨的精神来诠释普度的民俗,使这些传统的信仰习俗重新在当代社会生活中焕发光芒。

2006 年以来,青礁慈济宫已举办了六届的海峡两岸保生慈济文化节,文化节融入了旅游元素,蜈蚣阁、威风锣鼓等闽台两地特有的民俗表演、两岸祭祀、两岸信众祈福祭拜、保生慈济义诊、闽台养生美食庙会、两岸民众趣味登山等活动使两岸民间交流特色更加凸显。以民间信仰、民间艺文演出的活动体现了物质文化遗产与非物质文化遗产相结合的精神。2011 年被国台办列为"海峡两岸交流基地",2012 年青礁慈济宫祖宫景区被评为国家 4A 级旅游景区。2008 年以来,福德文化节在湖里仙岳山土地公庙、台湾屏东、马来西亚沙拉越州诗巫大伯宫轮流举办了六届,参与活动人数甚至有数百万。举办的主题活动也是丰富多彩,汇聚了民俗文化表演和非物质文化遗产展示、经典诵读、文化论坛等多样文化活动。通过举办丰富的文化活动,仙岳山逐渐成为人们向往以及传播感恩情怀的一片净土。发展旅游文化、弘扬对土地的感恩和敬畏的传统文化,深化健康休闲文化,并借助文化节活动对接海峡两岸及海外华侨的民俗传承、民间交流合作,仙岳山已形成了"福德圣地、湖里仙岳"、"福地湖里、德泽两岸"的独特文化品牌。这样的活动依托文物(物质文化遗产),创造出许多既和现代生活相结合又具有浓厚传统的活动。

传自于闽南的台湾民间信仰,随着台湾经济的发展,民间信仰的香火愈加鼎盛,宫庙事业愈做愈大,台湾的民间信仰呈现出专业化、规模化、产业化、学术化和社会化的倾向。台湾民间信仰发展已经超过了闽南,把闽南民间信仰提高到一个新的层次,为闽南民间信仰的传承和发展做出了巨大的历史贡献。根据厦门市民族宗教局统计,厦门市民间信仰活动场所建筑面积在 10 平方米以上有两千多座,这些宫庙90% 以上始建于明清时期,最早的建于唐代。一些宫庙被列入区、市或省级文物保护单位,青礁慈济宫是全国文物保护单位。这些宫庙为歌仔戏、高甲戏等非物质文化遗产项目的传承提供了良好的环境。还有闽南传统宫庙的建筑、装饰技术,如石雕、木雕和剪瓷雕等都是极为宝贵的非物质文化遗产。所以,在开展闽南文化进社区的活动中,要以宫庙为活动平台,成为社区、农村传承发展创新闽南文化的活动中心。

用当代意识来诠释闽南文化,赋予闽南文化当代的生命,让闽南文化进入我们日常的生活,成为活在当代的文化,使我们的文化,既有历史的深度,又有现代的生命活力。

(作者为厦门市闽南文化研究会副会长)

河洛郎南下东南海滨产生的
文化嬗变与创新

张　惟

　　华夏族起自黄河流域,在向四周的迁徙和各族的融合中形成中华民族及其灿烂的文化。汉晋隋唐以来,南下的河洛郎抵达东海南海之滨,面临黄土高坡农耕环境向蓝色海洋周际环境的巨变,有谓"海者,闽人之田也",可见地理环境完全不同。加以与原有部族的融合,必然要产生新的文化。今天我们在闽南、龙岩、潮汕以及台湾地区听到所称河洛郎文化或简称河洛文化,虽源出河洛,但并不等同于中原文化,而是融入了海洋文化的基因,产生了新思维,有了质的飞跃和嬗化。

　　下南人的河洛文化,现分别被称为闽南文化、潮汕文化、浙南文化等。唯台湾以及处于闽南与潮汕交通枢纽地带的龙岩,仍习惯称河洛文化。福建师范大学教授胡沧泽这样表述:"闽南文化是两晋、隋唐五代中原河洛汉人南下与闽南原住民交流融合而形成。"①这里的闽南作为地域符号还应包括潮汕、浙南、海南、台湾等地域就全面了。

　　龙岩、潮汕还有台湾地区习惯喜称河洛郎或河洛文化,其内涵实质又是如何呢?

　　龙岩学院图书馆原馆长郭义山的看法是:闽南、潮汕和台湾地区现在所称河洛文化,是指中原汉族先民南下东南沿海地区所形成的,它来自中原文化,是中原文化的延伸,但已有了自己的个性。它既不等同于仍居住黄河、洛水地域的先

---

　　①　胡沧泽《关于闽南文化研究的若干思考》,载《闽南文化新探》,海峡出版发行集团鹭江出版社,2012 年。

民的中原文化,也不是开展"河图洛书"研究所称的河洛文化。而是"特指始于
晋代以来,以河南固始为中心的中原先民南下东南沿海地区并与当地土著居民
(百越人)融合后形成的文化体系"①。这里,他强调以河南固始为中心,我以为
主要是指唐初陈政陈元光父子和唐末王审知率领的固始军民入闽,之前西晋
"八王之乱"引起的"衣冠南渡"或许以洛京为中心更具代表性。

　　历史上由于中原板荡,汉族先民的六次大迁徙,在南方形成了三支独特的民
系:河洛(闽南)民系、广府民系、客家民系。这里要指出,河洛民系、广府民系是
直抵东海、南海之滨,成为中华民族向海洋文化嬗变的两支民系。先到为主,后
到的客家人约于南宋时形成民系,只能盘桓于闽粤赣边区,仍以农耕为主,由于
时代潮流所趋,他们也奋力通过九龙江的漳州、厦门出海口和韩江(汀江下游)
的潮汕出海口,向台湾和南洋等地播迁。民国以后,历史上被称为客家首府的汀
州与河洛文化的龙岩州逐渐合拢融化成为同一的行政区域,至今为地级龙岩市,
形成多元一体文化共生共存的特色。又以古汀州与客家赣、梅州的连接与古龙
岩州与河洛语言文化区泉、漳、潮州及厦门、汕头经济特区的相联而拥有地域人
文的优势,由谢安庙、陈元光庙、王审知庙的遍布共存,延续着河洛文化的久远血
脉,妈祖信仰则是嬗化为海洋文化后的精神特征。汉族向南方发展,向海洋发展
的三支民系,对中华民族吸收海洋文化基因,提升民族面向海洋竞争的素质,起
到了主要的作用。

　　秦始皇统一中国设 36 郡,南征新立 4 郡中有闽中郡,其实这只是一个政治
符号。先秦典籍《周礼·耿方氏》指福建为"七闽",许慎《说文解字》认为七闽
是南方百越中活动在东南的七支不相属的闽部族。大家比较熟知浙江有瓯越,
闽中有闽越,广东有南越,实际上国中有国,汉代在闽越国和南越国之间,即今广
东揭阳至福建龙岩中间的广阔地带,就立有存在 37 年的南海国,其都城或在今
龙岩市武平县一带。所以,西晋中原衣冠南渡,有八姓入闽,他们面临的是与七
闽各部的融合而产生的文化碰撞火花。晋人聚集无名之江怀思故国而名晋江之
际,之前已有汉末三国东吴的五次经略入闽。今龙岩中心城区于晋初已建苦草
镇,而城郊的古洞此时已名龙岩洞,据考或为东吴因宫廷斗争逃难来此的皇族躲

　　① 郭义山《龙岩区域文化之我见》,龙岩文化研究会主办《龙》文化丛刊,总第 22 期。

藏以龙的图腾崇拜命名,足见历史渊源悠久。唐开元年间龙岩县建立时,唐明皇以邑有胜景龙岩洞赐名龙岩县,这是考察龙文化传播中国南方百越故地时间表中最有力的历史佐证。

汉族下南人直抵东海南海之滨与当地土著融合形成河洛文化,既保留中州文化的厚重,更展现了海洋文化的新质。汉末三国东吴孙权政权进军福建设置典船校尉是开发海洋的先驱。东海之滨所建的泉州(含今厦门)、漳州和南海之滨所建的潮州(含今汕头、汕尾),以及处于泉、漳、潮之间的龙岩州,都完成了农业文化向重商文化的嬗变。宋代的泉州成为海上丝绸之路的起点,潮州的十里湘子桥出现了货物交换市场的繁荣,漳州月牙港等相继建立。与郑和同为正使太监总兵实际担任郑和庞大船队总船长的王景弘,他在 10 岁的时候从漳州府龙岩县九龙乡宁洋溪(今龙岩市漳平双洋镇)沿九龙江出到泉州港外洋当舟子,练就了一身海洋本事,成为早于哥伦布的世界级伟大航海家,是河洛郎文化嬗化为海洋文化的标志性人物。而郑芝龙、郑成功的海商世家则出自明代泉州南安。这些海洋文化的代表人物在中原传统文化中显然是不可能出现的,但他们在骨子里却仍然秉承着华夏文化的底气。现代被称为"民族光辉,华侨旗帜"的陈嘉庚足为式范。他在《南侨回忆录》中牢记自己的先祖是自河南固始南来泉州同安(今属厦门),而在南洋搏击成为"橡胶大王"后,仍秉承中州"耕读传家"古训毁家创立厦门大学、集美师范,并在抗战中以参政员身份直言"敌人未退出国土前言和即为汉奸"[1]。使主持会议的投降派汪精卫闻之脸色惨变。这就是秉承中原几千年历史凝聚回荡的儒家浩然正气,也就是源出河洛而抵东南海滨的海洋文化特色,有别于西方海洋文化的价值取向所在。伟大的历史人物总体现着时代的本质主流,上述杰出人物体现着下南的河洛郎的海洋文化精神,既不离本源,又有创新的思维特质,这就是我们所称的华夏文化南下嬗变为海洋文化的河洛(闽南)民系文化的内涵和意义。

改革开放以来,东海、南海之滨这种重商主义、爱拼会赢的海洋文化精神,在河洛语言文化区表现了特别的优势和巨大潜力。中国最初设立的 4 个经济特区,河洛语言文化区占了两个:厦门、汕头,后增加的经济特区海南岛以及海峡彼

---

① 　张惟《爱国者王源兴》,作家出版社,2001 年,第 48 页。

岸的台湾也是河洛(闽南)语言文化区。在福建的九个设区市以及平潭实验区中,泉州市、厦门市的经济总量占了全省的一半。或许不是偶然,最近由《第一财经周刊》发起的对全国400个城市综合商业指数排名中五百年前还是同安县下属渔港的厦门晋升为"新一线城市",与成都、杭州、南京、天津等15个省会城市或直辖市并列,泉州市为二线城市,而漳州、龙岩均为三线城市,明显居于福建省地级市的前列。广东汕头经济特区也列为三线城市,总体上都比周边的城市如梅县、遵义、三明等靠前,也比北方的一些著名城市延安、承德、佳木斯等城市靠前。^① 河洛文化的海洋文化特质显然起到了有力的促进作用,是适应了国家海洋战略所需求的海洋文化,我们必须走出地域文化研究的局限,而用历史主义的目光和国际大视野予以理清、总结和弘扬。

　　(作者为福建省文史馆员、龙岩市文化研究会会长、研究员,河洛文化研究中心主任)

---

　　① 苏索《怎样看龙岩跻身三线城市》,龙岩文化研究会主办《龙》文化丛刊,总第22期。

闽南"普度"的仪式状态、
形式变迁与信仰功能

蔡登秋

普度原为佛教的一种行为,意在于施展法力为众生超度,有时也指广行剃度,这时所言的普度源于佛教盂兰盆会的超度亡人。民间流行这种仪式,如为死者做四九日、百日、三年等,还有七月为孤魂做普度。闽南做普度的仪式比较流行,遍及闽南各地,至今盛行不已。每年闽南地区百姓都举行普度节日庆典,称之为"过普度",宴请宾客"吃普度"。每年的农历七月,从初一开始到三十日,各铺境轮流做普度。在闽台地区,轮流普度主要有三种形式,一是台湾地区的以宗族姓氏为单位轮流的;二是石狮按十二生肖轮流的普度,每个自然村12年举行一次"大普度",也有其特有的歌谣:鼠年塘头,牛年锦亭,虎年塘边,兔年苏厝……;三是"泉州晋江等地区的按村落在农历七月轮流的普度"①。如在泉州城区,38个铺,就从农历六月二十九开始到八月初二轮流举行仪式。如恰逢闰农历七月,每个片区还要再次轮流进行"普度"。

一、闽南地区的普度仪式现状

闽南地区的"普度"和台湾地区的最大区别,就是台湾地区以"公普"为主,而在闽南地区,"公普"基本上不存在,各铺境的"普度日"都是以"家普"为主。虽然存在着差异,但是闽南地区的"普度月"的禁忌始终相同的地方有几点:一、普度月禁忌。就整个"普度月"而言,人们认为整个农历七月都是鬼月,在这个

---

① 何彬《闽南文化与周边文化比较谈——从普度·中元节习俗看闽南文化》,《闽南文化研究》,中央文献出版社,2011年7月。

月中人们都尽量避免在这个月举行婚嫁、乔迁等各种喜庆活动,如果有人不幸归去,一般也只举行出殡仪式,而不连"引魂"仪式一起举行,也是担心引祖先入户的时候,孤魂野鬼也跟着入门不走,而给以后带来麻烦。二、普度时辰。就"普度月"的祭祀时间来说,一般是在下午两三点,且邻里之间一般相互邀着一起祭拜,以保证有足够的食物供给各路"普度公"、"普度妈"。三、祭祀的地点。一般都要在家门口举行,不得"请鬼入宅";祭祀的对象也都是祖先以及无主的"普度公"、"普度妈"。四、普度程式。一般烧"金"前要先"卜问",一正一反表示神明鬼神同意了方可"烧金","金"烧完的灰烬要随风飘走,不要收到家里。这些共同点都体现了人们对"普度公"、"普度妈"敬畏的传统思想。

闽南地区以"家普"为主要形式,在闽南的海边地区,也存在着"水普"。以"家普"为主要形式的"普度",仪式相对于台湾地区现存的仪式也简化了许多,但也存在着一些独有的特点。

闽南"普度"的祭祀仪式由三个部分组成:

第一部分为七月初一"起灯脚"、八月初一"倒灯脚"。"起灯脚"表示普度月的开始,和台湾的树灯篙、放水灯有相似的作用,有请无主孤魂来"吃普度"的意思。"倒灯脚"表示普度月的结束,虽然没有台湾"钟馗赶孤"、"抢孤"的独特和热闹,但也起着请孤魂返回地狱的作用。"起灯脚"和"倒灯脚"的时间,厦门、漳州、台湾,有些区别,要根据当地铺境数量的多寡来决定,铺境多的,"起灯脚"的时间会早一点,"倒灯脚"的时间也会迟一点;铺境少的一般都是七月初一"起灯脚",七月的最后一天或八月初一"倒灯脚"。这两天的祭祀方式是相同的。只要当天下午在门口摆上八仙桌,简单准备几样食物,绑上"桌群",祭祀一下即可。在旧时,为了给各路的"普度爷"照路,人们会在"起灯脚"的时候在家门口挂上"普度灯",在"倒灯脚"的时候再把灯烧掉。在现在的晋江,已经有大部分的家庭在家门口挂"普度灯",认为现在经济发展,到处灯火通明,不需要为他们照明了。

第二部分为农历十五的"祭公妈"。家家户户在农历十五这一天,都要准备好丰盛的食物以及"金纸"、"银纸"等前往家族祖祠中祭拜祖先。家里如果有"新亡",则要在农历十四的时候为他们"过节",即家里的媳妇要在农历十四的凌晨三四点(在太阳出来前)到祖祠中"叫茶",要准备好脸盆、毛巾、茶水和几样食品进行祭拜。

　　第三部分也是"普度月"中最重要的部分,即"普度日"。在对陈埭镇的调查中发现,高达84%的人会在"普度日"举行祭拜仪式。以苏厝村为例,"普度日"为每年的农历初十。这一天,家里要准备好一束鲜花、十六碗食品、几样油炸食品、五果和一副"三牲"(包括鱼、鸡、猪脚)或者"五牲"(在"三牲"的基础上再加上螃蟹、心肺)。"牲"越大越隆重,而一般人家在普度日祭祀是只用"三牲"。待到下午三点左右,吆喝邻居几家一起祭祀。在家门口摆上一张大桌,一张小桌。大桌要系上"桌裙"(一块红布上绣了龙和八仙过海等图案,有很多样式,系上进行祭拜表示尊重),摆上准备好的十六道食品以及"牲",接着在桌子的边沿摆上十副筷子和十个小酒杯,并倒上酒(一般家庭用的是加饭酒)。小桌放生米/米粉、饮料、一些炸的东西,再摆上三副筷子和三个酒杯。之后在大桌和小桌上分别插上三根"香",然后就可以开始叠"金纸"了,待"香"烧得差不多的时候,就可以开始"卜问"了,如果鬼神同意了,则可以开始"烧金",有的人家还会买一只用纸糊的"马"一起烧(据传"普度马"是为了让"普度公"骑,让"普度公"更快地去帮家里追账);如果不同意,则要检查一下大小桌上的祭品有没有缺少了,如果缺少了要及时补上,如果没有,就在酒杯上多加点酒,过一会再"卜问"。待到"烧金"完后,把准备好的鲜花插在门前的树上或者大门缝上,祭祀仪式结束的时候则要点上一串鞭炮。

　　由以上仪式可以看出,由于仪式比较复杂,现在的上青人对普度祭祀的礼仪和过程都不太了解,甚至一点都不了解,家中的祭祀活动都是长辈全权准备,而年轻人就只要在"吃普度"的时候出现就可以了。在调查的34位对"普度"祭祀仪式很了解的人中,绝大部分为中年妇女和老年人,青少年只占了四位。在调查中整理出了一组数据,在陈埭镇,不摆"普度宴"仅占16%,大部分的家庭在政府的倡导下摒弃了大操大办的习俗,将"普度日"改成了"家庭聚餐日",但是,存在大肆宴请宾客的比例还达到了22%。且在是否做"普度客"的调查中,从来不参加普度宴请的人也只有16%,会参加比较亲的人宴请的比例也达到了61%,而有请必去者的比例竟达到了23%。在信仰中,仪式是不可缺少的,否则这种信仰也就不存在,我们认为仪式必将与这信仰一道存续下去。

二、做"普度"形式的变迁

　　吃"普度宴"是做"普度"过程中一项重要的辅助程序。吃"普度宴"时,主人设宴,每桌坐8、10或12人,忌坐9人,因为闽南语中九的发音与"狗"一样,是不吉利的数字"①。准备的菜肴一般为12道,比较丰盛的时候有16道。在"普度宴"时,主人一般不入席与宾客同坐,而是在席间走动与每桌的客人聊天、劝食、劝酒。这一天,也会准备好油炸食品等方便携带的东西,给前来会宴的亲戚带回家,让未来赴宴的老人和小孩也尝尝,这在一定程度上也体现了一种尊老爱幼的美德。

"普度宴"从开始到现在,经历了多次的"兴衰",是什么原因让泉州民众都不愿彻底地放弃这一习俗?据传,闽南民众相信,"普度公"、"普度妈"在"普度月"享受了人间的优厚待遇,不愿离开,要叫多一点的人来家里"热闹",才能吓走"普度公"、"普度妈"。这应该只是最初的原因,至于更为主要的原因大概是受到闽南人"输人不输阵"、"爱面子"等影响。

近十年来,政府不断地在进行"禁普"活动。晋江地区在传承这个传统节日的同时,人们看到的是表面上存在的"陋习",是闽南人"阔气"、"输人不输阵"等思想,使得节日引发了许多社会问题。人们没有关注到的是这个传统节日也不断地向文明的方向发展。

(一)轮流"普度"以增进情感交流

各地由统一一天进行"普度",转变为轮流"普度",减少了人们为购买祭品的争执、大规模打架斗殴事件。轮流进行"普度",对内可以增进整个地区的归属感和团结精神,对外邀请宾客可以促进人们之间的交流,特别是在闽南地区,老板往往利用"普度"来宴请生意伙伴和工人,这样不仅能促进经济的发展,还有利于社会的和谐。

(二)简化"祭祀"仪式

晋江地区大部分家庭在"普度月"中已经不再通月点"普度灯",在祭祀的时候也不烧"普度马"、放鞭炮等,减少了许多火灾隐患,虽然在祭祀仪式上还存在着像"烧金"等的陋习,几千年来形成的陋习,要改正任重而道远,但相信,它会像放鞭炮一样,在政府和人们的共同努力下,逐渐地减少或消失。

(三)摒弃"普度宴"中滋生的陋习

今年,政府部门在各"普度"地设关卡,使得更多的人不再大摆"普度宴",而

①　展华《台湾民间吃桌风情》,《两岸关系》,2006年第3期。

是改为"家庭聚餐日",增进亲朋之间的来往;交警部门对醉驾的严查,也使得人们不会在宴请的时候不顾亲朋的安全而准备大量的红白酒等,也不会在"普度宴"时劝酒了。

三、闽南"普度"的功能

在笔者所做的调查中显示,有57%的人认为"普度"是一种封建迷信,应该彻底地剔除它,也有45%的人认为"普度"是一个富有闽南特色的传统节日,作为一种信仰现象,它有它存在的价值功能。

在近代的发展过程中,我们可以看到"普度"确实给现实生活带来很多不便,甚至是"麻烦",它让许多生活困难的百姓家庭打肿脸充胖子,举债做普度;使许多人因酗酒而打架斗殴、家庭破裂等等不良现象。但这些并不是先民们过这个节日的初衷,他们是怀抱着超度亡灵、祈求安康的美好愿望。当人们在抱怨"普度"是一个陋习的时候,人们应该反思自己,反思自己身边的人,为什么让这样一个原本可以寄托人们美好愿望的节日逐渐变成一个互相攀比、奢侈浪费的节日呢?

其实,"普度"作为闽南的一个富有特色的节日,它有着自己特殊的价值功能:

(一)具有联系社会、沟通情感的功能。在人类社会发展的初期,社会组织形态尚未完整,通过这样的方式,不同地区的人们因为节日而聚集在一起,这样拉近了人与人之间的实际距离,不仅有利于消除人们对未知世界的内心的恐惧,也有利于各地区文化的交流和传播。

(二)具有教化的功能。虽然"普度"在一定程度上是迷信的,但因为人们精神上有了信仰,就会相信"人在做,天在看",就会去相信"头上三尺有神明",从而使人来约束自己的行为。其次,"普度"上祭拜祖先的仪式还有这教人要祭祖、敬老的功能。

(三)具有凝聚力量的功能。以姓氏、村落进行"普度",会进一步增强人们的血缘和宗族观念;且让闽南在海外的华侨华人的乡土观念,通过这个传统加深与祖国、家乡的认同感。

(四)具有促进经济发展的功能。长达一个月的"普度",是一笔巨大的消费,但也能带动整个地区的经济消费;且以上提到的凝聚力的功能,还能带动许多闽南的华侨和台湾同胞来家乡投资建厂、兴办学校等,这也是近代以来闽南经济发展迅猛的一个重要的力量。

四、余论

普度信仰习俗在闽南有上千年的历史,在时代变迁的今天,普度仪式和功能也发生了巨大的变化。作为一种信仰对象,相信它将以更加健康和文明的形式长久地存活下去。基于上述,做出以下几点归纳:

(一)"普度月"是闽台地区独有的传统节日,是由人们的鬼神信仰以及道教、佛教在闽南地区的发展而形成的,体现了古人超度孤魂、怀念先祖、祈求安康的美好愿望。

(二)"普度"虽然存在着一定糟粕,但不可全盘否定,也不可全盘肯定。大操大办引发的祭祀中的火灾问题、宴请中的酒驾斗殴等问题,使得许多民众认为"普度"是陋习,应该予以剔除,但从历史发展的长河来看,"普度"是不断向文明的方向发展的,在承传的同时应"去其糟粕",以便更好地保护这个有着千百年历史、极富闽南特色的传统。

(三)不可否认,"普度"经过千百年的传承、积淀,就像一股神奇的黏合剂,将人们凝聚在一起,成为了一种无形的精神底蕴和活力资源,是闽南文化中具有代表性的节日。晋江"普度"在经济发展中,使"普度"变味,从进步的方面看,符合了文明发展的方向,而在发展中存在的陋习,从根本上讲是由于人们缺乏对"普度"文化渊源的认识,以及闽南人在经济发展过程中所特有的"输人不输阵"思想的负面作用所引发的。

(四)"普度"完全可以在政府和全社会民众的共同努力下,保留其精华,摒弃其陋习,让其继续发挥着团结人民、教化百姓、维系内外亲情等作用,为闽南文化增添独特的韵味。[①]

（作者为三明学院客家研究所副所长、教授）

---

① 展华《台湾民间吃桌风情》,《两岸关系》,2006 年第 3 期。

厦门出土晚唐陈元通夫妇墓志
及其相关问题研究

毛阳光

　　2004 年 12 月至 2005 年 4 月,厦门文化遗产保护中心对位于仙岳路与金尚路交叉口东侧的市级文物保护单位——"陈喜墓"进行了抢救性发掘。结果证明,历代相传的所谓陈喜墓和陈喜衣冠冢,其墓主人实为陈喜之孙陈元通及孙媳汪氏。两墓均为长方形土坑券顶砖室墓,座北朝南。墓葬中共出土陶器、瓷器、银器、铜器、墓志等遗物 60 余件。考古专家指出:陈元通夫妇墓葬的发掘堪称福建唐代考古最重要的收获之一,除出土了一批珍贵文物之外,墓葬中出土的墓志铭尤为重要,是目前记载厦门历史的最早实物见证,为研究厦门早期历史提供了珍贵的文字资料。① 此后,厦门方志办李启宇撰写了《唐陈元通夫妇墓志铭考辨》,对两墓志进行了研究,对墓志中存在的问题提出了自己的看法,认为此墓志系后人伪托。② 笔者长期从事唐代墓志的研究,拜读李先生文章后对此有一些不同看法,这里略作考辨,教正于方家。

　　陈元通墓志刻在宽 65 厘米、高 58 厘米的花岗岩石上。全文如下:

　　故奉义郎歙州婺源县令陈公墓志铭并序
　　乡贡进士欧阳偓撰
　　有唐大中九年,岁在乙亥四月二十四日,颍川陈公终于泉州清源郡嘉禾里之私第,年七十有五。呜呼! 古稀之年虽已过矣,五等之名亦已尊矣,上

---

① 《我市最重要唐代墓葬谜团成功破解》,《厦门日报》,2007 年 8 月 17 日。
② 《福建史志》,2007 年 5 期。

德高义盍其永歃。哀哉！

公讳元通，清源同安人也。曾祖承，抚州司马；祖喜，蜀州别驾；父仲瑀，番禺县丞。公则番禺之长子。生高阳许氏，宽厚和雅，指规人间，代之器也。丰其产，继为豪室，而行诸礼教，人称名家。其姻戚有仕者，亦累至郡县。公始不求试，不躁进，乃为常调。释褐自余干、南昌两尉，转歙州司兵参军，迁婺源县令，累任得清平之称。而婺人多罹其寇，叠政病，不能获。公用良筹密思，无所遗党。既以能闻于廉使，仍加字□之术，多会于诏。乃书上下考，申其有司。有司褒其能，不黜其较。将罢秩还乡，至止之后得疾，不越月而终焉。呜呼！器有余而用未至，禄有待而寿俄终，良可悲哉！先娶汝南周氏，则前登太常弟匡物之女，不幸早世。有男不育，唯女二人。长适许氏，次曾氏。后娶汪氏以继其室。有男子二人，长曰肇，次曰皋。女子三人，皆稚年。相次而克承名教，丁丧合礼。明年秋八月一日，卜葬于所居之里，祔其先茔，礼也。或以重泉之下，用志其德，其孤乃号以请之。其渤海欧阳偃实公之丈人也，于是哀为铭焉，冀彰公之德于丘陵倾圮之后。其词云：

禀器蕴能，为其之称。怀才抱德，伊人是则。为政立名，于时作程。位思称实，寿俄已毕。吞恨者多，伤之如何。哀哉！

汪氏墓志宽46.5厘米、高61厘米、厚8厘米，由细泥烧制而成。全文如下：

唐故陈府君汪夫人墓志
唐故歙州婺源县令陈府君夫人墓志铭并序
乡贡进士陈过庭撰

夫人颍川汪氏，其先新安人也。曾祖训，祖相，父宏。夫人即宏之长女也。高堂具庆，代虽不仕而由仕也。享年四十八。郢王登位后二年岁次辛巳六月二十一日寝疾，终于清源郡同安嘉禾里之第。歔欷！夫人幼受贞明，长居令淑；高格有焯，柔顺承家；伉俪端凝，备于中外。以织组紃为业，以恭谨孝行为心。顷者，府君自歙州司兵参军，夫人乃配淑德。由司兵拜婺源令，夫人皆同受荣禄。妇道炫耀，和顺六姻；乡里之间，休芳驲着。何图双鸾翼比，一旦飘零，梧桐韵清，千秋泯绝。四十一而寡，抚育孤幼，严训守养。

无专制之义,有三从之道。夜行以烛,昼不游庭,实可谓其高行耶! 噫欤! 人之生死,理亦常道;一往一返,真宅是归然。悲乎! 夫人生则慈而贤,寿何殁而中,是不幸也! 以三年八月二十四日厝于宅东三里之原,祔府君之茔,礼也。龙一举,丹旐翩翩;蒿里永从,愁云漠漠。芳兰霜败,玉树风摧,痛矣哉! 有男一人,曰皋,举孝廉。幼则明敏,赜经籍微奥,早为州里荐送。以膝下之恋,未遂西辕。钟以荼蓼,不能灭身。呜呼! 禄不及其亲,哀毁无地。临棺一恸,百鸟哀鸣。号天扣心,何酬鞠育。有女二人,皆美淑端休,其仪不忒。一人适学究许及,虽未得禄,得禄之道一也。一人年未及笄,孤无怙恃。过庭与皋则同房之叔,复文翰同志,为名而刊玄石,以纪其事,而表泉壤。铭曰:

> 夫人之德兮松篁,夫人之懿兮兰芳。六亲兮保顺其美,皇天兮讵曜祸殃。月明风起兮垅树苍苍,千秋万古兮玄化茫茫。已而已而感其伤。①

《陈元通墓志》对于其家族何时来到闽地没有记载。但 1973 年在厦门出土的《唐许氏故陈夫人墓志》,志主陈夫人是陈元通的弟弟陈元达的女儿,即其侄女。其中的记载较为详尽:"室人其先颍川人也,汉丞相平之后。高祖,任福州长乐县令。秩满,家于福唐,亦长乐之邻邑也。"②则这支陈氏家族是唐中期由于仕宦的原因来到福州长乐县,此后又居住在福唐县。此后,据《陈夫人墓志》记载"曾祖僖爱仁好义,傅施虚襟,俊义归之,鳞萃辐辏,故门有敢死之士,遂为闽之豪族。"陈僖即《陈元通墓志》中的陈喜,陈喜家族已经是福唐县的豪强大族。然而,"时闽侯有问鼎之意,欲引为谋。乃刳舟剡楫,罄家浮海,宵遁于清源之南界,海之中洲,曰新城,即今之嘉禾里是也"。此段内容指陈喜避祸而到泉州。根据墓志中陈元通的卒年,按照 30 年一世的常规推断,陈喜生活的年代大致在德宗贞元年间。根据《新唐书·德宗纪》的记载,贞元四年四月,"己亥,福建军乱,逐其观察使吴诜,大将郝诚溢自称留后"③。笔者认为墓志记载即为此事,则此时谋乱之人希望作为地方豪族的陈喜为虎作伥,因此陈喜举家逃到清源。

---

① 笔者未见到墓志拓本,本文使用的资料为《厦门日报》所刊厦门大学历史系刘钊教授的释文,个别地方有改正。
② 志诚《最早记载厦门历史的文物——〈唐许氏故陈夫人墓志〉》,《福建论坛》,1986 年第 3 期。
③ 《新唐书》,卷七《德宗纪》,中华书局 1974 年,196 页。

"屹然云岫,四向沧波,非利涉之舟,人所罕到。于是度地形势,察物优宜,曰可以永世避时。贻厥孙谋,发川为田,垦原为园,郡给券焉。家丰业厚,又为清源之最。终身不仕,以遂高志。"此后,陈喜家族便在这里繁衍生息,成为清源县的豪族。陈喜一生并且没有仕宦。有意思的是,《陈元通墓志》仅提及陈元通的曾祖为陈承,曾任抚州司马,陈喜则任蜀州别驾。其中,陈承之名可以补《陈夫人墓志》之阙。然其与陈喜的仕宦经历则与《陈夫人墓志》的记载大相径庭。对此,李文也予以指出。笔者推测《陈元通墓志》对于其祖上的记载有出于溢美而造假的可能性。或许陈元通的子嗣给欧阳偃提供撰写墓志的家族资料经过粉饰,因此墓志的记载有问题。因为《陈夫人墓志》对于陈氏家族如何来到福州,又迁移到泉州记载非常详尽,这种情节是难于作伪的。而且,陈夫人墓志的作者是其夫泉州参军许元简,按常理来说,没有必要为妻族的先祖来溢美。

此后,两墓志的记载就比较一致了。《陈元通墓志》载"父仲瑀,番禺县丞。"《陈夫人墓志》载:"祖仲禹,幼资经术,弱冠游于京师,既而授广州番禺县丞。"仲瑀、仲禹当是一人,相比而言,后者记载更详细些。陈仲瑀有一定的学问,因此到长安游学,此后得到广州番禺县丞的职务,其如何得到此职务的原因不明。而陈元通是陈仲瑀的长子,其墓志记载他"宽厚和雅,指规人间,代之器也。丰其产,继为豪室,而行诸礼教,人称名家。其姻戚有仕者,亦累至郡县。"由此则可知陈元通家资丰厚,知书达礼,仍旧是当地的大族,其亲戚也多在地方任职,俨然是当地的实力派。墓志记载陈元通并不急于参加考试及仕进。释褐后先后任余干、南昌两尉。两方墓志都没有明确陈仲瑀、陈元通释褐得官的缘由,二人应该都不是通过科举考试而得官。唐代的福建地区,文化还不够发达。如果父子二人是通过科举及此后的铨选而得官,墓志中一定会大书特书的。陈元通墓志的作者欧阳偃尚且是个乡贡进士。唐后期,像番禺、余干这些偏远地方的县吏,出身士流的人是不屑于担任的。此后,陈元通又转歙州司兵参军,迁婺源县令。而且政绩突出,"累任得清平之称"。《陈夫人墓志》对此也记载"伯元通,任歙州婺源县令。"在婺源任上,陈元通政绩亦很突出。"而婺人多罹其寇,叠政病,不能获。公用良筹密思,无所遗党。"婺源当地多贼寇侵扰百姓,历任都不能去除。而经过陈元通的谋划,最终铲除了匪患,给地方带来了平安。陈元通的政绩得到了其上级江西观察使的赞赏,因此在任满考核时,他得到了上下考的较高评价,且

"有司褒其能,不黜其较","将罢秩还乡,至止之后得疾,不越月而终焉"。大中九年四月二十四日,陈元通卒于泉州嘉禾里私第,时年 75 岁。第二年八月一日葬于嘉禾里附近先茔之侧。考虑到陈元通的具体年龄,其罢职并非其政绩有亏,应该是其年纪较大,到了致仕的年龄。根据唐代制度,一般情况下,官员七十岁就到了致仕的年龄,因此陈元通退职回归乡里。墓志还记载陈元通先娶周氏,周氏去世后又娶汪氏。共有二子,分别是陈肇、陈皋,另外还有五女。汪氏卒于咸通二年六月二十一日,三年八月二十四日祔葬陈元通之茔。

从两方墓志的描述可知:陈元通家族在泉州地方应该算是有背景和实力的豪族。根据墓志中其先祖的仕宦情况来看,陈氏虽然是官宦世家,但其祖上任职多是边远地区的县级官吏,地位并不高。尽管在泉州地方或许有些名望,但和北方的名门望族相比还是相形见绌的。可能正是这个原因,陈元通墓志将其高祖和曾祖的身份提升为司马和别驾这样的州郡上佐,以此来抬高家族的门第。

前引李文认为墓志铭乃伪托,理由主要有墓志开篇以"有唐大中九年岁在乙亥"。而"有"字作为词头,与朝代连用,习惯上表示所指的朝代为前朝,如有唐、有宋等。而当代人称当时朝代,则用"大"作为词头,如大唐、大宋、大清。陈元通墓志铭称唐朝为"有唐",则该墓志铭并非写于唐朝。其实这种观点是不对的。唐人墓志中称"有唐"的还是较为普遍的。略举几例,《长河宰卢公李夫人墓志文》开篇云"有唐开元廿九年岁在重光十二月五日,德州长河县令范阳卢公夫人赵郡李氏遘疾,卒于东都洛阳德懋里之私第"[①];再如《唐故都尉太原王府君墓志铭》云"呜呼! 有唐戊午岁大历十三年十一月十二日,陪戎副尉守朔州尚德府左果毅都尉赐绯鱼袋太原王府君不禄,春秋五十有七"[②]。因此,李文对于此问题的质疑不成立。

另外,关于陈元通墓志作者欧阳偓的问题。李文参考了《泉州安平徐状元巷祖谱》与《状元黄仁颖家谱》的相关资料后分析认为,撰写墓志铭的欧阳偓与两谱之中所记载的欧阳偓实际上是同一人,并推断其生活年代应是在南唐保大八年(950 年)前后,并表示墓志铭作者应是欧阳修的祖父,并认为此墓志可能是

---

① 周绍良主编《唐代墓志汇编》开元 540,上海古籍出版社,1992 年,1528 页。

② 《唐代墓志汇编》建中 012,上海古籍出版社,1992 年,1829 页。

"乡贡进士欧阳偓"成名之后的伪托之作。对于此问题,陈元、欧阳慧玲在《欧阳修祖父欧阳偓身世辨疑——兼与李启宇先生商榷》一文中指出利用泉州古代石刻经幢题记以及陈元通墓志中"其渤海欧阳偓实公之丈人也"中的表述,指出泉州唐末的确有一个乡贡进士欧阳偓,和欧阳修的父亲欧阳偓没有任何关系。[①] 文章考证甚详,笔者这里就不再赘述了。

另外,李文对于《汪夫人墓志》中其年龄、陈元通子女的人数,其子陈肇等都提出质疑。笔者认为唐墓志中志主年龄的矛盾也是较为常见的现象,而陈元通与汪夫人的第一子陈肇,之所以在《汪夫人墓志》中没有记载,有可能是其在汪夫人去世之前已经故去的缘故。唐代墓志,由于写手不同,家状来源,家人叙述的差异。因此,即便是一个家族内部成员的墓志也存在着前后差异,不相一致的记载。这种情况在唐代墓志中并不鲜见,观者不用大惊小怪。陈元通夫妇墓志本身不存在任何问题。当然,唐代墓志中也存在着伪造先世仕宦经历来抬高自身门第的情况,这方面《陈元通墓志》就较为明显,幸有《陈夫人墓志》中的相关记载对勘来加以揭示。当然,这是原来墓志撰写中存在的问题,和墓志真伪无干。

《陈元通墓志》记载的内容还可以和收藏于厦门图书馆的《颍川陈氏族谱集成·南陈实录》相比勘。我们注意到:族谱记载陈元通的高祖为陈丞,陈仲喜为陈仲寓,这些差异应该是在家谱流传过程由于字形相近而导致的,应以陈元通墓志为准。而其祖族谱记载为陈喜,与墓志一致。族谱中陈元通的二子分别是陈肇、陈黯,陈肇与墓志记载吻合,陈黯应为陈皋。这说明,传世的陈氏族谱的来源还是有一定依据的。族谱中还罗列了这支家族陈承之前的庞大的家族世系,非常细致。然而,这些世系在陈元通墓志中均未记载。那么,这些记载又是如何来的? 这让我们不得不怀疑族谱中记载的真实性。

另外,无论是陈元通,还是其妻汪氏,郡望皆为颍川。尽管墓志没有具体说明这支家族进入江南的时间,但还是表达了这些唐代后期居住在福建地区的中原移民后裔仍旧不忘自己的祖地。晚唐时期的福建观察使陈岩墓志也称"其先尤以贤德闻者曰仲弓,颍川人也,当后汉时,为太丘□令叔□季和弟昆,动于天文,聚以表德;章帝旌之命为侍中□□始兴郡王□□霸,先仕于梁,平侯景之乱,

---

□□□□五世□□□□避永嘉之难,入闽之建安绥成,因乡于□。"①陈岩墓志中对于此先祖来到闽地交待的相对详细,其先祖在西晋永嘉之乱中来到福建。或许陈元通家族也是这样的原因来到江南,之后又来到福建的吧。从传世文献中来看,颍川陈氏在闽地人群数量相当大。黄滔《莆山灵岩寺碑铭》中有颍川陈蔚。② 中唐欧阳詹《玩月诗》中提及的乡人颍川陈翊。③ 这些士人都是颍川郡望。可见唐代颍川陈氏在闽地人才之情状。

从两座唐墓所出土的文物来看,陈元通墓中出土了青釉碗、青釉双系罐、青釉四系罐、银勺、铜镜、铜泡、铜钱、铁刀、墓志等遗物20余件;汪氏墓中出土邢窑白瓷碗、青釉碗、青釉盖罐、青釉双系罐、长沙窑双系罐、方形铜镜、银碗、银盏、银、银冠饰、铜簪、墓志等40余件。都和中原地区晚唐墓葬陪葬品大致相同。如墓葬中也没有盛唐时期的陶俑,陪葬了大量实用型的陶器、瓷器、银器和铜器,都与中原洛阳、偃师、巩义地区的唐墓毫无二致。例如,20世纪80年代在洛阳偃师杏园发掘了大量的唐代墓葬,丧葬物品与陈元通夫妇墓就非常相似。④ 而且,两墓都出土了墓志,从墓志的形制,到墓志铭的格式、行文,文字讲究的用典与对仗,乃至语气都和这一时期两京地区的唐代墓志书写高度一致,从中不难看出中原地区丧葬文化对于闽地的影响。

唐代福建地区的开发,其重要的一个因素就是大量外籍人士的进入。陈元通及其妻汪氏墓志,非常真实地记载了唐代后期外地士人落户闽地,担任地方官员,其家族在这里繁衍生息,发展创业的经历。这些珍贵的史料出自唐代文人的手笔,是唐代社会和风俗、文化的真实体现。同时,我们也可以看到,这些唐代闽地居民的家世情况都没有追溯得很远,都只涉及到志主的曾祖、高祖。总体上而言,墓志文字平实,对于先辈也没有过多的溢美与粉饰,与后世经过改造的家谱相比而言,无疑更具有可信度。

(作者为洛阳师范学院河洛文化国际研究中心主任、历史文化学院副院长、副教授)

---

① 《唐代墓志汇编》景福003,上海古籍出版社,1992年,2528页。
② 《全唐文》卷八二五,中华书局,1983年,8699~8700页。
③ 《全唐诗》卷三四九,中华书局,2008年,3910页。
④ 中国社会科学院考古研究所编《偃师杏园唐墓》,科学出版社,2001年。

闽南人文化若干问题的辨识

石奕龙

　　近来对汉族的各民系文化的研究正方兴未艾,然而同时也就有一些相应的理论问题困扰着研究者,如将"闽南人文化"用"闽南文化"来界定就是一个突出的问题,故有必要厘清在这一类研究中的一些概念问题,才能使这类研究得以更好地开展,所以笔者写此文章,抛砖引玉,以使闽南人文化的研究能有坚实、可靠的科学基础和持续不断的动力。

一、"闽南人文化"的概念要比"闽南文化"概念准确与少歧义

　　目前人们多以"闽南文化"的概念来界定"闽南人的文化",然而,由于"闽南文化"本身所具有的多重意义,如由于闽为福建的代称,闽南则是福建南部的代称,因此闽南文化可以表述的是福建南部或闽南地区的文化,也就是说,在这个意义上,它是一种具有地域性文化意义的概念,由于闽南这种地域概念的限制,其所指是福建省南部地区的文化,其限定的地域范围比较小。其次,目前大家在使用"闽南文化"这一概念时,往往不是指称福建南部的文化,而主要是指称"闽南人的文化",这是用闽南文化这样一种准确地指称中国某一地域文化的概念去指称汉民族中一个民系的文化。然而,由于"闽南"这一地区概念的限制,在表述后一种所指时,就常常出现一种尴尬或歧义,如出现"台湾的闽南文化"、"东南亚的闽南文化"、"浙南的闽南文化"、"潮汕的闽南文化"、"广东的闽南文化"、"海南的闽南文化"等表面看起来像是"一个地域中的一种地域文化",显现出一种非常奇怪的指称、界定或感觉。实际上,上面列举的几种表述其所指的应该是"台湾的闽南人文化"、"东南亚的闽南人文化"、"浙南的闽南人文化"、"潮汕的闽南人文化"、"广东的闽南人文化"、"海南的闽南人文化"等"某个地区中

的某一种民系文化或族群的文化"。就因为有这样古怪的歧义,因此常常造成"闽南文化"这一概念有界定不准确的感觉,或引起一些不必要的分歧。所以,"闽南文化"这一概念,由于其直接表述的是"地域"的概念,因此它在指称闽南地区的文化是确定的,不会引起歧义的,但用在超出闽南地区去界定"闽南人的文化"时,直观上就容易引起歧义,甚至招致某些不必要的非议。如潮汕人虽然认为自己也是闽南人的一支,或者是闽南人分布在广东潮汕地区的一支,所讲的潮州话为闽南方言中的一种分支或土语,但他们也会认为:我们的文化是潮州文化或潮汕文化,并非闽南文化,因为我们不居住在闽南(福建南部),而是居住在广东东部的潮汕地区,如果以地域作为定语来构词界定我们的文化时,我们的文化自然是潮汕文化或潮州文化。类似的情况应该还有。其实,这里会引起歧义的主要还是"闽南"这一地域概念的问题。笔者曾写过一篇短文对"闽南文化"这一概念中的歧义性进行讨论与辨识,①笔者认为,"闽南文化"概念的歧义性,主要就是来源于"闽南"这个限定语是福建南部的代称,是一种地域性的概念,而非民系或族群的概念,因此用其来界定文化时,其在所难免地会从直观上或感觉上引起上述所说的一些歧义。因此,在界定闽南人的文化现象时,用"闽南人文化"要比用"闽南文化"来的准确和没有异议。因为"闽南"是中国的一个地域的称呼,"闽南人"才是汉族中的一种民系,因此,要指称一个民系的文化,前者才是汉族中一种民系的文化的最佳和较准确的称谓。而后者,从字面上看,首先它让人联想到的是中国境内的一种地域文化,而且是一个省,即福建省(简称闽)的下属地域的一种文化,然后,才会使人联想到闽南人这一汉族民系或族群的文化,而且,通常在使用"闽南文化"这样的指称或表述时,还得向他人做一番解释。

当然,有的人也许会说,"闽南文化"这一概念已用了多时,又有某些重要人物说过或肯定过,因此,从约定俗成的角度讲,它还是可以运用的。然而,问题就在于,当我们界定某种事物时,尽管过去也许有一些不准确的术语或概念,但为了今后能更好地从事研究,为了今后的研究不必为某种不准确的定义去做一些解释,能尽早地改正过去的偏差,科学地、准确地定义某一事物,使其不再产生不

———

① 石奕龙《闽南文化、闽南人文化、下南人文化的辨识》,《东南学术》,2011年第4期。

必要的歧义,这将对今后持续地研究闽南人是必要的和有利的。至少,在我们较科学与准确地将闽南人的文化定义为"闽南人文化"后,似可以减少许多不必要的歧义与麻烦,也不必再去为这些不确定的东西做解释,从而使研究正常、顺利与持续。所以,我认为,在对闽南人的文化进行研究时,使用"闽南人文化"的概念要比"闽南文化"的概念要好,因为它不会造成以地域的概念来替代民系的概念,比较没有歧义与多重意义,比较科学与准确,也不会造成一些不必要的麻烦。

由于闽南人不仅生活在闽南地区,也散布于中国各地,并移居海外,因此,当我们确认以"闽南人文化"这样一种民系或族群文化的概念来指称闽南人的文化后,也可以比较顺利地界定分布于闽南地区之外的闽南人的文化,这时地域性的概念作为限定语就顺理成章地必要了,如台湾的闽南人文化,东南亚的闽南人文化,潮汕的闽南人文化等的概念也就比较容易理解与界定了。同时,这样分层次,在研究中也有好处。我们知道一个民族的文化,即便它的深层结构或核心价值是一致或同质的,但由于分布于各地也可能会因在地的适应问题而形成表层结构的差异。我们汉族是如此,汉族所属的各民系也是如此,特别是像闽南人这样的汉族民系或族群,目前的分布实在是太广了,所以在不同的地域,因自然与社会环境的不同,因与当地各种不同的族群的接触、交往的不同,她们自然也会形成一些文化上的不同。因此,当以民系概念的"闽南人文化"这一层次下,还包含有不同地域的闽南人文化的分类体系来研究"闽南人文化"的整体时,那么,我们就可以比较清楚地看到,各地闽南人文化的共性与各地的特殊性了,也就不会出现因看到本地表层的特殊性,就否认"闽南人文化"具有的深层共性了。

二、何为闽南人

上面我们强调应以闽南人这一民系或族群的概念来界定闽南人的文化,从而确立闽南人文化是民系文化或族群文化而非地域文化,闽南人的一些地域文化是闽南人文化这一民系或族群文化下属的一种亚文化。当然,这也涉及到了"闽南人"这一民系或民系概念,换言之,也就是说,什么样的人群才是"闽南人",或者"闽南人"民系或族群的边界应该如何划定的问题。

首先,闽南人并非是闽南地区居住的居民,因为在闽南地区居住的还有许多其他汉族民系的人,如在闽南地区工作的、有户籍的客家人、外地人、外省人,这些人应该不算是闽南人,而当他们落籍后,又改变了他们的文化逻辑后,也许他们也可以算是闽南人。实际上我们所讲的闽南人,他们并非只居住在闽南地区,他们也居住在台湾、浙南、粤东、粤东沿海、雷州半岛、海南岛、东南亚和世界其他地方,所以以地域来界定闽南人不妥。因此,要想界定闽南人,需用"文化"。其实最能在福建区别闽南人与其他人如客家人的标志性文化现象就是语言了。当然,这里指的是汉语中的闽南方言,也就是说,闽南人应该是汉族中讲闽南方言的人群、族群或民系。当然,由于闽南方言包括了许多土话,如惠安话、泉州话、晋江话、南安话、安溪话、永春话、德化话、大田话、厦门话、同安话、漳州话、龙海话、漳浦话、云霄话、诏安话、平和话、南靖话、华安话、长泰话、漳平话、龙岩话、台湾话、潮州话、海南话等,这些各地的土话或土语虽各有些差别,但都归于闽南方言的语言类别中,故他们都是闽南方言的一支,因此,讲这些土话的人群或族群都应该是闽南人,当然,也可以说是某个地域中的闽南人。

其次,闽南人还应该包括那些认同祖籍地在闽南地区,而迁徙至外地,甚或外国生活、繁衍的人群,这类人有的仍坚持说母语闽南方言,但有的就不一定了,特别是移民到国外生活的一些祖籍闽南的人群,也许在遥远的地方,由于受当地国语的影响,他们慢慢地在语言方面被同化,但这类人仍认同闽南地区为其祖籍地,认为他们的根在闽南,所以,他们虽是他国的国民,但仍与他们的祖籍地的文化有某些认同,也就是与闽南人认同,那么,我们似乎也应该将其归入闽南人,并研究他们与闽南人和闽南人文化的关系,同时也可以研究这些闽南人的后裔是如何适应该国或该地的环境的,等等。

因此,所谓的闽南人应指那些讲闽南方言的人群,以及那些虽居住在地理意义的闽南之外,虽不一定讲闽南话,但在心理上仍认同闽南人文化的人群。

三、闽南人形成于何时

闽南人的祖籍地为中原,目前也形成了河南光州固始为象征祖籍地的历史记忆,如许多闽南人的族谱多把自己的闽地或闽南的开基祖认定为唐初跟随陈元光或唐末跟随王绪、王审知一起来福建或闽南的人。然而,实际上进入闽地或闽南地区的移民,从西汉就开始了,而且他们多为当时的"士族",来自中原各地,并不局限于河南的光州固始。如汉代七国之变时,吴太子驹在亡国后逃入福建。① 又如在福建仙游九鲤湖"成仙"的何氏九仙是汉代人。据称:"汉武帝时,九仙父任侠好气,从淮南王游。淮南王善之,谈议寝广,九人惧其及也,数谏父谢绝王。父弗听,九兄弟去闽,炼丹仙游县之湖上。"②再如根据《同安县志》记载,汉武帝时,曾派兵驻闽地各处,其中有一位左翊将军许督,被派驻军于营城,奉命永镇此土,后搬家居住于五庐山下,对同安的开发立下汗马功劳。所以同安县有"未有同安,先有许督"的俗谚。这些人的来源地并非河南光州固始。

东汉、三国时期,中原的汉人迁入闽地渐多。有的是逃亡,如《邵武府志》卷二十八云:"孙策建检其江左时,邻郡逃亡,或为公私苟乱者,悉投于此。因是有长乐、将检二村之名。"有的乃谪徙、流放,如永安三年(260 年)孙休黜孙亮为侯官侯,遣之国,道自杀。夫人全氏随之国,居侯官(今福州)。③ 孙休还在东冶置典船校尉,把一些从中原谪徙之人安置于此造船。④ 吴末帝孙皓时(264～280 年),也曾把与废太子孙和有关系的宗室家属流放到东冶(今福州);还把降魏的吴将徐绍的家属流放到建安郡(今福建)。⑤ 孙皓的左丞相陆凯数犯颜忤旨,待陆凯过世后,孙皓就把其家人都流放到建安。⑥ 此外,孙皓还把中书令张尚⑦、会稽太守郭诞等迁徙到建安去造船⑧。在这个时期内,也有不少人迁入现泉州地区,如嘉庆《惠安县志》卷三十云"黄兴,吴孙权将也,与妻曹氏弃官入闽,居邑南之凤山"就是一例。传说惠安的境主公青山王张悃也是吴国的将军,不过,他是奉命率军在惠安地区镇守的,到宋代,他被人奉为神灵、惠安县的境主。

晋永嘉年间(307～312 年),中原动荡,洛阳世家大族被屠杀,幸存者纷纷南逃,造成许多汉人士族举族入闽。"永嘉二年(308 年),中州板荡,衣冠入闽者八族,所谓林、黄、陈、郑、詹、邱、何、胡是也。"⑨也有不少人逃到闽南,如《唐十道

① 《汉书·吴王濞传》。
② 《古今图书集成》职方典,卷一〇三三《福州府山考》。
③ 《三国志·孙亮全夫人传》。
④ 《宋书·州郡志》。
⑤ 《三国志·吴书三·孙皓传》裴注引《吴录》。
⑥ 《三国志·吴书三·陆凯传》。
⑦ 《三国志·吴志·张紘传》。
⑧ 《三国志·吴书三·孙皓传》。
⑨ 黄仲昭修纂 弘治《八闽通志》卷八十六《拾遗》,福建人民出版社。

志》曰："清源郡，秦汉土地，与长乐同。晋南渡衣冠族多萃其地。"①唐代泉州由科举考上的第一位进士欧阳詹撰写的《杨公墓志铭》云："其先关右弘农人，永嘉过江，公自始迁之祖若干代处于闽越。"而他写的《有唐君子郑公墓志铭》记："其先宅荥阳，永嘉之迁，远祖自江上更徙于闽，今为清源郡晋江人。"②又如："晋安帝时，梁暕为同安令，伪楚用为征东大将军，辞不就。遂逃于闽，至南安家焉，即文靖公之六世祖政也。"③五代时期泉州人詹琲的诗《忆昔吟》："忆昔永嘉际，中原板荡年，衣冠坠涂炭，舆略染腥膻。国势多危厄，宗人苦播迁，南来频洒泪，渴骥每思泉。"也记忆了永嘉年间士族的南迁。除此之外，晋以后，中原还有人被流放到闽地，如晋南顿县县侯司马宗以谋反被杀，其妻与子女被流放至晋安郡（今泉州）。④南朝宋国的傅亮以擅废少帝被杀，其儿子也被流放建安郡。⑤有的人迁到闽南时间长了，并成为政府的户籍之人，有的到隋唐时也形成了所谓的大族或"豪族"，甚至有力量与朝廷对抗。如《北史·杨敷传》记载，开皇九年（589年），江浙高智慧和"南安（今泉州）豪族"王国庆等起兵反隋，杨素奉命走海路镇压。国庆"弃州走，素分遣诸将，水陆追捕。时南海先有五六百家，居水亡命，号曰游艇子，智慧、国庆欲往依之。素乃密令人说国庆，令斩智慧以自效。国庆乃斩智慧于泉州。自余支党悉降，江南大定"⑥。

由于"下南"的人日益增多，为了将他们固定在移居地上，管理他们，朝廷也随着移民的脚步逐渐在福建与闽南等地建立县级与郡级的行政机构。在闽南地区最早建立县级机构，大约是在三国时期，《太平寰宇记》云："吴永安三年（260年），割会稽南部以建安、将乐、邵武、建安、吴兴、延平、东安、侯官等九县为建安郡。"⑦换言之，在公元260年，吴国在现今的福建建立建安郡，郡城设在闽北的建瓯，而在闽南地区则建立东安县，其县城设在今南安县城那里。这种情况表明，在公元260年时，闽南地区已有一些中原或北方来的移民，为了对他们进行

① 黄任等 乾隆《泉州府志》卷二十《风俗》，上海书店2000年，第481页。
② 欧阳詹《欧阳行周集》卷四，上海古籍出版社，1993年，第25、27页。
③ 王象之《舆地纪胜》卷一三〇《泉州》，中华书局，第3746页。
④ 《晋书》卷五九《汝南王亮传·子宗附传》。
⑤ 《宋书》卷四三《傅亮传》。
⑥ 《北史》，中华书局标点本，第1512~1513页。
⑦ 乐史《太平寰宇记》卷一〇一，《建州》，中华书局，2000年影印宋本，第123页。

管理、收税等,所以建立了县级的行政机构。而这样的机构的经历,这些从中原迁来的移民,也就成了闽南东安县籍的居民,从而第一批所谓的闽南人开始形成。

但是,当时为什么不在海边地带如现在的泉州或晋江建立县城? 徐晓望认为:"其时,晋江平原尚未浮出海面,海岸应在南安丰州一带,因此,闽南最早的县设于此地。"①这种看法应该是错误的。实际的原因是,当时地广人稀,中原来的移民因习惯于中原地区的农耕习俗,故迁到闽南地区时,首先也会选择那些与中原地形地貌类似的地区生活。这种移民的习惯,我们从移民到台湾的情况中也可以看到,如泉州人居沿海,到台湾后也多占据沿海地带生活。漳州人较多地在丘陵地带生活,到台湾后也居住于台湾的第二台地。所以这种现象表明,移民在进入移居地后,如有可能自我选择时,首先是选择与自己过去习惯居住的环境基本相似的地方去生活,这是一种普遍的规律。因此,正是因为这样的道理,故我们也就可以理解为什么文献记载早期的移民进入福建后多沿河居住,而不是先跑到海边居住的缘故。如:"晋永嘉末,中原丧乱,士大夫多携家避难入闽。建(瓯)为闽之上游,大率流寓者居多。"②在泉州也是如此,如"晋南渡时衣冠避地者,多沿江而居"③,并把流经现在泉州的笋江、浯江、溜江的总名命名为晋江④,建构一些文化符号来纪念自己的故乡或原乡。到了隋唐时,由于沿河便于农耕的地方都被占满了,所以才向沿海地带进军与开发。一方面是围海造田,如晋江的仆射塘,"唐元和二年刺史马总开,溉田数百顷"⑤。又如晋江的陈埭,唐末"陈洪进所筑,其埭最大,合南浦之水,为陡门,通归大海,南洋田多仰焉"⑥。另一方面就是耕海为田,或从事海外贸易,或从事海上捕鱼,在岸边,还有盐业等的兴起,海洋文化的因素从而变得兴盛起来,故才有后来的"泉州人稠山谷瘠,虽欲就耕无地僻,州南有海浩无穷,每岁造舟通异域"⑦,和"濒海者恃鱼盐为命,依山

① 徐晓望《闽南史研究》,海风出版社,2004 年,第 3 页。
② 民国《建瓯县志》卷十九《礼俗志》。
③ 黄任等三者乾隆《泉州府志》卷八《山川》,上海书店,2000 年。
④ 道光《晋江县志》卷四《山川志》,福建人民出版社,1990 年,第 90 页。
⑤ 黄仲昭《八闽通志》卷二十一《食货》,第 464 ~ 465 页。
⑥ 周学曾等纂修 道光《晋江县志》卷八《水利志》,福建人民出版社,1990 年,第 165 页。
⑦ 谢履《泉南诗》,乾隆《泉州府志》卷二十《风俗》。

者以桑麻为业"的一些记载出现。

由于陆陆续续迁入福建甚至闽南的中原或北方的汉人移民逐步增多,以致晋统一中国后,于太康三年(282 年)在福建析建安郡设立晋安郡①,下属侯官(今福州)、原丰(今闽县)、温麻(今霞浦)、晋安(今南安)、同安(今同安)、新罗(今龙岩)、宛平、罗江(今罗源、宁德)等八县来统辖闽地的闽东与闽南。在闽南(当时应该包括现在的闽西)建立了三个县。并且根据《隋书》的记载"南安,旧曰晋安,置南安郡。平陈,郡废,县改名焉"②的情况看,当时管闽东、闽南、闽西大片地方的晋安郡的郡城应该设在现在的闽南地区的南安县城一带或南安的丰州一带。

到了"梁天监(502～519 年)中置南安郡"③,晋安郡的郡治移到今福州,闽东分离出去,至此后闽南独立成郡,此后在南朝梁大同六年(540 年)南安郡的行政机构扩展至九龙江南岸的今漳州一带,在那里建立了龙溪县,"龙溪,梁置,开皇十二年(592)并兰水、绥安二县入焉"④。把过去属于广东的兰水、绥安也包括了进来。这也表明,在陈元光开漳之前,已有不少北方或中原的移民,或南安郡的闽南籍移民进入现在的漳州地区。

正因中原移民或南安郡移民进入九龙江以南地区,才引起所谓的"蛮獠啸乱",才引起陈政、陈元光率军的镇抚与开漳,并在唐垂拱二年(686 年)漳州郡的建立,与后来的汀州郡的建立。而这时这些落籍的移民等,应该都是闽南人。

因此到这时闽南人才真正扩展至整个闽南地区,所谓的闽南地域最终形成,中原来的人落籍于闽南各郡县,从而使之籍贯改变,而成了闽南地区的当地人,所以,在这个时期,名副其实的有闽南地区户籍的人就最后形成了。

此外,我们从语言的角度看,大体也是如此,现有人认为闽南方言是汉唐中原语言的遗留,而且白读多为汉音,文读多为唐音。这种语言现象的形成,也与上述人的迁徙与行政机构的建立有关。实际上,在隋唐以前,人们分士族与寒门,士族当官主要都是推荐,寒门几乎无法当官。但隋唐后,士族、寒门已开始模

---

① 王隐《晋书·道记》。
② 《隋书》卷三十一《地理》下,中华书局标点本,第 879 页。
③ 梁克家《三山志》卷一《地理》,《影印文渊阁四库全书本》,第 6 页。
④ 《隋书》卷三十一《地理》下,中华书局标点本,第 879 页。

糊,故朝廷开始以科举取士,这样寒门的人通过读书、考试,也有机会上升到统治阶层,使中国的社会结构发生了一次大变动,所以才有以后让做官的人可以修族谱、建宗祠,也使中国的社会组织发生了变化。当然,闽南人的祖宗从汉代以来一直进入,故他们保留汉音也是情有可原的。到了唐代,由于科举,闽南人也需进入中原或中心地带科举,也需再学唐音,否则如何与中原的人交往,故形成如此的语言现象。

总之,根据上述一些情况看,本人认为,闽南人的形成一要看闽南方言的形成,二也要看中原或北方移民在闽南地区落籍的情况,所以,闽南人最初的雏形,应大约在公元260年东安县建立之后,换言之,在此之后,开始有了以闽南的县、郡为籍的人群出现。

（作者为厦门大学人类学研究中心原主任、教授）

先秦闽越文化与楚文化关系论

黄　莹

在我国古代文明多元一体的谱系中,福建闽越故地的早期土著文化源远流长,并持久地保存着相对独立的发展道路。闽越,是秦汉时期居住在我国东南百越民族地区的一个强大民族集团。据史料记载:夏商时期,闽越先民居住的地区称为"扬州之域";周代为"七闽"地("闽族"所在地);战国时期,由于地处浙江北部的"于越"被楚消灭,其"走南山"的一支逃难到了福建,与闽族融合成为闽越族。越王勾践的后裔无诸立闽越国称王,一直到西汉。闽越国的建立,揭开了福建文明史的第一页。闽越族是周代以来因吴、越人群的南迁并与土著闽文化融合的产物,闽越人的文化也必融合了吴、越、闽、楚文化的因素。本文拟在梳理先秦时期闽越文化与楚文化之关系。

一、楚越同源

追本溯源,闽南文化的前身是吴越文化。楚文化与吴越文化有着渊源极深的关联,有些学者提出了楚越同源的观点。史料记载称,楚越两族,同姓而且同祖,《史记·楚世家》说:"季连,芈姓,楚其后也。"在《汉书·地理志》中注引《世本》中提到了:"越为姓,与楚同祖。"可见先秦闽越文化与楚文化有着同一源流。稍迟一些时候的《国语·郑语》也提到:"芈姓夔,越。"这是说:夔、越二国都是芈姓。芈是楚姓,两国都姓芈,也就意味着越和楚同姓。不仅同姓,楚越还同源。《国语·吴语》韦昭注说:"勾践,祝融之后(芈为祝融八姓之一),允常之子,芈姓也。"[1]更是把越人的先祖推到了祝融,而楚是祝融之后,也等于说是楚越同源。

---

① 　徐元诰《国语集解》,中华书局 2002 年,第 536 页。

楚越同源在早期先秦的文献上有不少证据,并非孤证。这一说法,后来被史学家吕思勉加以肯定和发挥,认为越出自楚。①事实上,吴越国与中原诸国之间隔着楚国,因此,他们在"华夏化"发展时必然会受到楚国的影响。

史实上记载,先秦时期楚越之间关系密切,毗邻而居。一方面两国有着友好的姻亲亲缘关系,《史记·楚世家》记载:楚庄王"左抱郑姬,右抱越女";楚昭王的一位侍妾是越女,生下了楚惠王熊章。另一方面,楚国与吴、越也频繁地交战,吴军还攻破楚郢都。《后汉书·南蛮传》记载:"吴起相悼王,南并蛮越,遂有洞庭、苍梧。"吴起变法后,楚国向南不断扩展疆域,占有江南大片地区,长江流域洞庭湖附近的许多蛮越部族,都纳入了楚国的势力范围。到了战国末期,越灭吴,楚灭越,乘胜尽有吴、越之故地,东至于浙江。据《史记·越世家》记载:"楚威王兴兵而伐之,大败越,杀王无疆,尽取吴越故地至浙江,北破齐于徐州,而越以此散,诸族子争立,或为王,或为君,滨于江南海上,服朝于楚。"一些学者认为,此后越国的一些后裔支族沿海南迁,分别在灵江、瓯江、闽江一带建立东越、瓯越、闽越等国。蒙文通在《越史丛考——越人迁徙考》一文中指出:"(楚)灭了越国,拓地至于浙江(水名)。越人乃因此役以后,始往中国南海沿岸迁徙。……这些南迁的越人,先在浙江南部同福建建立东越。"由上述记载可以得知,由于楚文化的南渐,长江中游的越人有的迁往岭南,有的迁往福建建立东越、闽越,其中一部分人又从东越迁往岭南;还有的直接接受楚文化的熏陶,成为楚人。

杨权喜在《楚越关系初析》一书中引用了许多论据之后说:"楚文化就是当地土著文化与中原文化相结合的一种文化,而它所出现的文化因素,则正是楚、越同源的一种反映。"先秦时期,是我国各地域民族大融合、文化大发展、人才大交流的时期。这一时期的位于南土的楚人和越人,壤土相连、声气相闻。还出现了楚材吴用、楚材越用的情况。例如为吴国的强盛作出杰出贡献的申公巫臣、伍子胥,还有伯嚭都是楚人;实现越国富国强兵,最终为称霸中原立下汗马功劳的范蠡、文种也是楚人。一批楚国杰出人才东入吴越之地,客观上使得楚文化对苗壮成长中的越文化产生了重要影响。楚国先后灭扬越、攻吴国、吞越国,尽并吴越之地、占有其民,不仅对越人越文化施加了前所未有的楚文化影响,也使楚文

---

① 吕思勉《中国民族史两种》,上海古籍出版社 2008 年,第 191 页。

化不由自主地接受了越文化越习俗的浸染,成为一种你中有我,我中有你,相互交融的共生文化。

二、闽为南蛮

春秋时期,周王室开始加快了分封的步伐,除了中原诸国以外,开始向更远的疆域扩大,随着对南方的开疆拓土,周王室加深了对南方各民族的认识,他们对长江以南地区的民族称之为"蛮"。《说文》云:"蛮,南蛮也。"当时楚国是南方最大的国家,与南方民族融合,有着与中原冠带礼仪不同的文化,北方诸侯轻视斥之为"蛮夷"。《礼记·曲礼下》:"东夷、北狄、西戎、南蛮,虽大曰子。"《春秋》:"用夷礼,故曰子。"《国语·晋语》称:"昔成王盟诸侯于歧阳"时因"楚为荆蛮"而"故不与盟"。《孟子·滕文公》:"南蛮,鴃舌之人,非先王之道。"《春秋公羊传》又云:"楚,夷国也,强而无义。"《诗经·商颂》曰:"维汝荆夷,居国南乡。"《左传·成公四年》载:"楚虽大,非我族也。"楚武王伐随云:"我蛮夷也,今诸侯皆为叛,相侵或相杀,我人敝甲,欲观中国之政。"楚文王亦言:"我蛮夷也,不与中国之号谥。"由此可知,楚人自先秦起就被称为"荆蛮"、"楚蛮"、"蛮夷"。

闽也是南方重要的部族之一,因为史书上习惯以东夷、西狄、南蛮、北戎来称呼四方少数民族,所以闽族也被视为南蛮。《尔雅·释地》曰:"九夷、八狄、七戎、六蛮谓之四海。"先秦时期以"九夷、八狄、七戎、六蛮"的称谓来描述华夏之外的四方时,"闽"和"蛮"同义,指东南及南方的部族。《国语·郑语》认为:"闽带蛮矣。"段玉裁注《说文解字》也称"闽,蛮之别也"。贾公彦说:"(闽),如蛮人矣,故曰蛮。"可见闽人与蛮人有很多相似之处,所以被看做和蛮人一样。《容斋随笔》卷五:"成周之世,中国之地最狭,以今地里考之,吴、越、楚、蜀、闽皆为蛮。"将南蛮之地细分为吴、越、楚、蜀、闽等诸侯国的地域范围。蛮为南方少数民族的统称,而闽为南蛮的一支。《史记·吴太伯世家》索引曰:"蛮者,闽也,南夷之名,蛮亦称越。"可见蛮、闽因为都地处南地,有一定的共同点而被中原各国认为一体,今天的闽江上游的闽北地区的方音中"闽"与"蛮"同读"main",很可能就是上古时期两者概念混同的一个例子。"闽"、"蛮"同读显然意味着"闽"、"蛮"之间有着密切的内在联系。《史记索隐》曰:"蛮者,闽也,南夷之名,蛮亦称越。"这里蛮、闽、越甚至可以互称,很可能这些南方部族间有着相似的生产生活方式,而被概括为同族。

楚国在春秋战国时期,逐步成为雄踞江汉、江淮、江南、吴越、百越地区的大国,政治势力在南方达到了商周王朝所没能达到的南方广大地区,推动了文化的传播和影响。先进的楚文化是伴随着强大政治、军事攻势,不断地向南扩展,一直深入到我国的南海地区,在沿海地区发挥了前所未有的重大影响。原来僻处东南一隅的闽越土著,在先秦时期的民族大融合中,不是处于与世隔绝的真空状态,在闽越民族的形成与发展过程中,也受到了与之相邻的楚文化的影响。这种情况不仅在文献中多有记载,还在考古学上得到了印证。例如,福建闽侯庄边山的古墓葬,就是周秦时期迁入到福建的楚国贵族墓地。① 战国前后,在闽西、闽南的武平、大田、漳浦考古发现的青铜器、铁器与吴越、楚国地区所见无异。②

三、共同的习俗

楚越之地,其范围北迄秦岭——淮河一线以南,西至川东,与巴蜀为邻,东到大海。楚越地域相近,习俗也有相同之处,《汉书·地理志》说:"粤(越)与楚接境,数相兼并,故民俗略同。"在史书上多有"楚越之地"的记载,统称地域广大的南方区域,因为气候、水文等自然地理条件的相同,从而在生产方式、生活方式、风俗习惯等方面有着类似的地方。

一是饭稻羹鱼。《史记·货殖列传》曰:"楚越之地,地广人稀,饭稻羹鱼,或火耕而水耨,果隋蠃蛤,不待贾而足,地埶饶食,无饥馑之患,以故呰窳偷生,无积聚而多贫。是故江淮以南,无冻饿之人,亦无千金之家。"显然,楚越之地地处江南,中下游的干支流流贯全境,使这一地区水上交通极为便利,是南来北往的必经之地。这一地区处于亚热带季风区,气候属温带湿润型,雨热同季,有利于农业生产活动,是全国著名的鱼米之乡,具有十分优越的自然条件和丰富的自然资源。富饶的自然条件,使楚地很早就出现了渔业、林业以及粗放式稻作农业,且瓜果等食物充足,能自给自足,使得在当地的谋生较为容易。种植水稻、重视渔业甚至在几千年后的今天,仍然以人事地理相印证,可见这一生产方式的适应

---

① 林公务《福建闽侯庄边山的古墓群》,《东南文化》,1991 年第 1 期。
② 吴春明《中国东南土著民族历史与文化的考古学观察》,厦门大学出版社,1999 年,第 164 页。

性。在闽越地区,新石器早期的闽侯溪头遗存,就发现有丰富的蚬和蛤蜊等贝类化石,还有野猪、赤鹿等野生动物的骨骼化石,说明了福建境内早期的劳作主要以渔猎的生产方式为主。闽北崇安城村古城遗址发现了铁犁铁锄等农业生产工具,表明至东周后期秦汉之际,这里开始了种植业,使闽地在秦汉之际进入了农业生产的时代。

二是民风剽悍。关于这一地区的民俗,史书有以下记载:"(西楚)其俗剽轻,易发怒,地薄,寡于积聚……通鱼盐之货,其民多贾……清刻,矜已诺";"南楚好辞,巧说少信"①;"荆楚剽勇轻悍,好作乱"②;"越人信鬼,而其祠皆见鬼,数有效"③;"吴、粤之君皆好勇,故其民至今好用剑,轻死易发","自合浦徐闻南入海……民皆服布如单被,穿中央为贯头"④;"会稽俗多淫祀,好卜筮。民常以牛祭神,百姓财产以之困匮"⑤等等。卓越的生态环境和丰富的物质资源,为楚越百姓提供了充足的生活资料,春秋时的吴、越恃此而强盛,曾一度称霸。这种条件在令人受惠的同时,也助长了社会上的懒惰、苟且偷生的习俗。应劭就指出,楚越"风俗朝夕取给偷生而已,无长久之虑也"⑥,生活在"非常富饶非常有利"条件下的楚越人"放荡不羁"和不思进取,缺乏敢于探索,勇于与自然抗争的秉性。"江淮以南有水族,民多食物,朝夕取给以偷生而已。不为积聚,乃多贫也。"⑦楚越民俗的形成,与这一地区的生态环境有着较密切的关系。古人说:"居楚而楚,居越而越,居夏而夏。"⑧各地的自然地理环境的不同,在自然条件、农业生产方式,还是地理风貌也都有明显的不同。居住其地的人们,为了适应当地的环境,在生活习惯、文化风俗等方面也打上了当地的烙印。

四、崇蛇传统

中国的古代文化与蛇有着密切的关系。中国人崇拜的龙实际上也是蛇的衍

---

① 《史记·货殖列传》。
② 《史记·淮南衡山列传》。
③ 《史记·封禅书》。
④ 《汉书·地理志》。
⑤ 《后汉书·第五伦列传》。
⑥ 《汉书·地理志》。
⑦ 《史记正义·货殖列传》。
⑧ 《荀子·儒效》。

化和美化,我们自称"龙的传人",其实未尝不可说是"蛇的子孙"。这一切都折射着远古蛇图腾崇拜的信息。蛇是中国古代先民所崇拜的对象,人们尊蛇为始祖神,这在很多上古创世神话传说中都有所体现。楚文化中人们对蛇有着复杂的感情,又信仰又恐惧。蛇崇拜也是楚文化的重要内容之一。人文始祖女娲是人首蛇身,最早的文字记载是出自楚文化的名著《楚辞·天问》中:"女娲有体,孰制匠之?"王逸注:"女娲人头蛇身。"大名鼎鼎的黄帝(轩辕氏)也是人首蛇身,出自同样是南方楚人作的《山海经·海外西经》中:"轩辕之国……,人面蛇身,尾交首上。"由于地域、气候和物产的缘故,楚文化也和蛇有着密切的关系。楚人自称蛮夷,《说文解字》卷十三篇(上)"虫"部有:"南蛮,蛇种,从虫、亦声。"中原甚至干脆称南方民族为"蛇种"了。楚人所居之地,在传说中称为"三苗"之地,《山海经·海内经》:"有人曰苗民。有神焉,人首,蛇身,长如辕。"苗蛮集团是以蛇为图腾的。楚人的始祖是祝融,《山海经·海外南经》中说:"南方祝融,兽身人面,乘两龙。"江南楚地优越的自然地理条件不仅是人们繁衍生息的理想场所,同时也是各类动物生息之地。《楚辞·大招》记载当时的南方是"南有炎火千里,蝮蛇蜒只。"《山海经·大荒南经》记载:"黑水之南,有玄蛇。"《诗经·小雅·斯干》:"维熊维罴,男子之祥;维虺维蛇,女子之祥。"孔疏:"舍人曰:'蝮,一名虺。江淮以南曰蝮,江淮以北曰虺。'"汉王充《论衡·福虚》:"楚相孙叔敖为儿之时,见两头蛇,杀而埋之。"楚文化分布在远古时期的苗蛮集团故地,继承了当地的崇蛇传统。在与吴越文化的交流与融合中,彼此的崇蛇、重蛇习俗也随之交流,相互加强。

　　蛇是闽越人的图腾是毋庸置疑的。先秦时期,就留下许多蛇崇拜的记载。《国语》记载,伍子胥劝吴王夫差,不可放越王勾践回国时说:"夫越王好信以爱民,四方归之,年谷时熟,日长炎炎,及吾犹可以战也。为虺弗摧,为蛇将若何……。"①《吴越春秋》在记述吴国大城的结构和装饰时说:"子胥乃使相土尝水,……造筑大城,……立蛇门者,以象地户也。阖闾……欲东并大越,越在东南,故立蛇门以制敌国。……越在巳地,其位蛇也,故南大门上有木蛇,北向首内,示越

---

　　①　《国语·吴语》。

属于吴也。"①这些史料上的记载,都是把越国的标记视为蛇的证明。《史记·周本纪集解》曰:"(闽越人)常在水中,故断其发,文其身,以象龙子故不见伤害。"《说文解字》记载:"闽,东南越,蛇种。"虫形蛇解,闽人以"蛇"为图腾,视为"小龙"。故有"门字里面是条虫,跳出门外便成龙"之说。唐宋时的记载,仍然说闽越是蛇种,还指出唐时闽中五大姓的林、黄等姓也都是蛇种的后裔。《太平御览·州郡》云:"开元录曰:闽州越地,即古东瓯,今建州亦其地,皆蛇种,有五姓,林、黄等是其裔。"又《舆地纪胜》云:"旧经闽越地即古东瓯,今建亦其地,皆蛇种。有五姓,林、黄是其裔。"可见闽越族的汉化者,还是或多或少地保存了一些蛇图腾崇拜的残余,因此才会被称为蛇种的后裔。清代施鸿保的《闽杂记》曰:"福州农妇多带银簪,长五寸许,作蛇昂首之状,插于髻中间,俗名蛇簪。或云:许叔重《说文》:'闽、大蛇也。其人多蛇种。'簪作蛇形,乃不忘其始之义。"彭光斗的《闽琐记》也记载说:"髻号盘蛇,昔人咏以为美,意亦如时下吴妆耳。及见闽妇女缩发,左右盘旋,宛然首戴青蛇,鳞甲飞动,令人惊怖,询怪状也。"福建地区湿热的地貌和山林河溪的遍布使得蛇类极多。他们由对蛇的害怕逐渐而生敬畏,形成了特殊的蛇崇拜的习俗。不仅闽越人的关于蛇的传说和民间故事颇多,就连流传下来的关于蛇的风俗亦多姿多彩,如闽北樟湖镇的蛇王节习俗和福建女性的蛇形发饰偏爱。

五、信巫鬼、重淫祀

楚人在生产力低下的开创时期面临的艰难,使他们对自然产生了强烈的畏惧和崇拜,而荆楚繁茂的丛林、纵横的江河、广袤的原野以及与蛮夷杂处的神秘的生态环境,孕育出楚地先民崇尚自然、敬畏鬼神的传统意念。楚先民"民神杂糅,家为巫史"②,《列子·说符》中云"楚人鬼";《汉书·地理志》记载,在楚国,从宫廷到民间,历来"信巫鬼,重淫祀"。

同样,闽越人也崇鬼淫祀的习俗。早期的闽越人生产力低下,生活极端艰苦,常处于温饱不及的状态。这种生产状态下的闽越人认识世界的能力自然极

---

① 《吴越春秋·阖闾内传》。
② (《国语·楚语》)

为有限，他们对支配自然界运行的内在规律缺乏足够的理解，于是对超自然力量的代表——鬼神的崇拜应运而生。《史记·封禅书》云："是时既灭两越，越人勇之，乃言'越人俗鬼，而其祠皆见鬼，数有效。昔东瓯王敬鬼，寿百六十岁。后世怠慢，故衰耗'。乃令越巫立越祝祠，安立无坛，亦祠天神上帝百鬼，而以鸡卜。上信之，越祠鸡卜始用。"汉武帝禁止越人祭祀鬼，遭到越人的反对，只好妥协认同。《汉书·地理志》说："江南地广，或火耕而水耨。民食鱼稻，以渔猎山伐为业，故呰窳偷生，而亡积聚，饮食还给，不忧冻饿，亦亡千金之家。信巫鬼，重淫祀。"原本信鬼是华夏民族早期的共同习俗，"惟闽人佞鬼，想入非非，有出寻常意料之外者，其种种动作，皆是令人绝倒。"①

总之，长江中下游地区在楚人未称霸以前，为越人的聚居地。南方大国楚国与吴、越国有着频繁的互动往来，它们相互激荡、相互影响、相互渗透，至今仍有许多历史的印证，如楚墓中出土的越王勾践剑、楚人记载的《越人歌》等。无论是从古籍上的"楚越之地"的相同习俗的记载，或者是常见出土的楚文化、越文化显著特征的土著墓，我们都可以看出，楚文化与越文化有着密切的关系。先秦时期，福建土著经历了古闽人和古越人融合，中原人南迁，以及闽越人北迁的历史大动荡。这期间，楚文化、闽越文化互相交融，影响着彼此间的社会生产、思想文化和风俗习惯。本文就是从楚越同源；闽为南蛮；共同的习俗；崇蛇传统；信巫鬼、重淫祀这五个方面探讨先秦时期闽越文化与楚文化的关系，从而清晰地了解闽越文化的发展历程。

（作者为湖北省社会科学院楚文化研究所助理研究员）

---

① 胡朴安《中华全国风俗志》下编《闽人信鬼风俗记》。

闽南文化与河洛文化的兼容性比较

席红霞　许夙慧

河洛文化是中国文化的重要源头之一,起源于河洛地区,乃中华民族的主流文化。河洛文化与闽南文化关系十分密切。河洛文化传播进入闽南地区,并在闽南地区生根发芽、演变发展,形成了气质独特、一脉相承的闽南文化。闽南文化又以滔滔之势向台湾地区乃至东南亚一带传播,影响甚广。闽南文化与河洛文化各有特色又相互兼容,各成体系又联系紧密,是文化兼容性研究重要的典型范本,也是梳理中华民族传统文化脉络体系的重要研究课题。

一、闽南文化与河洛文化相关性研究

闽南文化系指主要生活在福建地区的闽南人,特别是集中在"厦、漳、泉金三角"地区的闽南人民共同创造且代代相传的一种独特的地区性文化形态,是源远流长、博大精深的中华文化的一个支系。闽南文化的内涵十分丰富多彩,主体为闽南地区的农耕文化和海商文化,还包括该地区的建筑文化、民俗文化、宗教文化、民间艺术文化、宗教信仰文化和地方方言体系等。

自秦始皇统一中国后,在福建设置闽中郡,中央政府首次开始对以福建为主的闽南地区进行政治、经济和文化上的管理,由此开启了中原核心主流文化与闽南文化的交流、融合的宏大进程。汉晋时期是闽南文化初步形成和发展时期,当时,成批的中原汉人大举迁徙进入闽南地区,将中原的农业生产经验和精神文明传统带入了闽南地区,极大推动了闽南文化的形成与发展。到了晋和隋唐时期,闽南地区的经济、文化不断发展,汉族人口也急剧增加,同时,闽南地区的政治、文化、教育的管理体制也日臻完善,在中原文化的熏陶下,闽南地区不再是未开化的"蛮荒之地",闽南文化得到了极大的发展,并开创了属于自己的独特文化

特色和体式。宋元时期是闽南文化蓬勃发展的黄金时期,泉州成为了"海上丝绸之路"启航点和著名的东方大港,来自于世界各地的物质文化和精神文化在这里交会,阿拉伯人与波斯人到泉州经商,带来了先进的科技、精美的器物和神秘的伊斯兰文化,外来文化极大丰富了闽南文化的内涵,使得闽南文化成为内涵更加丰赡、气韵更加丰满的文化体系。明清时期,随着我国与海外交往的不断频繁,欧洲商人和传教士们来到了中国,由闽南沿海地区进入内陆,在闽南地区率先传入了西方文化,闽南文化进一步得到繁荣和发展,取得了许多先进的前瞻性文化进步。明清时期的思想启蒙发生在闽南地区,就极大印证了这一点。

梳理闽南文化的发展脉络不难窥见,闽南文化的起源来自于中原主流文化的传入,经过汉族人民和一代代闽南地区人民在社会实践中和生产实践中,不断推陈出新、挖掘弘扬、丰富壮大。闽南文化不但具有中原主流文化特别是河洛文化的底色和特质,还吸收采纳了阿拉伯文化、南洋文化、欧洲文化等外来文化的特质和合理因素,并结合闽南地区独有的地理文化特色和民俗人情,形成了独特的地域文化体系。闽南文化既具有鲜明的地方特色、独特的个性和丰富的内涵,又与河洛文化一脉相承,并融入了诸多外来文化的合理因素,是中华文化的一朵奇葩。闽南文化具有一体多元的特征,与河洛文化一体,吸纳多种文化,具有极强的开拓性。

而河洛文化作为中原的核心主流文化,则是闽南文化的主要源头。

河洛文化形成于先秦,成熟于汉、晋、南北朝,鼎盛于唐、宋。由于在相当长的一段时期,洛阳处于全国政治、经济、文化中心,河洛文化作为一种正统文化以其巨大的辐射力,影响全国。而此时福建尚是以闽越文化为基础和特征的部族社会。秦汉以后汉人逐步南下,其中的河南籍占大多数,从西晋开始,中原汉人大规模南迁,改变了漳州昔日满目荆榛的荒凉状况。以后直至两宋,因北方战乱等原因而不断迁徙入闽的中原汉族移民,逐渐成为社会的人口主体;同时,随同移民携带而来的中原先进文化,也成为福建社会构建的文化基础。[①] 河洛文化与闽南文化的相关性也正来源于此,闽南文化的发展历程是包含在河洛文化的发展历程之中的。中原移民由中原进入闽北后逐渐进入闽南地区,也把来自中

---

① 刘福兴《河洛文化与闽南文化之比较》,《商丘师范学院学报》,2006 年第 6 期。

原的河洛文化带入了闽南。

　　有学者称"闽南文化即河洛文化",此言有以偏赅全的偏颇之处,但却足见二者密切的相关性。闽南文化可以称是"泛河洛文化",二者在文化特色、伦理内涵和发展变化的历程上有许多重合之处。闽南文化渊源于汉、晋时期的河洛文化,逐渐形成于两宋,到明清时期得到发展壮大并趋于成熟。特别是在明末清初时期,是河洛文化融合演变为闽南文化的黄金时期,在此期间有三次移民的大潮,中原移民进入闽南,闽南地区的人民又迁徙往台湾,这些前往台湾地区的闽南人,许多都是河洛人的后裔,自称为"河洛郎",这正是闽南文化与河洛文化密切相关性的又一有力依据。闽南文化与河洛文化密切的相关性,是在兼容性视野下进行文化研究的必要前提和基础。

二、闽南文化与河洛文化兼容性研究

　　文化兼容性是近些年来文化研究的重要视角之一,是对于具有相关性、联系性的两个或多个文化之间进行比较、综合研究的较为合理的研究思路。闽南文化与河洛文化兼容性研究的必要性源于目前研究形势下对于两种文化相互关系的理解上的矛盾。闽南文化和河洛文化的研究在目前情势下,出现了一个不容忽视的困惑问题,即除厦、漳、泉三地的闽南之外,在同质文化的其他区域遭遇到了较普遍的质疑。问题的症结在于以地域为概念所概括的文化内涵显得过于狭小,不足以在最大层面上完整地容纳全部同质文化的内涵。[①] 这种对于两种文化的相互归属和包含范畴的研究质疑,实际上是陷入了矛盾和对立的局限性之中,而采用兼容性的文化研究视角便可以得到很好的解释。

　　有人将河洛文化比作一个"旋涡",这个旋涡不仅促成了河洛文化的发展,而且推动了周围文化的发展。她有强大的吸引和凝聚的兼容性力量,能把周围文化吸收进来;同时又具有极高的辐射、渗透力,能把自己的文化传播出去。河洛居天下之中,又是华夏文明最早的源头之一,因此她有超越于一般地域文化的特征而更具包容性,兼容性是她的显著特征之一。[②]

　　① 陈水德《河洛文化兼容闽南文化的主导研究方向》,《龙岩学院学报》,2007 年第 8 期,第 1 页。
　　② 秦文《试论河洛文化的兼容性》,《漯河职业技术学院学报》,2008 年第 1 期,第 53 页。

　　文化的生长和发育必以一定的区域为载体和活动范围,以一定的地理、经济、政治和风土人情为土壤。离开了特定的文化区域和特色性的风土人情,文化的生长和发育就难以为继。这是某一区域的文化与其他区域文化有本质差异性的根源。但是,文化同时也是人类聚居下共同生产生活实践的产物,它来自于特定的地理区域,但其存在却又并非是死板地以固定的区域为范围,文化是人类活动极其活跃的内因子,可以无限地广泛地渗透与传播,特别是一些生命力旺盛、感染力强大的文化,可以超越时空地域的限制,对其他地区的文化产生深远的影响。

　　人口迁徙是文化传播的重要机遇之一。中原地区的人民南迁入闽主要经历了三次重要的移民浪潮:第一次较大规模的移民被称为"晋人南渡",发生在西晋末年。这一批南迁的晋人不仅带来了中原先进的生产技术和生活方式,更重要的是,还带来了中原的核心文化亦即河洛文化,这对于"傍海荒服"的闽地原始族人来说,无疑具有文化启蒙的作用。也正是在河洛文化的传入和启发下,闽南地区的人民在自身的生产实践中,结合当地的地理文化和风土人情,创造发展出了地域色彩浓厚的闽南文化。第一次移民浪潮是闽南文化与河洛文化兼容性进程的开端,是河洛文化深入闽南地区、与闽南文化兼容发展的基础。

　　第二次较大规模的移民则是以"开漳圣王"陈元光为历史标志。"开漳圣王"陈元光治理漳州二十五年之久,初步开创了"北距泉兴,南逾潮、惠,西抵汀赣,东接诸屿,方数千里无烽火之惊,号称乐土"。的安定局面,使泉潮间"几疑非人所居"之域告别蛮荒,走向文明。从历史的时间轴上来看,第二次移民浪潮从事实上极大促进了漳州人口的迅速增长。开漳圣王入闽将河洛文化更深入地带入了闽南地区,而已初具雏形的闽南文化亦对跟随开漳圣王入闽的中原移民的生活习惯、文化风俗产生了"入乡随俗"的影响,这极大地促进了河洛文化与闽南文化的兼容发展。

　　第三次较大规模移民是以王潮兄弟迁徙入闽为历史标志的移民。当时,光寿举义将士携同家属约计四万多人一起南下,占据全闽总人口的五分之一左右,极大地提升了河洛文化在闽的地位,且为以后的进一步传播提供了最坚实的基础。① 唐末以降,闽南文化不仅储存、发扬了河洛文化,更在历史进程中具有自身的独特魅力和特点,因而,随着王潮率部深入全闽地区,为进一步巩固其在闽地位,与当地人民深入接触,闽南文化也以其强大的兼容性对河洛文化的形态产生了重要的影响,可以说在当时的闽南地区,河洛文化与闽南文化是相互兼容、不分彼此的。

三次重大的人口迁徙,使河洛文化逐渐深入传播到闽南地区,并与闽南地区的地理风土人情兼容融合,发展出独特的闽南文化地域特色。对于闽南文化和河洛文化之间的兼容性关系,不能简单地说谁包含谁,谁属于谁,必须以兼容性的视角,考察二者复杂而相关联的发展演变过程。

三、两种文化的局限性与认同感

闽南文化与河洛文化一脉相承,各有千秋,各具有自身的特点和局限性。

河洛文化是正统文化,其核心和灵魂是正统的儒家文化,是中原文化的主流与正道。"河图洛书"是中华文明之始。《易经·系辞上》:"河出图,洛出书,圣人则之。"《论语》:"凤鸟不至,河不出图。"河洛文化则以"河图"、"洛书"为标志,体现了中华传统文化的根源性;以夏商周三代文化为主干,体现了中华传统文化的传承性;以洛阳古都所凝聚的文化精华为核心,体现了中华传统文化的厚重性。② 然而,以河洛文化为代表的儒家文化在中国古代史的后期则显示出其自身的局限性,这种局限性也正是明末清初思想启蒙的导火线。在经济上,以河洛文化为核心的中原主流文化讲究安土重迁、长期推行重农抑商政策,使得中国封建社会长期处于小农经济的发展阶段,与世界范围内的商品经济浪潮和资本主义萌芽严重脱节,导致了明清时期中国在世界范围内的落后。而闽南文化地处闽南沿海地区,自古海外贸易发达,海洋赋予了当地人勇于开拓和开放冒险的精神,因而,闽南文化区成为了中国古代资本主义经济萌芽、商品经济蓬勃发展的重要地区。而在文化上,中原尊儒重道的正统文化自宋朱熹的"存天理、灭人欲"开始呈现出压抑自然人性、封建自锢的特征,到明末清初则走向了专制主

---

① 陈水德《河洛文化兼容闽南文化的主导研究方向》,《龙岩学院学报》,2007 年第 8 期,第 3 页。
② 张铁成 杨佩《传承河洛文化 弘扬华夏文明——河洛文化研究纪述》,《协商论坛》,2010 年第 5 期,第 17 页。

义和封建主义的巅峰,间接导致了多次农民运动和明末清初闭关锁国政策等一系列不良影响。原本以"仁"为核心的河洛文明在历史的发展演变过程中出现了变异,一些接触了西方开放文明的有识之士开始对以河洛文化为代表的中原核心文化体系进行反思甚至变革。而明末清初的思想启蒙的重镇,正是闽南地区。明末清初,农业生产提高,商品经济进一步发展,部分地区出现早期的资本主义萌芽。明末著名启蒙思想家李贽,即是福建泉州府人士。李贽亦崇尚儒家学说,但他极力反对当时把程朱理学作为评价是非的唯一标准,强调为社稷民生着想、关心百姓生活才是"真道学";提倡个性自由、官民平等和男女平等。他这些先进的启蒙思想,对当时封建思想压迫深重的中国文化思想界有振聋发聩的作用,在中国思想史上占有主要地位。李贽思想的特色,带有浓厚的闽南文化的痕迹。闽南文化地方性的社会生活方式,客观上造成了闽南的商业气氛活跃,重商思想浓郁。正因如此,中国古代的商品经济萌芽发生在闽南沿海地区,经济上的先进和发展带来的是文化上的先进和开化。特别是明清以来,闽南文化不断发展,吸收了外来的欧洲文化、阿拉伯文化和伊斯兰宗教思想,其内涵不断丰富,形成了具有丰富性、包容性、开放性和多元性等文化性格的伦理文化体系。原本被中原视作"边缘"与"蛮荒"的闽南文化,实现了对河洛文化的"变奏"和升华。河洛文化位居中原核心地位、在中华民族的文化进程中辐射全国、影响深远、内涵丰富,是作为沿海地域文化的闽南文化所无法取代和超越的文化成果,主流文化的辐射性和包容性是具有地域局限性和排他性的地域文化所无法超越的特质,但当主流文化发展出现局限和问题的时候,地域文化则会以其独特的地方特色超越主流文化的局限性,实现自身的发展与变革。

　　闽南文化与河洛文化之间也具有强烈的相互认同性。从人口迁移的历史来看,中原河洛地区的人群迁徙至闽南地区,而闽南地区的人民则继续南迁,至台湾地区和乃至东南亚地区,在这个过程中,中原的主流文化由闽南地区传入台湾和东南亚,使得中国的传统文化在亚洲范围内得到传播。而台湾地区今日之所以保留着传统国学,也正是河洛文化经由闽南传入台湾的结果。因此,闽南文化与河洛文化具有同质性的相互认同。这种文化与血脉的认同,不仅具有文化研究和历史研究上的重要意义,更是海峡两岸伦理文化血脉同源的重要历史依据。

　　闽南文化的根基是中原移民带来的河洛文化。闽南的先人,大都因历史上深受战乱或异族入侵之害,不得已浪迹异乡,历尽颠沛流离之苦,最终落居于闽南之地,再无归期。① 这种民族与家族血脉上的联系,使得闽南文化圈与河洛文化圈联系紧密,更使台海两岸的人民宗族一家,有强烈的血脉上的认同感。这正是促进祖国统一、民族富强的重要因素,只有文化上的强烈认同和血脉上的强烈感知,才是民族统一、团结的根本因素。

四、结语

闽南文化与河洛文化作为两种各具特色又联系紧密的重要文化体系,是中国传统文化的重要组成部分,更是文化研究兼容性视角的典型范本。梳理二者之间的兼容性关系,既有利于从根源脉络上深刻理解中国传统文化体系,更有利于从源流上解释中国文化的一脉传承。

(席红霞,解放军信息工程大学理学院人文社科教研室教授;许凤慧,解放军信息工程大学理学院人文社科教研室讲师)

---

① 刘福兴《河洛文化与闽南文化之比较》,《商丘师范学院学报》,2006 年第 6 期。

从民间文化看闽南文化
与河洛文化的渊源关系

张　莉　李立新

　　民间文化是指由社会底层的劳动人民创造的、古往今来就存在于民间传统中的自发的民众通俗文化。民间文化往往在民间呈现出一种活态的存在和动态的传承,虽然琐碎而零散,有时候可能表现出下里巴人的气质,似乎难登大雅之堂,但是因为其具有大众性的特性,千百年来在民间持久而坚强地生存、传承着,从而成为一些古文化的活化石。闽南文化中的民间文化就保留了众多古代河洛地区的文化因子。

一、河洛文化是闽南文化的母体文化

　　河洛文化属于区域文化,狭义的河洛地区是指以洛阳、巩义为中心,西抵潼关,东至开封,南达汝颍,北越黄河,直到太行山。河洛区域先民所创造的物质文化和精神文化的总和,统称为河洛文化。若从文化角度来看,应该说这是更广阔的一个区域的中心,这个大的区域就是黄河中游的中原地区。河洛文化是中原文化的核心,中原文化是黄河文化的主干,而黄河文化是华夏文化的主体,因此河洛文化在华夏历史文明中占有重要的地位。

　　闽南文化的主要来源是河洛文化。这是因为闽南文化的创造者闽南人主要由河洛地区的移民构成。历史上由中原向闽地的移民主要有三次:一是西晋末年永嘉年间,北方少数民族进入中原,三次进攻西晋都成洛阳,"自永嘉丧乱,百姓流亡"。北方衣冠望族南迁入闽,往往举族迁徙,部曲随行。《闽书》记载"永嘉二年(308年),中原板荡,衣冠始入闽者八族,所谓林黄陈郑詹丘何胡是也"。这些人主要居住在闽东、闽南、闽北。闽南主要是以泉州为中心的晋江流域,他们多"沿江而居"。二是隋唐时期,闽南的九龙江流域得到进一步开发。唐高宗总章二年(669年),今漳州、潮州地区在当时发生"蛮獠啸聚",光州固始人陈政奉命率军队入闽平抚,之后,陈元光留守闽南,并上表请置漳州,陈元光任刺史,以后,其子孙先后镇守漳州逾百年之久,随从他们戍守闽南的官兵也都在漳州地区落籍,成为闽南人的一支重要来源。三是唐末五代时期,王潮、王审知兄弟率北方数万军民入闽并建立了闽国,这批军民有不少落籍闽南。在此后的宋元明清时期,也陆续有中原人南迁闽地。

河洛先民自中原迁入闽地,不仅带来了中原方言,也带来了中原的风俗礼仪,经过千百年的发展,逐渐形成了独具特色的闽南文化,闽南文化、尤其是闽南民间文化,有着"东方文明活化石"之称。河洛文化是闽南文化之源,是闽南文化的母体文化,虽然经过了一千多年的演变,但其独特的语言和婚俗习惯等等至今仍保留着浓厚的唐宋遗风,耐人寻味。礼失求诸野,在河洛文化研究中,应重视其分支文化闽南文化中的民俗文化的研究,因为其中包含了大量的"遗传"资讯。①

二、闽南民间文化源于河洛文化

1. 方言

方言俗称地方话,只通行于一定的地域。形成方言的要素很多,有属于社会、历史、地理方面的因素,如人口的迁移等。福建方言是我国六大方言之一,福建的闽北、闽南、闽东在不同时期都受到来自中州的河洛话的主要影响,甚至说被河洛话所替代也不为过。

闽南方言又叫闽南话,也有人称之为"河洛话"或"福佬话"。闽南方言形成于何时,学者们的看法不尽相同,但都认为至少在南北朝已见端倪,主要是北方中原汉人向南方迁徙进入闽南地区后逐渐形成的。其南迁带来了四、五世纪的上古中原汉语,闽南话也就在这个时期由中原汉人在晋江一带打下了基础,可称为闽南方言的雏形。河洛话在闽南大规模传播应该从唐高宗总章二年(669年)

---

① 陈义初《河洛文化研究的六个关系》,《河洛文化与台湾文化》,河南人民出版社,2011年,第11页。

开始,即陈政入闽平抚"蛮獠啸乱"。五代时,泉州有个招庆寺盛极一时,语言研究者从该寺的禅宗和尚语录《祖堂集》中,发现很多用词和句型与现在闽南话基本相同,有的甚至完全一致,由此推断闽南方言就是在这个时期定型的,并且一直流传至今。① 闽南方言在形成过程中,虽然不排除当时闽地土著语言(古越语)的影响,但是,它主要是以汉语为主体的闽南方言。从历史上看,陈元光父子三代治闽有方,对当地土著采取"四夷降户"充实宽乡政策,使得"胡越百家,愈无罅隙",漳州因此"方数千里无烽火之惊,号称乐土"。唐末,王潮、王审知两兄弟乘乱起兵南下,率领数万军队转战福建。陈元光、王审知这两批汉人使用的都是属于中古汉语——唐朝官话。陈元光、王审知将闽南变为独立的政治、经济区域,生活安定、经济的发展。由于当时北方汉人文化比闽越人发达,又由于福建山多,交通不便,迁居于闽南的中原汉人与外界交往甚少,因此较好地留存了中古汉语。人们发现,今天用闽南方言吟诵唐人的诗歌,比用普通话吟诵更上口;还有人说:"如果李白、杜甫还在的话,可以跟龙岩人对话。"②这是很有道理的。唐时虽然定都长安,但洛阳一直被称作"神都"、"东都",它的语音处于标准音的地位,③随着文化事业的发展,那时还出了许多韵书,说明当时标准音相当受重视。许多文人学士多会聚于洛阳,说着"国语"河洛话,吟诗作赋。唐诗今天用闽南话吟诵朗朗上口,由此可以推断闽南话与当时的国语河洛话应该是相差无几,闽南方言无疑为研究汉语古音构成、古籍训释以及汉语史提供了活化石。

2. 民俗民风

民间风俗是社会群体在长期共处及各类活动中逐渐形成的风尚、习俗。它具体反映在民居、服饰、饮食、待客、婚姻、禁忌等方面。

以婚丧习俗为例。隋唐五代时期,河洛地区婚丧习俗以"六礼"成婚,葬礼以《周礼》为传统。

六礼延续的是西周时的婚仪,内容包括六个方面,实际是婚姻成立的六个程

① 黄英湖《古代河洛话的入闽及其向外传播》,《河洛文化与殷商文明》(陈义初主编),河南人民出版社,2007年,第59页。
② 郭启熹《陈元光与龙岩开发几个研究问题的考证》,《闽西职业技术学院学报》,2011年6月11-17页。
③ 李新魁《中古时期的共同语音》,《中古音》,商务印书馆,1991年。

序:一是纳采,即男方向女方送彩礼求婚。二是问名,即男方的媒人问女方的名字、生辰,然后到宗庙里占卜吉凶,结果为吉的才能进行下一步,凶则到此为止。三是纳吉,就是占卜得到吉兆后定下婚姻。四是纳征,男方派人送聘礼到女方家。五是请期,即请女方确定结婚日期。六是亲迎,婚礼之日,男方必须亲自去女方家迎接,然后男方先回,在门外迎候。六礼的婚姻程序复杂,见载于《大唐开元礼》,是当时官方倡导的仪式,虽然一般百姓财力有限,但民间风俗以此为参考,有力则尽礼而行,无力简而约之,可以把个别程序合并一次完成。

闽南的婚姻习俗多保持河洛古风。今日闽南一带婚仪有七个环节:问名、纳采、完聘、冠礼、迎娶、闹房、回门。这七个环节反映出六礼在闽南虽略有变化,但基本延传下来。闽南婚俗很重视冠礼。在华夏文化中,冠礼(男子成人礼)和笄礼(女子成人礼)是华夏汉民族第一个人生里程碑,男子20弱冠,女子15及笄。闽南称冠礼为"上头",挪至婚前加冠,婚后就"成人"了。这种婚礼程序在河南固始至今仍存,并且也称"上头"。古时河洛婚礼还有一个不可少的礼节,那就是纳采要送女方一对大雁。《诗经·邶风·匏有苦叶》云:"雍雍鸣雁,旭日始旦。士如归妻,迨冰未泮。"说的是一个女子在秋天的河水边期盼着爱侣迎娶自己,正是黎明太阳东升,大雁雍雍鸣和之时,这个时候也是男方纳采用雁之时,纳采用雁日期要赶在"迨冰未泮"的正月中以前,因为到了二月就将正式举行婚礼。大雁是鸟类中"情挚"的典型,忠贞不二,丧偶独身,且守时讲信用。《吕氏春秋》说:孟春之月候雁北,仲秋之月候雁来。而今,雁也快在天空中消失,雁为鸡所替代,在北方的农村和闽南一些地方,抱鸡娶亲都是婚礼上不可少的程序。

再说说葬礼。丧葬作为社会习俗的一部分,是社会文化的基因之一。按照中国传统儒家思想和伦理道德,丧葬礼仪向来受到十分重视。儒家以孝为先,认为死是生的继续,神道是人道的继续。只有慎终追远,严肃操办父母的丧葬事宜、认真追念远代的祖先,才能培养起人们的孝悌之心,强化对家族的关怀之情,从而实现民德归厚的社会目的,所以"事死如事生,事亡如事存,幸之至也"[1]。"丧祭之礼废,则骨肉之恩薄,而背死忘先者众"[2];"生,事之以礼,死,葬之以礼,

---

[1]　《中庸》第十九章。
[2]　《汉书》卷二二。

祭之以礼,可谓孝矣"①。《周礼》"五礼"中"凶礼"占相当比重,各代礼仪中无不把凶礼列为重要的一项。唐时,厚葬之风盛行,告丧、奔丧、哭丧、发丧的形式隆重,自达官贵人至平民百姓,在丧葬上莫不尽力铺张。

再就是佛教和道教的影响。唐宋时期,儒释道呈现出互相沟通、互相融合的趋势。体现在丧葬礼仪中,那便是:儒家传统丧礼为主体,融合佛、道二教的丧礼仪式。佛教的转世轮回、因果报应、天堂地狱观念,以及道教教义中的十殿冥王、祈福禳灾、驱鬼降妖等成分在民间丧葬习俗中并行不悖,圣人、术士、和尚同堂治丧。明代小说《金瓶梅》中所描绘的李瓶儿葬礼是一个典型的个案。如体现儒家观念的装殓、报丧、饭含、成服、大敛、出殡等,夹杂以众多佛、道习俗:念倒头经、做七七斋时,首七由和尚念经,二七由道士做法事,三七是和尚念经,四七为喇嘛念经,五七又是道士做法事等,正是这种看似矛盾的习俗形成了中国传统丧葬礼仪的主流。

闽南传统的丧礼也渊源于周礼。它沿袭儒家以"孝"为核心的周礼丧制的基本程式,以厚葬死者和做佛事敬鬼神为基本内容,丧葬程序繁多,且内容复杂,总的来说,传统的丧礼要经过送终、发丧、入殓、殡葬、葬后等五大程序,葬后,也要做七、做百等。民间崇尚古人死后灵魂不死的观念,遵行儒家倡导的孝道,又盛行鬼神迷信,社会风气以大操大办丧事为孝,大户人家更借丧事办理之机,炫耀门风,显赫家族。传统丧礼往往儒道佛三教合流,人鬼神轮番上场,仪式隆重纷繁,色彩斑斓。

3.节日庆典

唐五代时期,河南地区的节日丰富多彩,几乎每月都有,名目繁多。元日、上元、寒食、清明、端午、七夕、重阳、除夕等,大部分流传至今。

闽南岁时节俗与中原节日庆典如出一辙。以春节为例。在中原,除夕是岁之末,元日为岁之首,是合家团圆的节日,最受重视。活动内容也特别多,贴门神、贴对联、沐浴更新衣准备吃年饭迎财神。入夜,家家灯火通明,红灯高悬,团团围坐兴高采烈吃年饭,饭后,长辈给晚辈分发"压岁钱",之后全家一齐祭天、祭地、祭财、祭神、祭祖先。人们渴望兴旺发达,寄希望于新的一年,因此,除夕祭

①　《孟子·滕文公上》。

祀非常隆重,除夕迎财神,时刻一到,鞭炮齐鸣。惊天动地、震耳欲聋,烟花、鞭炮把除夕夜的欢乐气氛推向高潮。初一大清早,人们穿戴整齐,祭祀祖先和诸神,然后向长辈拜年,恭贺健康长寿,福寿无疆。这天人们讲话特别注意,讲究避讳,不说恶臭之言。闽南地区百姓过春节也是这样。他们把过除夕和初一总称为"年兜正月"。"年兜"即除夕,讲究吃,家家户户围炉吃团圆饭,外出经商或做工的亲人都要赶回来过年吃团圆饭,有的无法回家,也要在桌上摆上一副碗筷酒杯;"正月"即初一,讲究玩。这一天,主要是游玩或走家串户拜访亲戚好友,大清早要互相拜年恭喜,加深邻里感情。人们在初一有不扫地,不动刀剪,不取井水的习俗,因为扫地会把财气给扫走了,所以,即使非要扫地不可,也必须从门口往里面扫,寓意把财气往家里聚,垃圾也只能找个地方堆放,这种习俗在中原地区至今人人皆知。正月初二,闽南地区俗称为"女婿日",中原称"初二回娘家"。

河洛民间正月有各种神仙节日,如正月初五财神日,正月初七人胜日,正月初九玉皇上帝万寿日,正月十五上元天官圣诞日,等等,旧时,河洛民间很重视这些节日,唐宋时尤其重视人日节,每临此日,皇帝都要"赐群臣彩缕人胜",还要登高大宴群臣。人日节也是文人墨客吟诗作词的日子,如高适的《人日寄杜二拾遗》:"人日题诗寄草堂,遥怜故人思故乡。柳条弄色不忍看,梅花满枝空断肠。身在南蕃无所遇,心怀百忧复千虑。今年人日空想忆,明年人日知何处?"这是高适晚年写给杜甫的一首怀友思乡的诗作,身在异乡,每逢节日更能勾起游子思乡之情,这也许可以用来解释为什么闽南在"晚近之世,已不重人日"的情况下,至今念念不忘,这一天要吃鸡蛋寿面,寓意长寿圆满,幸福吉祥。

如此等等,不必一一道数,在闽南很多节日庆典,依然古风犹存,而如今北方年轻人几乎无人知晓了。

4. 民间信仰

闽南民间信仰非常盛行,包括泛神崇拜与一些敬神习俗等等,闽南的民间信仰,在一定程度上可以叫作俗神信仰。[①] 闽南风俗,迷信鬼神崇尚祭祀乞求巫神,民间凡事求神拜佛,崇拜的灵魂神、自然神、庶物神等神明多达210种。从天

---

① 林贤明《闽南普度民俗信仰研究》,《福建省社会主义学院学报》,2012年第3期,第45-48页。

庭阳界到阴曹地府的各路神明,组成一个与民间日常生活密切相关的信仰体系。居家要奉门神(如钟馗、尉迟恭等),生病就拜医神(保生大帝、广济大师),经商必敬财神(赵公明、关公),赴考先祭文神(孔子、魁星爷),练武崇祀武神(关帝、城隍爷)等等,从衣食住行,到生老病死;从博取功名,到消灾解厄,都蒙上一层浓厚的神明保护色彩。为了祈求保佑平安福寿,各种神明,不论城镇乡村,宫庙寺观随处可见,大多佛、道合流,同一庙宇供奉有佛有道还有众多俗神,是典型的多神崇拜。各种宗教信仰经过反复筛选、淘汰、组合,构成了具有闽南地方特色的民俗节日和民间信仰。

为什么民间信仰在闽南如此兴盛呢?这还是应该从隋唐五代时期的河洛文化说起。

隋唐五代时期,绝大多数人都相信宿命论、因果报应、谶语应验一类东西。当时,在洛阳,占卜者很有市场,非常活跃。唐代相面大师是袁天罡。新、旧《唐书》均为他立传,《新唐书·艺文志》还记有袁天罡《相书》七卷。后代人将其与汉朝许负同等看待,合称"袁许",称相面术为"袁许之事"(《北梦琐言》)。这些善相者专门从事相面行业,当时人或称他们为"相工"。除此之外,举凡亲戚朋友、官宦宾客、游僧贫道也都有为人相面的。当时市面流行很多记录相面之事,如《剧谈录》、《广德神异录》等。总之,唐代的相面相当流行。上自皇帝将相下至吏卒百姓笃信宿命,故无不求相面,问吉凶。

闽南另一个民间信仰是祭祀神灵。唐时佛教兴盛,道教也相当兴盛。闽南地区的民俗信仰文化内涵丰富多彩,可追溯到唐、宋时儒释道三教融合。当时,一年之中祭祀神灵的节日无数,从初一至十五,传统大众的祭祀神灵节日特别多,如祭观音普度众生驱灾避难;祭土地公保佑居住平安。

尊祖敬宗、报本反始的祖先崇拜观念是所有中国人所共有的。闽南地区,家家户户都供奉着祖先的灵堂牌位,凡有重大事件或节日,都必须先祭祖问安。乾隆版《福州府志·风俗》引谢肇淛的话说:"闽人最重中元节,家设先人号位,祭而燎楮陌(箔)。"在闽南地区,流传着"七月半不回无祖"的俚语,是说出外谋生的人在这一天,不论远近都要赶回家祭祖,除了献祭供品、焚香礼拜外,还要焚化纸衣。莆田、南平等地,旧时也有焚化楮衣的习俗,出嫁的女儿还要挑供品回娘家祭奠。

　　闽南人,无论在心灵世界还是世俗生活,祖先始终扮演着至高无上的角色。这主要源于一直处于统治地位的儒家文化,忠孝是最基本的道德标准。先秦时代,王公贵族均有家庙,供奉祖先牌位,平民百姓只在居室内祭祀亡父。汉唐时,祭祖可祭祖、祢两代,宋代以后家祭可祭高、曾、祖、祢四代,高祖以上的祖先须在祠堂里奉祀。宋代以后,民居普遍采用堂室结构,百姓也把厅堂作为祭祖场所。"凡厅事位置,必先祖而后神"(清·乾隆《泉州府志》卷20《风俗》)。堂上一般奉高、曾、祖、祢四代祖先牌位,且配以妻室牌位。牌位用木制作,上方呈半弧形,书写祖考、妣的姓名、字号。神牌前摆一张长桌子(横案),用于置放供品、香烛等。

　　唐代除佛教、道教外,还有许多外来教派,如祆教、摩尼教、景教等,多种教派融洽相处,反映了中华文化兼容并蓄、海纳百川的特质,所以闽南地区各种民间信仰可以杂而不乱,和合共生。

三、文化寻根之现代意义

　　闽南文化主要来源于河洛文化,是中华文化的一个重要组成部分,同时又是中华文化中极具鲜明特色的地域文化。闽南文化的形成及其发展,是经过了漫长的历史演变与文化磨合,以及东南沿海地带独特的地理环境等多种因素逐渐造就的。中华文化的核心价值培育了闽南文化,而其鲜明的地域特色又使得中华文化的整体性显得更加丰富多彩。

　　首先,在传统社会,宗族作为基层的社会组织奠定了中国传统文化的基础,凝聚着中国传统文化的精华。历史上在中原先民向东南地区的数次大规模移民中,大多以家庭或宗族为单元集体迁移,使得中原宗族文化从河洛地区移植于闽地。基于文化传布的规律,华夏边缘的闽南汇集着丰富的中国传统文化。闽南宗族社会存留着丰富的遗存,成为当今文化寻根的动力和指向,影响着当今和未来。

　　其次,河洛先民将中华文化带到了一个面向海洋的地理环境中,与当地土著共同创造了独特的区域文化,以农耕为主的文明融合重商主义明显的海洋文明,最终形成独特的二元结构文化结合体:向往追寻中华正统的核心主流文化,又在某种程度上杂糅了边陲文化的地域特色;依归中华民族大一统政治文化体制,又不时地超越传统与现实的规范与约束。这种二元结构的文化合体从民间文化上最易看出。农耕文明下的理念是推崇"以农为本"、"重农抑商"，向来认为"为富不仁"、"无商不奸"。但是，闽南人继承了河洛"和合"文化传统，形成包容、开放和"海纳百川"的胸怀。可以说，正是这种二元结构的文化结合体，把许多看似相互矛盾、相互排斥的人文因素，有机地磨合和交错在一起，在一定程度上滋生了闽南区域文化及其社会经济的持续生命力，使得闽南社会及其文化影响区域能够在坚守中华文化核心价值的同时，有所发扬，有所开拓。从民间角度，对于闽南二元结构文化结合体研究，将有助于中华文化演化史的宏观审视。

再次，闽南文化还是一种辐射性颇强的区域文化，这种辐射性尤其借助民间文化，强有力地传播了中华文化。所谓闽南区域，通常指的是现在福建南部包括泉州、厦门、漳州所属的各个县市。然而以文化方之，闽南文化的概念远远超出了上述的区域。由于面临大海的自然与文化特征，使得闽南文化借助大海得以便捷地播迁。浙江温州沿海、广东南部沿海、海南沿海，以及台湾、港澳地区，深深受到闽南文化的直接或间接的影响，形成了带有变异性的闽南方言社会与乡族社会，远到东南亚以及海外的许多地区，也深受闽南文化的影响。因此，闽南文化既是地域性的，同时又具世界性。

总之，河洛文化属于黄土文化、农耕文明，既有讲仁爱、重民本、守诚信、崇正义、尚和合、求大同等优良传统，也有安土重迁、重农轻商、安贫乐道、求稳不思进取的消极因子。而闽南文化倾向于海洋文化、商业文明，是黄土文化和海洋文化融合碰撞的产物，是农耕文明和商业文明交争混合的结果，不仅保留了河洛文化中的人文精神、民族意识、爱国情怀，还增益了开拓进取、能拼会赢等优秀移民文化传统，可以说丰富了中华文化的优秀内涵。从民间文化出发的文化寻根，有利于提高中华民族的文化认同和民族认同感，增强民族凝聚力和向心力，有利于会聚全球华人的力量，完成祖国统一大业，实现国家富强、民族振兴、人民幸福的中华民族伟大复兴的中国梦，因此，在当今世界一体化的趋势之下，研究闽南文化尤其显得意义深远。

（张莉，河南农业大学副教授；李立新，河南省社会科学院中原文化研究中心副主任、副研究员、博士）

台湾客家闽南文化与河洛文化之探讨

翁廷燧

一、前言

　　古称"河洛"地区之"河",即中华民族的母亲河—黄河;"洛",即今黄河中段南面之支流—洛水;"河洛"泛指黄河与洛水交汇之流域。以今日地域之观念,她以中岳嵩山为中心,北迄邯郸以南,南接淮河之北,西达关中华阴,东至豫东平原。其主要区域,即今河南省。"河洛文化"正是在这一土地上孕育、产生、繁衍的一种具有鲜明地方特色的区域性文化。河洛文化既属于地域文化概念,同时也属于历史文化概念。它在中国历史上的影响极其深广。河洛文化从形成到发展,直到以顽强的生命融入中华文化的体系中并长久地影响着中华文化的里程,说明河洛文化在低谷阶段能以博大的胸怀,最大限度地吸纳、融合外域文化,弥补其不足;在高峰阶段,又屡屡以强劲的态势和饱满的能量向外域挥发和辐射,给周边文化以积极的影响。如此,恪守传统,兼收并蓄,开拓进取,由河洛而泽被中原,由中原而广播中国,最后终于由地域性文化发展成为中国传统文化的主流。河洛文化是中国最核心的、生命力最强的文化,是中华民族共有的赖以生存的精神源泉,是中华民族自强不息的灵魂。

　　河洛文化在中华民族史上拥有如此巨大广泛的影响,也就必然存在着它所依附的强大的国家政治力量,而且可以断言,它所依附的国家政治力量就在河洛地区。河洛地区是当时的政治、经济、文化中心,是中华民族的的发源地。所以"河洛文化"可以说是中华民族的"根"文化。那么,作为中国"根"文化的"河洛文化",与台湾又有什么关系呢? 本研究从语言、文化及信仰等方面来探讨:

二、台湾的客家及闽南人"根"在河洛

世界上不同民族的形成都有一个漫长的发展过程。一般都是从原始氏族、部族到部落联盟和民族的发展中演变过来的。其演变的原因不外是:氏族开拓土地引起的融合,经济开发、战争及天灾、瘟疫所引起的民族迁徙等等。从民族分布和形成过程来看,也不例外。例如,占台湾总人口98%以上的汉族人,大都是从东南沿海的闽移民台湾的,即我们所说的闽南人、(河洛人)和客家人,而闽南人和客家人,又都是秦汉以后历经唐、宋、元、明、清北方中原河洛地区的士族、黎庶因不堪战乱、灾疫肆虐等而大批迁往闽、粤的。另外,占台湾总人口2%的少数民族—高山族(或称"先住民")他们的始祖是从祖国大陆东南渡海登上台湾岛并进行开发的"古越人",而"古越人"则是华夏先祖夏禹的后裔,大禹的始祖又是轩辕黄帝。在中华民族的"尊祖"史上,夏后氏尊崇奉祀的宗祖正是黄帝、颛顼、鲧和禹。所以《国语·鲁语上》中说"夏后氏禘黄帝而祖颛顼,郊鲧而宗禹。"这就非常清楚地说明:台湾的高山族(先住民)也是炎黄子孙,他们和汉族一样,共同的始祖是我们中华民族的人文始祖—炎黄二帝。中华文化数千年一直没有中断过,是由其固有的文化背景、经济土壤、社会结构、政治、思想和学术的连续性决定的,同时也来自于祖辈代代传递下来的历史文化活化石—姓氏符号以及家谱、族谱,在每一代社会成员心理深处所形成的极其顽强的寻根尊祖情结和归属于同一文化渊源的民族认同意识,来自于内化、积淀、渗透在中国人普泛的集体心态中的敬重系谱。台湾世居住民家家户户还保存郡望、堂号以示眷念祖国大陆祖籍;族谱能自然、亲切地把两岸同姓连在一起,均源于此。

因此,台湾现有县志和谱牒中也不断出现闽台祖根在河洛的论述。1988年,台湾出版了《台湾族谱目录》,收录多姓万余谱牒,这些家族开基祖,大部分来自中原河洛。"台湾省文献委员会"主任林道衡声称,台湾共有1694个姓氏,其中陈、林、黄等十大姓氏的人口数累计总和在全台湾各县市总人口的比例中,低于50%的有新竹县、桃园县及基隆市,其余各县市都超过半数以上。"台湾省文献委员会"为以上十大姓氏的堂号源流进行考查,发现大多数都源于大陆的中原河洛地区。

台湾曾有一句俗话"陈林半天下,黄郑排满街",而福建则有"陈林满天下,黄郑排满山"之誉。其中陈、林、黄、郑的根源均在中原河洛—陈姓源于河南淮阳;林姓源于河南卫辉;黄姓源于河南潢川;郑姓源于河南荥阳。

因而许多台湾同胞已不满足于到广东、福建寻根了,他们不远千里万里漂洋过海来到中原河洛寻根。有为寻觅中华民族之根到龙都淮阳伏羲太昊陵、黄帝故里新郑朝拜;有为寻找林姓祖根到黄河北岸拜谒比干庙,有到叶县祭扫叶姓得姓始祖叶公的,还有为纪念大义赴国难,视死如归,使江南人民免受战乱之苦的民族英雄张巡,到豫东重镇商丘"六忠祠",到南阳朝"二忠祠"等等。其情其景,十分感人,这确确实实是中华民族凝聚力的生动再现。故而海外华侨,台湾和香港同胞称自己为"河洛郎",称自己所运用的母语为"河洛话"者大有人在。

台湾同胞潜涌奔流的"思乡热"和勃然兴起的"寻根热",有力地证明了作为炎黄子孙的台湾同胞一片真挚深沉的爱国爱家之心,正是这种爱国爱家之心把台湾和大陆、和中原紧紧地连在一起。

三、台湾的闽南话或客家话源自于"河洛话"

语言作为人类交际的工具,是我们祖先世代积累下来的极宝贵的财富。台湾高山族(先住民)的族语是由大陆古越人的语言发展而来,自不待言。台湾同胞中,不论是闽南话,还是客家话,从其语音、词汇和语法习惯等各方面都是由北方中原河洛方言发展演变而来,所以说,今天台湾同胞讲的话许多都是河洛方言。这种"乡音未改"的客观存在,更进一步说明台湾同胞与祖国大陆血肉相连的感人事实。

台湾汉人社会使用的语言是和闽、粤一样的闽南话和客家话。倘从泉州知府汪大猷在澎湖建造房屋并派水军驻守算起,闽南话在台湾已流行八百多年。台湾现有2300多万人口,说闽南话者至少1600万人。1986年,泉州历史文化中心出版《泉南文化》第二期上说:闽南方言系来源于六朝雅言—河洛话。随着大批中原河洛人的入闽,河洛汉语也被带了进来,为闽南话的形成奠定了基础。故闽南话又有"河洛话"之称。

闽南人移民入台后,多聚族而居。语言学家指出,台湾闽南话有漳州腔和泉州腔之别,这是移民来台时多按姓氏家族或来源地聚居而形成闽南话地域差异的表现。以后虽又形成程度不同的"漳泉滥",既"亦漳亦泉"的闽南话,但基本语言没有变。为了进一步探寻台湾方言与祖国大陆中原的渊源关系,台湾著名历史学家连横编成四卷本《台湾语典》;近代台湾学者黄敬安又从《十三经》中找出与台湾方言(闽南话)有关系的条目131条,编成《闽南方言证经举例》一书。以上二著证明,台湾方言"言多周秦之语,声含中原之音",是祖国大陆语言的一个重要组成部分。

　　嘉应大学的陈修先生在《客家称谓新说》一文中,从语言角度即客家方言与古汉语演变的相互关系论证客家乃是"河洛"二字的转音,又引证清代黄遵宪著述中反复提到的客家人乃河洛人相印证,均说明客家文化与河洛文化之间千丝万缕的渊源关系,已为世人所公认。由此可知,无论是闽南话还是客家话,其根源均在河洛地区。源于闽、粤,根在中原的台湾方言,使台湾同胞在祖国大陆毫无语言障碍,并成为台商赴大陆投资的首选因素。

四、台湾的民俗文化源自"河洛"文化

　　人类天性的民俗最能体现慎终追远、落叶归根的民族感情。在台湾,无论岁时节令,喜庆婚丧,还是传统信仰,祭天敬祖,无不处处表现闽、粤风尚,事事彰现中原色彩。台湾民俗当中的"捡骨"习俗形成于先祖从"唐山"渡海抵台之初,那时不管落籍时间有多久,总不忘记在父母去世后,把灵柩运回大陆的祖籍安葬。在条件不具备的时候,则先把父母棺木暂时埋葬在台湾,以后再捡拾遗骨带回大陆老家安葬。这种风俗,造就了千千万万民众络绎不绝地回祖籍祭祖寻根,并且不断警示后人:落叶归根。

　　汉族的传统节日,作为中原文化的重要组成部分,大体上被保留在今日的台湾社会生活中,并对台湾人的个人心理和社会风尚等有着深刻的影响,成为台湾与大陆密不可分的又一佐证。

　　台湾人的传统节日,又有相当一部分源于晋代的江淮文化和南朝至隋唐发展起来的长江文化习俗。这是河洛先民和客家先民第一次迁徙的侨居地创造的文化。客家先民在进入华南、形成客家民系最后迁移台湾的过程中,河洛人在进入闽南最后迁移台湾的过程中,都产生一些适应其政治、经济、文化生活需要的节日与习俗。这些习俗有类似于中原汉族的习俗,也有不同于中原汉族的习俗,但却源于中原并且与中原有着千丝万缕的联系和深厚的渊源关系。钟敬文先生

说:"民俗文化是在一定群体成员中,最基础的,也是一种极重要的一种文化。因为世上没有比民俗文化更为广泛地紧贴群众生活、渗透群众生活的文化现象了。"台湾民间的民俗事象虽然丰富多彩,但仔细考察起来,不论是高山族(先住民)的风俗风情,还是汉族的生产、生活方式、精神文化习俗,都与祖国大陆有着千丝万缕以至水乳交融的关系。这种民族文化的传播、渗透、融合在生活的方方面面。其中许多还保留着北方中原"河洛文化"的传统。从原始社会到今天,中华民俗文化历数千年而不衰,成为中华民族"根"文化—"河洛文化"的有机组成部分。这就是现实和历史的事实,这种真实的存在,具有强大的民族凝聚力,是中华民族的民族之魂!

五、台湾的民族信仰与河洛文化

从台湾的民间信仰上来看,许多中华历史上的先圣先贤、民族英雄、文化创造的智者和造福一方的廉吏、解人病疫的名医等等,都是台湾同胞崇祀的对象。远自华夏民族的人文始祖炎黄二帝、大禹、古越王、伍子胥、屈原、项羽等,其历史文化渊源之久,历历在目。特别是近年来在台湾兴起的"黄帝教",更具有强大的中华民族精神号召力。它不仅把对黄帝尊为华夏子孙的始祖,而且还把对黄帝的信仰,视为中华民族的"精神中心"。这种信仰在全世界华人华侨中的强大凝聚力是不可估量的。历史上入台湾的汉族移民包括祖籍中原河洛的移民,不过两种类型:一是迫于生计前来台湾进行垦殖开发的经济型移民;二是由于政权更迭或其他原因而来台避难或待机发展的政治型移民。因此他们无论是为生计漂海而来,还是迫于政治流亡而来,他们目的的实现,都是在大陆。这就形成了台湾移民社会于世界上其他国家、地区的移民社会不同:他们不是以离开自己的家乡为目的,而是以重返自己家园为归旨的。这就赋予了台湾社会十分普遍而强烈的祖籍观念和民族意识。

由于避乱拓荒社会的高度不稳定和异常艰辛,以及对内地亲人、对故土的强烈思念,使得移民们在精神上十分依赖信仰;再如政治情况的多种变化与岛内居民的冲突,如平番、移民械斗、反清、抗日等,都必须依靠宗教信仰取得心理上的平衡。当然,在异族的统治下,民间信仰更成为一种不可或缺的民族教材和精神寄托。因此,因移民所伴随而来的民间信仰成为台湾文化的主流。所以台湾的民间信仰大抵非本土自然亲生,相反地与移民来台有着莫大的关系,大部分是从大陆原版移植过来的。神教的崇信,是台湾民间的普遍现象,自然也是台湾开拓史上,在政治、经济、文化等方面一直扮演重要分量的因素。就整个我国民间宗教文化的历史来看,台湾的神教所具有的中国传统文化特色,是非常浓厚的。而追根溯源,这些中国传统文化现象大都与河洛文化有着直接或间接的传承关系。台湾的民间宗教信仰从宗教种类上来分,无怪乎两大类,即佛教和道教,其中是道教居多。中国佛教和本土宗教道教均源于河洛地区,它们传入台湾的过程正如河洛人移民台湾的历史一样,由河洛一步步到闽、粤南部,再由闽、粤渡海到台湾的。因此台湾的民间宗教信仰和神像虽直接来自闽、粤,但是追溯历史渊源,又是与河洛宗教文化一脉相承的。

中华民族是炎黄子孙、龙的传人,无论是大陆中原还是东南沿海,还是宝岛台湾,到处都有炎帝、黄帝、尧、舜、禹等先圣的形迹和传说,到处都有龙的形象。郑成功和老子、关羽、韩愈等神话的历史人物,都名列《二十四史》。而玉皇大帝、织女、魁星、孙悟空、观世音菩萨等宗教神话人物,也都家喻户晓,而且形象如姊似妹,宛如一母同胞。所以从无孔不入的台湾宗教和民间信仰来说,究其本源,多为河洛文化之余脉。早期随闽、粤移民进入台湾的中华文化,是中原河洛文化南播后形成的一种具有地域色彩的文化:闽南文化和客家文化。它作为中华传统文化的一翼,本身又是远离儒家文化中心的边沿文化色彩。这种远儒性和边缘性,使它较之于中原文化更容易出现新的变异。

与中原文化同质殊相的特点,表现出两种可能:一种是信心文化向前发展了,它不发展还得保存古制。今天我们在闽南文化和客家文化中都能发现诸如在语言、习俗等方面保存着某些更为纯粹的古风。另一边是在边沿地带的特殊环境中,发现形成了某些文化特色。特别是当台湾由汉族移民社会向汉族移民定居社会转型以后,移民后裔成长起来的一代知识分子,在长期漂离原来文化环境之后产生了对本土社会的特殊关注和对本土文化的自我体认,这是可能理解的。但这只是中华传统文化在传播过程中形成的一些地域特色和新土形态,并不是另一种性质的文化,其在本质的深层结构上,并未逸出中华传统文化的范畴,充其量只是一种区域性的亚文化类型。何况在历史上当日本统治者企图以"皇民文化"来灭绝中华文化时,以本土面目出现的中华文化的这一区域特征,实际上起了与"皇民文化"相抗衡的民族文化的作用。在当时的政治环境下,因为不能讲"民族"只好讲"乡土";而这种"乡土"是台湾,其背后就是中国。中华文化与在这一特殊环境中被强调出来的乡土文化在共同抗御异族文化的压迫面前,具有很高的民族同构型。可以说台湾所谓的乡土文化与中华文化的关系好像母与子的关系,中华文化是母,台湾地方文化是子。中华文化在台湾,是全面性的移入,不是局部的传播和影响。河洛人作为汉族移民台湾的主要组成部分,成为中华文化全面移入台湾,推动台湾地方文化发展的主体。因为作为中华传统文化祖根的河洛文化,在台湾地方文化发展过程中的地位也是显而易见的。

六、结语

台湾地方文化与中原河洛文化有着深厚的不可分割的渊源关系,这已被作为中国人的台湾人与河洛人所认同。这也是中华文化在台湾强烈归宗意识的体现。人要拜祖,神要认宗,即使民俗、艺术、工艺、建筑等等,也要寻找自己的祖根渊源。历史上形成了台湾人十分普遍而强烈的祖籍观念、民族意识、归属要求,以及由历史形成了的这种文化的向心性,成为大陆与台湾、原乡人(祖根地人)和新土移民最强大的精神凝聚力。这也是长时期以来河洛文化与台湾地方文化血肉相连的根本原因。在此,我们要说:台湾人的根在祖国大陆,根在中原河洛,根在炎黄先祖创造的悠久深厚的河洛文化之中。

参考文献:

1. 周文顺、徐宁生《河洛文化》,五洲传播出版社,1998 年。
2. 郑淑真、萧河、刘广才《根在河洛》,华艺出版社,2000 年。
3. 刘登翰《从原乡到新土·台湾文化剖析》,《港台信息报》1998 年 2 月 10 日。

(作者为台湾发展研究院客家事务研究所所长)

明末清初闽南士人的海洋意识

——以池显方《晃岩集》为例

张　帆

　　从历史长时段来看,福建地区开发时间较晚,速度也相对较慢。西汉武帝之后,闽中地区人口经历了几次大规模流动,逐渐汉化。与此对应的是,闽南地区在动乱之间终于得以开拓和发展。闽南地区发展至明末清初之际,已经成为了贸易繁荣、文化兴盛的富庶之地。一方面海上贸易频繁,有漳州月港等重要贸易港口联系海陆,同时"其来月港者,多就鹭门宿",厦门等周边城市也成为海陆贸易的重要交游区域。另一方面经济发展的同时,闽南地方上的士人对海洋产生了普遍性的关注,对时事尤其是海上战事都有所了解并有所思考。出身同安的池显方就是一个明显的例证。

　　关于闽南地区的海洋文化,厦门大学的一些专家早有论及,著述甚丰。本文以明代末年池显方所著《晃岩集》为切入点,阐述池显方对海洋的态度、与海洋的交集和海上军事战略,以及关于海洋的文学意象表达,分析其代表的闽南士人的海洋意识的特征及表现,以期对闽南文化与海洋文化的研究有所裨益。

一、池显方其人其书

　　池显方出身于厦门望族,原籍长溪。其父池浴德,字仕爵,称明洲先生,以文才见长。池浴德勤于奉公且为官清廉,曾被母兄笑称为"无花果",即未存有私财之意。池浴德娶妻傅氏,为人正直豁达,不拘俗名。其训导子孙"读书岂必尽取科第?"并说"毋负天地祖宗,便为孝子",意指不能因功名而读书,只要无愧于人无愧于心便是成就。后池显方中举之后弃功名而访山林,可能就是受其父之影响。

池显方字直夫,号玉屏,生母为池浴德之妾林氏。池浴德颇有成就,家中除林氏外仍有两妾,林氏出身农户,在大家族中苦处颇多,"一生艰渠",但沉着隐忍且严于教子。池显方学有所成,亦多赖其母教养。于天启四年中举,完成了自己所言的人生快事的第一件"掇巍科",但由于性情一直是"厌圭组,喜烟岚",不喜官场而钟爱自然,所以就以奉养年迈母亲为由并未参加会试,此后的一生都再未在功名事业上尽其心力。后与友北游,历经鹅湖、姑苏、镇江等地,并与蔡献臣、董其昌等名流交往甚密。有功名却未入仕,其身份定位相当于后世所言的"衿士"。

《晃岩集》之名来源于池显方所住之所。池显方居于风景秀丽之端山,其"搭一茅于端山",并将这建于山中的住所命名为"晃岩",从此闭门读书,不与权贵应酬。《晃岩集》成书于明末,此时海上仍是多有变乱,城内也是各种暗潮涌动。池显方虽居于山中,但并非不问世事,反而有着敏锐的危机感。尤其难能可贵的是,他不是清谈者,而是务实的士人,其对海防建设提出的规划意见都有相当高的水平,并且多能针对时弊提出问题和解决措施。

池显方是位富有声名的诗人,并且对佛学颇有造诣。蔡复一赞其曰:"吾乡里之才,莫若池直夫。"可见其才能之名。所以,无论从家族还是个人命运上讲,池显方作为闽南士人的代表都是没有问题的。研究《晃岩集》,一方面可以对当时的历史细节所进行的整合,另一方面也是对闽南地区海洋文化研究的材料补充。

二、池显方的海洋意识

池显方生活的时代海上战乱不断,厦门临海而立,"鹭门首当冲,家家岌一枝",百姓时时面临着生命和财产危险,并且还有突发的自然灾害和沉重的赋税困扰。在这样的大环境下,他生活里的重大事件几乎都和海洋有关。池显方的海洋意识集中在三个方面,即海商货殖、海洋防备和海洋意象。

(一)海商货殖

明末清初,由于缺乏严格有效的监管措施,厦门周围的海上贸易呈现出繁荣和纷乱两大特征。一方面是繁荣而密切海上贸易活动,另一方面不法之事也在逐渐增多。这都跟厦门特殊的地理位置有关,厦门为"百货之必经,群舟宗之毕辖"之地,海商多聚集于此,使得岛内贸易也一片生机。

　　海商贸易的繁荣景象在池显方的诗词中经常出现,此外他还记述了海上贸易的一些途径和流程,如《赠浯澎游陈将军调任序》中有"有司给其由,验其引,核其装"之语,但实际上即使如此也无法控制海上贸易的合法化和合理化。明末清初闽南地区海盗集团甚是活跃,加之他们往往是地方强宗,有相当强大的装备和手段,所以治理起来极为困难。之前大船过关五百石为上限,而至当时许多商船甚至已经超过了两千石,更有"漏饷越贩,资敌卖夷"的恶劣行径。与李贽支持海商甚至是海盗不同的是,池显方对海上贸易的不法之事进行了严苛的批评和指责。他认识到"出岛二日名鸡笼,奸商勾夷潜交卖",他对联奸商不法之举非常痛恨,因而赞誉陈将军"号令森严,搜诘精核也,则商绝越贩之私盗扫窥藩之影",认为严厉管制和惩处海盗和奸商是海洋安全的重要保障。

　　除了海商贸易之外,临海渔业也是海洋经济的重要部分。池显方有《观打鱼歌》记述了渔民打鱼的过程和收获。渔民辛苦作业,得以"钓得巨鳞如舟大",但是这些珍贵的水产品最终的流向却是达官贵人。此外池显方明确指出了渔民打鱼缺乏规划性,认为渔民捕鱼过于苛密,会引起"物精既竭"的严重后果。可见其很早就意识到经济可持续发展的重要性,但是遗憾的是他并未能提出有价值的建议,由于个人生活与渔民生活的脱节,他只是劝说渔民收起钓网,并未意识到对于生存而言个人的利益往往是处于首位的。或者说现实情况中,渔民很难去为了一个理想性的价值观而放弃对实际获得的诉求。从池显方的诗词中可以知,明代厦门的海洋产业还较为单一,还未产生其他形式的海洋经济形态。

　　(二)海洋防备

　　厦门在明末已经成为了海洋防备的重镇,明王朝一方面在北"抗辽",另一方面也在闽南海域进行防卫作战。熊汝霖、谢简之、南思受都是在此间立功立德的名臣名将。池显方与这些名流交往密切,经常相与唱和,并在军事领域也时时出谋划策。国事的危机使他走出了山林,为社会做出了力所能及的贡献。

　　池显方的海洋防备意识主要体现在护海之责、海战战略和英雄崇拜三个方面。池显方在《送张尚宰廷尉入都》中写道:"欲绘流图先海郡,难容宽法在边机。"可见他很早就意识到了海洋的重要性,又在《平红曲》中指出"版章一寸地,亦是我门庭";海战之时"居民尚有必死之心",强调了关乎国家领土便丝毫不能退避,已经将海洋视为国家山河的一部分,可见他对国家主权极为重视。

由于池显方时常跟随一些官员巡查营垒兵士,因而对部分将领尤其是谢简之的战略知之甚多。在《赠大将军谢简之平红夷序》中,他详细记述了谢简之如何筹划作战方略,整顿军士。在这样的熏陶下,他对海洋军事战略有所了解有所发挥也是正常的。再者,池显方认为"诗之道可通兵者也",文人也可对兵事做出有价值的建议,所以在《晃岩集》中,有颇多议兵议政之语。总的来说,池显方认为应当以防守为要,不能为了剿匪盲目出击,更要侧重船舶武器的储备和军士的操练。在致熊汝霖的书中,他详细阐述了自己关于增强海战实力的十条建议,即禁大船、早发饷、选名色、核船器、制降卒、减彭兵、劝廉将、行保甲、严接济、惩彪干。这十条建议无一不切中时弊,并且强调了海战不只是战事,更是民生之事。在《阙禇公》中,他又指出了四点要务,要移选锋营、议语铜游、练乡兵、实仓廪,对军事部署、后勤筹备都有所关注。

此外,池显方对海战将士和英雄人物进行了赞誉和歌颂。他写就《追荐征红夷阵亡军士疏》,字字朱血,赞誉了为国捐躯的英勇军士,又有诗歌如《赠谢简之再帅闽》等称誉名将。不只是池显方对海战将士甚为推崇,整个鹭门地区对立功立德的将士官员都有深切的敬仰,如对陈君宠将军"勒石颂勋",为熊汝霖建祠立碑,都能看出经历海战的百姓对海洋英雄的尊重和敬意。海洋英雄的崇拜也是海洋意识的重要体现。

(三)海洋意象

对于生长在海边的池显方来讲,海是一个重要的意象,饱含着他深刻的认识和深沉的情感。海作为抽象化了的意象,在其笔端屡屡出现。在《孙光甫使君俯顾赋赠》中,池显方写道"胸同震泽波千顷",海洋是一个宽广豁达开放的形象。在致林为磐的书中,他将林为磐的文章比为"海浪雄幻莫测其至",海是一个变化无穷激昂豪放的形象。

除了诗歌中出现的海的形象外,一些民俗中,海的性质也发生了变化。如池显方记述对海神的祭祀,说闽南地区的百姓"多寄田于海、寄家于夷、寄命于神",所以神祠遍布。池显方对海神一方面是尊奉,认为其"其心如海,福智具足",另一方面则对淫祀提出了批评。如闽南有一种民间活动叫做啸海,是在饥馑之年,百姓"啸海为崔苻",祈求神灵保佑免受灾苦。池显方认为此为不智之举,称之为"愚民啸海上",并且还会产生集会混乱,于事无益。海洋在这些活动中,已经不再单纯是客观的对象和现世存在的可感知的事物,而是已经带有了人为的主观评定和情感因素。

三、结语

闽南地区历史上英杰众多,池显方只是其中一例。虽然有着隐逸的生活,但与官场并非没有交集,并且还曾与多位官员有诗酬和,但他始终守住了自身的信念。池显方评价自身"于禅则大阐提,于儒则大孟浪。如斯可一不可两,任人笑,任人谤。似我者拙,学我者丧。既难尘网羁縻,合取云烟供养"。这既是对自我的定义和总结,也是对人生的把握和度量。终其一生,其诡奇不羁的言辞背后,是一个恪守有所为有所不为的人。

处于海洋之争日益激烈的今天,海洋意味着什么,该怎样对对待海洋,是否该为了利益和土地去改变海洋,这些问题都需要我们谨慎思量。《晃岩集》一书虽难以反映海洋文化在闽南地区长时段的影响全貌,但"一叶知秋",诗文中所反映的很多内容,无疑是对当时历史细节的生动刻画,对人们认识海洋文化在闽南的发展是有所助益的。

(作者为华中师范大学历史文化学院研究生)

闽南文化海洋性之简论

刘　清

　　闽南是指福建南部,从地理上说仅指厦门、泉州、漳州三个地区,但也往往包括莆田、龙岩。闽南依山临海,气候宜人,属于温暖而湿润的亚热带气候。在这里产生的闽南文化系生活在福建地区(主要是闽南地区)的人民共同创造并代代传承发展与创新的地区文化。从根本上讲,闽南文化上承中原文化并吸收了当地土著文化、南洋文化、阿拉伯文化、西方文化等等,使之兴盛发达,是中华传统文化的重要组成部分。因闽南系移民社会,地理上大部沿海分布又依临内陆,且属亚热带气候,兼有农林果茶与鱼盐之利,故反映到文化上,既有华夏农耕文明的特性,又有海洋文化的特色。

　　闽南文化的海洋性特征主要表现在以下几个方面。

一、勇于开拓、拼搏、冒险之坚毅精神

　　勇于拼搏、积极开拓和冒险犯禁是闽南文化海洋性的突出特点。沿海居民依海为生,或航海或渔业或商业,容易培养出拼搏、冒险和开拓的精神,故往往将生死置之度外。据考证,闽南一带的居民相当一部分来自中原,是古代战乱、天灾所迫而南迁的,多少年来,迁徙、开发之艰难困苦无法想象,没有顽强的意志和毅力是难以为功的。迁居闽南地区的人们用自己的双手和汗水在当时荒蛮无比地域上开发出了自己的新家园,他们筚路蓝缕开启山林,从事农垦殖养,终于使漳厦平原成为粮川和水果之乡,安溪山地变为飘香茶园,而大海的优越条件,又使人们以海为田,走海洋浪天涯,从事鱼盐业和航海贸易业,使得泉州等地自隋唐以来成为世界性的港口,这更加速练就闽南人的开拓冒险的精神。明清两代的统治者出于海防或其他政治目的,均实行过严厉的海禁政策,但由于地狭人众

的压力,不少闽南民众绅士冲破小农社会求安稳的限制,冲破朝廷禁令,冒险出海捕鱼或经营海上贸易,如明代闽南的龙溪、漳浦沿海,老百姓为生存和发展,冒着生命危险出海,甚至犯禁走私。1683年,清统一台湾后,仍对内地民众渡台采取严格的限制,然而包括闽南在内的内地民众则不顾禁令大批偷渡至台,使台湾得到较大的开发。

历史上闽南人的敢于冒险犯禁的性格在思想文化方面也有一定的反映。明中叶以来由于资本主义萌芽的影响,闽南一带的士大夫不少敢于蔑视礼法,甚至叛经离道。如泉州人陈三出生官宦之家,饱读诗书,却不热衷求功名,为追求爱情不惜卖身为奴。明代大思想家李贽"不以孔子的是非为是非"的惊世骇俗的命题、"童心说"的文艺观以及公开招收女弟子之举,在当时引起不小的震动。闽南人敢于犯禁蔑视礼法权威,并非为所欲为一味非圣无法,所冲破的只是那些背离社会进步,不符合经济社会发展要求的清规戒律和禁令。

二、不废耕读亦重工商之文化积淀

闽南地区耕读工商并重,其中重耕读深受华夏传统文化的影响。闽南人家不管是士大夫还是农夫都强调耕读为本,诗书传家。闽南地区的开发虽晚于中原,但读书之风也十分盛行。理学集大成者朱熹对闽南乃至整个福建的文化、教育事业功不可没,由他创立的闽学在福建遍地开花并成为具有全国性影响的学派。宋元明时的泉州被称为"海滨邹鲁"。宋以来闽地博取功名者"如拾芥……举天下言得第之多者必以闽为首称"。侨领陈嘉庚举家产兴办教育,在家乡兴办了厦门大学、集美中学,为社会培养了很多优秀人才。

在重耕读的同时,闽南社会对工商业也十分重视,这也显现其文化的海洋性。闽南地处东南沿海,有交通之便,即为"海上丝绸之路"。尽管华夏文化是典型的农耕文化,以农为本,重农抑商几乎是三代以来朝朝相承的基本国策,然而在闽南,民间对工商业活动采取的是宽容而不予鄙视的态度。宋元两朝的泉州是万商云集的东方第一大港,泉州市舶司的年收入几乎占南宋朝廷年收入的六分之一,巨大的外贸航海业刺激了闽南乃至整个福建的手工业、商业和交通运输业的发展,也促进了社会心理的转变。据说当时的泉州人早间读书而暮晚经商,连朱熹父子也不讳言曾经为商。李贽一反轻贱商人的传统习气,对商人历经风险、辛勤奔波的劳作予以公平之评说。王慎中、何乔远、李光晋等名士甚至还要求废海禁、重工商等等。因此,闽南的勃勃工商气息也充分表明其文化浓郁的海洋性。

三、开放兼容乐于接受新事物之创新精神

以宽容的态度乐于接受外来新事物,是闽南文化的显著特色。海事活动技术性强,接触面也宽,这使它比农耕活动更易接受外来的新事物。在中国沿海地区特别是闽南地区最具有开放兼容的意识,也是欧风美雨沐浴最多的地带。宋元以来由于这里海上交通发达,许多外国人在此定居,他们将异国的宗教信仰、民俗风情融合在当地社会中,天长日久,海外文化便与当地文化交融在一起。近代随着厦门开埠,欧风美雨也深深影响着此地,人们对西学、洋服、西餐等也乐于接受,鼓浪屿上不少建筑物体现着西洋式风格,这一切也都说明闽南文化中的宽容兼收性。在宗教上,泉州清真寺众多,伊斯兰教较为盛行,厦门、漳州等地基督教(包括天主教)也得以传播,还有佛教、印度教以及中国本土的道教、民间信仰并存,泉州还被称为"世界宗教博物馆"。世界上不少宗教具有强烈的排他性,但闽南大地百神共处,四海一家的景象似乎举世罕见。

历史上举世闻名的海上丝绸之路引发中外文化的互动,在闽南文化里面十分突出。对于外来文化,闽南社会往往有一种开放性、包容性和接纳的心态。如李贽与利玛窦的交往,近代黄乃棠鼓吹西方天赋人权,号召反清革命。地处闽南附近的福州人士林则徐,很早就注重向西洋学习,被称为"睁开眼睛看世界的第一人"。许多学者认为闽南人重商逐利的价值观的形成也与阿拉伯的穆斯林文化有着密切的关系,西方资产阶级民主革命思想对造就一批闽南籍的资产阶级革命家的作用不可低估。

四、敬重海神是闽南文化海洋性的鲜明特征

在生产力低下的古代,生存环境恶劣,各种自然灾害频繁,这一方面使闽南人具有不屈服于大自然和具有与大海搏斗的精神,也促使闽南人敬重神灵,其中民间信仰中最盛行的就是对海上女神妈祖的信仰。妈祖的原型是宋代福建湄洲岛人林默娘,她聪睿善良常为人治病并能观测天象风浪,故殁后乡人建祠奉祀。妈祖信

仰在不长的时间由湄洲到闽南乃至全福建省甚至扩大到全国海疆,还被移民带到台湾,由中国扩展到整个东南亚,成为中国最大的海神,是保护航船、救助海难的神灵。宋至清王朝封之夫人、天妃、天后、海上圣母,而民间则尊称为妈祖。

妈祖信仰与闽南文化有关。宋元时期泉、漳、厦为全国最主要的贸易港口,整个福建包括台湾也是当时全国最主要的贸易省份之一,因而贸易、渔业发达,人民海事活动也越来越多。妈祖的信仰与其生存环境和生存方式有关。当时由于生产力水平有限,"行船走海无三分生命",人们自然盼望有神通广大的海神前来保佑,于是,人们将妈祖视为海神加以崇拜,久而久之,妈祖信仰也就形成为一种文化。这一信仰肇于宋、成于元、兴于明、盛于清、繁荣于近现代,从一个侧面反映了海洋文化的一种特质。今天,我国除了妈祖故乡香火不断之外,从北到南的 14 个沿海城市都保留有妈祖庙,有 1 亿多妈祖信徒,据说台湾有妈祖庙 500 多座,妈祖信徒达 700 多万人。在东南亚各国也有不少妈祖庙及信徒。

闽南文化具有鲜明、突出的海洋性特征,但又不失华夏文化之根基,是中华文化南迁后与当地文化、域外文化交会的融合、并在此基础上形成海洋文化性格,化生出顽强的拼搏、开拓之精神,在社会、经济的互动中产生了巨大影响,在当今也是十分突出的。

闽南文化与其他文化不同的是与海外文化沟通是其文化的重要特色,在进行创造海洋文化性格的同时,保持和维系华夏文化的主体地位,体现中华文化多元一体的格局和中华文化的生命力。总之,闽南文化是中原文化的发展与创新,其海洋性体现了一种腾飞、拼搏、开拓的精神风貌,这种精神充满着活力和创造精神,我们应该永远地加以坚持和发扬。

(作者为黄冈师范学院政法学院教授)

从若干考古遗迹看闽南文化
中的海洋性因素

易德生

　　闽南地处福建南部,包括泉州、厦门(历史上行政上隶属于泉州,鸦片战争之后列为通商口岸,才从泉州分出)及漳州地区,海岸线曲折,背山靠海,以山地丘陵为主,只有沿九龙江及晋江河流地区有小面积冲积平原。闽南早期属于闽越人活动地区,闽越人多滨河傍海,故"习于水斗,便于用舟"(《汉书》卷六四上),常过着"水行而山处,以船为车,以楫为马"(袁康《越绝书》卷八)的生活。闽南在唐代,尤其是五代得到迅速发展。北宋时期,泉州已经与广州同为中国最大两港口。到了南宋晚期及元代,"涨潮声中万国商",泉州全面超过广州而成为中国第一大港口。当时的泉州也是世界大港之一,与埃及的亚历山大港齐名,被海外商人、旅行家及传教士称为"刺桐港"或"刺桐城"(即 Zaitun,波斯文和阿拉伯文的音译),成为海上丝绸之路上最闪亮的一颗明珠。

　　闽南地区在长期的发展中,形成了具有浓厚海洋特色的闽南文化。闽南文化是中华文化的组成部分。这种文化随着闽南人漂洋过海,到达台湾、东南亚及世界各地,形成了闽南文化圈。我们试从泉州遗留的若干考古遗迹来考察闽南文化中的海洋性特征。

一、从宋元祈风石刻看闽南文化中的海洋性特征

　　唐及五代以泉州为代表的闽南地区经济得到迅速发展,人口剧增,以至人多地少的矛盾突出。民稠地狭,导致泉州人开始靠海为生,大力发展海外贸易。南宋谢履在《泉南歌》中说:"泉州人稠山谷瘠,虽欲就耕无地辟。州南有海浩无穷,每岁造舟通异域。"①闽南海上贸易的兴盛可以从泉州流行的"祈风"石刻中可以看出。

泉州祈风石刻镌刻于西郊的九日山岩石上,对于这些祈风石刻的原始资料,福建学者做了较好的搜集考释。②祈风石刻共有十段,都是关于南宋时期的。最早的石刻为淳熙元年(1174 年),最晚的为咸淳元年(1265 年),跨度约一百年。祈风地点是在九日山山麓延福寺中的通远王祠。九日山下延福寺中立昭惠庙,祭祀海神通远王。通远王为闽南地区最早的海上保护神,它与"善利王"、"广福王"、"显济王"实为一神。到了元代,通远王海神信仰才被妈祖信仰所取代。从石刻中,我们看到,每年两次,泉州长官或市舶司带领大小官员到海神庙——通远王祠(与石刻中的"昭惠庙"、"昭惠祠"与"延福寺通远善利广福祠"是同一地点)进行隆重的祈风仪式。

与航海贸易最相关的是关于祈风的时间。根据石刻可知,一年有两次祈风时间,通常一次在阴历夏四月,一次在冬十一月(有时在十月或十二月)。如果我们对航海信风规律有所了解的话,就可以看出,这祈风的时间是有道理的,是和信风有直接的关系。夏四月,是东南季风常刮的时候,这时候南洋的帆船可以借东南季风来泉州等地贸易,也即石刻中所谓"回舶南风";冬季,正是北风尽吹的季节,到南洋或回南洋的帆船开始行动,即石刻所谓的"遣舶祈风"。

需要注意的是,石刻中关于祈风仪式最早为淳熙元年(1174 年),但实际上,至迟北宋甚至唐末五代,祈风仪式已经在闽南出现。③可以说,祈风仪式的出现正是闽南海上贸易大发展时期,这不是偶然的。那么这种这种仪式的目的是什么呢?南宋嘉定、宝庆间(1208—1227 年)在泉州做官的真德秀所作的《祈风文》给了我们很好的答案。该文云:

> 惟泉为州,所恃以足公私之用者,蕃舶也。舶之至时与不时者,风也。
> 而能使风之从律而不愆者,神也。是以国有典祀,俾守土之臣一岁而再祷

---

① 王象之《舆地纪胜》卷一三〇《福建路泉州》。
② 吴文良《泉州九日山摩崖石刻》,《文物》1962 年第 11 期;李玉昆《南安九日山摩崖石刻勘校记》,《泉州文史》,1983 年第 8 期;庄景辉《泉州宋代祈风石刻考释》,《江西文物》,1989 年第 2 期。
③ 庄景辉《泉州宋代祈风石刻考释》,《江西文物》,1989 年第 2 期。

焉。……神其大彰厥灵,俾波涛晏清,舳舻安行,顺风扬飓(帆),一日千里,毕至而无梗焉。是则吏与民之大厚也。谨顿首以请。①

可见向海神祈风的根本目的是希望保佑本地海商和海外客商能够一帆风顺,平安航行。而海上贸易是泉州经济的根本,所谓"惟泉为州,所恃以足公私之用者,蕃舶也"。

这种仪式充分说明了宋元以来闽南海外贸易的兴盛。可以说,正是这种对海外贸易的热衷,使闽南文化染上了强烈的海洋性特征。这种海洋性特征表现为"以海为田","爱拼会赢"的开拓进取精神。闽南人勇于在变幻莫测、有众多风险的海洋中发展海外贸易和海上经济,闽南方言中的"行船走马三分命"、"敢死提去食",充分体现了敢于冒险拼搏的心态。同时,在重农与重商的价值取向上,敢于进取,崇商重利,于海洋中获取经济成功。闽南人敢于拼搏冒险的海洋精神不仅表现在海外贸易上,也表现在明清以来他们大量移民海外,在异国他乡打拼。台湾、东南亚等地已成为闽南人移民最多的地方。以至于台湾语言与文化与闽南基本相似,而东南亚华侨主要是闽南籍。

明清以来,闽南文化中的海洋精神被发扬光大。顾炎武说"漳、泉滨海居民,鲜有可耕之地,航海商渔乃其生业,往往多至越贩诸蕃,市易诸夷。"②明代福建人谢肇淛著有《五杂俎》③,该书中说漳、泉之人,"东则朝鲜,东南则琉球、吕宋,南则安南、占城,西南则满剌迦、暹罗,彼此互市,若比邻然"。清代厦门从泉州分离后,延续闽南人的海洋精神,也发展成为东南一大港。道光《厦门志》卷十五《风俗略》说,在厦门,"服贾者以贩海为利薮,视汪洋巨浸如衽席,北至宁波、上海、天津、锦州,南至粤东,对渡台湾,一岁往来数次。外至吕宋、苏禄、实力、喇吧,冬去夏回,一年一次。初则获利数倍至数十倍不等,故有倾产造船者"。闽南自宋元以来海外贸易发达,海洋文化浓厚,可见一斑。

---

① 真德秀《祈风文》,《西山先生真文忠公文集》卷五十。
② 顾炎武《天下郡国利病书》卷九六。
③ 有学者考证应为《五杂俎》,见《五杂俎》,上海书店版 2001 年"出版说明"。

二、从泉州的宗教遗迹看闽南文化中开放及包容的海洋性特质

宋元时期闽南海外贸易的兴盛,是与世界众多海外商人来泉州贸易分不开的。由于怀着不同宗教的海外商人、旅行家及宗教人士云集泉州,故在泉州留下了众多珍贵的各种不同宗教的遗迹。泉州于是成了名副其实的中世纪"宗教大观园"。

1. 伊斯兰教。由于信奉伊斯兰教的阿拉伯及波斯商人来泉州最多,故伊斯兰宗教遗迹最多。其遗迹主要包括寺庙建筑及建筑构件、墓地、墓碑及其与之有关的碑刻等。泉州现存的伊斯兰教遗迹及石刻非常多,实属国内罕见。

根据现存石刻和文献记载,宋元时期,泉州至少存在七、八座规模宏大的清真寺。其中包括北宋时修建的艾苏哈卜寺(即"圣友寺")、南宋清净寺、也门人捐建的也门清净寺,默罕默德寺,纳希德重修的清真寺、后坂大清真寺等。现在仍存的寺庙是艾苏哈卜寺。根据该寺的阿拉伯石刻碑文,其最初建造于回历400年,即公元1009~1010年,北宋早期大中祥符年间,回历710年重修,即1310~1311年,属于元代至大年间。该寺是中国现存最早的伊斯兰教清真寺,具有典型的古代阿拉伯伊斯兰建筑风格,被国务院列为第一批全国重点文物保护单位。

除了清真寺,泉州还有大小20多处穆斯林墓葬区。其中最为著名的是灵山圣墓。据《闽书》等文献记载,圣墓是伊斯兰刚创立之初的默罕默德的门徒三贤、四贤之墓。每当开斋节等盛大穆斯林节日,穆斯林都会到圣墓去举行宗教活动。圣墓保存有元代的"重修圣墓阿拉伯文碑"和"郑和行香碑"等珍贵遗迹。郑和行香碑树立于圣墓柱廊的西侧,刻文曰:"钦差太监郑和,前往西洋忽鲁谟斯等国公干永乐十五年五月十六日于此行香,望灵圣庇佑。镇抚蒲和日记立。"

伊斯兰寺庙建筑构件及墓碑大都刻有文字,因此泉州遗存的伊斯兰石刻闻名遐迩,被称为国之瑰宝。石刻文字以阿拉伯文为主,还有波斯文及突厥文等。不少碑刻同时有汉文、阿拉伯文及波斯文。阿拉伯文的书写体有多种,如古老的库法体、三一体(大楷)、小楷、花体、波斯体等。从这些碑刻中可以看到,来泉州的穆斯林国别众多,有波斯(伊朗)、也门、土耳其、摩洛哥、埃及、印度及亚美尼亚等。其中来自波斯的穆斯林最多。这些碑文还说明这些穆斯林的后裔很多还

留在泉州附近,成为今天的回族,且多聚居于晋江县的陈埭和惠安县的白崎。

2. 早期基督教。早期基督教包括景教与天主教圣方济各派。景教为早期基督教的一支,由叙利亚人聂斯脱里创立,称为聂斯脱里派(Nestorian),在唐代就传入中国。元代随蒙古军队自中亚及内蒙又在中国东南部传播。元代所谓的"也里可温(Arkoun)",包括景教和天主教的圣方济各派。迄今为止,约有三十方类似石刻保存在不同的博物馆里。这些墓碑石刻。根据碑刻年代,大部分碑刻为元代中后期。这些石刻常见有十字架、带翅膀的天使、海水、莲花等图案,文字有叙利亚文、拉丁文、中文、波斯文等。

根据吴文良等学者的研究,这些石刻可分两类,分别属于景教或天主教圣方济各派。至于更具体的哪些碑刻属于前者,哪些属于后者,则有不同意见。有学者对两类遗物的不同特点做了初步考察,并以此做为区分景教碑刻和圣方济各派碑刻的根据。[①]这些碑刻中,有几方颇具典型性。其中一方于1940年在泉州津头埔出土,碑面阴刻两行汉字和两行叙利亚文字。根据夏鼐等人考证可判断为景教碑刻,碑刻时间为1313年。[②]还有一方墓碑,上有拉丁文九行,据英国学者考证,是任泉州主教安德烈·佩鲁贾的(Andern of Perugia),他是意大利天主教方济各派教士。

3. 摩尼教。该教或译作"末尼教"、"牟尼教",我国典籍常称为"明教"或"明尊教"等。摩尼教是在吸收祆教(拜火教)、景教、佛教思想元素的基础上形成的,是公元3世纪波斯人摩尼(Mani)创立。摩尼教大约隋唐之际传入新疆。后因为唐武宗灭佛,摩尼教也受到打击,被迫转入地下活动,并改称为明教。《佛祖统记》卷48载:"吃菜事魔,三山尤炽。为首者紫帽宽衫,妇人黑冠白衣,称为明教会。"南宋称摩尼教为"吃菜食魔"或"魔教",打击甚严。元代对该教持宽容态度。两宋及元时期,温州及泉州该教颇为流行,是东南地区两大流行中心。

国内摩尼教遗迹很少,且基本湮灭,但泉州保存有遗址及遗物。晋江县罗山乡华表山麓的草庵明教寺,是我国唯一保留的元代明教寺院;其中的摩尼光佛石雕像,是世界上唯一保留至今的明教偶像。整座雕像神态庄严,身长1.52米,宽

---

① 杨钦章 何高济《元代泉州方济各会遗物考》,《泉州文史》,1983年第8期。

② 夏鼐《两种文字合璧的泉州也里可温(景教)墓碑》,《考古》,1981年第1期。

0.83 米,像背后放射佛光。雕像左上角有楷书五行 34 字,右上角楷书五行 52 字,写的是信徒捐献资财,希望亲人进入到光明圣界。在寺庙前 20 多米处的山岩上,有一明代僧人刻立的四行摩尼教的"四位一体"(或称"四寂法身")的宗教信条,其文曰:"劝念清净光明,大力,智慧,无上至真,摩尼光佛。"除了这些遗物外,1979 年晋江县文物管理部门在草庵附近发掘出土刻有"明教会"三字的瓷碗和瓷碗残片。后来在一处古窑址也发现了这种碗的残片。

4.印度教。印度教公元 7 世纪以前叫婆罗门教,7 世纪之后婆罗门经过印度哲学家商羯罗改造而称为印度教。该教流行于南亚及东南亚某些地区,信仰湿婆、毗湿奴及梵天三位主神。印度教何时传入泉州,文献无记载。但从一些印度教石刻和家谱来看,可能宋代印度教已经在泉州出现,元代则相对兴盛。

据文献记载,北宋雍熙年间(984—988 年),有印度僧人罗护那从海路到泉州,并入住在泉州见宝林院(今宝海庵),有学者认为罗护那为印度教徒,故该寺可能是印度教寺庙。元代泉州港海外贸易进入全盛时期,海外商人云集。信奉印度教的印度商人众多。元初有位马八儿国(今南印度)商人叫挹伯鲁马儿(别名达瓦浙哈克罗・瓦帝格儿)曾在泉州建立一座湿婆神庙。泉州新门外有一大"独石柱",俗称"石笋"或"石祖",高 3 米多,状似男性生殖器,有学者认为这可能是印度教的遗迹,因为印度教林加派崇拜"林加"(男性生殖器)。另据《清源金氏族谱》载,泉州元代建有"番佛寺",多数学者认为在佛寺前面加"番"字,表明不是佛教寺庙,应是印度教寺庙。

由于战乱或各种原因,印度教寺庙被毁坏,所以至今只能搜集到各种建筑构件和散乱石刻。印度教寺庙遗物现大概有 200 多方,有毗湿奴石雕像,有神话浮雕石刻,有印度教石雕卧牛或卧狮,有表现印度神话故事的十六角形石柱等。

闽南人在发展海外贸易过程中,不仅形成了不畏艰险、"爱拼会赢"、开拓进取的海洋文化;同时,在与不同国家和文化的交往中,也学会了尊重多元文化和宗教,学会了以开放的、海纳百川的胸怀接纳各种不同文化,形成了兼容并蓄、开放包容的具有海洋性特征的文化。正是这种开放包容的海洋文化精神,导致宋元时期的泉州成为世界宗教博物馆,一个多元宗教文化的中心。

(作者为湖北社科院楚文化研究所副研究员)

闽南文化的海洋性特征之溯源

黄英湖

　　海洋文化是一种与海洋密切相关联的文化。一个地方的海洋文化发达,主要表现为造船工艺优良;航海技术先进;对外贸易繁盛,经济的外向型程度高;人们大量出入国境并进行海外移民,使当地居民拥有众多的海外关系;当地社会、经济、文化、政治和人们的生产、生活及思想观念等方面,都由于各种外来因素的影响,而相应产生不少的改变,使整个地区的面貌与周围各地显得有所不同。

　　众所周知,闽南文化具有很强的海洋性特征。但是,这种特征凸显的地域文化并不是与生俱来的,而是在国内、国外各种因素的共同作用下逐渐形成的,本文将循着历史前行的轨迹,对闽南文化海洋性特征的产生与发展进行一个溯源。

一、早期福建文化的海洋性特征

1. 闽越族善于造船和水上航行的习性

　　福建境内的最早居民是百越民族之一,被称为“七闽”的闽族。在武夷山的崖洞里,有一些他们遗留下来的、状如独木舟的悬棺。人们根据对白云崖洞船棺的碳-14 测定,确定其制作年代在公元前两千年左右,相当于我国历史上的夏代。[①] 从这些悬棺可以看出,这些闽人已能制造船舶这种征服水、利用水的生产和生活工具。

　　周显王十四年(公元前 355 年)楚灭越后,一部分越国遗民就进入福建,与原有的“闽”人融合成“闽越族”,并建立了“闽越国”。越人是个善水的民族,他

---

　　①　曾凡等《福建崇安武夷山白岩崖洞墓清理简报》,《文物》,1980 年第 6 期。

们"山行水处,以船为车,以楫为马,往各飘然,去则难从"①。具有很强的水性,并且善于造船和水上航行。随着他们的到来,越国先进的造船工艺和航行技术也传入福建,使闽越国在这方面得到较大的发展。西汉初年,淮南王刘安就说闽越人"习于水斗,便于用舟"②。汉武帝元鼎五年(公元前 112 年),闽越王余善曾率 8000 多人的庞大水师,从海路南下到揭阳,准备去攻打广东的南越。由此可见,当时的闽越国已具有大规模海上航行能力了。

所以,在远古时期,一些福建先民就能使用水上交通工具,用逐岛迁徙的办法进行海外移民了。他们利用台湾、菲律宾、马来西亚和印尼这些密集分布的岛链,以各个相邻的岛屿为跳板,逐渐向南进行迁徙。经过长时间的不断南下,最终到达南太平洋的众多岛屿,形成毛利人等土著民族。经过长期的深入研究,人们发现这些民族的 DNA 相同,语言相似,所以,民族学家把他们统称为"南岛语族"。2010 年 7 月 27 日,法属波利尼西亚独木舟协会曾发起一次"寻根之旅"活动。他们驾驶一艘模仿古人制造的长 15 米、宽 7 米、重 1.5 吨的独木舟,从南太平洋的大溪地启航,沿着祖先当年的航行路线反其道而行之,途经库克群岛、汤加、斐济、瓦努阿图、所罗门群岛、巴布亚新几内亚、菲律宾,最后到达终点站福州。他们通过重温古代航海路线的方式回归故里,以纪念其祖先的海上迁徙移民。

2. 闽越之后福建海洋文化的发展

汉武帝元封元年(公元前 110 年),闽越因为反叛而被灭国,朝廷迁其民于江淮之间。此后,逐渐有北方汉人迁徙南下,与藏匿山林间而留下来的闽越人融合,形成福建人的祖先。所以,在福建人的血液里,蕴含着一些闽越人的遗传基因,也继承了他们善于造船和海上航行的习性。三国时期,孙吴就在福建的建安(福州)设立典船校尉,在温麻(霞浦县)设立船屯,专门负责造船工作。隋唐时期,福州和泉州都成为国家的造船基地,能造出很好的大船。往来闽粤之间的海船"可致千石"③,就是载重量可达 50 至 60 吨。而且,当时福建拥有许多优秀的水手和船员,左思在《吴都赋》中描写了建康(南京)的航运盛况:"弘舸连轴,巨

---

① 袁康 吴平辑《越绝书》卷八《越绝外传记地传第十》。
② 《汉书》卷六四(上),《严助传》。
③ 《旧唐书·懿宗纪》。

舰接舻。……篙工楫师,选自闽禺(番禺)。"①从中可以得知,船上众多水手和船员都是从闽粤两省挑选出来的,因为他们都有高超的驾驶技术。

在航海方面,东汉前期福建已成为海上交通运输的重要枢纽。据《后汉书·郑弘传》记载:汉章帝建初八年(83 年),郑弘"为大司农,旧交趾七郡(即当时属中国的越南北部和广东和广西)贡献转运,皆从东冶泛海而至"。就是说,从那里运往朝廷的物资都要先经海路载到福州,再泛海转运北上。东汉末年,汝南人许靖为避战乱从会稽(绍兴)到交趾,也是途经福州,通过海路前往的。由此可见,东汉时福建至少已开通前往越南的海上航线了。到南北朝时期,陈文帝天嘉六年(565 年),印度僧人拘那罗陀从建康乘船到泉州,改乘大船前往马来半岛的棱伽修国。可见当时泉州通往东南亚的海上航线,至少已经延伸马来半岛了。

福建的对外贸易始于闽越国时期。据《汉书·景十三王传》和《汉书·江都易王传》记载,江都王刘建"遣人通越繇王闽侯,遗以金帛奇珍。繇王闽侯亦遗建荃、葛、珠玑、犀角、翠羽、瑷熊、奇兽。"越繇王闽侯所送的珠玑、犀角、翠羽,都是来自东南亚的产品。这说明在西汉初期,福建就与东南亚有了贸易往来。从南北朝时泉州已开通前往马来半岛的航线看,当时泉州的对外贸易往来,已经达到一定的规模。

二、中外海洋文化发展的不同境遇

1. 中国官方对民间海洋文化的抑制

宋代之前,各王朝对民间对外贸易都实行抑制的政策。他们认为中国地大物博,各种所需应有尽有,根本不必到海外去进行贸易交换。而且,在农业社会里,人是最重要的生产力,也是国家徭役和赋税的主要承担者。所以,中国历代王朝都对人口实行各种的控制。他们担心民间对外贸易的发展会促使人民前往海外,导致国家流失生产所需的劳动力,以及徭役、赋税的承担者。

因此,尽管历史上中国的造船业都比较发达。到了隋唐时期,中国帆船逐渐成熟。与外国的船舶相比较,中国帆船的载重量大,结构牢固。但是,中国造船业的发达只表现在官方,并由政府进行垄断。一直到唐代,历代王朝都对民间造

---

① 转引自朱维幹《福建史稿》,上册,福建教育出版社,1985 年,第 53 页。

船业进行抑制,不许人民建造和拥有大型船舶,以防止人民私自出洋贸易。晋朝就明文禁止民间建造"大航"(大船),隋朝也有类似的规定:"其江南诸州,人间有船三丈已上,悉括入官。"①这种抑制严重制约了民间造船业的兴起和发展,使之长期处于相对不发达的状态。

　　同样地,中国民间航海也长期受到官方的抑制。《汉书·地理志》记载,西汉时使者就已乘中国帆船从广东出发,南航到东南亚的马来半岛,然后通过"蛮夷贾船,转送致之",辗转而到南亚的印度。三国时期孙权的使者朱应和康泰,也到达当时东南亚最强大的扶南(柬埔寨)。隋朝大业三年(607年),隋炀帝为也派遣常骏出使东南亚,最终到达马来半岛南部的赤土国。成书于805年的贾耽《四夷道》书中,记载有从广州通往西亚波斯湾的航线。大量的阿拉伯史料也表明,在9世纪的唐代,中国帆船已到达波斯湾的阿拉伯各地。这些都标志着中国远洋航海到隋唐时期,也和造船一样进入成熟的阶段。但是,这些航海活动都是由朝廷组织进行的,"历史上中国官方组织的航海活动,主要出自政治等方面的动机,而不具有探险或追逐利润的目的"②。而历代王朝却对民间航海进行抑制,制订法律禁止人民私自出国。在《唐律疏议》卷八中,就有"诸私渡关者,徒一年;越度者,加一等"的律条。即使是为了东渡日本弘扬佛法的鉴真和尚,在航海出国中也曾两次受到官府的追捕,出航所乘的船舶被没收。以后,他是在一再躲避官方的追捕,经过多次努力才成功前往日本的。民间航海的艰难与受抑制,由此可窥一斑。

　　在民间造船和航海都受政府抑制的情况下,缺乏能够长距离航行,并且具有较好抗风浪性能,又能大量载货的大船,民间的对外贸易是难以得到较大发展的。所以,虽然我国很早就有了对外贸易,南越和闽越都曾拥有东南亚出产的珠玑、犀角、翠羽等物品,在西汉和孙吴等使团的外交活动中,除了对外宣扬中国的国威外,也带去黄金、杂缯等物品,带回明珠、璧流离、奇石、异物,多少带有对外贸易的色彩,但是,这些贸易都是属于官方的性质,数量也不多。而民间对外贸易却由于受到官方的抑制,一直没有得到较大的发展。在浩瀚的史书中,鲜有关

---

① 《隋书·高祖纪》。
② 陈希育《中国航海与海外贸易》,厦门大学出版社,1991年,第13页。

于中国商人前往东南亚从事贸易的记载。在福建方面,仅有清朝人蔡永兼所著、其可信度受到质疑的手抄本《西山杂志》中,对唐代泉州晋江人前往东南亚贸易,进行了一些记述。

2. 印度和阿拉伯对发展海洋文化的鼓励

史学界认为,印度是世界造船业发展的先驱,早在公元前2300年,他们就建造了目前世界上发现的最古老船坞。印度的远洋航海也同样历史悠久,公元前6世纪的印度文献中,就有关于东南亚群岛的历史记载。其成书于公元前4世纪至公元前2世纪之间的史诗《罗摩衍那》中,也提到爪哇和苏门答腊岛及其航程。公元纪年前,印度人已东达马来半岛和爪哇等地,和南航那里的中国人进行贸易。

虽然印度船和后来的阿拉伯船都不如中国船大,强度也不如中国船,但这并不能阻挡它们从遥远的西亚前来中国进行贸易。因为"在对待航海方面,与中国王朝的限制政策相反,印度国王曾保护商人在海外的利益;伊斯兰教的先和穆罕莫德鼓励人们说:你们到中国去吧! 这些无疑促进了印度船与阿拉伯船向海外的扩展"[1]。最终导致大量的印度、阿拉伯等外国商人登陆广州和泉州等地,在宋代之前掌控了中国与外国的贸易往来。

所以,陈希育的《中国航海与海外贸易》书中指出:"历代封建王朝压制民间造船和航海事业,重视官方对航海和贸易的控制和垄断,才是唐朝中期以前中国远洋航海贸易迟迟发展不起来的主要因素。与此同时,印度船和阿拉伯船的航海事业不仅得到本国的保护和支持,也受到中国封建王朝的优待。因此,外国商船的对华贸易长足发展。"[2]

三、宋代闽南海洋文化特征彰显的原因分析

宋代、尤其是南宋时期,闽南文化的海洋性特征比较强烈地彰显出来。这种情况的出现,主要是由于从唐代后期开始,海洋文化的发展环境发生了很大变化。

[1]　陈希育《中国航海与海外贸易》,厦门大学出版社,1991年,第23页。
[2]　陈希育《中国航海与海外贸易》,厦门大学出版社,1991年,第30页。

1. 唐以后海洋文化发展环境的改变

每当国家统一和强盛时,各王朝就会实行高度的中央集权统治,使民间造船、航海和对外贸易都受到严格的控制,人民前往海外也变得比较艰难,海洋文化的发展也因此受到较大的抑制。唐朝后期藩镇割据,中央集权统治大为削弱,逐渐失去对地方的控制,也无法再对民间对外交往实行抑制的政策。黄巢起义后,我国进入五代十国的分裂割据时代,全国统一的中央集权体系不复存在,民间对外交往才得到较大的发展,福建商船开始更多地前往东北亚的日本和朝鲜半岛,东南亚各地乃至阿拉伯地区进行贸易。割据一隅的闽国为了富国裕民,也比较重视发展对外贸易。泉州刺史王延彬,"多发蛮舶,以资公用。……郡籍之为利,号招宝侍郎"[1]。

进入宋代、特别是南宋之后,国家版图大为缩小,财税收入也大幅减少;而北方与辽、金、西夏、蒙古人的长期争战,又形成庞大的军费开支,使国家背上沉重的财政负担;加上宋代冗官、冗兵所造成的冗费,这些都使国库收支经常出现入不敷出的情况,国家财政也长期处于紧张的状态。因此,宋朝改变以往各王朝轻视商业、歧视商人的政策,鼓励人民发展工商事业,并且支持民间的对外贸易,从而促使宋代商业的繁荣和对外贸易的鼎盛。

2. 福建人口的增长和经济、社会的发展

一直到唐朝前期,福建仍只设立建(今闽北)、泉(今福州)、丰(今泉州)三个州,西南的许多地方仍处于蛮荒状态。武则天和唐玄宗增设漳、汀两个州后,全省的开发才基本完成。这种地广人稀的状况必然造成福建经济、社会、和文化等方面的不发达,出洋贸易的人也不会多。所以,唐代的泉州虽然已成为我国对外贸易四大港口之一,但这种贸易更多的是由波斯、阿拉伯等外商前来进行,使泉州出现"市井十洲人"[2]的外商云集景象,而很少有泉州人前往东南亚等地从事对外贸易。

进入宋代后,北方长期的战乱不已,迫使许多居民逃入福建,使全省人口大量增多。户数从宋初的467,815户,增加到宋末嘉定十六年(1223年)的1,599,

---

① 《泉州府志》卷四九。
② 《全唐诗》卷二〇八,《送李使君赴泉州》。

214 户,增幅达 3 倍以上,占全国户数的 12.62%,人口也达 3,230,578 人。[①] 宋代人口的大量增加,促使福建在经济、社会和文化等方面都得到空前的发展,在全国成为仅次于浙江的第二重要地区。北宋时福、泉两州都进入全国的"望郡"之列,与大名(开封)、江宁(南京)、苏、杭的地位相等。张守在《谢除知福州到任表》中说:"惟昔瓯越险远之地,为今东南全盛之邦。"[②]这些都为宋代泉州对外贸易的大发展,提供了充足的人力资源保障,也打下了坚实的物质基础。

3.大量外国商人前来泉州开展贸易

晋代至南北朝时,到中国贸易的外国人以印度和东南亚人为主。到了唐代,波斯和阿拉伯人逐渐占据主导地位。唐代的外国商船主要停泊在广州和泉州。大量阿拉伯商人在广州定居下来,形成"蕃坊"的聚居区,泉州也出现"市井十洲人"的外商云集景象。唐王朝虽然反对本国人出洋经商,但却鼓励外商前来贸易。为了加强对这种贸易的管理,朝廷还在广州设立了市舶司。

公元 878 年黄巢占领广州后,不少外商遭到杀害。同时又有许多桑树被毁,造成丝绸产量下降,货源短缺。因此,外商纷纷转移到安南进行贸易,岭南节度史的上奏中说:"近日海舶珍异,多就安南贸易。"[③]另一些人则转移到泉州,促使那里的对外贸易得到更大发展,出现"涨海声中万国商"[④]的对外贸易繁荣景象。许多泉州人也在他们的影响和带动下,扬帆前往海外进行贸易。北宋元祐二年(1087 年),朝廷在泉州设立市舶司,促使泉州的对外贸易进入繁荣鼎盛新阶段。到了南宋,泉州已超过广州,成为我国对外贸易的第一大港,到元代更成为东方第一大港。

4.民间造船和航海技术的飞跃发展

宋代的泉州成为全国造船中心之一,民间造船业有很大的发展,能制造出载重量达 5000 斛(石)的巨型海舶。"州南有海浩无穷,每岁造舟通异域"[⑤]的诗句,就是对泉州民间造船、航海和对外贸易发达的形象描述。《太平寰宇记》中把海舶列为泉州和漳州的特产。因此,北宋历次出使高丽使节所乘的大船,都是

---

① 朱维幹《福建史稿》,上册,福建教育出版社 1985 年,第 237 页。
② 張守《毗陵集》卷六。
③ 《资治通鉴》《唐记》卷五十。
④ 《舆地纪胜》卷一三〇,《风俗形胜》。
⑤ 《舆地纪胜》卷一三〇,《泉州诗》。

委托闽、浙两省监司代为雇用。《福建史稿》认为,宋代福建的造船业"冠于全国"①。而当时的中国船舶也取代外国船舶,在中外航海中占据主导地位。

同时,宋代已懂得使用指南针、罗盘测定方向,为茫茫大海中行驶的船舶指明正确航路。这种技术上的进步,成为世界航海史上具有划时代意义的事件,也促进海上航行和对外贸易的更大发展。

四、结束语

从闽越族开始,福建人就善于造船,擅长航海,并且有了对外贸易和海外移民,使包括闽南文化在内的福建文化具有一定的海洋性特征。闽越国之后,闽南的海洋文化得到进一步发展。南北朝时期,泉州就已开通前往马来半岛的航线。隋唐时期,泉州成为国家的造船基地,泉州港也成为我国对外贸易的四大港口之一,出现了"市井十洲人"的外商云集景象。但是,直到唐代,闽南的民间造船、航海和对外贸易和全国一样,都受到官府的长期抑制,发展缓慢。闽南文化的海洋性特征,也表现得不够鲜明。

宋代以后,朝廷改变对民间造船、航海和对外贸易的政策,加上人口的大量增加,经济、社会和航海技术的空前发展,这些都为闽南海洋文化的发展,创造良好的外在环境。因此,宋代的泉州跃升为全国对外贸易第一大港。大量外国商人纷至沓来,许多闽南人也在他们的影响和带动下,前往海外经商贸易。闽南文化的海洋性特征,从此得到明显的彰现。

（作者为福建省社会科学院研究员）

---

① 朱维幹《福建史稿》,上册,福建教育出版社,1985 年,第 228 页。

河洛文化与客家

客家文化创新研究的几点建议

陶 谦

近年来,伴随海峡两岸关系的改善,人民交往的增加,国内外华人对客家传统文化的研究日趋火热,成果频频爆出,这其中不乏许多卓有见识的好建议、好想法。然而应当正视的是,当今客家文化的研究趋同化现象仍很严重,相当一部分研究带有明显的"本位主义"和"地方保护主义的"的特色,创新性研究明显不足,这在一定程度上制约了客家文化的传承和发展,甚至个别情况下还影响了文化的交流和互融。为此,本人仅就当前研究中呈现的一些问题简作表述,并就未来之研究谈点个人拙见,期望同仁共勉。

一、客家文化研究现状分析

客家是发祥于北方中原大地的一个族群,是中原汉人中的一支。由于政治、军事、经济以及自然灾害诸多历史、人文、自然原因,客家的先人从北方诸多地区不断往南迁徙,辗转定居于江南诸地,并与当地原居民相融合,建立起了一个又一个新家园,创建了有别于其他民系或族群的独特文化——客家文化及其文化精神。有学者认为,客家文化精神涵盖了客家人的内在气质、思维方式、性格特征等多方面内涵,其特质至少具有以下四个方面:一是客家文化历史传承的悠久性;二是客家文化区域分布的广阔性;三是客家文化创造主体的多元性;四是客家文化构建形态的复合型。这一精辟总结说明客家文化乃至精神是客家人一代又一代相传凝炼出来的最古老的独特文化,它不仅传承了中原古老的主体文化,而且在历史的长河中,又吸纳了中外诸多族群的文化元素,形成了今日之复合性、多元化文化形态。正因为客家文化体现了客家人的共同价值观念和人文精神特质,所以它成为散居世界各地客家人的精神资源。正如有学者所说:"文化精神是指一个国家和地区通过其人民长期共有的行为准则、生活方式、伦理价值、文化积淀和人文景观体现出来的共同价值观念和精神特质;它是一种具有决定性意义的核心资源,无论是一个国家的兴旺发达,还是一个地区的繁荣发展都离不开文化精神的凝聚和激励作用。"①

在党和政府的支持下,近些年来关于客家文化的研究一年高过一年,为客家地区经济社会的发展、文化的提升,乃至联络海外侨胞和促进两岸关系改善等方面起到了积极作用;许多学者独到的见解,也对客家文化的内涵起到了"添砖加瓦"的作用。

但不能否认的是,近些年的研究尚存在一定的不足。一是研究领域较窄,"热剩饭"现象时有呈现。如客家先民南徙的论文频频出现,中原文化对客家文化之影响老调重谈,可以说,相当一部分研究仍停留在既往基础上,重复言语多,而如客家生态文化等创新论点却少之又少,这不能不说我们的研究还滞留在一定形式上。二是仍有部分学者固执己见,否定客家文化的多元性,认为客家文化就是中原文化的延伸与发展,这种不科学的武断做法,不仅否定了客家文化历史的实际,而且也影响到地方文化的平衡和人们的和谐。三是文化研究长期脱离不开政府及学术地方保护主义的束缚,随政符和、随人符和,有些还将本地文化以"唯一"、"最"等超规范字眼冠之,否定贬低其他地区文化的历史作用,这不但不能起到促进经济社会发展、文化繁荣的作用,更使客家文化的包容性受到质疑,导致研究陷入尴尬境地。四是对国内客家的宣传多于对国外客家的宣传,这不利于联络海内外客属及侨胞,也不利于海外客家人社会政治地位的确立。五是研究的机制化和现代化水平相对缺乏,不利于客家文化的健康发展。

二、提升客家文化研究的几点建议

中国河洛文化研究会会长陈云林同志在研究会第二届理事会第一次会议上强调指出:"文化需要传承,文化更需要创新⋯⋯要在对其传统思想价值深度挖

---

① 钟文典主编 温宪元等著《广东客家·前言》,广西师范大学出版社,2011 年,第 2 页。

掘的基础上,善于结合当前社会实践,敢于面对现实生活存在的新矛盾、新问题,有针对性的给予新分析,作出现代性的新解释,使古老文化传统焕发新的活力和时代生机,成为鼓舞人民前进的精神力量,提升中华文化的'软实力'。"他还指出:"不断加强河洛文化研究的广度和深度,不断拓宽研究内容的针对性、现实性,不断丰富研究方法的多样性……以推动和引领河洛文化的研究迈向机制化与现代化,始终保持健康发展的良好局面。"①

按照陈会长的指示精神,结合当前河洛文化及客家文化研究的现状,笔者认为未来的研究还应注意以下几方面问题。

一是深入领会陈云林会长"文化需要传承,文化需要创新"的指示精神,不仅要继续加强对客家历史文化的研究,弄清当前仍存在的分歧问题,而且更要对客家传统文化精神的内涵进行深入挖掘,重点是研究它的当代意义和价值,从而在继承客家历史文化基础上,对客家文化精神进行进一步弘扬和传播,让这一优秀文化代代相传,永放光芒。

二是打破地域和族群观念,统一思想、统一认识、统一口径,彻底清除本位主义和学术地方保护主义的余毒,以大客家观念统领研究工作。正如北京大学客家历史与文化研究所所长、博士生导师郭华榕教授在《客家文明的历史性、世界性与宽容性》一文中所言:"客家应怀着一种世界的胸怀","培育学术研究的成长"②。在此文中,郭教授建议学界尤其是客家地区的研究者,要从大客家的视角及客家整体的视角出发,开展研究工作,切记滥用"唯一"、"最"等不科学字眼冠名某种地域文化或其精神,希望各地联手推进客家历史文化,尤其是与时代并进的文化研究,以便使客家传统文化朝着健康持续的方向发展。郭教授的观点正是我们未来研究中应着重注意的问题。

三是与时代同步,开创研究新领域。前面已经陈述,近些年来客家文化研究在逐渐升温,尤其是客家地区的地方政府和研究机构乃至民间社团对此都十分重视,并取得一定研究成果。然笔者认为,研究仍多集中在客家的源流、迁徙历史、基本概念及文化事象上。就是历史文化多、现代意义和未来发展少,研究领

---

① 中国河洛文化研究会 河南省政协等编《河洛文化与客家文化·序一》,河南人民出版社,2012年。

② 《首届石壁客家文化论坛文集》,福建教育出版社,2013年,第4页

域显得窄小。当然,笔者不否定近些年也有一些创新性研究,如广东省社科院副院长温宪元先生《客家文化研究的人文生态新进路》,就从生态学角度,对客家族群"天人合一"的价值理念进行了评价分析①;赣南师范学院客家研究中心邹春生副教授一改传统研究观念,从文化传播视野对客家文化结构的形成进行了重新解读,解决了传统以移民运动解读客家文化结构形成原因不够洽妥的问题②;再如无锡汇泽基因科技有限公司首席科学家孙朝辉偕同福建省客家联谊会副会长袁德俊、福建宁化县客家办主任朱建华及本公司项目合作部主任朱炎墙从分子人类学、遗传学视角出发,通过检测数以千计客家人基因样本,印证了"客家人祖先的主体是北方中原汉人"③,开启了客家源流新视角。

四是客家文化研究要走出国门,面向世界。郭华榕教授在首届石壁客家论坛上指出:"在世界历史上,行动较大规模、影响巨大的人类群体的迁徙,除去华人(包括客家人),还有突厥、匈奴……""客家人的迁徙波及各大洲主要国家。客家早已是世界级别的存在,成了世界的经济、文化、情感等的力量……至今还在广泛的影响着许多国家或地域的生活"。他又指出:"客家文化中,亲情、爱情、揪心的企盼、日夜的等待,占据着特殊的分量。"由此我们可以看出,散居于世界各地的客家人虽远离祖国,但赤子之情犹存,他们永远是我们不可忘怀的亲人。所以,作为文化研究者,我们应步新闻传媒之后尘,着重在海外客家上添上一笔,加大对海外客家的研究力度,从而使客家文化精神内涵更丰富。

(作者为黄河科技大学《黄河科技大学学报》编审)

---

① 《河洛文化与客家文化》,河南人民出版社,2012年,第293页.
② 《河洛文化与客家文化》,河南人民出版社,2012年,第85页.
③ 《首届石壁客家论坛论文集》,福建教育出版社,2013年,第27页.

人口迁移与广东福佬文化形成

许桂灵　许桂香　司徒尚纪

广东文化是岭南文化的主体,其中又分广府、客家和福佬(一说有潮汕、雷州、海南文化之别)三种亚文化。福佬文化分布在广东、海南沿海,属海洋文化类型。作为文化载体,福佬人现今分称潮汕人、雷州人和海南人主要来于闽南,故广东福佬文化与闽南人迁移入粤有不可分割关系。研究两者关系,对认识广东福佬文化特质和风格,建立闽粤区域关系,发展两地海洋文化和海洋经济,都有重要学术和应用价值。

一、闽南人迁移广东历史过程

东晋南朝时掀起我国第一次移民高潮,大量进入福建的北方移民有一部分从海陆两个方向进入潮汕地区。在潮阳、揭阳等地出土有"刀"字形与"凸"字形的砖结,以及晋和南朝时期的墓葬,其形制与相邻福建地区的相同,保持着中原风格,显示有一部分南来移民经福建进入潮汕地区。

隋唐时期,闽潮地区经历了空前社会变革。在闽人移居潮州的同时,当地少数民族汉化也进入深广程度,加速了福佬系共同体的形成。隋唐时潮州等州蛮、獠人作乱,为期廷平息。如唐武则天永徽年间陈政、陈元光父子领兵 5600 人至潮州镇压后,又遣陈政弟陈敏率军校 58 姓赴潮支援平乱,这些来自河东(今晋南)的官兵驻守漳、潮一带,多数人没有回去,成为当地居民。其地遂为汉人据有。宋代,蛮、獠之称已很少提到,即他们大部分被汉化,成为闽潮人一部分。根据民国《潮州志》和《澄海百家姓》统计,宋元移居潮地区的家族共 62 个,其中北宋迁入的有 13 个,南宋有 28 个,宋元间有 10 个,元代有 11 个,大多数家族来自福建,特别是泉州和兴化军(莆田),仅少数来自江西、浙江和江苏。① 宋代潮州已"有广南、福建之语……虽境土有闽广之异,而风俗无漳、潮之分"②。闽地狭人稠,闽人为求出路,多事工商,这在宋代就很出名。苏东坡指出"惟福建一路,多以海商为业"③,欧阳修也说"闽商海贾,风帆浪舶,出入于江涛浩渺、烟云沓霭之间"④。潮汕人后来形成善舟亲海的民性,闽人移入是个重要因素。另外,闽人航海保护神妈祖也在宋代传入潮州,当地最早的妈祖庙建于宋代。陈天资《东里志·疆域志》祠庙记"天后宫……在深澳,宋时番舶建"。另南宋《临汀志》记潮州有一座"三圣祀庙",奉祀包括妈祖在内的三位圣妃,为往来汀江、韩江的船工所建。后世潮汕为岭南沿海妈祖庙最多地区,清人说这些庙"其创造年代俱无考,大约始于宋元"⑤。妈祖崇拜遂成为潮州文化一个重要特质

除了潮汕,闽南移民也进入雷琼地区。唐代,已有"徙闽南之民于合州(后即雷州)"⑥之举。但入居的闽人不会很多。至宋代闽南成为人口稠密地区,迫使多余人口移居雷州半岛和海南岛,并成为当地开发的一支生力军。北宋绍圣四年(1097 年)被贬雷州的苏辙在《和子瞻〈次韵陶渊明劝农诗〉)小引》中说:"余居海康……其耕者多闽人也。"道光《广东通志·雷州府》引宋《图经》指出雷州"州多平田沃壤,又有海道可通闽浙,故居民富实,市井居庐之盛,甲于广右"。王象之《舆地纪胜》记"化州以典质为业者十户,而闽居其九。闽人奋拳过岭者往往致富"⑦。在广西沿海,钦州民分五种,"四曰射耕人,本福建人、射地而耕也,子孙尽闽音。五曰疍人,以舟为室,浮海而生,语似福、广,杂以广东、西之音"⑧,大抵是从闽广沿海飘浮至北部湾的水上居民。这在当地方志和族谱中多有所载。宣统《海康县续志·金石》说:"海康鹅感村官民,由闽入雷,自宋末梅岭公始。"民国《曹氏族谱》:"远祖讳相公。……由闽之建阳,于南宋乾道七年(1171 年)移居吾邑曹家村。"据吴建华《雷州传统文化初探》一书引 1986 年地

①　黄挺《潮汕文化源流》,广东高等教育出版社,1997 年,第 60 页。
②　王象之《舆地纪胜》卷一百《引余崇龟·贺潮州黄守》。
③　苏东坡《论高丽进奉状》。
④　《欧阳文忠集·在美堂记》。
⑤　(乾隆)《潮州府志》卷二五《天妃庙》。
⑥　宋锐《雷州人是来自福建的"闽南人"》,《海康文史》,1984 年第 4 期。
⑦　王象之《舆地纪胜》卷一〇四。
⑧　周去非《岭外代答》卷二《海外黎蛮》。

名普查资料,原海康县重点调查的 18 个乡镇 494 个村 103 个姓氏,有 90% 以上姓氏分别自东晋至清代从福建莆田和福清两县迁来。在今湛江还有福建街、福建河、福建村等地名,为闽南人入居见证。

海南岛宋代迈上进一步开发阶段,沿海兴起一批港口、吸引闽南移民扬帆而来。他们不但立足于沿海,而且深入黎区。赵汝适《诸蕃志》:"闽商值风飘荡,赍货陷没,多人黎地耕种之。"①周去非《岭外代答》:"海南有黎母山………。熟黎多湖广、福建之奸民也。"②范成大《桂海虞衡志》:"熟黎贪狡,湖广、福建之奸民亡命杂焉,侵轶省界,常为四郡患";"闽商值风水,荡去其资,多入黎地,耕种不归"③。很多族谱也反映了宋以来闽南人拓殖海南的历史。海南人数很多的符姓,其先人宋代从福建莆田入琼抚黎,先居文昌,后子孙繁衍,分成不同支系,散居琼山、万宁、陵水、崖州、儋县。④邱姓原籍莆田甘蔗田村,宋末随抗元队伍南下,先居澄迈、临高,继散布各州县。⑤大抵在宋代,闽南语吸收黎语若干成分,形成新的分支海南话。王象之《舆地纪胜》:"崖州治东一百里,习尚多与迈人同,唯语言是客语,略与潮州(话)相似。"此客语即闽南语。

明清闽南人又迈开移居琼雷的新步伐,因这时福建人口再度大量迁入潮汕地区,使该地区人口密度成为全国之冠,据揭阳县计划生育办公室 1985 年对全县 236 个村寨建村时间和迁入地调查显示,创建于明代的村寨有 107 个(占 45.3%),多于宋元以前建立的 91 个(占 38.5%),而全县居民祖先,从福建迁人的又占当地人口的 2/3。韩江三角洲腹地潮安县浮洋镇共有 94 个自然村,建于明代的有 61 个,占 65%,除 11 个自然村先民来源地不明以外,从福建直接迁来的有 30 个⑥。亦即福建是当地居民的主要来源地。而作为粤东和粤中沿海交往传统商路必经之地的海陆丰地区也成为闽南人留居之地,例如海丰县红草新村和梅陇仓兜杨姓居民即明万历年间从莆田迁来。经过一段时间以后,一些人再转雷州半岛和海南岛。有人根据 20 部族谱作过统计,明清两代从闽南迁粤东南

①　赵汝适《诸蕃志》卷下。
②　周去非《岭外代答》卷二。
③　范成大《桂海虞衡志校注》,广西人民出版社,1986 年,第 171 页。
④　(民国)《符氏族谱》卷二。
⑤　(民国)《邱氏族谱》卷一。
⑥　黄挺《潮汕文化源流》,广东高等教育出版社,1997 年,第 68 页。

的有 128 家,共 286 人,入迁地点比较集中的有陆丰和潮州两地。其中《颜谱》
称"该家族于明清两代迁徙广东者 186 人,仅潮州一府即 45 人"①。又《圭海许
氏族谱》记漳州海澄许姓,"(七世)仁齐、尚玉四子,居潮州","一金,生四子,长
子士美,诸子同父俱在海丰乌树住"。这样潮州连同海陆丰地区福佬人一起,继
续掀起向琼雷移民的高潮。明代岭南少数民族不堪官府压迫而爆发的起义失败
后,很多地方残破不堪,人口减少,土地荒芜,亟需募民耕凿。时总镇两广太监陈
瑄提征调南北直隶、山东、浙江、福建等官兵南下,结果获得允准。"事下兵部
议,谓宜于南京选调年力精壮、弓兵熟娴者五十人,浙江一百人,福建并南直隶共
五十人,许携家属赴两广随住"②。其中入镇雷州、廉州的军人有的留在当地定
居下来。据嘉庆《海康县志・疆域志・户口》载,明天顺六年(1462 年)全县民
户 13790 户,军户 3711 户,军户占全县总户数的 21%。如此庞大的驻军,既是一
支武装力量,也是一支移民队伍。

　　明清进入海南的移民也大幅度上升,志载从元代 17 万到明代 47 万,到清代
217 万③,闽南人在其中占相当大比例。其中有一部分是从征性质而来。如后来
文献所说:"郡城县城,营居多戍籍。自宋元顺化,皆汉土遗裔。洪武以来,军士
初拨则苏浙之人,继拨则河之南北,再调则又闽潮之产,厥后中原各处官吏、充配
者接踵而至。"④但仍以清初垦荒移民较多,又以福佬人参与至为普遍。在儋州,
道光年间仍"雷、廉、潮、嘉诸州民潜入洞中,借垦其(指黎族)地,渐至连阡累
陌"⑤。一般说来,是少数民族接受汉文化,但在海南也有闽南人被黎化的现象。
光绪《崖州志・黎情》云:"初皆闽南,荡贷亡命为黎,亦有本省诸郡人,利其土,
乐其俗,而为黎者。"海南海沿流行的方言"曰客语,与闽音相似。"这是闽南人到
来在语言上所留下的痕迹,也是闽南文化传入的结果。

①　杨豪《福佬人考略——广东汉族来源考之二》,《广西民族学院学报(哲学社会科学版)》,1996 年
　　第 2 期。
②　《明宪宗实录》卷七六。
③　陈铭枢《海南岛志》,上海神州国光社,1933 年,第 61 页。
④　(咸丰)《琼山县志》卷二《舆地・风俗》。
⑤　(道光)《琼州府志》卷二。

二、广东福佬文化形成

文化有地域差异,而划分区域文化最重要的标志,一是方言,二是风俗,当然还有其他精神层面要素,如民性、文学艺术,以及在地理环境基础上产生的土地利用、建筑景观等。广东沿海地区,直到唐代,仍以俚僚人为主体,此前则为古越人(含南越、骆越等)居地。唐代以后,俚僚人大部汉化,一方面是中原人到来,另一方面是闽南人迁入。闽南人实际上是中原人和闽越人结合形成族群。闽南人抵达广东沿海,首先立足潮汕,继向海陆丰,绕过珠江口,进入雷州半岛和海南岛,以及北部湾钦廉一带,也有一些分散在珠三角或海岛,形成大集中、小分散格局。闽南人不但人数多,而且具有较强文化势能,福佬文化很快占领它所到地方,成为当地文化主体,在广东区域文化体系中占有重要一席之地。

秦汉时期,吴语经福建进入潮汕地区,开始了潮语发展的萌芽时期。东晋南朝时期,随着吴语和中原汉语影响的增多,潮语逐渐成为汉语方言的一支。但直到唐宋时期,潮语才从闽语中分化出来,成为潮汕地区文化的一个重要标志。韩愈贬潮州,见当地人使用乡音很重,深感不便,企图用中原音代替它,但没有成功。宋《潮州三阳志辑稿》云"或曰韩公出刺之时,以正音为郡人诲,一失其真,遂不复变"①,说明潮方言已经定型,难以改变。据语言学者研究,唐宋时潮语即闽南方言,一方面保留闽语许多特点,另一方面又直接接受北方汉语的读音和某些词语,在语言结构方面和现代闽南方言没有多大区别,说明它作为一种独立方言已基本形成。例如,现代潮州话所保持的与说话音有较大差别的"文读音"(与其相对的是"白读音"),即同一个字在同一个人有不同读音,反映不同时代层次。例如"糊"字白读为"Kou^5",文读为"hou^5",前者为上古音,后者为唐宋中原读音,且保留至今,显示潮州话至迟在宋代已完成从闽语分化的过程,成为当地方言主体,也是福佬文化一个最主要标志。

闽南人抵达琼雷,闽南话即开始在当地传播。宋雷州《图经》说"本州实杂黎俗,故有官语、客语、黎语"。这里所称"黎语"是指由于闽兵、闽商及流民入居该地成为"熟黎"所用方言,而不是海南岛上黎族所用属壮侗语族黎语支的黎

---

① 陈香白辑校《潮州三阳志辑稿》,中山大学出版社,1989年,第10页。

语,实是闽南话在雷州半岛的一个分支的别称。大抵到明代。随着闽南移民增多,这种"黎语"已经形成。明人王士性《广志绎》指出:"廉州中国穷处,其俗有四民:一曰客户,居城廓,解汉音,业商贾(按指客家人):二曰东人,杂处乡村,解闽语,业耕种;三曰俚人……;四曰疍户。"①明陈全之《蓬窗日录》也说:"廉州人作闽语,福宁(今福建霞浦)人作四明语,海上相距不远,风气相关耳。"可见,明代闽南话在雷州半岛很流行,到清代则完全从闽南话母体中分化出去,成为一个子方言,即雷州话,外地人很难听懂。乾隆张渠《粤东闻见录》说:"省会(广州)言语,流寓多系官音,土著则杂闽语,新会、东莞平侧互用。高、廉、雷、琼之间,益侏离难解。"康熙《海康县志·民俗志》也指出:"雷之话三,有官语,即中州正音也,士大夫及城市居民能言之;有东语,亦名客语,与漳、潮大类,三县九所乡落通谈此;有黎语,即琼崖临高之音。"这里说的东语,即雷州话,它已成为平民百姓日常用语。雷州话同闽南语一样,有文白异读现象,许多词汇读音与闽南语相同,如雷州人把"一盏灯"说成"一泡灯";男子阴茎叫"屪"(音斉),《康熙字典》解释说:"闽人谓阴也。"显见,闽南话已成为琼雷地区的最主要方言,并把两地纳入广东福佬文化范围。

福佬人海洋文化发达,他们来到条件相类广东沿海,除了海洋物质文化以外,还带来以妈祖崇拜和蛇神崇拜为主的海洋风俗文化,为福佬文化最重要文化特质之一。

潮汕毗邻福建,是福建海神妈祖首先传入之地。宋代妈祖"神之祠不独盛于莆(田),闽、广、浙、甸皆神速也"②。到明清时期,天后庙已林立沿海各地,据有关方志统计,目前广东存天后庙100多座③,福佬系地区占多数。建国前,汕头一埠就有近10座,著名的如出海口妈屿上的新妈宫、老妈官,升平路关老妈宫、杉排路新妈宫、厦岭妈娘宫、石天后庙等。广东第一大岛南湾岛现存15座天后宫,最早的建于宋。潮安旧称海阳,也是妈祖崇拜中心之一,光绪时有天后庙10座以上④,同期潮阳也有5座⑤。这两地天后庙多在城内各地会馆附近,皆

---

①　王士性《广志绎》卷四。

②　丁伯桂《顺济圣妃庙记》。

③　陈泽泓《广东民间神祇》,《羊城今古》,1997 年第 5 期。

④　(光绪)《海阳县志·建置志》。

⑤　(光绪)《潮阳县志》卷六。

为民间私建,指实为商业兴盛所致。澄海天后庙也有 7 座①,著名的一为后沟妈宫,位于水陆交通方便的河边,二为漳林即潮汕古代著名港口的天后宫。闽船云集漳林,天后宫大门联曰:"海不扬波,稳渡星槎道迩;民皆乐业,遍歌母德恩深。"海陆丰多港湾,志载天后宫不少,还流传许多天后显灵故事。在汕尾,不但以妈祖命名的街道甚多,连小孩取名也不例外,往往与妈祖或佛祖相联系。男孩常以"妈"、"娘"、"佛"为通名,过去男孩不是叫"佛泉"、"佛有",就是叫"娘包"、"娘兴"、"娘溪",或称"妈禄"、"妈水"、"妈吉"、"妈炎"等,希望得到妈祖保佑,也是妈祖崇拜的反映:从海陆丰以西,天后宫继续大量出现,经珠江口两侧、台山、阳江,至福佬系的雷州半岛,直下海南沿海。志载电白有 5 座,吴川有8 座,海康有多座,其中最大一座县城南天后宫横额曰"闽海恩波流粤土,雷阳德泽接莆田",雷州半岛妈祖信仰与福建莆田关系很深远;又今湛江东方街原名"天后街",以旧有天后庙得名,惜今已废为民居。湛江硇洲岛为航海冲要,明正德元年(1506 年)修天后宫,代有重修,属名庙。徐闻海安港为通海南岛要津,明代修有妈祖宫,香火颇盛。此外,雷州半岛还崇祀三婆婆神(也是海神),传为妈祖之姐。宣统《海康县续志·坛庙》云:"雷俗亦多祀三婆婆神。云是天后之姐,以三月二十日为诞辰。考刘世馨《粤屑》云,浔州天后庙有碑记叙述天后世系言自莆田庙中抄出者,称天后有第三姐,亦同修炼成仙。则三婆婆有来历,非子虚也。"这实是从妈祖衍生出来的海神崇拜。在闽潮商人活跃海南岛,妈祖庙甚多。嘉靖《琼州府志》曰"今渡海往来者,官必告庙行礼,而民必祭卜方行",这位护航女神已深入官民之家。志载天后庙在岛南端崖州有 6 座②,西北儋县有 4座③,其他州县难以历数,以海南四周多港湾之故也。每逢妈祖诞日(一般为农历三月二十三日),多有游神、演戏等群众性风俗活动,如岛内陆定安县这天"各会首设庆醮,或请神像出游,谓之'保境'"④,反映妈祖作为勇敢、无畏、正义的化身,有涉波履险,热爱公益、济世救民的美德,正是福佬系人民勇于开拓、冒险进取精神的表现。⑤

---

① (光绪)《澄海县志》卷七《庙坛》。
② (光绪)《崖州志》卷五。
③ (民国)《儋县志》卷五《坛庙》。
④ (光绪)《定安县志》卷十《岁时民俗》。
⑤ 司徒尚纪《岭南历史人文地理》,中山大学出版社,2001 年,第 50～55、291～292 页。

此外,闽人崇拜最笃的蛇神也传到广东。潮汕称蛇为青龙,庙曰"青龙蛇"。吴震方《岭南杂记》云:"潮州有蛇神,其像冠冕南面,尊曰游天大帝。"一般多在元月二十三日开始游神。光绪《海阳县志·信仰民俗》云:"正月青龙庙,……届时奉所塑(蛇)神像出游,箫鼓喧阗,仪卫煊赫,……凡三夜,四远云集,糜费以千万计。"更有甚者,过去潮汕人每见小蛇即接回家,让其蟠伏于香案上,然后敲锣打鼓,游行于市,再送回庙中供奉。此外,蛇神崇拜也见于雷州半岛,湛江一带有"黄蛇仙"的传说,后在湖光岩北面立蛇仙塑像,奉祀者不少。

三、小结

在历史发展长河中,闽南人不止一次迁居广东沿海,带来以闽南方言、海神崇拜为主体的闽南文化,与广东地方文化相结合,发展为广东福佬文化,据有潮汕、海陆丰、雷州半岛和海南岛沿海,呈条带状分布。福佬文化由此成为广东一个主要地域文化,也是广东福佬民系形成的主要来源,并奠定了广东民系分布的基本格局。

(许桂灵,中共广东省委党校中国特色社会主义研究所研究员、博士;许桂香,贵州民族大学民族科学研究院副研究员、博士;司徒尚纪,中山大学地理科学与规划学院教授)

客家传统文化变迁与广东社会发展

——以服饰为例

许桂香　许桂灵

服饰文化是文化系统中最具有传统性一个层面,虽然离不开统治者制定的服饰制度和推行,但首先也得与地理环境相适应,与生产力同步发展,与社会变革协调,因而可借助一个民系服饰的历史变迁,从侧面看出其所在区域的社会发展。并提出相应的历史剖面。

一、宋以前:客家服饰文化孕育时期

先秦时期,中原文化处于全国主流和领先地位,而广东尚在原始社会晚期,与中原地区还谈不上有多少文化交流,自然也无所谓客家文化。

客家的先民是中原汉族,由秦汉始,中原人由于战乱、饥荒等种种原因,辗转南来。西晋末年,出现了秦汉以后人民南渡的又一高潮。在广州和韶关出土的晋代砖文云:"永嘉世,九州荒(凶),余广州,平且康(丰)。"砖文反映了晋怀帝永嘉年间(307～313年)的社会现实,说明今广东省境为中原流人提供了一个较为安定的社会环境,广东成了中原各阶层人士避难和落籍之地。

南迁的势头到南朝仍未停歇,大批中原士人南下,进入广东地区,一部分在粤北、粤东北地区定居、繁衍,扩大为客家先民的队伍。这些人中,有朝廷派来的朝廷命官、谪迁流放来的官吏以及驻防戍兵,还有大量游民。

唐代,由于北方黄巢起义,加上唐九龄开凿大庾岭道,南北交通更为畅便,更多中原、江南移民入居广东。故文献载:"自汉末至五代,中原避乱之人,多家于

此。"①

　　总的说来,直到唐代,中原人南下,中原文化与广东文化还在碰撞、交融之中。且客家人初来,广东山区开发初始,经济落后,客家人保持继承中原传统,服饰变化不大,故史称:"东晋南朝,衣冠望族,向南而迁,占籍各郡,……其流风遗韵,衣冠习气,俗庶几同中州。"②这说明服饰的变迁很少,与广东地区开发的初始状态相对应。

二、宋元客家人大迁移与客家服饰文化形成

　　宋元时期,客家作为一个独立民系形成,民系服饰同步形成。宋元是中原文化南下的全盛时期。大量中原汉人移民南下的结果,使中原汉人在广东的人口比重显著增高。据宋代王象之《舆地纪胜》引《梅州图经》(已佚):"《平寰宇记》梅州户,主一千二百一,客三百六十七,而《丰九域志》梅州主五千八百二十四,客六千五百四十八,则是宋初至元丰不及百年而客户顿增数倍,而较之于主(户),且浮(高)出十之一二矣。"③光绪《嘉应州志》指出:"元史所载,亦不分主客,疑其时客家之名已成,无主之非客矣。"④这里特别提到元代"客家"专称已经形成。随着客家先民人口增加,对山多田少的山区环境压力逐渐加大,原先与客家先民共存于粤东的畲人从事刀耕火种的游耕农业对环境的破坏引起客家先民的不满,畲族人口单薄,文化又处于劣势,为了保全自己,在宋元及其后被迫他迁⑤,向闽南、闽东、闽北等地转移。客家先民则反客为主,发展成为一个独立民系,民系服饰亦同步形成。

　　客家人的服饰是与客家地区社会经济发展相适应的。宋元是广东经济开发的一个承上启下的时代,奠定了在全国的经济地位,但客家山区经济仍相对滞后,依然地广人稀,正如南宋南雄珠玑巷族群南迁领头人和组织者罗贵《赴始兴县告案迁徙词》云:"南方烟瘴地面,土广人稀,田多山少。"新迁入的客家人要拓

---

①　道光《广东通志》卷九二。

②　《汉书·高帝纪》。

③　《资治通鉴》卷一九四《唐纪》。

④　魏家琼《史志文存》第56页,广东高等教育出版社,1996年。

⑤　司徒尚纪《岭南历史人文地理——广府、客家、福佬民系比较研究》,中山大学出版社,2001年,第30~36页。

荒谋生,因此,客家人开展了规模空前的不同于中原的垦辟活动,客家人在中原生活环境为平原,到广东生活环境转为到山区,因此,所种植的农作物品种、方式也有所转变,如从种植小麦、稷为主的旱作转到开垦梯田或盆地水田为主的稻作,从大地主庄园式生产转到以家庭或家族为单位的生产等,可以说是转为一种热带亚热带山区经济模式,也是一种文化形态。由于大规模土地开发,北宋仁宗时,广南(两广)已有"溪洞人户争论田地"①纠纷,这些人户当然也包括山区客家先民和畲族人。南宋时,仅梅州、潮州就发生多宗田户诉讼案,其中梅州有一宗案20年仍未能了结,显然是为了争夺土地而产生的官司,想见土地开发规模比较大,否则不会牵动官府。由此推及土地利用已成为客家地区,也是整个广东经济活动的中心。由此带来的经济效益,使广东社会进步到一个新的阶段,即汉文化成为广东文化主体,珠三角进入全国基本经济区之列。

客家人南来进入广东山区之后,要对付土著居民及其他方面的侵扰,要改造陌生的环境和从事艰苦劳动,特别需要团结合作和适应山区环境,因此客家人的服饰,原料一个主要特色是选料粗,一般以取于当地的棉或麻织物为主,所织服饰既经济又耐用,穿上后显得朴实利索。恰如新编《梅州市志》载,客家人"服饰均较简朴,但求耐穿、洁净、舒适、大方"②。客家人的服装基本上以浅白、蓝、灰、黑色为主色调,"男子服装夏季多浅白色和灰色,冬季多蓝色和黑色;中青年妇女时兴鲜蓝,老年妇女多为黑色和毛蓝色"③,这些颜色耐脏耐洗而又不张扬。此外,马蜂、蜜蜂等蜂群喜欢袭击穿红色等鲜艳衣裙的人,客家人也为避免"招蜂惹蝶"而不着鲜艳衣服。客家男女最爱整齐,在主客杂居的地区,看衣服干净与否就很容易把客家人区别出来。中原汉族世胄的客家人的服装,无论上衣或是裤子,都保持了中原宽松肥大的古风。另外,客家无论男女老幼,形态统一、整齐,也象征着客家人的团结精神。客家人无论男女,穿的均是上下装,即上衣下裤。男女无多大区别,上衣是"大襟衫",右边斜下开襟,安布钮扣,讲究的用铜钮。女服只在襟边加一二条边(讲究的绣花边),以示男女之别。下裤为"大裆裤",大裆裤是客家人较普遍的一种裤装,男女老幼都可穿着。大裆裤以裤裆

---

① 罗香林《客家研究导论》,希山书藏,1933 年。
② 梅州市地方志编纂委员会《梅州市志》(下),广东人民出版社,1999 年,第 1694 页。
③ 梅县地方志编纂委员会《梅县志》,广东人民出版社,1994 年,第 1042 页。

深,裤头宽为特色。大裆裤的腰间一定要折叠几层才能系紧。客家服饰大部分由妇女手工缝纫而成,结构简单,形体特征不明显,容易裁制且便于穿脱。适合家居、外出劳动乃至一般的走亲访友时穿用。民国《仁化县志》载"邑中妇女装束最为统一"①,这可具代表性。客家女性无论老少都绝少穿裙,甚至在结婚典礼上,也几乎没有穿裙装的新娘,这一点与广府系、福佬系女子绝不相同,她们最常穿用的下装是大裆裤。究其原因,恐因古代广东山区环境险恶,蚊蝇遍地、蛇蝎横行,出于保护,无疑要尽可能把自己包裹起来,同时又不能妨碍劳动。客家人服饰一般较少纹饰。女子的大襟衫上,只是在袖口缝上几圈环饰或在衣襟边上镶些滚边,并不包含等级意义。妇女的披肩、围裙、绣花鞋、结婚礼服,常绣上一些寿字纹、鱼纹和牡丹、百合花样,这只是取其长命百岁、吉祥富贵之意,而不表示等级区分。客家服装的颜色以浅白、蓝、黑、灰为主,这几种颜色,多年不变,代代相沿,所以,同样无法从颜色上显示其礼制的含意与等级的规范。②

客家人迁入广东后与畲族杂处,服饰因此受到影响。客家妇女的传统发髻是"船子髻",造型较为简单,即将发辫盘成高髻(状如弯月),插以银簪。"船子髻"发式是受到畲族发型的影响,因此颇像畲族妇女的"凤髻",但"凤髻"造型和妆饰更加复杂。

总之,宋元时期,广东进入大规模开发,但客家山区仍相对滞后,客家民系形成,民系服饰同步形成,并与社会经济发展相适应,服饰上只求简单实用,没有过多的装饰和艳丽的色彩,这是客家人在山区吃苦耐劳、勤俭节约的普遍心理直接体现。

三、明清客家女性特有服饰形成

明清是广东社会经济发展的一个重要历史时期。在此期间,广东已摆脱过去的落后状态,跻进全国先进地区行列,也迎来了文化发展的兴旺局面。

明清时期有更多客家人入居广东山区,使土地垦辟达到高潮。客家地区人口、资源、环境矛盾尖锐,客家地区强度开发,水土流失,迫使部分客家人他迁。

---

① 民国《仁化县志》卷八。
② 郭丹 张佑周《客家服饰文化》,福建教育出版社,1995 年,第 17～35 页。

故明清时客家人大量迁往海内外成为客家系形成以后一个颇有影响的移民运动。因客家男子外出,故客家妇女住家,从事大田作业,形成客家女性特有服饰。

这些变化包括客家妇女在男人们戴的斗笠上罩上一块黑布,以遮住自己的面孔,只留两个洞,以通视线,后来,感觉不便,便把罩着的布揭下,改成缝在斗笠边沿四周垂挂。再后来,干脆剪短了面前垂挂的部分,于是成了今天所见的凉帽。凉帽色彩最初的颜色多为黑色,以后改用蓝色,后来又增加了一定的花色①,有的"素顶黑边",有的"红顶蓝边",彩条也绝大多数没有以印花、绣花等丰富图案作为装饰,只有外形的重要特征,没有过多的雕琢。客家妇女喜戴凉帽,凉帽为客家妇女服饰的一大特色,凉帽无顶,用料少、不需大剪大裁,适应广东湿热气候。凉帽相传始于宋末,流行于粤东北—粤北及深圳宝安一带客家地区,今惠州、梅州等地农妇渔妇仍多使用。

客家妇女不像其他民系妇女那样普遍束胸缠脚,而一个个宽胸天足,自然健美,她们有强健的身躯,能像男人一样承担起家庭、田间等一切繁重劳动,这成为客家妇女特有的精神风貌。客家妇女以"天足"为美,如有缠足者,反倒会嫁不出去。乾隆《大埔县志·风俗篇》载客家"妇女跣足,不论贫富皆然"②,黄遵宪曾引用一外国传教士的话说"西人束腰,华人缠足,唯州人无此弊"③。客家女性是田间劳动和家庭生活的支柱,劳动生活和家庭的责任让客家妇女必须要有一双大脚来承担,这是客家妇女不缠足的重要原因,也是一项特有足服饰文化。这表明客家地区明清以来自然和社会经济朝不利方向变化,迫使客家妇女成为主要劳力,不得不保持天足来承担社会重任。这主要是社会变化的产物,为经济水平差异所致。当然,客家人居住地域相对封闭、集中,甚少其他民系的汉族人,因而从地域上考察,这个区域的女子不缠足现象更为凸显。

因人口激增,客家人与当地人为争夺田土等资源矛盾甚大,酿成大规模械斗。为适应山多地少、土客矛盾复杂尖锐的人文环境④,客家妇女普遍在发髻上插银簪。这虽然不是客家妇女独有,但其形制不同于其他民系妇女,有长度大的

①　熊青珍 周建新《凉帽与客家妇女服饰造型色彩的呼应》,《装饰》,2006 年第 3 期。
②　乾隆《大埔县志·风俗篇》。
③　张磊等撰《中华文化通志》第 2 典,《地域文化·岭南文化志》,上海人民出版社,1998 年,第 331 页。
④　叶春生《岭南风俗录》,广东旅游出版社,1988 年,第 173 ~ 174 页。

特点。如五华县农村 40 岁以上的妇女,都喜欢在发髻上插一支银簪,长约 10 厘米,末端尖利。它的作用是一般情况下别住发髻,特殊情况下可以当作武器,给人致命一针。这种情况同样反映广东社会发展不平衡,在广府、潮汕地区虽有发髻银针,但为装饰,而不兼作武器,唯独客家妇女如此,折射客家地区经济滞后,各种矛盾多,才有些特殊服饰现象。

　　总之,明清时期,广东进入全国先进地区行列,但客家地区强度开发,人地关系紧张,谋生不易,迫使部分客家人他迁,或男子外出,妇女住家,妇女从事大田作业,做家务事和教育子女,十分辛苦,正如黄遵宪所说:"吾行天下者多矣,五部洲游其四,二十二省历其九,未见其有妇女劳动如此者。"广东山区客家妇女的劳动生活,与其他民系妇女,与北方汉族妇女,迥然不同,因此形成了客家女性特有的服饰文化,也折射出广东社会从落后向先进地区迈进的历史变迁过程和后果,及其发展地区不平衡。

四、战后,传入西服,形成客家服饰基本风貌

　　鸦片战争的结果,使广东比其他省区更全面更深刻地沦为半殖民地半封建社会。广东经济卷入资本主义世界体系,导致生产和流通领域与过程的重新组织,与国际劳动地域分工发生越来越多的联系。这个质变席卷了广东文化各个领域,服饰文化亦不例外。战后,在广东有着悠久历史和发达的传统手工业,都在质优价廉的外国工业品倾销下受到不同程度的破坏乃至湮没无闻,包括棉纺织业、冶铁业以及其他一些手工业。棉花过去在广东分布很广,是人们主要衣料,但战后在大量洋纱洋布充斥打击下,广东植棉业一蹶不振,时人写道:"往时,几乎无男不种植,无女不纺织,布圩纱市,随地有之。近年则纺织之业,风流云散,至觅一纱器具而不可得。织布之业,一落千丈。……而种棉之业,尤不堪问,往往数里之内,不见一棉。南村之棉花会馆,危墙欲堕,门额仅存,风雨飘摇,无人过问。"[①]这充分反映战后广东棉花种植与纺织业瓦解是帝国主义经济入侵结果。自此,基本结束自古以来存在的广东棉花种植历史和景观。冶铁业许多部门,战后不是"制造日少,仅存数家",就是"离散殆尽",乃至"荡然无存",以

────────────

　　① 邬庆时《番禺末业志》,第 4 卷《工商》。

后连制鞋用的"一针一线,几无不来自外国"。

鸦片战争后,西风东渐加强,广东出现一股强烈的服饰崇西潮流。主要原因在于辛亥革命的整个制度构想直接来源于西方,当时的革命党人大都有在西方生活的经历,因此在生活方式包括服饰特色上都比较西化。

鸦片战争后,大量客家人出国,故华侨服饰文化也是客家人服饰文化的一个重要组成部分,华侨服饰文化不仅给客家服饰文化增添新的血液和养分,使之更具有活力和开放性,而且在促进中西服饰文化在客家地区的融合和改变当地服饰文化风貌方面也起了很大的作用。华侨出国,侨居异地,有的回国办实业、教育、医院及其他福利慈善事业,西方服饰通过华侨进出等途径进入客家地区,流行的西服,冲击着客家地区。客家"男女服饰逐渐有了变化,青年学生及公务人员穿西装,青年妇女则渐兴西装裤"①。一些有识之士,率先穿用西服,形成客家服饰基本风貌,影响或改变了客家地区服饰文化景观或结构。

五、改革开放以来,客家服饰先着一鞭,跟上时代潮流,折射广东经济文化领先全国的地位

1978 年以后实行改革开放政策,广东人的穿着开全国之先河,服饰出现了多样化、时尚化的势头,各式各样的流行时装应有尽有,服饰呈现出领导全国服装潮流之势。客家人"男女青年也都追随时尚新潮,盛行西装、牛仔裤;女人穿西装裙、百褶裙、连衣裙。经济宽裕的分别置有春夏秋冬适令时装。客家人鞋、帽穿戴亦日趋新颖,各式皮鞋、凉鞋、高跟鞋、旅游鞋和凉帽等均很流行。不少妇女特别是女青年兴起佩戴耳环和项链"②。

近年,广州、梅州等城市服饰潮流的变化,可谓节奏快、花样多、潮流新,令人目不暇接。某种潮流刚刚在海外、港澳兴起,如喇叭裤、乞丐装等,很快传入广州、梅州等城市,再扩散到内地一些城市。

总之,改革开放以来,客家人的服饰也跟上时代潮流,折射广东经济崛起全国的地位,文化以很强势头大规模向周边地区传播,并引领全国时代潮流和格

---

① 梅县地方志编纂委员会《梅县志》,广东人民出版社,1994 年,第 1042 页。
② 梅县地方志编纂委员会《梅县志》,广东人民出版社,1994 年,第 1042 页。

局。①

六、结语

客家人的先民历史上由于战乱、饥荒等种种原因,由中原多次移民到湿热广东山区,历史早期由于人数少,基本保持原有服饰风貌。到宋元时期,客家作为一个民系形成,广东也进入大规模开发阶段,社会经济同步增长。客家服饰形成了以粗布、宽大,适于山区劳作为特征的风貌。明清时期,客家人的住地耕地缺乏,粮食不足,迫使后来人口增长的客家人不得不向外发展,也由于住地交通不便,而能够形成和保存客家女性特有的服饰习俗。为适应地理环境的变化和社会经济生活的需要,客家服饰以简单实用为原则,并加以灵活变通,形成客家人独具特色的服饰文化,在中国地域服饰文化体系中独具特色。客家服饰这个历史嬗变,在一定程度上反映广东社会从落后转为先进的过程和结果,从这个意义上看,服饰也是认识社会的一面镜子。

（许桂香,贵州民族大学民族科学研究院副研究员、博士;许桂灵,中共广东省委党校中国特色社会主义研究所研究员、博士）

---

① 许桂香《岭南服饰历史文化地理》,民族出版社,2010年,第67~89页。

客家妇女孝行与自我品质修养关系初探

——以《龙川县志·耆寿》的记载为分析文本

钟俊昆

2010 年中国河洛文化研究会广州会议提交拙文《客家妇女品质与河洛文化圈性别期待的相关性——以清代〈龙川县志·耆寿〉的记录为分析文本》，认为："明清时期客家妇女除了对自身品德的高要求外，最看重、做得出好的地方是相夫教子，让家人有出息，同时重视母仪慈惠，体现出良好的母仪风范，这与河洛文化中妇女的角色期待是一致的。"① 在深入研究过程中，依据《龙川县志·耆寿》②中对女寿者的记载作深入研究，研究方法相同，在认同上文所提观点的同时，本文进一步深化，重点研讨客家妇女品质的内在关系，通过统计来考察客家妇女孝行与自我品德的修养（即德与孝的关系），发现在中原文化、河洛文化的影响下，客家妇女具有上述美好品质，但并不是都具备各项品质，而是内部之间有所差距，特别是客家高寿妇女在孝行与其美好品质、内在修养的相关性联系上出入较大，可以说"孝者寿"，但不能得出"寿者孝"的结论，德与孝之间没有必联关系。

---

① 钟俊昆《客家妇女品质与河洛文化圈性别期待的相关性——以清代〈龙川县志·耆寿〉的记录为分析文本》，见中国河洛文化研究会、广东省政协、河南省政协主编《河洛文化与岭南文化》，河南人民出版社,2010 年 1 月。

② 嘉庆二十三年(1818 年)胡璿主修《龙川县志》，影印本,存赣南师范学院客家中心。

一、妇女的孝行比例并不高

孝行

		Frequency	Percent	Valid Percent	Cumulative Percent
Valid	是	15	38.5	38.5	38.5
	不是或不详	24	61.5	61.5	100.0
	Total	39	100.0	100.0	

　　长寿妇女中有孝心的人数比例并不是太高,因为约有六成多的妇女在这方面可以表现并不太好或者不突出,虽然不能说这六成妇女就是没有孝心,但至少孝行方面并没有突出事例,因为大多没有孝行记录。

二、孝行与寿龄没有特别联系

年龄 ＊ 孝行 Crosstabulation				
Count				
		孝行		Total
		是	不是或不详	
年龄	80－89	7	6	13
	90－99	5	15	20
	＞＝100	3	3	6
Total		15	24	39

　　从年龄分布来看,有孝心人数是随寿龄递减的,在正常的生理数值中与生活中孝行逻辑较相符,换言之,孝行与否不与高寿挂钩,不能得出"孝者寿"的结论。

三、孝行与家人出息与否无直接关联

　　如果家人"有出息",做了官或家庭经济较富庶,那么这些妇女是不是更有孝行呢? 下面的数据表显示出较为复杂的问题,与人文学者模糊的认识相比则没有能满足较高的期待。

家人出息 ∗ 孝行 Crosstabulation				
Count				
		孝行		Total
		是	不是或不详	
家人出息	丈夫	4	6	10
	儿子	4	5	9
	孙子	0	2	2
	不是或不详	5	9	14
	丈夫和儿子	0	1	1
	儿子和孙子	0	1	1
	丈夫儿子孙子	2	0	2
Total		15	24	39

从表中可以看出,家人"有出息"的家庭中长寿妇女总计 25 人,有孝行者 10 人,占 40%,没有孝行记录的 15 人,占 60%;家人"没有出息"的家庭中长寿妇女有 14 人,有孝行的为 5 人,占 35%,没有孝行记录的 9 人,占 65%。可以说,这两组数值是很接近的,也就是说,家人"有出息"与否,妇女在孝行方面的表现没有体现出不同的地方。换句话说,家人"有出息"的家庭中,妇女在孝行方面做得并不是特别好,没有表现出高姿态。但家人"没有出息"者六成以上无孝行记录,又可反证孝行与家人"出息"之间不是完全没有关联,只是没有必然的关联而已。

四、能相夫教子帮助家人的妇女多有孝行

孝行 ∗ 帮助家人 Crosstabulation						
Count						
		帮助家人				Total
		相夫	教子	不是或不详	相夫教子	
孝行	是	0	9	5	1	15
	不是或不详	4	3	14	3	24
Total		4	12	19	4	39

从数据表中可以看出,有孝行的妇女中孝子或相夫教子者有 10 人,而没有帮助家人记录的为 5 人,前者超出后者一倍。没有孝行记录的妇女而有帮助家人的记录者 10 人,没有帮助家人者 14 人,后者多出三分之一强。这说明,有孝行的妇女多半在家庭中相夫教子、帮助家人,而没有孝行的妇女则多半也没有帮助家人的记录,说明有孝行者多能相夫教子,反之相夫教子者大多有孝行。

五、庄敬慈惠的妇女多有孝行

孝行 ＊ 庄敬 Crosstabulation				
Count				
		庄敬		Total
		是	不是或不详	
孝行	是	11	4	15
	不是或不详	4	20	24
Total		15	24	39

孝行 ＊ 慈惠 Crosstabulation				
Count				
		慈惠		Total
		是	不是或不详	
孝行	是	14	1	15
	不是或不详	6	18	24
Total		20	19	39

从上面两个表格的数据中可以看出,有庄敬品格的 15 名妇女中 11 人有孝行记录,有慈惠品质的 20 名妇女中有 14 人有孝行记录,比例均超过 70%。而无庄敬品质记录的 24 名妇女中有孝行的 4 人,无慈惠品质记录的 19 名妇女中有孝行的仅 1 人,其比例分别为 17%、5%。这两项统计可以得出结论:庄敬慈惠的妇女多有孝行,无慈惠之心的妇女多无孝行。

六、孝行者虽乐施乐捐但比例不高

孝行 ＊ 善行乐捐 Crosstabulation				
Count				
		善行乐捐		Total
		是	不是或不详	
孝行	是	4	11	15
	不是或不详	2	22	24
Total		6	33	39

从数据表中可以看出,有孝行记录的 15 名妇女中,有善行乐捐行为者 4 人,没有善行乐捐行为者为 11 人,虽然可以说有孝行而乐捐者比没有孝行而乐捐者多出一倍,但孝行而又乐捐者的人数与比例并不高;无孝行记录者有善行乐捐行为的仅 2 人,而没有乐捐行为者多达 22 人。如果看行善乐捐与否,有孝行者的捐者者人数比不捐者人数比例为三分之一强(4:11),而无孝行记录者中的捐者比不捐者比例仅为 10%(2:22),换句话说没有孝行记录者基本上也同时是没有善行乐捐记录的人。从中可以说明一个道理:在家庭中没有孝行的人也不太可能对社会对他人有善行爱心。

七、孝行与妇女的勤劳节俭有关但不成正比

孝行 ＊ 勤劳 Crosstabulation				
Count				
		勤劳		Total
		是	不是或不详	
孝行	是	5	10	15
	不是或不详	8	16	24
Total		13	26	39

孝行 ＊ 节俭 Crosstabulation				
Count				
		节俭		Total
		是	不是或不详	
孝行	是	6	9	15
	不是或不详	9	15	24
Total		15	24	39

从上面两个表格的数据中可以看出,13 个勤劳妇女有孝行的 5 人,15 名节俭妇女有孝行的为 6 人,其比例分别为 38%、40%,这两个并不高的比例说明勤劳节俭与孝行之间并不成正比。而 26 名没有勤劳记录的妇女中有孝行的为 10 人,没有节俭记录的 24 名妇女中有孝行的 9 人,其比例均为 38%,说明如果妇女没有勤劳节俭的品质其孝行方面做得也较差,换言之,既无勤劳、节俭品质又没有孝行记录的比例分别为 61%、62%,均超过六成,说明不勤不俭者有六成是无孝行的。

八、孝行者多半贞洁但贞孝观念并不太强

孝行 * 贞洁 Crosstabulation				
Count				
		贞洁		Total
		是	不是或不详	
孝行	是	8	7	15
	不是或不详	3	21	24
Total		11	28	39

从上表数据中可以看出孝行妇女 15 人中贞洁者占一半多,贞孝两全者 8 人。有贞洁记录的 11 人中有孝行者 8 人,而没有孝行记录的仅为 3 人,可以说贞与孝的关系结合较紧密。

无孝行记录的妇女中有贞洁记录的 3 人,而无孝无贞记录者多达 21 人,说明无孝者贞洁方面做得也很差。

无孝无贞记录的人数 21 人,与有贞有孝者 8 人相比,这个数值和比例显得很高,没有孝行者绝大多人也没有贞洁记录,反之亦然,说明当时、当地妇女的贞孝观念并不太好。

九、温柔者多孝但温柔表现并不普遍

孝行 * 温柔 Crosstabulation				
Count				
		温柔		Total
		是	不是或不详	
孝行	是	6	9	15
	不是或不详	2	22	24
Total		8	31	39

温柔与贞洁是对传统妇女的重要评价标准。从上面两个表的数据,可以看出妇女孝行与她是否贞洁、温柔的指标与比例很接近。温柔妇女 8 人中孝行者占 6 人,没有孝行记录的 2 人,说明温柔者多孝。

无温柔记录的妇女中有孝行记录的仅 2 人,而无孝无贞记录者多达 22 人,说明无孝者几乎无温柔可言。

温柔而无孝行者仅 2 人,但既不温柔者又无孝行记录的人数达 22 人,与有孝行又有温柔记录者 6 人相比,这个数值和比例显得很高,说明不温柔者绝大多人也没有孝行记录,反之亦然,同时也说明当时当地妇女的孝与柔的观念与表现并不太好。39 名妇女中温柔者仅 8 人,只占 20%,这也说明明清时期客家妇女温柔观念与表现并不太好。

综上所述,对清代《龙川县志·耆寿》记载着的明清时期 39 位女性长寿者有关记录的分析,对客家妇女的孝行等品质指标进行归类后作 SPSS 统计,表明客家妇女的孝行比例并不高,它与寿龄、与家境显达之间没有特别联系,客家妇女的孝行与勤劳节俭、贞洁温柔、乐施善行等的关联性不大,但相夫教子、庄敬慈惠的客家妇女多有孝行。

(作者为赣南师范学院客家研究中心副主任、学报编辑部副主编、教授)

河洛文化影响下客家婚俗的传承与创新

——以龙南婚俗的调查为考察重点

廖小凤

客家是汉民族的一个重要支系,由数次南迁的中原汉人与当地土著交往、互动、融合而成的群体。江西南部的龙南县客家婚俗既受中原文化、河洛文化的影响,又经历漫长的时间积淀,适应空间环境与文化认知,既传承了中原婚姻文化的内涵,又有适应性的创新与变化,既保留了中原文化、河洛文化的积极思想与丰富内涵,又在婚姻仪式中注入了浓郁的客家文化色彩。

一、传承婚姻六礼程式

婚俗作为客家传统文化的重要组成部分,是客家五大人生礼俗中最为重要的礼俗。龙南客家婚俗有保留中原汉人婚姻"六礼"的一面。据清代光绪二年(1876)版《龙南县志》载:"女将嫁时始加冠饰,谓之头礼。有纳彩,问名,而俗曰传庚礼。有纳币,而俗曰茶礼,士大夫则曰过聘礼……。"龙南人的婚嫁习俗,又有变异的一面,时至今日,虽然各阶层繁简不尽相同,但生活在龙南各乡镇的客家人,一般都要举办隆重的婚姻仪式。

男女婚嫁始于说媒。在龙南,旧时相亲,男女青年不见面,而是全听父母之命、媒妁之言。媒人给双方父母说合后,先将女方的"生庚八字"开给男家,男家再请算命先生"合八字"。如果"合得来",婚事便有意向。大约从民国十年(1921年)以后,受"五四"文化的影响,风气开始好转,有文化的男女开始自由恋爱,"合八字"的仪式也逐渐减少,允许男女青年在媒人的陪同下见面。

新中国成立后,实行新婚姻法,婚姻自由,凡自由恋爱则自己"相亲";如果是媒人介绍(多数是男方请媒人介绍),就由媒人先安排"见面"。"后生"家要买礼品、包"红包"给女方作为见面礼,女方收下礼品和红包后会热情款待,婚事便初定,此为"订亲",俗称"看妹子"。20世纪70年代后,在县城和城郊,男女青年见面后,为尊重女方父母的意见,男青年还必须在媒人的带领下上门拜见女方的父母,俗称"第一次上门",双方似"外交"试探,形成初步印象,之后就是纳吉、纳征、请期及亲迎,完成后续的仪式,但这几个过程是必不可少的,"六礼"仪式很完整。

二、婚礼重视氛围设置

客家人非常重视婚嫁,在外部环境布置中营造吉庆氛围。调查中,报告人李晓斌说到了李建荣嫁女时栗园围里外环境的布置情形①:

2014年1月10日是梨树下李建荣的大女儿文娟出嫁的日子,为了这次喜庆于归的宴会,梨树下祠堂张灯结彩,贴上喜联。梨树下南门以繁体字上书"喜庆于归"四个大字,门框对联为"于归喜咏宜家句/往送高歌必戒章",进入祠堂大门贴有"喜有亲朋贺于归/愧无珍馐宴嘉宾"对联,体现客家人作东时的谦逊与待客的热情;进入祠堂还可看到天井边的四副对联,依次是"月圆花好暖风吹/柔情蜜意在云宵"、"红叶题诗欣赠嫁/青梅酿酒庆于归"、"文采英姿出绣阁/娟美他乡展鸿图",这营造了浓浓的嫁女出阁的喜庆氛围,特别是后一联将新娘的名字嵌入联中,表达了美好的祝福之意;祖公牌边的对联更是表达了祖宗福佑的美好愿望:"泽润后裔威仪起/公恩永承著华章",因为这里是供奉的龙南橘瑞堂李氏开基祖第八世祖泽公的,所以把祖公的名字也嵌入到对联中了,这些祠堂对联深情地诉说着李氏后人的感恩情怀。

三、婚礼重视餐饮礼仪

婚礼的隆重举办除了外部氛围营造外,还体现了办一席体面、热闹的酒席,这是对内对外的"婚姻告示"。酒席中非常重视仪礼,特别是礼治意义上的尊卑秩序,这是"合两家之好"的最初始意义的体现,也是两个家族在经济、政治地

---

① 调查时间:2014年1月10日下午2:00—3:10。调查地点:龙南县里仁镇栗园围梨树下李启文家中(栗园围西门1号)。报告人李晓斌,1967年8月出生,初中毕业后学习木匠,2012年改行养鸡,是一名养鸡专业户,当地文化能人。

位,文化权势等多方面的展示。报告人李晓斌口述了李建荣嫁女时的餐饮及礼数情形:

到了中午 12 点半,我们梨树下祠堂门口放了一挂鞭炮,这表明出嫁喜宴就要开始了。先是安席,由梨树下一房中年纪最长的李启文主持,他作为礼生代表了整个家族来主持这场婚礼。李启文手持托盘,盘中放着毛巾,他请新娘的大舅舅钟志芳站到祠堂下厅正中位置;李启文然后来到祖公牌前左边一桌中间位置,用毛巾象征性地把位置擦一下,表明这是洁静的、尊贵的席次,然后站到上厅中间,隔着天井,微笑着鞠躬作揖拜三拜,然后请新娘的大舅入坐首座;大舅也如此回拜,体现出宾主之间的谦让与恭敬。因为客家有"天上雷公地上舅公"一说,舅舅是这次婚宴来宾中最为尊贵的客人,也体现出客家人追根溯源不忘自己来自母亲根脉的感恩情怀。之后依次给新娘子的二舅钟伟群、三舅钟成全、姨父王伟等主客安席。安席完后才打鞭炮正式开始喜宴,恭候在祠堂门口的客人这才高高兴兴进入祠堂找位置坐下,依次上菜进餐。一共有 10 多桌客人。我们这里有个习惯,在上厅坐的大部分是男客,下厅坐的大部分是女客。男客喜欢吃扣肉、红烧羊肉、拼盘这几道菜,女客喜欢吃槌鱼、红枣莲子汤、糖醋排骨这几道菜。席间,大家互相敬酒,晚辈给长辈夹菜、舀饭(盛饭),体现长幼有序。宴席进行到一半时,大舅舅这桌的陪客李邦镜邀请新娘的大舅钟志芳划拳行酒令,这一方面是让客人吃好喝好,另一方面酒令内容都是喜庆之词,同样表达了吉祥与祝福。待母舅等主客吃好喝好后,大概下午两点钟,舅舅离席,建荣家在祠堂门口放鞭炮,表示散席。这是客家人真诚待客的规矩,也是给客人以最高的礼仪。

四、婚礼重视礼物交换

婚礼中的礼物交换主要体现在两方面:哭嫁时的"眼泪钱"与嫁妆。

"新人"出闱门,有个特别的程序——"哭嫁"。俗话说:"新娘不哭、娘家冇福"、"新娘越哭越孝顺"。龙南客家妹子到出嫁前三天为哭嫁期。通常出嫁妹子前两天是在闱房与亲人、朋友诉说离别与情感的哭;到了出嫁当天,出嫁妹子穿着红衣绣鞋,由族中多子多孙的有福之妇牵着出闱门,进入集家、堡、祠功能为一体的客家围屋的上厅,行了告祭祖先和拜别父母仪式后,便与父母相拥嚎哭。龙南客家哭嫁是向亲友诉说离别之情,歌词内容一是表达父母的养育之恩,二是表达与亲人告别的依依不舍之情,三是想到自己很快就要嫁到夫家,深怕自己难于适应新的环境而痛哭。同时,父母及亲友会随之流泪,并叮嘱新娘归门后要孝敬公婆、相夫教子、勤劳耕作。

婚礼中非常重视礼物的交换,这种仪式又陪随着婚礼进程而完成的,调查中我们了解了这一点。报告人李亮口述了李龙嫁女时的情形①:

我和李龙都是洁公房的后裔,论辈份,李龙是我的侄子。李龙嫁女儿那天我参加了,李少文做礼生,李龙的亲叔叔李海升担任礼生伴。侄女玫玉出嫁的那天,一大早就梳妆打扮好,10点多钟从闺房出来,按照当地风俗跪在客厅里的竹椅上拜别亲人。首先接受跪拜的是新娘的父亲李龙、母亲杨淑华,父母来到女儿身边,拿出一个红包,叮嘱女儿归门以后要好好过日子,好好孝敬公婆;新娘双手接过红包,并鞠上三个躬,表示感谢父母的养育之恩和依依不舍之情。接着是新娘的舅舅、舅妈、姑父、姑姑,再过来就其他亲戚朋友和本房的长辈。出嫁时亲人送的红包,在我们这里叫"眼泪钱"。过去新娘出嫁要哭嫁,哭得越厉害,说明对父母的感情越深,长辈给的"眼泪钱"也越多。新娘接收"眼泪钱"的时候,亲戚们在院子里拣杠盒。李龙嫁女有四杠杠盒。头杠杠盒放着一些最重要的或者当天要用的陪嫁物品,祖宗纱袋(蓝色棉布做的包裹袋,里面装着冬头帕、半冬头、拦身裙等妇女三件传家宝和要散发的糖果)、一套新郎服(包括鞋帽)、一套新娘服、带路鱼、带路肉等,杠盒旁边挂着一只鸡笼(鸡笼里装有一对"公婆鸡")。第二杠杠盒装着新娘的衣物、一条背带(背小孩用的)、送给新郎长辈的鞋子等陪嫁物品,杠盒旁边挂着几根大葱、芹菜和大蒜,这是期待新人能聪明、勤俭,会划算着过日子。第三杠杠盒、第四杠杠盒装有蚊帐、新娘的鞋袜等陪嫁物品。其他的陪嫁物品也贴上红红的喜字,直接放在车上,如电视机、冰箱、电扇、鞋架、摩托车、取暖器等。

上午十一点多钟,新娘的姑父钟海云牵着新娘之手,一步一步迈出家门,每迈过一个门槛,姑父钟海云送一个红包给新娘。以前喜娘出嫁时,每过一个门槛都会唱哭嫁歌,每唱一段,娘家就给一个红包;不给红包,新娘就不肯出嫁。现在

---

① 调查时间:2013年11月24日9:30-12:00。调查地点:纪缙祖祠、栗园围东门外李亮家中。报告人李亮,1953年7月出生,初中毕业。李龙,1967年12月出生,女儿玫玉于2013年11月20日出嫁。

的新娘不会唱哭嫁歌了,但是出门给红包的习俗一直延续。以前一般是这样唱:"一个户净(地方话,门槛)拉拉横,唔拿花边揸唔行(地方话,走)","一个户净(地方话,门槛)拉拉侧,唔拿花边过唔得"。以前沐浴更衣也唱"一个脚盆圆丁丁,唔拿花边唔洗身"。出大门时候,钟海云一只手牵着新娘,另一只手举着米筛挡住新娘的脸,向纪缙祖祠方向走来。新娘出大门时,欢送的鞭炮响起来了,几十个人组成的栗园围腰鼓队也敲锣打鼓,载歌载舞,既喜庆又热闹。

五、婚礼重视接亲仪式

娶妻礼仪主要指在男方家所备办的仪式,也通常称为"婚礼"(但婚礼从广义上说还包括女方家所办仪式),一般有斩煞、拜堂、入洞房、正宴、闹洞房等五个程序。

新娘一行在鞭炮、鼓乐声中来到婆家门前,由"福妇"(子女多且配偶健在)牵新娘出轿,站立厅厦门口,等待礼生"斩煞"。礼生"斩煞"的常用辞令是:"伏以! 日吉时良,龙凤呈祥,今朝喜咏宜家句,他年赛歌麟趾章。X 氏门中娶亲归,夫妇百年偕老,儿孙五世荣昌,宜家宜室,弄瓦弄璋。一路而来,倘有凶神恶煞,雄鸡头上担当!"礼生有节奏、有气势、声音宏亮又略带拖腔地念完斩煞辞令,迅速拿起菜刀在雄鸡的鸡冠上割下一小块鸡冠谓之"斩煞"礼毕(斩煞后的雄鸡一般由礼生带回家里)。

"斩煞"后,迎上来的新郎手持折扇打三下轿顶,再用脚撩起花轿的门帘,而后才手挽新娘出轿。进入祠堂前,新人不可脚踩大门门槛,以免不吉。进祠堂"拜堂",有礼生在旁边喊唱,新郎、新娘随着"一拜祖宗,二拜高堂,三是夫妻对拜"的喊唱行礼。拜毕,礼生将厅堂供桌上的蜡烛举起,引领新郎、新娘步入洞房。这个时候,"福妇"要牵着"新人"踩米筛上的"红筷子"(俗称"踩红筷子"),意为"快生子"之意。

接亲是婚礼中的最高潮之一,客家人非常重视,调查中我们了解到一些特殊的接亲仪式,报告人李邦斐认为①:

---

① 采访时间:2013 年 11 月 16 日上午 9:30 – 11:20。地点:栗园围李邦斐家中(栗园围西门 1 号)。报告人李邦斐,1934 年 5 月出生,中专文化。

迎亲,又叫接亲,现在叫"去杠盒",栗园围接亲,仪式很庄重,场面很壮观很气派。接亲的前一天,要做好各种接亲准备,第一要准备好杠盒里的礼物,尤其是"头杠"(排在最前面的一杠)杠盒的礼物,第二要准备好迎亲的花轿,第三要安排好迎亲的队伍。"头杠"杠盒很讲究,里面摆放的东西有新娘子过门(出嫁)时穿的新衣服,一个礼盒,对鱼(一对鱼),脱奶衣(新娘母亲的新衣服),黄半鸡(留一半毛的鸡),一个大圆盘,盘里装有猪心、猪肺、红鸡蛋和半熟的红米饭。礼盒里装有9个红包,5种帖书。9个红包中,第一个大红包是装着聘礼,数字一般逢"6",比如:360元、660元、3600元等。第二个红包叫贻金,又称"媒人礼",专为媒人准备的。这里的风俗是,"男家一担,女家一头",意思是男方包了200元媒人礼,女方要加100元。第三个红包叫启匣,启匣礼专门给为女方拣头杠的亲朋。第四个红包礼是启容,包给为新娘梳妆打扮的亲朋。第五个红包叫司翰,专门包给为新娘家写请帖的礼生。第六个红包是司厨礼,专门包给新娘家的厨师的礼金。第七个红包包着四枚铜钱,缝在新娘衣服的四个角。第八个红包是祝神礼,意思是请新娘家代其祭祀祖宗神位。第九个红包称"引凤礼",也称"携亲礼",包给负责牵着新娘上轿的亲朋。

礼盒里的5份帖书也很有讲究礼仪,第一份帖书称"礼帖",帖上列出头杠杠盒的礼物;第二份是拜帖,是新郎的长辈写给新娘长辈的帖,用书面的形式请亲家在年后既定日子上门做客,一般为五幅帖,以显庄重和尊敬;第二份是龙凤帖,写着新郎新娘的生辰八字;第四份是五牲帖,写着送给新娘长辈的鱼肉份数;第五份是祝神帖,以书面形式请新娘家长代新郎家祭祀祖先神位。第二架杠盒则装一些油炸米果等物品,准备散发给新娘家的伯伯、叔叔等亲人和屋场里关系近亲的族人和其他的亲戚。

接亲这天一大早,由几十多个人组成的队伍从纪缙祖祠浩浩荡荡出发,队伍最前门的是十多个人的乐队,其次是4个男子举着高脚牌,2个男子打着"萝卜头"(书写着"橘瑞堂"三个字的红灯笼),2名女子举着彩旗(彩旗的竹竿要留着几片新鲜的竹叶)的接亲队伍,后面是抬着花轿,杠盒(又叫做"夫子")的队伍。

过去的高脚牌用木头做好一架子,用竹片扎成倒琵琶,贴上很亮的红纸,红纸上用金色颜料书写着"龙凤呈祥"、"珠联璧合"、"永结同心"、"地久天长"之类的赞词,表达对新人的祝福。头杠杠盒则贴着"橘瑞堂"三个大字。把新娘接到村口的时候,队伍从栗园围的西门进入纪缙祖祠。到了祖祠大门口的时候,先把花轿和新娘放在一个大"蘑篮"(用竹子扎成的像蘑菇形状的竹器)里"斩煞"。

李少文认为"牵新人"是婚礼中对人的重视①:

从古以来,栗园围嫁女和娶亲都要有人专门牵新人。牵新人的角色由新娘家里的男性长辈担任,一般是大伯、叔叔、兄长担任(新娘从闺房里到大厅由女性或姑嫂牵出)。长辈站在新娘的右边,挽着新娘的右手,另一只手举着米筛挡住新娘的脸,慢慢走出闺房。客家人的规矩是"左为长"、"左为尊"、"新娘大三天",所以新娘出嫁,都是让新娘在左边,我们都是牵她的右手。

五、婚礼物品寓意深远

按传统,接亲的花轿到了祠堂门口时候,礼生会领着唢呐队把新郎请到祠堂的上厅,准备拜堂。龙南婚俗中拜堂形式和别的村落没有什么区别,但是拜堂以后的仪式有区别。新郎新娘拜堂以后,先把新娘送进洞房,新郎要留在祠堂拜亲戚。一般是按照尊长顺序拜。先拜舅公,再拜姑爷,后拜表兄。拜亲时,每个长辈会送一些美好的祝愿和期望,如"百年偕老"、"早生贵子"、"永结同心"之类的话,还会送上一对"糕子"(用红纸包着的糕点),表示"高升"。

迎接"新人"的这天,新郎家会请一个"命好"的亲戚一大早就在洞房铺好床。铺床时,都会说一些"早生贵子"、"白头偕老"之类的吉利话,并且在刚铺好的床单上撒上一些红枣、花生、桂圆、红瓜子、水果糖、烫皮腊子、红袍柑等"包果"。步入洞房后,新郎新娘向前来闹洞房的人(白天前来闹洞房的一般都是小孩)"散包果"。午餐前,新郎新娘共吃一碗"同心餐"(猪心猪肺圆蛋汤),以示今后同心同德。

吃完"同心餐",婚礼正宴开始。在酒席上还有一种独特的龙南客家分菜(寓意"分财")习俗,就是把一些便于携带的菜肴分给来客带回家中,让其家中老小一起分享丰盛的喜宴。午宴席间,新娘不能吃饭,只能吃菜或者点心。

---

① 采访时间:2013年11月20日下午3:50-4:50。地点:纪缙祖祠门口。报告人李少文,1957年6月出生,字文闻,高中文化,曾在赣州师范函授学校进修,做过民办老师,多年从事礼生行当。

　　龙南客家人结婚，至今仍保留着闹洞房之俗。洞房里，案桌上红烛（或灯盏）高照，象征前程光明，人丁兴旺。桌上、茶几上摆放的一盘盘红枣、莲子、鸡蛋、糖果则寄寓着对新人连生贵子、生活甜蜜的祝福。龙南客家洞房花烛夜，有些地方还流行通宵点"公婆灯"的习俗，这两盏"公婆灯"是新娘的陪嫁品。象征新婚夫妻百年好合，长相厮守之意。

（作者为江西省龙南县文化馆副馆长、研究馆员）

客家人文特质与客家精神述要

罗　勇

客家人文特质是什么？客家精神又表现在哪些方面？这是随着海内外客家人文化寻根热的不断升温和经济文化交流深入开展对客家学界的必然诉求，也是客家研究不断深化而自生的重要课题。

然而，就目前客家研究领域的现状而言，尚缺乏对上述问题的深入解析和标志性成果。为此，作者认为有必要对已有相关研究进行梳理并作简要评述，以期为进一步的研究提供参考。

一、客家妇女的人文特质

郭沫若先生于 1965 年去梅县考察时，看到田间地头妇女劳作的情景，大为赞叹，挥毫写出了"健妇把犁同铁汉，出歌入夜颂丰收"的著名诗句。

确实，在关于客家的人文特质中，客家妇女的人文特质是特别突出的，也是颇受赞誉的。

我们先来看国外人士和学者对客家妇女的评价。

美国传教士罗伯密斯，在客家地区居住多年，著有《中国的客家》一书，其中评价客家妇女云：

> 客家妇女，真是我们所见到的任何一族的妇女中最值得赞叹的了；在客家中，几乎可以说，一切稍为粗重的工作，都是属于客家妇女的责任。你如果是初到客家地方居住的话，一定会感到极大的惊讶，因为你将看到市镇上做买卖的，车站及码头上的苦力，在乡村中耕种田地的，深山上砍柴的，乃至建筑房屋时的粗工，几乎全是女人。她们做这些工作，不仅是能力上可以胜

任,而且在精神上也非常愉快,因为他们不是受压迫的,反之,她们是主动的。原来客家因山多地少的关系,大部分的男子壮丁,都到南洋去谋生,或去到军政界服务了,在家中多数是有老年人或幼小的孩子,因此,妇女在家中,便成为主干,这情形粗粗看来,与原始民族社会,真是一模一样,而实则大大不同。

客家妇女对于她们的丈夫,都是非常尊敬和服从的,单就这点来说,与原始社会,便有很大的差异,换句话说,即男子仍旧是一家之长。……客家妇女,除了刻苦耐劳和尊敬丈夫以外,她们的聪慧热情和文化上的进步,也是很使我们羡慕,因为需要劳动,所以客家妇女,自有历史以来,都无缠足的陋习,她们的迷信程度,也远不及其他地方的妇女。她们向神祈求,多是以敬重祖宗为动机。比较客家的男子来,妇女所受的教育,机会是很少的,但她们多数很聪颖,当她们在山中砍柴草时,常常是一面劳动,一面唱她们自己所创造和喜爱的山歌,而且一问一答,应对如流。有些会唱歌的男子,便会唱起含有爱情含义的山歌,向女方挑逗,往往因此成就良缘。现在这种特殊风格的客家山歌,在东方民俗学中,已经占有很重要的地位了。①

英国人爱德尔在其所著的《客家人种志略》、《客家历史纲要》两书中对客家妇女有如下的评语:

客家人是刚柔相济,即刚毅又仁爱的民族,而客家妇女,更是中国最优美的劳动妇女的典型。

客家民族犹牛乳之乳酪,这光辉,至少有百分之七十是应该属于客家妇女的。②

日本人山口县造著《客家与中国革命》,其中就日本妇女与客家妇女作了比较,评论道:

① 张卫东 王洪友主编《客家研究》第一集,同济大学出版社,1989 年,第 176～177 页。
② 张卫东 王洪友主编《客家研究》第一集,同济大学出版社,1989 年,第 179 页。

日本女人以温柔顺从著称于世,而客家妇女亦毫不逊色。而且我们可以说,日本妇女之所以温柔顺从,是病态,因为她们的生活,须靠男子,不能不借此求怜固宠;而客家妇女的温柔顺从是健康的,因为她们都能够生活,她们纯然是真挚的爱,和传统的对于丈夫的崇敬……。①

……

再看客家地区有关方志和学人的记载。

清嘉庆《大埔县志·烈女篇·序》②云:

埔女持家作苦,习为固然,设有不幸,加以勤俭犹可自立,则胡为贬节事人哉。语云:健妇当男;又云:劳则忘谣,埔妇之节,埔俗有以成之矣。

《清稗类钞·风俗类·大埔妇女之勤俭》③云:

日出而作,日入而息,自奉俭约,绝无怠惰骄奢之性,于勤俭二字,当之无愧。至其职业,则以终日跣足,故田园种植,耕作者十居之七八。即以种稻言之,除犁田、插秧多用男子外,凡下种、耘田、施肥、收获等事,多用女子。光、宣间,盛行种菸,亦多由女子料理。种菸、晒菸等法,往往较男子汉为优。其余种瓜果、植蔬菜等事,则纯由女子任之。又高陂一带,产陶颇多,其陶器之担运,亦多由女子承其役。各处商店出进货物,或由此市运至彼市,所用挑夫,女子实居过半,其余为人家佣工供杂作者,亦多有之。又有小贩,则寡妇或贫妇为多。又除少数富家妇女外,无不上山采樵者,所采之薪,自用而有余,辄担入市中卖之。居山僻者,多以此为业。又勤于织布,惟所织者多属自用耳。总之,大埔女子,能自立,能勤俭,而艰苦耐劳诸美德无不备具,故能营各种职业以减轻男子之担负。其中道失夫者,更能不辞劳瘁,养翁姑,教子女,以曲尽为妇之道,甚至有男子不务正业而赖其妻养之者。至若持家务主中馈,犹余事耳。

---

① 张卫东 王洪友主编《客家研究》第一集,同济大学出版社,1989 年,第 175～176 页。
② 清嘉庆《大埔县志》,大浦县地方志办公室整理排印本,2000 年。
③ 清徐珂《清稗类钞》,中华书局,1986 年。

最早的一篇记述客家历史与文化的文字,徐旭曾作于清嘉庆十三年(1808年)的《丰湖杂记》是这样赞美客家妇女的贤劳的:

> 客人妇女,其先亦缠足也。自经国变,艰苦备尝,始知缠足之害,厥后生女不论贫富,皆以缠足为戒。自幼至长,教以立身持家之道。其于归夫家,凡耕种、樵牧、井臼、炊爨、纺织、缝纫之事,皆一身而兼之;事翁姑,教儿女,经理家政,井井有条,其聪明才力,直胜于男子矣,夫岂他处之妇女所可及哉!又客人之妇女,未有为娼妓者,虽曰礼教自持,亦由其勤俭足以自立也。①

晚清著名梅州籍诗人、外交家黄遵宪对客家妇女的勤劳俭朴,作了更为全面细微的描述。他在为启蒙恩师李伯陶的母亲所作的《李母钟太安人百龄寿序》中云:

> 五岭以南,介乎惠、潮之间者为吾州……而妇女之贤劳,竟为天下各种类之所未有。大抵曳靸履,戴叉髻,操作等男子。其下焉者,蓬头赤足,帕首裙身,挑者负者,提而挈者,阗溢于闹肆之间,田野之中;而窥其室,则男子多贸迁远出,或饱食逸居无所事。其中人之家则耕而织,农而工,猪栅牛宫,鸭栏鸡架,牛牙贯错,与人杂处。而篝灯砧杵,或针线以易屦,抽茧而贸织,幅布而缝衣,日谋百十钱,以佐时需。男女线布,无精粗剧易,即有无赢绌,率委之其手。至于豪家贵族,固稍暇豫矣,然亦井臼无不亲也,针管无不佩也,酒食无不习也。无论为人女,为人妇,为人母,为人太母,操作亦与少幼等。举史籍所称纯德懿行,人人忧为之而习安之。黄遵宪曰:吾行天下者多矣,五部洲游其四,廿二行省历其九,未见其有妇女劳动如此者。②

---

① 罗香林《客家史料汇篇》本篇《族谱中之客家源流》"三十三、徐氏",台北南天书局,1992年,第279～299页。
② 黄遵宪《李母钟太安人百龄寿序》,载张永芳、李玲编《黄遵宪研究资料选编》,香港天马图书有限公司,2002年,第208～210页。

类似的评述还有很多,在此不一一列举。这些评述,集中揭示出赣闽粤边客家妇女勤劳俭朴、天放劲健、贤良贞淑的优秀品质。

客家妇女的这些优秀品格,不仅在赣闽粤边客家原住地保留,而且随着客家人的向外迁徙,远播海内外。发表于 20 世纪 40 年代初的《蜀北客族风光》①在介绍迁徙到四川的客家人时说:

> 客家人的妇女最勤苦莫过的,她们一般的体格都很健康,在未出阁时,读读书习习绣,有时协助母亲或学烹饪,或学纺织,一天到晚忙个不休,极少赋闲享乐的。……她们习惯了劳动,并不以为苦的。我们知道,寻常一般妇女,大都愿作男子的玩物整日涂脂抹粉,除了替丈夫生育子女外,衣食住行,一切都仰给予男子。惟有客家妇女,刷洗了这个耻辱,她们不特不依靠丈夫,大都能独自经营家庭生活的。她们因肯劳动,一切都有办法,如穿衣她们则自己种棉,自己纺织,自己制缝;食的问题,也是一样的就解决了,纯粹是"自耕而食,自织而衣"。再加上从事农村副产,如养鸡、鸭、鹅、蚕、或喂兔、羊、猪等,每年的收入也非常可观。她们的经济,满可以自给自足的。若当旭日方升的时候,只要你到三家村去散散步,听见那种机杼之声和弦歌之音,是不绝于耳的,真使人在不知不觉中起了一种敬佩的心情。她们勤奋工作,周年如常的,从未听见她们发一句怨言。

可见,客家妇女不管迁到那里,居住地变了,生活环境变了,贤劳的人文特质却不会变。

客家妇女为什么会具有这样的人文特质呢? 温仲和在《嘉应州志·礼俗卷》中说到了其中的原因:

> 州俗土瘠民贫,山多田少,男子谋生,各抱四方之志,而家事多任之妇人。故乡村妇女,耕田、采樵、织麻、缝纫、中馈之事,无不为之,絜之于古,盖女工男工皆兼之矣……古乐府所谓"健妇持门户,亦胜一丈夫",不啻为吾

---

① 钟禄元《蜀北客族风光》,《文史教学》,1941 年第 3 期。

州之言也。①

　　赣闽粤边山多地少,土瘠民贫,谋生不易的自然生态环境,造成了这里"男外出,女留家;男工商,女务农"互补型的家庭模式。妇女们在狭小的山沟盆地里"日出而作,日落而归",这和忌讳女子到田间劳动,认为"女人到田间,连续旱三年"的华北一带旧习相比,有着很大的差别。所谓"男耕女织",在纯客家地区是不适用的。因此客家地区的妇女不缠足、不束胸,普遍形粗体壮,有独立生活能力。所以,客家妇女最突出的特点,就是罕见的天放劲健、贤劳俭朴。

　　由于贤劳俭朴已成为传统美德懿行,所以客家女子从小就受到严格的"家头教尾"、"田头地尾"、"灶头锅尾"和"针头线尾"四项妇工的教育与培养。

　　"家头教尾",就是要养成黎明即起,勤劳俭约,举凡内外整洁,洒扫洗涤,上侍翁姑、下育子女等各项事务,都要料理得井井有条。

　　"田头地尾",就是播种插秧,驭牛犁田,除草施肥,收获五谷,样样农活拿得起,切不使农田耕地荒芜。

　　"灶头锅尾",就是指烧饭做菜、调制羹汤、审别五味,样样都能得心应手,学就一手治膳技能,还能割草打柴以解决燃料问题。

　　"针头线尾",就是对缝纫、刺绣、裁补、纺织等女红,件件都能动手自为,心灵手巧。

　　按客家传统观念,只有学会了这些妇工,才算是能干的、合格的、标准的女性,才能嫁个好丈夫。民间歌谣《客家好姑娘》形象生动地描绘了客家妇女的美好形象:

　　　　勤俭姑娘,鸡啼起床;梳头洗面,先煮茶汤。

　　　　灶头锅尾,光光昌昌;煮好早饭,刚刚天亮。

　　　　洒水扫地,挑水满缸;食完早饭,洗净衣裳。

　　　　上山捡柴,急急忙忙;淋花种菜,炖汤熬浆。

　　　　纺纱织布,唔离房间;针头线尾,收拾柜箱。

————————

① 光绪《嘉应州志》卷八《礼俗》"仲和案",第 151 页。

唔说是非,唔取荒唐;爱惜子女,如肝如肠。

留心做米,冇谷冇糠;人客来到,细声商量。

欢欢喜喜,捡出家常;鸡蛋鸭卵,豆豉酸姜。

有米有麦,晓得留粮;粗茶淡饭,老实衣裳。

越有越俭,唔贪排场;就冇米煮,耐雪经霜。

捡柴出卖,唔蓄私囊;唔偷唔窃,辛苦自当。

唔怪丈夫,唔怪爷娘;能够咁样,真好姑娘!

相反,在客家地区,懒惰贪馋的女人则被讥为"懒尸嫲",为人所瞧不起。有一首民间歌谣《懒尸妇道》这样讥讽道:

懒尸妇道,讲起好笑;半昼起床,喊三四到。

日高半天,冷锅死灶;水也唔挑,地也懒扫。

发披髻秃,过家去聊①;讲三道四,呵呵大笑。

田又唔耕,还偷谷粜;家务唔管,养猪成猫。

上墟出入,一日三到;煎堆扎粽,样样都好。

冇钱来买,偷米去告(交换);老公打哩,开声大叫(哭)。

去投外家,目汁(眼泪)像尿;外家伯叔,又骂又教。

爷骂无用,哀(娘)骂唔肖;归唔敢归,聊唔敢聊。

送回男家,人人耻笑;假话投塘,瓜棚下聊。

当年娶她,用银用轿;早知咁样,贴钱唔要。

二、关于客家特质与客家精神的概括

近代以来,随着客家民系在中国社会和国际舞台作用的日益显现,国内外出现了一波又一波关注客家、研究客家的热潮。中、外学者除研究客家的历史源流与民俗文化外,亦对客家人文特质及其精神进行了许多有益探讨。

---

① 客家话"玩"的意思。

（一）国外学者对客家人的评价

国外人士对客家人的评价，多有溢美之辞。如，美国天主教神父拜尔德耳在嘉应州传教多年，著有《客家易通》和《客家浅说》两书，有这样的评价：客家祖先之历经变乱，流离转徙，老弱已淘汰，存者均属少壮，此乃中华民族中之精华，有如牛乳中之乳酪一般。他们将其刻苦耐劳的优良精神，传于子孙，因此，现在客家人，均具有一种聪颖坚强之特性，求知欲因亦随时发达。吾人观于各地大中学之学生成绩，客家学生常列优等，进而获选公费留学欧美日本者，更占较大之百分比，由此可知客家教育之特别发达，因由于其环境压迫使然，而客家人之优良传统，且又聪颖好学，亦其重要原因也！

美国《国际百科全书》收集了大量客家记述之著作，最后作出综合评语：客家是中华民族中优秀民族之一，教育普及，在全国中为最。

又，法国籍天主教神父赖里查斯，曾在嘉应州传教二十余年，著有《客法词典》，在自序中评语云：一般来说，中华民族的特性是保留的、保守的，但客家人例外，因为客家人的特性，客家人的精神，那是革命的、进取的。

又，日本人山口县造著《客家与中国革命》赞云：客家是中国最优秀的民族，他们原有一种自信与自傲之气质，使其能自北方胡骑之下，迁到南方，因此，他们的爱国心，比任何一族为强，是永远不会被人征服的。气候又受到海洋交通环境之影响，养成一种岛国人民之热血与精神……翻开数百年之中国历史，没有一次政治变动是与客家人无关的。其中的例子，当推洪秀全所领导的太平天国革命，几乎全部参加革命的将领，都是客家人。其次是孙中山先生领导的革命，除了其本人乃为客家人后裔以外，其他，亦有许多是客家人。可以说，没有客家人，便没有中国革命，换言之，客家的精神，是中国的革命精神。①

（二）罗香林关于客家特性的论述

20世纪30年代，客家研究的集大成者罗香林在其大作《客家研究导论》中，对客家民系的特性作了较为详细的分析。其文略曰：

---

① 以上摘自张卫东 王洪友主编《客家研究》第一集"外国人对客家人的评价"，同济大学出版社，1989年，第175～180页。

一民系有一民系的特性;所谓特性,与属性不同,属性是指构成民族或民系的种种规准,如语言、文教、地理,……等等便是;特性是指各种属性规范而成的惯例或脾气与好向;属性是母体,特性是子是用;属性是整个的,特性是片面的畸形的,不片面,不畸形,便没什么特不特性了。客家特性,过细地分析起来,也许可以单写成书,不过这是导论,只能略举几项,做个引儿罢了。①

罗香林主要从以下方面对客家民系特质进行了描述:其一为各家各业的兼顾与人才的并蓄;其二为妇女的能力和地位;其三为勤劳与洁净;其四为好动和野心;其五为冒险与进取;其六为俭朴与质直;其七为刚愎与自用。罗香林既阐述了客家人的优良品格,也指出了其不足的方面,如"刚愎自用"等等。可见,罗香林对客家特性的评价还是居于客观立场的。

遗憾的是,长期以来,罗香林关于客家人缺陷的论述不为人们所关注;外国人的过誉之词,却成为一般客家人士乃至文人学者的"老生常谈"。直至20世纪90年代初期,改革开放之风猛然吹拂赣闽粤边客家古老的山川大地,这里的人们才意识到观念的落伍是贫穷落后的关键之所在。为了找出客家人的"劣根性",在梅州市委宣传部的发起和组织下,举办了一个主题为"客家人面临的时代挑战"的国际性学术研讨会。会上,许多论文作者站在现代化时代要求的高度,对客家传统中的一些消极面,如封闭保守、刚愎自用、轻商等等进行了梳理,并深挖其原因,会后正式出版了论文集。②

(三)当代学人关于客家特质和精神的概括

随着客家研究的深入发展,近二十年来,"客家特质与客家精神"作为客家研究领域一个深层次的问题,不可回避地越来越受到学界的关注。对客家特质和客家精神进行准确的、富有内涵的概括,既是研究本身逻辑的发展,更是现实需要的呼唤。在这一背景下,学者们进行了一些新的探索。

1996年,王东出版《客家学导论》一书,在这本专著里,专门辟出一节以概括

---

① 罗香林《客家研究导论》,台北南天书局,1992年,第240~247页。
② 严峻主编《客家人面临的时代挑战》,香港经济导报社,1994年。

客家文化的基本特质。书中在对客家文化的物质基础和社会土壤进行深刻分析的基础上,将客家文化的基本特质概括为"质朴无华的风格,务实避虚的精神,反本追远的气质"等三个方面,并分别就其内涵进行了深刻阐述,可谓鞭辟入里。①

2004 年,世界客属第十九届恳亲大会在江西省赣州市举行。在大会通过的《世界客属恳亲大会赣州宣言》中,将客家精神概括为"吃苦耐劳,开拓进取,崇先报本,和衷共济"十六字,②获得海内外客家人的广泛认同。

2005 年 12 月,江西省人文社科重点研究基地——赣南师范学院客家研究中心举办了全国性的"客家文化特质与客家精神"学术研讨会,来自全国各地的50 余位专家学者围绕"客家文化特质与客家精神"这一主题各抒己见,从客家文化形成的历史背景与主要内容、客家文化的传统、客家人的族群意象、文化构建、客家与土著的关系,特别是客家文化特质与客家精神的内涵等方面,展开了热烈讨论。会后将参会论文整理出版了《客家文化特质与客家精神研究》一书。该书序言作者将客家精神概括为"崇先报本、爱国爱乡精神","崇文重教、耕读传家精神","艰苦奋斗、锐意进取精神","穷则思变、勇于革命精神","团结协作、海纳百川精神"五个方面,并展开了详细论述,是目前所见关于客家精神的较为全面的提炼和总结。③

2007 年,吴福文在一篇文章中也论述到客家人的精神和价值观念,他认为:"客家文化是以中原儒家文化为主体,并兼容了客家先民南迁过程中沿途其他民族和民系的先进文明的文化。在具体表现上,如晴耕雨读的生产生活方式、聚族而居的村落居住形态、敬祖睦宗的宗族伦理思想、守望相助的团结和谐精神、热情好客的为人处世观念……"④

2008 年,谢重光出版《客家文化述论》,该书最后一章专论客家人文性格与客家文化特质,主要从"山林性"、"边缘性"与"向心性"三个维度探讨了客家特质与精神。认为:

① 　王东《客家学导论》,上海人民出版社,1996 年,第 244 ~ 249 页。
② 　赣州客家联谊会编《客家亲·摇篮情》,世界客属第十九届恳亲大会纪念特刊,2004 年。
③ 　罗勇等主编《客家文化特质与客家精神研究·序言》,黑龙江人民出版社,2006 年。
④ 　吴福文《客家文化:客家地区旅游的特色与潜力——以闽赣粤边区为例》,《客家纵横》,2007 年第 4 期。

　　客家人具有山的品格。他们"在山谷间自耕自食、自相嫁娶、自得其乐、自生自灭,游离于王朝政治权利和文化控制之外自成一个天地。……自足于山林,安土重迁,商业意识薄弱,相对于海洋文化来说,比较缺乏漂洋过海、对外拓殖的冒险精神"。

　　客家文化的边缘性,"在政治上的表现是不服管辖的叛逆精神";在民俗方面的表现,"则是饮食、服饰、婚嫁、丧葬、文艺、神明崇拜、民间信仰等领域的'奇特'习俗"。

　　客家文化的向心性,"首要表现是中原正统观念的确立与推展";其次表现为耕读传家的传统和"对于儒家文化的自觉认同、自觉趋归";还表现在生活礼俗方面的"文公家礼"渐渐取代蛮夷之俗;历史上对外族入侵表现出的民族大义和爱国精神,对朝廷的"忠义";当今表现出的关心国家大事等等。

　　"客家文化的边缘性与向心性,看似矛盾的、对立的,其实正是这样的矛盾和对立,深刻反映了客地由蛮荒化外之地变为崇文重教之乡过程中,客家文化内在的蛮夷因素与中原儒家文化因素的此消彼长;客家文化正是在两者的互相涵化、互相制约、辩证统一中展现出无尽的活力。"[1]

很显然,这是该书作者试图突破已有的结论对客家文化特质进行的一种全新的思考与提炼。这种勇于探索的精神是值得钦佩的。

然而,通过以上的介绍,我们也看到,迄今为止的关于客家文化特质与精神的研究和论述,几乎没有跳出传统文化的视野且众说纷纭。客家文化特质与精神在当今社会有何表征? 或者说,客家文化特质与精神对现代化有何适应性和关联度? 则少有论及。

诚然,客家文化特质与精神的研究是客家研究领域中的一个深层次的课题,没有对客家历史与文化以及当代客家人社会的深入研究和把握,是难于得其真谛的。这或许是许多学者还不愿意把时间耗费在这一问题上的原因之所在。但

---

① 谢重光《客家文化述论》,中国社会科学出版社,2008 年,第 482 ~ 486 页。

是,随着客家研究的深入和客家文化影响力的不断扩大,这又是一个挥之不去和亟待解决的问题。所以,深入发掘客家文化内涵,对客家文化特质与精神作出系统的、科学的概括,是客家学界面临的一项重要任务。

(作者为赣南师范学院客家研究院院长、教授)

时代精神视阈下的客家优良传统

刘加洪

2013 年 3 月,习近平在第十二届人大一次会议闭幕会上指出,"实现中国梦必须弘扬中国精神。这就是以爱国主义为核心的民族精神,以改革创新为核心的时代精神"。时代精神是一个社会在最新的创造性实践中激发出来的,反映社会进步的发展方向、引领时代进步潮流、为社会成员普遍认同和接受的思想观念、价值取向、道德规范和行为方式,是一个社会最新的精神气质、精神风貌和社会时尚的综合体现。客家人不断培养、积累和形成了以改革创新为核心的与时俱进、开拓进取、求真务实、奋勇争先的时代精神。时代精神是客家优良传统的重要组成部分,是客家人保持强大凝聚力、生命力、创造力的根本所在。

一、改革创新精神是客家人生生不息、继往开来的关键所在

所谓改革就是改掉旧的、不合理的部分,使事物更趋合理完善;创新则是指开创新的事物、开辟新的局面。旧指朝政变革或改朝换代,现泛指事物的破旧立新、除旧布新。改革创新昭示和要求人们做事不能因循守旧、墨守成规,更不能前怕狼后怕虎、顾虑这顾虑那,而要锐意创新,攻坚克难,克服自满保守思想,增强危机忧患意识,不断发现和掌握新的真理,不达目标,誓不罢休。

中华民族是一个古老而年轻的民族,有着悠久的历史和文化,几千年来血脉不断、文明不衰,至今仍然生机勃勃、英姿焕发,原因在于积淀了深厚的改革创新、革故鼎新的文化传统。《周易·杂卦传》曰:"革,去故也;鼎,取薪也。"[1]P424"革故鼎薪",即革除故旧的事物,不停建立新的事物。《周易·系辞传》中强调"不可为典要,唯变所适"[1]P396。意即不可被经典所约束住,而应根据情况变化作相适宜的、相应的变通。《诗经》上说:"周虽旧邦,其命维新"。[2]P260周虽然是

古老的邦国,但其使命在革新。正是因为废旧立新,使得当时各部落在周文王的统治下势力强盛起来。事实上,几千年来,中华民族在经济、政治、文化等等的改革创新就一直没有停止过。历史经验表明,通过改革创新,对现存制度不断进行调整和改良,使之尽量适应不断变化的时代,能够使自身机体充满生机与活力,不断推动中华民族发展壮大。

在历史发展的过程中,客家人形成了改革创新、革故鼎新的优良传统,他们首先在思想上解放自己,打破习惯势力和主观偏见的束缚,研究新情况,解决新问题。为了生存、发展,他们逐步地摆脱了"安土重迁"和"父母在,不远游"的传统保守观念的束缚,树立起"四海为家"、"落地生根"的新思想。有这样一些的谚语说:"鹞婆飞上天,蟾蜍蹲缸脚";"舍不得娇妻,做不成好汉"[3]P278。因此,他们思想解放,富于改革创新精神,易于接受新思想新观念。

黄遵宪放眼世界、思想开化、追求真理、与时俱进。他不仅大力宣传倡导资产阶级维新思想,而且勇于实践,厉行改革,开全国风气之先。在中日甲午战争后,黄遵宪参与创办了上海《时务报》,曾任湖南按察使,辅佐巡抚陈宝箴推行新政变革,提倡"取州县官之权分之于百姓","地方自治"[4]1582等;"滔滔海水日趋东,万法从新要大同"[4]158。他站在中华民族自强不息的高度,理性地把握世界的潮流,积极主张维新变法,认识到社会改革是不可抗拒的历史趋势,预言革新之道一定会在将来得以验证。

丘逢甲不仅是我国近代史上杰出的爱国主义志士,也是我国近代教育史上著名的教育家、改革家。他在"创设岭东同文学堂序"公开申明教育改革的目的,"我潮同志,深慨中国之弱,由于不学也,因思强中国,必以兴起人才为先"[5]P303;主张改革旧的教育制度,大力推行新学,培养兴国有用之才,鼓励青年学生"勿亦为科举所累",并"专以新思潮及有用之学课士"[6]P81。以后在民主革命潮流的推动下,他从一位维新绅士转变为一位革命志士。这是他一生热爱真理、勇于探索、追求进步、改革创新的必然结果。

由此可见,客家优良传统中所孕育的改革创新精神,是客家人生生不息、继往开来的关键所在。

二、与时俱进精神是客家人引领潮流、敢于探索的灵魂所在

所谓与时俱进是指准确把握时代特征,始终站在时代前列和实践前沿,始终坚持解放思想、实事求是,在大胆探索中继承发展,思想、行动要跟时代一起进步。与时俱进昭示和要求人们要跟上社会的进步和时代的发展,正确反映时代的主题和本质,更要具有一定的前瞻性,认清并把握时代和世界发展的大趋势,进而始终站在时代发展和世界潮流的前列,否则就要落伍,甚至被淘汰。

几千年来,中华民族一直走在世界前列,引领着时代发展潮流。究其原因,在于中华民族自古以来就有一个不断适应形势发展、调整政策方向的能力,它蕴涵着与时俱进、与时偕行、与时俱新的基本要求。《周易·乾卦》:"终日乾乾,与时偕行。"[1]P24意思是说,一天到晚谨慎做事,勤勤恳恳,孜孜以求,和日月一起运转,永不停止。《周易·损卦》:"损益盈虚,与时偕行。"[1]P243天地之道,减损、增益、盈满、空虚,都有一定的变化规则和时间限制,我们要顺应这一规则变化,与时俱行,不要违反它。《庄子·外篇山木》:"与时俱化,而无肯专为。"[7]P442意思是要随时变化,不要不肯改变自己。历史经验表明,有志者要具有与时间一同前进,应时以变,顺应历史潮流,紧跟时代步伐,始终站在时代前列的精神。弘扬这种精神,对于增强中华民族创造力,提高中华民族竞争力,具有非常重大的意义。

一部客家人的发展史可以说是一部与时俱进、与时偕行的历史。这个"时"是形势、大势。俗语说"形势比人强",就是周围环境中所处的情形或形势发生变化,是任何人的力量也无法挽回的,要接受现实或做出正确选择,顺应这一形势。俗语还说:"大势所趋,人心所向";"识时务者为俊杰"。就是整个局势发展的趋向,非人力之所能转移,势在必行,势不可挡,这一形势也是人民群众所拥护的,向往的。那么只有认清时代潮流,才能成为出色的人物。几千年来,中华民族之所以英才辈出、群星闪烁,涌现出许许多多为国家和社会做出重要贡献的仁人志士,就在于他们能够在历次反帝反封建的斗争中,跟随时代潮流,把握时代脉搏,站在时代前列,英勇顽强,无私无畏,壮怀激烈。

洪秀全领导的太平天国运动,虽然在中外反动势力联合绞杀之下失败了,但是它所谱写的辉煌历史是抹煞不了的。而它革故鼎新、与时俱进的思想,也为后人所津津乐道。1859年洪秀全颁布了由洪仁玕撰写的重要政纲《资政新篇》,这是先进的中国人最早提出的在中国发展资本主义的方案,集中反映了当时先进的中国人向西方寻找真理和探索救国救民道路的迫切愿望,符合中国社会发展方向。虽然由于种种原因,《资政新篇》根本没有实行,但是它的主张推陈出新、吐故纳新,却反映了近代中国社会的时代潮流和发展趋势。

孙中山有一句名言:"天下大势,浩浩荡荡,顺之者昌,逆之者亡。"他告诉我们要顺应历史潮流,适应时代变化,不断与时偕行,才能免遭淘汰。孙中山从建立兴中会,到成立中国同盟会;从领导辛亥革命、二次革命、护法运动;到提出"联俄、联共、扶助农工"的三大政策,重新解释了三民主义。他的思想和行动随着历史潮流的进步而不断与时俱进。孙中山临终遗言"革命尚未成功,同志仍须努力"。这虽然是遗憾的,但是他一生奋发有为的思想、昂扬向上的精神、与时俱进的行动,却变成中国人民奋勇前行的力量源泉。

由此可见,客家优良传统中所蕴涵与时俱进精神,是客家人引领潮流、敢于探索的灵魂所在。

三、开拓进取精神是客家人所向披靡、一往无前的源头活水

所谓开拓进取是指努力想办法创新向前,立志有所作为,不断地学习,不断地进步,不断地提升自己的能力,从小到大地发展、扩大,打开新局面,走上新台阶,跨进新时代。开拓进取昭示和要求人们要有一种时不我待、不进则退的紧迫感,一种深切的历史忧患意识,一种昂扬向上、奋发有为的精神状态,一种不甘落后、奋起直追,实现民族复兴的雄心壮志和能力。

自从开天辟地以来,中华民族勤劳勇敢的祖先,就在中华大地上披荆斩棘、铺路搭桥、筚路蓝缕,开启了华夏民族的文明之路,谱写了一曲曲悲壮动人的颂歌。他们逐渐形成了奋发有为、开拓进取的优良传统,激励着一代又一代的中华儿女拼搏奋斗。《后汉书·虞诩传》:"先帝开拓土宇,劬劳后定。"[8]P801说的是先帝开疆扩土,非常劳苦,才最后安定。《三国志·魏志·杨阜传》:"陛下奉武皇帝开拓之大业,守文皇帝克终之元绪。"[9]P312意思是皇上接受武皇帝曹操开创的伟业,保持文皇帝曹丕最终的大业。事实上,开拓进取就是一种积极向上、充满活力、催人奋进的正能量,正是依靠这种正能量,中华民族不断地扩展疆土、开垦荒地、开拓局面,而逐渐从小到大、由弱变强,发展起来。历史经验表明,当开拓进取成为一种群体意识,它必将成为推动中华民族向前发展的不竭动力。

中国人有句俗话"树挪死,人挪活",深刻地表述了人类对于不断开拓生存空间的价值判断。不断地迁徙,到处去开拓,才能够最大限度地去认识与利用自

然,做地球的主人。客家人的形成过程,最为完美地表现了人类不断探索、不断开拓进取、不断征服自然的大无畏精神。有一首流传很久的歌谣:"骏马骑行各出疆,任从随地立纲常。年深外境犹吾境,日后他乡即故乡。[10]P34 这首歌谣反映了人们自强自立、四海为家的历史际遇,表现了人们奋发有为、不断进取的精神境界。在历史上正是以这种自强不息、开拓进取的精神,客家人造就了许多英雄豪杰,同时形成许多在艰苦环境中追求人生理想的格言和歌谣,这正是客家人矢志不渝、战胜困难、立于不败之地的精神力量。

广东梅县石扇人罗芳伯,在清乾隆三十七年(1772年),从嘉应州出发,跋山涉水,步行到达东莞,从东莞虎门驾独木连体船出发,漂流到婆罗洲登陆。罗芳伯等人在艰难的环境中开垦土地,种粮种菜,逐渐把这个荒岛开发出来,而后到东万律开采金矿。罗芳伯在当地站稳脚跟后,积极联络苏丹和当地土族头人,奋力击退外来入侵者,取得了东万律的管辖权。1777年,罗芳伯根据当地人民的意见,以东万律为首府,着手建立"兰芳公司",并组织"兰芳大总制"共和国,成为世界上最早的现代共和制国家之一,罗芳伯也成为向海外开拓进取、奋发有为的杰出代表人物。

在台湾开发史上,值得大书特书的莫过于"金广福垦号"了。道光十四年(1834年),淡水同知李嗣业令广东陆丰人姜秀銮与闽籍移民居竹堑的周邦正向闽粤移民集资,准其开垦竹堑东南山地。于是,他们成立了"垦号",叫"金广福义联扮社","金"代表官方(一说吉祥之意,一说争取得金之意),"广"代表广东移民,"福"代表福建移民,以姜秀銮为领导。他们以大隘兴庄为基点,开发了今新竹县横山以南的南隘、宝山、峨眉、双坑、大崎等地。在台湾,"金广福"的开发之功可谓家喻户晓,妇孺皆知[11]P99。可以说,"金广福"是锐意进取、开拓创新的一个典范,也是爱国爱乡、不忘故土的一个榜样,其精神可佳,事迹垂范。

由此可见,客家优良传统中所拥有的开拓进取精神,是客家人所向披靡、一往无前的源头活水。实践经验证明,只有具备勇于探索、敢冒风险的开拓进取精神,锲而不舍、百折不挠,才能在未开垦的处女地取得突破性进展,才能开创前无古人的伟大事业,才能使中华民族迎来辉煌灿烂的美好明天。

四、求真务实精神是客家人认识世界、改造世界的锐利武器

所谓求真,就是求是,追求真理,实事求是,去不断地认识事物的本质,把握事物的规律;务实,就是要在这种规律性认识的指导下,去做、去实践、去从事实际工作与研究具体问题,为人诚实,为事业忠诚。求真务实昭示和要求人们重视实际,讲求务实,追求实效,而轻视浮华,鄙视玄虚,不尚空谈,不可虚伪,去追求事物发展的真理所在和寻找事物发展的客观规律。

求真务实是中华民族的优秀文化传统,是待人接物、立身做人方面的一种重要的行为准则,千百年来一直被我国人民视为做人修身的美德,是中华民族优秀品格的重要标志。求真,就是追求真真正正的东西。战国时期庄周在《庄子·渔父》里说:"真者,精诚之至也。[7]699 最精纯最诚实就是真,就是要求人们要真心、真言、真行,对人对事要保持纯真,而不要欺诈虚伪。务实,就是实实在在的做事。左丘明在《国语·晋语六》云:"华则荣矣,实之不知,请务实乎。[12]P270 这大概是"务实"一词在传统文献中最早的出处,指的是过分追求外在华美,就会掩盖内在真实,请讲究实际、实事求是吧。这种务实精神引导人们要在耕稼工商、政事日用、平常生活中追求人生理想,实现人生价值,而不要在浮华的辞藻、玄虚的空谈中乞求人生理想和价值的实现。

在长期的生产生活实践中,客家人养成了一种质朴无华、求真务实的气质。对待友人,一本纯真,往来形式淡泊,正所谓"君子之交淡如水"。有这样的俗语:"骑马靠棍子,天晴防落水。"[13]P42意思是一个人骑在马背上还要多扶一根手杖辅行以资安稳;外出时纵使是晴天也要做下雨的准备。话语极为浅显通俗,但内涵深刻富有生活的哲理,显示出客家人平日立身行事的稳健和踏实的态度。有这样的俗语:"多下及时雨,少放马后炮";"枯树无果实,空话无价值"[3]P282。他们认为,说空话无补于事,做实事必有收获。这些流传的歌谣,反映了求真务实的精神。这种根植于农耕文明基础上的务实精神,不仅体现在人的现实生活中,而且还牢固地植根于人的深层意识之内。

曾宪梓从孑然一身踏足香港的那一刻起,他就给自己定下了"无论将来环境如何恶劣,都必须正直做人"[14]P5的诚条。正直做人,其实就饱含着求真务实的意蕴。在今天,只要人们一问起金利来集体的任何一个成员"什么是金利来精神? 曾宪梓先生成功的秘诀是什么?"他们会毫不犹豫地回答说:"勤、俭、诚、信。"[14]P308的确,令曾宪梓取得成功的,以及曾宪梓自始至终贯穿于他的企业、他的企业王国的每一个成员的,就是曾宪梓一生所坚持的"勤、俭、诚、信",坚毅不屈和不断创新地为商做人之道。

朱德无论是在用兵打仗、在军队的建设，还是在党的建设、经济建设各个方面，都严格遵循着实事求是，一切从实际出发的马克思主义原则办事。朱德强调指出，我们办事情，"必须从实际出发，采取实事求是的态度。"[15]P95朱德在莫斯科学习军事时，教官测验他，问他回国后怎样打仗，他回答说："打得赢就打，打不赢就走。"[15]P126在经济建设方面，朱德特别强调"勤俭建国、勤俭持家"[15]P367。朱德有一首《勤俭》诗："由俭入奢易，由奢入俭难，勤俭建国家，永远是真言。"[16]这是他一生的写照，也是他对自己和家庭的要求，更是体现了一个共产党员艰苦朴素、求真务实的精神。

由此可见，客家优良传统中所追求的求真务实精神，是客家人认识世界、改造世界的锐利武器。实践经验证明，只有尊重实践，尊重科学，尊重群众，讲实话、办实事、求实效，我们才能找到解决问题的办法，得到人民群众的拥护和爱戴，我们的事业才能欣欣向荣、蒸蒸日上，才能实现中华民族的百年梦想。

综上所述，以改革创新为核心的时代精神秉承中华民族优良传统精髓，依托于中国传统文化的深厚土壤，它同样根植于客家优良传统的沃土之中。无论是老百姓的俗语、歌谣，还是实干家的实践尝试，抑或是理论家的思想探索，都反映了客家优良传统中蕴涵着丰富的以改革创新为核心的时代精神。以改革创新为核心的时代精神产生于人的实践当中，产生于客家人认识世界、改造世界的过程之中。充分吸收客家优良传统中积极进步的有益营养，积极借鉴客家优良传统中昂扬向上的优秀成果，有利于我们更好地理解、认同以改革创新为核心的时代精神，从而为之聚集更多的正能量。同时，不断地培育和丰富以改革创新为核心的时代精神，又有助于指导、引领、提炼、升华客家优良传统，使之赋予鲜明的时代特征和创新内涵，从而更好地为社会主义现代化建设服务，为实现中华民族伟大复兴的中国梦提供精神动力。

参考文献：

［1］南怀谨 徐芹庭，《白话易经》，岳麓书社，1988 年。

［2］朱熹注解，张帆 锋泰整理《诗经》，三秦出版社，1996 年。

［3］梅州市民间文艺家协会《梅州风采》，嘉应文学杂志社，1989 年。

［4］国家清史编纂委员会《黄遵宪全集》，中华书局，2005 年。

［5］丘晨波《丘逢甲文集》，花城出版社，1994 年。

［6］李鸿生、朱春燕《丘逢甲的教育思想与实践》，《学术研究》1995 年第 2 期。

［7］张默生　张翰勋《庄子新释》，齐鲁书社，1993 年。

［8］范晔《后汉书》。岳麓书社，1994 年。

［9］陈寿《三国志》，中州古籍出版社，1996 年。

［10］刘加洪《河洛文化与客家优良传统》，河南人民出版社，2010 年。

［11］刘加洪《客家优良传统在台湾的传承和发展》，《南昌大学学报》，2011 年第 6 期。

［12］李维琦《白话国语》，岳麓书社，1994 年。

［13］罗维猛　邱汉章《客家人文教育》，中国大地出版社，2003 年。

［14］夏萍《曾宪梓传》，作家出版社，1995 年。

［15］中共中央文献研究室编辑委员会《朱德选集》，人民出版社，1983 年。

［16］郑光魁《朱德的勤俭家风影响几辈人》，中国共产党新闻网（http：//cpc. people. com. cn），2007 - 8 - 10。

（作者为嘉应学院社科部副主任、教授）

客家文化与河洛文化的渊源关系及意义

刘　婷

中华民族的文化博大精深,其中包含着很多优秀的文化,它们对促进中华民族的繁荣富强和加深对中华民族文化的了解有着举足轻重的作用。作为中华民族文化之根的河洛文化影响着由它发展而来的无数的优秀文化,客家文化就是其中影响深远的中华民族优秀文化中的一个支流。具有迁移特征的客家文化,在长期的历史演变中,保持着河洛文化的底蕴同时也形成了一种独具特色的族群文化。这两种文化,究其核心内涵,都有着各自的风格和特性,但也有着千丝万缕的联系。对中国乃至世界的文化都有着深远的影响,并且与中国文明有着直接的联系,两者有着更加深入的渊源关系。研究和探讨两者的渊源关系,以及这种关系的意义对丰富中华民族文化的内容有着巨大的意义,同时对促进民族团结和加强民族凝聚力有着极现实的意义。

一、中华文化之根——河洛文化

河洛地区是指以洛阳为中心,东起郑、汴,西至陕、潼,南达汝、颍,北抵晋南[1],主要是指今河南省西部和中部,山西省的南部地区。这一地区位于黄土高原的东南隅,东部与华北大平原相接[2]。河洛文化主要是指根植于河洛地区的地域文化,是黄河与洛水交汇的地方,是中华民族文化的源头。这里地势多样,土地肥沃,气候四季分明,人类依水而存,中华民族几千年的历史就在这里开始。洛阳位处中原中央,有洛水经过,历史上有夏、商、西周、东周、东汉、曹魏、西晋、

---

① 蔡运章 郭引强《河洛文化与河洛学》,《文史知识》,2010 年第 6 期。
② 程有为《河洛文化概论》,河南人民出版社,2007 年。

北魏、隋、唐、后梁、后唐、后晋等十三个朝代在此建都,是中国历史上建立王朝最多、时间最久的历史古都,十三个朝代的更替使得河洛地区的文化丰富起来,河洛文化就是在十三个朝代的历史文化沉积下成长并成熟起来的,成为中华民族文明的摇篮。

河洛文化博大精深,包罗万象。卢氏县横涧沟峪发现的智人头骨、三门峡市会兴镇会兴沟出土的砍砸器等旧石器说明早在旧石器时代已经有我们的祖先在这里生活的足迹,经过长期的生活和繁衍,人类文明开始在这片富饶的土地上绽放光彩。我们的祖先伏羲氏"画八卦,造书契",拉开了河洛文化的序幕。《国语·晋语四》载:"昔少典娶于有蟜氏,生黄帝、炎帝。黄帝以姬水成,炎帝以姜水成。""姬水",即今河南开封的济水,黄帝居住在现今河南郑州界。"姜水"在今河南开封市界内,昆仑之南的空桑城被誉为炎帝之都。在关中、豫西、豫中、冀南都孕育着老官台、裴李岗、磁山文化,以及在此基础上发展为丰富的仰韶文化,还有后来的龙山文化都是带领华夏民族进入人类文明门槛的领军文化,河洛文化可谓华夏民族文明的摇篮。河图洛书作为河洛文化的根源,是华夏文明的代表。《易·系辞上》:"河出图,洛出书,圣人则之。"传说,伏羲根据"河图"画出八卦图,大禹治理大水,后受"洛书"制《洪范》。中国最早的诗歌总集《诗经》中也有很多篇章产生于河洛地区,国风中就有过半数是在描写河洛地区,仅十五国风中就有十国是描写河洛地区的,其中《关雎》就是其中典型的一篇,它描写青年男女之间的爱情故事,历来被世人传诵,脍炙人口。春秋战国时期,诸子百家的学说兴盛起来,形成了百花齐放、百家争鸣的现象,是中国历史上熠熠生辉的一页。不论是后来统一六国的秦、独尊儒术的汉,还是政权更迭的魏晋南北朝都在制度、文学、科技、宗教、艺术等领域促进着河洛文化的发展,直至后来唐宋时期,达到河洛文化的繁盛阶段,都彰显着河洛文化的光辉。北宋时期,金兵南下进攻中原,中原战祸不断,处于北宋政治经济中心的河洛地区更是首当其冲受到沉重的打击,中原文化的繁盛和影响力也因此而逐渐衰减。

历史表明,从远古时期到北宋,河洛地区一直是中华民族政治文化的中心,河洛文化是华夏民族文化的核心,在中华民族文化中起着"根"的作用。人类作为文化的承载者和传播者,在文化的发展中也起着至关重要的作用,河洛文化"根"的地位已经在他们心中根深蒂固,文化的传承是他们的历史使命。历史上三次较大规模的"北人南迁"促使了河洛文化的传播,并在族群迁移中产生了深远的影响,其中最重要的就是促生了客家文化。

二、客家文化是具有河洛文化印记的华夏民族文化的分支

客家文化,是在客家族群中保存下来并延续至今的一支中华民族优秀文化中的分支,是华夏民族文化中独特而又不可多得的瑰宝。美国学者亨廷顿认为客家人是"中华民族的精华",英国学者布肯顿赞扬客家人是"牛乳上的奶酪",并亲切地称客家文化的精神为"亚细亚精神"①。在历史上几次大规模的中原人南迁过程中,逐渐在迁移人群中形成了艰苦奋斗、自强不息的精神品质。

"客家"是指从中原地区迁移客居在他乡的家族,他们保留了很多中原生活的习俗和风俗,与当地的土著居民有着明显的差异,所以被当地人称之为"客家人",是南方土著居民对他们的一种"他称"。客家文化是在历史上三个大规模的"北人南迁"的过程中,在保持中原文化基础上,不断吸收引进其他地域文化形成的具有独特风格的文化,有它自身的特点。

客家文化的主流是一种以中原文化为主导的、儒家文化为核心的文化,它特别崇敬先祖,重视教育。② 客家人以农作为生,中原地区的耕作技术也是因此而传入到南方,促进了南方耕作技术的发展,为南方经济繁荣作出了巨大的贡献。虽然生活贫寒,但客家人亦不忘让子女读书。首先,客家人背负着祖先的遗训和中原文化的印记南迁,重视血缘,以宗族组织起来,在同宗聚居中,"孝"自然成为客家人教育后代的首要要求,"父母在,不远游,游必有方"、"养子要教,养父要孝"是客家人平时教育子女的基本要求。其次,客家人注重宗族关系,念念不忘自己的祖先。有客家人住的地方就有代表各姓氏的祠堂,家中挂着"二十四孝图",摆放着祖先的牌位,一方面是为安慰祖先在天之灵,另一方面是为族人祈福。在客家的祠堂中,弥漫着一种非常浓厚的敬重祖先和追根溯源的气氛。一个祠堂就是一个家庭,是一个宗族灵魂的归宿,在当时颠沛流离的动荡生活中,那是客家人心灵的皈依处,有了远方漂泊的一点归属感。艰苦奋斗是客家人

① 章夫 况璃 凸凹《天下客家》,四川辞书出版社,2005 年。
② 程有为《河洛文化概论》,河南人民出版社,2007 年。

具备的另一个突出的精神特质。为了躲避战乱,他们多次迁移,目的地大都选择在南方的荒蛮地区。开荒种地,白手起家,不畏艰险,克服恶劣的环境,逐渐形成了团结一致,大胆创业的民族文化。客家妇女也摆脱了中原地区多从事家务的习性,她们节俭勤劳,或织纺女红,或扶犁耕作,是家庭的重心。男子在外闯天下,她们便承担起家里的一切重担,必要的时候可以同男子一样异地跋涉。可以说,没有客家女子的奉献精神,也就没有客家民系现在的成就和光辉。除此以外,客家人还有强烈的爱国主义精神和民族意识,他们有着浩然正气的民族气节,在一次次的中华民族改革中扮演着勇者的角色。从古至今历史上的客家爱国志士数不胜数:南宋抗元英雄文天祥,清中叶太平天国领袖洪秀全,辛亥革命领导者孙中山,中国共产党将领朱德、叶剑英,等等,他们都为中华民族的崛起拼搏奋斗着,表现出强烈的爱国主义传统和顽强的民族气节。客家人艰苦奋斗、不断创新的大胆革命精神,为客家文化甚至中华民族的文化添下浓墨重彩的一笔。最后,客家文化传承着河洛文化的民俗风貌,客家地区的一些民间风俗也来自河洛中原地区。从节日习俗来看,客家人春节贴春联、拜年,正月十五闹花灯,舞龙舞、狮子舞;清明节扫墓,端午节吃粽子、划龙舟;中秋节吃月饼等等,都来自中原。再看婚姻习俗,客家人婚俗的"六礼",即"纳采、问名、纳吉、纳征、请期、亲迎",与中原地区是大同小异的。同时,客家人典型的居民建筑土楼围屋,就是源自于中原的"坞壁(坞堡)",是北方井窑的一个变种。他们长期迁移,群聚而居,对于防止劫匪、保护族群有着有利的作用。客家的方言保留着众多的中原古音,是汉语方言的一种,是古代汉语的活化石。清末嘉应州(今梅州)人黄遵宪的《梅水诗传》序中记载:"此客人者,来自河洛……而守其语言不少变。余尝以为,客人者,中原之旧族,三代之遗民,盖考之于语言、文字,益自信其不诬也。"美国耶鲁大学亨廷敦教授在《种族的品性》一书中说:"客家人原出北方,他们的方言,实在是一种官话,像中州河南的话。"可见,从语言学的角度证明,客家话源起于中原,保留着河南中州音韵,是河洛地区的官话。

综上所述,客家文化从文化传统、宗族关系、居住建筑、风俗习惯等方面都秉承着河洛文化的精髓,保留着许多河洛地区古代文化的因素。客家人与时俱进,不断创新,他们不忘河洛文化的根,使客家文化和河洛文化再创辉煌。所以,客家文化与河洛文化是流与源、脉与本的关系。

三、研究客家文化与河洛文化的源流关系具有现实意义

河洛文化源远流长、瑰丽灿烂、博大精深,是华夏民族人民共同的宝贵财富。历史上,中原汉人的大规模南迁,由于地理环境和历史背景的特征,发展出以传统文化为核心、外来文化及创新相融合的客家文化,为南方地区经济发展和文化进步带来了前进的动力,同时,它又辐射周围地区,以至推向海外;它既有强大的辐射渗透作用,又具有强大的吸收、包容、凝聚的力量,形成一个新的融汇。所以,客家文化是以河洛文化为根基,以中原传统农业文明为土壤,与河洛文化一脉相承。研究客家文化与河洛文化的渊源关系对促进民族文化融合、丰富中华民族的文化和增强国人的爱国情怀,仍具有十分重要的现实意义。

第一,河洛文化有着几千年的积淀,它以其博大的胸怀包容并蓄,更以其强大的辐射力影响着周边文化,其中包括客家文化。客家先民将河洛文化作为其重要的精神财富,在迁移的过程中不断将先进的河洛文化传播给周围民众,极大地扩大了河洛文化的影响力。与中原先进的文化一起随客家人来到南方的还有中原先进的生产技术,直接地促进了南方区域经济的发展。同时,在将自己的价值观念传播给当地人民的同时,聪明的客家人也积极地吸收土著人的优秀文化传统,不断丰富着客家文化和河洛文化,使河洛文化在不断地兼容并包中逐渐丰富起来,并表现出多元化的色彩。因此,研究客家文化与河洛文化的渊源关系可以增强身居他乡的客家人的民族归属感,让他们有"根"可依。

第二,客家文化是在不断地发展中逐渐形成的,客家人在迁移的过程中在所难免地要与其他民族的人相处,所以与他人和谐相处成为了客家文化的重要内容之一,在中华民族文化的发展中起着促进民族融合的作用。罗香林先生在《客家研究导论》中记载,客家人的祖先在历史上有过五次大规模的迁移,其中原因有战乱、旱灾、水灾等,他们从中原迁移到南方,甚至流出海外,在南方和海外形成了一个庞大而团结的族群。[①] 他们多选择穷乡僻壤的荒山地带进行群聚,并且能够与当地居民和谐共处,很快地打成一片,在保持中原文化之根的同时不断融汇其他民族的优秀文化,促进了民族间的和谐共存并互相融合。现在,

① 罗香林《客家研究导论》,台湾南天书局,1992 年。

我们研究客家文化与河洛文化间的亲缘关系更是以历史的厚重感和真实感证明了中华民族是相互融合的典范,从历史的角度印证了今天所提倡的"和谐社会"的科学性,这对当代建设和谐社会、增强民族凝聚力仍然具有重要的现实意义。

第三,客家文化中推崇的爱国主义对中华民族的发展有着重要的意义。历史上出现了很多为维护国家安定而献身的客家人,他们勇敢、聪颖,以自己的实际行动爱护和守卫着自己的家园。众多历史表明,他们对家园的安定,国家的团结,民族的振兴有着强烈的愿望。历史记载,以洛阳为中心的河洛地区一直以来是中原的政治、经济、文化的中心,这里从上古时期开始,知道南宋长期遭受异族入侵,战乱不断,勇敢的客家人在一次次地战乱中守护着自己的家园。孙中山先生领导人民大众推翻了统治中国几千年的封建帝制,推动中国历史车轮滚滚向前。改革开放以来,大批海外的客家人后裔纷纷在自己的家乡投资兴业,慷慨赞助家乡的公益事业和福利事业,表现出强烈的爱国情怀,这对增强民族凝聚力来说无疑是一股强大的精神洪流。

中华文化源远流长,瑰丽灿烂;客家文化独具特色,绚丽多姿,所有这些,均源于与河洛文化的深厚根基。总之,客家人来自中原,客家文化源自河洛,二者是源与流、根与脉的关系。

（作者为赣南师范学院文学院教师）

客家婚姻礼俗的中原印记

陈少军

　　清代著名诗人黄遵宪有诗云:"筚路桃弧辗转迁,南来远过一千年。方言足证中原韵,礼俗犹留三代前。"这首诗生动地描绘了客家人从南迁开始至今,依旧保留着中原古朴礼俗的画面。客家族群之所以有别于其他民系,正是因为在千百年来依旧保持其独特的文化个性,即使在进入新的文化场域中,其文化也不会完全被其他族群文化所同化。"这种传统和个性,正折射出其中原南迁先民的传统和个性,包括品德、理念、语言、风俗及精神文化等方面。而客家先民的传统和个性,则体现了河洛文化或大范围中原文化的传统和特色。"①

　　"中原"一词本义指原野。最早出现于先秦文献,如《诗经·小雅·小宛》:"中原有菽,庶民采之。"这是中原最早的出处,但此时并未形成一个完整统一的地域概念。中原地区的概念的形成历经了相当长的时期,在这段时期内"中原"一词由原野之义,逐渐成为了一个地域概念。"'中原'的涵义有广义和狭义之分。广义指黄河中游或中下游,乃至整个黄河流域。狭义的中原指今河南一带。由于时代不同,中原所指的地域也不断发生变化。"②河南又名中原和中州,在历史上还曾被称为中国、中土,历史悠久,文化底蕴深厚。史学界普遍认为河南对于整个中华民族的历史发展起到了非常重要的作用。河洛文化是中原文化的中心,洛阳是河洛文化的中心。河洛地区作为华夏民族的摇篮,作为中华民族的发祥地,在河洛地区发展出来的河洛文化成为中华传统文化的根源。河洛文化长期以来一直是中国文化的主流,其文化影响着华夏民族。对后世中国的政治、经

---

①　安国楼《河洛文化与客家文化》,《中州学刊》,2007年第3期。

②　程有为《河洛文化概论》,河南人民出版社,2007年。

济、文化产生了关键性的影响,它塑造了中国人和中华民族的精神品格和思维方式。

目前中国学术界认为:"关于文化的构成有四种观点:一是物质文化与精神文化;二是物质、制度、精神;三是物质、制度、风俗习惯、思想与价值;四是物质、社会关系、精神、艺术、语言符号、风俗习惯等。"①客家文化作为中华文化的子文化,当然脱离不了上述文化观点的内容。河洛地区作为华夏部族和汉民族的中心区,其风俗基本代表了汉族风俗。尤其作为客家文化最突出外在表现的礼俗更是如此。《周礼》云:"上所化曰风,下所习曰俗。""俗"就是在民众中长期沿袭、共同遵守的习惯。河洛地区与周礼及儒学都有着密不可分的联系。周礼对中华礼俗的规定极为详尽,几乎涵盖了生活的各个方面,一言一行皆有仪式,成为后代的道德规范。

客家地区特别重视生命礼俗,礼仪多能遵照中原古代礼制,保留着许多中原汉民族的习俗。"婚礼,属人上仪礼中的大礼之一,故自古以来都受到个人和家庭与社会的高度重视。在人生诸仪礼的演变传承中,其形制最为完备,传承最为长久。"②如康熙《武平县志》所记载:"汉家制度,犹有存焉","循乎古礼"。客家人在追溯自己的祖先时必称中原,黄遵宪曾有诗云:"中原有旧族,迁徙名客人。过江入八闽,辗转来海滨。"南迁的汉人携带着中原文化定居客乡,并一代又一代地传承者原乡的礼俗。在礼俗上以中原为正统,体现着强烈的中原情节。婚礼被认为是礼俗之本"婚姻"则是人类宗族血脉延续的方式。《列女传》云:"夫妇者,人伦之始也。"人伦起源于夫妇,也说明了人类社会的组织是以夫妇为基本。所以让男女结合为夫妇的婚姻制度,可以说是中华民族最重要的社会习俗之一。《礼记·昏义》称:"夫礼,始于冠,本于昏,重于丧、祭,尊于朝、聘,和于射、乡,此礼之大体也。"可见生命礼俗在中原古代礼制中占有重要地位。客家人在举行这四大仪礼时,遵循古礼。客家文化根在中原,并且客家人很重视保存中原传统文化,在考察了客家婚姻民间沿用至今的婚姻礼俗,我们能发现深深留存于客家文化中的中原印记。

---

① 薛瑞泽《河洛文化的概念问题》,《根在河洛》,大象出版社,2004 年。
② 吴永章《客家传统文化概说》,广西教育出版社,2000 年。

对汉族古中原文化的保存、延续,恐怕没有那个民系有客家做得到位,其一直坚守着中原的婚姻观念。

首先,婚姻与家族、家庭是分不开的,而中国传统社会是以家族为核心的,其家族制度就是建立在生子观念之上。这种观念蕴含着两个层次的意义,一是养儿防老,另一个是生子防绝。《易经》说:"天地氤氲,万物化醇;男女媾精,万物化生。人承天地,施阴阳,故嫁娶之礼者,重人伦,广继嗣也。"在这种"广继嗣"的观念下,男婚女嫁就成了人类社会中最基本的普遍的现象。客家族群,作为来自中原贵族南迁的后裔群体,其独特的文化是在特定的时期内以及特殊的环境下形成的。客家族群的不断发展壮大的原因就是有着极强的宗族观念,对生育男丁极为重视。

其次,客家地区对传统婚姻观念的继承还体现在恪守"同姓不婚"原则。古时婚俗,至周代时期一夫一妻制度得到了进一步的巩固和完善,完全排除了氏族内部通婚,形成了"同姓不婚"的原则。《魏书·高祖纪》中记载:"夏殷不嫌一姓之婚,周制始绝同姓之娶。"在客家地区"更有少数被认作同宗的相异姓氏,如'张、廖、简'、'余、涂、徐'等,还是不准通婚的。另外,有某些姓氏,因为他们的祖先辈,曾有结怨之仇而发誓此后互不通婚,相沿至今,他们一直不敢破例。"[1]

再有就是重视媒妁之言。客家人择偶,多为父母主婚,媒人合婚。媒人在客家人婚姻中的地位很高。在周代的婚礼制度中规定,男女双方不能私定终身,必须经过媒人从中说和。《周礼》强调"媒氏掌万民之判","媒妁之言"是必不可少的,只有通过媒妁之言的婚姻才能合乎礼教。这已经成为一种制度。《战国策·燕策》上说:"处女无媒,老且不嫁。"客家地区婚俗,秉承了周代婚俗的礼制,特别强调"明媒正娶"。男家请媒人向女家提亲,女家答应议婚后,男家备礼前去求婚。不论男女双方之前是否认识,都必须请人做媒。客家地区对媒人有俗语说:"媒人口,无量斗","媒人不扯泡,婚姻唔得到"。一般人是不愿意做媒人的。客家俗语还有"媒人好做,狗屎就好食"的话。

客家人是较传统的民系,在选择婚姻对象上也遵循古代"门当户对"的门第观念。中国古代缔结婚姻的门第观念分两种情况,一是考虑政治经济地位因素;

---

① 刘佐泉《客家历史与传统文化》,河南大学出版社,1991年。

一是按照血统门第观念。婚姻的门第观念在周代出现,到魏晋南北朝时婚姻的门第观念到了极盛时期。"魏晋时期的河洛大族,如颖川庾氏、陈留阮氏、河南褚氏、济阳蔡氏等,都十分重视婚姻的门第,不与庶族通婚,以保持自己华贵的门品和政治特权。"①清人徐旭曾在《丰湖杂记》中提到:"今日之客人,其先乃中原衣冠旧族,忠义之后也。"作为中原贵胄的后裔,客家人在婚姻的门第观念是根深蒂固的。

自汉代开始,婚礼皆以《仪礼·士昏礼》的规定而成,包括三部分:一是相亲,二是定亲,三是成亲。早在先秦时期的周礼中就规定了古代婚嫁有所谓的"六礼":即:"纳采"、"问名"、"纳吉"、"纳征"、"请期"、"亲迎"。具体含义如下:(1)纳采就是男方请媒人提亲。(2)问名即男方请媒人问女方的姓名与出生年、月、日、时等,就是问清女名及其年庚八字,以便占卜吉凶。郑玄:"问名者,将归卜其吉凶。"(3)纳吉在古时候叫定盟,明清叫做下茶,后来又叫订婚,客家地区民俗称之为定事或定数。也就是男方通过占卜以后,准备好礼物请媒人通知女方,定下这门婚事并商议好聘礼。(4)纳征又叫纳币。即在结婚前的几个月内男方把纳吉时商议好的聘礼送到女方家,近代叫做过彩礼或过礼。聘礼主要指聘金。(5)请期即男方在纳征之后,经过占卜选定良辰吉日结婚,并备好礼品让媒人通知女方,征求女方的同意。后来俗称"过日子"、"报日子"。(6)亲迎。是婚礼的最后一个环节,就是新郎到女方家亲自迎娶新娘回到男家,举行婚礼礼议,诸如拜堂、交杯、闹房等,并大办喜宴。

这一套古老的婚俗被客家人完整地继承了下来。虽然其程序繁杂,然而客家人仍乐于遵守并慎重其事。经过了千百年的传承和发展,伴随着客家人的迁徙,具体到各个客家地区在名称或细节上有所不同,但万变不离其宗,仍以古代六礼为主要原型,与中原无异。如道光年间的《定南厅志·风俗》卷六记载:"婚礼少币帛而有传庚,小聘、大聘、报日、迎娘、拜堂诸名色,盖依于纳采、问名、纳币、亲迎、庙见之意,犹事之近古者也。"又或同治年间《赣州府志·舆地志·风俗》卷二十记载:"礼有纳采、问名,俗名传红,士大夫则曰传庚。礼有纳币,俗曰茶礼,士大夫则曰过聘。礼有纳吉、请期,俗曰报日。礼有亲迎,俗曰拜堂。名虽

---

① 程有为《河洛文化概论》,河南人民出版社,2007年。

异而近古。"又如"以长汀传统客家婚俗来看,其传统婚俗的主要程式包括:开婚纸(即六礼问名)、议婚(即六礼纳吉)、扎定、编单(即六礼纳采)、报日子(即六礼报期)、送嫁妆(即六礼纳征),迎娶(即六礼迎亲),从这些程式中也可以看出基本上是按古代的"六礼"进行。"①在此就不多陈述各地客家婚俗具体程式细节。总之,客家婚俗,的确保留了中原古礼。

客家人的婚姻形式和其他汉族民系一样,都是以嫁娶婚为主要形式。传统的客家婚嫁形式大体上有以下几种:"大行嫁"、"二婚亲"、"转房婚"、"童养媳"、"等郎妹""指腹婚"、"隔山婚"等。最能体现在客家地区的特点就是盛行"童养媳"。

对于"童养媳"来说,虽然全国各地都存在着这个习俗,但是尤以客家地区为剧。"'童养媳',又称'童养媳制'。指有子嗣之家抱养人家的女儿为养女,待其子和养女长到适当年龄,再使他们举行婚礼结成夫妻。"②对于"童养媳"这种婚姻形式,我国古已有之。比较明确记载的有《三国志·东沃沮传》卷三十裴松之注引《魏略》曰:"嫁娶之法,女年十岁,已相设许。婿家迎之,长养以为媳。"就是说东沃沮族(今朝鲜族)的嫁女的方法是在女孩长到十岁左右就许了人家,由男方养在家中,等到长大成人到了适婚年龄再送回娘家,然后举行正式的结婚仪式。元朝《刑法志》的《户婚门》中记载"诸以童养未成婚男妇转其奴者,笞五十七,妇妇宗,不追聘财"看来,我国的童养媳婚俗在元代已经很普遍了,到了清代,封建礼教压迫日益严重,妇女的地位空前低下。"少女难聘"的现象使得童养媳这种婚姻形式更为普遍。童养媳在客家地区最为盛行,同治《南康县志·风俗》卷记载:"俗多童养媳。"同时,在旧社会的客家地区多有"溺女"现象,认为生女孩是赔钱货,黄香铁《石窟一征》卷四记载:"俗亦有溺女之惨。大率贫家惮于食指之繁,陪嫁之苦,而又负气不愿卖为婢妾,故出此也。"所以童养媳之风盛行。同治《赣州府志》卷二十记载:"多养童养媳,每在髫龀或哺乳时入门,略具花烛仪,及长,择吉祀祖而配之,谓之合帐,虽不备礼,而贫家可免溺女之患。"在客家地区选择童养媳的其他原因有:一是客家地区有着"女劳男逸"的风俗,女

---

① 张燕清《闽西客家传统婚俗及其文化内涵:以培田为中心》,《福建论坛》,2009 年第 51 期。
② 郭兴文《中国传统婚姻风俗》,陕西人民出版社,2002 年。

子比男子更能吃苦耐劳,童养媳从小就在家庭与田间劳作,为家庭创造着财富。另一个是就是娶妻花费太多,家贫者无力娶妻,所以童养媳可以解决这一问题。但是不管是那种情况,都是为了省钱,这个是最主要的原因。

从以上的内容我们可以看出,客家族群在从中原地区迁出后,千百年来在习俗上依然顽强地保存着中原文化的传统。虽然随着历史的发展,地域环境的改变以及社会的进步,这些传统的婚姻礼俗发生改变,虽然也是要讲究礼仪,但传统的观念不再是婚姻的桎梏,父母主婚,媒人合婚被自由恋爱所取代,门第观念减弱,同姓也可结婚,并且婚姻程式不再繁琐,越来越简洁,婚姻习俗较之旧社会发生了重大的变化。但客家地区传统的婚姻习俗与中原古代礼俗依然有着深刻的中原印记。

（作者为赣南师范学院历史文化与旅游学院教师）

从仪式祭祀符号看客家文化
与中原文化的关系

—— 以于都寒信村水府庙会及其祭祖仪式为中心的讨论①

周小龙

在人类活动中,仪式行为出现得非常频繁。仪式的表现形式非常丰富,内容也相当复杂,在仪式上轮番出现的物品也赋予了超越其本来面目的象征意义。"也许我们可以这么认为,仪式是通过仪式象征符号体系这样一个特殊的'知识系统'来释放符码,解读意义的。"②

民间信仰在客家传统社会中占有重要地位,要理解客家传统社会,就必须理解客家人的民间信仰。客家民间信仰是根植于客家乡间的一种文化创造,是客家普通百姓日常生活和精神世界的重要内容和表达形式。客家民众通过神秘的信仰仪式符号,透露出丰富的文化意向。笔者不揣谫陋,试图从典型的客家村落的庙会仪式以及祭祖仪式中出现的各色物品的象征意义,来简要分析客家文化与中原文化的关系。

一、水府庙会概况

水府庙位于于都县寒信村。寒信村位于于都县城东北约40公里处,原属车溪公社,后在1984年乡镇合并重组时改属段屋乡。该片村含中街、上街、寒信墟、苦竹尾、土段上等6个自然村③。"寒信峡,县东北六十里,峭壁巉嵯,夹峙两

---

① 田野调查时间分别为:2013年8月27日—9月3日水府庙会;2014年4月3日清明祭祖仪式。下文所说庙会、祭祖即是指这两个时间。
② 赵玉燕《穿越象征的丛林——维克多·特纳＜象征之林——恩登布人仪式散论＞述评》,王霄冰主编,《仪式与信仰》,民族出版社,2008年3月版,第187页。
③ 于都县地名办公室《江西省于都县地名志》,1985年编印,第163页。

边,汉水泻出其中,每于岁暮峡中先寒,因以为名。"①寒信村因寒信峡而得名。寒信村为肖姓占绝大多数,其先祖寿六公于明洪武七年自信江营沿贡江而上,在寒信峡开基,生四子:长玉诚、二玉新、三玉恭、四玉敬,传至今六百余载,宗支日繁。

水府庙位于长条形墟镇的最北头,一条源于宁都县,在于都境内汇入赣江重要支流——贡江的梅江就在庙左侧静静流淌。每年以"水府庙"为载体的庙会活动有六次,但农历七月二十四日,是金公菩萨的生日,也是水府庙会最热闹的一天。一大早就有信众前来烧香跪拜,整个上午鞭炮之声不绝于耳,其烟火之旺,庙前广场1米之外也难以瞧见东西。午饭过后,将菩萨抬至大禾坪,道士做法事,然后抬着菩萨举行"串营"、游神、"拼轿"等活动。晚上则将温金二公菩萨抬至墟上,与凡人一起通宵达旦地看戏。也就在这一天的上午9点到下午2点短短五个多小时内,除去本村人,参加庙会集体会餐的共265桌,约2120人。为了使这次庙会顺利安全举办,理事会进行了细致的分工,分别设立了后勤组、香火组、治安组、接待组、财务组、祈福组、宣传组等进行分工协作②。

关于水府庙的建立以及两位神明的由来,在水府庙内墙右侧碑刻记载道:"寒信肖氏始祖寿六公,元明朝处士也,明初由赣州信江营卜迁峡溪,耕读之暇,恒垂钓于寒信峡前,祖传公定居寒信后之第二年夏,霪雨连朝,梅江暴涨,寺庙庄稼,冲毁无数,迨天霁水退,公趋峡前,方展钓具,见短木漂游漩涡中,捡视,乃一神像,推返中流,回复至再,公曰:'神其有意与我同在此地开基乎?'负归建庙江边供奉,此为水府庙之始建。神容严肃,取色厉即温之义,因名'温公'。又以神自水中来,额庙曰'水府庙',时为洪武某年五月初六日。秋,七月二十四日,又在同处获'金公',金公以金身灿烂而得名,同供庙中,通称'水府老爷',定出水之日为二公寿诞。由是晨昏奉祀香火,若家神焉,家道托庇日昌。事经传播,乡

① 《雩都县志》,同治年版本,卷二《山川》。
② 具体分工如下:总指挥肖东洋,副总指挥肖卿锋。一、后勤组:负责采购、物资保管、洗碗、做饭、杂工等;组长肖起椿。二、香火组:负责扛神出游、拼轿;组长肖香茂。三、治安组:负责安全,注意防范火灾,防止爆竹伤人,维持交通秩序,保障进程。组长肖香松。四、接待组:负责对外接待,安排吃住。组长肖汁发。五、财务组:负责活动期间的财务收支情况。组长肖香烈。六、祈福组:这是2014年新增的组,负责宣传祈福活动。组长肖成生。七、宣传组:负责宣传报道,接待媒体,舞台管理。组长肖金城。

邻咸来朝拜,有所祈求。年逢寿诞,四方信善,齐集庆祝,蔚为一年之盛事,肖氏家神渐成地方福主。"①

水府庙中除了供奉金温二公之外,还供奉着赖公、杨公、龚公、朱公(朱光菩萨)。

二、庙会祭祀符号解读

"象征"是仪式研究中的一个重要范式。神圣的仪式是一种信众们用来沟通人神鬼之间关系的规范化的行为模式,并以此进行各种崇拜祭祀活动。仪式及其相关的事物无不充满了象征的寓意,仪式中的形体动作、颂词卜辞、偶像法器、场地陈设、献祭物品等,以象征的形式向人们透露出参与者的意义世界。

(一)三牲

牺牲,意为祭祀仪式上所用供品,也称作祭品。在祭祀的动物方面通常是牛、马、猪、羊、狗、鸡、鸭、鹅、鱼等。在庙会及其祭祖仪式上,出现最多的就是猪、鸡、鸭三牲。

1. 猪。古称豚,又称彘,别称刚鬣。在传统社会,猪是祭祀典礼中三牲之一。关于猪用于祭祀,文献记载丰富,如:《国语·乡举少牢》:"少牢,羊、豕也。"《清史稿》"志五十七·礼一(吉礼一)":"牲牢四等:曰犊,曰特,曰太牢,曰少牢。太牢:羊一、牛一、豕一。""猪与牛羊合称'三牲',三牲齐备谓之'太牢',然而就考古发掘、文献记载和民俗风情来说,以猪的祭祀最为普遍。"②

在物质充裕的现代社会,猪肉早已不再如过去般,是难得的物品了。然而,就是这随处可见、随手可得的猪肉却在客家人的精神世界里有着丰富的人文内涵。猪肉是古礼用于献祭频率较高的牺牲,也是上等的供品。但凡涉及到荤腥的祭品,客家人必用猪肉。

在祭祀期间,猪肉的出现频率是最高的。普通民众在祭祀肖氏先祖以及金温二公时,都会在篮子里带着一块长方形煮熟的猪肉;水府庙会进程中的一个非常重要的阶段就是"串营",一头待宰的生猪就放在那里,等到打诰仪式结束之

---

① 《水府庙五修碑记》,该碑文刻录于1944年1月,现嵌存于水府庙内右墙。
② 逸空《尚猪》,《文博》,2005年第5期。

后,屠夫就拿起长刀,割断猪的喉管,扬起猪血,洒向空中三次,并拖动生猪绕着神像一圈。猪血就在地上画出一个圆圈;在中午的会餐中,也并定会有猪肉菜肴一道。

猪,在祭典祭祀中的普遍使用,主要是因为客家先民,虽从中原辗转迁徙而来,却仍旧保留着传统农耕的生产生活方式,猪是最容易圈养也是圈养最多的牲畜,同时也是人们平时主要的肉质来源,自然就会成为献祭牺牲的主要选择之一。

2. 鸡。鸡是人类饲养最普遍的家禽。跟人们的关系也是非常的密切,中国鸡文化源远流长,内涵丰富多彩。中国传统文化里面关于鸡的记载非常多,例如:《说文》:"知时兽也。从隹,奚声。籀文从鸟。"《汉书·五行志》:"鸡者,小兽,主司时起居人。"《诗经·风雨》:"风雨如晦,鸡鸣不已。"等,关于鸡的成语也是非常多,如:闻鸡起舞、鸡鸣狗盗、闻鸡起舞、杀鸡儆猴等。

鸡在客家文化中有着吉祥的意义,所以,在客家民俗生活中十分重视鸡的作用,鸡也就成了一种重要的礼俗载体。首先,鸡是庙会祭祀的常见牺牲,庙会期间,随时可见水府庙前,信众一手拿刀一手宰杀雄鸡,血祭神灵。到了七月二十四日当天,水府庙前空地因洒下的鸡血凝固而变成黑紫色。其次,在日常生活中,鸡也扮演了很重要的角色。客家人重视祭祀祖先,如逢年过节都要抓一只鸡到祠堂里、坟地前去宰杀,并把血溅到黄纸上,认为此举不但是血脉之继承,亦可以祛邪避凶,烧化后能让逝者更好地享用。如小孩到亲友家走动,关系密切的话,主人会在离别时送上一对小雏鸡给小孩,称为"化缘鸡"或"带路鸡",因客家话"鸡"与"乖"谐音,也就蕴含着主人对客人小孩的最深沉而又最平常的祝福——祈求小孩回去之后能"乖好"、"平安"。① 如在下葬时,先杀一头公鸡丢进墓坑内,扑腾一番,鸡血随之洒进墓坑,之后才将棺木放下,俗话称之为"扒路";客家人建新房子,从选址、画线动土、起脚、安大门、发梁、升梁、出水等建造过程到乔迁新居这一系列过程中都需要用到鸡②。鸡,在客家社会生活中出现的例子不胜枚举,构成了一组耐人寻味的民俗事象。

① 周建新等《江西客家》,广西师范大学出版社,2007年10月版,第206页。
② 万幼楠《赣南传统建筑与文化》,江西人民出版社,2013年7月版,第273～283页。

鸡的自然特征和象征意义赋予了其在祭祀、丧葬等方面的超自然神力,从而在客家人的日常生活中扮演了很重要的角色。鸡在客家人祭祀仪式中的广泛运用,其潜在的意义和深层次的原因何在呢?

首先,鸡啼日出,鸡的生物习性与太阳运转的天然吻合,组成了太阳鸟的原型。鸡,在古书中被认定为阳鸟,有辟邪之作用。① 南朝人宗懔《荆楚岁时记》载:“新春正月一日为鸡日。”董勋《问礼俗》认为:“正月一日为鸡……正旦画鸡于门。”之后便演变为鸡日贴鸡形剪纸于门窗上,正如春节贴春联一般,满足人们的求吉心理。客家人源于中原,秉承中原文化,以鸡作为象征符号,与日出之喜、鸡鸣而起、阳气战胜阴邪相联系,依巫术顺势交感原则,便有了斩煞祛邪功能。

其次,《太平御览》记云:“黄帝之时,以凤为鸡。”鸡是野生飞禽,名“吉”,它们的外貌是头有红冠,身披彩羽。吉祥鸟——凤的形象就来源于鸡。它是家家户户饲养的家禽。鸡“吉”谐音,也因此在民俗生活中,人们都将其作为吉祥如意的象征物出现。赣南客家方言中“鸡”与“乖”谐音,寓含着“乖巧”、“平安”、“吉祥”之意。

再次,鸡也是生殖力的象征和繁衍之意,也常用公鸡代表灵魂转世,赋予公鸡生命力的象征。这也就是为什么客家人祭祀、祭祖都用鸡的原因。

最后,鸡是人类较早驯养的动物,刘向《新序·杂事第五》中有一段著名的话:“田饶曰:‘君独不见夫鸡乎? 头戴冠者,文也;足傅距者,武也;敌在前敢斗者,勇也;见食相呼,仁也;守夜不失时,信也。’”谓鸡有“仁、义、文、武、勇”五德。鸡,不但性情温驯,而且还司职打鸣报时,并有刨地取食的生物属性,被客家人赋予了其人格化的勤劳忠诚品德,加之鸡肉食用营养丰富。因而在其神话意识领域的辟邪功能之外,又增加了物质实用功能。

3. 鸭。客家人用鸭来作为祭祀牺牲的情况并不多见,较常见于“七月半”中元节祭祀的仪式中。在这一天,客家人不用鸡而用鸭来供奉祖先。人们认为,这一天阴阳界大门敞开,鸭子水性良好,可以渡黄泉,祖先的灵魂可以骑乘鸭子游回人间,享用并带走后人馈赠的食物、衣服和钱财;又因为鸭血与“压邪”谐音,

---

① 汤梅《鸡在民间文化中的象征意义》,《河北理工大学学报》(社科版),2006 年 8 月第 3 期。

可以压制乱串的孤魂野鬼。① 在水府庙会祭祀中鸭虽不普遍但也是时常出现。鸭子是喜水的生物,而水府老爷从水上而来,也是水上人的保护神,人们用鸭子来祭祀金温二公也是合理之举。

从鸭子作为祭品来说,其沟通阳间与阴间的功能,在人们观念中根深蒂固,这是欲求人与自然系统和谐的生存策略;从鸭作为人的饮食来说,鸭性属阴凉性,有清心降火之效,正合夏日流火时节食用,契合了客家人追求个人有机体阴阳和谐的生活经验。②

（二）粮食

与人的饮食体系不同,神灵饮食以肉食为主,五谷粮食退居第二位。粮食祭品,多以黍稷稻麦作物为代表。古代中原地区粮食以黍、稷为主,二者自然就广泛运用于祭祀。

在祭祖仪式以及水府庙会上的粮食祭祀物品,多为稻米制品。有的直接就是以稻米做成的熟饭祭祀之,有的则是用粳米和糯米加工制作的各类糕点、粽子、糍粑、甜粄(年糕)等食物来祭祀。

（三）水果

在祭祀神明的物品中,瓜果、蔬菜、饮料的地位亦是不可忽视。客家人祭祀中常用的水果包括柚子、橘子、苹果、红枣、栗子、花生、桂圆等,客家人通过谐音的方式,将水果符号与意义之间建立联系。水果祭品除了形状要求是圆形象征圆满之外,还要有寓意吉祥的谐音象征。苹果象征"平安",柚子象征"有子",橘子象征"吉子",而红枣、栗子、花生、桂圆因为在客家人的婚礼中以"早生贵子"的寓意出现,在庙会上也是希望能百子千孙。

（四）蔬菜

蔬菜类包括腐竹、豆腐、粉丝、面条、芋头、竹笋、蒜等。粉丝、面条由于长条形而寓意长长久久、长命百岁,成为长寿的象征,过生日、做寿时都要寿星吃一碗长寿面;而腐竹、豆腐则蕴含着"富足"之意;芋头也叫芋仔,因其自身繁殖力强,

---

① 冯智明《客家人食物献祭仪式的展演与分类象征——以贺州市白花村为例》,《黑龙江民族丛刊》,2008 年第 3 期。

② 冯智明 水雄《贺州客家人祭祀饮食符号的象征隐喻——以莲塘镇白花村为个案》,《黑龙江民族丛刊》,2007 年第 4 期。

在客家民间求子仪式中时常出现,谐音"予子";竹笋,取义"节节高",希望子孙能一代比一代强,节节高升;蒜,取义"能打会算",寓意希望子孙后代能头脑精明,积累财富,代代富足。

（五）饮品

饮料祭品主要为茶水和酒。祭祀时用的酒多为自己酿造的黄酒,黄酒因为酿造的时间、方法和浓度的差异又有所不同。茶叶一般是客家人自己从山上摘得的,烘焙而成。平常自己饮用,祭祀时也用。

（六）道具

在水府庙会期间,各色的具有不同指向意义的道具轮番上场,而其中的很多象征意义都是我们应该好好思考的。下面分析在庙会中典型的两个道具,并解析其象征意义。

1.灯。客家地区对于灯这一物品有着很多场合的操演。在寒信村,每年的正月初十,各房派去年有人家诞生了新丁的人家就会在这一天敲锣打鼓,抬着纸扎的一盏灯到祠堂中挂起来,谓之"添丁上灯",大红灯笼上书"某氏某族某房添新生儿某某"字样,意即向祖宗汇报添增子嗣之喜。

在水府庙会期间,水府庙中的神灯是不能熄灭的,有专门的人员照看。信众前来祭祀时,手中必定会带着一壶油往神灯里添加香油,并将剩下的放置在水府庙里。

灯,在中国民间文化中通常被视作阳物,是男子的象征。[1] 在客家方言中,"灯"、"丁"大致发音相同。基于二者谐音的缘故,灯,逐渐地成为客家文化中一个具有典型意义和代表性的象征物。

2.官帽与娃娃。在水府庙会期间,庙会的一个小高潮就是抬着金温二公按照既定路线开始出游。到达寒信墟古戏台时,戏班正在上演八仙给王母拜寿的桥段,王母听着八仙的赞美,高兴了就赐下一顶官帽和一个小娃娃,再由演员交到台下的肖氏族长手上。族长收下这两个象征意味及清洌的物品之后,向众人展示。

---

① 　王铭铭、潘忠党主编《象征与社会——中国民间文化的探讨》,天津人民出版社,1997年12月版,第3页。

希望肖氏族人会人丁兴旺,人才辈出。显示了客家人强烈的子孙繁衍,教育子孙,望子孙后代人文蔚起的美好祝愿。寓意朴素而自然。

三、客家文化与中原文化的关系

从以上的对于祭祀符号的分析可以看出,客家文化不是无源之水无本之木,客家人的源在中原,客家文化之根在于中原文化。

1.虽然客家文化的外层有很多的少数民族文化痕迹,但其核心是中原文化。

黄遵宪《己亥杂诗》云:"筚路桃弧辗转迁,南来远过一千年。方言足证中原韵,礼俗犹存三代前。"人是文化的载体,客家先民筚路蓝缕,从中原迁徙而来,带着中原文化的种子在赣闽粤边生根发芽,生长。

文化学将文化分为"物质、制度和精神"三层次同心圆结构,物质、制度文化处于同心圆的最外层且最易改变,而精神层面处于核心地位,不易改变,而其一旦改变就将改变一种文化的属性与判定。

客家先民历尽艰辛,从中原迁徙而来,面对的是完全相异的、陌生的、土著文化浓郁的环境,客家先民为了生存,十分自觉地向土著居民学习生存技巧,所以在客家文化的物质层面集中保留了大量的土著民族文化。然而在制度精神层面,客家文化反映更多的则是中原汉族文化。"尽管客家文化确实含有畲、瑶等土著民族的文化因素,但其文化的整体性质应该还是属于儒家文化,儒家思想仍然是整个客家文化体系的核心"①。

客家民众虽然在物质功用层面上遗留了很多少数民族文化的痕迹,这也是客家文化在人们看来跟中原文化相异的地方,其实客家文化从精神层面来说"是一种以中原文化为主导的、儒家文化为核心的文化"②。

2.中原文化在客家先民定居区的传播,促成了客家文化的形成。

随着唐宋以来,我国经济重心不断南移,随着赣闽粤边区的开发,其经济地位也越来越凸显;然而,三省交界地区复杂的的地形却为盗贼四起,准备了天然的条件,被称之为"匪乱迭起",中央政府为了更好地控制这一区域,王朝政府不

① 邹春生《从道德价值观念的塑造看客家文化的儒家特质——以客家族群的自我救助为例》,《成都大学学报(社科版)》,2008 年第 4 期。

② 程有为《河洛文化概论》,河南人民出版社,2007 年 10 月,第 493 页。

断地征剿招抚、增设县治、推行保甲制度等措施,把边远山区纳入王朝版图①;在运用武力镇压的同时也通过加强文教措施来达到既"诛匪"又"诛心"的目的,如:兴办学校、推行旌表制度、控制宗教信仰等,按照儒家伦理道德思想模式建构赣闽粤边区的统治秩序,并取得了良好的效果。儒家文化的推广,对赣闽粤边区的社会变迁和客家族群文化的形成,具有极其重要的作用。

"在研究区域文化时,不可忘记把它放到全国这一整体的文化背景中去考察。"②我们在强调客家文化独特性的同时应该时刻记住客家文化不是无根之木无源之水,客家人的根在中原,客家文化的根在中原文化。过度夸大客家文化的独特性就是在抹杀客家文化。

(作者为赣南师范学院研究生)

---

① 邹春生《王化和儒化:9~18世纪赣闽粤边区的社会变迁和客家族群文化的形成》,福建师范大学博士学位论文,2010年6月。

② 李学勤《河洛文化研究的重要意义》,《光明日报》,2004年8月24日。

传统客家宗祠的教育功能

郭炳洁

目前,学界公认"客家"是一个文化的概念,具有鲜明的文化特征:一是具有深远的谱系意识,有强烈的追溯祖先文化传统,始终视原籍地宗族为同宗。二是祖宗崇拜,"惟祖是崇,惟祖是法",祖先被摆在最重要的信仰地位。三是崇尚礼仪。以养生和送死为核心的婚丧嫁娶、拜寿上坟、年节祭祀等人生礼仪活动,尤其是婚礼和葬礼格外隆重。四是崇文重教意识。客家文化以华夏正统文化自居,崇尚诗礼传家,文风兴盛。各宗族都很重视兴学育才,把办好本族子弟教育视为本族兴旺发达的大业。

文化的世代相接,离不开教育。在这渗透日常生活无所不包的文化教育中,客家的宗祠是文化教育的核心场所。庙学合一的建筑形制显示其重要教育功能,通过其中的符号系统、礼乐仪式以及族学等要素,实现客家核心文化的传播,形成客家人共同的信仰,实现客家族群文化认同。

一、庙、学结合的公共空间

移民生活的艰辛、生存条件的恶劣、军事防御、社会生活的需要等因素,使客家人在定居地形成聚族而居的生活方式。其建筑式样因地制宜,在传承祖源地建筑风格的基础上,形成封闭、半封闭的结构。赣南客家围屋多是方形围屋,闽西常见的圆形、椭圆形土楼,粤东地区则为半圆形的围龙屋。围屋集家、祠、堡于一体,围内的居民"聚族而居",都是某一个姓氏共同祖先的后裔,具有极强的"血缘性"。每一座围屋都有一个不可缺少的公共空间,这便是"祖堂"("宗祠"、"祖屋")。凡有客家人居住的地方,必有宗祠之设,可谓"有家必有祠"。《清同治·赣州府志》载:"诸邑大姓,聚族而居,族有祠,祠有祭";《清光绪·嘉应州志》载:"俗重宗支,凡大小姓莫不有祠。一村之中,聚族而居,必有家庙。"宗祠是围屋居民神圣的殿堂,位于围屋的中轴线上,主体建筑由上中下三堂构成,大门处为下堂,往内穿过天井系中堂,再过一个天井即为上堂,专用以供奉祖先牌位,其建筑不仅高大宽敞,而且居中,并多高于中下堂。

《尚书·大传》曰:"宗,尊也;庙,貌也,先祖形貌所在也。"宗祠的核心功能是祭祖,是同一宗族后人追忆祖先,在精神上与祖宗交流的地方。报本返始的祭祀不仅表达对祖先的尊崇,更是把同宗后人连结在一起,确定血缘、地位归属的活动。客家宗祠所纪念的先祖或者是原籍始祖、或者是现居地始祖。在兴文重教的强烈意识、官方文化的渗透以及居住环境等因素的影响下,客家人在继承中原宗祠文化的基础上,创造性地吸收了唐宋地方官学庙学建制的特点,将宗祠和学校教育结合,成为传承和进行客家文化教育的重要公共场所。通过宗祠的符号系统,礼仪活动以及族学,围绕祖先的祭祀仪式传递价值,塑造理想,建立统一的信仰,实现客家尊祖敬宗、恪守礼仪为核心的文化传统世代传递。

庙与学校相结合模式是在客家家族文化与官学文化相融合的结果。庙学是依附孔庙传授儒家理论为宗旨的学校,自东晋以后,学校开始建立孔庙,从唐朝开始为定制。贞观四年唐太宗下诏书令"州县皆特立孔子庙"。① 国家的中央到地方的官学,均以庙学作为普遍的学制形态。到宋朝,庆历新政和崇宁兴学带来了南方庙学的深入和普及。学宫和孔庙完美结合,形成因学而尊庙,因庙而表学的理想状态。中古时期社会最主要的特征是世家大族在政治、经济、社会中占据统治地位。为保持家族地位,一方面依靠严格的谱系渊源,对祖先有着清醒的认知和尊重,另一方面世家大族以文化相标榜,依靠教育来传承和发扬家风家法。客家人在长期的移民过程中,其文化形成一方面是以祖源地为蓝本,另一方面受到官文化、生存环境的制约等等,在适应其生存发展的前提下,对多元文化的选择、重组、融合形成独特的自身文化特征。宗祠与学校结合,便是客家文化因地制宜,同时又传承祖源地文化的产物,也成为显示其自身特征的标志。一家一姓的先祖既是宗族的血缘根本,也是秉承的文化精神所在。祖先的丰功伟绩、道德情操是客家人的精神归依和核心价值。当然,祖先所秉承与倡导,要求子孙后代

---

① 《新唐书·礼乐志》,中华书局,1975 年版,第 370 页。

承继的是符合儒家伦理道德要求的价值规范。传承其精神,践行其规范,教育后辈,成为客家宗祠重要功能。

客家宗祠具有的庙学教育功能,通过围屋建筑中不可或缺的部分——半月池存在得以佐证。赣南、粤东围屋结构中都有半月池,位于围屋正门外禾坪之侧,是呈半月形的蓄水池。学界、民间一般认为半月池具有军事防御、蓄水、塑造风水的功能,从实用、功利角度理解当然没有问题,但是却忽略了客家人传承中原文化,重视文教的厚重文化底蕴。唐宋时期,泮池(又称半月池)是地方庙学建筑中重要的组成部分,它与孔庙的殿宇、校舍共同构成对传播儒学文化的空间,是儒家学校的重要组成部分。地方学校中修建泮池源于西周时期。西周中央太学学宫的四面环水,称为辟雍,象征教化流布。诸侯学宫只在南半部修建半圆形水池以示尊卑等级,称为泮宫。汉代儒学独尊,传统的学宫建制及名称逐渐恢复。《白虎通义·辟雍》:"诸侯曰泮宫者,半于天子宫也,明尊卑有差,所化少也。半者象璜也,独南面礼仪之方有水耳,其余壅之,言垣,宫名之别尊卑也。明不得化四方也。"东汉时期辟雍既是推广教化的礼乐之宫,与太学在地点上分离,同时也是太学的另一称谓。[①] 泮宫则是郡县诸侯国地方官学的称谓。《后汉书·儒林传》载明帝在辟雍举行养老礼时"圜桥门而观听者盖亿万计",可见辟雍四周是有水环绕的。《说文解字·水部》释曰:"泮,诸虞乡射之宫,西南为水,东北为墙。"隋唐时期,辟雍泮宫建筑消失,名称保留下成为中央地方官学的名称,其形制中的部分内容保留在庙学建筑中。张亚祥指出,北宋时期,地方学宫中开始有泮池,明代中期以后,地方官学孔庙在棂星门内外建泮池已成规制,泮池的形状为半圆形或近似半圆形,位于孔庙的第一道门"棂星门"内外。[②] 泮池与孔庙其他建筑符号之一,标志其身份为地方性学校,象征着儒学教化流布。客家建筑中的半月池除了实用功能之外,其与宗祠中的其他文化符号共同组成传递文化的教育空间,具有儒学教育的文化功能。从庙学建筑的特征角度理解,半月池形成的文化依据以及其丰富的文化内涵才能得以理解。

---

① 参见郭炳洁《"西京无太学"争论的思想文化史阐释》,《理论月刊》2009 年第 8 期。

② 张亚祥《泮池考论》,《孔子研究》1998 年第 1 期。

二、符号、仪式、族学

宗祠建筑空间布局中的符号系统、宗祠内的礼仪活动以及宗祠内的族学体现系统完备的客家文化体系,并通过这三种形式进行客家文化的传递。

符号:符号是文化的基本要素,语言的和非语言的符号通过其表达的意义实现文化传递。客家宗祠中符号系统体现着客家人尊祖重教核心文化理念。尊祖是客家人的文化核心,是客家人的精神归依,是保佑子孙昌盛的神灵。祖先的牌位供奉在上堂的宝壁上,围屋神人共居的建筑布局凸显上堂在客家人生活中的核心地位。宗祠中的堂号、楹联这些语言符号,阐释了祖先籍贯、迁移历史、文治武功、道德文章、传承的家风等等,是客家自身历史、文化的凝练表达,是客家人学习自身历史、文化最直观、最生动的教材。位于神牌上方醒目位置神匾上书写着族姓的堂号。每个姓氏都有自己的堂号,主要以为姓氏始迁祖发祥地郡望命名,支系姓氏也有以先世的道德文章、功名科第等为本支脉自立的堂号。如卢姓郡望是范阳郡,堂号是范阳堂、光裕堂、友恭堂、爱敬堂、积庆堂、务本堂、树德堂等;叶姓,郡望是南阳郡,堂号有南阳堂、下邳堂、敬慎堂、绍先堂、崇本堂、四本堂、贻善堂等等。郡望堂号是客家人不忘祖根的意义表达,是文化源远流长的明证,是光辉荣耀的历史所在,是把自己与周围文化落后的土著民区分开来的重要标志。

堂号表明族人从何而来,具有浓厚的"根"的色彩。堂联是对族源地、迁徙历史、祖先功德的展开说明。堂联是中国人祭祀祖宗时张贴于祠堂大门两侧的固定的一种对联,客家宗祠中三堂都要张贴堂联,其内涵非常丰富。通用堂联即各姓祠堂皆可用,内容多为反映对祖先的崇拜及绍继祖风,光耀门闾等。专用堂联只能用于某一特定姓氏家族的祠堂,其内容与该姓氏的历史渊源、家族名人的道德文章、文治武功密切联系。例如梅州各地叶氏的祠堂堂联:"姓氏锡南阳,支分程水,派衍梅江,源远流长绵世泽;功名昭宋史,科登甲第,教授潮郡,枝繁叶茂振家声。"(梅州水南堡叶氏祠堂宝壁楹联)"敬所尊爱所亲,秩序一堂,亢宗必自新伦始;继乃志述乃事,箕裘百世,馀庆原由积善多。"(梅州狮子浪口叶氏祠堂楹联)"宗派本江西,源远流长,共衍韩潮教泽;开基由教义,文经武纬,丕著雁塔题名。"(梅州江南教谕宫前叶氏祠堂楹联)"程处士之乡,累冠盖于黄昏,奚帝少微辉北斗;叶将军之第,炳文章于白虎,有光丽水亢南阳。"(梅县畲坑荔枝树下叶氏祠堂宝壁楹联)①具体生动勾画了祖先的发祥地、迁徙史、道德功。告勉子孙后代不忘祖德,秉承前辈风范,遵守祖宗规章,勤奋耕读,世代繁昌。堂号、堂联是客家一部浓缩的迁徙史。

宗祠门外的桅杆彰显着客家文化推崇科举及第的价值追求,也是客家文化教育的有效激励手段。客家的祠堂前往往竖石质或木质桅杆,上面凿本族有功名的人的姓名、生平和主要事迹,桅杆是宗族中佼佼者功成名就、地位荣耀的象征,是整个宗族的荣耀,也是族人尊崇学习的榜样。桅杆形制来源于中原世家大族大门外的阀阅。程有为考证后指出,汉代时,阀阅是指官吏的政迹惠利和任职时间的长短,因而记录官吏政迹和历职年月的官簿也称为阀阅。②唐宋,为了旌表豪门大族的功劳,在其大门两侧立有书写功状的柱子,称为乌头阀阅。《册府元龟》云:"正门阀阅,一丈二尺,二柱相去一丈,柱端安瓦筒,墨染,号为乌头梁。"这种阀阅成为名门大族的标志,故时人就以阀阅作为名门巨室的代称。在客家文化形成的过程中,历史的传承和与时俱进、因地制宜的变革,阀阅的演变成为桅杆。桅杆为族人中考取科举功名而立,客家地区有俗谚曰:"三年中举,旗杆夹石。"桅杆一般由木质、石质两种,底座形状为:秀才四角、举人六角、进士和四品官以上为八角。只有科举成名,才有资格在这象征着光辉荣耀的桅杆上留下姓名,成为整个宗族焦点。激励族人光宗耀祖的手段,成为族人功成名就的光荣榜,成为后代子孙们学习的榜样,也是宗族鼓励科举,重视教育的象征。

仪式:三代以来中国礼乐文化传播有两种途径,一是通过仪式本身传递文化,二是礼乐的本质通过仪式的形式保存在文字中的,依靠学校教育学习。礼乐仪式本身具有像文字一样的负载文化信息的功能。礼乐仪式体现了人伦尊卑贵贱长幼亲疏制度和道德规范,涵盖社会生活的方方面面。客家人伦理道德教育从各种仪式活动中获得。"惟祖是崇"的客家人重视对祖先的祭祀,形成春祭墓、秋祭祠的传统,以祠而序宗,以墓而会族。表达着客家人慎终追远、报本返始的精神,起到联系本宗族成员情感、教育后人的作用。祭祀中要朗诵祭文,祭祀

<hr>

① 谢崇德编著《客家祠堂楹联辑注》,程江彩色印刷厂有限公司,2006年版,第42页。

② 程有为《阀阅考辨》,《史学月刊》,1983年第6期。

后要宣读族谱中的家规家训。祭文内容主要歌颂祖先迁徙过程,创业艰辛,发扬先辈艰苦创业、宽厚仁德的思想。族谱记录世系源流,祖先功业、家规家训、本族历史上有代表性的人物。客家利用宗族集会宣读族谱,以不忘家族的荣耀和历史。各家族利用族内集会,每年定期向族人进行口头宣传族规祖训,让听者牢记在心,借此达到强化教育的目的。"祖训家规,暨祖宗事迹,家长于朔望时,祖堂讲诵,以示后辈实行。"族规祖训凝练表达宗族崇奉的伦理道德、行为准则的规范。学者将福建永定家谱中的祖训进行归纳:孝父母、睦宗族、重教养、知廉耻、尚勤俭、守诚信等。① 客家人丧葬活动按照哀悼、追思、安葬、祭奠的程序进行,安葬之前的仪式活动在祖屋的厅堂中举行。丧葬仪式繁琐、隆重,要念祭文、行三献礼,体现出客家人孝亲的伦理思想。庄严肃穆的仪式中,在颂词、祭文、祖训族规等语言强化下,传递着客家传承的伦理规范、价值观、信仰以及为人处世之道。仪式具有塑造集体记忆的能力:"仪式是各种象征表现形式的堆积,是情感、价值和意义的综合表述。它们以具象的外观,常常包括重新体验和模拟当时的情景,重演过去之回归";"仪式的重演特征,对于塑造集体记忆是一个极其重要的特质,……仪式不仅暗示了对过去的延续,而且它最明显的特征就是公开声称要纪念这样的延续。"②经常性、定期的庄严隆重的仪式活动,把客家人历代传承的文化精神顺利地传递下去。

族学:当文字成为保存文化的手段后,这些抽象的符号需要通过教育才能掌握,学校教育在文化传递中举足轻重。另外,隋唐以后,科举考试成为促进社会向上流动的主要途径。一个家族成员科举及第能提升家族社会地位以获取社会资本,通过教育提高子孙的素质,关系到家族的盛衰。文化传统、文化传递、家族争夺地方"话语权"等因素共同作用,使得客家人非常重视学校教育,"家无读书子,官从何处来";"三世不仕宦,三世不学问,则枉生人世"。客家人把对家族子弟的教育当作一桩大事来办,往往集宗族力量大力兴办族学。早期客家人往往在宗祠内设立私塾,办学的经费靠学田、学谷或族里的赏田收入,还有一大部分要靠乡绅、乡民的捐助。学校的管理一般都由族长或乡绅组成董事会,负责经费

---

① 参见陈大福《厚重的客家姓氏文化——祖训》,《炎黄纵横》2010 年第 4 期。
② [美]保罗·康纳顿《社会如何记忆》,上海人民出版社,2000 年版,第 70、81 页。

筹措,师资的延聘,客家人利用其宗祠的场所和资产,开展办学、奖学和助学的活动。族学主要是小学阶段的教育,以识字为主,先读《三字经》、《千字文》,后读《千家诗》、《百家姓》、《秋水轩尺牍》、《幼学琼林》,进而学《四书》、《五经》,为参加科举考试做准备。客家祠堂除办学设校外,还出资帮助族内部分有培养前途而经济困难的子弟继续深造,对有资格参加考试的子弟,还给予重点扶持,奖励族内学有所成的子弟。

族学教育除了文字、经书外,另一个重要的功能就是传授礼仪,学习客家生活中方方面面礼仪活动的仪式程序,堂联、祭文的撰写等。学生除跟随老师学习各种礼仪外属性成规,,还要跟随老师参加宗族的婚丧嫁娶,充当礼生。

三、文化传播、族群认同

人类不是依赖遗传而是通过社会传授和个人学习获得文化和生存技能。教育是人类社会化的重要途径,具有传递文化的功能。教育活动对文化传递具有系统性和深层面的特点,精神文化中的深层次文化如价值观念、思维方式等只能通过教育活动才能得以传播。通过教育,传播者和被传播者之间建立的是一种经常、系统的联系。文化中深层次的价值观念、思维方式等只有依靠教育活动才能完成对其的传播。客家宗祠承担了客家文化教育的功能,通过符号系统、礼乐仪式和族学等内部要素将客家文化的核心精神传承下来,建立共同的信仰,实现本族群的文化认同,形成强大的族群凝聚力。族群认同是以文化认同为基础的,共同的文化渊源是族群的基础。共同的祖先、历史和文化渊源容易形成凝聚力强的群体。共同的历史记忆以及语言、地域、习俗等文化特征构成族群认同的要素。[1] 正是能通过一定的载体,对本族群历史文化有效的保存和传递,使得客家人从在远离故土的他乡,经历上千年的时间悬隔,在艰苦的自然、人文环境中依然保持了厚重的中原文化特征。

(作者为洛阳师范学院副教授)

---

[1]　周大鸣《论族群与族群关系》,《广西民族学院学报》(哲社版),2001 年第 2 期。

浅论客家民俗中的中原烙印

刘换云

一、客家方言中保持了中原古音

共同的语言对任何一个民系来说都是至关重要的,是联系和交流的工具,更是维系民系的有力纽带。客家有谚语曰:"宁卖祖宗田,不卖祖宗言。"旗帜鲜明地表明了客家人对自己民系语言的执着,这也是抗争险恶生存环境的必然结果。对于保持自己的语言,有一种非常强大的力量不可忽视,那就是土著居民所形成的威胁。作为移民,在广阔又陌生的边疆,他们显得太过弱小,为了能够在异乡生存下去,他们只有坚守自己的语言,通过语言来取得族群的认同,加强一同来到异地的流民之间的联系,以求得齐心协力对抗土著的驱逐力量。

现在大家公认客家语言中保留了中原古音,但究竟是哪个朝代的中原古音,仍然有待进一步去确证。就现有的研究成果看,我们倾向于认为客家语言来源于周朝的官话。[①]

客家方言与古代汉语有很大相似性,相同的语音,类似的词语,常常随处可见。比如,"吃",客家人说"食","吃饭"就是"食饭","食"是古代汉语的单言动词;又如,古代汉语的"走",相当于现代汉语的"跑",古代汉语的"行",现代汉语说"走",但客家方言的"走",仍沿用古代汉语的"行","走路"说成"行路";再如"脸",客家人说"面","没脸见人"客家话是"无面见人","面"是与现代汉语"脸"对应的古代汉语词。

《诗经》是我国第一部诗歌总集,收入了公元前 11 世纪至公元前 6 世纪的作品,代表了西周初年至春秋中叶大约五百多年间的诗歌创作,语言朴素,音调

---

① 冯秀珍《客家文化大观》,经济日报出版社,2003 年版,第 27 页。

流畅,韵律和谐是其艺术上的重要特点。人们通过对《诗经》的用韵分析,也发现客家方言残存着上古的汉语语音,有些诗篇用现代汉语来读,不少字已不押韵,而用客家话来念,则仍然押韵,读起来朗朗上口。

客家方言的词汇也可以验证客家方言具有上古汉语的历史印记,十三经、诸子散文、《方言》、《说文解字》都是上古汉语的详细陈述与明证,若将它们与客家方言进行比较,再加以考证,可以找到上古汉语的一些词汇,在今天的客家方言中还有大量遗存。①

欢喜:高兴。《战国策》:“武安君曰:‘长平之事,秦军大克,赵军大破,秦人欢喜,赵人畏惧’。”

索:绳子。《广韵》苏各切。《说文》:“索,草有茎叶可作绳索。”《小尔雅》“大者谓之索,小者谓之绳”。

经:指织布等。《广韵》古灵切。《说文》“经,织也。”

二、客家饮食文化中的中原情结

俗话说“入乡随俗”,客家先人是中原地区的移民,当他们迁移到南方时也必定要适应当地的饮食习惯,大体上是由以食麦和粟为主向饭稻羹鱼的转变。但客家人在适应当地饮食习惯的同时还是保留了一些中原饮食习俗。

擂茶,是闽西客家人特制的食饮,它是中原古文化的发展,据传,擂茶起源于商代伊尹发明汤药后的药饮。最原始的药饮是将某些药捣烂后放入钵内,注入沸水饮用,后来人们发现茶叶具有清热、解暑、止渴、生津的功效,以茶泡水渐成为中国人传统的饮料。而茶叶的药用功效使之成为药饮的必备之物。再后来人们在药饮中加入一些食物,便成为风味独特的饮食。在不断改进饮食制作的过程中,,人们又发明了“擂钵”和“擂杆”,并把经其制作的茶叶叫做“擂茶”。中原汉人迁徙南方,擂茶亦随之传入客家地区。客家擂茶所用的擂杆,多选用樟、楠、枫、茶等芳香可食树木制成,形如棍棒,擂钵是上大下小,形圆,内壁具网状齿纹的特制陶盆。擂茶的基本原料是茶叶、油、盐,制作擂茶,现将茶叶、油、盐放入擂钵,擂成茶泥,再加入香料及熟食品,食用时注入沸水,盖焖几分钟即成。

①　庄初升《从方言词汇看客家民系的历史形成》,《韵关大学学报》,1998 年第 4 期。

粄是客家的特色米食,在闽西,客家称之为"粿"。客家人是由中原南迁的移民,南迁之前他们的主食是粟和麦,随着社会的发展,人们学会了把麦进行磨制加工成面粉,并且用面粉制作出很多花样小吃,如面条、饺子、炊饼、包子、糕点等。南迁之后,由于地理环境,客家人的主食转向了稻米,相对于麦来说稻米的加工方法较为单调,主要是蒸煮即食。出于对中原故乡的怀念,客家人创制了"粄",把稻米和一些杂粮磨制在一起加工食用,以此来增加食物的种类。

客家菜有一种特色的制作工艺—酿,即将调好味的馅置入另一种食物当中。客家人几乎无所不酿:酿豆腐、酿苦瓜、酿茄子等最终形成了系列的"酿"菜,其中,"酿豆腐"被称为客家第一菜。酿豆腐的创制与饺子有很大渊源,北方的乡土人常说:"好吃不过饺子。"北方人逢年过节都要吃饺子,特别是大年初一吃饺子已成为北方人的风俗,饺子已成为中原饮食文明的代表符号之一。但中原人南迁之后,由于地理环境不适宜种麦子,他们原有以面食为主的饮食方式无以为继,吃饺子就更困难了。饮食方式的截然不同催生了客家人对祖居地的思念,对以往生活方式的追忆,特别是饺子已成为客家人思念故土一个无法绕过的心结。所以客家人模仿饺子的制作方法发明了酿豆腐,其制作方法是:将水豆腐切成若干大小均等的小方块,再取瘦猪肉、大蒜、冬笋、香菇或其他料剁成泥,加上酱油、盐、淀粉拌以鸡蛋制成馅置入小块豆腐之中,下锅烹熟即可。我们将酿豆腐与饺子进行仔细的比较,就会发现这两种乍看起来是风马牛不相及的食物实际上有很大相似。都要用调好味的馅料包入另外一种食物中,唯一的区别就是盛载馅料的原料一个是豆腐,一个是面粉。①

三、客家民居中体现的中原文化

客家先人从中原移民南方,当他们到达南方地区时为了生存下来就需要建造房屋来遮风避雨,在他们房屋选址时有很多讲究,这是中原建筑文化中风水观念的体现。著名中国建筑史学家梁思成先生说过:"建筑总是渗透着民族精神。"②汉民族对建筑的极端重视,正是汉民族精神的一种反映形式。客家人笃

---

① 罗舜芬《客家饮食中的原乡情结》,《江西食品工业》,2008 年第 3 期。
② 梁思成 梁从诫《图像中国建筑史》,百花文艺出版社,2001 年版,第 328 页。

信风水理论,深受中原文化"天人合一"思想熏陶,他们无论是在聚落选址,还是建筑布局等各个层面上,都努力强化风水的指导作用。具体来讲,首先:客家人特别讲究聚落朝向,客家先民的"天人感应"意识很强,常用天干地支、五行、八卦等表示朝向,将大地山川等分为 24 个方位,以使在不同的年份,不同的时节建造的房屋地点和朝向合乎规定,以利于人畜家族等兴旺发达。其次:客家人重视以山为聚落背景,山被视为龙脉,事关一族一姓兴衰,客家人有山靠山、无山靠岗,以上应苍天下合大地,达到吉祥如意的目的。其山势要有"玄武"之气,其前面要有"朱雀"之象,地势开阔,景观秀丽。《天玉经》说:"双山双向水零神,富贵永无贫。"客家人就非常热衷于在两山之间又面向水的山谷里建宅。我们现在看到的许多巨型土楼都是处于两山拥抱之间,就是出于这种理论。如福建省永定县的和平楼、五角楼等都是建立在山坳中的。再次:客家人习惯营造风水林,客家聚落往往背后山岭上都生长着一片枝繁叶茂、生机盎然的森林,客家称为祖林。

客家人的宗族意识十分强烈,宗族联系异常紧密,表现在建筑上,首先是聚族而居,建筑的形式表现为土楼和围楼。典型的客家民居体现了其与古代中原坞堡一脉相承的性质和特征。客家人一直保持着"合门百口""累世同堂"的大家族制。现代如广西的客家人"女方过男家后,一般是三世、四世同堂,如果男方以下还有弟妹,新娘、新郎必须随老人合灶一段时间才能分灶……,分灶以后,每逢有好酒好菜,都要喊老人同吃或夹一份菜给老人。"[①]显然这与北方高门大族"合门百口""数世同堂"的居住方式有着密切的渊源关系。其次,在客家人聚居的村落,各族都重视祠堂的建造及族谱的连续修撰,重视堂号家声,这些堂号的命名习惯与唐宋古俗相承。客家人一方面继承中原大宅的居住传统,实行宗族的同居公财;另一方面是继承中原坞堡制作的居住传统,在宗族共同体的基础上实行小家庭制度,即同居异财制度。最后,客家古民居的建造讲究中轴对称,这种中轴对称布局适应了我国传统宗法思想的要求,中轴有统帅全局的作用,给人一种总体平衡稳定的感觉,展现出封建伦理道德所追求的严整、方正,而对称则表现为均衡和次序,具有和谐之美。尤其是五凤楼和圆形土楼,其严整的对称

---

① 《客家文化及传统民俗》,广东省地方史志办公室,2003 年 1 月。

结构与中原建筑一脉相承。

四、客家婚俗深受中原文化的影响

民俗由于时间、地点不同,不断在发生变异,所谓"十里不同俗,五里改规矩"。但是,我国汉族的某些民间习俗有其传承性与稳固性。民俗学家钟敬文先生指出:"从《周礼》和《仪礼》中可以看出'礼'和'俗'已成为两个相互独立而又相互联系的行为规范系统。有些同代民俗,如婚礼的六个程序(纳采、问名、纳吉、纳征、请期、亲迎),成为封建社会中一直沿袭的主要模式。"

在客家婚姻制度中同样可以看出客家文化与中原汉文化有着同根共源的关系。学者在论述客家婚俗时,几乎都承认客家婚俗中保留了大量诸如"同姓不婚",婚嫁"六礼"等中原古俗。"尽管各阶层的婚嫁繁简不同,但一般都要经过'六礼仪式'……这与古代汉族婚俗'六礼'基本相同"。[1] 许多族谱也明文严禁族人同姓而婚,"凡子姓不得与同姓为婚,如有不肖子孙违犯,通族告官离异"[2]。这与畲瑶等族实行族内"自相嫁娶"不与外族通婚的婚姻制度有着天壤之别。畲族《祖图》叙文规定,族内盘、蓝、雷、钟四姓男女自相嫁娶;瑶族《过山榜》也规定:族内"一十二姓自行婚嫁,不与农民通婚"[3]。

五、客家以农耕为主的生产方式带有浓厚的中原气息

客家先民辗转千里来到了与原居地气候、地形迥异的南方,为了生存下去,先民们被迫改变传统的生产和生活方式,以适应新的居住环境,但他们那种中原人以农为主,重视土地的观念却十分浓厚,努力劳动耕作以求从土地上得到更多的回报。从中原迁徙而来的客家人,多聚居于闽、粤、赣边区,地处岭南山脉的要冲之地,其间多为群山环抱,平地较少,不像中原地区,平野广阔,适宜大面积的小麦耕作,因此他们因地制宜,选择"稻多麦少"。为了适应南方"八山一水一分田"的地理环境,提高产量,他们开辟了"梯田"。道光《长江县志·风俗》卷三十

---

① 吴福文《客家探论》,燕山出版社,2001年版,第153页。
② 弘农郡"四知堂"杨族史编纂委员会瑞金市分会编印《瑞金杨氏族史》卷首《杨氏祖传族规族训》。
③ 李筱文《广东畲族古籍资料汇编—图腾文化及其他》,中山大学出版社,2001年版,第1、3、5、168页。

记载:"闽中壤狭田少,山麓皆治为陇亩,昔人所谓蹭田也,今俗谓之梯田。"另外他们也采取精耕细作,以提高单位产量,在有条件的地方,使用"间种""套种"的方法。

客家先民移居南方的同时也带去了中原的生产工具,如犁,用来翻田的工具,主要由铁制的犁铧和木质的犁梢等构成。使用时,人扶住犁梢,靠牛的挽力使犁铧前进翻土,它起源很早,是中原传统的农具。

六、葬俗中传承的中原文化

丧葬习俗是人类沿袭成规的处理死者遗体的方法和对死者哀悼的形式,中原地区丧葬观念强调"慎终追远""事亲至孝"、"入土为安"、"重殓厚葬";提倡葬之以礼、祭之以礼,棺椁必重、葬埋必厚、衣衾必多、文绣必繁。客家人在南迁后将中原的丧葬观念与习俗传播到了南方,考察客家民间沿用至今的丧葬礼俗,我们看到了深深留存于客家文化中的中原烙印。

客家人"事死如事生、事亡如存"[1],自认丧葬习俗古老独特。规制沿袭繁琐《周礼》,葬务从厚,礼务从奢,讲究丰其筵席、醉饱灵侧,相信借此可促进人与人之间的情谊,使生者与死者精神永不分离,而生命得以安顿,家族得以繁衍,人生得以有所归宿。

在反映生死观念的丧葬用语方面,客家语汇与中原语汇一以贯之。如中原礼俗忌讳直接言"死",多以"仙逝"、"过世"、"作古"、"百年"、"老了"等指称。客家也用"老了"、"过身"、"归仙"等词汇,力图冲淡死亡色彩,表达对生命同样的热爱、追求人生永恒以及事亲孝敬的心理[2]。

再如送葬仪式,中原习俗"起灵"前孝子要猛摔一个陶碗给逝者作餐具,象征其有吃有喝,生活快乐。客家出殡时也要摔破一个碗,一说示意打发死者出门,以免其再来纠缠生者;一说就是送死者的餐具。客家人治丧期间也是"孝子们身穿白色孝服,手抚哀杖,披麻戴孝,脚穿草鞋"[3]。这些都是对中原丧葬礼制的传承。

---

① 北京大学《荀子》注释组《荀子新注·礼论》,中华书局,1979年版,第322页。
② 黄卫国《流行于赣南的客家禁忌》,《南方文物》2006年第1期。
③ 陈义初主编《河洛文化与殷商文明》,河南人民出版社,2007年版,第157页。

　　中原旧时认为"人活七十古来稀",人得以尽享天年不容易,值得庆贺,所以称高寿老人"寿终正寝"为"白喜事"、"老喜丧"。客家习俗不仅同样称呼,且为百岁老人治丧要用红灯笼、红棺材、吹奏喜事乐、打亲事鼓、用亲事桌(用结婚喜宴的酒菜)。中原给年老但尚健在长辈准备丧葬用具称做"寿衣"、"寿材""选墓地"。客家习俗同样为年登花甲的老人准备"押喜寿衣",且非常讲究做寿衣的单棉、件数、色彩、时间;做寿材讲究择期、用料、规格、存放;更有过之的是客家做寿坟,讲究聚众、风水、规格及附属建筑前祭台、坟塘、蜡烛庵子等①。坟墓的整体外观酷似客家阳世围龙屋,说明客家葬俗视逝者灵魂如人生前一样需要住所,这是对生死观念和丧葬习俗本质含义的完整表现。

　　另外客家人有"二次葬"的习俗,人死后,先用棺木土葬,土葬若干年后再开墓启棺,捡出骸骨,洗拭干净,装入高约两尺,直径约一尺的口小腹大成圆形的"金罂"(金埕)里。如有吉时吉地,则可即时安葬,如无吉时吉地,则要把金罂置于蓬蒿坎头之间,或摆于大树山丘之下,可以志认之地,每年清明、中秋,子孙们就要到金罂前挂纸焚香,叩首祈祷。有论者认为"二次葬"的习俗与客家先民颠沛流离的生活境遇有密切关系,归之于客家人注重先祖,如"据民间传说,收捡遗骨以备带回江南或中原。"②

七、结语

　　客家先民在几经周折后定居南方,由于南方的地理环境与北方有很大的区别,所以客家人努力去适应当地的自然、人文环境,以求得安居乐业,能够更好地去生活。在他们适应当地的生活方式的同时,中原传统文化的烙印也深深地影响着他们,特别是在民俗方面,所以当我们在品读客家文化时既要读到客家文化的当地特色,也要看清中原文化的传承。

（作者为华中师范大学历史文化学院研究生）

---

①　冯秀珍《客家文化大观》上册,经济日报出版社,2003年。
② 曾汉祥《粤北粤东客家丧葬风俗》,载《韶关大学学报(社科版)》1995年第3期。

试论客家人的起源及其迁播

张　忠

客家人是目前在海内外分布相当广泛的汉族族群,在世界上具有十分巨大的影响力。人们现在一般认为,客家人的形成与历史上中原汉人多次南向播迁有关。冯秀珍认为客家民系的定义是:"客家民系是中华民族中汉族的一个支系,即闽、粤、赣系。它是由南迁汉人与当代畲、瑶等土著融合而成,具有区别于汉族其他民系的独特的方言、文化和特性的一个汉族民系。它以汉人为主体,同时包含经融合而'客化'的畲、瑶等少数民族。客家民系是具有独特方言、民居、民俗、民性等文化特性的一个汉族民系,是当今世界上分布范围最广、影响最深远的民系之一。"显而易见,客家人的主要特征是身居南方,但沿用北方语言,保持中原原有的风俗习惯。

客家人经过长时间的生息和播迁,目前已经散播于世界各地。据 1994 年的数字显示,客家人分布于世界 85 个国家和地区,人口总数 6561 万。其中,中国内地 5512 万人,港澳台地区 595 万人,海外各国和地区 454 万。所以有人认为,几乎有华人的地方,就有客家人。目前在海外华侨中,客家人可谓是影响最大的一个族群。

一、客家人的形成

客家人是在什么时候形成的呢? 这首先要从民系产生的条件谈起。孔永松研究了民系问题,他认为,一个民系的形成必须具备两个条件:"一是地域条件。民系是特定时空的生成物。空间即'生存地域',是形成民系的自然前提。二是方言。方言就是地方话,是语言的地域性变体,既具地域性,也具群体性。方言是民系文化的载体,是识别和区划民系的第一要素。"根据这两个条件,一些学者各抒己见,认为客家民系的形成大致有六种意见。

一是宋代说。罗香林在《客家源流考》中说:"客家系统的形成,大体在五代至宋初。"吴泽教授在论述客家人的历史时说:"如果从他们的先人南迁算起,至今已有二千多年的历史,如果从这个民系的形成时期五代至赵宋年间算起,也有近千年的历史。"《客家人》一书的作者陈运栋说:"经过五代纷争,及宋太祖的统一中国,客家民系才由其他民系演化而自成一系;所谓'客家'的名称,也就在这个时候宣告确立。"吴福文在《试论客家民系的形成》一文也说:"客家民系形成于唐末至北宋这一历史时期。"这几位学者的讨论虽能够自圆其说,但问题是,如果把客家民系的形成定为五代末至宋初,那么,北宋灭亡后大批从中原南下的汉人以及金朝灭亡后南下的汉人算不算客家先人呢?更何况《太平寰宇记》、《元丰九域志》中所说的"客户"与"客家人"并非同一概念,因此,笔者认为,把客家民系的形成定在宋初是不妥当的。

有的学者把客家民系的形成定在南宋,理由是:客家先民第一次大迁徙时分布很广,东至安徽当涂,西至江西九江,先头部队到达福建、广东,中原还有不少人是在第二次大迁徙时才动身的。当时他们栖息在比较发达的地区,但那里早有汉民聚居,且已形成民系,后代的移民属于少数,形不成气候,无法形成新的民系。到了唐末以后,来自中原的两批移民到达闽赣结合部的福建宁化石壁,这里土著很少,且是山区,先到的汉人也不多,"再加上封闭式的地理、经济、文化,客家先民以其优势的力量,在此既稳定,而又杂处,相互挽和,相互影响的环境里,经过数百年的孕育,产生了一种新的形态——客家特征,便宣告客家民系的成立。当然,在北宋,客家民系的各种特征不是很丰满、完全的,但到了南宋,公认客家民系已形成了"。笔者认为,此说也不甚恰当。这是因为,在南宋时客家民系的各种特征虽已具备,但一方面是大规模的中原南下移民活动尚未结束,另一方面"客家"的名称也未出现,不能说客家民系就已形成。

二是宋元之交说。金灭北宋,宋高宗南渡,迁入皖南、赣东南、闽西南及粤东北边界的中原移民,再次大规模迁移至岭南,主要集中在广东北部与江西交界的南雄,在那里开始了新的生活。南宋末年,蒙古人的军队大举侵宋。德祐二年(1276年),临安陷落,恭帝投降。由于闽粤赣交界地区是宋元双方厮杀的战场,居住在这里的土著多辗转逃亡,形成了一大片无人区,客家的先民便先后聚居于此。他们自称客人。这说明客家民系的形成只差一步之遥了。但这仍未能说明客家民系是如何诞生的。

三是明代万历说。万芳珍、刘纶鑫认为，"明万历年间，交界地的居民成批向归善(今广东惠阳县东北)、博罗(今属广东)等地移居，当地居民日益感受到移民在经济上的竞争和潜在威胁，双方发生摩擦，冲突渐至械斗，'客家'作为与当地人相区别的移民代称，大约就在这个时期"。这种说法值得商榷。按照一般人的理解，客家先民与当地土著应是和平相处，相互帮助，共谋发展的关系，因此当地土著才称外来的中原汉人为"客家"。故笔者认为此种说法不够确切。

四是元末明初说。冯秀珍在《客家文化大观》中认为："我们可以界定客家民系的最终形成时间约在元末明初。"华东师范大学的王东也持相近观点。他认为最早提到地道客家方言的应是明代的《惠州府志》，故此判定"也正是从明代中后期开始，广东境内的居民开始从方言的角度把客家人和非客家人相分别"。他进一步说明："客家方言的产生，不可能早于14世纪，但也不会晚于17世纪。因此客家方言的产生，当在15世纪至16世纪之间，即相当于明朝的中期。"既然客家方言产生于明代中叶，而这种方言又是形成客家民系不可或缺的条件，因此，客家民系形成于明初至中叶这一时期才比较客观、真实。

五是明末清初说。长期从事客家学研究的刘佐泉先生认为，"客家这个名词是17世纪才出现的，以前的地方志上没有提到这个名词"。与此观点相近的是陈支平先生。他说："自明末清初以来，聚居在闽、粤、赣三省交界边区的居民，为了适应外移过程中所发生的与其他民系的矛盾冲突的需要，他们自身团结和族群凝聚的意识空前高涨。他们利用当时逐渐俗成的名词，自称为'客家'，从此以后，'客家'这一名词才逐渐见诸各种文献记载中，客家人的群体也从这一时期开始形成。"如前所述，明代中叶纂修的《惠州府志》即已有了客家方言的记载，清人阮元《广东通志·舆地略》在论述当时长宁(今新丰)居民时，引用明代文献说："相传建邑人自福建来此者为客家，自江右来者为水源。"既然明代文献中已出现了"客家"，证明客家民系的形成应是在清初之前。故此说也不确。

六是客家主体为古越族说。持此说者不多。房学嘉先生在《客家源流探奥》中说："历史上并不存在客家人中原南迁史，历史上确曾有过一批批南迁客家地区的中原流人，但与当地人相比，其数量任何时候都属少数，客家共同体在形成的过程中,其主体应是生于斯长于斯的本地人。"中原人多次大规模南迁,都有史籍可稽,正是这些一批批南迁的中原流人成为了客家先民,并最终形成为客家民系,无视这一史实是不对的。南迁人的数量与整个南方人相比虽是少数,但在一些特定的区域,中原南下的汉人都是多数,他们才是形成客家民系的主体,而不是古越族。这是绝大多数学者的共识。故此说也不确切。

二、石壁与客家人的播迁

前已提及,客家人主要来自河洛地区,是中原汉人南徙后和当地畲族、瑶族等少数民族融合的结果。但在中原汉人南下的过程中,他们是如何播迁的? 其迁徙具有什么的特点? 从已有的研究成果来看,客家人的南徙特点鲜明,他们相当一部分从河洛地区出发,先后到达福建省宁化县石壁村,然后又从石壁村向外迁移,分散到台湾以及海外各国和地区。故此石壁村在客家人的迁徙过程中占有十分重要的地位。

"北有大槐树,南有石壁村。"这句流传甚广的谚语道出了山西洪洞县大槐树与福建宁化县石壁村两地在我国移民史上的重要地位。大槐树是明代移民的集散地,而石壁村则是客家先民中转停留之地,因而在历史上都名噪一时。石壁村客家公祠的楹联中有一联是:

客本中原汉裔,自两晋衣冠南下,石壁安居,万载不忘祖籍;
家迁八表南荒,经千年筚路蓝缕,五洲立业,千秋永念宗功。

客家公祠碑文中说:

客家乃中原华胄。永嘉之乱,唐末兵燹,加之黄河水患,度日维艰。为生存,求发展,客家先民,数度举族南迁。辗转吴楚,流徙皖赣,筚路蓝缕,汇集于宁化石壁地间。

石壁亦称玉屏,处福建西隅,以武夷作屏障,十里平川,百里林涛,万顷荒原。百余姓先祖,挥洒血汗,垦荒拓殖,生息繁衍,儒家风范,薪火相传。客家文化在此发源,客家民系于斯诞生。

1995 年客家公祠落成并举行首次大奠时,广东梅州客家联谊会代表团致辞说:

> 宁化石壁,客家摇篮,中原南下,定居是乡。
> 高山环绕,沃土平壤,风调雨顺,灌溉汀江。
> 壁高屏障,生息学庠,礼仪习俗,承继汉唐。
> 崇文尚武,文化丕张,勤劳刻苦,举世名扬。

福建宁化县石壁村的客家公祠楹联、碑文及各客家联谊会均说这里是中原汉人南下定居之地,事实也是如此。石壁客家公祠所祀有 151 姓,来自河南的有 30 姓,迁入姓氏之多,居各省之首。

从家谱上看,也可证实有许多中原姓氏进入福建宁化石壁。如刘姓。刘备次子刘永在蜀国灭亡后迁家洛阳,两晋之交迁江南。据《嘉应刘氏族谱·刘氏源流》记载:"黄巢乱后,翰林学士刘天赐弃官奉父翔(祥)避居福建石壁祠,号为东派。"邓凡之认为颍川赖氏"于唐贞观年间播迁入闽,其后散居汀州宁化、上杭、永安诸县"。吴氏。唐浚仪(今河南开封市)人吴竞的后裔吴宥,迁居福建宁化,是为闽粤吴氏始祖。韩氏。韩氏发源于新郑、洛阳,宋代宝应年间,韩林卿任汀州府通判,宋末元初,子孙迁居于长汀河田、宁化、上杭等地,后聚居于粤东、闽南。

中原汉人为何大批涌入福建宁化石壁? 这是因为石壁村有着特殊的地理位置,优越的自然环境及方便的水陆交通,吸引着客家先民蜂拥而至,把这里当成了"寻得桃源好避秦"的乐土。唐末黄巢起义时,战火遍及大江南北,而宁化石壁则由于其闭塞的地理环境得以幸免。因此,石壁就自然成为人们心目中的世外桃源,从中原为避战火而举家举族南迁的客家先民,纷纷聚居石壁,垦荒拓殖,繁衍生息。因此,称石壁村是客家民系形成的摇篮并非溢美之词。客家学专家罗香林先生在《宁化石壁村考》中说:"黄巢于乾符五年春,始陷江西洪州(今江西南昌),继陷虔(今江西赣州市)、吉(今江西吉安)二州,自信州(今江西上饶)东出建州(今福建建瓯市),继福州……其在赣骚扰经过,以虔、信二州为最甚,在闽则以建州、福州为最甚。宁化等县,处建、信诸州之南,虔州之东,未及兵祸,故为当时避难乐土,客家先民之群趋其地,亦势所然也。"陈运栋在《客家人》一书中说:"今日各地客家人的祖先,大部分都曾经在石壁住过。"吴福文在《闽西客家文化事象举探》中说:"凡是客家人,其先世几乎都有人流居宁化甚至石壁。"事实也是如此,大陆南方诸省自不必说,就是香港、台湾、澳门及世界各大洲几乎都有宁化石壁的客家后裔,但追根溯源,客家姓氏的祖根在中原。

中原汉人迁到石壁后,人数越来越多,生活空间便显得狭小,再加上战乱,不能安居乐业,只得辗转另觅新居。据一些客家族谱记载,"宁化石壁客家先民迁出的路线,系经福建长汀、上杭,而广东梅县,再转徙广西、湖南、四川,乃至台湾、香港,以及东南亚和世界各地。其中,广东梅县是继宁化石壁后,客家先民又一个大量聚集的地方。"《河婆风土志》说:"唐末,贝氏自中原南迁福建,居宁化石壁。至九代仲勋、仲显公,由福建迁丰顺,再迁河婆(今广东揭西县河婆镇)。"《陈留谢氏族谱》正德十三年(1518)序云:"谢氏祖先因黄巢之乱,据福建宁化石壁里。昇平之后,再迁江西于都县。明洪武四年(1371)移居梅县。后衍台湾。"

三、客家文化的来源及特点

河洛文化是中国一个最古老、最有内涵和最有影响的地域文化。河洛文化进入南方后,与当地的环境以及文化相融合,最终演化成客家文化。从这点来说,河洛文化与客家文化存在着密切的关系。

(一)河洛文化阴阳五行学说南传,催生客家人的风水观念,并在聚落选址与布局上充分运用。根据文化经典《易经》而衍生出的阴阳五行学说,其用于风水学上,有理气派一支,其观点是"阅冈峦而审龙定气,验地中之行类,鉴砂水之吉凶",在风水实践上,有先天八卦和后天八卦之分。先天八卦定乾坤,审来龙(龙即山),多用于占星;后天八卦辨方位,分阴阳,相五行,配卦象,多用于堪舆。先天八卦根据《周易·说卦》而来,"天地定位,山泽通气,雷风相搏,水火不相射,八卦相错"。后天八卦乃周文王从伏羲先天八卦推演而来。客家先民深受这两种八卦影响,进入南方后,根据当地山川形势,创造性地加以运用,形成客家聚落形态和建筑文化风格。表现在三个方面。一是在聚落选址和布局上,特别讲究聚落朝向。客家人很看重"天人感应",常用天干地支、八卦和五行表示朝向,将大地山峦分为 24 个方位,在不同年份所建房屋地点和朝向都不一样,非按规定方向营建不可。二是特别重视以山为聚落的背景。山势是客家聚落的依托,有山靠山,无山靠冈,或借景于远山,以上应苍天,下合大地,达到吉祥目的。后山被视为龙脉,事关一族一姓兴衰,要求山势雄伟,状如龟背,且来势辽远,有"玄武"之气;前方地形开阔,景观秀丽,有"朱雀"之象;左右也要山势逶迤,水势环回,有龙虎相护之意。三是营造风水林。客家人聚居坐北向南,前低后高,利于采光、日照和通风,为维持良好的生态平衡。还有重要的一项是倚重风水林。每见村落背后山岭上都生长一片浓荫绿盖的树林,少则几亩,多则数百亩,有红椿、松柏、杉、楠等种类,称为祖林。它们不仅美化环境,而且护坡防线,涵蓄水源,使村落得益匪浅。

河洛文化最大的一个亮点是《周易》,其中风水理论在客家民居堂屋和围龙屋中得到充分运用,也是河洛文化在岭南的一个生长点。按客家屋和围龙屋形制和布局,一个是中轴对称,主次有序,以庭堂为中心组织院落,体现了皇权至尊思想;二是屋前必有半月形池塘,屋后也有半圆形化胎(隆起土堆),两个半圆相结合,形同阴阳两仪的太极图式。两个半圆围绕方正的堂屋,寄寓于中国古人"天圆地方"理念,将整座屋宇比喻小宇宙,又反映了"天人合一"的哲学观,以及客家人强烈宗法理念,民系凝聚力和向心力。溯其源,也是魏晋时期中原坞堡聚落形态在岭南的继承和变异,显示河洛文化与客家文化不可分割的血脉关系。

(二)以儒家学说为主体的河洛文化流布岭南,形成客家人注重读书,追求功名的价值观。河洛文化核心是儒家学说,自汉武帝推行"罢黜百家,独尊儒术"政策以后,儒家作为国家正统思想传播全国,也随着客家先民南迁和开设学校教育,在客家地区扎根、成长,形成注重读书的社会风气和追求功名利禄的价值观。南宋王象之《舆地纪胜》引绍兴年间梅州知州方渐的话说:"梅人无植产,恃以为生者,读书一事耳。"可见宋代开始,读书成为社会风尚已在梅州兴起,但真正达到文风丕盛,还是明清时期。乾隆《嘉应州志》说:"士喜读书,多舌耕,虽困穷至老不肯辍业。近年童子试至万有余人。前制府请改设州治,疏称文风极盛,盖其验也。"可见当时光宗耀祖、衣锦还乡成为很多客家人追求的目标,读书求学是客家人走出贫困的重要出路。这都与儒家学说进入客家人千家万户分不开的。

(三)河洛文化以华夏文化正统南传,形成客家人重族源、扬家声的本根文化意识。岭南客家人与河洛文化有很深的源渊。黄遵宪曾在《梅水诗传》序中说:"此客人者,来自河洛。……而守其语言不少变。余尝以为,客人者,中原之旧族,三代之遗民,盖考之于语言、文字,益自信其不诬了。"基于客家人深厚的中原文化基因和对故土的眷念,到新居地聚族而居,这除了进入陌生环境须相互照顾以外,更源于客家人先人在汉魏南北朝时期中原宗族是聚族而居的,并采取坞堡式大屋。这种聚居方式和大屋建筑形式随着他们的南迁而带到新居地,大屋式在山区演变成堂屋或围龙屋。此外,客家民居都以堂号、堂联彰显其本根文化意识。此堂号、堂联折射了中原文化在岭南生根、发展。堂号是祠堂的名号,是家族标志,有历史、血统意义;而堂联是祠堂大门对联,上联为本族发祥地,下联多为赞誉祖宗功德、激励后人文字。其中来自河南的相对集中,表示河洛文化作为中原之根是有根据的。例如,钟姓"颍川堂"堂联为"高山流水,金陵世德";郑姓"敦睦堂"堂联为"荥阳世泽,诗礼家声";丘姓"河南堂"堂联为"鸿胪世泽,枢密家声"等等,都充满儒家礼教,传承祖居地人文精神。

(作者为洛阳师范学院河洛文化研究中心 副教授)

中原河洛对客家文化形成的
决定性影响因素

廖开顺

客家民系是汉族的一个分支,中原河洛对客家民系及客家文化的形成,有一些起决定性作用的影响因素,本文试作一些初步的梳理。

一、客家民系的主体来自中原河洛

中原河洛,既包括以洛阳为中心的河洛地区,也泛指更广袤的中原地区。客家民系的主体来自中原河洛,既有从河洛地区直接迁徙到闽粤赣交界地区的移民,也有更多从中原先迁徙江淮流域,再辗转迁徙闽粤赣边地。人是生产力的主体也是文化的主体,这就确立了中原河洛对客家民系及其文化形成的最重要的决定性因素。

北方汉人三波大规模的移民潮为客家民系的形成提供主体条件。西晋末年由"永嘉之乱"形成的移民高潮历时一百多年,余波长达三百年。从"永嘉之乱"至隋唐,有少量中原汉人移民到达赣南、闽西和闽西北等地。唐后期"安史之乱"以及之后王仙芝、黄巢发动的大规模农民战争,引发中原汉人第二波移民潮,延续两三个世纪。在这一波移民潮中,大量的汉人移民到达闽赣边地,客家民系开始孕育。林开钦提出客家民系的四个基本特征为"脉络清楚的客家先民、特定的地域条件、特殊的历史年代和独特的客家文化",[①]从唐末开始,闽赣边地客家先民姓氏来源基本脉络清晰。如地处闽西北的宁化县,族谱记载有迁入时间的姓氏为 168 姓,其中隋代以前 10 姓、唐代 43 姓、五代 8 姓、北宋 35 姓、

---

① 林开钦《形成客家民系的四个特征》,福建人民出版社,2009 年,第 1 页。

南宋 46 姓、元代 10 姓、明代 11 姓、清代 6 姓。其中唐代至南宋有 132 姓,占迁入姓氏总数的 79%。唐代之前,福建长期人口稀少,从汉代到隋代,福建人口长期只在 1 万户上下。无论是晋朝统计的 8600 户,还是隋朝统计的 12420 户,都表明福建是当时中国南方人口最稀疏的区域,平均每 10 平方公里才有 1 户人家。在唐代以前,汀江流域基本处于原始农业状态。从唐末到南宋末年约 400 年间,大量的汉人移民在闽赣边地聚集,休养生息,开基创业,随之得以设置州县。如宁化于唐开元十三年(725 年)由黄连镇升格为黄连县,天宝元年改为宁化县;以长汀为中心的闽西地区于唐开元二十四年(736 年)设汀州,说明唐代福建西部人口数量较快增加。第三波中原汉人南迁大潮从北宋"靖康之难"开始,持续了一个半世纪。它比前两次移民潮规模更大,引起中国政治、经济重心开始南移,南宋后期客家民系基本形成。从汉人移民进入闽赣边地的情况来看,宋代,特别是南宋是汉人移民进入的高峰时期。如,江西赣州,南宋绍兴年间(1131~1162 年)主客户合计 120985 户,淳熙年间(1174~1189 年)主客户合计 293344 户,宝庆年间(1225~1227 年)则达到 321356 户。从绍兴到宝庆 60~70 年中净增 200371 户,增长率 267%。特别是从绍兴到淳熙的 30~40 年间,净增 172359 户,增长率为 242%。[①] 福建汀州,据《宋史·地理五》记载,北宋崇宁初,汀州全境主客户合计 81454 户,从北宋崇宁(1102–1106 年)到南宋庆元(1195~1200 年),几十年间,汀州境内户数净增长 137184 户,增长率为 268.3%,年均增长率超过 9%,也远远高于全国同期平均水平。[②] 庆元年间汀州人口密度每平方公里 12.5 户,接近福州 10 余年前 13.4 户的密度。汀州宁化县在南宋期间迁入 46 姓,占唐代之前至清代迁入姓氏总数的 24%,宁化县的人口在南宋宝祐元年(1253 年)达到 38000 户、人口达到 16 万人以上,是清代以前的人口最高峰,每平方公里达到 15.7 户,人口密度超过福州。南宋期间迁入福建西部的人口多是来自江西的汉人移民,南宋期间,特别是宋末元初,江西不堪移民重负,潮流般涌向福建西部。如福建西部闽赣关隘邵武,"邵武的大部分人民是由中原移转而来,而迁徙的道路,十有八九由江西而来,考究它的年代,大部分是宋代,而宋

---

①　王东《南宋初年赣中北移民南下及其影响》,《"赣州与客家世界"国际学术研讨会论文集》,人民出版社,2004 年,第 31 页。

②　廖开顺 刘善群 蔡登秋等《石壁客家述论》,河南人民出版社,2012 年,第 10 页。

代之中,南宋初期比北宋多,元兵围汴的前后,又比南宋初期多(《福建编年史·前言》,1958 年油印本)"。①

　　进入闽赣边地的汉人移民少量为士族,绝大部分是流民,他们是客家生产力主体。闽赣边有武夷山天然屏障阻隔兵乱,客家先民在闽西、闽西北休养生息约400 年,与原住民融合,开基创业,发展生产,重建家园,开创客家民系的物质和社会基础,在南宋时期基本形成客家民系,南宋以后再向粤东北边地播迁,至明代,客家民系完全成熟,以梅州客家大本营的建立、更多的客家人繁衍聚集、南片客家话的代表梅州话的形成和广泛使用为显性标志。

二、重构中原式宗法制社会

　　文化的发生和发展需要"地理环境——经济条件——社会结构,三者相辅相成,组成一个民族相对稳定的文化发展空间"。② 福建西部山区地旷人稀,有武夷山脉阻隔兵乱,有适宜农耕的气候条件和可开垦的土地空间。从唐末到南宋,客家民系和客家文化的地理环境、人口数量、经济条件具备。同时,从社会结构看,福建较迟进入封建宗法制社会。"福建古属蛮、越族分布区,新石器时代就有土著越人在这里生息和劳动。夏、商、周时期闽越及徒入的氏族先民创造了较为丰富的、具有地方特色的文化。春秋、战国时期福建地区的诸多氏族部落又泛称'百越',骆姓的'闽越王'仍处于部落联盟阶段,比较封闭。"③西汉时期汉武帝曾派兵进剿闽越国,强行迁徙闽越贵族、官僚、军队等人口去江淮一带,削弱了闽越的社会进程和人口数量。直至东吴建安三年(260 年),东吴在闽北设置建安郡,闽越才实现了以文治代替武人统治的局面。虽然东吴年间因设置建安郡,闽越地历史上第一次有大规模的汉人迁移进来,但是,直至唐代中期以前,闽越地一直人口稀少,以闽越族为住民主体。如唐代漳州和汀州的住民被称为"蛮獠"、"峒蛮"。唐高宗总章二年(669 年),光州固始陈元光父子带兵入闽征蛮,唐末光州刺史王绪带光州、寿州五千兵于 885 年进入福建,继位者王潮、王审

---

① 林汀水《福建人口迁徙论考》,《中国社会经济史研究》2003 年第 2 期。
② 冯天瑜《中华文化史》,转引自张海彭、臧宏《中国传统文化论纲》,安徽教育出版社,1996 年,第14 页。
③ 杨东晨 杨建国《论先秦时期福建地区的民族和文化》,《福州师专学报》(社科版),1999 年第 5 期,第 5 页。

知平定福建,王审知建立闽国。通过陈元光、王审知平蛮的武功和建立地方政权
的文治,特别是建立闽国 60 余年的励精图治,福建才由闽越文化进入与中原文
化接轨的新的福建文化时代。但是,福建西部山区依然十分落后,住民主要是畲
族。宋代大量的汉人移民进入,形成具有规模的聚落,在发展生产力的同时构建
中原式宗法制社会,客家民系及其文化才得以形成。

宗法是以血缘关系为纽带,尊崇共同祖先以维系亲情,在宗族内部区分尊卑
长幼,并规定继承秩序以及宗族成员各自不同权力和义务的法则。西周时期中
原地区开始构建家国同构的宗法制社会,形成家族化的宗法制国家,建立系统的
宗法制度,中华文化在宗法制社会结构中形成。宗法制强调尊祖敬宗,建立了严
格的宗庙祭祀制度,注重血缘亲情,强调嫡庶分明、长幼有序,孝悌和忠是其核心
道德。客家先民在闽赣边地所构建的宗法制社会,实际上是对中原宗法制社会
的复制。宗族是客家社会结构中最重要的一个层次,客家普遍聚族而居,一个村
落由一个或者由两个以上的宗族以及外来的外姓组成。如,在闽西客家社会,一
个完整的宗族主要包括聚族而居、宗姓群体、辈分排行、房系支派、宗族领袖、亲
属构成共六种基本结构。① 一个宗族中,族长具有很高的权威,如福建省宁化县
石壁镇杨边村的杨氏家规中规定,"族长的担任者为'制事衡平砥直,不愧为四
民标准者'。在宗族内部、人众事繁,百凡举动不能遍遵议论,必须折衷,族长以
昭画一茅',因此族长在宗族事务中具有相当大的权力。为了预防族长一人势
单力孤,无力处理宗族的事务,又规定'各房选取一二公正仗义者辅助之',这样
就能达到族长'言无不当,行无不善',使族长成为族人中的最高领袖"②。随着
社会发展的需要,客家社会不单有族长,而建立了而更为完善的宗族领导体制。
如福建省武平县武北村,"宗族领袖是武北村落宗族领袖的第五种结构,它包括
以血缘辈分为依据产生的族长、房长和以科举功名为依据产生的士绅两部分
人","与族长相比,士绅的权力则有过之而无不及","武北村落宗族的合同、字
据、诉状无一不是出自士绅之手,每一件重大事件都有大量士绅参与决策,每一
起稍大的纠纷都有士绅在背后出谋划策","这种由血缘关系决定的族长、房长

---

① 刘大可《中心与边缘:客家民众的生活世界》,科学文献出版社,2012 年,第 22~33 页。
② 杨彦杰《宁化县的宗族、经济与民俗》,国际客家学会、法国远东学院、海外华人资料研究中心出版,2005 年,第 575~576 页。

和以科举功名决定的士绅,在村落宗族秩序中处于上层,享有特殊的权力和荣誉。他们在宗族的对内、对外事务中具有举足轻重的作用,因而是宗族结构的重要组成部分"。① 在客家社会,小于宗族的社会单元是家庭,几代同堂的现象比较普遍,由家——宗族——村落构成了客家社会,族规和家规规则是客家宗法制社会制度的核心,社会生活严格按照宗族制度运行。中国宗法制社会的意识形态主要是伦理道德意识形态和政治意识形态,如祖先崇拜和尊祖敬宗,重视孝悌和忠义,注重血缘亲情等。它们都体现在客家的族规和家规中。如,有关宁化县石壁镇客家大姓张氏的族规和家规的基本内容,蔡登秋作了如下归纳,认为它是"有关人的德性、人格、价值、理想、行为、准则、规范和义务等八方面来预定的","其内容无非涉及了以下几个方面:1. 重忠恕守孝道。……2. 重名节慎婚配。3. 重教育笃儒术。4. 重祖灵立祠庙。……5. 重谱牒笃宗盟。……6. 重正心端行为。7. 重勤俭肃家风。8. 重功名求立命。……这八个部分的内容涵盖了客家人道德人伦关系,涉及客家人社会伦理制度中主体内容,其他一切更为细微的禁戒规则都是围绕着这八个方面来具体细化"。②

此外,兴建宗祠和编修族谱家谱则是维系客家宗族社会的主要手段。通过兴建祠堂和祭祀活动凝聚宗族内部成员,处理宗族事务;通过编修族谱家谱强化血缘关系,保持血缘和文化记忆。此外,客家的大型民居,如闽西的土楼、赣南的围龙屋、闽西北的土堡等大型民居不但适应客家的聚族而居,而且在制式上保留中原殿堂式等大型民居特点,体现等级和秩序,其中,处于核心位置的厅堂是维系家族血缘和文化的最重要场所。在客家的民间信仰中,对祖先的信仰处于最重要的地位。

家国一体的观念渗透在客家社会中,客家先民在重建家园的过程中,以血缘为基础的宗族观念发扬广大,并与爱国融为一体,爱国成为客家文化最重要的内涵之一。如宁化石壁一带流行的民谚:"国家、国家,有国才有家"、"家不和邻里欺,国不和遭外凌"、"家贫出孝子,国乱有忠臣"等。宁化客家先贤巫罗俊在重建家园实现后,立即上奏朝廷,请求设置行政机构:"自诣行在上状,言黄连去长

---

① 刘大可《中心与边缘:客家民众的生活世界》,科学文献出版社,2012 年,第 29~31 页。
② 廖开顺 刘善群 蔡登秋等《石壁客家述论》,河南人民出版社,2012 年,第 233~238 页。

安天末,版籍疏脱"、"言黄连土广齿繁,宜可授田定税",主动要求归属国政,为国缴税。宁化开县世祖罗令纪奏请将黄连镇升格为黄连县,宁化成为汀州客家八县中建县最早的一个县。这都反映客家强烈的家国一体意识。客家敬仰忠臣良将,宁化县石壁镇上市村的《清河郡张氏十修谱》中的《汉帝庙记》写道:"书云,圣王之制,祀也,法施于民祀,以劳定国则祀之,是非事于也不在祀典。昔我祖子房仕汉,不以力征,不自矜功,经营天下,归于一统,君敬臣忠,两相用意,故我张氏者,子房苗裔者也。然乡人题资鼎建高祖庙,立君臣像于(宋)淳祐之秋",表达对君臣和谐的祈望。可以说,客家民系和客家文化形成的过程,也是重构中原宗法制社会的过程,为客家文化打下社会基础。

三、传承河洛文化基本精神

河洛地区——以洛阳为中心的黄河中游和洛水流域,从史前、三代到北宋时期,都是中华文化的中心。三代时期形成的河洛文化成为中华文化的根性文化。在河洛文化、中原文化、中华文化三者中,河洛文化是根源,影响中原文化,如周公对孔子的影响;中原文化影响中华文化,如儒家、道家发生于中原,佛教最早传入中原,它们影响了整个中华文化。

每一种悠久的文化总有其基本精神,"文化精神是相对于文化的具体表现而言的。文化的具体表现,包括器物、制度、习惯、思想意识等层面,无不和内在的文化精神相联系,文化的基本精神就是所有这些文化现象中的最精微的内在动力和思想基础,是指导和推动民族文化不断前进的基本思想和基本观念。"①张岱年先生把"天人合一"、"以人为本"、"刚健自强"、"贵和尚中"概括为中华文化的基本精神。② 这些基本精神都可以从河洛文化中找到源头。那么,什么是河洛文化的基本精神呢? 笔者认为,从河洛文化是中华文化的根性文化这一视角出发,凡是对中华文化及其各个分支的发展、振兴具有内在驱动力和思想基础作用,又源自河洛文化的,都可以视为河洛文化的基本精神。客家文化是唐末至南宋在闽赣边地孕育、形成,元明时期发展成熟的中华文化的分支和新形态,

---

① 张岱年 方克立主编《中国文化概论》,北京师范大学出版社,1994 年,第 375 页。
② 张岱年《中国文化基本精神》,《华夏文化》1994 年第 1 期,第 4~7 页。

客家先民主要来自河洛及中原地区,催生客家文化的一些重要根源性因素,是积淀在客家先民集体无意识中的文化基因和原型意象,它们在客家文化的形成和发展中起了文化基因的作用,这些就是河洛文化的基本精神。主要有:

第一,刚健自强。出自河洛的中华元典《周易》的乾卦为六十四卦的第一卦,其象曰:"天行健,君子以自强不息。""自强不息"则刚健,刚健自强应是河洛文化、中华文化第一基本精神,因为它是推动中华民族生生不息,自立于世界民族之林的精神之源,是中华文化第一精神命脉。刚健自强是中华始祖在艰难的物质文明开拓过程中思想、抽象而凝聚出来的,是一种精神驱动力。客家先民经历了漫长里程的艰难迁徙,所聚集的闽赣边地林茂峒深,近乎原始社会状态,客家先民披荆斩棘,重建家园。形成客家民系之后,所播迁地区无论是大陆省份、台湾南部还是东南亚国家,都是进入蛮荒地区,在极其艰难困苦的条件下重新开基创业,其内驱力就是刚健自强。客家人用"硬颈精神"作为刚健自强基本精神的形象比喻,客家很多民谚有形象化的表述,如"人争气,火争焰"、"只有上唔去的天,冇过唔去的山"、"不怕火烧屋,只怕人无志"、"有志成龙,无志成虫","竹篙叉,叉对叉,靠来靠去靠自家"、"过江不怕浪,赚钱不怕艰"等。刚健自强的基本精神不仅是客家重建家园、安身立命的内驱力,也是客家创造丰富多彩的山居稻作物质文明和多样化的精神文明、以及人才辈出的内在驱动力。同时,客家不断超越自己,辗转迁徙,"毅然决然地甩掉'安土重迁'等传统观念的束缚,舍生忘死,背井离乡,扶老携幼,迈出南迁的第一步。这第一步可能迈向不归路,可能迈进死亡谷,需要大智大勇,敢于冒天下之大不韪的气概。"①客家不仅仅迈出南迁第一步,而且向海内外广泛播迁,特别具有刚健自强的文化精神。

第二,厚德。"厚德"是源自河洛文化的中华文化另一基本精神。《周易》以"天地之大德曰生","地势坤,君子以厚德载物"提出中华文化"德"的概念,从中华元典的天地之德到孔子的"仁"、"孝悌",孟子的"仁政",理学的"天理",形成一条贯穿着伦理道德的精神命脉主线,滋养着中华文化。客家对河洛文化"厚德"这一基本精神的传承表现在:一是崇敬祖先,以慎终追远,从不忘祖先之

---

① 崔灿《论客家文化形成的历史背景与主要内容》,载罗勇 林晓平 钟俊昆主编《客家文化特质与客家精神研究》,黑龙江人民出版社,2006 年,第79 页。

德而践行自身之德。二是以儒家之德传家。客家家庭的厅堂和楹联、宗族的祠堂、学堂,无不充满儒家伦理道德氛围,并且在个人修为中严守道德标准。如宁化县石壁镇张氏族谱的第 7 条:"宜重儒术;斯文为朝廷精彩,亦一族风教,攸关恢先绪。"三是在家国同构中弘扬爱国精神。河洛文化的成熟期是中华大地最早的国家形态夏商周三代形成的时期,而河洛文化受到最大挫折的时期则是北宋时期中原地区异族入侵,国破家亡时期,包括国难忧患在内的国家意识深深烙印在客家先民的心理深处。客家先民因国破家亡而流徙,客家民系在闽赣边地基本形成以后,又有元兵南下,满族入住中原,近代列强的侵略,日本帝国主义铁蹄的践踏,以及在异国他乡作为少数族群和非主流文化的去国之忧,凡此种种,都让客家人特别怀乡爱国。客家爱国爱乡精神的源头在中原河洛,客家寻根谒祖的最后原乡也在中原河洛。源自河洛的厚德基本精神在客家文化中得以弘扬光大。

第三,文化与重礼。河洛文化形成于中华民族迈进文明的时代,中华始祖开始以"文"而"化"。"文化"的第一层意义是"文",《说文解字》对"文"的解释是"各种线条的交叉、各种色彩的共存",《易·系辞下》曰:"物相杂,故曰文。""文化"的第二层意义是"化"。《易·贲》象词曰:"刚柔交错,天文也。文明以止,人文也。观乎天文以察时变,观乎人文以化成天下。"《荀子·不苟》指出:"化,迁善也。""化"的过程也是"文"的推行、传播过程。河洛文化蕴涵中华民族最早的"文",如关于中华始祖的各种传说、河图洛书传说、中华元典的创造等,也因"化"而成为河洛文化,如文王演周易,孔子问道于老子,周公对孔子学说的影响。当然,最大的"化"是河洛的中华先民走出蒙昧而成为中华最早的文明人。因此,河洛文化最宝贵的文化遗产之一既是创造了"文",又是重文崇文和传播文明的"化"。没有这种文之化就没有中华文化和中华文明。客家传承了河洛文化文与化的基本精神,如重视兴办教育,重视文化传承,耕读传家等,因此,尽管客家海内外迁徙地基本上都是未化之地,客家不但自身没有退化为野蛮和蒙昧族群,反而以自身的文化影响原住民,并且成为最具有中华文化特色的优秀分支。

河洛地区又是在中华礼文化的发源地,以周礼和中华元典《礼》为标志。礼既是文化,又是对文化和文明的维系手段。客家传承了河洛文化的重礼的基本精神,客家人的人生、人与人之间礼节繁缛,反映在一系列民俗事象中。如婚姻礼俗,《礼记·昏义》曰:"昏(婚)礼者,礼之本也。"《仪礼·士昏礼》和《礼记·昏义》都把婚嫁程序归纳为"六礼"。《礼记·昏义》云:"……是昏礼纳采、问名、纳吉、纳征、请期,皆主人筵几于庙,而拜迎于门外,入,揖让而升,听命于庙,所以敬慎重正昏礼也。"①周礼的婚礼礼仪在客家地区至今遗风犹存,据刘善群先生的田野调查,"客家民俗文化的根基是周礼,客家民俗至今有周代遗风。如传统婚、丧、节庆礼俗,大体都可以从《周礼》、《仪礼》和《礼记》中找到根据"。②又如丧礼,《周礼·春官宗伯第三》云:"以丧礼哀死亡。"《孟子·离娄章下》云:"养生者不足以当大事,惟送死可以当大事。"刘善群先生认为:"客家人正是如此。'送死必极奢,酒席尤丰。稍不如俗群斥为不孝,中人之产立破。'……凡此种种,都说明客家人在民俗文化中传承了周礼。"③周礼形成于河洛地区,是河洛文化的一部分,"礼"既是"文",也是"文"的外在形态和"化"的过程。客家诗人黄遵宪在《人境庐诗草》中吟道:"中原有旧族,迁徙名客家,过江入八闽,辗转来海滨,……方言足证中原韵,礼俗犹留三代前。"客家对文化与重礼的传承保持了中华文化又一重要特性。

四、源于河洛的客家思想文化

客家的思想文化是理学,理学主要源于河洛地区,兴起于闽赣客家地区,理学引领客家的文化,促进了客家文化的成熟。

所谓客家民系和客家文化形成的决定性影响因素,是指如果离开这些因素,客家民系和客家文化就不能形成。当然,客家民系和客家文化形成的决定性影响因素还有一些,譬如,闽赣粤自然环境条件、汉人移民与闽赣边地原住民的融合等,但是,中原河洛的影响是全面、关键和主导性的。

（作者为三明学院客家文化研究所所长、教授）

---

① 《周礼·仪礼·礼记》,岳麓书社,1989 年,第 536 页。
② 廖开顺 刘善群 蔡登秋等《石壁客家述论》,河南人民出版社,2012 年,第 26 页。
③ 廖开顺 刘善群 蔡登秋等《石壁客家述论》,河南人民出版社,2012 年,第 26～27 页。

"福建土楼"是客家族群与河洛(闽南)族群因争夺生存空间共同创造的文化结晶

孙国亮

"福建土楼"是谁为了什么而建造的呢？根据近几十年来国内外学者众多研究的结果来看，"福建土楼"的应该是客家人创建的。可为什么有一些河洛(闽南)文化研究专家或建筑设计专家，以及个别的地方官员从不同认识的角度出发，提出"福建土楼"是河洛(闽南)族群当年为了抵御倭寇的入侵而创建，随后才逐渐传入客家族群聚居区的观点。经过多年的研究，我认为"福建土楼"的诞生是客家族群与河洛(闽南)族群在九龙江南岸迎头相遇时，因为文化背景不同、语言和民俗风情不同，为了争夺生存空间，因为文化对峙而共同创造的文化结晶！

为了说清楚这个问题，我们还是先从中华文明的形成史说起。

中华民族五千年的文明史其实就有二千多年是农耕文明与游牧文明相互冲突、相互征服、相互融合并最终形成中华文明的历史。在漫长的农耕文明时期，中原一带几乎代表了农业文明的最高成就，代表了人民的富庶和国力的强盛，所以，历代英雄豪杰都渴望逐鹿中原而得天下。这就是河洛(闽南)先民和客家先民为什么要从中原迁徙闽、粤、桂、琼和闽、粤、赣边而来的主要原因。

一、内乱与外患是中原汉人南迁的主要原因

1. 内乱——"八王之乱"。西晋太熙元年(290年)，一生文治武略、精明强悍的晋武帝司马炎，竟然挑选了一个近似于白痴的儿子司马衷继承皇位，史称晋惠帝。司马氏家族的皇叔、皇兄、皇子、皇孙们怎么能看得下去呢？于是为了争夺这个最高统治权，八个诸侯王之间发动了大规模的残酷内战！战争从此延续

了16年,最终导致了西晋皇朝的灭亡。随后,这种不断摧毁封建皇朝超稳定结构的大规模"内乱"的战争从农民起义到宫廷政变,几乎是每隔一段便随着新生皇朝逐渐腐败的累积而灭亡,周而复始,这就是中原汉人为什么会持续大规模南迁的第一个原因:"内乱"。

2. 外患——"五胡乱华"。"内乱"必然带来自身力量的削弱和外族的窥探。西晋永嘉五年(311年),匈奴、鲜卑、羯、氐、羌等"五胡"游牧民族南下入侵,从此开始并延伸到此后千余年之间,如道道滚滚铁流,朝着中原大地扑了下来,并从此拉开了中国古代战争的大追击、大屠杀、大掠夺的序幕。"三川北虏乱如麻,四海南奔似永嘉。"从今天中国地图上所示地域看,以现在的河南、山西、陕西、甘肃、河北等地域为中心,联动了鄂、皖、湘、浙、赣、闽、粤、桂、川、琼、台等十几个省、市、自治区范围的人群,卷入了前后多达五次,波及大半个中国、数千万人口,时间长达一千多年的、波澜壮阔的中原汉人大迁徙的浪潮。

3. 追求梦中的理想国:"桃花源"。追求梦中的理想国"桃花源",在我看来,这只属于客家民系,也就是在这一点上,客家民系与河洛民系开始了分野。至于他们为什么会成为分野,为什么又会产生文化分歧和对峙? 下面分而阐述。

躲过了长弯刀和乱马蹄的中原汉民们,他们将"客"往何处去呢? 这就是历史上著名的"衣冠南渡"、"筚路褴缕、以启山林"。他们一路上走走停停,停停走走,因为他们从一开始就没打算走得太远,只想着烽烟稍稍远去,便重返故乡。所以他们依仁在湘、楚大地上,一年又一年地辗转反复地回望着家乡,回望故土。可是战争的烽火不仅不是越烧越远,反而是隔了一些年又随着飞驰的马蹄声越来越近了:它们之中有"五胡"的马蹄声;有安史之乱的马蹄声;有黄巢造反的马蹄声;有金人、满人的马蹄声! 这长年累月的跑啊跑,哪里才是他们梦想的家园? 据考证,其实在那时就有后来陶渊明写成《桃花源记》的那种人们想象中的理想社会:那里"芳草鲜美,落英缤纷。土地平旷,屋舍俨然。有良田美池桑竹之属,阡陌交通,鸡犬相闻。其中往来种作,男女衣著,悉如外人;黄发垂髫,并怡然自乐。不知有汉,无论魏晋"。这也许就是客家先民们的领袖率领着大批"衣冠士族"离开故土之后,为什么能够反复动员和激励自己的迁徙大军一路南行,永不停步地追逐着梦想家园的动力之所在。终于有一天,迁徙的队伍来到了江西石城与福建宁化交界的石壁村、浙江江山与福建浦城交界的仙霞关,到达了先人们口口相传中的"理想国——桃花源"的所在区域。然后,再向汀江上游的第一重镇汀州进发。客家先民们被汀江流域的美丽和神秘迷住了,从此停下了匆匆万里的脚步。从此,汀江、汀州府便成为了客家民系孕育、诞生的产床,成为了客家人"梦中的理想国"的初步实现地。

二、两江流域文明的形成、对峙与融合

1.九龙江——河洛(闽南)族群文明的重要形成地之一。河洛(闽南)族群的形成,还要从公元前220年左右的秦朝末期说起。嬴政"扫六合,统一天下"之后,独有闽、粤"蛮夷之地"尚未"臣服",于是秦始皇派出了由屠睢、赵佗率领的五十万大军远征岭南。不久,秦皇朝的灭亡,五十多万将士和后来的上百万家属们先后在粤、闽沿海一带落籍为民。南粤王赵佗也成为了后来被毛泽东戏称为"最早的南下干部"。他们一部分沿着海岸线北上,到达了福建东南沿海一带;另一部分人则沿着海岸线南下,到达了今天的海南、广西沿海一带繁衍生息,他们之中大部分人成为了"广府人",部分北上到达福建东南沿海一带的便成为了来自中原的第一批"河洛(闽南)人(郎)"的先民。

第二批到达福建东南沿海的"河洛郎(闽南)族群"则是在西晋"八王之乱"后逃出来的中原汉人,他们经湘、楚大地后继续南下,先是到达了今天的江、浙、淮一带,并分水、陆两条线先后到达今天的泉州一带繁衍生息。为了让后人记住自己来自晋朝和遥远的故乡河南洛阳的中原一带,他们便把当时还是无名的那两条江河分别命名为"晋江"和"洛阳江",而那洛阳江上的石桥便被命名为"洛阳桥",其族群也被称之为"河洛人(郎)",也就是今天的"闽南语系"族群。

第三批从中原来到福建省东南沿海的中原汉人为唐朝末年和"五代十国"初期"闽国"的开基者王潮、王审知,当初他们入闽时就从河南光州老家带领了五千多名子弟兵。这之前,陈政、陈元光父子首次进入漳州地区时就从河南光州固始的老家率领子弟兵三千六百人。后来因为需要武力征服的范围从今天的漳州市行政区域扩大到沿九龙江溯流而上的漳平、宁洋、龙岩一带,于是他又从河南光州固始老家带领五十八姓将校及子弟兵一千八百人入闽增援。陈元光的部队与祖居在闽西南大山中的畲、瑶族人为了争夺区域控制权和自己族群的生存空间,发生了长达数十年的惨烈的征服战争。由于陈元光家族后来在漳州地区连续五代世袭刺史爵位,家乡族人源源不断来投,加至所属官兵及其家属大都先后落籍九龙江两岸,于是他们便成为融入"河洛郎(闽南语系)"中的第三批来自中原的汉人。他们还把最能代表和彰显中原大汉文化和征服意志的"龙"图腾文明带进了闽西南一带,并一一逐以"龙"为名重新冠以当地主要的地名、水名、山名和洞名。于是便有了后来九龙江流域一系列的名称:龙溪、龙海、龙江、九龙江、龙津河、龙山、龙骨山、龙崆洞、龙岩洞、龙门塔、龙岩县、龙岩州、龙湖、龙潭等,这就是当地一系列有关"龙"的名称的由来。因为他们是"河洛(闽南)族群"中的一个分支,是自九龙江下游朝九龙江上游开拓、征服而形成的"河洛(闽南)文化",所以也被龙岩人称之为"河洛(闽南)支系文化"。

众所周知,中华"龙"的图腾形成在北方,是在黄帝统一中原时为了彰显征服了一个又一个部落的胜利,将被征服的部落图腾中的某个典型零部件取下加以组装而成。如"马"部落图腾最典型的马脸、"鹿"部落图腾最典型的鹿角、"蛇"图腾部落最典型的蛇身、"鸡"图腾部落最典型的鸡爪子。于是"中华图腾"的四不象——"龙"便就这样诞生了。所以"龙"图腾的原意中是包含了比较强烈的侵略性、攻击性和排他性。2008年第二十九届奥运会拟定吉祥物时,当时中国人百分之九十提出要把中国的龙作为中国奥运会的吉祥物时,马上遭到了众多国家的反对,主要原因就是,在西方文化中的"龙"是邪恶的、侵略和扩张主义的象征。当年陈元光把"龙"图腾引进九龙江流域时,他的部队就是作为军事移民来到九龙江流域的,所以"河洛(闽南)支系文化"中便带有了攻击性、征服性和排他性的意蕴。

2.汀江——客家的母亲河,客家文明的主要形成地。从古至今,人类的迁徙、开发一般都是追逐着大江、大河的舟楫便利,沿着水系而行,并且由此产生了频繁的人员、物资交流和文化往来,加至民族、民系之间的逐渐开放和通婚、通商行为,逐渐完成了统一语言、统一民俗风情、统一思想价值观念的文化统一归属的自觉行为。当相对统一的语言即"客家话"在以汀江流域为核心的闽、粤、赣边最终形成,并成为客家族群的标致——客家话。故此,客家人不论走到天涯海角,总是"宁卖祖宗田、不忘祖宗言"。因为客家人在千百年的不断迁徙过程之中,什么物质财富的东西都可能在途中丧失,唯一能够与生命同在、随身带走的只有头脑中的文化记忆以及语言。这就是"客家话"对于长期颠沛流离的"客家人"族群的文化象征意义。

　　由于闽西大山的重重阻隔、统治力量的薄弱、苛捐杂税相对较少、可供开垦的耕地却较多,于是吸引了大批中原迁徙人群源源不断地到来。在两宋期间,汀江中上游政治、经济和文化中心的汀州已经发展成为"十万人家溪两岸"、"不减中州"的区域性繁华都市。据史料统计,从北宋崇宁年间(1102～1106 年)汀州户口有 81454 户,至南宋开庆年间(1259 年),150 多年增至 223433 户,大约 140 万人左右,几乎翻了 3 倍。而 800 年后的 2011 年,闽西(龙岩市)的总人口才达到 290 万人,才翻了 1 倍。由此可见,从北宋靖康二年中国政治、经济、文化中心南移,"衣冠士族"纷纷南迁汀江流域之多。南迁汉人以中原方言为主体母语,终于催熟了客家民系形成的标志——"客家话"的诞生。与此同时,当相对统一的意识形态和文化母体也随之而生,比如崇文重教、慎终追远、敦亲睦邻的思想;当相对统一的山歌、谣谚、民俗风情、服饰、广场文化艺术等文化要素也逐渐形成:"客家文化"在汀江流域诞生了! 一个中国移民史上一个伟大的民系——客家诞生了! 正是因为如此,汀江又被海内外客家人共称为"客家母亲河"。不过,这时的汀江也快撑不住了,因为虽然汀江两岸山高峰险沟壑众多,可供开垦的土地资源毕竟有限,人口成倍地急剧膨胀,粮、地的供求矛盾终于失衡。为了开拓新的生存空间,部分客家族群的新增人口便开始朝汀江上、下游和两岸的腹地再度分迁。

　　为了争夺生存空间产生了明显的文化对峙。

　　3. 两江文明的对峙与融合。从河洛(闽南)民系与客家民系各自大致形成的时间上和现在语言中的古音保留情况上看来,河洛民系形成的时间大约是在晋、唐之间,所以河洛(闽南)民系的语言以"唐音"为主;而客家民系形成的时间大约是在两宋之间,所以客家民系的语言则以"宋语"为主。由于这两个民系在主要迁徙和形成的时期正好处在中华文明形成、发展的两个重要的阶段:一个是以黄帝统一中原、秦始皇统一华夏,并最终形成以汉文化为主体、中央集权再通过武力先后统一华夏版图的农耕文明初期;一个是在以儒、释、道为文化主体,以儒家中庸"和"思想为文化核心,成为中华文化主流的阶段。而农耕文明则在唐、宋和明、清两个时期发展、成熟为两个高峰影响下的中华汉族,因为躲避游牧民族入侵的战乱而先后相差数百年之隔而移民形成的两大汉族民系。所以不同的文化背景、不同的语系、不同的风俗民情产生出来的两大汉民族族群的移民主体,到达闽西南的九龙江和闽西的汀江流域聚居区时,便产生了不同的文明诉求:比如河洛(闽南)支系族群的文化背景是中央集权和大汉文化为主体、武力统一华夏版图的农耕文明初期,所以武力统一华夏版图的"龙图腾"意识就特别的强烈,侵略性、攻击性、排他性就很强;而客家先民的主体人群到达汀江流域并最终形成客家民系的文化背景是儒家的中庸"和"文化与农耕文明已经在唐、宋和明、清两个时期发展到了两个高峰,人们的文化注意力已经从早期的武力征服、统一疆土版图和发展初级农业生产,进化到寻找和追求社会物质和精神财富平均分配的祈望公开、公平、公正这一理想国社会——"桃花源"的层面。由于两个族群在语言、水系、交通和经济来往的流向以及历史行政区域归属、文化上的先期相对落后与后来的相对先进等诸多因素,两个民系、两种特色文化在两江流域便产生了文化对峙这一特殊的文化现象。俗话说:"打虎亲兄弟,上阵父子兵";"亲不亲,打断骨头连着筋";这种民间俗语的形成与流传正是基于一种共同认可的血缘关系和族群心理。于是客家人就采用从中原老家带来的夯土技术,以当地的生黄土为原材料,首先从夯筑低矮的围屋开始,逐渐摸索,最终建成了今天的"福建土楼",构筑了这个家庭或者一个家族心理安全的边界。当这种想法和默契被周边地域的人们普遍认可并且广泛模仿时,"福建土楼"便诞生了。

所以说:"福建土楼"是由客家族群与河洛(闽南)族群在九龙江南岸迎头相遇时,因为文化背景不同、语言和民俗风情不同,为了争夺生存空间,因为文化对峙而共同创造的文化结晶!

(作者为福建省龙岩市政协文史和学习委员会主任)

客家人重视品德教育之河洛基因

张留见

一

周公洛邑执政期间,在总结夏商礼乐的基础上,制定了一套完整的礼乐制度。《吕览·孟夏纪》说:"礼所以经国家,定社稷,利人民;乐所以移风易俗,荡人之邪,存人之正性。"在周公制定的礼乐制度中,对后世影响较大的是重视对人的品德教育的乡射礼。

西周时期的乡射礼,是每年春秋两季各地为教民礼让、敦化风俗而举行的,其目的是引导射手学习礼乐,使人的心志与形体都合于"德"的要求。举行乡射礼时,乡大夫要向民众征询对射手的评价,评价标准虽然也计算射中的成绩,但最重要的是考查射手的品德。《论语·八佾》曰:"射不生皮,为力不同科,古之道也。"这里的"生皮"就是射箭的靶子,射手能否射中生皮,主要取决于射手的体能,这是第二位的,第一位的是看射手的品德。射礼比赛与军队的射击比赛有着本质的区别,军队射击比赛主要看射手能否击中靶子,而射礼比赛主要是考查射手的品德,它是一种以品德教育为主寓教于射的活动,它要求射手的一步一式必须体现礼乐之道,四肢发达、勇力无比而不知礼义者,在射礼中不会得到好成绩。周公是中华民族的文化先祖,他制定的礼乐制度是孔子儒家思想的重要来源,周公注重对人品德考查的思想对孔子产生了深刻影响。著名学者杨向奎在《宗周社会与礼乐文明》一书中说:"没有周公就不会有传世的礼乐文明,没有周公就没有儒家的历史渊源;没有儒家,中国传统的文明可能是另一番精神状态。"①礼乐制度是儒家思想之源,周公被后人称为"元圣""儒宗",而洛邑是周公制礼作乐的地方,被称为儒学"祖庭"。

孔子出生在鲁国,鲁国是周公的封地,周公的思想对孔子产生了深刻影响。

《史记·鲁周公世家》说:"鲁有天子礼乐者,以褒周公之德也。"鲁国保存了比较完整的西周文化史籍和典章制度,这些都深刻影响着孔子的思想。孔子尽管深受周公礼乐思想影响,但他还亲自到洛邑向老子请教周礼,《史记·老子韩非列传》曰:"孔子适周,问礼于老子",孔子到洛邑向老子学习,进一步加深了对周礼的理解,为儒家学说的创立奠定了基础。自汉武帝"罢黜百家,独尊儒术"后,孔子创立的儒家学说成为中国占统治地位的指导思想,对后世产生了深刻影响。

从西晋末年到两宋时期,由于战乱与自然灾害等原因,形成中国历史上四次大规模中原河洛人南迁。南迁的中原河洛人,有些和当地居民通婚融合了,还有不少没有和当地人通婚融合。中原汉人的南迁促进了客家人的形成,这些客家人仍然保持着汉民族原有的血统、文化和风俗习惯,从而形成了具有鲜明特色的客家文化。客家文化既表现出早期河洛文化的内涵,又具有魏晋唐宋时期的中原世风,既有唐宋以前不同历史阶段河洛文化的兼容性,又有北宋灭亡前早期河洛文化的原始韵味。

二

周礼中的乡射礼是以品德教育为主,孔子继承了周公以德为本的思想,孔子说:"为政以德,譬如北辰,居其所而众星拱之。"这就是说,治理国家,应以德为先,有了良好的道德,其他一切问题就会迎刃而解。没有良好道德的人,是对社会没有爱心、没有责任心的人,这种人本事越大,对社会造成的危害也会越大。"君子务本,本立而道生。"这里的"本"就是做人的根本,"务本"就是要学会做人,做一个道德高尚的人,能为民众谋福利的人。孔子认为,一个人只有品德高尚、堪称表率,才能很好地实现治世。他说:"其身正,不令而行;其身不正,虽令不从。"一个普通人只要树立了道德意志,那就任何力量都不能动摇。孔子把道德高尚看作是人在社会上立足的关键,人要充分重视个人的品德修养,把"做有思想道德的人"落实到生活的各个方面,落实到生活的每个细节上。只有这样,才能成为受社会信任、受社会欢迎的人;也只有这样的人,才能成为扎根社会的人、为社会做出贡献的人。

客家人重视教育,重视对人才的培养,在客家地区,以崇尚教育为中心内容的楹联随处可见。如:"兴邦立国民为体,教子治家读乃先","教子读书,纵不超群也脱俗;督农耕稼,虽无余积省求人"等,都体现着客家人崇文重教的传统。

在客家人生活的地方,重视教育蔚然成风,学校遍及各地,学校分官学、义学、私塾、族学等各种类型。客家人重视教育,突出表现在办祠堂学校方面。客家人主要生活在山区,经济相对落后,在兴学办教方面存在着一定物质条件的制约。然而,客家人利用祠堂众多的得天独厚优势,办起了一所所家族学校。法国神父赖里查斯在《客法词典》中写道:在嘉应州"我们可以看到随处都是学校。一个不到二万人的城市,便有十余间中学和数十间小学,学校人数几乎超过城内居民的一半。在乡下,每一个村落,尽管那里只有三、五百人,至多也不过三、五千人,便有一个以上的学校,因为客家人每一个村落都有祠堂,而那个祠堂也就是学校。全境有六、七百个村落,都有祠堂,也就是六、七百个学校,这真是一骇人听闻的事实。"②赖里查斯所说的虽然是嘉应州祠堂办学的情况,事实上,其他客家地区这方面的情形也大致相同。需要特别指出的是,在客家地区,崇文重教不是个别人的行为,而是整个客家社会的共识,这种共识是不分贫富贵贱的。客家人的崇文重教,使许多到过客家地区、研究过客家历史的人对客家印象深刻的原因之一。不论在中国,还是在全世界范围内,对于客家人崇文重教之传统、整体文化素质之高,都是刮目相看,极力赞赏。美国《国际百科全书》中写道:"客家教育普及,在中国为最。"如果按人口比例计算,"不但中国没有一个地方可以赶得上,就是欧美各国相比之下也不多见。"

由于客家人重视教育,所以在客家人居住的地区形成了良好淳朴的民风,赣州人:"风俗笃厚而纯一,田肥民勤,最称富饶",他们"崇尚俭朴,有先民遗风,礼让之俗近古"。于都人:"无甚贫甚富,颇类古之齐民。"他们"居不求华,服不求侈,饮食不求异,器用不求奇"。信丰人:"地险僻,民质朴力穑"。兴国人:"间间朴实,非达官贵人不衣绮罗,市无帛肆,途绝游妇,邑绅徒步无舆马"。会昌人:"俗敦朴而好礼,穷约不附势利,农利虽稀,无惰民,妇以绩麻为职"。安远人:"俗质朴,以耕为业,敦信义,重然诺,矜尚名节"。龙南人:"士耻虚务实,鲜以标榜声华为事,俗勤耕织,宫室服器,多从质素"。寻乌人:"俗俭朴,不尚奇巧,士敦操尚,惜廉耻,民力稼穑,女勤纺织,俭约有唐魏风"。客家人特别强调辛勤创业,开拓进取,奋发图强,艰苦奋斗。在家庭生活中,节俭防奢,尽量降低物质欲望,达到简朴持家,立业永久的目的。在客家家规家训中,勤俭治家的观念是其重要内容之一,几乎没有谈治家而不提倡勤俭的,如:持家之道,勤俭二方,勤则生财,俭为备荒。懒惰之人,难为衣粮,奢侈之我,好景不长,劝我族人,节俭为尚,居不贪高,房坚宅亮,食不求珍,腹饱口凉,衣不华贵,齐整大方,器质而洁,不图排场,红白喜事,不宜铺张,现时富足,当思久常,量入为出,有储有藏。客家人教育子女要开拓进取,奋发图强,以期他们能有所成就。勤俭二字包含了客家人的历史发展,文化特色,成功底蕴和精神风貌。如果说勤俭是客家人的生存之道,那么开拓进取,奋发图强就是客家人的成功之本。

三

由于客家人重视教育,所以在客家人居住地区形成了良好社会风气,他们利用祠堂学校在传授子弟文化知识的同时,特别重视对子弟道德品质的培养,希望子弟认真读书,从读书中求学问,求义理,学做人,而不单纯追求功名利禄。客家人教育子弟要正确处理读书和做人,读书和科举的关系,不要单纯追求功名利禄。他们以家训为教本,培养子弟的优良品德,主要内容包括:尊老敬长、团结族人、和睦乡里、重视品行。

尊老敬长。尊老敬长是中国传统道德的核心内容,是客家人教育子弟的基本内容之一,几乎所有的客家家规家训都很重视这一点。大埔黄氏族谱:凡为人子弟者,当孝顺父母,和睦兄弟,不可泯灭天性,以卑凌尊,望吾族子孙,宜敦孝悌于一家。粤东张氏家规曰:身为人子,必有爹娘。生子不易,养更非常。竭尽全力,操碎心肠。恩重如山,情深似洋。劝我族人,必有报偿。父母在世,孝顺敬让。不可凌辱,不可欺诓。遇有要事,应与商量。父母老耄,服侍奉养。问寒问暖,关心痛痒。病疾请医,煎药送汤。父母归仙,节礼安葬。兴宁孙氏族谱:凡同宗之人,有忤逆父母,欺凌尊卑,奸盗淫乱,酗酒撒泼,不事生理,妄作非为,玷辱祖宗,恃一己之强,阴谋诡计,不顾同宗之宜。如此之人,小则合族攻之,大则鸣官惩治。

亲睦族人。客家族谱中有不少宣传亲睦族人内容。大埔黄氏族谱:宗族为万年所同,虽支分派别,但源出一脉,勿恃势凌弱,宜敦一本之谊,共成亲亲之道。蕉岭林氏族谱:同宗乃先祖遗体,亲邻有婚姻血肉之缘,亲爱同宗,融和乡党,做社会良民。粤东张氏族谱:兄弟之情,非同寻常。只因缘份,方逢世上。如同手足,根脉一纲。荣辱联结,祸福关相。劝我族人,兄弟莫忘。珍视情义,互尊互谅。雍爱和睦,兄恭弟让。福禄共享,苦难同当。遇事多商,亲朋礼往。妻室各教,父母共养。团结一致,共拒豪强。兴宁孙氏族谱:凡同宗之人,富贵贫贱不能均一者,皆天命也。宗族间不可恃富骄贫,倚贵轻贱。凡同宗之人,有入学中举者,通族各出多寡资助,有婚姻葬祭不能成礼,聪明好学不能给用者,众皆出资赞成其事,有孝悌可称,德行可仰者,则书之以谱,而效范文正公睦族之义,将上荣祖宗,下迪后人矣。南阳邓氏族谱:五伦之中有尊卑长幼,人所其之也,家有伯叔兄弟,为子侄者,惟宜兄友弟敬,恭顺和睦,不可逞凶斗殴,秽言凌辱,污伤大义,至于称呼,也要有序,不可混言无忌,如有斯人也,以家法处治。客家族规突出一个和字,反对自相欺凌与残杀。人们生活在社会上,父子、兄弟、叔侄之间难免发生矛盾,子弟族人要忍让为先,彼此相容,多从自己方面找原因,严于律己,这样就能大事化小,息事宁人,和睦相处。因此,在各姓的家训中,大多都能看到睦宗族条款族规。廖氏武威堂谱牒中写道:家之有宗族,犹水之有分派,木之有分枝,虽远近异势,疏密异形,然其初兄弟也,兄弟虽多,其初一人之身也。夫宗族之间,虽有亲疏远近贵贱之分,而自祖宗观之,则皆子孙也。在息争讼中规劝族人:讼者危事,无理能败,有理亦能败。兄弟叔侄累讼弗息,率至两败俱伤。败者自觉无颜,胜者人皆侧目。嗣后族中或有争衅,族长房长必须苦口相劝,不至成讼。

和睦乡邻。乡邻之间和睦相处,对宗族的发展十分重要。许多客家族谱都有和乡邻友好相处的条目。大埔黄氏族谱:乡邻乃同井共居,宜出入相友,守望相助,切不可相残相斗,务宜亲乡邻如同骨肉之亲。粤东张氏:人之祖先,原本同纲。繁衍生计,迁徙各方。近者是邻,远者为乡。百姓如是,况且族党。劝我族人,友睦乡党。以和为贵,仁厚谦让。缓急通义,庆吊礼往。艺来相扶,困难相帮。邻里之间,互为守望。哀矜孤寡,照顾幼长。不弄是非,多忍多让。莫欺贫弱,勿恃豪强。粤东李氏:乡里是吾祖吾父世代生长之地,长者是吾之父兄,少者即吾之子弟,同里共井,朝夕相见,情谊何等殷勤,相亲爱,何等关切。

重视品行。许多客家族谱在家规家训中对族人的行为规范作出规定。不仅要求族人当事亲敬上,还要求育后兴宗,更以讲求伦常秩序、礼仪规范为行为的道德标准。大埔黄氏族谱:礼让为待人处世之道,非徒拜跪坐揖之礼,必使设防戾不萌,骄态不作,养成谦让逊顺之风。端士品条:士为四民之首,隆其名正以贵其实也。故宜居仁义,以成明体达用之学。若使偷闲,不惟上达无由,且士类有玷。南阳邓氏族谱有正心术条目:人之心术,赋性本善,我于积习日近,乃至道义耳。凡人幼之时,为父兄者,须教以礼貌,训以义方,勿至心术变坏,以贻终身,即父母之道毕矣。正品行条:人生于世,品行为先,内则族戚,外则明朋,皆以品行定终身,所以人贵志主成,不可欺诈,贵信义,不可奸险,贵不浇薄,死生有命,富贵在天。谨言词条目,书之惟出口,好兴古语云。躁人间词多,古人词少,盖言不可不谨也。嘲语伤人,痛如刀剑,以至口角成仇,官司结恨,大则倾家丧身,小则坏名节义,共系非轻,不可不慎。大埔黄氏族谱有戒非为条目:非为乃非人生可作可为之事,凡所行者,必要光明正大,天地良心,切勿贪财设计,贪色行奸,宜见得必然思义。戒异端条目:异端乃非圣人之道,所作乃无父无君之事也,愿吾族宗盟,若闻邪术妖言,宜必远之,勿致其害累矣。客家人禁止族人子弟嫖妓、赌博、酗酒、斗殴等,他们在家训中常常用很大篇幅揭露这些恶习的危害性,指出沾染了这些恶习,不仅会败人名节,丧己品行,严重的还会丧身破家,妻离子散,倾家荡产。石城温氏考略指出:士之致远,先品德而后艺文,苟品之不端,纵学富才雄,亦不足重。他们特别强调,非圣贤训世之书不可藏,非圣贤传世之言不可教。同时要整风澄俗,革除社会不良风气,除上面所说的嫖赌以外,还有迷信阴阳风水、讲究厚葬、大办佛事道场、婚姻论财等陋习必须革除。在家规家训中,规劝族人切莫因为风水等原因使亲人长期得不到安葬,也切莫因为厚办丧事而弄得破产丧家,与其死葬之厚,不如生养之丰,生不丰养,死求厚葬,其实是沽名钓誉的不孝子孙。他们主张男婚女嫁需重人品,轻钱财,无论是娶妇还是嫁女,都要量力而行,不可夸耀攀比。那种索取重聘,讲求阔气排场,以致弄得贫困告贷,破产丧家的行为,都是既害自己又害子女的愚蠢行为。

总之,产生于河洛地区由周公奠基的礼乐文化是儒家文化之根,孔子继承发展了周公的思想,对中国文化产生了极大影响,对客家文化的影响非常深远。从河洛地区南迁的客家人,他们利用家族学校在传授子弟文化知识的同时,十分强调思想品德教育,主要内容是:尊老敬长、亲睦族人、和谐乡邻、重视品行。客家人重视重品德教育的传统是他们继承河洛文化的体现。

参考文献:

[1]杨向奎《宗周社会与礼乐文明》,人民出版社,1992 年。

[2]林晓平《客家文化特质探析》,《西南民族大学学报》2005 年 12 期。

[3]贺超《客家文化与现代文明》,《江西社会科学》2007 年第 1 期。

[4]孙君恒《当代西方的客家研究》,《河洛文化与台湾文化》,河南人民出版社,2011 年。

[5]贺小利《近十余年来我国客家龙屋研究综述》,《赣南师范学院学报》2013 年第 2 期。

（作者为洛阳理工学院中文系教授）

河洛文化与客家渊源考

李汇洲

　　"客家"民系是中国汉族民系中极其重要的一支,"客"是行走的状态,无论到何地都是一种"客"的身份;"家"是停留的状态,以异乡为故乡,所有的故乡也都是异乡。这是历史上客家人的生存状态,也折射着一种奋斗不息的生命情结,在做客异乡与反客为主之间循环往复,永不停止。"客家族群是历史上形成的一个汉族民系。这一民系,是在特定时期内、特殊环境下,成批迁居和生活所逐渐形成的族群共同体。"①客家民系的形成是一部"活"的历史,从动荡的中原举族南迁,几经流徙多方辗转,饱经磨难的客家先民终于在福建、江西、广东三省接壤的蛮荒之地安定了下来,他们披荆斩棘、繁衍生息,在长期的生产和生活实践中,形成了为自己所接收和认同的精神文化成果——客家文化。客家文化根植于以河洛文化为代表的中原文化,晚清著名诗人黄遵宪为客家人,他在《人境庐诗草》中说:"中原有旧族,迁徙名客家,过江入八闽,辗转来海滨。"②"筚路桃弧辗转迁,南来远过一千年。方言足证中原韵,礼俗犹留三代前。"③说明了客家文化的根源在中原,虽然历经千年沧桑,但仍保留了早期中原文化的的本色和特质,其语言、民俗、信仰等日常生活的很多方面都仍具有很深的中原文化印记。

一、河洛地区与河洛文化

　　河洛文化是根植于河洛地区的文化,是中原文化的源头与核心,对华夏民族传统文化的形成、发展以及传播,具有基础性的作用和影响。"河洛"一词在二

---

① 安国楼《河洛文化与客家文化》,河南人民出版社,2010年,第132页。
② 黄遵宪《人境庐诗草笺注·送女弟》,上海古籍出版社,1981年,第29页。
③ 黄遵宪《人境庐诗草笺注·已亥杂诗》,上海古籍出版社,1981年,第810页。

十五部正史中出现了 108 次,其中正文出现 105 次,可指河流、地区和图书名,多用作地名。① 作为地域概念,"河洛"有狭义和广义两个范围。狭义的"河洛"指洛阳,广义的"河洛"则指"以洛阳为中心,东至郑州、中牟一带,西界华阴、潼关一线,南以汝河、颍河上游的伏牛山脉为界,北跨黄河以汾水以南的晋南、河南的济源、焦作、沁阳一线为界"。② 由此可见,广义的河洛地区在一定程度上代指中原,这里孕育了我国最早的文明和国家,是华夏文化的摇篮,并在数千年里占据着政治、经济、文化等方面的中心地位。司马迁在《史记》中载:"昔三代之居,皆在河洛之间。"③"昔唐人都河东,殷人都河内,周人都河南。夫三河在天下之中若鼎足,王者所更居也,建国各数百千岁。"④西晋文学家左思在《蜀都赋》中也说:"崤函有帝皇之宅,河洛为王者之里。"由此可见河洛地区历史之久,地位之重。在这块土地上,华夏民族经过几千年的辛苦耕耘,创造出了厚重丰富、恢宏博大的河洛文化。河洛文化具体指什么? 很难给出一个统一的定义,朱绍侯先生曾说:"河洛文化博大精深,任何人都难于用一句话把它说清楚。简言之,河洛文化应是产生于河洛地区的,包括原始社会彩陶文化(仰韶文化)和河南黑陶文化以及神秘而代表河洛人智慧的《河图》、《洛书》;应包括夏商周三代的史官文化,以及集夏商周文化大成的周公制作礼乐的礼乐制度;还应包括综合儒、道、法、兵、农、阴阳五行各家学说而形成的汉代经学、魏晋玄学、宋明理学以及与儒、道思想互相融合的佛教文化等等,以上各种文化的总和就是河洛文化。"⑤由此可见,河洛文化是几千年来华夏文明的核心与主线,作为中原地区河洛的地域文化,是中华民族传统文化的典型代表,具有广阔的的辐射范围、强大的生命力与影响力。

二、客家民系与客家文化

客家(Hakka),是汉族的民系之一,《现代汉语词典》对"客家"的释义是:

① 邢永川《"河洛"初考》,陈义初主编《河洛文化与汉民族散论》,河南人民出版社,2006 年,第 72 ~73 页。

② 薛瑞泽《河洛地区的地域范围研究》,《洛阳师范学院学报》,2005 年第 1 期。

③ 《史记·封禅书》,中华书局,1982 年,第 1371 页。

④ 《史记·货殖列传》,中华书局,1982 年,第 3262 ~3263 页。

⑤ 朱绍侯《河洛文化与河洛人、客家人》,《文史知识》,1994 年第 3 期。

"指在四世纪初(西晋末年)和十二世纪初(北宋末年),从黄河流域逐渐迁徙到南方的汉人,现在分布在广东、福建、广西、江西、湖南、台湾等省区。"①《辞海》中对"客家"解释更为详实:"相传西晋末永嘉年间(4世纪初),黄河流域的一部分汉人因战乱南徙渡江,至唐末(9世纪末)以及南宋末(13世纪末)又大批过江南下至赣、闽以及粤东、粤北等地,被称为'客家',以别于当地原来的居民,后遂相沿而成这一部分汉人的自称。以粤东梅县、兴宁、大埔、五华、惠阳等县最为集中。尚有部分分布广西、四川、湖南、台湾、海南岛部分地区和侨居海外南洋一带。"②而陈永龄先生主编的《民族词典》对"客家"作了进一步的定义:"客家,汉语广东方言称为'哈卡'(Hakka),'客而家焉'或'客户'之意,汉族的一个支系。原是与当地土著居民相区别的称谓,后相沿成而自称。过去曾有误认为少数民族者。"③客家研究的开拓者与奠基者罗香林先生在《客家源流考》中对何为"客家"作了概括性的界说:

> 欲定客家界说,自时间言之,当以赵宋一代为起点。客家居地,虽至今尚无普遍调查,然依其迁移所居,大体言之,其操同一客语而与其邻居不能相混者,则以福建西南部,江西东南部,广东东北部为基本住地,而更及于所再迁之各地,此就空间言之者也。鄙意凡属客家之基本住地,自赵宋以来之文物或活动,除极少数不能并计外,大体皆可认为客家之文物和活动。吾人研究客家问题,固当上溯源流,下瞻演变,然其基本对象,当不能离此地域此时间一般操客家语之人群及其所活动之迹象。④

以上的几种定义虽对客家人起于何时意见不一,但可以得出的共同结论是客家人是指以黄河流域为主的北方人迁居南方(闽、浙、湘、赣、两广)后,仍保存汉族传统、文化和习俗的人。

对于历史上客家人的迁徙运动也有不同的说法,主要有"三次说"和"五次

---

① 中国社会科学院语言研究所词典编辑室《现代汉语词典》,商务印书馆,1978年,第716页。
② 辞海编辑委员会《辞海》(中),上海辞书出版社,1979年,第2337页。
③ 陈永龄《民族词典》,上海辞书出版社,1987年,第848页。
④ 罗香林《客家源流考》,中国华侨出版公司,1989年,第42页。

说"。美国耶鲁大学教授韩廷敦(Ellsworth Huntington)和英国传教士肯贝儿(George Campbell)提出了"三次说",他们认为第一次汉人南迁的起因是公元4世纪的大饥馑和"五胡乱华";第二次始于公元9世纪的黄巢起义,在光启元年(885年),约五千人迁于闽西山区,在此定居四百年形成了客家民系;第三次始于宋室南渡至元灭宋,此时客家人显然已从闽西山区移入粤东山区嘉应州(今广东梅州)。①"五次说"是由以罗香林先生为代表的一批学者提出的:第一次,自东晋,受五胡乱华影响,由中原迁至鄂豫南部,及皖赣沿长江南北岸,以至赣江上下游,为迁移之第一时期(317~879年)。第二次,自唐末受黄巢事变影响由皖豫鄂赣等第一时期旧居,再迁至皖南及赣之东南,闽之西南,以至粤之东北边界,为迁移之第二时期(880~1126年)。第三次:自宋高宗南渡,受金人南下元人入主之影响,客家先民之一部分,由第二时期旧居,分迁至粤之东部北部,为迁移之第三时期(1127~1644年)。第四次,自明末清初,受满洲人南下及入主之影响,客家先民之一部分,由第二第三时期旧居,分迁至粤之中部及滨海地区与川桂湘及台湾,且有一小部分更迁至贵州南边及西康之会理,为迁移之第四时期(1645~1867年)。第五次,自同治间,受广东西路事件及太平天国事件之影响,客家一部分人民,分迁于广东南路与海南岛等,为迁移之第五期(1867年以后)。②尽管两种说法有不同的地方,但有两点是相同的:一是西晋末年以后出现的中原南下移民潮,形成了所谓客家先民的主体,对客家族群及民系的最终形成有举足轻重的作用;二是客家先民系出中原,尽管不同程度地吸收了南方当地的风俗习惯,但在语言、文化、信仰等方面,仍然保持着中原古风,延续了中原先民固有的品质和特色。

对于客家民系的形成,清人徐旭曾在其《丰湖杂记》中早有论述:

> 今日之客人,其先乃宋之中原衣冠旧族,忠义之后也。自徽、钦北狩,高宗南渡,故家世胄,先后由中州山左越淮渡江而从之,寄居各地。迨元军大举南下,宋帝辗转播迁,南来岭表,不但故家世胄,即百姓亦多举家相随,有

---

① (日)中川学《华人社会与客家史研究之现代课题》,《世界客属人物大全》(上册),新加坡崇文出版社,1990年。
② 罗香林《客家源流考》,中国华侨出版公司,1989年,第35页。

由浙闽沿海至粤者,有由湘赣逾岭至粤者……当时元兵残暴,所过成墟,粤
之土人亦争向海滨各县逃避,其闽、赣、湘、粤边境,毗连千数百里之地,常数
十里无人烟者,于是相率迁居该地焉……披荆斩棘,筑室垦田,种之植之,耕
之获之,兴利除害,休养生息,曾几何时,遂成一种风气矣。粤之土人称该地
之人为客,该地之人亦自称为客人。

从上述记载,可以得知客家先世来源于"中原衣冠旧族",客家民系形成于
宋元之际,在相对恶劣、封闭的自然环境中长期居住和生活,保留了传统的中原
古风,并在与当地土著文化的交流融合过程中形成了自己独特的精神文化和风
俗习惯。

三、客家文化与河洛文化的渊源

勤劳耐苦、节俭团结的客家人被赞美为"牛乳上的乳酪",其创造的客家文
化丰富多彩,兼容并包,根植于中原地区的河洛文化,是客家先民固有的文化传
统在迁居地区的世代继承和发展,他们固有的文化传统又直接秉承了南迁那个
时代的中原河洛世风,所以基本价值观念和主要内容与河洛文化一脉相承,有着
很深厚的渊源。这在客家文化的特质、族源、语言以及风俗等方面都有明显的痕
迹。

一种文化的特质是指该文化带有的决定性、本质性特点,包括精神层面的文
化特质以及物质层面的文化特质。而儒家文化是客家文化最基本的特质,突出
地表现在客家人敬祖睦宗、崇文重教的文化意识。《论语》中有着浓厚的崇祖尊
先思想,"慎终追远,民德归厚矣。""祭如在,祭神如神在,吾不与祭,如不祭。"
"子入太庙,每事问。"这些都显示了儒家思想中对先祖的敬重与怀念,孔子的崇
祖思想源于西周时期由鬼神崇拜到祖先崇拜的信仰转变,后世的儒家学者也继
承了这一思想,敬祖尊先也成为中国传统伦理道德中一个核心思想。而根植于
河洛文化的客家文化也继承了这一重要思想,客家地区林立的大小祠堂便是见
证。传统的客家社会,无论宗族大小都有自己本族的祠堂,用以祭祀和追念祖
先。男婚女嫁、逢年过节都要在祠堂举行相应的仪式,以表达对祖先的崇敬与怀
念之情。孔子在推行教育方面同样做出了重要贡献,"有教无类"、"文行忠信"、

"敏而好学,不耻下问",这些都成为后世永久传颂的伟大教育思想,为后来"学而优则仕",借读书改变命运的寒门子弟开辟了一条希望之路。而客家人也非常重视乡族子弟的教育,认为读书才能明理明志,将来才能有所作为,客家人中广泛流传着重教育的童谣与俗语:"蟾蜍罗,咯咯咯,唔读书,无老婆","生子不读书,不如养大猪"。为了摆脱山区经济条件落后的劣势,客家人以众多的祠堂办起了一所所学校供族内子弟读书,除此之外,还利用公有的祠产奖励和资助一些成绩优秀但家境困难的子弟继续学习深造。这种崇文重教的传统一方面可能是由于客家人的居住地大都山多田少,为了摆脱贫困,文化知识成为主要的谋生手段,但更主要的原因是继承了儒家文化重视教育的传统。

在客家人的大厅里都置有祖先牌位,显示着自己宗族的渊源,从始祖排到二十世、三十世、一百世,考妣并列,昭穆分明,横写堂号,左右堂联。比如陈氏(颍川堂),堂联:颍川世泽,太史家声。李氏(河南堂,即洛阳堂),堂联:龙门世泽,柱史家声。王氏(陈留堂),堂联:三槐世泽,两晋家声。张氏(清河堂),堂联:清河世泽,唐相家声。林氏(西河堂),堂联:九龙世泽,十德家声。郑氏(荥阳堂),堂联:荥阳世泽,诗礼家声。吴氏(淮阳堂),堂联:延陵世泽,渤海家声,等等。每一个姓氏家族,都有自己的郡望、堂号,这是家族文化的一个重要组成部分,是一个家族的代称或象征,具有维护家族和睦,促进家族团结的重要作用。同时这些堂号也意在彰显他们的祖先都来自中原,"尽管他们的祖先不少可以追溯到中原,因为中原是众多姓氏的发源地,但他们移居南方的始迁祖,却许多并不是今天的以河南为中心的中原之地。如有的是从东北、西北或其他地区迁往南方定居的,这些移民家族的后裔,显然不属于客家民系。"①但这从另一方面也表明了姓氏众多的客家人自认为他们的先民是从中原而不是其他地区南迁的,并以"中原遗民"自称的意愿。

由于客家先民多来自中原河洛地区,其所说语言也多继承保留了当时中原的古语音韵,所以在客家方言里,很多词语和用法与河洛地区的古汉语相同,继而存在很多当时的"雅言"。音韵学大师章太炎曾对客家语言与音韵进行了专题研究。他在《客方言·序》一书中指出:"广东称客籍,以嘉应诸县为宗,大抵本之河南,其声音亦与岭北相似。"韩廷敦在《种族的品性》一书中说:"关于客家人的情形,第一件可注意的事,便是他们的方言,他们说的实在是一种官话,和四周非客家人的话很不相同,便是很像现在中州河南的话。客家人原出北方,在这一点上就可以看出来。"①中州河南,自古为历代的政治文化中心,其方言也为当时官话的基础。客家先民多出于此,故其方言中较多地保留了中原地区的古音古韵,而北方汉人经过魏晋南北朝、宋辽金元与五胡、契丹、女真、蒙古等族在血缘与文化方面的融合,中原地区的古代官话早已不知所踪。元人周德清曾著《中原音韵》一书,被视为当时的"标准普通话"范本记录。清代著名经学家、文学家陈澧,曾著《声律通考》、《切韵考》。他通过调查精考,认为客家话源于中原,尤其与宋元时切近。《中原音韵》所记声母系统的发音方法与客家话基本上是一致的,如所记"武、无、务、维、未、晚、万、望"等字的声母为[v],与客家话相同;所记"江、阳、唐"与"东、冬、钟"都是三韵合而为一,与客家话相同。可见,客家方言还为研究和保存中原古汉语提供了珍贵的材料。

客家人在观念意识上以中原传统文化的传承者自居,因而至今仍继承和保留了很多中原地区的风俗习惯。如在婚姻嫁娶上,客家人保持了传统的"六礼"之制,《礼记·昏义》载:"昏礼者,将合二姓之好,上以事宗庙,而下以继后世也,故君子重之。是以昏礼纳采,问名,纳吉,纳征,请期,皆主人筵几于庙,而拜迎于门外,入,揖让而升,听命于庙,所以敬慎重正昏礼也。"②这种礼制始于西周,在中原十分兴盛,但由于后世中原动荡不安,居民南迁等原因,"六礼"之制逐渐被淡化。但这一婚娶传统,在客家地区得以世代传承。而且在一些客家地区至今仍保存着夜间迎亲的习俗,因为古语"婚",本作"昏",即黄昏之意,古代文献中常把婚礼写作"昏礼",即"昏"时举行的礼仪,取其阳往阴来之意。客家人遵循着这一古礼,以示自己中原遗民的风范。此外,在饮食习俗上也处处可见客家人对古礼的传承。客家人平素节俭,但待客十分大方,讲究"六碗八盆十样",菜肴实惠量足,盛器多用盆、钵、大碗,有古民遗风。设筵席用八仙方桌,依照辈分排座次,且规矩繁多,以鸡头敬老,上座留空位于已故先祖等等,这些都显示了客家

---

① 罗香林《客家源流考》,中国华侨出版公司,1989 年,第 2 页。
② 《礼记正义》,上海古籍出版社,2008 年,第 2274 页。

人浓厚的传统文化观念。

客家文化被认为是一种河洛移民文化,是具有河洛文化传统的客家先民在千百年来的不断迁移辗转中,为了适应赣、闽、粤等地的自然地理环境,并当地民族文化交流融合的结果。在征服自然、改造社会的过程中,虽然吸收了一些当地的土著文化,但客家文化仍以中原地区的河洛文化为根基,创造了自己独具特色的饮食文化、服饰文化和民俗文化等,这同时也体现了河洛文化的多元性和兼容性。客家文化与河洛文化具有明显的文脉传承,是客家人智慧的结晶与体现,也是中华文明的重要的组成部分。

(作者为湖北省社会科学院博士)

河洛文化的迁移与客家民系的形成

刘玉珍　刘　璐

河洛文化是中国文化的重要源泉之一,是中华民族的主流文化。与其他地域文化一样,河洛文化在形成、发展的过程中,由于受政治、经济、战争、自然灾害等诸多因素的影响,在扩展、迁移的同时对文化的自身发展及周边文化的形成曾起到过积极作用,对于南方民系尤其是客家民系的形成产生了较为深远的影响。本文从文化迁移的观点入手,探讨对河洛文化迁移与客家民系形成这一问题的简单认识。

一、文化迁移的概念与类型

文化迁移,又可称作"文化扩散"或"文化传播",是思想观念、经验技艺和相关文化特质从一个社会传到另一个社会、从一地传到另一地的过程。文化迁移是文化自身发展的基本过程,对人类文化的更替或承继起到至关重要的作用。

从人类社会的发展看,文化的迁移作用会随着与文化中心地的距离的增加及时间的延长而逐渐减弱,而新生文化在向外扩散的过程中也会受其他作用的影响而停止。所以,文化迁移带有一种时空性质的相互作用,在地域性跨度方面表现的更为明显。从此特点上说,其方式可分为"扩展"和"迁移"两类:

1.扩展。即在一个核心地区发展起来的一种新观念或新创造逐步向外扩散,使得接受这种文化的人和出现的地区越来越多。扩展又可呈现出以下三种表现:(1)不分等级地传播给每一个地区社会所有接触者;(2)从最先接受的某一阶层传播到另一社会阶层的人,或者通过文化中心地逐级传播;(3)受原有文化启发创造出新的文化。

2.迁移。即通过个人或群体的迁移活动,把新观念或新工艺带到新的地区。这种类型不仅传播距离远,而且与原文化区之间有很大间隔,但在文化特质上有相似之处。

任何一种文化要在起源地之外的地方存活、发展,一方面要求能够适应该地社会的现实需要,另一方面则要与该地的传统文化或原有文化因素紧密融合。文化迁移的结果,就是产生出文化在一个地区不断地输入和输出的现象,先进文化取代或融合落后文化,最终引起该地文化的转换。文化迁移的媒介主要是人的迁移和流动,尤以人群或族群的迁移更为重要。移民、战争、入侵和占领等是文化迁移的重要途径,通商、贸易以及其他人员的流动,也会对文化迁移产生一定的影响。在当代,由于交通及通讯等技术手段的发达,文化传播的媒介增多,在不一定依赖于人的迁移和流动的同时,世界范围内的文化迁移通过各种途径,正以前所未有的规模和速度进行着,由此必然导致世界文化的同质性日益增强。

二、河洛文化的迁移与影响

河洛文化以洛阳盆地为中心,西至潼关、华阴,东至荥阳、开封,南至汝颍,北跨黄河至晋南、济源一带。历史上,由于受到政治、经济及战争、自然灾害等诸多因素的影响,河洛文化曾经历了三次大规模的文化迁移(主要是南迁),对自身及周边文化的形成与发展产生了较为广泛、深远的影响。

1.河洛文化的第一次迁移发生在西周初年到秦灭东周。西周时期,姜尚受封于齐,西周文化与东夷前齐地文化结合,形成了新的姜齐文化(以齐地文化为主,融合了夏文化、商文化和西周文化);周公受封于鲁,西周文化与东夷前鲁地文化结合形成了新的鲁文化(以西周文化为主,融合了夏文化、商文化和东夷前鲁地文化);西周文化与前燕地文化结合形成了新的燕文化,西周文化与三晋地区的文化结合形成了新的三晋文化。春秋以后,河洛文化与长江流域文化相结合,形成了楚文化,并在此基础上兼容并包了周边的巴蜀文化、吴越文化,直接影响到后来西汉文化的形成。在此过程中,河洛文化的包容性和开放性得以彰显,中华民族的文化得以拓展、延续。

2.河洛文化的第二次迁移发生在东汉末年到隋朝初年。这次河洛文化南移长达四百年之久,是时间最长的一次。东晋以后,原有的河洛文化受到毁灭性的打击,但是作为地域文化的河洛文化依旧顽强存在。此时,中国的政治、经济、文化中心南移长江流域,形成出现了三国时的吴文化、东晋文化、南朝文化和前客家文化。东晋南迁以后,北方政权林立,阶级矛盾、民族矛盾激化,中原战乱不断,大批汉人举家南迁,东晋南朝实行侨置州县,后又实行"土断",于是出现了所谓的"客家人"。河洛文化再次南下江南,并与当地文化结合,在促进江南经济、文化发展的同时,形成了独特的"前客家文化"。

3.河洛文化的第三次迁移发生在唐朝末年到南宋结束。这是一个特殊的时期,唐末至北宋,中国的经济中心开始南移,而政治中心仍在黄河中游地区,河洛文化仍然主导了社会文化发展的主流。但由于江南经济的发展,为文化的发展提供了物质基础,江南的文化得到了迅速发展,这时的江南经济、文化开始赶超北方。至南宋,作为一个王朝主体文化的河洛文化随之南移,并迅速接纳了江南文化,成为主导南宋王朝的主体文化,此时的"河洛文化"已经与北宋时的河洛文化有了本质的不同。而这一次的南迁又一次带动河洛汉人的南迁移民潮,长江流域的部分居民(主要是客家人)进一步南迁,促进了江南地区的开发,同时将江南文化和河洛文化进一步融合,迁移,进而形成了"客家文化",并延伸影响了闽台文化。

三、中原汉人的迁移与客家民系

客家民系何时形成?目前有三代夏家说、秦汉说、两晋说、南朝说、唐宋说、明清说等等。笔者以民族形成的四大要素(即共同地域、共同经济生活、共同语言、共同心理素质)来界定客家民系,将共同地域作为客家民系形成的前提条件,粗浅地认为客家民系初步形成的年代应在宋元之际。而客家民系的形成源于河洛文化的三次迁移,与中原汉人南迁的三次高潮关系密切。

从西晋末年延续到南北朝时期的汉民族大南移,形成中原汉民族南迁第一次高潮。这次移民高潮形成了三大支流:其一为"秦雍流人"(指当时居住在今日陕西甘肃以及山西一部分的人民),到达的主要地点是洞庭湖流域;其二为"司豫流人"(指当时分居于今日河南以及河北的一部分的人民),到达的主要地点是鄱阳湖流域;其三为"青徐流人"(指当时分居于今日山东以及江苏安徽一部分的人民),其到达的主要目的地是太湖流域。东晋南朝当局在从建康(南京)以西至洞庭湖北的大江两岸布满了许多侨置州郡,以安顿这些流民。

第二次移民大高潮就是唐代中叶的天宝至德年间至唐末,由于安史之乱引起了北方民族南迁。这次大移民也持续了一个半世纪。移民集中居住的地区主要是襄阳、江陵、武昌之间的湖北腹地,湖南的西北角,苏皖二省南部及江西的北部和中部。这次移民的规模,据《旧唐书·地理志》载:"自至德后,中原多故,襄邓(豫南鄂北)百姓、两京(长安、洛阳)衣冠,尽投江湘,故荆南井邑,十倍其初,及置荆南节度使。"由于北方人口的大量迁入和相对和平的环境,南方经济迅速发展,导致经济重心的南移,南北方人口比重也由北重南轻转变为南重北轻。

第三次中原汉民族南迁的移民高潮在两宋之际,这次南迁又持续了一个半世纪。即从靖康元年至南宋灭亡。移民总人数约500万,是最大的一次中原汉民族南迁。大量的北方移民迁入南方,对南方经济文化发展起了巨大的作用,并且进一步加强了唐后期五代形成的全国人口分布和经济文化地位上南重北轻的格局,并一直持续到近代。

不难发现,中原汉人的大规模到来,使闽西、赣南、粤北的人口成倍增加。寓居于此的客家人从河洛地区带来了先进的农业、手工业技术和悠久而深厚的文化传统,如语言、习俗、宗亲、教育、伦理、礼仪等等,从而促进了当地社会及文化快速发展。也正是由于大批中原汉人的南迁,促使了河洛文化的扩展、迁移,从而在中国历史上形成了一个特殊的人际群体——客家民系。

参考文献:

1. 王同海、郭福亮《河洛文化的南迁与影响》。

2. 中国客家博物馆《客家的界定》。

(刘玉珍,河南博物院研究馆员、展览部主任,刘璐,河南博物院副研究馆员、外联科科长)

客家地区对中华文化思想
发展壮大的作用与影响

王石水

　　是历史的巧合,还是历史必然,在中华民族的漫长发展历史上,几乎每一次大的思想文化体系的壮大与发展都与客家地区有着密切的关系。我们追溯百回千转的中华民族文化思想发展的艰难历程,惊奇地发现中华文化思想体系从高深的殿堂走向普通民间发挥实际作用,实现大众化的历史活剧,都在客家地区上演,其中最显著的例子,当推印度佛教禅宗文化中国化、中国易经堪舆文化民间化、中国儒家理学文化民间化、中国新民主主义革命推广化、中国三民主义民间化、马克思主义理论中国化等等,都是把客家地区作为其试验地与发展壮大之处。这不是历史的巧合,而是客家地区特有的新鲜事物接受能力而产生的历史必然。我们认为,唐代的马祖道一、杨筠松,明代的王阳明,中国近代的洪秀全、孙中山、毛泽东等人创造的中华文化思想体系能够在短时间内从高深的理论殿堂走向普通民间而发挥实际作用,实现大众化,与客家地区的良好人文环境土壤,客家人的优良品质氛围分不开的。

一、历史片段回顾

　　中国历史文化思想在客家地区的平民化之一:马祖道一的印度佛教禅宗文化在赣南客家地区开始走向中国化,成为中国佛教文化兴盛的重要转折点。

　　唐代天宝年间,被称为中国佛教八祖的马祖道一从福建来到赣南客家建设了"宝华寺"进行传道。

　　此时的中国佛教,按照印传佛教几千年的佛门旧规,僧人严格按印度原始佛教小乘五阴、三毒、六根、六尘、十八界,大乘六度、十地为身心修行,僧人是不允许种田、耕地的,只能托钵化缘,挨家挨户化缘为生。中国人对这个不能自食其力,通过要饭式办法不大习惯、也不大舒服,特别是好手好脚的人去要饭,是被人看不起的,所以这时候佛教在中国已经到了发展的瓶颈,佛教正在走下坡路。

马祖道一来到赣南客家地区后,在六祖慧能提出的"不立文字,见心成佛"基础上进一步提出"即心即佛,非心非佛"、"人人可佛"的修行理念,并一改过去佛门千百年的"托钵乞食"、不事农禅的规矩,建立聚众授徒,集体劳作、共同参修的制度,让僧众们一边禅修,一边劳作,自给自足,集体劳作、共同参修,从而从源头上解决了禅僧流动不居的生活习性,从物质上保证了禅僧生活上的自给自足,奠定了中国禅宗的发展基业,一时间云游僧人、农家子弟、失意文人闻名而来,宝华禅寺门庭若市,声名远扬。

此后,马祖道一又在江西及周边地区建起四十八个禅院,使佛教重新开始兴盛起来。因此马祖道一被称为"中国乃至世界禅宗史上最伟大的改革家"和"中国真正的禅宗"。

中国历史文化思想在客家地区的平民化之二:杨筠松的易经堪舆文化在赣南客家地区开始从宫廷走向民间,成为中国堪舆文化发展的重要里程碑

公元 882 年,唐朝国师杨筠松,因逃避战乱而南迁来到赣南,在赣南、闽西、粤北等地行走风水,从事地理活动,将原来专门用于宫廷的堪舆文化用于为众多中原迁徙而来的客家先民建新居选址规划。同时,在兴国梅窖搭三个寮棚,广授门徒,传播民间易经堪舆文化。

易经堪舆风水学发源于上古,在秦汉、魏、晋、隋、唐历代,一直只为皇家宫廷和诸侯达官专享,并且其理论深奥,演算繁杂。但杨筠松一改过去传统旧规,不仅开门受徒,服务大众,而且在风水活动中,不完全拘泥方位本身,采用山形、水势等法,依砂水、龙脉之不同,因形选择,因地制宜,与山灵水秀融为一体,慢慢演变成影响巨大的形法理论,被后世称其为"形势派"、"江西派"。风水的形法理论长期影响着风水行业,因此杨筠松也被称为风水祖师,认为杨筠松是千年易经堪舆学说民间化、大众化的重要改革和伟大实践者。

中国历史文化思想在客家地区的平民化之三:王阳明的儒家理学思想文化在赣南客家地区民间化,成为中国理学文化运用的最佳典范

明正德年间,右金都御史王阳明受命于赣南,巡抚赣南、汀州、漳州等客家地

区。他在镇压当时、粤、湘、赣边境四省交界处风起云涌声势浩大的赣南农民起义后，便在赣南创办阳明书院、濂溪书院，兴办 20 多所书院、社学，刻印儒学经典，亲自授徒讲学，宣讲他的"致良知"学说，宣扬和推广"良知良能"理学主张，唤醒人类"良知"，挖掘人类"良能"。

王阳明不仅继承了前人儒家理学文化思想研究成果，把中国理学文化真正运用到了教育人、转化人思想的实践上，广授门徒，而且订立赣南乡规民约，从制度上确保理学治人，因此王阳明在赣南客家地区开办理学教育之举也使他成为中国理学文化思想承前启后之人，成为中国甚至东亚近代化的思想先导。

中国历史文化思想在客家地区的平民化之四：洪秀全的太平天国革命运动在广西客家地区的发展，成为中国近代历史发展上的航标灯。

公元 843 年洪秀全在赴广州府试失败以后，开始潜心研究一本宣讲基督教教义的小册子《劝世良言》。研究的结果是：西方人所崇信的上帝耶和华，就是中国古代典籍中的上帝，当初几千年大家都是行敬拜上帝这条大路的，不过西洋人行这条大路到底，中国行这条大路到秦汉以下就差入鬼路了。于是熟读儒家典籍的洪秀全成了拜上帝教的热心布道者，几年中他写下了一系列宣传敬拜上帝的作品，并且回到家乡广西金田客家地区，广泛宣传基督教，创立拜上帝会，在广西金田客家地区点燃了太平天国革命烈火。由于得到了广大客家人的积极响应，很快燃遍大半个中国，几乎颠覆了清王朝在中国的统治。

之前，基督教早已传入我国广州、上海、北京等地区，但只是作为一种宗教信仰在上层知识分子中传播。但洪秀全搬来了西方的基督教，将其理论教义在客家人和客家地区传播，却领导了太平天国革命，揭开近代史反帝反封建的序幕，梦想建立的"有田同耕，有饭同食，有衣同穿，有钱同使，无处不均匀，无处不饱暖"的理想共产主义，动摇了清王朝的统治，是中国社会历史发展进步的重要一步。受基督教义影响的客家人在这场革命中起着马前卒的作用。

中国历史文化思想在客家地区的平民化之五：孙中山的新民主主义革命在广东客家地区的开展，成为推翻了中国封建社会划时代的伟大历史事件。

资本主义思想在清末由康有为、梁启超、严复等人的传播而进入中国，但在运用到戊戌变法和百日维新中时遭到失败。认真研读西方国家有关政治、经济、法律、军事、外交、农业、畜牧、矿业、机械工业等方面知识和欧洲社会革命之运动的孙中山提出了民生民族、民权三方面内容的三民主义。1911 年,孙中山在广东客家地区领导的一场推翻了清朝君主政体,建立共和政体的新民主主义革命,推翻了统治中国两千多年的封建帝制,对整个中国社会的发展和进步产生了深远影响,开启了民主共和新纪元,成为中国近代历史上划时代的伟大历史事件。

在武昌起义前,革命党人在南方各地发动的一系列武装起义,主要集中在客家人的地区或以客家人为主的地区。1911 年广州起义壮烈牺牲的 72 位烈士中,就有林修明、陈文褒、饶辅廷、周增、张学龄等 24 位著名客家籍人士。可以说,客家人对辛亥革命的组织领导、武装斗争、宣传发动、筹措经费等各个方面做了大量工作,当时在日本东京成立的中国同盟会会员中,在同盟会的领导核心成员,客家籍留日学生占 46%。所以有关专家学者会比较形象地说,如果没有中国的客家人,中国近代历史上的新民主主义革命,可能要推迟几十年。正是有了客家人的参与,新民主主义革命才得以成功。

中国历史文化思想在客家地区的平民化之六:毛泽东的马克思主义理论中国化在井冈山、赣南客家地区的深化,成为中国革命的新纪元。

1927 年 9 月,毛泽东带着秋收起义失败的队伍来到客家地区井冈山和赣南,他充分发动农民群众,依靠农民群众,创建了工农红军,取得了四次反围剿胜利,建立了面积广阔的中央革命根据地,成立了第一个全国性红色政权,进行了治国安邦的伟大预演。毛泽东同志创造性地把马克思主义的革命学说应用于中国农村,在客家地区探索出中国革命不断走向胜利的道路。马克思主义思想在客家地区与农民的结合,成为了中国革命的一盏航标灯。

众所周知,马克思主义自 19 世纪末由梁启超、朱执信、孙中山等知识分子介绍传入中国,20 世纪初期得到传播。经过五四运动,由于李大钊、陈独秀较系统、较完整的介绍,逐渐形成强大的社会思潮。1920 年初,李大钊、陈独秀开始酝酿筹建中国共产党。上海率先成立了社会主义青年团,接着上海、北京、武汉、济南、长沙、广州等地相继建立了共产主义小组,使马克思主义的宣传开始有组织地进行。同时,毛泽东、周恩来、杨匏安、李达、蔡和森、恽代英、邓中夏等在湖南长沙、天津等地在知识分子、工人中广泛宣传马克思主义。马克思主义和中国工人运动相结合,为中国共产党的诞生奠定了基础。1921 年 7 月,中国共产党成立后,将其视为理论与方法统一的世界观,致力于因时因地运用马克思主义。

在 1927 年 8 月以后,中国共产党人效仿俄国十月革命的道路,在工人与军队中宣传马克思主义,举行南昌起义、广州起义,但各地的城市暴动均遭失败。

以毛泽东、朱德等人为主要代表的中国共产党人,在客家地区广泛开展社会调查,从 1928 年开始,为解决大革命失败后如何领导中国革命走向胜利的问题,先后发表了《中国的红色政权为什么能够存在》、《井冈山的斗争》、《星星之火可以燎原》等文章,初步形成了"工农武装割据"、"农村包围城市"的思想;1930 年针对教条主义发表了《反对本本主义》,从思想方法和认识路线上对中国革命道路进行初步探索,形成了独立自主、实事求是和群众路线思想雏形;坚持一切从中国国情和革命实际出发,大胆地进行理论创新,逐渐形成了毛泽东思想。马克思主义中国化实现第一次历史性的飞跃,对中国革命的胜利与成功起到了决定性作用。

二、思考与结论

为什么中国历史上这么多重要的历史文化思想平民化都与中国客家地区有着千丝万缕的关系,或是领袖人物都有客家历史文化背景呢?是历史上偶然的巧合,还是历史发展的必然?我们从以上几个历史片段事象来分析,这其中究竟说明了什么?这里是否隐伏着某些更为深层的值得我们深思的东西?

第一,说明了客家人具有开阔包容乐善好施的优秀品质。客家人来源于中原地区,因为逃避战争而迁徙来赣闽粤交界地,在他乡为客。因此形成了善于互助慷慨大方的胸怀,因此当马祖来到赣南想要建立农禅合一的寺庙时,赣南客家先民不仅无偿提供了建寺庙的用地,而且慷慨支持了农田山林,帮助马祖能够实现愿望,完成了中国佛教史上一次伟大的历史性革命。

第二,说明了客家人具有崇尚自然,追求科学的优秀品质。原来生活中中原地区的客家先民,在文化思想传统上,有着特殊接受新鲜事物与先进思想文化的遗传基因,所以每当新的文化思想与之发生碰撞的时候,便会发生激烈的火花。杨筠松来到赣南隐居,用风水堪舆术帮助百姓建新居,规划建设赣州城。他的理论不仅能为客家先民们所接受,而且许多客家子弟纷纷拜他为师。可以说,正是这方客家土地为中国传统风水堪舆术走向民间,并对形成新的学术理论体系提供了契机和土壤。

第三,说明客家人具有耕读传家的良好传统。客家人所处赣闽粤边际均属山区地域,交通闭塞,山多田少,商业不发达,生计艰难。因此,客家人除了依靠有限的土地维持生计外,剩下的只有靠读书仕进,向外谋求更大的发展。因此,客家人沿袭了中原崇德尚学的传统。崇文重教、耕读传家精神在客家人中代代相传,成为客家人的传家宝。因而,当王阳明提倡心学,客家人勇于接受并能够积极参与实践。

第四,说明客家人具有穷则思变、勇于革命的精神。俗话说:"无山不住客,无客不住山。"客家人与山结下了不解之缘。山是客家人的命脉所在,山也给客家人带来了封闭和贫穷。穷则思变,客家人身上所特有的艰苦奋斗的品性,又激发了勇于开创新天地以改变自己命运的斗志和热情。其次,客家人敢于反抗外族统治的传统使客家人容易接受革命思想。于是,在中国近现代史上,客家人演出了一幕幕悲壮的革命活剧。如洪秀全发动了反清的"太平天国运动",掀起了中国近代史上的第一次革命高潮;孙中山领导了震惊中外的"辛亥革命",推翻了维系2000多年的封建王朝;朱德、叶剑英、叶挺等一大批革命者,在中国共产党领导的新民主主义革命中,功勋卓著,为中华人民共和国的建立作出了杰出贡献。无怪乎日本人山口县造在《客家与中国革命》一书中称赞说:"没有客家,便没有中国革命,换言之,客家的精神,是中国革命的精神。"

（作者为江西省赣州市政协港澳台侨委员会主任）

客家文化在台湾的文学传播

——以日据时代台湾作家吕赫若小说为例的文化考察

萧　成

台湾文化与闽南文化、河洛文化有着割不断的渊源联系，即使 20 世纪前期台湾在日本殖民统治时期，也有令人扼腕慨叹的表现。

众所周知，一个民族的文学，是那个民族文化的一个璀璨的组成部分；一个民族的文学，以那个民族的语文之审美的形式，表现其民族文化的心灵；而一个民族的独特文化，不仅酿造着民族文学独特风格，更对整个民族心态和心理人格都有着一种剪不断、理还乱的影响，扎根于普通民众的生活与心灵中，具有很强的稳定性与承传性。

百年前的"甲午战争"使祖国失去了美丽宝岛台湾，到 1945 年光复，日本帝国主义殖民奴役台湾同胞长达 50 年。日本殖民者占领台之后，显然充分认识到了军事镇压之外，影响广泛深远的台湾民间文化已成为了民众抵抗殖民统治最强力的精神资源，成为抗拒殖民同化的最后、也是最坚固的堡垒了。为此，日本殖民者制定与实施了一系列殖民强权与文化同化相结合的统治政策，将对台文化政策迅速提上重要议事日程，试图彻底使台湾人变成"日本人"。特别是 1937 年以后更是大力推行"皇民化"运动，禁止用中文，强迫台湾百姓说日语，改日姓，穿和服，用日俗，同时大肆毁坏台湾传统的民间庙宇以破坏民间信仰。此殖民文化政策甫一出笼，立刻引起了台湾知识分子强烈反弹与反抗，大大刺激了台湾本土知识分子借此凝聚与发展民族意识，促使台湾知识分子为了避免自己民族文化的消失，进而开始重视搜集与研究台湾的民俗。换言之，在此时代背景下，对传统民风民俗的坚决捍卫、刻意挖掘与表现，也就成为对抗殖民同化与统合的最坚决抵抗方式。而处在日本殖民专制高压监控之下的台湾著名左翼作家吕赫若文学创作的一个最引人注目的特点——将隐藏在乡野中的、具有原生形态的台湾民风民俗刻意昭示出来,展现了台湾民众不屈不挠的抗争灵魂。当政权与意识形态领域已完全被殖民当局所霸占,甚至文化承传的主要载体——母语也被限制被扼杀的时候,那么坚守自己民族特性的唯一领域,或许只有世世代代口耳承传的民间信仰,祖祖辈辈所恪守的民风民俗了。由于吕赫若是台湾客家人,是以他笔下所描摹的闽台客家风俗最为真切多彩。

若谈起闽台客家文化中最有特色的民俗风情,就不能不涉及这个客家族群中普遍流行的、并被多数成员所接受的风水、婚嫁、丧葬、节庆等礼仪文化了。其中"起厝、讨媳妇"可称得上是代代相传的民间文化中最重要、最核心的内容了,因为在最深层次的意义上,那些约定俗成的文化形态总是与人类自身的生存与繁衍有着直接关系。"起厝",即建筑屋宅。这在闽台民间观念中是一件非常重大的事件,在客家族群文化中,甚至较"讨媳妇"更受家族重视,因此在闽台民居"老宅"中的文化基因非常显眼,尤其是建筑屋厝时方位的选择与庭院的布局摆设,无一不透露出浓郁的客家文化风情。

吕赫若的小说《财子寿》用两千多字的篇幅详细地描写了周家居住的"富寿堂",可谓是工笔细描、精雕细刻。"富寿堂"坐落在村头显要的位置上,正对着通往镇子的"保甲道",不仅交通便利,而且极为醒目。正符合了周家在牛眠部落的显赫地位。它的门楼由红色砖瓦砌成,门楼前面则是一条浅浅的小河——中国古代风水学特别强调居家房屋的"依山傍水",门楼已经很有些年头了,连墙壁上装饰的各种人形雕饰,也已纷纷剥落,写着"富寿堂"三个字的匾额上面更是结满了蜘蛛网。这样的描写虽然暗示了周家的败运,但门楼的高大突兀,以及各种人形的雕饰,仍然透露出主人家的气派与威严。然后又引领我们在狗的狂吠声中由门楼走进院子。这是一座既典型又较为复杂的四合院,院子又分成了外庭与内庭。经过外庭来到正厅前的内庭,还需经过一个门。整个院子大约有二十几间房子。比起一般四合院要复杂豪华了许多。正厅一般由长辈居住,但周家的长辈,这所老宅的缔造者周老舍早已过世,于是干脆用作了专门供奉祖先牌位的地方,摆设着"显示这个家来龙去脉的许多祭器,流露出典雅的气质,构成整个家的分量"。这样的摆设与安排自然说明了周家对于祖先崇拜以及对祭祀祖先的高度看重,体现着传统宗法人伦的文化特征。小说中还特意描写了周家门楼外"以剪短而整齐的观音竹作为篱笆",围绕着整个家。"与院子里伸出墙外的"果树的叶子一起交相辉映。这些花木的栽培显然带上了一种文化心理意味:竹子向来体现着中国文人的"雅趣"。古人云:"宁可食无肉,不可居无竹。"周家以观音竹作篱笆,不单纯是为了美观方便,自然还有一种传统文化里的"雅趣"意味。可见作为那种较为典型的旧式地主家庭,周家以儒家传统为主导的宗法文化信息是随处可见的,这一传统渗透到了他们的日常生活,甚至他们的一举一动、他们身边的一草一木之中。

在《合家平安》中亦对范家豪华的住房作了详细描写:

> 房间的正中央放置一张双层的豪华睡床,以金丝描绘,有大蟒模样与花鸟浮雕的大红靠背上,铺了美人画、刺绣的深红色毛毡。靠窗化妆台两侧并排了涂漆、有梅花形状的椅子。即使日正当中,房间里也微暗。外面的休养室,正面摆了雕有螭的紫檀中型桌。上面摆饰着刻有八卦的青绿色古铜鼎、筷子、汤匙、香盒、画有美人图案的酒杯形花瓶、碗。上面的墙壁,正中挂着有财子寿的画幅,两旁是写着"常在祖德永流芳"、"远接宗功庆泽长"金字的对联。左右两侧各摆放八张楠木的交椅,上面的墙壁还挂着"锦瑟声中鸾对语,玉梅花际凤双飞"、"鸾语和谐春帐暖、桃花绚烂酒杯浮"的联幅与花鸟的画幅。……从庭园眺望周遭,建筑物的考究,青红色鲜明的雕梁画栋,屋顶上的人偶、龙卷、鲤尾等,一切都美伦美奂。

这是传统而典型的富贵之家的起居室。房间的摆设与装饰无一不显示出古老而纯粹的汉民族文化特征和民俗色彩。那刻着八卦的青绿色古铜鼎,紫檀与楠木做成的桌椅,既昭示着主人家的富贵,也体现着源远流长的中华文化。墙壁上的美人图、财子寿等图画,则洋溢着浓郁的生活气息和主人美好的愿望;那"常在祖德永流芳、远接宗功庆泽长"的金字对联,表达的是对祖先的深切感怀与崇敬;"锦瑟声中鸾对语,玉梅花际凤双飞"等字眼,暗示了婚姻生活的和谐美满。这一切都显示出生生不息的儒家文化风范。吕赫若或许未曾想到他用语言构筑的那些老宅的意象,在今天的人们看来,所包含的文化心理内涵已远远超出了对其家族兴衰的感慨上。

家族要繁衍传承,在"起厝"之后的大事就是"讨媳妇"了。古人云:"不孝有三,无后为大。"然而,对于一些特别穷困的台湾底层百姓来说,不仅家无恒产,居无片瓦,更无半点余钱来解决婚姻问题,但为了传递家族香火,只能采用变通方式完成嫁娶这一婚姻大事。

吕赫若在《石榴》、《牛车》等小说中就涉及到台湾农村底层百姓中一度实行的"招赘"婚俗。招赘,通俗的说法就是丈夫到妻子家"倒插门",招赘而来的女婿也一般被称为"赘婿"。在传统宗法制和"男尊女卑"的观念作用下,"招赘"婚姻中的丈夫常常是被人瞧不起的。因为宗法文化特别强调"香火的传递",而成为女方的赘婿,自然就被认为是替别人家"传递香火"去了,因此这对稍微有点自尊心的男人而言,都会是一种耻辱,毕竟"招赘"婚姻的产生大多是迫于生活与传宗接代的压力而不得已作出的抉择。《石榴》中的金生、大头兄弟俩就是因为父母双亡、生活太过贫困才答应入赘他人家庭的:"生活这般贫困,如果不入赘他家,是无法娶妻的。"而对女方家而言也同样存在着实际的生活困难需要通过招赘婚来解决。而金生要在妻家供奉起父母双亲及祖先牌位,就要采取一种变通的办法:"因为入赘,所以他的祖先牌位放入吊笼,设置在稻谷脱壳的房间里。……金生从梁上把挂着的吊笼拿下来,摆在长椅子上,将祖先的牌位放入笼里,前面摆着供物,悄悄告诉诸木火合炉的事。"这种特殊仪式显然昭示着祖先牌位只是暂时"寄居"在别人家里,等到自己真正从妻家独立出来后,恐怕才能"堂堂正正"地祭拜起祖先牌位。为了表达对兄弟的深厚情谊,金生还把自己的第二个儿子"送"给了死去的弟弟作继嗣。这种"过继"习俗在农村也是很普遍的。它一般只发生在亲兄弟之间,当兄弟中的一支没有儿子时,其他兄弟有义务把自己的一个儿子"送"给他作继嗣。而所有这些礼仪和习俗,不仅成为了金生这类朴实善良的底层百姓们所遵循的生活法则,也构成了他们坚固的心灵支柱,折射了他们的希望、梦想与根深蒂固的信念,更印证了汉民族文化的礼仪性特征。而正是那些最普通的台湾民众自觉不自觉地把中华文化代代相传,在整个社会文化上全面移植了祖国大陆的宗法制度和社会结构形态。

在台湾客家文化习俗中,同嫁娶同样受重视的是丧葬之事。正如中外学者们普遍认可的那样,丧葬礼仪文化的产生与发展,与古人根深蒂固的"灵魂不死"观念密切相关。而对鬼魂的畏惧和对死者的依恋与怀念等情感指向,则是它最初的动因。中国传统文化中,一直有一种根深蒂固的"事死如生"的观念。在这种观念和儒家礼仪文化的作用下,汉民族对葬礼的重视程度恐怕在全世界也算得上是比较突出的了。而对传统大家庭来说,这往往是昭示其家教与家运的标志性事件。吕赫若在《逃跑的男人》中就感慨道:祖父的"葬礼之盛大,简直是了不得。要是告诉你丧事持续两个月,我想你大概就可以想得到。据说总共花了十几万元经费。"而他们家当时所有的现金不过5万元,其余的全是借贷而来。但在把"孝"看得高于一切的传统中国人来说,这种厚葬却是极正常的。《财子寿》中对主人公周海文的母亲桂春夫人葬礼的叙述则更详细:"对贫穷的牛眠埔部落而言,被称作'九舍娘'夫人的葬礼之盛大,成为部落居民的热心话题。终日大鼓、铜锣、唢呐的声音从部落的南端传来。部落居民在田里听到,互相交换讯息。"村民一待夜幕降临就迫不及待地奔向周家大院,观看葬礼亦成劳作了一天、单调乏味生活中唯一的消遣娱乐方式。而桂春夫人的葬礼也几乎成了全部落(村庄)的公共节日。当然,葬礼的盛大恰恰意味着周海文们对于母亲的"孝"。人生如戏,戏如人生,在这种戏剧与现实人生直接交织的丧葬礼俗中得到了充分的体现。

　　而同样是在"事死如生"观念的作用下又导致了中国人对坟墓的高度重视。既然相信鬼魂在墓地里也会像在阳间一样生活,因此在较为考究的坟墓里,不仅锅、碗、瓢、盆等日用物品一应俱有,而且也像阳间的住宅一样,要充分考虑到风水的选择。此外,吕赫若在《风水》中所表现"拾骨重葬"的风俗在台湾之所以如此流行,是因为台湾人多系大陆移民,客家人、闽南人与其远祖——河洛先民一样,有深深眷恋故土的情怀,故其子孙往往据其遗志,在初葬几年后再洗骨携回故乡,另择吉处安葬。吕赫若对台湾民间"洗骨葬"的描述,既在文学题材开掘方面体现出了独特意义,又具很高的民俗学价值。

　　同丧葬礼仪文化起源于"灵魂不死"的观念类似,"招魂"作为一种古老的习俗,它同样起源于远古时代的灵肉二元、魂魄离散的原始观念。因此当一个人神志不清或身患疾病的时候,民间常常会认为这个人"丢了魂了",或者是被什么鬼怪精灵扣住了魂儿,那就要为他招魂。《玉兰花》中就相当具体呈现了"招魂"这一中国传统民间习俗。祖母带着"我"来到小河边,举行了一次小小的"招魂"仪式:

祖母点燃香,向着水流的方向拜拜,口中开始念念有词。不久后,祖母燃烧金纸,拿着铃木善兵卫的上衣,在火焰上划圈。金纸燃烧完毕后,祖母呼喊我:"到家以前不可以讲话,无论如何都不能跟祖母讲话哦!"祖母拿着香的手上抱着铃木善兵卫的上衣边走边喊:"铃木先生!回来吧!"

这段文字所描绘的"招魂"仪式尽管夹杂着一些原始迷信的东西,却承袭着丰富历史人文价值。战国诗人屈原的不朽篇章中就有《招魂》、《大招》等,即根据楚地招魂习俗和民间巫辞经巧妙艺术加工而成。若加以比较的话,可以发现吕赫若笔下的"招魂"与两千多年前屈原作品中描绘并无本质差别。

此外,各地客家在移居台湾的过程中也把祖国大陆的风俗习惯、宗教信仰等文化带去了。仅以民间信仰为例,台湾民众所信奉的佛祖、观世音菩萨、玉皇大帝、孔子、关公、妈祖、保生大帝、开漳圣王等一系列神道,都是从大陆移植过去的。除了妈祖信仰之外,在吕赫若小说中,台湾客家对于地方神道的信仰中当推"关帝"为先。

《庙庭》、《清秋》及《山川草木》等故事发生的背景都是远离城市的普通村镇,而在这些偏远乡村几乎都矗立着巍峨而亲切的关帝庙。史载自南北朝始,就开始了对关羽的神化崇拜,历代统治者抬高关公神位,封号更是不断升级,直至达到了人神之首地位。明清以来,竟然达到了"凡有村庄处,必有关帝庙"的密集程度。不同地区、行业与阶层的人们都将关羽作为最可信赖的神灵加以崇拜。《庙庭》这篇小说的题目——"庙庭"二字,就是特指关帝庙,它坐落于主人公翠竹家附近,因此主人公翠竹的人生沉浮以及"我"的情感波澜,似乎都与这座关帝庙息息相关,而小说中的所有情节几乎都是在关帝庙里外展开的了。当年的关帝庙曾经是部落居民祭祀、聚会、杂耍的主要场所。而且在定期举行的祭典中,都是人山人海,热闹异常。当成年后的"我"再次回到故乡,一切不仅是"物是人非",呈现在"我"眼前的关帝庙,竟是如此的破落不堪、凄凉惨淡:

走进关帝庙一看,庙庭堆满甘蔗的枯叶,杂草丛生。道出无法举办个热闹的祭典之实情。连神庙内的祭坛也看不出有整修过的样子。壁上的石灰

剥落,灯笼已褪色而且破旧不堪,结满蜘蛛。关帝爷神像鼻旁的涂料剥落,
偃月刀与神旗等任其荒废。曾经摆过数十头牲礼的长桌,如今也变成长物,
只有斑斑的鸡粪。怎么也看不出关帝爷曾经显灵的痕迹。

　　关帝庙曾经保存了主人公许多美好童年记忆,但这一切都逝去了,昔日的繁
华热闹同今天的破败凋敝及凄惨冷清形成了鲜明对照。小说中反复渲染着关帝
庙的破败景象,除了抒发一种伤感、低落的情绪之外,显然还有一种隐曲的文化
上的深意。关帝庙香火的鼎盛时期与主人公美好童年是完全融为一体的,而眼
前关帝庙的破败与主人公心绪的灰暗、低落又不可分离。关帝庙的破败冷落,正
暗示了人心与道德的松弛与破败! 而这种道德废弛、民不聊生的境况,又与日本
殖民统治有着密切的联系。作者所抒发的对关帝庙鼎盛时期的怀念,实际上暗
含了一种对中国文化母体的深切怀念,对殖民当局别有用心破坏中国民间信仰
含蓄而坚定的抗议。

　　综上所述,吕赫若小说确实是以客观冷静的笔触,深入到了台湾民间生活中
不被人注意的最底处,不仅展示了普通台湾百姓尤其是生活在社会最底层、最边
缘化的广大农民的原始生态,全方位描述了其信仰观念、价值理想以及风俗习
惯,印证着海峡两岸文化同宗同根、同属于相同的文化母体这一不争的历史事
实;而且"吕赫若的文学作品使台湾民间的思想发挥出来。借由他的作品,可以
了解当时台湾民间的思想。"①这决不只是由于吕赫若对自己的一方乡土有着特
殊的深厚情感,更主要的原因还在于他对当时日本当局的"殖民同化"政策有着
深恶痛绝的反感,对捍卫本民族的文化传统有着清醒的自觉意识。

(作者为福建省社会科学院文学研究所副研究员)

---

　　① 这段话为台湾作家巫永福在"吕赫若文学座谈会"上的讲话,见陈映真等著的《吕赫若作品研
　　　究——台湾第一才子》,台北,联合文学出版有限公司,1997 年,第 318 页。

客福交融 山海荟萃

——试论闽西客家文化与福佬(新罗)文化的互动

张佑周

福建西部简称闽西,它并不是一个行政区域概念,而是一个地域概念。它在清代以前包括汀州府辖地和清代从漳州府辖地分割出来的龙岩直隶州,而在现当代,则习惯上指称包括龙岩市七个县(市、区)和三明市所辖之宁化、清流、明溪三县。

闽西地区如今主要生活着汉民族的两个支系,龙岩市九龙江流域的新罗区(原龙岩县)和漳平市属福佬民系,其余各县属客家民系。尽管福佬民系和客家民系分别在闽南和闽西地区形成之后的相当长的历史时期内,两个片区都处于相对封闭的状态,也正因为这种相对的封闭,各自都有一定独特性的汉民族福佬民系和汉民族客家民系才得以孕育形成。然而,闽南和闽西,这两个片区毕竟不是与世隔绝的孤岛或彼岸世界,恰恰相反,两个片区山水相连,发源于闽西连城境内的九龙江不仅哺育了两地人民,也将两地人民紧紧联结在一起。两大民系在这样的毗邻地区生活,必然有着天然的或人为的千丝万缕的联系,甚至在相互交往或相互侵蚀、相互挤压的过程中不断向对方施以影响,源源不断地向对方的文化大观园或者流入清冽的清泉,或者送进或多或少的泥沙。正因为两大民系的互动和碰撞使两大民系文化都不可避免地带上对方文化的明显印记,也使两大民系文化的形成和发展产生了巨大影响。本文拟主要对闽西客家文化与福佬(新罗)文化的互动和碰撞进行粗浅的探讨,以就教于学者方家。

尽管闽西客家民系和闽南福佬民系都是在唐末以后由中原汉民族南迁进入闽西、闽南两个相对封闭的特殊地域与当地土著融合而形成,但两大民系形成的过程及其聚居地自然、地理、人文环境和生产力发展水平等却有很大的不同。客家民系是由中原汉人自西晋"永嘉之乱"、"五胡乱华"至唐宋时期的较长历史时期内为避战祸而历经"蛙跳舞式"南迁,中途曾驻足江淮浙赣间,最后进入闽西地区才形成的。南迁汉人的迁徙行为主要表现为民间自发性质,而且客家民系形成后在元明清各季继续往大陆粤、桂、黔、川、浙、赣等省和台湾、海南等海岛甚至海外的南洋等地迁徙拓展,使客家民系不断发展壮大。而闽南福佬民系则主要由唐初陈政、陈元光父子率中原军队入漳驻守开发经营并与当地土著融合形成民系基础,中原汉人的迁徙行为主要表现为中原政权因开拓边地的需要而主导的有组织、有系统的军事行为,这就像历代王朝对西北、西南等边疆地区开发戍边一样。尽管这一次次军事行动之后有大量的河南光州固始等地中原士民陆续南下投奔依附陈氏集团,但也未能改变其明显的政府行为性质。由此可知,福佬民系形成的时间比客家民系更早,也比客家民系的形成更具突发生成性。而且,福佬民系形成之后除了向同属沿海的浙江温州以及台湾、海南等海岛和南洋群岛迁徙外,没有像客家民系那样多次发生较大规模的群体外迁行为,在以漳泉为中心的闽南地区相当稳定地向周边蔓延发展,包括与闽南地区连成一片的潮汕地区。

尽管客家文化与福佬文化在不同地域各自生成和发展,但由于这两个地域山水相连,且两大民系都以中原汉民为主体形成,两地人员往来也随着时代的发展越来越频繁,两种文化的互动与交流是必然的,尤其是作为两地毗邻区域的九龙江上游的古龙岩州(今龙岩市新罗区和漳平县)更是处在两种文化互动与碰撞的桥头堡地位,其频繁与激烈程度更是无可比拟。

首先,古龙岩州在唐大历十二(777年)之前原属汀州府管辖,虽然其后改隶漳州府直至清雍正十二年(1734年)设立龙岩直隶州历经近千年,但作为两个特殊地域的过渡地带,古龙岩州尤其是其首府龙岩县(今新罗区)自然成为两大民系、两种文化互动的重要桥梁。

这种地域的优势在两大民系形成之初的唐宋时期就已经为两大民系文化的互动奠定了基础。且不论唐代总章年间(668～670年)"开漳王"陈政、陈元光父子率军民从中原地区长驱直入闽南地区时路过闽西地区包括龙岩地域,就其后越来越多的中原汉人迁徙闽南地区尤其是入迁龙岩州地域者来看,也大多与迁入闽西客家地区的汉族移民的路线相同,许多人也像客家先民那样先在宁化石壁驻足定居若干年或若干代后迁往长汀、上杭、永定等地,而后再迁入龙岩。宁化石壁和汀州各县成了诸多中原移民入迁龙岩的中转站,甚至也是龙岩诸多姓氏的祖地。如龙岩城区邱氏家族,其开居祖从上杭迁来,是上杭客家始祖丘三五郎的裔孙;龙岩新罗区东肖镇张氏家族,其开居祖从永定培丰孔夫迁来,是上杭客家"鄞江始祖"张化孙的裔孙;龙岩新罗区东肖镇李氏家族,其开居祖从上杭迁来,是上杭客家"闽粤大始祖"李火德的裔孙。此外,龙岩陈氏、吴氏、马氏等开居祖,也从汀州客家地区迁来。这样的血缘、亲缘关系无疑使两种文化的互动不可避免。

其次,闽西汀江流域客家地区与九龙江流域福佬地区山水相连,尽管两地的气候条件和自然地理环境都大同小异,但即使在经济发展水平较为低下的农耕时代,两地的经济模式、生产方式和农副产品种类等也有较大的差异,因而经济互补性较强。如长汀、连城等地的造纸业以及汀州玉扣纸、连城宣纸等产品,永定的条丝烟以及著名的闽西八大干,龙岩州是其重要市场及转口贸易地,而包括漳州和潮汕福佬地区的海盐及海产品,有些是通过龙岩州转销汀州的。此外,闽西客家地区大多山高水险、山多田少,尽管连绵的群山中高入云端的层层梯田和蜿蜒曲折的盘山小路也许明确地标示着客家人世世代代不屈不挠的求生存、图发展的精神和顽强地与大自然搏斗的意志,却也形象地证明了千百年来这一地区一成不变的低层次生产方式的延续与传承。这种单纯种植水稻等粮食作物以求填饱肚子的相当低下的生产力发展水平也许能在落后的自给自足自然经济条件下较长时期内维系特定族群低水平的休养生息和繁衍发展,却绝对无法彻底改变人们贫困落后的面貌,恰恰相反,不断增长的人口压力使客家人不得不向外发展,甚至在明清时期永定客家人由于烟草的引种并发掘出其巨大的经济价值之后,外出打工、经商甚至移民外地,也还是客家人试图改变现状的较佳选择。而闽南福佬地区包括古龙岩州地域在农耕社会的生产和生存条件比起闽西客家地区来却好得多。因为这一片地区地处东南沿海,大多地势较为平坦,江河较为平缓,气候较为温和,除了水稻可以一年二熟,单位面积年产量比多数客家地区的一年一熟高得多外,各类经济作物的种植以及江河海洋渔业资源的丰富都使当地福佬人大有用武之地。于是,从很早的时候起,外出谋生的闽西客家人的首选之地就是经济相对繁荣,人民相对富足的闽南包括龙岩福佬地区;于是,福佬地区长期活跃着从事商业、医药、手工业和建筑业等各行各业的为数众多的客家人;于是,这些客家人毫无保留地将优秀的客家文化传播到福佬地区,并在各地生根开花。如在民居建筑方面,据调查,已经列入或未列入世界文化遗产名录的闽南地区包括龙岩的大型方圆土楼,大多都是永定客家人的杰作。这是因为,永定客家人最早建筑高大土楼。据考证,最早的永定湖雷方形土楼馥馨楼建于宋元时期,而永定方圆大土楼的大量兴建则在明清时期。清代,闽南包括龙岩福佬地区也大兴土木,大型方圆土楼在与客家地区交界的龙岩、南靖、平和、诏安等地遍地开花。无论从建筑材料、建筑技术、外观造型还是从建筑技术人员等各方面考察,福佬地区的土楼与永定土楼都存在着不容否认的渊源关系。正是由于闽西客家人在明清之季向博平岭山脉东麓的南靖、平和等地挺进以及大量客家建筑工匠到福佬地区谋生,才使博平岭山脉东麓的客家和福佬聚居地都出现大量的巨型方圆土楼。对这些土楼的建造历史的考察则表明,建造这些大型土楼的风水师、设计师、木匠、泥瓦匠和夯墙师傅等大多是永定客家人。永定高头、古竹、湖坑、下洋等地的许多风水师、泥瓦匠和木匠师傅甚至组织起一个个工匠齐全的土楼建筑工程队长期在较好"赚食"(经济较发达、工价较高)的福佬地区承包土楼建造工程。这些地区有的大土楼甚至刻碑载明由永定某建筑师傅建造。于是,客家人与福佬人的称谓也因两大民系的频繁交往而来,即使开始时客家人称福佬人为"学佬"或福佬人称客家人为"客佬"都略带贬义,但随着长期两大民系的密切交往和两种文化的积极互动,"福佬"和"客佬"的互称都变得越来越亲切,后来客家人甚至以"客家"自称,似乎以此为傲。笔者甚至认为"客家"称谓的由来就是与福佬人对称起决定作用的。

再次,近现代以来两地所发生的重大历史事件对加强两大民系的文化互动也产生了积极的影响。

其一是明末清初发生于闽南和台湾的郑成功领导的抗清复明和收复台湾的斗争。当时与闽南及龙岩毗邻而居的素有崇正心理的闽西客家人也在明郑政权的号召下,燃起了长达数十年的抗清复明烈火,永定、大埔等地的抗清义军不仅与明郑集团遥相呼应,甚至奔赴龙岩,沿九龙江东进,其中一些人赴台成为明郑将士。而率部转战闽南、粤东并曾直入闽西的郑氏心腹大将刘国轩则本是闽西汀州人氏。由此可见,这一时期两大民系在反清复明的伟大旗帜号召下,已经连成一体。

其二是 20 世纪二、三十年代中国共产党所领导的土地革命战争以及其后的抗日战争,闽西地区作为中央苏区的一个重要组成部分和福建省抗日救亡的中心,更是将汀州客家地区和闽南与龙岩福佬地区紧密联系在一起。大批福佬籍革命者和爱国志士进入苏区,成为苏区革命力量的中坚,与客家籍革命者一起共同书写了土地革命及其后的三年游击战争、解放战争的辉煌,如龙岩籍的邓子恢与客家籍的张鼎丞,双双成为革命战争年代及新中国成立后的杰出领导人。

其三是 20 世纪六、七十年代在"知识青年到农村去"的上山下乡运动中,成千上万的厦门、漳州、龙岩等地福佬籍的城市知识青年到达闽西客家地区的几乎每一个小村庄,他们与当地农民同吃、同住、同劳动,建立起纯朴深厚的感情。他们在耗费青春、蹉跎岁月的同时,也最直接地接触到客家方言和客家的民风、民情、民俗,吮吸到丰富多彩的客家文化养料,最广泛最深入地促进了两地的文化互动与融合。

闽西汀江流域和九龙江流域两个民系两种文化的互动与碰撞而互相挤压、互相影响乃至互相改造的事实证明,无论客家文化还是福佬文化都不是一潭死水,一成不变,恰恰相反,无论客家文化还是福佬文化都在滚滚奔腾向前的历史长河中不断受到异质文化的影响而不断发展变化,不断增添新的内容;而且,无论客家文化还是福佬文化,尽管在其生成之后较长的历史时期内具有一定的地域性特征以及由于各自具有强烈的自我认同意识而形成相对稳定性特征,但这些特征都毕竟不是不能打破的坚冰,随着对外交往的频繁以及近代以来两地人民自觉或不自觉地走出山门甚至跨越海洋走向世界,两种文化的地域性和稳定性都不断受到冲击,其丰富性和多元性随着时代的发展得到越来越充分的体现,从而以丰富独特的风采屹立于伟大的中华文化乃至世界文化之林。

（作者为龙岩学院客家学研究中心主任、教授;闽西客家联谊会常务副会长、龙岩市社科联副主席、《客家纵横》杂志副主编）

初探台湾客家与原住民之
族群关系潜在隐忧

王保键

一、前言

台湾的族群可分为闽南族群、客家族群、外省族群、原住民族群(王甫昌,2003:57)。从保障多元文化的角度看,客家族群及原住民族群之语言及文化有日益式微的危机,故为复振客家及原住民文化,及促进其族群之生存发展,台湾政府设有"客家委员会"及"原住民族委员会"两个族群专属机关。

然而,皆属语言及文化弱势的客家族群与原住民族群,在政府的政策及制度保障上,有着相当程度的落差。原住民早于日本统治台湾时期,就以户籍登记制度划分"山地"及"平地"原住民之身份,二次世界大战结束,国民政府治理台湾,以山地原住民行政区(山地乡)及平地原住民行政区强化对原住民族之保障;如台东县兰屿乡因雅美族(达悟族)聚居而被划定为山地乡①(非离岛乡②)。随后,受国际组织及国际法上所建构的少数民族保障机制之鼓励③,政府于1992

---

① 兰屿乡乡内最高山(红头山),海拔548公尺,远低于台北市阳明山国家公园中的七星山(海拔1,120公尺),意即,山地乡之设置并非是从地形地势之角度,而是从保障山地原住民之角度。事实上,1948年的《台湾省各县市山地保留地管理办法》第2条明定"本办法所称山地保留地,系指日治时代因维护山地人民生计及推行山地行政所保留之国有土地及其地上产物而言。"又依《山坡地保育利用条例》第37条授权订定之《原住民保留地开发管理办法》,该办法第3条规定:"本办法所称原住民保留地,指为保障原住民生计,推行原住民行政所保留之原有山地保留地及经依规定划编,增编供原住民使用之保留地。"

② 按《地方制度法》第33条第2项第2款第2目,设有"离岛乡"之县议员名额保障机制,而所称的离岛乡是指相对于县治所在地而言,如台东县绿岛乡、澎湖县望安乡、连江县东引乡等。

③ 有关国际组织对原住民保障机制之建构及其内涵,可参阅(李明峻、许介鳞,2000)。

年第二次"宪法"增修时,将原住民保障"入宪"①。相对地,台湾客家族群虽早已有"隐形化"之问题,但迟至 1987 年《客家风云杂志》发刊,及 1988 年"1228 还我母语运动"万人台北大游行后,客家族群保障之议题始进入公共议程。随后,政府于 2001 年设置客家事务行政机关("行政院"客家委员会,现已改制为客家委员会),2010 年再制定《客家基本法》。

《客家基本法》之立法目的,旨在落实法律保障多元文化精神,传承与发扬客家语言、文化,繁荣客家文化产业,推动客家事务,保障客家族群集体权益,建立共存共荣之族群关系。《客家基本法》中最具有新意与发展性,且非属过去既有行政措施者,应属"客家文化重点发展区"(Major Hakka Cultural Areas)。客家委员会依《客家基本法》第 6 条规定,分别于 2010 年 4 月 26 日、2011 年 2 月 25 日两次公告"客家文化重点发展区"。

然而,客家委员会所公告"客家文化重点发展区"中,部分是与"原住民行政区"重叠的,如苗栗县泰安乡(山原)、狮潭乡(平原)等;目前计有 16 个乡(镇、市、区)是兼具"客家文化重点发展区"与"原住民行政区"之双种身份者。当客家委员会以政策工具(如《客家委员会推展客家青年返乡创业启航补助作业要点》)鼓励更多客家人返回或迁移至具"客家文化重点发展区"身份之"原住民行政区",该地之客家族群与原住民族群间之族群关系,会产生如何的变化,为本文之问题意识。

而从公共政策研究的视野,Harold Lasswell②(1993)主张问题导向(problem orientation)为政策科学的核心特征。而 William Dunn(1994)认为政策分析中"问题建构"有其优先性,因公共政策失败的原因,多是以"正确的方法解决了一个错误的问题"。故本文主要目标在于尝试探索"客家文化重点发展区"与"原住民族行政区"两者重迭并形成"客原复合行政区",其所可能发生的潜在隐忧,以建构政策问题(policy problem)。

---

① 1992 年"宪法"增修条文第 18 条第 6 项前段规定:"国家对于自由地区山胞之地位及政治参与,应予保障;对其教育文化、社会福利及经济事业,应予扶助并促其发展。"

② 1951 年 Harold. Lasswell 与 Daniel Lerner 出版《政策科学:范畴与方法的最近发展》(The Policy Science:Recent Developments in Scope and Method)一书,开启"政策科学"(Policy Science)新领域,并引领"政策科学运动"(the Policy Science Movement)。

二、理论与研究方法

对于民族或族群的界说,较为人所熟知者为"原生论"(primordialism)及"工具论"(instrumentalism)两种论述;前者是基于共同之血统、语言、文化之"外观"上的"与生俱来"特征,又被称之为本质论;后者则基于共同历史、经验、记忆之"主观"上的"自我认同",而此种主观自我认同是可以后天"社会建构",又被称之为建构论(王甫昌,2002:10;施正锋,1998:68;刘阿荣,2007:6)。而学界常引用 Benedict R. Anderson 之想象的共同体(imagined community)之观点(Anderson,2006),可归类为"建构论"的系络。事实上,学界对民族主义(nationalism)的研究,可分为两个主要路径:一是以 Ernest Gellner 为代表的「现代论」(modernist)研究取向(Gellner,1983);另一是以 Anthony Smith 为代表的"象征论"(symbolism)研究取向(Smith,2010;1998)。① 在民族(nation)与国家(state)先后关系上,现代论与象征论有着截然不同的观点。一般认为,西欧国家应偏向于"现代论"的观点,如常用于指涉英国人的"British"是在大英帝国(British Empire)②出现后,才逐渐被广泛使用的。而在民族主义的现代性理论架构下,民族认同是可以自愿选择的;而此种民族认同上的选择变化,最常出现于跨国性移民身上。

在方法论上,本文运用新制度主义(neo-institutionalism)研究途径③,并以历史制度论(historical institutionalism)为主要分析方法。历史制度主义之特征有四:(1)透过较宏观的观点与范畴,来定义制度与行动者行为的关系;(2)权力与权力在制度实际运作的不对称关系;(3)路径相依与结果的不确定性;(4)制度的准决定论(Hall and Taylor,1996:954 – 958;胡婉玲,2001)。借由历史制度论的概念,除可分析原住民行政区及客家文化重点发展区之发展历程,并可将历史

---

① Brendan O'Leary(1997)与 Montserrat Guibernau(2004),分别对 Gellner 与 Smith 的理论提出挑战。另 Gellner 与 Smith 理论路径的比较,可参阅 Huseyin Isiksal(2002)与施正锋(2013)。

② 以国家(state)的概念指涉英国时,应使用"United Kingdom of Great Britain and Northern Ireland",简称"UK"。而所谓的"Great Britain"或"Britain",指涉的是英格兰、苏格兰和韦尔斯。另外,"English"指涉的是英格兰人、"Scottish"指涉的是苏格兰人、"Welsh"指涉的是韦尔斯人、"Northern Irish"指涉的是北爱尔兰人,而"British"指涉英国(UK)人。

③ 传统制度研究重视制度的规范性及应然面;受行为主义影响的新制度主义,则认为制度的形成会受到外在大环境的制约,人非制度的螺丝钉,亦可以改变制度(杨泰顺,2010)。

事件的转折与路径依赖有效的区隔,以避免陷入历史循环论的臆测。另本文以"初探"为篇名,意欲表达所提问题为初步想法,尚待实证分析。

三、原住民行政区与客家文化重点发展区之建置

1.原住民行政区之发展沿革

台湾原住民行政区之设置,系先建置"山地原住民行政区",再设置"平地原住民行政区",参照"行政院"原住民族委员会2002年1月23日台原民企第9101402号函意旨,原住民行政区之设置,可分为以下几个阶段。

(一)国民政府治台之初,已由省政府设置山地原住民行政区

考虑山地特殊行政状态,及建立适当行政体制需要,台湾省政府①早于1945年起即将原有理蕃区域按照地方行政体制,根据山地地理环境及交通情形,划编山地乡及其所辖村邻,并建置乡公所及代表会,委派原住民(当时称山胞)任乡长(后改为选举)。山地乡公所陆续于1945年年底至1946年间成立,当时全台湾省12县计分30个山地乡、217村;此为台湾政府第一阶段的山地重要施政,建立原住民行政工作之基石。

复台后省政府于1952年2月11日颁发《台湾省山地乡公所组织补充办法》以适应山地实际需要,配合地方自治及加强行政措施,并附"台湾省各县山地乡公所编制员额表",尔后部分山地乡名称并依规定变更为现行名称,故现行30个山地乡已行诸60余年。

(二)平地原住民行政区之设置

1.第一阶段:设置21个平地原住民行政区

平地原住民乡(镇、市)之设置,系为提高平地原住民(当时称平地山胞)生活水平,台湾省政府于1955年2月10日以府民一字处第13670号令颁布《台湾省政府辅导平地山胞生活计划》,将原住民集中地区花莲县、台东县、苗栗县等地区,建置为平地原住民行政区,其中花莲县、台东县各有10个乡(镇、市),苗栗县则有南庄乡计有21个乡(镇、市)。

---

① 1945年8月15日,日本天皇宣布无条件投降,第二次世界大战结束,国民政府自日本移转接收台湾的统治权,旋即于1945年9月20日公布《台湾省行政长官公署组织条例》,暂设台湾省行政长官公署,并于1947年4月改制为台湾省政府。

2.第二阶段:增加苗栗县狮潭乡为平地原住民行政区

台湾省政府复于 1956 年 5 月 10 日以府民一字第 49690 号令颁布《台湾省平地山胞生活改进运动办法》,其施行地区,除原有之 21 个乡(镇、市)外,另划定苗栗县狮潭乡(赛夏族居住)为平地原住民乡,计 22 个乡乡(镇、市)。

3.第三阶段:增加新竹县关西镇等 3 乡(镇)为平地原住民行政区

嗣后,1967 年 1 月 12 日,台湾省政府以府民一字第 2971 号令颁布《台湾省政府辅导平地山胞生活计划(第三次修订)》,明定平地原住民乡(镇、市),除前述 22 个乡(镇、市)外,并将新竹县关西镇(泰雅族居住)、南投县鱼池乡(邵族居住)、及屏东县满洲乡(排湾族居住)等 3 乡(镇)划入,共计 25 个平地乡(镇、市)。

2. 现行原住民行政区之法源

为促进原住民就业,保障原住民工作权及经济生活,政府于 2001 年 10 月 31 日公布《原住民族工作权保障法》,该法第 5 条及第 11 条分别就"原住民地区"之机关(构)的人员雇用及政府采购事宜①,特别保障原住民族之权益。

然而,因台湾省已因"宪法"增修条文规定而精简,改制为"行政院"派出机关,省法规仅得依《台湾省政府功能业务与组织调整暂行条例》继续适用至 2005 年 12 月 31 日。为落实《原住民族工作权保障法》有关"原住民地区"条文之规定,有必要于精省后,明定"原住民地区"之具体范围,原住民族委员会遂基于"省法规施措明定,行诸多年"、"原住民族传统居住,并具原住民族历史渊源及文化特色"、"反映民意需求,行政可行性高"等三个理由,以 55 个既存的原住民乡(镇、市)规划为原住民地区之具体范围,并于 2002 年 1 月 23 日台原民企第 9101402 号函报"行政院",经"行政院"2002 年 4 月 16 日以院台疆字第 0910017300 号函同意在案。

嗣后,政府于 2005 年 2 月 5 日制定公布《原住民族基本法》,该法第 2 条第 3 款明定"原住民族地区"系指原住民传统居住,具有原住民族历史渊源及文化

---

① 《原住民族工作权保障法》第 5 条规定意旨,原住民地区之各级政府机关、公立学校及公营事业机构,其雇用相关人员之总额,应有三分之一以上为原住民。同法第 11 条规定,各级政府机关、公立学校及公营事业机构,办理位于原住民地区未达政府采购法公告金额之采购,应由原住民个人、机构、法人或团体承包。

特色,经中央原住民族主管机关报请"行政院"核定之地区。目前经"行政院"核定之原住民族行政区如附录一。

3.《客家基本法》与客家文化重点发展区

为借由选定具特殊客家特色之特定地区,凸显客家语言、文化与其他族群文化之区别,达成客家语言、文化及产业传承创新之政策目标,《客家基本法》第6条第1项规定:"客家委员会对于客家人口达三分之一以上之乡(镇、市、区),应列为客家文化重点发展区,加强客家语言、文化与文化产业之传承及发扬。"客家委员会依《客家文化重点发展区乡(镇、市、区)公告作业要点》[①],于2010年先依2008年人口调查结果,公告了60个客家文化重点发展区,是为过渡性公告;后于2011年始依《客家基本法》中客家人定义进行调查后将69个乡镇市区列为客家文化重点发展区(钟国允,2012)。有关客家委员会公告之"客家文化重点发展区乡(镇、市、区)一览表"如附录二。

事实上,客家委员会的《2003年度台湾客家民众客语使用状况》报告中,提出原生论、工具论、边界论(boundaries approach)、血亲论(nepotism)、情境论(situational ethnicity)等5个族群理论典范,并指出80年代"新个客家人"运动旨在塑造"台湾客家人"的族群认同,及语言(客语)在客家族群认同中的重要性。为复振客语,客家文化重点发展区,应推动客语为公事语言,服务于该地区之公教人员,应加强客语能力;其取得客语认证资格者,并得予奖励(《客家基本法》第6条第2项)。而客家文化重点发展区除复育客语外,是否可能进一步"再建构"(reconstructed)"台湾客家人"的族群意识?

四、客原复合行政区之潜在问题

所谓"客原复合行政区",系一乡(镇、市)同时具有客家文化重点发展区与原住民行政区之身份者,其态样及相关政策问题,研析如下。

1. 客家文化重点发展区与原住民行政区竞合之态样

"客原复合行政区"可分为"客家山原复合行政区"及"客家平原复合行政

---

① 《客家文化重点发展区乡(镇、市、区)公告作业要点》第2点,考虑估计误差值,以"区间估计"方式纳入估计误差值,致扩大了客家文化重点发展区的数目(王保键,2012)。

区"两种态样。

（一）客家文化重点发展区与"山地"原住民行政区竞合：客家山原复合行政区

此类"客家山原复合行政区"，有苗栗县泰安乡与台中市和平区两个个案。苗栗县泰安乡属县以下之乡（镇、市）层级，为一地方自治团体公法人；台中市和平区系因 2000 年台中县与台中市合并改制为直辖市，由原自治法人的台中县和平乡（民选乡长），改制为市政府派出机关的台中市和平区（官派区长）。

但因此类由山地乡改制之区，地方居民政治参与日益弱化，致原乡地区边缘化，发展停滞不前，部落民意多次反映希望能够恢复公法人地位以落实原住民族自治（原住民族委员会，2014）。政府遂于 2014 年 1 月修正《地方制度法》，增列第 4 章之 1，赋予"直辖市山地原住民区"为地方自治团体，设区民代表会及区公所，分别为山地原住民区之立法机关及行政机关。①

（二）客家文化重点发展区与"平地"原住民行政区竞合：客家平原复合行政区

此类"客家平原复合行政区"，包含新竹县关西镇，苗栗县南庄乡、狮潭乡，花莲县凤林镇、玉里镇、吉安乡、瑞穗乡、富里乡、寿丰乡、花莲市光复乡，台东县关山镇、鹿野乡、池上乡。

事实上，客家委员会所公告的花莲县及台东县境内之客家文化重点发展区，全部与"行政院"核定的平地原住民行政区竞合。意即，所有花莲县及台东县的客家文化重点发展区亦皆为平地原住民行政区。

2. 客原复合行政区内的族群关系

原住民族习惯上，系以"民族别"②作为自我的身份认同；而"山地"及"平地"原住民之身份认定，系源自于政府的行政管理措施。原住民身份之取得，须

---

① 依《地方制度法》第 20 条及第 83 条之 3 规定，"直辖市山地原住民区"与"山地乡"之自治财政权有所差异：山地乡所享有之"乡税捐"及"乡公共债务"权限，并未赋予给直辖市山地原住民区。

② 目前政府核定之原住民民族包括阿美族、泰雅族、排湾族、布农族、卑南族、鲁凯族、邹族、赛夏族、雅美族、邵族、噶玛兰族、太鲁阁族、撒奇莱雅族、赛德克族等 14 族。

依《原住民身份法》及《原住民身份认定及民族别登记》规定,[①]向户政事务所办理登记。意即,原住民的身份着重于"血统"的因素,采原生论的观点。相对地,《客家基本法》所指涉的客家人,指具有客家血缘或客家渊源,且自我认同为客家人者,兼采原生论与工具论。

（一）复合行政区内居民之族群认同

客家委员会于 2010 年 11 月 10 日至 12 月 31 日间调查推估客家人口数,并依据此人口数基础资料,公告 69 个客家文化重点发展区。就客家山原复合行政区以观,客家人口比例,苗栗县泰安乡为 40.88%,台中市和平区为 33.83%（"行政院"客家委员会,2011:38）。

表 1：客家与山原复合行政区之人口结构

	时间点	总数	非原住民	山地原住民	平地原住民
苗栗县	2010 年 12 月	5982	1797	4185	79
泰安乡	2014 年 1 月	5964	1810	4154	84
台中市	2010 年 12 月	10734	6709	3787	238
和平区	2014 年 1 月	10586	6543	3798	245

以客家委员会 2010 年 12 月调查推估的苗栗县泰安乡客家人口应为 2,446 人,惟当时非原住民人口仅为 1,797 人,此种落差原因为何？是否部分具有原住民身份者,亦自认为客家人？此外,苗栗县泰安乡出现人口总数递减,惟非原住民人口数增加,所增加者是否为客家人？如增加之人口为客家人,是否与客家文化重点发展区之政策工具有关？这些问题,尚有待进一步实证研究。

相对地,台中市和平区则属"非原住民人口数多于原住民人口数"之山地原住民行政区,汉化程度高,刚好符合"客家人口达三分之一以上"的门坎规定,得以设定为客家文化重点发展区。然而,就人口结构来看,台中市和平区内居民之族群认同,除客家与原住民外,尚有相当多数之人口属于其他族群,该区之各族群间之互动情形为何？

---

①　依《原住民身份法》第 2 条规定,山地原住民系指台湾光复前原籍在山地行政区域内,且户口调查簿登记其本人或直系血亲尊亲属属于原住民者;平地原住民系指台湾光复前原籍在平地行政区域内,且户口调查簿登记其本人或直系血亲尊亲属属于原住民,并申请户籍所在地乡（镇、市、区）公所登记为平地原住民有案者。

(二)政策工具与客家人口成长

为使客家文化重点发展区能发挥功能,客家委员会订有《客家文化重点发展区计划提高补助比率暂行作业要点》及《客家委员会推展客家青年返乡创业启航补助作业要点》等行政规则。

依《客家委员会推展客家青年返乡创业启航补助作业要点》第2点规定,申请人拟开办事业地点须位于客家文化重点发展区,方能取得政府资金补助。故政府以政策工具之手段,期盼透过客家文化重点发展区之建制,投注资源,以吸引都会区或离开客庄之客家子弟返乡生活。

然而,当越来越多客家族群在客原复合行政区内生活、工作时,是否会冲击世居的原住民族? 客家与原住民间之族群关系又会产生何种变化?

(三)客家山原复合行政区之"原客共治"

现行原住民保障机制,可分"身份别"与"行政区域别"两种型态,如《地方制度法》第33条第2项第1款第2目规定,直辖市原住民议员名额,有平地原住民人口在两千人以上者,应有平地原住民选出之议员名额;有山地原住民人口在两千人以上或改制前有山地乡者,应有山地原住民选出之议员名额。本条项所规定"原住民人口在两千人以上者"系以户籍登记数据为准,属"身份别"之保障;至"改制前有山地乡者"则属"行政区域别"之保障。另外,县议员之产生,亦有类似规定。

《地方制度法》施加于"山地原住民行政区"之制度保障机制略有:(1)直辖市议员及县议员名额之保障(第33条);(2)乡长及山地原住民区区长仅限山地原住民(第57条及第83条之2)。在此种山地原住民行政区之保障主体为原住民之架构下,出现"原住民掌握公所,汉人控制代表会"之"汉原共治"山地乡之情形,如嘉义县阿里山乡①。

事实上,嘉义县阿里山乡2013年1月底的人口统计,原住民3,528人,占总人口数(5,738人)的61%,在原住民人口仍为多数,便已出现"汉原共治"现象。

---

① 阿里山乡是原汉混居的区域,因汉族不能选乡长,为了族群的政治平衡,乡代主席长年下来由汉族担任已成为阿里山乡不成文的规定;当地意见领袖表示,邹族年轻的一代与汉族都很在乎乡代主席的位置,多年前邹族曾用力一搏争取到乡代主席,但是引起乡内族群的对立,现在地方领袖的意见认为,由汉族担任主席对乡政的阻力较小(公共电视,2005)。

若当客家山原复合行政区出现"客家人口数多于原住民人口数"时,此"原住民乡长,客家族群代表会"之"客原共治",政治权力是否会向代表会倾斜? 或许2014年年底的首届直辖市山地原住民区选举(台中市和平区)是一个可以验证的个案。

申言之,依政府选举法规,居住在山地原住民行政区内之非原住民者,于乡长选举时,亦享有投票权,并未排除设籍山地乡之客家族群圈投原住民乡长之权。当客家山原复合行政区,在政策诱因下,若客家人口数不断成长,至客家与原住民人口失衡时,客家选票将成为左右乡长选举的力量,未来恐将发生"客家族群决定山地乡乡长",是否会因此带来族群的紧张关系?

(四)客家平原复合行政区之"客家优先"

《地方制度法》并未对平地原住民行政区设有保障机制,在汉人的参政动机及资源较佳情况下,平地原住民行政区之行政首长多为汉人。在25个平地原住民行政区中,本届(2010年选出)的乡(镇、市)长,仅花莲县丰滨乡、台东县长滨乡为原住民,余23个行政首长皆为汉人。而客家平原复合行政区之乡(镇、市)长亦有许多是客家人。

在客家平原复合行政区,客家族群的政治发展与社经地位,原已高于原住民,若再加入客家文化重点发展区之政策工具,恐将扩大客家与原住民间之差距,并可能造成客家平原复合行政区之"客家优先"的政策取向。若此项假设为真,客家与原住民间是否会出现"相对剥夺感"? 两族群间是否会出现紧张关系?

五、结论

本文就2011年客家委员会所公告之客家文化重点发展区,与既存的原住民行政区重叠所形成的"客原复合行政区"为标的,解析两者间之竞合关系,并尝试探究其可能发生的政策问题。本文的初步发现为:(1)客家山原复合行政区,恐会强化"原客共治"之不均衡发展;(2)客家平原复合行政区,恐将形成"客家优先"的政策取向;(3)复合行政区内,恐将出现客家与原住民间之族群紧张关系。惟上开初步发现,仍有待实证资料加以检验。

　　另本文虽未探讨,但有注意到"新住民"①之族群认同的变数。依教育部统计,2012 学年度新移民子女就读国中小之人数为 20.3 万人(较 2011 学年度增加 5.3%),占全体国中小学生之 9.2%("行政院"主计总处,2013)。为使新住民家庭顺利适应在台生活,及强化新住民子女教育,政府已推动"新住民火炬计划"②。而新住民人数之成长,恐将使"客原复合行政区"内的族群关系更形复杂。

附录一:行政院核定之原住民族行政区

30 个山地原住民行政区		25 个平地原住民行政区	
新北市	乌来区	新竹县	关西镇
桃园县	复兴乡	苗栗县	南庄乡
新竹县	尖石乡		狮潭乡
	五峰乡	南投县	鱼池乡
苗栗县	泰安乡	屏东县	满洲乡

---

① 所谓"新住民",依"内政部"2007 年 10 月 1 日内授移字第 0960946753 号函,定义为"子女出生时,其父或母一方为居住台湾地区设有户籍国民,另一方为非居住台湾地区设有户籍国民"。

② 为使新住民家庭顺利适应在台生活、强化新住民子女教育及倡导尊重多元文化,于 2012 年起推动"新住民火炬计划",政府择小学新移民子女人数超过 100 名或超过十分之一比例之小学列为新住民重点学校。2013 年,于客原复合行政区内,且为"新住民火炬计划"推动标的者,计有苗栗县狮潭乡永兴国小、花莲县凤林镇林荣国小、花莲县玉里镇高寮国小、花莲县富里乡东竹国小、花莲县花莲市明礼国小、花莲县光复乡大进国小、台东县关山镇关山国小、台东县池上乡万安国小等。

续表

30 个山地原住民行政区		25 个平地原住民行政区	
台中市	和平区	花莲县	花莲市
南投县	信义乡		光复乡
	仁爱乡		瑞穗乡
嘉义县	阿里山乡		丰滨乡
高雄市	桃源区		吉安乡
	那玛夏区		寿丰乡
	茂林区		凤林乡
屏东县	三地门乡		玉里镇
	玛家乡		新城乡
	雾台乡		富里乡
	牡丹乡	台东县	台东市
	牡丹乡		成功镇
	泰武乡		关山镇
	春日乡		大武乡
	狮子乡		太麻里乡
台东县	达仁乡		卑南乡
	金峰乡		东河乡
	延平乡		长滨乡
	海端乡		鹿野乡
	兰屿乡		池上乡
花莲县	卓溪乡		
	秀林乡		
	万荣乡		
宜兰县	大同乡		
	南澳乡		

附录二:客家文化重点发展区乡(镇、市、区)一览表

县(市)	乡(镇、市、区)	小计
桃园县	中坜市、杨梅市、龙潭乡、平镇市、新屋乡、观音乡、大园乡	7
新竹县	竹北市、竹东镇、新埔镇、关西镇、湖口乡、新丰乡、芎林乡、横山乡、北埔乡、宝山乡、峨眉乡	11
新竹市	东区、香山区	2
苗栗县	苗栗市、竹南镇、头份镇、卓兰镇、大湖乡、公馆乡、铜锣乡、南庄乡、头屋乡、三义乡、西湖乡、造桥乡、三湾乡、狮潭乡、泰安乡、通霄镇、苑里镇、后龙镇	18
台中市	东势区、新小区、石冈区、和平区、丰原区	5
南投县	国姓乡、水里乡	2
云林县	仑背乡	1
高雄市	美浓区、六龟区、杉林区、甲仙区	4
屏东县	长治乡、麟洛乡、高树乡、万峦乡、内埔乡、竹田乡、新埤乡、佳冬乡	8
花莲县	凤林镇、玉里镇、吉安乡、瑞穗乡、富里乡、寿丰乡、花莲市、光复乡	8
台东县	关山镇、鹿野乡、池上乡	3

说明:客家委员会分别于 2010 年 4 月 26 日、2011 年 2 月 25 日两次公告客家文化重点发展区,第二次公告所增加桃园县大园乡等 9 个乡镇区,以底线注记。

(作者为台湾大学客家研究中心特约助理研究员、法学博士)

河洛文化与客家

廖　江

　　"河洛文化不仅仅是地域文化更是中华传统文化的根源与主干。""河洛文化是以洛阳为中心古代黄河与洛水交汇地区的物质与精神文化的总和,是中原文化的核心,也是中华文化的精华和主流。"这是陈云林先生对20年来(20世纪80年代末至2010年)河洛文化研究的总结与概括(引自《河洛文化与岭南文化·序一》)。这个"概括"揭示了河洛文化的源远流长、博大精深,反映了中外河洛文化研究者的基本共识,并通过交流与传播,产生了积极的、巨大的影响,呈现出河洛文化的旺盛生命力,放射出学术的和时代的光辉。

　　河洛文化有如一株文化大树,根系河洛,枝繁叶茂,参天屹立。经历千百年的风雨洗礼,庇荫着中华儿女的精神、品格的茁壮成长。

　　洛阳是九朝古都,是中华文化的发祥之地,还是诗、书、礼、乐、易等"五经"诞生之地。引领中国古代思想文化发展的儒学、道学、佛学、玄学和理学,也都在洛阳地区产生、交融,并辐射四方。从而,奠定了河洛文化的"根源"和"主干"的地位,而中国的其他的地域文化,如齐鲁文化、巴蜀文化、荆楚文化、岭南文化等等,均未能与其相比肩而形同树之枝节。直到伟大的民主革命先行者、近代文化先驱者孙中山提出的"三民主义",其来源也自说"有因袭吾国固有之思想者,有规抚欧洲之学说事迹者,有吾所独见创获者"。因袭者,传承也。足见孙中山先生对河洛文明的文化自觉和坚信不渝。

　　试以老子为例。

　　老子姓李,名耳,字聃。生于河南省鹿邑县,春秋时代(公元前720年到公元前476年)人。曾出任周王朝的史官。晚年著《道德经》,凡81章,共5000余字。著名学者麦小舟在他编著的《再生的老子》一书中说:"老子通过他的《道德经》,创立了他的哲学学说、伦理学说和政治学说。老子也因此成为哲学的巨人、道德的高峰、政治的先知。""老子是中华文化的一面旗帜","最有资格作为中华文化的品牌"。"更为可贵的是,直到今天,老子哲学中的基本原理和精神,仍被证明是科学的、正确的。"据称,老子比孔子年长 20 岁,而老子 37 岁时(公元前 535 年),曾被周甘简公免职并被流放到鲁国(孔子的故乡),当对齐鲁文化产生影响;据有关史书记载,孔子一生曾多次拜见老子,就不同的问题向老子请教。第一次拜见是在公元前 534 年,17 岁的孔子不远千里去周王朝的都城——洛阳向老子求教;孔子 57 岁时再次拜见老子,地点在老子的家乡——陈。由此可见老子对孔子的影响之大。

老子的《道德经》,也受到西方人的崇仰。英国科学家李约瑟说,《道德经》早在 17 世纪便由比利时传教士卫方济翻译而传入欧洲,至今外文译本已近 500 种,翻译数量之多仅次于《圣经》,其中德国每四户家庭就拥有一部《道德经》。德国哲学家、启蒙运动学家康德认为:"斯宾诺沙的泛神论和亲近自然的思想,与中国的老子思想有关。"德国哲学家尼采说:"《道德经》的能量是取之不竭、用之不尽的。它就像一口永不枯竭的井泉,满载宝藏,放下汲桶,唾手可得。"

河洛文化是一个有机的整体。构成这个整体的主要"部件"是易、道、儒。经过长期的交流、传承、互补和发展,共同熔铸而成中华文化。《周易》的一些文化元素(如"天行健,君子以自强不息")构成了老子学说的理论基础,而孔子的政治伦理学则是对老子学说的传承和发展。正如麦小舟先生所说:"我们千万别把它们分割开来,对立起来。"

客家是中国汉民族的一个支系。它具有鲜明的文化个性。"迁徙"是客家人的一大特征,客家长联有云:"客系何来?本黄裔后胄,三代遗民,世居河洛,自晋初,战乱兵凶,衣冠南下,经唐灾,历宋劫,籍寄遐荒,筚路蓝缕创四业,溯渊源,千年称客实非客;家乡何处?数远祖先贤,中原旧族,转徙粤闽,从宋末,居安业定,驻足梅州,复明播,继清迁,群分边郡,瓜瓞绵延遍五州,同根柢,四海为家就是家。"

客家根在河洛。广西师范大学历史学教授、"客家研究丛书"总主编钟文典先生(已故)在《广西客家·总序》中,开头一句便是"汉族中的客家民系或曰客家族群,发祥于我国中原大地。"广义的河洛地区亦即"中原大地"。所谓"世居河洛"。

　　客家是南迁的河洛人。据研究,河洛人的大规模南迁共有 5 次。第一次:汉末至东晋,中原汉人南迁鄂、豫南部,到达皖、赣,进入长江流域。第二次:西晋永嘉之乱时,衣冠入闽者八族,为河南固始江淮间的士族集团。第三次:从唐高宗时期开始到唐末黄巢起义,前有陈元光入闽,后有王潮、王审知拥兵福建。第四次:北宋末年随王室南渡,中原士民"扶携南渡,不知其几千万人","江浙沪湘闽广,西北流寓之人遍满"。第五次:明末清初,满族南下及入主中原,客家先民之一部分,由三、四次迁徙后的旧居地迁往粤中及滨海地带。后来更有漂洋过海异域谋生者。经过长期不断的迁徙、繁衍,现今世界共有 1 亿多客家人,约 6000 万人在中国大陆,约 1500 万人分布在台、港、澳地区,近 3000 万人分布在世界各地的 80 多个国家。然而根在河洛。

　　值得注意的是,以上仅是对客家迁徙、形成、发展的一个粗浅的梳理和勾勒,所谓"根在河洛"、"粤闽赣湘边境"是客家的大本营,只是大体而言,实际情况要复杂得多。就其迁徙的原因而言,多概括为仕宦、征战、避难,一种被动,一片悲情;其实也有主动和互动的成分,如若不然,为何多迁徙长江流域、赣闽粤地区,而不向西南云贵高原或西部沙漠地带迁移呢?闽地客家人黄峭山遣十八子下江南,也是"任择胜地而立纲常"的,"(任择胜地),便是一种主动的开拓。又如广西陆川县是广西第二大客家县,有客家人口 50 万,占全县总人口的 69% ,多为明朝时期从闽、粤、赣等地迁来。王建周、黄震(皆系客家人)在《略论陆川客家的源流、分布及其贡献》一文(载《广西客家研究综论》)中,论述客家人把陆川作为入桂择居地的两个原因是:第一,地理位置优越,交通便利,自古以来便是进出两广的交通要道。第二,地形多为山区,尚有大量可供开垦的土地,具有开发潜力和发展前景。明清时期,政府组织移民垦荒屯田,并"辅以一定的经济补助和优惠政策"。平心而论,这对当时发展社会生产力是有好处的,具有积极的意义。再如,20 世纪 50 年代末期,人民政府组织开发"北大荒",把荒原变成了现代化农业基地,大大推动了生产力的发展,更是一项艰苦卓绝而又宏伟壮丽的事业。总之,对客家的迁移要作历史的、全面的分析,围绕社会生产力发展这条主线,作具体的研究,正是这种不同时空的复杂经历,客家人铸就了开拓、进取的文化个性。

人是文化的重要载体。尤其是生活在传媒手段不发达的旧时先人,更是如此。每个人都承载着原居地的文化元素,具有原居地的文化基因;随着人的流动,其文化元素也随之流动和交融。客家迁自河洛地区,当然承载着河洛文化的元素,迁到哪,带到哪。迁到赣闽粤,就与当地的文化(百越文化)交流交融,经过长时期的相交、相激、相融和沉淀的互动过程,形成一种特色鲜明的客家文化,并向四方传播开去。而这种传播过程中的文化事象也是复杂的。拙作《河洛文化的南迁与影响》(载《河洛文化与闽台文化》)的"历史的启示"一节中,谈了自己的粗浅看法:"1. 河洛文化源远流长。其孕育、形成、繁荣、发展、传播,各个地域有其具体的轨迹。即其传播轨迹是曲线的,而不是直线的;是互相交融的,而不是直线贯输的。"

河洛文化是客家文化的母本,客家文化传承着河洛文化的基因。如袁隆平的"杂交水稻",其母本是水稻,由海南岛而到湖南,再到华南、东北等地,通过基因的组合,在不同的自然环境和人文环境中培育而成新的品种,达到增产的目的。但无论怎么"杂交"、"增产",高杆还是矮杆,终归还是"水稻",而不可能是"红薯"、"芋头",更不会变成苹果、香蕉。一句话,河洛文化所固有的"基因"不变,并且展现出更为强大的生命力。

就文化层面而言,河洛文化是中华文化之树的根和主干,客家文化是其支系。客家人的个体(或聚居一地的氏族)便是果实中的"种子",撒播四方,随地而生,绽放出文化之花。客家人在长期的辗转迁徙过程中为了生存发展和民族的振兴艰苦创业,开拓进取,培养出勤劳、耐苦、节俭、慷慨、勇敢、团结、爱国的文化品格。在下列的几个方面表现得尤为鲜明和强烈。

一、崇祖报本。通过建祠堂、修宗谱、祭祖宗,以及立族规、订族训、制楹联等有形的载体,把无形的儒家思想灌输到每一个客家人的血液之中。"朝暮莫忘亲嘱咐,春秋须荐祖蒸赏","祖居陆川五百年,莫忘上杭旧家山",根深蒂固,代代相传。漓江流域黄姓单组客家村——毛寸,700 余人,清代建有黄姓总祠,名圣母宫。四房族裔又各建有祠堂。曾多次应邀派代表前往福建武夷山下的邵武市祭拜始祖黄公峭山。现有族裔 5 万余人,分居桂江、漓江、茶江、荔江、柳江流域,2013 年在圣母宫举办"黄石宗亲拜祖"活动,有桂林市、灵川县(毛村属灵川县大圩镇辖)、平乐县、恭城县、阳朔县等地的宗亲代表 400 余人参加。打着"欢迎宗亲回家"的标语夹道迎接,车水马龙,鸣炮舞狮,气氛热烈。这是《礼记·中庸》的"仁者,人也,亲亲为大"的当代诠释。

二、固守语言。"宁卖祖宗田,不忘祖宗言","毛村话"(又称"船上人话")成为上述诸流域客家居民的"认祖话"和通用语言。

三、重教兴学。这与客家多次大迁移的历史背景有密切关系。客家"本贵裔后胄"、"中原旧族",多仕宦书香之家,饱受河洛文化浸染,深知教育的重要性;身处"中原板荡"的时代,更担心国学之不系,有如孔子担心周礼之"崩坏"而终生致力于教育,客家先民不论迁居何地,都是重教兴学。这是一种捍卫中华民族优秀文化的历史使命感所使然,不仅是"培育本族子弟"而已。唐末工部侍郎黄峭山办起了闽北的最高学府——和平书院。培育学子,代出英才,培植文风,影响很大。"历代邵武南乡均以读书人多著称,贤能辈出,诚与此书院启导影响有关。"(引自《江夏黄研究》第105页)扩而大之,唐代以前,中原文化盛过岭南,自宋以降,特别是南宋、明、清时期,随着政治中心南移(宋都由开封南移杭州),大批"衣冠南下",江南文风蔚起,江、浙、赣、闽、粤、桂代有才人,大有南盛于北之势,其影响所及,亦有迹可循。

著名爱国侨领陈嘉庚先生是福建籍客家人。他17岁从福建下南洋(新加坡)随父创业,因其父经营失利而举债,陈先生坚守"诚信",父债子还,赢得良好的声誉。得道者多助,一生勤俭,创下了一份宏伟的事业。而这种"诚信"精神,正是陈先生在家乡17年接受教育的结果;又可溯见《论语·学而》:"曾子曰:吾日三省吾身:为人谋而不忠乎? 与朋友交而不信乎? 传不习乎?"更及《道德经·第十九章》:"信者,吾信之;不信者,吾亦信之;德信也。"所谓"文脉相续"、"继承弘扬"者也,莫如是乎! 陈嘉庚先生为提高民族文化素质,投资创办集美中学、厦门大学,兴教爱国,热心公益,为祖国作出巨大贡献,众所周知,有口皆碑。

四、海洋意识强烈,视野开阔,锐意创新,具有开放、包容的"海量"和气度。这是客家大本营,闽粤赣濒临大海的地理环境所影响的。抬头见海,与台、港、澳地区"鸡犬之声相闻",与东南亚诸国交往密切,更有迁居和侨居者,容易吸纳不同的先进文化;这与"开门见山"、"日出而作,日入而息"的农耕文明形成强烈的对比。中国的改革开放取得举世瞩目的成就,还是从沿海而中部而西部呈波浪式推进,与历史上河洛文化南迁与影响,形成了一个更大时空的文化大交流。启示国人在看到960万平方公里土地的同时,还看到一片浩瀚的海洋!再看今日河洛文化研究,始于河南,继而广东、台湾、江西、福建,在研讨的内容上,从对河洛文化的"刨根问底"南传影响,到与客家文化的关系;在国家及地方政府的重视和支持下,中外学者积极参与,研究热潮蓬勃兴起并不断深入。这将成为"撬动"中国文化"大繁荣、大发展"的重要"支点"之一,为中华民族的伟大复兴作出应有的贡献。而这个"大交流"中,就有许多客家人。

河洛文化是地域文化和历史的产物,自有其先进性和局限性。客家人作为河洛文化的一个载体,也具有人类发展的一般规律,并非十全十美的事物。弘扬而不溢美,"揭短"而不贬损,贵在平心而论,总结经验,以利再战。例如客家婚俗中有"示威"一则,即在入洞房时,新郎要用扇子在新娘的肩部敲打三下,以示今后"你得听我的"的夫权思想,是孔夫子"夫为妻纲"的"活学活用",有悖于《婚姻法》。不妨"与时俱进",化干戈为玉帛,将"敲三下"寓意为"约法三章":同甘共苦、百年偕老、永不分离。在世界客属第二十届恳亲大会、"移民与客家文化"国际学术研讨会论文集中有所论述,具有参考价值。

（作者为广西灵川县史志办编审）

河洛文化与客家文化之传承

——以客家兴国县风习精神说明

黄邦宿

一、文化即为人类生活,包含物质、精神、方式

何谓河洛文化？多指河与洛两流域产生的文化合称,河指黄河、洛指洛水。因有水利农耕、富裕民生,演化出人类生存活动的物质与精神,包括风习之综合体,即谓文化,历史专家钱穆言:文化就是人生,就是人类的生活。故人因河洛而生活产生的文化称"河洛文化"。世界四大文明古国,莫不因河流产生,如尼罗河而产生埃及文化,即是明证。

河与洛汇流于河南省巩义县境,惟两河概有中下游之河南省及周边广大地区。河南省简称豫,位《禹贡》九赣岛之中:冀、兖、青、徐、扬、荆、豫、梁、雍,故称中州,亦称中原。河洛文化亦称中原文化。具有根源、扩散、包融、创新四属性,随流域与人类活动而发展,由于其传播,产生了有特色之闽台、赣鄱、岭南、客家等文化,甚至随华侨及孔子学院传播至港、澳、欧、美而有海洋文化,皆为中华文化之流亚,无远弗届,博大精深也!

二、客家非种族名,乃文化概念,有纯客家与新客家

何谓客家？

(一)依据客家文化研究专家罗香林 1950 年发表客家源流文,其指称:欲定客家界说、自时间言当以赵宗一代为起点,居地大体言之,其操同一客语而与邻居不能相混者,则以福建西南部、江西东南部,广东东北部,为其住地,而更及于所再迁之各地,客家系统形成,大致在五代、宋初。

(二)依据《联合报》2008 年 12 月 29 日刊,客委会调查报告称:客家是一个汉族民系的称谓,并不是一个种族的概念,而是文化的概念。客家民系于唐、宋年间,南迁汉族人在闽、赣、粤交界地区,经过与当地畲族,瑶族等土著居民,融合而成的。具有有别于汉族其他民系的独特的方言、文化和特性的一个汉族民系。它以汉人为主体,同时包涵经融合有客化的畲、瑶等少数民族。客家人除聚居闽、赣、粤边区,在台近六百万,分布全台,以桃、竹、苗占多数。

比较此两说法异同。相同者:均认为汉族南迁至闽、赣、粤边境且多处山地、迁因战乱,时间多在唐宋间。相异者:罗说客家指汉人、且所操客语与邻居不相混。客委会则指为"文化概念"、且与当地畲、瑶土著融合、具有别于汉族民系的独特方言,文化和持性的一个汉族民系。

揆诸实际,两说皆正确。前者可谓"纯客家聚族村而居",后者可谓"新客家"。则散居各处。笔者亦属新客家,出生江西赣南,紧邻粤闽边境、山城兴国县。依据 1987 年版县志:兴国始建县在吴嘉禾五年(236 年),时名平阳县,无人口记载,直至宋孝宗淳熙年间(1174～1189 年),记有 42428 人中,载有客居 2724口。1985 年县总人口 55 万余中,除汉族占 99% 外,尚有世居畲、瑶族 5618 人。证明客委会言"客家融有客化之畲、瑶等族"为事实。因此兴国除有乡间标准客语,县城普遍使用蜕变的兴国话,此一现象不只兴国独见、许多邻县皆如此。

三、外族入侵,中土战乱,三次南迁,历时千年

中原士民何以播迁? 甘愿离开家乡? 答案是:战乱,保命、避祸南迁。因为南方气候温湿,广大未垦地,物产丰富外,且有长江天堑可保安居,自是桃源仙乡。形成客系,历经千余年。大规模南迁者三次:

(一)西晋八王之乱,匈奴、鲜卑、羯、氐、羌五胡入寇,洛阳首都陷落。永嘉五年(211 年),怀帝被掳,臣民奔逃,北往辽东、西至西蜀,衣冠南渡至闽、赣、浙、粤,洛阳一地即达 200 万众,可见惨烈。

(二)唐初,总章二年(669 年),泉、潮两州"蛮獠啸乱",高宗命陈政为岭南行军总管事,率府兵 3600 百人,将校许天正以下 123 员,前往镇抚。继命其兄陈敏、陈敷率固始五十八姓增援,弥平。垂拱二年(686 年)置漳州,随军万余人,计84 姓。唐末黄巢乱起,自乾符二年至中和四年(875—884 年),自长安至湖南,全国流窜,士族大举南奔,入闽、浙、赣山区。巢亡翌年,继有寿州农民乱起,王

潮、王审知率乡民五千入闽,陈、李、张、黄 34 姓随之。

(三)北宋钦宗靖康二年(1127 年)金兵入侵,陷汴京(开封)掳徽宗、钦宗及皇室三千余北去,北宋遂亡。高宗继位南京(河南商丘),金兵继攻,急渡江,都临安(杭州),中原五百万臣民相随,迁浙、闽、赣、粤以避。南宋末文天祥勤王抗元,义军十余万入粤。

此外郑成功于永历十五年(1661 年),率军二万五千人收台,施琅康熙二十二年(1683 年)带水师二万收台,并有源源不断闽、粤移民迁台,1949 年年二百万军民来台,姓千余。

四、建祠崇祖,宗族荣耀传承,姓氏终生不改,威武不屈

客家文化因中原臣民南迁,融合当地土著文化形成创新特色的客家文化,2008 年版兴国县志概述中称:"客家人物、秉性刚直",例举古今文武名人以证。就传承中原文化,指其最重要者为:

(一)家族姓氏:世界民族珍视姓氏、宗族者,汉族可谓独见,南迁之民仓惶出逃,多不忘背祖牌,祈祖灵护佑者,刻有堂号及父母名讳。借明来源及祖先荣耀。聚族聚村,迨繁荣建祠以崇祖,甚或因恩荣建祠者。笔者祖先乃元末避乱自惠州迁兴国县深山之南桥,至四世祖黄裳御史,殉明英宗土木堡之役,翌年诏恤,正统十四年(1449 年),人少仍建一祠以接旨,崇尊情溢于言表。县中诸姓多有宗祠,1949 年前后,毁与建者不少,惟黄氏县城新祠巍峨,且春秋蒸尝,普遍扫墓。笔者 2004 年第九次返里举办房祭。前年返乡时,10 月 11 日《赣南日报》专访,赣州电视台播放新闻。千里返乡,崇祖也。

(二)姓氏为胤脉传承重要标记,宗族支柱,客家无论至何地,血缘不断,祠墓均刻郡望或堂号,兴国有 252 姓,前十大姓为:刘、钟、李、谢、陈、曾、黄、张、王、杨。郡望为:

刘氏:彭城,汉置,江苏铜山县	钟氏:颍川,秦置,河南许州
李氏:陇西,秦置,甘肃兰州	谢氏:会稽,秦置,浙江绍兴
陈氏:颍川,秦置,河南许昌	曾氏:鲁郡,晋置,山东曲阜
黄氏:江夏,汉置,湖北云梦	张氏:清河,汉置,河北清河
王氏:太原,秦置,山西太原	杨氏:弘农,汉置,河南灵宝

堂号之郡望十之八九来自中原。诸姓莫不为自姓光荣而努力,视同为第二生命,做到生不改姓,死不改名。台湾在日本高压殖民时期,实行皇民化,命令汉人改单字姓为双字姓,汉人在无奈的情况下,采用堂号,如陈水扁改颍川水扁,黄金德改江夏金德。采古封号,如刘大吉改中山大吉,因刘备为中山靖王后裔。如魏无忌改大梁无忌,因大梁是战国时魏都。采用字形示意,如石敢当改岩下敢当,袁世凡改园中世凡。可见汉人重姓氏而威武不屈深意。

五、童媳婚,利多弊少,六礼婚繁,糜费难为

客家兴国的姻婚礼俗。此乃极易受社会经济影响的一环。1949 年,可为新旧分界点,旧俗,遭"文革"破四旧。有过所谓一见钟情时期,只要喜欢什么都可以,莫说隆礼排场无踪,茶会、集团结婚,即算难得。自改革开放以来,经济挂帅,普遍繁荣,目前婚礼极尽奢华。大谈爱情,花样百出,却少执手偕老者。

在此谨介绍兴国旧婚礼。由于山城工商不振,在 3214 平方公里土地上,民初人口达 30 万,1947 年不到 20 万。地广人稀且贫穷,贫者采童养媳式,男女一切均由家长决定,认为适合,年貌相当,即将女孩送往男家扶养,两小无猜,长大成人,择吉成亲,嫁妆聘金,花轿喜筵,一概免除,无负担,且保证男有妻,女有夫。婚后再恋爱。婆媳情同母女,和睦可期,却受新潮人士批评,指代办婚姻缺乏自主性。

其次为遵古礼婚姻。富有家庭,重视门第;据《仪礼·士昏礼》,须行六礼:纳采、问名、纳吉、纳征、请期、亲迎。兴国大致实行:

(一)说媒。男方经介绍认识女方,同意后请媒说合,女方将生辰八字开出,男方请算命师合八字,或经祖祠掷筊,得吉卦即定。称纳吉。

(二)开礼单。八字相合,由媒人约双方会面,男方赠红包,并交鞋样由女方手制布鞋。开嫁妆礼单,交男方备办。

(三)纳征。男方依礼单,将财物送至女家,纳征(聘礼)俗称过礼。由男方定迎亲日,称报日子至女家,此时女方亲友,须赠红包准新娘,称代花粉(指化妆品)。

(四)亲迎。新郎率同至亲、媒人,抬花轿至女家,路远宿一夜,近则朝出昏归。新娘要背上轿,鞋不沾土。同时女方办事者,个个需红包,且争多论少,称

"躜礼数",以翰墨礼,陪娘礼,花轿礼最厚。

（五）拜堂。花轿到府,喜爆迎接,入厅坐堂以出轿煞,牵娘带进新房,坐箩筐上,内有枣子、桂圆、花生,祝早生贵子,分赠来宾。同时带有一红漆马桶,名子孙桶,例请一儿童解尿入桶,祝多子多孙,且必赠红包。吉时到,新娘由牵娘引至礼堂,立新郎左侧,礼生唱礼,先拜天地,祖先,再拜父母,夫妇对拜。次拜长辈,亲戚均需赠礼。晚有闹新房看热闹。远道者须食过新娘作之羹汤后,始辞归,近者当日回程。

客家民风保守,妇女有守节,三从四德观念,千余年来,载诸县志,望门寡、冲喜寡、中年寡,何止数千众。1989 年两岸开放探亲,笔者组团返乡。老妇蜂至,探询丈夫消息,殷切感人。贞节观念,今固落伍,然其维持家与社会安稳,功不可没,较之今日,朝夕情变,儿女受害,是其缺失。故适度表扬守贞婚姻,颇有其必要。

六、农历春节礼隆重,除旧布新气氛欢欣,团年夜饭,极丰盛欢乐

客家兴国有三大传统节庆,让终年刻苦勤劳之民,获得物资满足,精神舒畅。

农历新年。客家春节,腊月开始即盼望与准备。第一讲究清洁,房舍、寝具、衣被、厨房炊具、洗涤晒干进行彻底大扫除。食品尽多做腌渍,腊肉、香肠、捶鱼丝、咸蛋、圤姜、蕃薯干。新年果盒用果子,花生糖豆、炸薯泥、米花糖,均自手工做成,妇女尤其能干,新媳忙碌早晚无休,十分辛劳。

吃尾牙后。腊月二十三日送灶神上天奏好事,回宫降吉祥,故多用甜点供拜。廿四日过小年,而后餐餐有酒肉,酒为自酿糯米酒。直至除夕须先拜祖先、敬天地、贴春联、吃团年饭。家人不论远近,例当赶返,高龄父母最开心,亲情浓郁,菜肴丰盛。习俗多做十大碗:一般用海参、肉皮、红肉、扣肉、肉圆、鱼圆、捶鱼、全鸡、全鱼和长命菜。富人用鱼翅、燕窝更名贵。餐酒余言欢畅,交谈新年新鸿图。十时封财门,初一破晓开财门出行,例放鞭炮,全城响声不绝于耳,先敬祖先、天地,再提三牲去庙拜拜,或去祠堂拜祖。早餐后,父母端坐上厅,后依辈、房次,三跪九叩大礼拜年,例赠红包。然后出门去拜年,至长辈或亲戚家行跪拜礼,并须登门贺年,平辈拱手,说吉利话即可,对远道亲友与商家可用贺卡代替。

年初二起牙。杀鸡淋血纸钱上求财运,放鞭炮,开斋吃荤。嫁女回娘家,多

在初四初六,与台湾初二回娘家不同(今中原嫁女仍多于初二回门)。初五拜财神,开张做生意。十三日灶神回宫,开市后有各种舞狮舞龙队,和跳加官组,穿梭店家,十分热闹,赚新年财。正月十五日为元宵节亦称灯节,家户檐下挂花灯,彩艳样多,儿童人手一灯,且有吹喇叭送春牛图队,鲤鱼灯队表演,商家鞭炮欢迎,并赠大红包。家家户户吃汤圆。十六日送神,新年结束。

七、山城美味成国宴,主席题名近百年,山歌唱和多情趣,随兴俚辞妇孺能

客家兴国饮食文化除三大节外,尚有特食如黄黏米粿、绿豆糕等。尤其普遍而突出者为四星望月。县旅游局刊毛主席命名专刊载:1929 年 4 月 12 日,毛泽东首莅兴国,陈奇涵、胡灿、萧芳全请至黄隆顺,享受四炒菜和一个米粉鱼。毛泽东所命名的这道菜今已成国宴名菜,菜名与雅名记如次:拌鱼丝(长流不息)、素炒雪豆(聚沙成塔)、腊肉春笋(节节高升)、腌菜扣肉(有财有禄)、蒸笼米粉鱼(一轮明月),毛命名为四星望月。随之传出山歌:能赚黄金能赚银,难得领袖取菜名,春风吹满黄隆顺,四星望月永传承。

山歌乃客家于山间田野,唱和抒情,随兴俚词,传起于唐代伐木工人后,妇孺皆能。开头一长强声:"艾呀嘞",接着一或二句歌头,定下内容和韵脚,结束前有呼应声:心肝哥或心肝妹一句。内容根据需要,可长可短,即景生情,因事起兴,音调因情而异,慷慨激昂,委婉低回皆有之,运用方法有:比兴、夸张、对比、谐音、反衬、重叠等,1977 至 1980 年曾举办四次山歌比赛,1985 出版 120 万字《山歌选》。兹录三首以窥豹。

崇贤表嫂方太妹,十人见哩九个爱,崖看老妹几千年,日夜守你屋壁背。(表恋情)

打只山歌过王排,王排路上石崖崖,走了几多石子路,着了几多烂草鞋。(表劳苦)

哥哥抢天赶少年,勤耕苦种发狠做,赚到铜钱买良田,临老享福像神仙。(表规劝)

八、兴国传承,客家精神,勤俭爱乡,开创正直

中华民族雄踞东亚大地,这里气候温和,物产丰隆,因而四周外族垂涎,公元3世纪,北方异族相继入侵,汉族南迁,始有客家,见于南方各省。秉承开拓精神,客家人男独立坚毅勇敢,女勤劳强健爱家,千百年来蕴育出文臣武将,文人雅士无计其数。谨列述精神特质:

(一)勤劳刻苦坚毅精神

客家来自农垦文化,生活信念与方式以勤劳、节俭为主旨,不投机取巧,凡事彻始终,不依赖,在恶劣环境中争生存,谋发展,凭着无畏坚毅精神,得以开天辟地。

(二)民族爱国牺牲精神

客家起因国衰家危,播迁异地,以是特别爱乡爱国,怀重回旧土之愿。征之南迁中,有携祖先骸骨坛者,有背父母神主牌者,足见故土情烈。兴国衣锦乡,犹保有抗元英雄文信国勤王垒。方山岭有其部将统制殉坐巩信巨石。中秋烧塔杀鞑子(即烽火为号起事之意),此爱国精神,沛然天地。此外客语音与民俗,今犹随处可闻见,不忘中原乡土也。

(三)开拓创造精神

客人三次大规模南迁地,类为荒僻壤,非创造不足图存,均需善利用,克服艰难,创造繁华。据调查客属在两广、闽、赣、湘、川约有五千万众,台湾有六百万,分布桃、竹、苗、高雄、台东(县市长且多为客籍)。客人特重仕途,恶境中,光祖启后,唯一法门,在封建社会中,累见卖祖产以入学者。宦途贤哲辈出,唐钟绍京中书令,江南宰相第一人。宋之理学家李潜、李朴父子,明正统进士,黄裳御史,殉土木堡。清及民国文风尤炽,中共且有将军54人,故而被被誉为将军县,名冠全国。烈士23000人,为第一大烈士县。

(四)团结正直和平精神

客籍因先天具和平正直性格,故能团结御侮。虽非亲旧,却以老俵相称,倍感亲切。团结精神在侨社,在桃、竹、苗等地,候选人非客籍,为争取客人选票,勤习客言,不遗余力,即足证明客人团结。笔者年轻时,常见族人纷争,请族长在祖祠,公断处理。此种做法普见旧社会,可免却鱼死网破、两败俱伤恶果。其内涵

即为团结和平,正直精神,有以致之。

九、既信神亦自信,既保守亦开拓,既敢战亦和平,既勤俭亦慷慨

客人南迁,多为赤手空拳,有似 1949 年 200 万军民,一身军服之外无长物,闯荡世界,只能刻苦奋斗、合作、诚恳、进德修业,晴耕雨读,成家创业,孜孜不倦,终其一生,虽无大成,亦得仁孝传家。兼以笃信:祖宗有灵,保佑子孙。或深信佛祖庇护,好运相随。或自信儒家之不做亏心事,半夜敲门心不惊,而安心立命。总之,既信神亦自信,既保守亦开拓,既敢战亦和平,既独当亦团结,既勤俭亦慷慨。主张天下为公的孙中山,倡行一国两制、和平共存的邓小平,开拓建国新加坡的李光耀,他们都是客家人。喜欢吗?! 学习吧?!

参考书目:

1. 崔国榜《兴国县志》,同治十一年(1872)镌。

2. 县志编委会《兴国县志》(上、下),1988 年 8 月。

3. 县志编委会《兴国县志》,2008 年。

4. 中国河洛文化研究会《河洛文化与岭南文化》,河南人民出版社,2010 年。

5. 兴国同乡会文献社《兴国文献》第 18、25、27 期(2005 年、2012 年,2014 年)。

6.《兴国县旅游局纪念毛泽东同志为四星望月题名八十周年》,2009 年 9 月。

(作者为台湾中华文联协会常务监事)

开漳与开闽文化

关于陈元光研究的三个问题

陈　耕

从 20 世纪 80 年代开始,对开漳圣王陈元光的研究就成为闽南文化研究的一个热点。经过三十多年持续不断的研究,资料似已挖尽,研究的步伐在近年也趋于缓慢。如何突破陈元光研究的瓶颈,成为许多关注这一课题的闽南文化研究者共同思考的问题。

2010 年和 2012 年两届开漳圣王文化节委托厦门市闽南文化研究会设计编导祭祀典仪。笔者在文化节的筹备和举办中,感受到当地政府对陈元光文化品牌的寄望和研究人员对研究瓶颈的焦虑。

去年,因承办云霄县"开漳故城"项目文化设计,笔者率设计小组八下云霄,在西林、火田、城关做了多次深入的田野调查,尤其对西林残存的城墙、城门、五通庙、点将台、军营山和传说中的开漳府衙,以及菜埔堡、葛布岭、军陂、陈政故居反复多次踏勘调研。

在调研的基础上,我们完成了"开漳故城"项目的文化设计,并在调研和设计的过程,梳理了对陈元光研究的思考。窃以为突破陈元光研究的瓶颈,或可以有以下三个切入点:一、突破局限于历史的研究,展开对陈元光文化的当代诠释和现代发展;二、突破史料和传说的局限,展开对陈元光活动地区更深入的田野调查;三、突破历史学的单一视野,从文化学、民俗学等更多、更广泛的视野展开陈元光文化的研究。

一、突破局限于历史的研究,展开对陈元光文化的现代诠释

刘登翰老师提出:"用当代意识来诠释传统,赋予传统当代的生命和让传统进入我们的日常生活,成为活在当代的文化,是一个问题的两面,使我们的文化既有历史的深度,又有现代的生命活力。"这使我们想起中国文化史上,无论《诗经》、还是《论语》,历代都有许多人以当时的观念加以注释和解读。陈元光文化也是一种经典,它是流传民间一千多年的民间信仰,其间又不乏朝廷、官方和文人的补充、诠释、编撰,和民间的传说创造、庙宇修建、信俗演化。无法想象陈元光信仰从一开始便是如此。有足够的证据证明陈元光从人到神,从开基祖到开漳圣王,完全是历朝历代不断诠释、创造、补充丰富而成。仅仅80年代至今的30多年,我们已经亲眼看到陈元光信仰的不断复兴和陈元光文化的不断丰富。

陈元光是一千多年前的历史人物,陈元光文化研究当然要从历史开始。但是需要以今天的观念来重新诠释和推动他在今日民众生活中的创新发展。

事实上,这30多年来,漳州举办了多次开漳圣王文化节和陈元光文化研讨会,还申报列入非物质文化遗产名录,使开漳圣王习俗又回到民众日常生活中,特别是以此架构起两岸民俗交流合作的平台,这正是一种当代的诠释与发展。

不过在理论研究上,以当代观念的诠释,显然是不能令人满意的,基本是停留在对陈元光开漳历史的描述和歌颂。这是必要的,但也是不够的。陈元光和奶奶、父亲、儿子、孙子、曾孙六代人,用150年的时间开创了漳州,跟他家族一起南来的87姓官兵及其后裔也做出了伟大的奉献,包括被他所征服的原住民,也参与在开漳的伟大历史进程中,同样做出了伟大的贡献。这样一段民族融合、开疆拓土的历史,形成一种文化,千秋万代传到今天,依然香火不息,甚至还远播台湾、海外。因此,陈元光文化,不仅是陈元光一个人,甚至不是他们六代人,而是一千多年来列祖列宗创造的一种文化。这种文化的火焰一千多年熊熊燃烧,它不息的能量何在,这才是陈元光文化研究的核心。

研究一种文化,主要包括四个问题:哪里来? 有什么? 是什么? 何处去? 回顾我们对陈元光的研究,哪里来,比较多;有什么,也挖了不少。但陈元光文化究竟是什么? 他的核心精神,他千年不息的力量何在? 显然是论述不足的。有此不足,则何处去,就难以展开。

　　陈元光文化是闽南文化重要的组成,绝不仅指开漳的历史是闽南文化形成的重要起点,更重要的是在开漳历史进程中升华凝结并积淀在闽南文化之中的思想光芒。那就是我们在讨论闽南最大的节日普度所呈现的闽南文化永恒的普世理念——化怨为和。

　　闽南人最大的节日不是春节,而是七月普度。普度奉祀的是闽南人称为"门口公"、"好兄弟",其实就是无家可归的孤魂野鬼。他们长年关在地狱中,每年只有农历七月才被放出地狱享受人间的烟火,用今天的话这是一群"弱势群体"。但是"普度"并非闽南人发明。它是佛教的盂兰盆节,北方早在汉代就有记载了。而北方做普度,盂兰盆节就是七月十五这一天。闽南人想到这些可怜的人来到人间一个月如果只有一天能享受人间烟火,那这天他们会撑死,其他二十九天会饿死。因此闽南的普度是一个一个村庄、一条一条街道,轮流在七月的每一天供奉这些"好兄弟",要让他们来到人间的每一天都和我们一样享受人间的烟火。这体现出闽南人博大的悲悯情怀。

　　不仅如此,闽南人在七月不能盖房子、不能搬家、不能结婚,小孩不能游泳,因为这些孤魂野鬼会来"捉猴替"。按理,他作祟我们,危害我们,当然要以牙还牙,以血还血。但我们老祖宗不这样想,他们换位思考,如果我是孤魂野鬼,我有这样一个回归人间的机会,我是否也会去"捉猴替"? 这实在是人之常情。于是,他们就在七月做超度,演"打城戏",打破地狱城,"目莲救母",做大功德,帮助这些孤魂野鬼从正道回归人间。这是一种崇高的以德报怨、化怨为和的精神。而这正是我们今天构建和谐社会,争取两岸和解,争取世界和平所不可或缺的文化精神。这也是今天放之四海而皆准的普世理念。

　　普度所呈现的"化怨为和"不是天上掉下来砸在闽南人头上,而是闽南人在历史进程中,在血的教训中总结出来的。首先,正是陈元光开漳平蛮历史中用生命换来的:冤冤相报何时了,相逢一笑泯恩仇。关于这一点,在以前的研究中已有不少人指出,他在鼓励汉畲通婚上,做出很大的努力。但都缺乏明晰的论据。

　　我们在调查中,了解到闽南的两个婚俗。一个是新人在结婚时,内里必须着白衫白裤,外面着大红婚服。这一习俗主要流传于漳州地区,并传说是起于陈政、陈元光占云霄火田村,鼓励士兵与畲族妇女通婚时形成的。在《说文解字》中"畲,火田也"。火田村正是当时起义造反的畲族中心。陈政、陈元光占据火田,村中青壮男丁皆已被杀被掳,妇女一片哭声,祭吊父亲、丈夫、兄弟,如何肯嫁与杀害父兄的仇人呢?传说魏妈让孙子陈元光搀扶,看视伤心欲绝的妇女,想起南下途中,死去的两个儿子和两个孙子,禁不住也相对而泣。当时畲族的生产水平十分低下,她知道男丁死后这些老幼妇女必饥饿而亡,死路一条。于是这位老母亲下令,兵士也白衫白裤披麻戴孝,同吊汉畲两方阵亡兵将。同是天涯沦落人,同样失去亲人的处境,使双方的仇恨渐渐消解,成婚时,则不脱孝服,内白外红,从此相沿成为闽南特殊的婚俗。

还有一俗,是闽南婚礼最尊贵的位置留给母舅公,民谚"天上雷公,地上母舅公"。传说这是当时为化解畲族敌意,表示对畲族的尊敬,魏母下令:汉畲通婚不得以强凌弱,强抢硬逼,而须以礼相待,和睦成婚。在婚礼上,最主要的座位,让给女方的男长辈,也就是母舅公。陈元光军队胜利之师,却尊让败军异族为长为尊,这种化怨为和的智慧结出了汉畲和解之果。所谓闽南人,就是中原汉族与原住山畲水疍通婚繁育的果实。这已为人类学家对闽南人的基因测定所证实。

化怨为和的智慧不仅生出了闽南人,而且赋予了闽南人宽容悲悯的情怀,退后一步天地宽的心胸。而宽容悲悯、化怨为和的精神正是今天和谐社会、两岸和解、世界和平不可或缺的思想理念、价值追求,是放之四海而皆准的普世价值,是中华民族优秀传统的重要组成,也是今天社会文化核心价值观的根源基石之一。

二、突破史料和传说的局限,展开对陈元光活动地域更深入的田野调查

陈元光于咸亨元年(670年)13岁时随祖母和二位伯父率军入闽,增援父亲陈政。其后陈军攻下火田,驻漳江两岸,并在此建漳州衙署,直至景云二年(711年)以身殉职于漳江边岳山,时年55岁,葬于大崎原。前后在云霄漳江两岸战斗生活了42年。云霄是他主要的活动区域。火田、西林是他主要的日常居处地。对于这一区域的田野调查和文物考察应该还有很大的空间。现存的衙署可以肯定不是唐代的建筑,点将台残存的夯土墙,地面以上的据说也非唐代,但地面以下的为火烧土,则极有可能为陈元光时的建筑遗存。还有烟墩山上的烽火台,也可能为唐代建筑。火田村据说也有地下的建筑遗存。这些都有待文物专家的进一步考察勘探。不过在现场观察这些遗址遗物时,不由让人想起福建土楼源起之争。永定客家说土楼源于客,闽南人说土楼源于明防倭之闽南沿海。从西林遗址看,土楼之源,当是陈元光入闽将北方夯土建筑技术带入漳江流域,而后播传全闽南乃至闽西。去年到河南固始,专门去看了国家级文物保护单位——番国故城遗址,层次分明,夯窝清晰,而年代在战国时期。或可印证陈元光及其军队将中原夯土建筑技术带到闽南。关于陈元光将北方先进生产技术带来闽南的论断,其实很少有确凿的物证,而多为推断。同时对其主要活动区域的深入踏勘,又甚不足。

由于各种原因,西林、火田尚还保留农耕时代的形态,留存许多宝贵的遗址遗物,但却也已列入城镇新建设的规划之中。如不抓紧,很可能毁于一旦。深入对陈元光42年主要生活区域的调查,似乎还未得到福建省和漳州市相关部门足够的重视,还需要关注陈元光文化研究的学界更多的关注和呼吁。

如果西林点将台底层夯土和烟墩遗址可确证为唐,对于闽南文化当是一件大事。事实上,闽南多宋明的遗址,唐的东西实在稀罕。

三、突破历史学的单一视野,从文化学、民俗学更多、更广泛的视野展开陈元光文化的研究

在过去的研究中,陈元光文化和闽南文化一样更多的是历史学家作为主力在推动研究。但对于陈元光文化,历史学是有局限的,文化不等同于历史。

全中国姓秦的,没有人会称其祖先为秦桧;姓岳的,则莫不称自己先祖为岳飞。在闽南族谱中伪附祖先的现象不胜枚举。从历史学的观点,这是伪造历史。但中国文化并不这样认为。中华文化提倡的是隐恶扬善。不仅指待人处世,也指历史传承。我们骂汉奸"断子绝孙",绝不是说他不会生育后代,而是说他的后代绝不会认其为祖宗。从秦桧至今,他的后代认其为父为祖,不会超过三代。三代之后至今数百近千年,他已经没有子孙后代了。这也是一种历史事实。如果今天有史学家告诉姓秦的人,经考证,你的祖先是秦桧,那么他可能会被秦家人打死,至少是痛骂一番。这是中国文化的力量,也是文化的历史,文化的真实,是一种文化建构的真实历史。如果哪位史家一定要执着于历史的考据,则只能证明有知识、没文化是可能存在于教授专家之中的。

当然,这绝不是说要否认历史研究的成就,而是要说明,在陈元光文化研究中,完全可以有另一种文化建构的方向。关于陈元光的种种查无实据而又流传千年的传说,应当视为民间百姓的文化建构,予于足够的尊重,而不宜用皇家王朝的历史建构来贬责和嘲讽。

陈元光信仰、陈元光文化是一千多年来世世代代闽南人民用自己的智慧和价值追求建构起来的,也一定还要传承下去。我们今天的学者,也应当走进民间,同闽南百姓一道参与到今天的陈元光文化传承与建构中。这就是闽南文化的历史。

（作者为厦门市闽南文化研究会会长）

唐代河洛文化在闽南地区的传播

权玉峰

　　河洛文化是起源于河洛地区的一种区域性文化,是中国传统文化的核心。在唐代中国实现了统一,经济、文化得到迅速发展,居于唐王朝中心区域的河洛文化也有了明显的变化,即进入其文化发展的繁荣期。由于河洛文化特殊的地位使其对周边地区产生了广泛的影响。在唐代随着中原南迁人士、到闽南任职官员及北上参加科举的闽南知识分子的努力,闽南地区与河洛地区的交往增多,河洛文化也因两地频繁交往而传播到闽南地区,对闽南产生了广泛的影响。

一、河洛文化对闽南地区经济、文化的影响

　　随着两个地区交往的日趋频繁,闽南地区的社会发展也明显受到河洛文化的影响。唐代之前,闽南地区大部分居民过着火耕水耨的生活,官学制度尚未建立,故当地人崇尚财利而轻视学问。而河洛文化的传入使得这些现象大为改观。

　　在唐统一闽南后,河洛地区先进生产方式和技术被带到闽南地区,使闽南得到初步开发。唐初闽南“地极七闽,境连百粤,左衽裸椎髻之半,可耕乃火田之馀”[1],经济发展极为落后。陈元光平定闽南叛乱后,率领将士及归附民众开拓沿江大片耕地,推广运用中原先进的农耕生产技术(陈元光将曲辕犁、筒车等生产工具带到闽南地区),促进了闽南地区农业的初步发展。稳定政局后,中央政府在闽南兴修水利,如唐总章年间陈政、陈元光父子利用中原地区先进技术在漳州兴修水利,他们率将士建造的拦江自流灌溉水利工程“军陂”,是目前所知漳州地区最早的水利工程。与漳州相邻的泉州水利工程的修建则更多,主要集中

---

[1] 《全唐文》卷一百六十四《陈元光·请建州县表》。

在莆田县和晋江县。在莆田县修建的水利工程,如贞观年间政府修建诸泉塘、沥浔塘、横塘、永丰塘、颉洋塘、国清塘等六个水利工程,可灌田一千二百公顷,建中年间修建延寿陂也能溉田四百余顷。在晋江修建的水利工程,如贞元五年泉州刺史赵昌在晋江修建的尚书塘,溉田三百余顷。大和三年刺史赵棨在晋江开凿的天水淮,灌田百八十顷。[①] 元和二年(807年),泉州刺史马总在晋江修建仆射塘,灌田数百顷。[②] 不仅如此,地方官员还在闽南地区推广了中原地区的经济作物,如桑、麻等。陈元光在漳州地区鼓励种桑养蚕,从他的《候夜行师七唱》一诗"边境桑麻戟剑屯",可见桑麻在漳州地区已经大范围的种植。在中原人士的影响下,泉州的手工业也有了明显的变化,《天下郡国利病书》卷九十五《泉州》载:"唐初,(泉州)土贡甚少,有蕉布,有生苎布各一十匹,绵丝、蜡烛",到唐玄宗时期泉州的贡品由初级产品变为精致的绢、纻(泉州的绢、纻位列唐代贡品的第八等)。[③] 闽南地区的盐、铁等行业也有所发展,《新唐书》卷四十一《地理志五》载泉州,晋江产盐,南安产盐、铁。陈元光在《落成会咏二首》诗中有将漳州的盐用船运往他地交易的描写,可见闽南的泉州、漳州两地盐业在满足当地的基础上,把剩余的盐用以交易,带动了闽南地区的社会经济的发展。在商业上,陈元光"通商贾、积财穀"[④]也促进了闽南地区商业的初步发展。

在文化方面,根植于河洛地区的儒家文化经过到闽南为官的儒学知识分子,南迁中原人士及曾到中原地区活动的闽南人士的努力传播,对闽南地区产生了积极的影响。首先,到闽南为官的知识分子为闽南文化事业的初步开发奠定了基础。在这一时期对闽南地区文化的发展做出较大贡献的主要有陈元光、李椅、常衮、薛播、席相等人。陈元光自幼受到儒学的熏陶,《闽书》卷四十一《君长志》载,他"通儒术,习韬钤,年十三则已领乡荐第一"。他初到闽南时,这里"揆诸陋俗,良由职方久废,学校不兴,所事者搜狩为生,所习者暴横为尚"。为了开发闽南地区,他向朝廷申请新设漳州并自兼刺史一职,后陈元光设了漳州州学,并以州学为中心,兴办各类学校,劝民读书,促进漳州地区儒家文化的传播。经过半

---

① 《新唐书》卷四十一《地理志五》。
② 黄仲邵《八闽通志》卷二十二《食货》,福建人民出版社,1989年,第465页。
③ 李林甫《唐六典》卷二十《太府寺》,中华书局,1992年,第541页。
④ 何乔远《闽书》卷四十一《君长志·陈元光》,福建人民出版社,1994年,第1013页。

个世纪的传播,闽南儒学的发展缓慢。唐宗室李椅任福建观察使时,这里学校残破、教学荒废,文化的发展仍相对滞后,史称"闽中无儒家流"①。于是李椅"易其地,大其制,新其栋宇,盛其俎豆。俎豆既修,乃以五经训民,考教必精,弦诵必时"。通过他的努力,这里的教学秩序得以建立,以至于"州县之教达于乡党,乡党之教达于众庶矣"。继李椅之后,常衮进一步推动了闽地儒学的发展。常衮是天宝年间的进士,具有较高的儒学素养,任福建观察使后,他兴办各县乡学校,亲自作文章并向学生讲解,福建地区"俗一变,岁贡士与内州等"②。李椅、常衮两人对教育的影响以福州为主,当然也会影响到包括闽南在内的福建其他地区。到闽南为官的中原官士也推动了闽南地区儒学的发展。如薛播任泉州刺史时,提倡儒学,尊重儒士,曾数次登门拜访寄居闽南的秦系。③ 正是在薛播等人的劝勉下,泉州人欧阳詹为闽南地区第一个进士,在一定程度上带动了闽南地区的儒学的发展。其次,贬官或流放到闽南的中原人士对闽南文化的发展也起了应有的作用,包括姜公辅、穆宁、马总、薛戎、冯宿、李景俭、杨嗣复、熊望者、吴通玄、姜公辅、李袭誉、薛登、赵骅、许天正等人。他们中绝大部分是进士出身,文化素养较高,遭贬后长期生活在闽南地区,有的甚至逝世后子孙后代留在闽南地区。如唐左相姜公辅到泉州后,积极提倡儒学,到州不久便拜访隐居闽南的文士秦系。李袭誉"居家俭,厚于宗亲,禄禀随多少散之。以余资写书,罢扬州,书遂数车载"④,他文化修养较高,被流放后死于泉州,在流放期间对当地的文化风气有所影响。通过任职闽南官员及贬谪流放到闽南文士的努力,闽南地区崇尚儒学的风气开始形成,促进了当地文化事业的发展。据学者统计,唐中期以后闽南地区出了6名进士⑤。其三,闽南文士北上参加科举也会与中原人士交往,接触中原文化,归来后对闽南文化的发展也有一定的刺激作用。如欧阳詹参加科举后,与韩愈结下了深厚的友谊,支持并参加了韩愈等人发起的古文运动。他的经历促进了儒学在闽南地区的传播,以至于时人认为"闽人第进士,自詹始"⑥。自此之

---

① 《全唐文》卷三百九十《独孤及·福州都督府新学碑铭》。
② 《新唐书》卷一百五十《常衮传》。
③ 《新唐书》卷一百九十六《隐逸传》。
④ 《新唐书》卷九十一《李袭誉传》。
⑤ 林枫 范正义《闽南文化述论》,中国社会科学出版社,2008 年版,第 350 页。
⑥ 《新唐书》卷二百零三《欧阳詹传》。

后,闽南地区文化事业进一步发展,出现了一批在文艺方面有所成就的人才,如泉州南安人盛均、陈黯、王虬等。他们撰写的《十三家帖》、《陈黯集》、《王虬集》等书籍被《新唐书·艺文志》收录,这也是当地文化发展的一个见证。

二、河洛文化对闽南地区社会风俗的影响

河洛文化对闽南地区的影响不仅体现在社会经济和思想文化方面,而且对闽南地区的道德观念、宗教祭祀、生活方式等方面也造成了一定的影响。经过南迁中原人士及到闽南任职官员的开发与建设,南下中原人士与当地居民的交往扩大,外来人士与当地人的关系也逐渐融洽,闽南地区的社会风俗发生了较大的变化。

河洛文化促进了闽南地区道德观念的的转变。唐代,河洛文化中的廉简、孝悌等观念也随着儒学的发展传入闽南地区。唐代之前,闽南地区民众以追求财富为主,并不提倡孝道,《隋书》卷三十一《地理志下》载:闽南地区"大率土地下湿,皆多瘴疠,……皆重贿轻死,唯富为雄,……父子别业,父贫,乃有质身于子"[1]。《全唐文》卷三百九十《孤独及》对闽南地区习俗也有所记载,其文曰:"闽粤旧风,机巧剽轻,资货产利,与巴蜀埒富,犹有无诸馀善之遗俗"。可见早期闽南人较为注重财利。经过陈元光、李椅、李袭誉及南迁中原人士的教化,闽南地区的风俗有所变化,当地大多数人原有的财利价值观被廉孝取代。在轻财利方面起表率作用的中原人士,如陈珦、李袭誉等。陈元光在闽南经营商贸积累物资时,陈珦"悉无所与"[2],专心授学,中明经进士后任漳州文学;被发配到泉州的儒学人士李袭誉也"性不喜财"[3],他们使得闽南地区民众的财货观念发生了变化。如泉州莆田县人林攒"初举进士不第,仕塞垣。后仕不择禄,为福唐县尉"[4],漳州人周匡物"家贫,徒步应举"[5]。在孝悌方面,陈政家族起到了表率作用。陈敏、陈敷及诸侄南下支援陈政时死于浙江,母亲也遭受颠沛流离之苦,陈政知此事后从闽南亲自前往迎其母,并葬其二兄及其诸侄于福建。陈政死后,陈

① 《隋书》卷三十一《地理志下》。
② 何乔远《闽书》卷四十一,《君长志·陈元光》福建人民出版,1994年,第1013页。
③ 《新唐书》卷九十一,《李袭誉传》。
④ 《全唐文》卷八百一十七,《林孝子传》
⑤ 《太平广记》卷一百九十九《文章二·周匡物》。

元光将其及祖母一同埋葬于闽南并舍政守墓三年,在守墓期间写了《太母魏氏半径题石》怀念祖母。他们的行为影响了闽南地区的风俗,使得这里"民心有系,土俗转淳,觉昨非而今是,必旧去而新更"①。如漳州人欧阳詹、泉州人林攒等都以孝悌闻名,欧阳詹"事父母孝"②,林攒"为福唐尉。母羸老,未及迎而病。攒闻,弃官还。及母亡,水浆不入口五日"③。从中我们也可看出,河洛文化的孝道观念通过儒学的传播影响了当地的知识分子,从而进入闽南社会。

河洛文化的传入促进了闽南地区祭祀与宗教文化的发展。在相当长的一个时期内,闽南地区祭祀对象以鬼为主,《史记》卷二十八《封禅书》云:"(两)越人俗鬼,而其祠皆见鬼。"经过任职福建官员及中原南迁人士的努力,河洛地区的祭祀文化在闽南地区有所传播,丰富了闽南地区祭祀的内涵。陈元光治理漳州颇有政绩,他战死后"漳人哭之恸,立祠(威惠庙)于径山,有《纪功碑》、《灵应录》见于庙"④,闽南人对陈元光的祭拜至今代代相继。随着儒学的发展,闽南民众也较多祭拜周公和孔子,《全唐文》卷三百九十《独孤及·福州都督府新学碑铭》载:"(李椅)未及下车,礼先圣先师",兴起当地文士对二圣祭拜之气。常衮在闽地做官政绩卓著,当地吏民就为其立祠。"⑤被闽南百姓立祠的不仅有陈元光、常衮还有李椅等人。经过河洛文化的影响,闽南地区民众对鬼的祭拜思想也有变化,唐宪宗时闽南"多山鬼淫祠,民厌苦之"⑥,可见闽南地区民众对鬼神的祭拜已产生了一定的抵触心理,更有甚者受儒家文化影响颇深的泉州人林蕴撰《无鬼论》来阻止群众对"山鬼淫祠"的祭拜。在宗教方面,西晋时佛教传入闽南,中唐后,中原移民促进了闽南地区佛教的快速发展,《八闽通志》所载的唐代佛寺有大开元万寿禅寺、水陆寺、镇国东禅寺、明心寺、法云寺、安福寺、佛迹寺等30余处。随着佛教的发展,关于佛寺与社会生活等情况也有相关记载,如福建观察使柳冕诬陷泉州刺史薛戎,"构其罪以状闻,置戎于佛寺,环以武夫,恣其侵

① 《全唐文》卷一百六十四《陈元光·请建州县表》。
② 《新唐书》卷二百零三《文艺志下》。
③ 《新唐书》卷一百九十五《孝友传》。
④ 王象之《舆地纪胜》卷九十一《广东南路·循州·古迹》,中华书局,1992年,第2929页。
⑤ 《新唐书》卷一百五十《常衮传》。
⑥ 《新唐书》卷二百《儒学下》。

辱,如是累月,诱令成总之罪"①。从犯法人员关押在寺庙这一点可以看出,当时寺庙在泉州较为常见。

河洛文化的传入使闽南地区的生活习惯与中原地区趋于一致。陈元光初到闽南时,居民主要居住在山区或山间谷地,他们"伐山而营,依山采猎,种谷三年,土瘠辄去"②。他率将士开发沿海平原,吸引大量归附民众,从而使当地居民大规模的定居于沿海地带。唐初闽南人"左衽裾椎髻之半"③、"椎髻卉裳",可见当地人装束为衣襟向左,椎状的发髻,草制的衣裳和鞋子。经过陈元光、李椅等人的教化及对闽南地区的开发,在唐德宗时期,闽南居民已穿麻葛做的鞋子,读书人也开始穿儒服。④ 前文已述,中唐以后泉州、漳州已经有大量的绢、麻、葛等的出产,当地衣装材料必定会有大的改变。

三、河洛文化进入闽南的原因分析

唐代河洛文化对闽南地区的影响较之前其他时期都更为明显,原因主要在以下三个方面。

首先,繁荣期的河洛文化具有向外传播的特性,闽南地区的文化则需要吸收中原先进文化以促进自身发展。从文化本身看,河洛文化是中华民族的根文化,在唐代河洛文化进入了其繁荣期⑤,而此时闽南文化的发展则相对滞后,与河洛文化有很大的差距。河洛文化作为影响全国性的核心文化,进入闽南地区影响闽南文化是极有可能的。唐初,当地居民还过着刀耕水耨及渔猎的生活,泉州、漳州以州的建置初次在该地设立⑥,故其行政制度、思想文化等都急切需要先进文化的传入来促进当地文化的发展。

其次,唐代闽南地区交通条件的改善,也是河洛文化传入闽南地区的重要原因。唐代闽南地区交通条件的改善主要表现在陆路交通和海上交通上。陆路交

---

① 《旧唐书》卷一百五十五《薛戎传》。
② 蔡元培《中国民族志》,转引自何池《论陈元光开发建设漳州的业绩》,《漳州师范学院学报》,2002 年第 4 期。
③ 《全唐文》卷一百六十四《陈元光·请建州县表》。
④ 《全唐文》卷三百九十《孤独及·福州都督府新学碑铭》。
⑤ 薛瑞泽 许银智《河洛文化研究》,陕西人民出版社,2007 年,第 292 页。
⑥ 《新唐书》卷四十一,《地理志五》。

通,唐代闽南地区向北可以进入闽北然后通过浙江、江西进入中原地区,向南可以直接进入潮州从而连接岭南地区。如唐高宗时陈敏、陈敷率58姓军校从中原出发支援陈政,通过浙江南部最终南下进入闽南。黄巢起义也是经由江西、浙江进入闽南,最终到达岭南地区。《旧唐书》卷178《郑畋传》载"黄巢陷荆南、江西外郭及虔、吉、饶、信等州,自浙东陷福建,遂至岭南,陷广州",黄巢的十万大军在不长的时间里可以从浙江经福建到达广州,可见这里的交通条件得到了改善。海上交通,随着造船业的发展,闽南地区的海上交通相应得到发展。咸通三年(863年)交趾动乱,朝廷征诸道兵赴岭南,由江西、湖南等地运输军队给养效率较低,使得广州将士军粮不足,润州人陈磻石上奏"臣弟听思曾任雷州刺史,家人随海船至福建,往来大船一只,可致千石,自福建装船,不一月至广州。得船数十艘,便可致三万石至广府矣"①,可见福建到扬州及广州的海上交通已有较大的发展。唐代,交通条件的改善使闽南地区在中原地区与东南亚、西亚、中东等地的交往中发挥了重要的作用,东南亚、西亚、中东地区的人士多次往返中原经过闽南地区,为河洛文化传入闽南的原因之一。

其三,唐代战争及其他因素致使河洛地区民众大量迁入闽南。隋末,全国政局陷入一片混乱,波及闽南地区。唐政权建立后,闽南地区持续动荡,中央派遣中原将士南安闽南,他们长期驻扎在漳州、泉州一带,并融入到当地社会中。据学者统计,随陈元光进入闽南定居的中原将士有7600余人②,加之将士亲属保守估计迁入闽南地区的中原人士有万人左右。安史之乱使河洛地区社会生活遭到巨大破坏,"自东都至淮泗,缘汴河州县,自经寇难,百姓凋残,地阔人稀"③,致使河洛民众第二次成规模地迁入闽南地区。黄巢之乱时,河洛地区的民众为躲避战祸第三次较大规模地迁入闽南地区。黄巢率十万大军从闽南进入岭南时,大规模的军队迁移也会造成部分人口流失在闽南地区。

综上所述,唐代处于繁荣期的河洛文化对闽南地区产生了重要影响。通过南迁中原人士、任职闽南官员及闽南知识分子的努力,闽南地区的经济、文化得

① 《旧唐书》卷十九上《懿宗本纪》。
② 《"光州固始"史迹与闽台客家的渊源关系》,中国河洛文化研究会《河洛文化与客家文化》,2012年,第30页。
③ 《全唐文》卷四十六《李豫·缘汴河置防援诏》。

以发展,社会风俗也发生变化。探讨这一时期河洛文化在闽南地区的传播及其原因,有助于我们深入研究河洛文化的影响力及探寻闽南文化的源流。

(作者为河南科技大学人文学院研究生)

试论唐末五代闽王王审知的外交策略

李　帅

王审知治闽时，面临强敌环伺的不利局面，他化危为机，在巩固自身统治的基础上与他国的进行外交博弈，和战兼采，软硬并施，辨明敌友，内外相结，灵活运用各种外交手段。他的外交策略既为闽国免于战火侵扰、实现自身发展赢得宝贵时机，又为闽国此后的发展奠定了雄厚的基础，是中国古代外交史上的成功范例。

一、尊奉中原，按时纳贡

唐末起义蜂起，地方势力割据混战，各自为政，闽地也陷入四分五裂的境况之中。由王氏兄弟（王潮、王审知、王审邦）率领的一支中原义军入闽，消除了闽地各个割据势力，由此"王氏据有七闽矣"①。但闽地人心未定，周边诸国并立，战事不断，有吴、楚、吴越、南汉环绕在闽地周围，而闽地地狭国弱，时常遭受战火兵燹威胁。面对这种情况，王审知在继任唐威武军节度使的同时，严格依循唐朝法度，其属官由唐政府任命，开平三年（909 年），后梁封其为闽王，贞明二年（916年），王审知受赐忠勤保安兴国忠臣，同光二年（924 年），王审知受封于后唐政府，依旧节度福建。对此，王审知曾明确表态"宁为开门节度使，不作闭门天子"②，终其一世，使用中原年号，奉中原政权为正朔，定期纳贡成为闽国的国策。

究其尊奉中原的缘由，无外以下两点。第一，获取和维持政权合法性的需要。唐王朝名存实亡，然而"正统"名号犹在。从南方诸国的大势看来，除南汉、

---

① 司马光《资治通鉴》卷二百五十九。
② 吴任臣《十国春秋》卷九十。

前蜀等少数政权外,其余多数政权大都奉唐为正朔,名义上接受唐王朝的统辖。王氏享国时间尚短,立足未稳,若公然称帝僭越,难免不受周遭诸国的责难,更甚者会授敌国发兵讨伐以口实。因而王审知度势量力,在政治上保持低姿态,颇似曹操"不得慕虚名而处实祸"[1]为政作风,为其争取了长期和平。联系后事,王延瀚时不尊中原政权,"建国曰闽,称王"[2],王延钧时,"乃僭称大号"[3],"闽富沙王延政称帝于建州",丧失政权合法性,实是招致南唐灭闽的一个因素。

第二,不同时期的现实利益需求。向中原政权自称藩臣的政策虽未有更迭,但王审知在不同的中原政权执政时期却有着不同的利益考虑,大致可以分为两个时期。第一阶段(898—907年),王氏兄弟初定闽地,他们出身农民起义军,在闽地又属于外乡人,其统治面临着潜在的统治合法性问题,急需正统王朝的授命正名。而唐末"郡将自擅,常赋殆绝,藩镇废置,不自朝廷"[4],唐王朝风雨飘摇,唐帝四处流亡,陷入困境。而王审知恰当地把握住时机,给予困于凤翔的唐昭宗巨大的帮助,因而,唐王朝封授王审知诸多官职,如尚书左仆射、中书门下平章事、琅琊郡开国侯、光禄大夫检校司空等,又敕建德政碑,以彰功德。德政碑文中"航海梯山,贡奉循环。务其输委,毋惮险艰"[5],即为我们呈现了王审知的贡使劳师途远、不畏艰辛、按时进贡的一面。第二阶段(909—925年)为后梁(907—923年)和后唐(923—936年)分别柄政的时期,此时王审知在闽地的统治渐已稳固,他逐步着眼于对内巩固政权,加强闽地经济、文化各方面的发展,对外遏制吴国,增加在诸国之间争雄获胜的筹码,并积极地寻求盟友,而一贯兵力强盛的中原政权正是其连结的主要对象。"是时杨氏据江淮,故闽中与中国隔越,审知每岁遣朝贡,汛海至莱抵岸,往复颇有风水之患,飘溺者十四五"[6],王审知以如此之高的代价来维持朝贡,其背后的利益驱动力之大可想而知,自此可以推见中原王朝在闽国发展中的重要战略作用。

尊奉中原王朝并按时进贡,并不意味着王审知唯中原政权之命是从,他在涉

---

① 陈寿《三国志》卷一。
② 路振《九国志》卷十。
③ 佚名《五国故事》下卷。
④ 宋祁 欧阳修《旧唐书》卷十九。
⑤ 于兢《恩赐琅琊郡王德政碑》。
⑥ 王钦若 杨亿修《册府元龟》卷二百三十二。

及闽地治理、招抚人才等方面依然坚持自己的利益立场,保有很大的自主权,并努力将外来政治胁迫的影响降至最低限度。

譬如唐末知名进士徐寅,之前因"曲媚梁祖",以"一眼伧夫,望英风而胆丧"①讽刺"眇一目"的李克用而惹怒李存勖。庄宗灭梁后,王审知遣使相贺,庄宗便问及徐寅的居闽近况,"曰:'徐寅无恙乎,归语尔主,父母之雠,不共戴天。寅指斥先帝,尔国何以容之?'"②。王审知明晓后以"如此,则上直欲杀徐寅耳,今但不用可矣"③为对,终不用徐寅。《旧五代史》亦载有此事,当是确实无疑。

在这件事情中,当王审知予以重视的"正统旗号"和"人才战略"互相牴牾时,他选择了看似"中间道路"的处置方案——将徐寅罢官以消弭后唐君主的怨怼,保徐寅之性命以存续士心文脉。探其行为本质,可以看出他倾向于保护闽地文人一方,理由有三:第一,五代诸政权大多倚恃军兵,不重文士,有如后晋安重荣所言"天子,兵强马壮者当为之,宁有种耶"④,在此风气熏染下,后梁太祖、南唐主、吴越王等君主多有滥杀文臣之举,即使在立国未稳之时,此种行为也屡见不鲜,何况王闽政权已定,王审知凭闽王之权,取秘书正字徐寅性命,并非特例;再者,徐寅自身招罪,逃避于闽,而王审知主政闽地,受"中央"所命,即便不愿亲自动手,昭明徐寅罪状,将其押解交托于后唐,于法于理,亦无不妥,天下儒林也难以对此横加非议。最后需要说明的是,后唐立国,相较于后梁政权,其国力有过之而无不及,"师旅之盛,近代为最"⑤,大有"中兴唐祚"⑥之势。而闽国久受吴国压制,处境艰难,而后唐又是杨吴的最大敌手,可以对吴国形成强有力的制约,间接减少吴国对闽国的军事进攻,从大局出发,牺牲徐寅一人而能与后唐结好,利莫大焉。

然而,王审知并未杀徐寅以取媚后唐,这正是他外交策略服务于人才本位的一种体现。闽王深知,闽地文风未开,闽国欲图长足发展,必须依赖士林名流,对民众施以教化,而他能招怀遣散的优势在于闽国社会稳定,可保知识分子身家性

---

① 吴任臣《十国春秋》卷九十五。
② 吴任臣《十国春秋》卷九十五。
③ 吴任臣《十国春秋》卷九十五。
④ 薛居正《旧五代史》卷九十八。
⑤ 薛居正《旧五代史》卷二十八。
⑥ 薛居正《旧五代史》卷三十一。

命万全,并给予他们贡献才智、实现自我的空间。如果杀徐寅以取利,势必使士人人心惶惶,收敛入仕之念,长远看来,对闽国殊为不利,而以一时之利遮蔽双眼更是杀鸡取卵式的短见。而王审知的选择正是基于这样理性衡量之上的,他并未犯本末倒置的错误,因外交而损抑国家的基本政策和利益。正是他的谨慎英明,才有"一时浮光士族,多与之俱南"①的盛况。

二、结好友邦,因时而动

中原王朝在王闽政权兴起过程中的战略地位不可估量,然而中原地区地域悬远,碍于交通,若闽国遭逢战事,远水救不了近火,其实际作用不免大打折扣。所以,王审知将眼光投射于与其邻近的诸国之上,采用多种外交策略,切实保障国家安全与利益。

第一,王审知运用政治联姻结好邻邦。五代时,通过政治性婚姻化解国家危机不乏事例,如"杨行密尝命宣州刺史田頵领兵围钱塘,钱镠危急,遣其子元璙修好于行密。元璙风神俊迈,行密见之甚喜,因以其女妻之,遽命頵罢兵"②。王审知深谙此道,于后梁贞明二年(916年)冬,"王与吴越为昏,吴越牙内先锋指挥使钱传珦来逆妇"③,贞明三年(917年),"闽王审知为其子牙内都指挥使延钧娶越主岩之女"④。通过两段婚姻,王审知便初步与闽国南疆和西北疆政权建立邦交,一定程度上改善了腹背受敌的尴尬境遇。但五代不比往昔,修秦晋之好并非是政治上互助不侵的永久保证,南汉主刘龑"求楚王女为昏,楚王殷许之"⑤,但在争夺"五管之地"时,两国便互不相让,终撕破脸面,以致刀兵相见。而闽国自身也有在后梁龙德二年(922年)兵袭南汉边境的军事行动,由此推之,单纯地依靠政治联姻的有限作用很难达到保境安民的目的。

第二,王审知辨明敌友关系实现联盟。鉴于政治联姻并非国家安全的万全保障,兼从闽国的角度来看,闽地民少兵寡,合全闽之境人口,统计不过十万之众,而真正能够当兵作战的精壮劳力也不过数万,去除闽地的日常守卫,能够出

---

① 徐景熹《福建通志》卷七十五。
② 陶岳《五代史补》卷一。
③ 吴任臣《十国春秋》卷九十
④ 吴任臣《十国春秋》卷五十八。
⑤ 吴任臣《十国春秋》卷五十八。

兵与外的士兵数量更是少之又少,因此王审知认识到,为保闽国安全,必须借重其他国家力量,利用联合和分化手段,在江南一域维持各国的"均势",才有利于闽国的守土和进取。起初,王审知意欲交好杨吴,永保北境太平,但因与杨吴政权一贯的扩张政策相冲突,兼以于后梁开平三年(909年)怒杀吴使张知远而作罢。而杨吴"常有吞东南之志气"①已为诸国遍知,楚、吴越也与闽国一样受其严重威胁。而吴的强盛引发了北方中原王朝的不安和对南方局势的担忧,双方多有战事,关系紧张。鉴于共同的利益,王审知联结吴越、楚和中原政权,共同制衡吴的扩张。由于南方三国中任意一国均无法独立承受着吴国的压力,而中原政权意图统一必须压制吴国的发展,所以四国联盟比较坚实,一旦一国有难,其余国家都会伸出援手。不仅如此,在援助联盟外国家,打击吴国势力方面,四国同盟的表现也尤为出色,如后梁贞明四年(918年),吴国进攻据守江西的谭全播部时,谭便求吴越、楚、闽三国出兵,化解兵灾。当是时,"吴越王镠以统军使传球为西南面行营应援使,将兵二万攻信州;楚将张可求将万人屯古亭,闽兵屯雩都以救之"②,后因楚军败,三国才放弃援助,各自引兵归国,结果吴国攻取江西。从这次军事行动本身出发,虽然结果并不令人满意,然而闽与两国的行动的确起了稳固攻守同盟的效果,不管是惧惮联盟力量抑或是其他原因,吴国自吞并江西以后减缓了军事扩张的车轮。而闽国在其此次作战中并未与敌军正面交锋,在响应联盟号召一致行动的同时,极大的保留了有生力量。可以说,闽国是除吴国以外的最大赢家,这也印证了王审知联盟友邦政策的正确性。

第三,王审知基于闽国国情灵活进退。王审知秉政时,大体与邻国保持和平关系,但在非常时刻,他又能不拘于此,伺机而动,力求扩大闽国的国土。遍查这一时期的闽国史,闽国对外的军事行动仅有两次:一次是上文提到为援助谭全播的出兵江西;另一次则是闽国派兵袭取南汉的梅口镇。前者是作为联盟成员国的被动之举,而后者则是在王审知授意下的主动出击。南汉地处岭南,历来易守难攻,素无侵掠别国土地的野心,历史上只因"五管之地"的统属问题而与北边的楚国发生过摩擦,与东北方的闽国并无战事交集。况且,加上南汉与闽国的姻

---

① 陶岳《五代史补》卷二。
② 司马光《资治通鉴》卷二百七十。

亲关系和闽国与南汉之间的军力差距,按理说,王审知不应贸然发动对南汉的进攻。然而在龙德二年(922年),南北方的局势恰好为王审知提供了一个进取的有利时机:北方李存勖与后梁末帝激战正酣,两者均无暇南顾;吴国权臣徐温意欲自立,不便对外用兵;南汉内部矛盾交错;闽国周围各国均无明显异动。最重要的一点是,"乾亨六年(922年)夏四月,帝(刘龑)用术者言幸梅口镇避灾"①,更为这次军事行动提供了契机。于是,"闽将王延美以兵袭帝"②,在这里,实际领兵的是王氏宗亲王延美,王延美为闽西边地守将,在王审知以防御为军事重心的环境下,既冒着违逆国家政策的风险,又没有出兵之权,更遑论担负起作战失败后两国邦交破裂的严重后果。从而可以推断,这次的军事行动并非王延美的率意行动,而是出自王审知之手③。王审知韬光养晦,坐待时机,想要以最少的牺牲和代价争得最大的利益。此次正是借南汉主刘龑身临边地之际,俘虏刘龑并乘势攻取南汉,倘若顺利实现,闽国便可广地千里,扭转偏守闽地的不利境地。同时王审知也明白兵贵神速,战机稍纵即逝的道理,因而迅速做出反应,令王延美实现这一军事计划。可事与愿违,"(王延美军)未至数十里,帝侦知,遽还"④,没有收到预期的效果。尽管如此,我们也可以从这件事上窥见"守成之主"王审知进取的一面,无疑,王审知军事机变和规划的才能在此中展现得淋漓尽致,他将被动防守转变为主动进攻的做法,突破了"深沟高垒以拒之"的传统拘囿,诚是闽国对外发展方式上的一次有益尝试。在此事件不久的后唐同光二年(924年),"汉主引兵侵闽,屯于汀、漳境上。闽人击之,汉主败归"⑤。由此可见,王审知在之前计划失败后仍不忘积极做好对南汉的反攻的防御工作,再一次表现出一代雄主的思虑周全和谨慎睿智。

三、小结

王审知治闽,立足闽国国情,综合运用多重外交策略,极大地保障了闽国的

---

① 梁廷枏《南汉书》卷二。
② 梁廷枏《南汉书》卷二。
③ 曾严奭《五代时期闽国与南汉关系初探:闽国兵袭南汉梅口镇释疑》,《东华人文学报》,2007年第1期,第300~301页。
④ 梁廷枏《南汉书》卷二。
⑤ 吴兰修《南汉纪》卷二。

国家安全,并在开拓闽疆的方面进行了积极探索。首先,相较于其他出身行旅的政权领导者,他的外交策略更加侧重对当时局势理性的考量,而不以个人情感用事,又集思广益,善于汲取臣下建议(如王延嗣曾成功劝阻王审知称帝①);其次,在外交舞台上,王审知更是善于纵横捭阖,充分利用别国资源用以对抗外敌威胁,审时度势,辅以必要的军事行动,以较小的代价为闽国争取最大利益;最后,王审知对内推动经济文化发展,争取国内社会阶级的支持,共同为其外交的顺利开展奠定基础。总而言之,王审知的外交策略多样且灵活多变,立足现实而又实现了外交利益的最大化,闽国之所以在"五代为国,兴亡以兵"的乱世中得以保全并发展迅速,王审知的外交策略对其作出了很大的贡献,其外交活动背后的技巧和方法值得后人吸取和借鉴。

(作者为华中师范大学历史文化学院研究生)

---

① 徐晓望《闽国史》,台北:五南图书出版有限公司,1997 年版,P35。

匡世枭雄的雅士襟怀

——论陈元光、王审知对唐代文学的贡献

吕书宝

汉魏六朝是中国精英文化成熟的关键时期,"文治武功"、"匡世惠民"等家国功业追求,深化到社会精英个人行为准则和立身扬名坐标的层面,这种精英情结从该时期文史作品中可以明显看出,比如:"无亮采以匡世兮,亦何为乎此畿?"(蔡邕《述行赋》)、"古人多得道而匡世,修之于朝隐,盖有余力故也。"(葛洪《抱朴子·释滞》):"且奭匡世功,萧曹佐盹俗。"《南史·王训传》)社会普遍认为,制礼作乐风化天下的周公姬旦、召公姬奭成了士人的人生样板;而那些没有匡世能力的俗人庸人,就不应当忝居管理者之列。闽粤历史上被朝野尊为"开漳圣王"(宋、明追封;乾隆皇帝定名)的陈元光和"八闽人祖"(宋太祖赵匡胤题庙额)的王审知,其名号的获得和后世的被敬仰,正是这种精英情结催动其建功立业并且业绩卓著的实至名归。

纯粹是出于景仰,关于陈、王两位英雄生平事迹的后代表述中歧义颇多,甚至陈元光的《请建州县表》都被证伪。作为世代存活在人们心中的流转形象,添枝加叶使形象按照某些拥趸者的心理需求有所改变,是正常现象。这里选几个有典籍支撑的定向误读予以重新解读,曰:汗青遗恨,曰:书剑情缘,曰:金枝玉叶,曰:定向拥趸。

一、汗青遗恨

在新旧《唐书》中,陈元光没有传,王审知两位兄长都有传,唯独公认贡献最大被历代加封的王审知没有传。这自然引发后世"粉丝"愤愤不平。其实"留取丹心照汗青"的情结,是宋代以后的观念。比如春秋时权臣赵盾就很忌惮自己

被写入史书,①汉武帝把《史记·今上本纪》摔到地上,现在的《孝武本纪》公认是司马迁之后别人增补的。② 唐代才子专好给下层小人物写传,自己基本没有写自传。因为当时的社会精英们建功立业的情结,还是继承春秋时所谓"其次(其实是最后,不能立德、立功了,实在不得已)有立言",③并且把"立言"理解为生前身后有作品集流传,而不是进入史书开辟传记。所以白居易生前就把自己的作品整理成四类编辑成书,而不是写自传;李白的祖叔在李白逝世不久便将其作品编辑成集,被公认为文坛巨献,而不是赶紧写李太白传。

另外还有一个最重要的原因,新旧《唐书》的主编刘昫、欧阳修、宋祁等人,都是宰相级别的大才子,在编写史书时能够进入他们视野的,要么是惺惺相惜情结催动的大才子人物记录,要么是本人或者先人(曾祖父以下)官阶显赫,起码在从三品以上(不包括袭官、武官)。而陈元光的父亲陈政,唐总章二年(669年)为朝议大夫、岭南行军总管(正五品上),也就是说陈元光的父亲终生官阶没有超过五品(也就是副厅级),当时一些上县县令(相当于现在省辖县级市的市长)比如万年、长安、河南、洛阳、太原、晋阳、奉先等县的县令,都是正五品上的级别,和开漳圣王之父同等待遇。

永淳二年(683年),朝廷为表彰其军功,授陈元光为岭南行军总管,进阶正议大夫,这是一个正四品上的官阶,应当是袭父官(正五品上)之后的奖掖提拔。垂拱二年(686年),增置漳州郡,以陈元光为州刺史〔下州,正四品下〕,晋升陈元光为中郎将〔正四品下〕右鹰扬卫率府怀化大将军〔正三品〕、上轻车都尉〔从四品上:勋〕兼朝散大夫(从五品下)。从这时到景云二年(711年)十一月,陈元光被土著首领蓝奉高刀伤致死,没有见到再加官。从中可以看出,除了卫率府怀化大将军衔为正三品(但是属于武散官即虚衔,不是有实权的职官,有实权的是十六卫大将军)之外,开漳圣王生前官阶不过四五品,是很难进入大才子高官视野被编入史书的。

至于王审知兄弟,他们经过各种波折,遇到一个好时机:乾宁三年(896年)朝廷升福建为威武军,当时掌控这个地盘的是王氏兄弟,于是朝廷任命王潮为威

---

① 此事典籍多有记载,以《春秋公羊传·宣公六年》记载最佳。
② 卫宏《汉书旧仪注》:"司马迁作景帝本纪,极言其短及武帝过,武帝怒而削去之。"
③ 《左传·襄公二十四年》:"大上有立德,其次有立功,其次有立言……此之谓不朽。"

武军节度使,可惜他第二年就去世了。乾宁五年(898年)经过礼让,王审知掌控了局面,朝廷顺水推舟,承认王审知继承武威节度使的职务。唐代节度使是都督演化来的,级别自"从二品"到"九品下"乃至流外(编制外,非国家财政开支的公务员)都有都督的官名见于史书。更何况到了唐末,都护、都督府拥兵自重形成割据势力,五代十国都是这些军阀脱离中央政府独立出来的,王审知兄弟就是节度使变成"闽国"国王的。国王的两个兄长被写入《新唐书》,主要得益于其闽国"开国君主"的地位,就像曹操、李渊一样,没有当过皇帝,却有帝王的封号。至于王审知不入《唐书》,应当还有其唐臣立场不坚定,不值得青史留名为后代人臣榜样的意思在里面,我们在下篇将有较为详尽的探讨。

二、书剑情缘

陈元光、王审知都是武将,有人说他们(尤其是陈元光)是儒将,其实他们的个人品格不只是"儒将"可以概括的。他们不是附庸风雅的武夫,更不是消费风雅的票友,而是具备文武全才素质追求的、书剑情缘支撑下的雅士。他们治理闽粤边区乃至整个闽国期间在"武功"建树之外的"文治"业绩,正是这种书剑情缘的襟怀展演。

陈元光《请建州县表》中有这样的话:"臣以冲幼,出自书生,迨及童年,滥膺首选。……窃惟兵革徒威於外,礼让乃格其心。撰诸陋俗,良由职方久废,学校不兴,……诛之则不可胜诛,徙之则难以屡徙。……其本则在创州县,其要则在兴庠序。盖伦理谨则风俗自尔渐乎,治理彰则民心自知感激。"这些内心剖白淋漓道出一个武将对文治武功关系的真知灼见之外,还可以窥见其内心的情感纠结:一个在河南家乡安心读书的学子,本可以翰墨立身金榜题名顺利进入主流仕途,而在中唐之前没有科举功名是难以立身主流社会的,以杜甫李白之才尚且如此,何况常人! 陈元光却因为国家需要弱冠带兵,履险海疆,拳拳之心还在于教化惠民,这种心理演进轨迹让人动容。况且从该表的行文中可以看出:第一,使用的是魏晋以来盛行的骈体格式,这是魏晋南北朝至初唐的精英时尚,是中唐韩、柳古文运动的对立面。近年有人用柳宗元《代韦永州谢上表》作比照,对陈元光的《请建州县表》证伪。① 仅凭这一条,就让人觉得倒是古文运动领袖、写《永州八记》的柳宗元"代"得有些"伪"。本文并非否定这些观点,只是觉得人们拥戴的偶像和历史人物之间的某些龃龉,不值得太较真而已。

第二,文章中大量用典,反映的也是汉魏六朝至初唐的风尚。该文短短 500 字左右的篇幅,用典将近 20 条,引用文献涉及(以引用先后为序)《易经》、《周书·李贤传》、《白虎通》、《国语·晋语》、《论语·宪问》、《后汉书·朱穆传》、《尚书·康诰》、《尚书·太甲》、《论语·里仁》、《尚书·冏命》(伪古文)、《孟子·梁惠王上》、《汉书·文帝纪赞》、《诗经·下武》、《尚书·咸有一德》(伪古文)、《齐故安陆诏王碑文》、《汉书·儿宽传》等等。② 没有熟读经史的功力,是难以驾驭这些具有丰富文采掌故的。其《漳州刺史谢表》情况大致相似。

至于王审知崇文奉教知书达礼爱护尊重文人的原因,从下面辩证的、后人对其家世的寻绎中便可以看出端倪。

三、金枝玉叶

看到刘禹锡"旧时王谢堂前燕,飞入寻常百姓家。"(《乌衣巷》)诗句,人们往往生发关于朱雀门外秦淮河上(今南京城外)的联想。其实王谢都是中原人,王家才俊出自山东琅琊(今临沂),谢家宝树生于陈郡阳夏(今河南太康)。两家聚集在河南洛阳(西晋都城)繁衍生息,同时在政治舞台上风光无限,至于寓居绍兴、金陵那是后事。

因此,王审知后人以及后人的友人们帮着先祖寻根,自然寻到早期开发中原

---

① 这方面说法近年媒体多有介绍,也有从学术视角介入的,如福建师范大学闽台区域研究中心谢重光《〈全唐文〉所收陈元光表文两篇系伪作考》,《中华文史论丛》,2008 年第 3 期。

② 用典举例。冲幼,《周书·李贤传》:"朕昔冲幼,爰寓此州";专征,汉班固《白虎通》:"好恶无私,执义不倾。赐以弓矢,使得专征";宁处,《国语·晋书》:"群臣莫敢宁处,将待君命";左衽,《论语?宪问》:"微管仲,吾其被发左衽矣";原始要终,《易经·系辞》:"易之为书也,原始要终之为质也";流移,《后汉书·朱穆传》:"百姓荒馑,流移道路";元恶,《尚书·康诰》:'王曰:封,元恶大憝,矧惟不孝不友'",唐沈佺期诗:"天鉴诛元恶,宸慈恤远黎";抚绥,《尚书·太甲》:"天监厥德,用集大命,抚绥万方";礼让,《论语·里仁》:"能以礼让为国乎";格其心,《尚书·冏命》:"绳愆纠缪,格其非心";胜,《孟子·梁惠王上》:"不违农时,谷不可胜食也";儿,《汉书·文帝纪赞》:"断狱数百,几致刑措";庠序,《孟子·梁惠王上》:"谨庠序之教,申之以孝悌之义";孚,《诗经·下武》:"永言配命,成王之孚";一德,《尚书·咸有一德》《齐故安陆诏王碑文》:"六幽允洽,一德无爽";事宜,《汉书·儿宽传》:"总百官之职,各称事宜。"

(灭六国,当时河南分属于韩、魏、赵、楚等国)的王翦。王翦是著名的儒将,《狱中上秦二世》垂范千古,尤其西安事变之后,张学良就成了王翦的现代版。民间传说王翦是毛笔而不是某种兵器的发明人。王翦本是关中频阳东乡(今陕西富平)人,秦王嬴政二十六年(前221),王翦的儿子王贲攻入齐都临淄,房齐王建,王氏就和山东琅琊有了关系。所以《十国春秋·闽国·忠懿王庙碑》①载:"审之,字详乡,姓王氏,本琅琊人。秦将翦三十四代孙。高祖晔,唐贞元中为光州定城宰,有善政以及民,因迁家于是郡。遂为固始人矣。"加上闽粤港台以及泰国、缅甸、新加坡、马来西亚等地的王氏家族,多自认是开闽王氏的后裔,而王审知为开闽王氏一世祖。这个祖源认定的影响就更大了。

另外,据说区别于帝舜之后的妫姓和毕公高(周文王十五子)、姬揭(周考王弟)等周朝姬姓,乃至比干(殷王子)后裔的子姓等繁衍的王氏家族,南亚各地的王氏后裔尊奉周灵王太子姬晋为他们开宗立姓始祖,而以王审知为开闽王氏之祖。这样在王翦之前又追溯到东周洛阳的太子晋。那似乎就是《列仙传》中的升仙太子王子乔了。其实王氏家族和历史人物周灵王太子晋的关系,似乎还是值得研究。比如根据魏晋时期出土的汲冢竹书《逸周书·太子晋》记载,太子晋和仙人王子乔就没什么关系,他是周景王或灵王太子,名晋,曾经和叔誉、师旷斗嘴,表现出很高的聪慧,其中有一段话值得注意:

> 王子曰:"……吾闻汝知人年之长短,告吾。"师旷对曰:"汝声清汗,汝色赤白,火色不寿。"王子曰:"然。吾后三年,将上宾于帝所,汝慎无言,殃将及汝。"师旷归,未及三年,告死者至。

这要命的预言竟然实现,多亏太子心好,没有连累乌鸦嘴的师旷。不过从这里可以看出,满打满算太子晋活了17岁,还没有到周代规定的举行成人礼士冠礼的年龄,是否结婚、②婚后殒前是否生育子女,还值得讨论。不过后人喜欢他

---

① 另有清道光六年(1826年)王以镜等修,王嵩龄咸丰六年(1856年)增补、刻印《开闽忠懿王氏族谱》可据。

② 《礼记·曲礼》:"男子二十冠而字",《周礼·地官·媒氏》:"男三十而娶,女二十而嫁"。《礼记·内则》:"三十而有室,始理男事,……女子十有五年而笄,二十而嫁。"

愿意从粉丝变成后裔,这种定向误读非常可爱,我们何必要揭破人家的玫瑰梦,就像前面所说和陈元光的文章较真那样。这样王审知的儒雅聪慧,重视文化建设就有祖传基因密码可供研讨了。

至于陈元光,且不说其先祖家世如何,就是他三代之内,已经显赫非常了:祖父陈犿(隋将陈果仁之子),唐开国元勋;祖母魏敬世称魏妈,汝宁(今河南汝南)望族,隋中书魏潜之女,死后已是皇帝的武则天亲自审定其墓前碑文,备极哀荣;父陈政,官至戎卫左郎将,归德将军(从三品)和御史大夫、散骑常侍、国子祭酒、大都护府副都护、银青光禄大夫、荣誉称号与开国侯爵相同级别,母司空氏,字意儿。司空氏郡望顿邱(黄河北清丰),大禹曾为虞舜的司空,支系子孙因以为姓,也是显赫家族出身。

唐高宗《诏陈政镇故绥安县地》中有这样两段话:"莫辞病,病则朕医;莫辞死,死则朕埋"。"斯誓斯言、爰及苗裔"。有人说高宗措辞严厉,其实是信赖开国元勋子弟"红二代"、托付东南江山的深情誓言丹书铁卷! 因此陈元光死后,他的部下和子孙继续进行开发闽南的活动。陈元光子陈珦、孙陈酆、曾孙陈谟历任漳州刺史。也就是说从公元 669 年陈政入闽至公元 819 年陈谟卒,在长达 150 年的时间里,陈家五代人一直袭官掌控漳州,直到陈谟的儿子陈泳到外地做官为止(陈泳任职光州司马,衣锦还乡河南老家)。

四、定向拥戴

中国百姓敬神是非常实用的,再加上精英文化中的铁律"为亲者讳","为尊者讳"即春秋笔法所谓的"志而晦(约言记事,事叙而文隐)、婉而成章(讳避不乱章)、尽而不污(曲尽事实而不诬谩礼制)",所以对历史人物的定向拥戴势在必然。具体到两位枭雄,起码有两点值得论说:一是对他们文治武功的心理评估,二是对他们惠民功绩的玫瑰色追忆。

关于两位枭雄的文治武功世人多有称道,这里要讨论的是公众信仰的内部机制即拥戴活动的心理评估支撑。从史籍记载看,陈元光在闽四十二年建立了四大历史功绩:平定闽粤"蛮獠啸乱"、创辟州县、倡兴庠序、屯垦安民,前两项是官方认可的功业,所以虽然生前官阶不上三品,身后却历代追封有加。他们生前的品级待遇如果有什么不尽人意的话,也是在开国君主之后第二代之间的格局变化中,陈元光被边缘化了。而在其部下乃至民众心目中,他却是被定向拥戴的:后人关心的是倡兴庠序、屯垦安民,即孔子所说的"富之"继之以"教之"。在"荒榛如是,几疑非人所居"的地方,硬是开创出了"无烽火之警,号称乐土"、"杂草(花卉)三冬绿,嘉禾两度新"。"天开一岁暖,花发四时春。"①的乐土。而对其武功称道不多。

这主要是因为他们镇压的蛮獠、洞(峒)民造反队伍,是否应该遭到朝廷军队的杀戮镇压,还是值得商量的。这一点他们本人并非没有认识,比如乾宁元年(894年),闽西黄连洞峒民造反,汀州被两万多叛军围困,王审知没有启动镇压杀伐机制,而是亲自到现场向造反群众喊话:"吏实为虐,尔复何辜?"感动了因为没有活路而造反的峒民(史称饥民),用安抚的方式平息了动乱,实践了其"化战垒为良畴,谕编甿于仁义"的绥靖政策。因而受到后人的定向拥戴。

(作者为广西民族大学教授)

---

① 丁儒《归田二十韵》。

试论陈元光以夏变夷

薛瑞泽

民国《云霄县志》卷十三《名宦》记载,陈元光(657～711),字廷炬,光州人,博览经书。总章二年(669年),跟随其父陈政率领将卒五十八姓守卫闽地。仪凤二年(677年)四月,陈政卒后,陈元光代领其父亲的军队,他首先讨平了洞蛮苗自成、雷万兴等。永隆二年(681年),平定了循州的叛乱。垂拱二年(686年),上书朝廷设立漳州。景云二年(711)十一月,为蓝奉高袭杀。陈元光在闽期间,用儒家文化教化当地百姓,赢得了颇高的声誉。清代曾文虎称赞陈元光的诗云"变夷用夏到闽漳,唐代将军陈圣王"。叶国庆先生对其用夏变夷评价甚高。① 兹将陈元光《龙湖集》予以全面爬梳,结合其他文献,对陈元光以夏变夷作一全面论述。

一、陈元光入闽之前闽地的社会状况

陈元光入闽之后,改变了闽地的社会状况。除了发展经济,改善民生之外,他还重视用儒家的思想来教化当地的土著居民,促使闽地迅速与中原地区文化对接。为了更好地了解陈元光所做的贡献,我们有必要对陈元光入闽之前闽地的社会状况加以剖析和重新认识。

唐代以前闽地的社会发展如果以汉武帝时期为界限,可以分为前后两个时期。前期闽地的社会发展遵循的是自然状态,后期因为汉武帝将这里的民众大部迁往江淮流域,闽地留下的多是偏远地区的土著。汉武帝建元六年(前135

---

① 叶国庆先生为何池先生《陈元光〈龙湖集〉校注与研究》所作的《序》中,曾引用《龙湖集》中的一些诗文加以说明,惜其所引诗文较少。下引陈元光诗文参见何池校注《龙湖集》,鹭江出版社,1990年版。

年)八月,闽越王郢进攻南越边境,南越王向汉朝求援。汉武帝派遣大行王恢率
兵出豫章,大司农韩安国率军出会稽攻击闽越王郢。不久,闽越内讧,闽越王郢
之弟余善杀郢投降。汉武帝认为:"东越狭多阻,闽越悍,数反覆,诏军吏皆将其
民徙处江淮间。东越地遂虚。"①《晋书》卷十五《地理志下》亦云:"建安郡故秦
闽中郡,汉高帝五年以立闽越王。及武帝灭之,徙其人,名为东冶,又更名东城。
后汉改为侯官都尉,及吴置建安郡。统县七(建安、吴兴、东平、建阳、将乐、邵
武、延平),户四千三百。"可见从汉武帝空其地之后,这里只留下零星的居民,且
以土著蛮夷为主。虽然从东汉时期开始在这里设置侯官都尉加以管辖,并在孙
吴时期建郡,但闽地社会发展仍然处在较为落后的状态,历经数百年的发展,闽
地才达到四千余户人口,而这四千余户人口应当是政府所控制下的编户齐民,自
然不包括土著蛮夷。

　　孙权时期,"南括群蛮之表"②,闽地的蛮夷活动非常频繁,成为孙吴的心腹
之患。黄武元年(222年)九月,曹魏大军压境,虽然孙权派军抵抗,但因"时扬、
越蛮夷多未平集,内难未弭",所以孙权卑辞自求改过。③ 孙皓在国家即将败亡
之际,给自己舅舅写的信中就说道:"至孤末德,嗣守成绪,不能怀集黎元,多为
咎阙,以违天度。暗昧之变,反谓之祥,致使南蛮逆乱,征讨未克。"④可以说长江
以南活动的蛮夷已经成为孙吴政权的腋肘之患,这当然包括在闽地活动的蛮夷。
正因为如此,从孙权开始就对蛮夷采取压制的措施。《三国志》卷四十九《吴书
·士燮传》云:"燮兄弟并为列郡,雄长一州,偏在万里,威尊无上。出入鸣钟磬,
备具威仪,笳箫鼓吹,车骑满道,胡人夹毂焚烧香者常有数十。妻妾乘辎軿,子弟
从兵骑,当时贵重,震服百蛮,尉他不足逾也。"可见士燮在蛮族地区有着崇高的
威望。

　　东晋时期,江南地区的蛮族社会发展水平仍然较低。《晋书》卷二十六《食
货志》云:"元后渡江,军事草创,蛮陬赕布,不有恒准。"⑤对于蛮族活动的地方的

① 《史记》卷一百一十四《东越列传》。
② 《晋书》卷五十四《陆机传》。
③ 《三国志》卷四十七《吴书·吴主传》。
④ 《三国志》卷四十八《吴书·孙皓传》裴注引《江表传》。
⑤ 《隋书》卷二十四《食货志》云:"江南之俗,火耕水耨,土地卑湿,无有蓄积之资。诸蛮陬俚洞,沾沐王化者,各随轻重,收其赕物,以裨国用。"

财货征收没有标准,蛮族则趁机不断地掀起动乱,故而《晋书》卷三十《刑法志》有"江左无外,蛮陬来格"之语。南朝时期,闽地的蛮族仍然桀骜难治,宋武帝永初二年正月,"南康揭阳蛮反,郡县讨破之"①。陈霸先在梁敬帝绍泰二年(556年)九月被册封的话中有"三山獠洞,八角蛮陬"之语,肯定了陈霸先的声望。

虽然说两晋南朝在闽地设立了晋安郡,但地方势力与土著蛮族联合起来,业已成为诸王朝的心腹大患。东晋元兴元年(403年)正月,卢循自称征虏将军,率领孙恩的残部,夺取永嘉、晋安等地。当时,张茂度为晋安太守,因害怕卢循的武力进攻,"茂度及建安太守孙蚪之并受其符书,供其调役"②。到了次年,刘裕讨伐卢循至晋安,卢循在窘急状态下,泛海到达番禺,攻占广州,赶走刺史吴隐之,自摄州事,号平南将军,遣使献贡。③ 独特的地理位置使闽地频遭兵燹之灾,并未起到强根固本的作用。

刘宋时期,多次任命朝中重臣为晋安太守或相关官员。元嘉年间,吴郡吴人张畅、沈云子都曾担任晋安太守。宋明帝时任命宗室长沙王刘道怜的孙子刘瞻为晋安太守,因参与刘子勋的谋反,被诛。④ 元昂的父亲因为参与刘宋晋安王子勋的叛乱被杀,元昂得到赦免后,仍被徙晋安,直到元徽年间方才返回。⑤ 孔稚珪的父亲孔灵产,"泰始中罢晋安太守"。宋孝武帝大明二年(458年),"命王子尚都督扬州江州之鄱阳、晋安、建安三郡诸军事、扬州刺史,将军如故,给鼓吹一部"⑥。但从豫章王子尚的任职情况来分析,他不可能对晋安过多关注。宋明帝泰始元年(465年),巴陵哀王刘休若,"进督晋安、□□二郡诸军事",在位仅一年⑦。尽管刘宋委任重臣管理闽地,但并未达到如期效果。

针对闽地不断发生的动荡,梁武帝采取了剿灭与安抚并用的政策。《梁书》卷三十九《羊侃传》记载,中大通六年(534年),羊侃被任命为晋安太守,"闽越俗好反乱,前后太守莫能止息,侃至讨击,斩其渠帅陈称、吴满等,于是郡内肃清,

---

① 《宋书》卷三《武帝纪下》。
② 《宋书》卷五十三《张茂度传》。
③ 《晋书》卷一百《卢循传》。
④ 《宋书》卷五十九《张畅传》,《宋书》卷一百《自序》。
⑤ 《梁书》卷三十一《元昂传》。
⑥ 《宋书》卷八十《孝武十四王·豫章王子尚传》。
⑦ 《宋书》卷七十二《文九王·巴陵哀王休若传》。

莫敢犯者"。羊侃采取强硬的政策赢得了暂时的安定,但并没有持续太久。大同年间,臧厥出任晋安太守,当时晋安郡的情况非常混乱,"郡居山海,常结聚逋逃,前二千石虽募讨捕,而寇盗不止"。所以,臧厥到任后,"宣风化,凡诸凶党,皆洗负而出,居民复业,商旅流通"①。臧厥采取教化治理,使"诸凶党"深受感化,"皆洗负而出",居民安居乐业,商旅流通。

晋安郡一带因为地理位置偏远,往往成为反抗朝廷败亡者出逃的首选之地。《陈书》卷三《世祖本纪》记载,陈文帝天嘉二年(561 年),缙州刺史留异响应王琳等谋反。次年三月,司空侯安都在桃支岭败留异,留异脱身逃奔晋安,东阳郡平。五年十一月己丑,"章昭达破陈宝应于建安,擒宝应、留异,送京师,晋安郡平"。次月,"曲赦建安、晋安二郡"。六年三月,"诏侯景以来遭乱移在建安、晋安、义安郡者,并许还本土,其被略为奴婢者,释为良民"。在讨伐陈宝应的檄文中有语:"案闽寇陈宝应父子,卉服支孽,本迷爱敬。梁季丧乱,闽隔阻绝,父既豪侠,扇动蛮陬,椎髻箕坐,自为渠帅,无闻训义,所资奸谄,爰肆蜂虿,俄而解印。"②正因为如此,南朝将闽地看做落后之地,"闽中本南朝畜牧地"③的观念到唐代仍然存在。隋朝建立后,在原晋安郡设立建安郡。仍然有颇多动荡的势力存在,影响社会稳定。《隋书》卷四《炀帝纪下》记载,隋炀帝大业十年(614 年)六月,"贼帅郑文雅、林宝护等众三万,陷建安郡,太守杨景祥死之"。上述诸多材料表明唐代之前,闽地社会发展仍然处在混沌状态,既有中央政权所建立的地方政权对编户齐民加以控制,同时更多的是在偏远山区活动的蛮人,而教化这些民众就成为统治者的重要职责所在。

二、陈元光入闽之后的教化举措

闽地如此落后的社会现象,在唐初也未得到更大的改变,与唐代其他地区都得到全面发展相较,就显得非常突兀。所以,唐代在经历过唐高祖和唐太宗的兴复之后,到唐高宗即位之后,开始重视闽地的发展,故而有陈元光父子进入闽地用中原地区业已成熟的儒家学说教化百姓的典型事例。

---

① 《梁书》卷四十二《臧盾传附厥传》。
② 《陈书》卷三十五《陈宝应传》。
③ 《新唐书》卷一百三十二《蒋乂传附冕传》。

　　在陈元光的笔下,闽南地区仍然较为落后,他在《候夜行师七唱》其四中用"较斧开林驱虎豹,施罟截港捕鱼虾。火田畲种无耕犊,阴隙戎潜起宿鸦",描述各种蛮獠活动频繁。总章二年(669年),闽地发生了蛮獠聚集啸乱,朝廷派遣陈政率军入闽平抚,陈元光随父入闽参与平抚战争,诗人留下了《题龙湖》五首诗歌即是其所见所闻。诗中有蛮獠的生活情境,如"野女妍堆髻,山獠醉倒壶",描述了村野女子高挽的发髻,男子饮酒作乐的场景。他将这里的民风形容为"丑陋",将叛军比喻为"蛇豨",将土著居民称作"野人群"。他对平叛战争也用诗性化的语言加以描写,"分曹驱鹿豕,犄角困獐狐",而他对刚刚进入闽地被叛军包围的场景记忆犹新,故有"一戈探虎穴,万里到龙湖"、"蛇豨破孤军"的诗句。对于平抚后教化百姓所取得的成效赞曰:"野服迎旌佩,獠车避阵云。宣威雄剑鼓,导化动琴樽。""法慈敷教化,清净加弥纶。法慈剪凶丑,凛冽回春温。"可以说首战告捷,并对山民加以教化,展现了陈元光父子高超的政治眼光。永淳二年(683年)八月一日,陈元光在《请建州县表》中描述当地的情况云:"兹镇地极七闽,境连百粤,左衽居椎髻之半,可耕乃火田之馀。原始要终,流移本出於二州;穷凶极暴,积弊遂逾於十稔。元恶既诛,馀凶复起。法随出而奸随生,功愈劳而效愈寡。抚绥未易,子育诚难。"①这一地区不仅社会风俗落后,生产力发展水平低下,而且蛮族随时起来发动叛乱。陈元光《漳州刺史谢表》中也说道:"窃念臣州,背山面海,旧有蛇豕之区;椎髻卉裳,尽是妖氛之党。治理诚难,抚绥未易。"②

　　仪凤二年(677年),陈元光的父亲陈政病卒,年仅21岁的陈元光继承父亲的职位玉钤卫翊左郎将。是年,粤地陈谦联合闽南"洞蛮"苗自成、雷万兴攻占潮阳,引起朝廷关注,陈元光获悉后,率领轻骑征讨,大胜而归。他在返回途中,留下了《平獠宴喜》诗,对平抚争战的场景做了全景式的展示,在诗的结尾作者有"朝端张孝友,炮鳌待元戎"之句,表明作者虽然平息了少数民族洞蛮的啸乱,但颂扬以孝悌著名的张仲,似乎也在昭示着他即将用儒家的孝悌观念教化当地民众。

---

① 《全唐文》卷一百六十四陈元光《请建州县表》。
② 《全唐文》卷一百六十四陈元光《漳州刺史谢表》。

　　永隆二年(681年),南海边郡再次发生陈谦率领少数民族啸乱,循州司马高琁受命征讨。潮州地区的蛮族趁机发动啸乱,高琁征调陈元光的军队平抚。经过此次战役,蛮獠的军队被彻底击溃,为闽南地区的开发奠定了基础。在凯旋之后,陈元光写下了《旋师之什》,诗中描述"苗民悉循纪",而他则采取了"卷舒如祥云,进止若时雨"的政策,这是在表明自己"非黩武"的态度。当闽南地区逐渐太平之后,当地的土著民族相继归附,陈元光在《南獠纳款》诗中称这些归化的少数民族,"归化服维新,皇朝重玄质。筮辰贡龙颜,表子躬逢吉"。在蛮獠归附之后,陈元光在当地改革旧规陋习,推行中原地区业已成熟的儒家文化乃至颁布新的法令。经过若干年的努力,当地人才也成长起来,因而陈元光准备将优秀的人才举荐给朝廷。在《修文语士民》中他谈到自己平叛之后所采取的偃武修文,厉行教化,实行文治的一系列措施。"修文休众士,赐命自皇朝"即是说明他所采取的军民休养生息的措施。对于难以教化的民众,他让军中来自河洛地区有才华的士兵,先用吹竹箫感化。"莫篆天然石,惟吹洛下箫。声闻神起舞,气感海无妖。"他欲通过这些潜移默化的努力,感化那些"天然石"。由此可见,陈元光是通过全方位的努力教化当地土著居民的。

　　陈元光在《请建州县表》中分析了闽南地区长期啸乱的原因。"揆诸陋俗,良由职方久废,学校不兴,所事者蒐狩为生,所习者暴横为尚。诛之则不可胜诛,徙之则难以屡徙。倘欲生全,几致刑措。"有鉴于此,他认为应当采取建立新的行政机构,以实现社会的秩序化,兴建学校,教化百姓,"其本则在创州县,其要则在兴庠序。盖伦理谨则风俗自尔渐孚,治理彰则民心自知感激。"①这样自然就会实现社会的稳定。

　　武则天垂拱二年(686年),陈元光上奏朝廷建议在泉州和潮州之间设立新的行政建置,到十二月初九,朝廷批准在漳江之滨建漳州,并任命陈元光为首任刺史。当年迎来了闽南地区的一场瑞雪。他在《观瑞雪》中提到了"农郊卜岁丰,帅阃和民悦",可以看出随着来自中原的生产与生活方式传播到闽地后,农业丰收,百姓安居乐业而心怀喜悦。陈元光《漳州刺史谢表》也提到他的为政措施,其文云:"继当恪守诏条,徵庸俊乂,平均徭赋,示以义方。持清净以临民,重

————————————

① 《全唐文》卷一百六十四陈元光《请建州县表》。

修前志;守无私以奉国,再砺於衷。展驽骀之力,申鹰犬之劳,庶荒陬蛮獠,尽沐皇风。"①

陈元光不仅通过发展经济赢得当地民众的信任,他还将北方地区的礼仪文化传播到闽南地区,这其中应当提及的是《教民祭腊》和《祈后土》两首诗,表明陈元光将黄河流域旧有的腊祭传统和祭奠后土的传统带到了闽南地区。而《喜雨次曹泉州》两首诗则展示了陈元光率领当地民众进行祈雨的过程。其中第一首诗将旱灾造成的危害以及诗人率领民众诚心祈雨、雨水普降的喜悦描绘了出来。诗云:"上帝将垂遣,边臣惊不宁。彷徨劳野马,乾曝俯龙亭。精意馨穹昊,阳和正郁蒸。絪缊云作瑞,黱(黑登)雨成声。原湿枯随发,生灵死复苏。刑牲崇礼报,作颂庆升平。"可以看出陈元光已经与当地民众凝结为一体,处处为百姓着想。第二首诗云:"羲和停火轮,霖霖深民福。年康收筐文,庭寔陈秋获。土产若未腴,勤绥功则博。九五垂衣裳,千万监忠朴。铜虎谨深悬,木铎今始作。诰敕常佩吟,酒色难湎惑。愿皇钦福多,锡民无灾瘼。载答圣皇恩,转输赴河洛。"这首诗通过祈雨显示出作者忧民忧国之情,他所强调的"愿皇钦福多,锡民无灾瘼"就是他体恤民众的写照,而心中惦念皇恩,将通过交纳租赋于朝廷来报答皇恩。

如果说《公庭春宴》是陈元光有感而发,表明自己在"佳节会"上"独与赏心违"的心情,那么《语州县诸公敏续》(二首)则展示了陈元光在漳州大规模启用学有所成的人员,告诫他们如何勤勉于政。在第一首诗中,陈元光首先叙述了自己的人生经历:"总角趋朝对,雄飞出禁城。人才当翊国,世赏可辞荣。怜厥神童子,寻为壮友生。南方承父镇,北阙列儒名。移孝为忠吉,由奢入俭宁。长安瞻日月,岭海肃风霆。"他随后告诫新任诸州县官员:"败事诚因酒,增高必自陵。尊年须养老,使士要推诚。寅协无他式,清勤慎不矜。"在第二首诗中他将儒学教育纳入对当地民众的教育之中,"敦伦开野叟,勤学劝生儒"。这其实是在闽南地区用儒家的伦理道德教化民众,培养研习儒学的人才。

陈元光不仅通过教化来实现儒家文化在闽地的传播,而且还通过身体力行为当地民众树立榜样。仪凤三年六月,陈元光的母亲因病去世,在安葬母亲之

---

① 《全唐文》卷一百六十四陈元光《漳州刺史谢表》。

后,陈元光思绪万千,既有对故国家园的思念,也有国家民族的意识。诗文中有"礼节传家范,簪缨奕世芳",表明自己家教礼节的完美之处。而派人回故乡报丧,"桐麻遣唁丧"正是以自己的作为给当地人树立榜样。垂拱四年(688 年)五月,陈元光年过九十五岁高龄的祖母去世,陈元光在隆重举行葬礼后,将州事交给别驾许天正,自己结庐墓侧,为祖母守孝三年。他所留下的《半径庐居语父老》(二首)以及《半径题石》、《半径寻真》等均应当是在此期间或此后所做。对祖母的怀念、祭拜是他向民众展示其孝心的一面。他教诲儿子陈珦的《示子珦》称赞陈珦"载笔沿儒习,持弓缵祖风",教育他要"日阅书开士,星言驾劝农",即每天要开启士民,教化百姓,劝勉农耕。同时要"勤劳思命重",使当地的"诸戎泽普通",普遍承受皇恩。最后告诫陈珦"愿言加壮努,勿坐鬓霜蓬"。要努力学习而不要荒废时日,可谓教子典范。

对于教化所取得的成就,陈元光《落成会咏》诗中有"昆俊歌常棣,民和教即戎","无孤南国仰,庶补圣皇功"等句,说到民族之间兄弟情深,教化的功效显现出来,形成民间相互帮助的良好风气。而这一切全仰赖于抚恤孤贫,希望能够辅佐朝廷努力。

经过陈元光的努力,闽南地区已经是一派祥和气象。《候夜行师七唱》其六中有语"红锦飘来枫树醉,黄金废尽菊花残。故园橙橘小春闹,圣席圆汤冬至闲。剑戟百磨岩石裂,骅骝群饮泽泉干。雪花散杂梅花媚,白水前为墨水餐",即是确证。经过陈元光的努力,闽南一带已经由化外的愚昧状态向衣冠文物转化。如《晓发佛谭桥》所描述的"农唤春耕早"繁忙景象,令人欣慰。

陈元光作为闽南地区早期的开拓者,不仅将河洛地区先进的生产力传播到闽地,而且用儒家文化教化当地的土著民族,显现出他开疆拓土的气概。而他所做的努力,为闽南地区的进一步发展奠定了坚实的基础,这也是在唐代中后期乃至宋代,闽南地区文化学术发展的根本原因所在。

(作者为河南科技大学人文学院教授)

"未有同安,先有许督"

与"未有同安,先有北山"

——论河南人许滢、王审知对福建的开发和建设

颜立水

民谚是人民群众历代口头相传的一种通俗语言,它往往是一面反映地域历史文化的镜子。

一

"未有同安,先有许督",是指开闽将军、最早入闽的河南汉人许滢。"许滢,字元亮,河南许州人。西汉武帝朝为左翊将军,驻师于郡(指泉州)之西南百里境上,世传其址为营城,便宜调度。十年闽越平,以反复数为边患,复蒙敕旨,永镇斯土。铜符虎节,兵卫森严。以久戍,爱卜居于五垆山下,遂家焉。"①同安县志这条资料采自宋代许顺之编撰的族谱。许升(1141—1184 年),字顺之,号存斋(字、号均为朱熹所取),许滢将军第 35 世孙,朱熹首仕同安县主簿时最早的学生(时年仅 13 岁)。被朱子赞"为乡先正"的许升,其编写的谱牒资料应该是可信的。

许滢奉旨平定闽越反叛之事在公元前 135 年,距今 2149 年。那时还没有"同安",因为"同安"之名始于西晋太康三年(282 年)设县,而许滢入闽则早于"同安"之名 417 年。

同安于唐虞夏商时属《禹贡》九州中的扬州,周代属七闽之地,春秋战国为越地。秦始皇统一六国,分天下为 36 郡,后又增置南海、闽中、桂林、象郡等四个郡,同安属闽中郡。同安"自汉以来,视为重地。武帝置上柱国以防粤,当时未

---

①　民国版《同安县志》卷 30《人物录·武功》

有同安之名也。"①汉高祖五年(前202年)将闽中郡分为三个藩镇王国,复立无诸(越王勾践七世孙)为闽越王,统闽中,设都福州;封识为南越王、摇为东欧王。但闽越王对"分而治之"不满,企图恢复旧疆,故"自汉元鼎五年三月起,闽越经常反对汉朝廷"②,汉廷只好出兵入闽。建元六年(前135年),闽越王发兵围攻北迁的南越,南越向汉廷求援,朝廷派左翊将军许滢出许州,大兵压境,闽越王郢之弟余善见势不妙,杀郢向朝廷谢罪。汉廷没有乘势消灭闽越国,且封繇君(无诸之孙)为闽越王。余善不服,自立为王,闽越成为"一国两王",此时许滢所率汉兵已进驻现在的同安营城。元鼎六年(前111年),闽越王余善依仗势力,自封"闽武帝",私启玉玺,公开反汉,汉廷只好派兵分四路进剿(左翊将军许滢出闽南)。由于闽越国发生内讧,余善被杀,闽越国宣告灭亡。

闽越国被灭后,汉武帝以"东越侠多阻闽越,悍,数反复,诏军吏皆将其民徙处江淮间(今江苏、安徽一带),东越地遂虚"③。遗民不从徙者相聚为冶县(今福州冶山旧址),属会稽郡(今浙江绍兴)南部都尉,部分闽越人避居深山老林成为后来的畲民,闽越地也改为上柱国,许滢将军为"镇闽都督",复蒙敕旨持铜符虎节"永镇斯土",率兵屯戍营城,士兵也与当地的"诸娘"(闽越女子的称呼)结婚,成为最早入闽定居的中原汉人。

许滢平息闽越之乱并定居于今天厦漳泉金的中心枢纽同安,为西汉民族的统一建立了丰功伟绩,同时也带来了中原先进的生产技术和文化,促进了闽地的生产发展和文教进步,所以《同安县志》说他"首开草昧,厥功盛矣",民间也常用"许滢开疆二千载,朱熹过化八百年"联语来概述同安的开发史和文明史。这里还要说的是,许滢不但带来了一批中原汉人,同时也带来了以河南洛阳地区的语音为标准的官话——河洛话。河洛话也叫闽南话,法国语言大师马伯乐说,"闽南话是世界上特别古老的语音",被称为汉语的"活化石"。它上承先秦经文用字读音,下接两汉古语,是中原流行最广的古汉语。许滢所带来许州的汉人,留在闽地成为使用河洛话的主体。福建被称"东南山国",因有武夷山、戴云山阻隔,又远离中原政治斗争引发的动乱和兵燹的劫掠,社会环境比较安定,因而河

① 民国版《同安县志》卷1《疆域沿革》。
② 《史记·东越列传》。
③ 《史记·东越列传》。

洛话被保留下来。许溁带来的河南人大本营在同安,所以同安是最早使用和传播河洛话的中心。据说现在全世界使用闽南话的人达到六千万人,它是地球上六十种主要语音和方言之一,"汝呷饱未"(你吃饱了吗)这句闽南话问候语还被录制在美国1977年发射的"旅行者号"宇宙飞船镀金唱片上。现在台湾民众(尤其是台南)80%都讲闽南话,习近平总书记视察全国台盟时,要求台盟干部也要学讲闽南话,才好跟台湾同胞进行交流。现在厦门市已让闽南文化与闽南方言进入幼儿园、小学、中学课堂,社会上也有"学好闽南话,通行闽台东南亚"的说法。闽南话(河洛话)要不要"回娘家",也该是当今河南祖地探讨的课题。

许溁卒于武帝后元元年(前88年),谥武靖。有子十五人,分镇闽地,"凡闽之许姓,多溁公之子孙也"①。随着人口的播迁,文莱、缅甸、泰国、越南、印尼、新加坡、菲律宾、马来西亚、香港、台湾等国家和地区,都有许溁的苗裔。如菲律宾前总统科拉松·许寰哥·阿基诺夫人(现任总统阿基诺三世是她的独生子)、马来西亚槟城首席部长许子根、新加坡卫生部长许文远、台湾前考试院长许水德和海基会副董事长许惠佑等政要,也都是许督的裔孙。许溁的墓在同安县从顺里五虎山之西(今同安区新民镇西山大榕树南),于2006年12月被厦门市人民政府列为涉台文物古迹。许溁当年屯兵之地营城,也就是现在大同街道三秀街的营城巷(又称营前、许内巷),营城之西有相传当年许溁驻兵饮马的"洗马池"(宋代丞相苏颂幼时在芦山堂读书洗砚而易名"洗墨池")。营城有许溁修建的府第许督府,宋代以后改称"存斋书院"、"福星学舍"、"许督祠堂",现在是许氏家庙,是许氏"银同风水自年年"的发祥地。2011年翻建后进(前进于20世纪90年代被拆建商品房)时,笔者承请为其撰写一联:五炉筑第千秋有志营城巷,二水环门百代犹传洗马池。②

二

"未有同安,先有北山"是指唐末河南人"开闽三王"建设福建之事。这句话完整的意思是:同安没有正式实施县治之前,就已经有奉祀闽王王审知的北山宫了。北山即北辰山,因"高拱北极"而名,在银城东北12公里。山麓有奉祀王审

① 同安《许氏家谱》。
② 二水,指合抱同安县城的东溪和西溪。

知的北山王公宫,也叫广利庙,志载唐末始建。据载,唐天祐二年(905年),唐哀帝敕赐在福州为王审知建立生祠,五代后晋开运三年(946年)闽国亡后,吴越国王钱俶才将王审知故居改建为忠懿王庙。据此笔者认为北山宫最早也是纪念王审知的生祠。王审知薨于后唐同光三年(925年)十二月十二日,而北山每年农历二月十二日为例祀王审知的庙会,"士女进香者以数万计"。有可能是将冥诞日的祭拜活动挪到春节过后举办,错开春节前后繁忙的过年俗事。

北山为何有如此悠久的"闽王文化"资源?

唐末朝政腐败,官逼民反。公元881年,安徽寿州崛起一支以王绪为首的农民起义军,义军攻占寿州后又攻陷光州。家住河南光州固始县的"王家三龙"(即王潮、王审邽、王审知)以文武兼备被召入军中,王潮原为固始县佐,被委以军正。光启元年(885年)正月,王绪在蔡州节度使秦宗权的打击下,以妹夫刘行全为前锋、王潮为副前锋,率领五千多兵士、家眷自江西南康进入福建并很快占领临汀。同年八月,攻陷漳浦后沿漳州至南安罗田的古道(闽越王郢进兵南粤时开辟)来到大同场(即同安县的前身,公元803年自南安县析设)与南安县交界处,也就是现在的北山,在这里进行了一场奠定"王家三龙"在起义军中领导地位的"兵变"。起因是:屠户出身的王绪心胸狭隘,猜忌滥杀。义军行至漳州时,他以道险粮少,令军中"无得以老弱自随,犯者斩!"王潮兄弟扶母徐氏随行,也属违反"军法"该死,王家兄弟以"潮等事母如事将军,既杀其母,安用其子,请先母死"[1]恳求,方免母一死。还有,军中将士才能超过王绪或有贵者之相的人,也都被他借故杀害,弄得军心浮动,人人自危。于是王潮与前锋将"乃选壮士数十人,伏箐竹间,伺绪至,跃出擒之,囚之军中。绪后自杀"[2]。军中一时无主,便在北山以拜剑的仪式推选首领。众议"拜而剑三动者为王",于是拔剑除地,拜剑立王。至王审知拜剑时,三拜三升,但他居下为谦,礼让兄潮为主,自为副。这就是现在北山"拜剑台"的由来。

"三王"在北山取得义军领导权后,以天子蒙难入蜀,准备出交广、入巴蜀,匡扶王室。军队回师至沙县时,有泉州张延鲁等率领乡绅耆宿,携带牛酒跪请王

---

① 《资治通鉴》卷256。
② 《新五代史·王审知》。

潮军队往泉州驱除贪婪残暴的刺史廖彦若。王潮返回再次经北辰山攻打泉州，于公元 886 年八月杀廖彦若，福建观察使陈岩奏请王潮为泉州刺史，审邽和审知协助治理。大顺二年（891 年）陈岩病危，召请王潮兄弟上福州托付军政大事，受到陈岩妻弟范晖的抵制。893 年五月，王潮攻下福州，十月，唐昭宗封王潮为福建观察使，审知为副使。896 年九月升福建为为威武军，拜王潮为威武军节度使。898 年十二月王潮去世，朝廷授审知为节度使，后加平章事，封琅琊郡王。唐亡后，王审知于后梁开平三年（909 年，《五代会要》作开平四年）四月初五被梁太祖朱晃封为闽王。民间相传，王审知封王的消息传到大同场，为了庆贺，驻扎北山的大将陈光远带领家眷及士兵，杀猪宰羊，将猪肉切成方块配上佐料，用山上采摘的黄枝熬汤染成的黄布包扎蒸熟，这象征"封印"的食品便成了今天四方闻名的"同安封肉"了。

王审知（862—925 年），字信通，又字详卿，因常乘白马，故军中有"白马三郎"雅号。他自乾宁四年（897 年）嗣威武军节度使至谢世，治闽 29 年，坚持"宁为开门节度使，不作闭门天子"策略，采取节俭自处，选任良吏，省刑惜费，轻徭薄敛，保境安民，辟港通商许多利国惠氏的政策。王审知虽贵为王，但生活非常俭朴，劳不坐乘，暑不张盖，"虽遽有一方，府舍卑陋，未常茸居，恒常蹑麻履"①。这对于今天反对奢靡之风也有教育意义。王审知采取的这些有益民生的措施，使福建出现了"一年而足食足兵，再岁而知礼知义"、"汙莱尽辟，鸡犬相闻，时和年丰，家给人足"②的升平景象。开宝七年（974 年）宋太祖重修忠懿王祠并御书"八闽人祖"褒匾，其裔也以"开闽第一"为堂号，并以黄、红、黑三种不同颜色写在灯上，作为区分王潮、审邽、审知支派的标志。王审知有子 12 人，女 7 人。长子延翰嗣位，926 年十二月被延禀（审知养子）、延钧所杀。审知次子延钧（改名鏻）于后唐长兴四年（933 年）正月初一僭称帝后，便升大同场为同安县，同安正式实施县治。当时同安县的范围很大，其辖区包括今天的金门县、厦门市各区及漳州龙海市的角美镇，元代设立的澎湖巡检司隶属同安县还兼管台湾的民政。

由上可知，王审知于公元 885 年八月进入大同场，933 年其子延钧升场为

---

① 《十国春秋·太祖世家》。

② 于兢《琅琊郡王祠功德碑》。

县,王氏在北山的活动时间早于同安县建制 48 年,而纪念王审知生祠的北山宫也早于同安县建制 20 多年,所以民间有"未有同安,先有北山"的俚语流传。

同安北山因是"开闽三王"统一、建设福建最早的根据地,所以现在有"广利庙"(北山宫)、拜剑台、闽王馆、王审知衣冠塚以及竹山、竹坝地名、同安封肉、开闽王信俗(厦门市"非遗"项目)等物质与非物质文化遗产。广利庙清雍正年间浯洲(金门)沙美乡张门郑氏信女斥巨资重建中殿和前殿。2012 年又拆旧重建,辉煌倍昔。闽王文化广场一座宽 38.55 米的石质牌楼式山门,台湾"立法院"负责人、闽王 38 世孙王金平题写"北辰山"匾额和"北风法雨德泽厚生福佑遍四海,辰光瑞彩神恩永沐灵昭亦千秋"的楹联。北辰山以其优美的自然环境(主景为十二龙潭)和深厚的"闽王文化"资源于 2004 年被列为福建省风景名胜区,2014 年 3 月又被福建省列为首批动态发布 PM2.5 和负氧离子"清新指数"优质生态区,成为闽南一处休闲、朝圣的旅游胜地。

总之,"未有同安,先有许督"与"未有同安,先有北山"这两句流传已久的民间俚语以及现存的历史遗迹,是古同安历史悠久、人文荟萃的佐证,也是今天研究"河洛文化"珍贵的文化资源。

(作者为同安县原文化局长、前金门县政府顾问、厦门市闽南文化研究会副会长)

王审知家世考

郭启熹

福建在全国的文明开发是较迟的省份，"文教之开，吾闽最晚。至唐始有诗人，至唐末五代中土诗人时有流寓入闽者，诗教渐昌"①。唐初陈政父子开发闽南时，固然也不乏有文采的文士，如陈元光著有《龙湖集》，还有幕僚丁儒、许天正等，不过形成文明诗教风盛时期还在晚唐五代的王审知时代。王潮、王审邽、王审知兄弟治闽30多年里，统一了全闽各州郡，"政善人和……数千里略无旷土，三十年卖剑买牛"②。社会安定，经济繁荣，文教兴盛，使福建跟上了全国文明发展的步伐。可以说，正是陈政父子、王氏兄弟开发福建的丰功伟绩，才吸引了无数后人去追寻。几年前，笔者专程到陈、王故里河南固始县作田野调查，收集资料、披阅志书、检索族谱。现专就王审知家世的几个问题作以下考订。

一、奉常王氏族谱的谱脉

固始县有多支王姓留居，有敦本堂王、三槐堂王、观德堂王，这几支均未见其族谱，留存族谱的则为《奉常王氏族谱》。

《奉常王氏族谱》为县东与安徽寿州（今霍邱）相邻的分水亭、泉河铺两乡的王氏族谱，属王彦英的支谱。古谱清初以前"奈屡值兵燹，谱系尽付焚炬"。此谱为清代复修，初修于清乾隆十九年（1754年），末修于光绪元年（1875年）。族谱有序文和世系图。王彦英十三世孙王庭芝于光绪元年撰序称："吾王氏系出姬姓，后世之盛者莫过于太原、瑯琊两族也。吾琅琊也，历考宋史及福州志、固始

① 陈衍《补订〈闽诗录〉序》。
② 翁承赞（唐庄宗同光四年）《闽王墓志铭》。

志,其始家于固始者唐定城宰,名宦公也。其历仕而复家于固者,宋太常乡贤公也。""王氏始祖三公总图"首列"彦英公",其下注:"从族人潮入闽。旋携家浮海赴新罗。长爱其材,用之执国政。"《宋史·列传第六十三·王彬传》记:"王彬,光州固始人,祖彦英,父仁偘,从其族人潮入闽。潮有闽,王彦英颇用事。潮恶其逼,阴欲图之,彦英觉之,絜家浮海,奔新罗。"由于王潮兄弟及其后嗣均已定居福建,返居固始唯王彦英后人,王潮与王彦英又有过矛盾过招,族谱系王彦英这一支所撰,并推彦英为始祖。所以奉常王氏族谱记载王氏兄弟的业绩也就从简了。仅在王彬公条下记"潮,字信臣,福建观察使。弟审邽,字次都,为泉州刺史。审知,字信通,又字详卿,封闽王,以贤归四海,化被八闽,祀固始乡贤祠"。不过其脉谱与《开闽忠懿王氏族谱》相为佐证,记载还是很清楚的。

"周灵王太子讳晋,字子乔,始赐姓为王氏。""一传敬宗。""九传剪,仕秦始皇,拜大将军。十传离,秦大将军。""离子元,居琅琊。""十九传吉,字子阳,汉朝谏大夫。""二十二传融,家琅琊。""二十五传览,光禄大夫。""二十六传裁,字士初,官镇军司马。""三十一传僧,绰官,吏部尚书,金紫光禄大夫,谥懿。""三十五传褒,字子汉,官太子少保。""三十八传綝"。

三十九传晔"字德明,贞元中(785~805年),守定城宰,遂家于光州固始,赠尚书左仆射,忠懿王审知公之高祖也。"实即固始临泉王氏之始祖。"四十传友,赠左仆射光禄寺卿。四十一传玉,字蕴玉,赠秘书少监,累赠司空。四十二传恁,字以诚,赠光州刺史,继赠太尉,累赠太师。"四十三传为王潮兄弟,潮、审邽、审知三人子嗣二十,皆延字辈,为四十四传。

《奉常王氏族谱》记载,"王晔为固始令,王潮之五代祖,民爱其仁,因留家焉。"后来复家于固始建安乡临泉村(后划为分水亭乡)的是王彬。"彬年十八,以宾贡入太学。淳化三年(992年)及第。"彬历雍邱尉,秘书省著作佐郎,抚州知州,荆湖南路刑狱提点,潭州知州,三司户部勾院判官,河北转运使,三司盐铁判官,累迁太常寺少卿。彬为周灵王太子晋四十五传孙。

周灵王太子晋	
	↓
三十九世	晔（始迁固始临泉）
	↓
四十世	友
	↓
四十一世	王
	↓
四十二世	恁
	↓
四十三世	潮、审邽、审知、彦英、彦复
	↓
四十四世	仁偘
	↓
四十五世	彬

以上为王审知及其兄弟在固始的祖脉始末。

二、王审知家族身世

封建时代族谱总脱不开光宗耀祖、攀龙附凤的窠臼。《奉常王氏族谱》在三十九世祖王晔定居固始以后，其历代官职均属王氏主闽以后皇朝"追赠"的，甚至也可能是王延钧称帝以后"追赠"先祖的，它只能证实祖脉的真实性，并不能说明其历代祖辈真实的社会地位。王审知真实的家庭出身，据欧阳修所撰《五代史》称"父恁，世为农，兄潮为县史"①，即自高祖王晔之后世代务农，充其量不过是务农的耕读之家。

不过从史志留存的王氏许多兄弟治政治军以及处世之作为来看，都是心胸宽阔大度、能干清正之辈。王潮等三兄弟还被固始邑人"号为王氏三龙"。

王潮兄弟奉母董氏离开家乡随于王绪军中，绪怒，欲斩其母，三子同辞曰：

---

① 《五代史·闽世家》。

"事母犹事将军也，杀其母焉用其子。"①可见其母慈子孝的关系。抓捕王绪之后，大家"推行全为将军，辞曰：'我不及潮，请以为主'，潮苦让不克。"这才要以"植剑跃地"为卜。王潮主军之后本来打算北上光州。《读史方舆纪要》卷97及《闽中录·王潮别传》均有记："王潮自南安返师，北还光州。行至沙县，泉人张延鲁等以其刺史贪暴，帅耆老奉牛酒遮道，请潮留为州将，潮因引兵围泉州。"攻下泉州之后，他则以泉州归附福建观察史陈岩，尽力与陈岩交好，岩卒"礼葬之，并以女妻其子延晦，厚抚其家。"陈岩女婿范晖占据福州，王彦复、王审知久攻福州不下，范晖又有浙江董昌五兵来援，王潮则下令激励彦复、审知他们："兵尽益兵，将尽益将；兵将尽，吾当自来。"②促使王彦复奋力攻下福州。王潮在福建观察使任内"乃作四门义学，还流亡，定赋敛，遣吏劝农，人皆安之"。到了病重时不传其子延兴等四人，而是"命审知知军府事"③。

王审邽也是很有治政才能的人，在嘉靖《固始县志》中列有专传，《新唐书·王审邽传》亦记："审邽字次都，为泉州刺史，校检司徒，喜儒术，通书《春秋》，善吏治，流民还者，假牛犁，与完庐舍。中原乱，公卿多来依之，振赈以财，如杨承休、郑璘、韩偓、归传懿、杨赞图、郑戬等，赖以免祸，审邽遣子延彬，作招贤院以礼之。"④他刺泉12年，岁岁粮丰足食，还鼓励种茶养蚕，留有古窑十几处，为泉州港作为"海滨邹鲁"及海上丝绸之路起点的地位打下基础。

王审知早年恪守兄弟礼让的伦理道德，在南安拘捕王绪之后的"剑卜"活动，"至审知剑跃于地"，"审知让潮，自为副。""潮病，以审知权节度，让审邽不许。"⑤虽然搞"剑卜"，不过是闹君权神授的把戏，福州闽王祠里的"拜剑石"是不可信的，但王审知礼让的为人处世是可信的。《闽国史事编年》记："其起自垅亩，尚能知民疾苦，故前期颇能俭约自处。"并引用《五国故事》记：当了闽王后，有一天裤子破了，竟然用"酒库酢袋而补之"。当了观察副史"有过，潮犹加捶挞，审知无怨色"。治闽二十九年中"省刑薄赋，重文礼士，修好邻封，息兵安

---

① 《新唐书·王潮传》。
② 《新唐书·王潮传》。
③ 《新唐书·王潮传》。
④ 《新唐书·王潮传》。
⑤ 《新唐书·王潮传》。

民。"①《王审知墓志铭》碑记:"公既统藩垣,励精为理,强者抑而弱者抚,老者安而少者怀,使之以时,齐之以礼。故得污莱尽辟,鸡犬相闻,时和年丰,家给人足。版图既倍,井赋孔殷。处以由庚,取之盍彻。"

王彦英与王潮虽有矛盾,但在治国理政方面还是颇有能耐的,他投奔新罗后,"新罗长爱其材,用之,父子相继执国政"。②

王彦复于景福元年(892年)二月受王潮派遣为都统领兵攻福州。《十国春秋·王彦复传》记:"彦复,太祖从弟也。景福初,彦复为都统,同太祖攻范晖于福州,亲犯矢石,指授方略,遂陷福州,晖走死。"王潮任节度使后,乾宁元年(894年)任命王彦复为泉州刺史,可惜刚受任不久就去世了。

从上述可见,王氏兄弟自王晔以下百年五代均受过良好的教育,知书达礼,且为经国济世之材,都于青史留名。王审知正是在这种人才济济的家族气氛中成长的。

三、王审知的故里

王潮兄弟是在父殁之后,携母举家离开故里的。嘉靖《固始县志·卷九补遗》记:"僖宗中和元年(881年)固始县佐王潮反。"至明代,仍修县志的县令张梯,举人葛臣之辈仍坚持正统观念,将王潮视为叛臣逆子。而且王潮兄弟入闽后,全家永居福建,没有任何子嗣和再返固始的记载,更无像陈元光在陈集乡有神祠庙与陈克耕的祖墓可稽。这样,王审知的固始故居就只好另寻凭据了。

不过王潮的高祖王晔及侄孙王彬仍有故居旧迹,而且当地百姓至今仍然保留有"王氏三龙"的遗址及传说口碑。

明嘉靖《固始县志·卷五》记:"唐固始令王晔仁泽及物,诵声载道。"属清官之辈,所以"民爱其仁,因留家焉"。《奉常王氏族谱》记王彬后休官"复家于固始",居于"县东建安乡第一临泉村"。这里明确了王彬退休后,回到固始寻旧而居的具体处所。王彬之祖父为王彦英,与王审知同为王晔的五代孙,由此可推论

---

① 《旧五代史·王审知传》。
② 《宋史·王彬传》。

王晔在固始营建的旧居也是王审知旧居,直至明清以后,王氏因子孙繁衍才分居他处。《奉常王氏族谱》于礽公下记:礽公第五子敏,于清代康熙二十年(1681年)"将田地数十石施舍修建安第二都临泉龙王社"。"龙王社"即离第一都南面仅数里,清代称"东乡罗家集",今称"分水亭乡罗集村"。因此,王潮兄弟也不可能别居他地。

清代称"建安乡第一都临泉村",在今泉河之西。清嘉庆十八年(1813年)《资政公重修王家桥碑记》载,"吾高祖讳敏,旧居河西,名王家寨,遗址尚存,河之东即丘墓之所。"资政公祖上丘墓有否王晔、王彦英、王彬等人不得而知,而王家寨的王家祠堂却仍在,桥建于"家佛堂前"。道光二十三年(1843年)《黄岩公重修王家堂碑记》载:"王家堂距城五十里之东乡,吾先人所建,招僧以奉香火者,庙之外为泉河故道。"今天固始县东的分水亭乡王堂村,即明清的第一都"临泉村"

2002年11月笔者在固始县文史办阎峻同志的带领下,来到王堂村,这里是与陈元光故里的陈集乡之间是阡陌交错的平坦田园,高大的白杨树掩翳着笔直的乡道,直线相距不过15公里左右。王堂村党支书卢长华等人出面接待了我们。王堂村现有110户,因王家祠堂而得名,全村王姓占有三分之一,杂居有曾、卢、黄等姓。

王堂村地处泉河西边,有大小池塘一百多口,传说王审知兄弟的故居是个水寨。我们来到王家寨周围参观,四面环水,池塘宽百米左右,中有小路可通,现为养猪、养鸭场。寨中有房屋旧址,留有可辨的唐代的旧砖,并有两眼供饮用的老水井。元代有个庞总兵看中此水寨,派兵拆毁王家寨修建为庞家寨。当地至今仍有民谣:"扒了王家寨,修了庞家寨。"还有传为"王氏三龙"练武的石锁等。在分水乡王堂村里,闽王审知故里旧居王家寨及王家祠的传说遗址,今天仍然一一可指。

固始为千年来闽台千百万人所追寻的祖籍,其史迹至今仍是历历在目。有感于此,笔者当年赴固始调查后曾赋小诗一首,题目为《光州寻根》:

寻根固始路悠悠,古迹文明遍峪畴。

夏代城墙犹屹立,春秋陂灌尚奔流。

开漳陈圣功勋著,辟海三王青史留。

闽粤后人播域外,乡音祖脉在光州。

（作者为闽西职业技术学院教授）

陈元光研究述略

陈习刚

　　陈元光(656—711年),字廷炬,号龙湖。少聪敏,少年时代,随父领兵入闽,唐高宗仪凤二年(677年)袭父职为将,武后垂拱二年(686年)首任漳州刺史,历时二十余载,是福建历史上一位有影响的人物。自20世纪以来,陈元光的研究有了较为深入的拓展,取得了较为丰富的成果。正式出版了一些专著,如何池编著的《陈元光<龙湖集>校注与研究》、朱天顺《(1990年)陈元光国际学术讨论会论文集》、谢重光《陈元光与漳州早期开发史研究》、徐伯鸿《〈龙湖集〉编年注析》、刘小龙《开漳圣王文化》等;云霄县首部全面反映开漳圣王文化研究成果的专著《陈元光与开漳圣王文化》汇集了陈元光生平史料、开漳圣王文化研究论文、开漳文化研究活动情况,尹全海等编《中原与闽台渊源关系研究三十年(1981—2011)》也汇辑了不少陈元光相关研究论文。还有一些未正式出版的会议论文集,如1997年“开漳历史学术研讨会”学术论文集《开漳圣王陈元光与云霄》,内容就包括开漳史事的考辩、开漳历史的源流和影响、陈元光诗篇的时代表现形式等①。正式出版的涉及陈元光研究的史志、谱牒不计其数;公开发表的相关论文,据不完全统计,有百余篇。以下就陈元光研究分内容略作评述,因篇幅所限,挂一漏万,讹误失当之处,敬请批评指正!

一、陈元光的生平里籍

　　陈元光的生平里籍方面,研究成果很多,但分歧也很大,至今仍没有一致的意见。关于陈元光的里籍,大致有四种观点:一是河东说,二是揭阳说,三是颖川

---

① 云霄县陈元光开漳历史研究会编,1997年7月18日编印。

说,四是固始说。

(一)河东说。郭联志《陈元光籍贯有定论》认为陈元光的原籍应为河东早有定论,河南固始说值得商榷①;《"开漳州主"陈元光》则从史料性质上讨论了陈元光的生平里籍问题②。谢重光《〈全唐文〉所收陈元光表文两篇系伪作考》也提及文献与陈元光里籍问题,对以前观点有所修正,否定了"光州说",肯定了"河东说"。③

(二)揭阳说。谢重光《〈龙湖集〉的真伪与陈元光的家世和生平》在检讨文献的基础上,对陈元光的家世和生平提出自己的看法:"陈元光先世为河东人,但从祖父一代起即已居于潮州,为广东揭阳人。陈元光家世习武,本人有韬略,善用兵,曾为岭南首领。效顺朝廷后,从父入闽戍守,又自闽提兵平定粤中动乱,受到朝廷嘉奖,官拜怀化大将军、鹰扬卫将军。旋奏开漳州,本人及子、孙、曾孙世为漳州刺史,有功于漳州的开发。这就是陈元光家世与生平的基本面貌。"④他在《〈唐岭南行军总管陈元光考〉质疑——附论陈元光平蛮开漳的性质》一文中对陈元光种族、籍贯等问题作了进一步探讨,认为陈元光氏族出自代北侯莫陈的可能性很大;陈元光是揭阳人,自祖父一代起居于潮州;陈元光的祖上是由代北进入中原,又由中原移居岭南的;在岭南,其家族凭着政治、军事、文化的优势,很快成为地方豪强;罗香林《唐岭南行军总管陈元光考》用以证明陈元光父子"久任岭南行军总管"的理由都不能成立,这种说法只是出于后人的臆造。⑤陈元煦《陈元光与漳州畲族——兼谈陈元光启漳的影响》也是持陈元光揭阳人观点。⑥

(三)颍川说。这种观点,一鸣《首届"陈元光与漳州开发"国际学术讨论会述要》有介绍,此不赘述。⑦

(四)固始说。罗香林《唐岭南行军总管陈元光考》认为陈元光是光州固始

① 《福建史志》,1994 年第 3 期。
② 《韩山师范学院学报》,1996 年第 1 期,第 43~45 页。
③ 《中华文史论丛》,2008 年第 3 期,第 285~307、412~413 页。
④ 《福建论坛(文史哲版)》,1989 年第 5 期,第 29~35、12 页。
⑤ 《汕头大学学报(人文版)》,1991 年第 2 期,第 48~56 页。
⑥ 《福建师范大学学报(哲社版)》,1984 年第 3 期,第 132~137 页。
⑦ 《四川社联通讯》,1991 年第 1 期,第 46~47 页。

人,曾久任岭南行军总管。① 卢继定《唐代中原移民璋潮的组织者和带头人陈元
光》也是这种观点,对陈元光父子祖孙事迹有简要述略。② 俞兆鹏、陈智超《陈元
光与闽南开发》也是持这种观点,并对陈元光生平事迹做了全面而简略探讨。③
张海坤《陈元光问题考证研究》参考文献资料,结合实地调查,对"开漳圣王"陈
元光籍贯的两种主要观点(一种是陈为固始籍;另一种是陈祖籍为河东(今山
西)人,且早已定居广东揭阳并成为当地土著)进行了辨析,认为陈元光祖籍在
河东,但其祖上曾迁居至光州固始。④ 李乔《"开漳圣王"陈元光籍贯辨析》对陈
元光里籍三种主要观点"河东说"、"揭阳说"、"固始说"进行了辨析,认为陈元
光里籍在光州固始最具合理性。⑤

相关文章有一彤《"开漳圣王"陈元光与陈元光墓》⑥、黄超云《陈元光族姓
新考》⑦等。

以上研究在资料性质的辨析与利用上仍有进一步的拓展空间。

二、陈元光平蛮开漳性质

罗香林《唐岭南行军总管陈元光考》认为陈元光父子由河南领兵入闽,"为
带有移民性质之防戍",而今分布于闽南、闽西南、粤东之汉族一支"河老"民系,
"固以元光父子所部将士之移殖为骨干"。⑧ 卢继定《唐代中原移民漳潮的组织
者和带头人陈元光》对如何评价陈元光父子用兵漳潮事进行了深入探讨,认为
"这是一次有军事目的、用军事手段组织起来的移民运动";"给漳潮带来了先进
的中原文化,促进这一地区生产力的发展";"陈元光平息'蛮獠'啸乱,是维护了
国家统一,制止了分裂和部族割据";陈元光移民对潮州后世影响深远。⑨ 俞兆
鹏、陈智超《陈元光与闽南开发》也是持这种观点,并对陈元光生平事迹做了全

① 《广州学报》,1937 年第 1 期。
② 《韩山师专学报(社科版)》,1990 年第 2 期,第 85～91 页。
③ 《南昌大学学报(社科版)》,1993 年第 3 期,第 55～61 页。
④ 《闽台文化交流》,2007 年第 2 期,第 34～39 页。
⑤ 《信阳师范学院学报(哲社版)》,2009 年第 3 期,第 87～91、142 页;又载《"闽祖光州"现象研
　究》,中州古籍出版社,2011 年,第 328～336 页。
⑥ 《漳州职业大学学报》,2004 年第 4 期,第 59 页。
⑦ 《福建文史》,2003 年第 2 期。
⑧ 《广州学报》,1937 年第 1 期。
⑨ 《韩山师专学报(社科版)》,1990 年第 2 期,第 85～91 页。

面探讨。① 汤漳平亦认为陈元光平蛮开漳性质实际上就是中原移民南迁入闽，也是三次中原移民南迁中对泉潮之间的闽南地区影响最大的一次移民。② 张海坤《陈元光问题考证研究》对陈元光率领平定闽地"蛮獠"叛乱的 58 姓将士来源的两种主要观点(一种是中原子弟兵；另一种是陈就地(旧龙溪县)招募)进行了辨析，认为"陈氏家族是从固始入闽平叛蛮獠之乱的，随其家族入闽的 58 姓将士应为中原子弟兵"③。

谢重光则对此观点进行了质疑，认为陈元光父子自河南领众南下，移殖漳潮之说难以成立，实际上"陈氏家族正是效顺朝廷后被朝廷用以对付那些'冥顽不化'的'蛮獠'的地方首领。陈政、陈元光父子顺应了国家统一、民族融合的时代潮流，率领以其私兵为骨干的地方武装，通过长期卓绝的军事斗争，辅以招抚的政治手段，击败了'蛮獠'的一次次反抗，实现了当时的泉潮之交，即今天的闽南粤东地区的社会安定，民族融合和历史进步"；"又可以说是岭南地方豪强把自身的发展与国家统一、民族融合正确地结合起来的成功范例"④。

三、陈元光诗文及相关文献整理与研究

陈元光资料整理方面，取得了不少成果，出版了何池编著的《陈元光＜龙湖集＞校注与研究》、徐伯鸿《〈龙湖集〉编年注析》等著作。

谢重光《〈龙湖集〉的真伪与陈元光的家世和生平》剖析了《龙湖集》中地名、人物、职官、名物、制度、犯讳等方面的纰缪，认为《龙湖集》是"陈氏子孙中无识好事之徒，掇拾讹传或擅自伪造出来的，其旨无非为了增加祖先的光荣"；同时，从陈氏族谱的演变中分析了"伪作"产生的时间，"明末清初正是好事者伪造陈元光诗、文的活跃时期。在这个时期，托名陈元光的诗作内容和数目尚不固定，但有逐步增加的趋势。及至民国初年，伪造陈元光诗文的过程已经完成"；还对作伪的原因提出了自己的看法。⑤ 对此观点，欧潭生、卢美松则提出了商榷

① 《南昌大学学报(社科版)》，1993 年第 3 期，第 55～61 页。
② 汤漳平《陈元光研究的回顾与展望》，《闽台文化交流》2006 年第 1 期，第 18～23 页。
③ 《闽台文化交流》，2007 年第 2 期，第 34～39 页。
④ 谢重光《〈唐岭南行军总管陈元光考〉质疑——附论陈元光平蛮开漳的性质》，《汕头大学学报(人文版)》，1991 年第 2 期，第 48～56 页。
⑤ 《福建论坛(文史哲版)》1989 年第 5 期，第 29～35、12 页。

意见。①

李戎《陈元光〈龙湖集〉版本述略》认为《龙湖集》最初名为《龙湖公全集》，最早版本为"槟城本"，"新声本"乃据此翻刻，"诗存本"与"徐本"是从今人编著中辑录成集，其他各版本是以"新声本"为底本；《龙湖集》真伪之争议是诸版本形成原因之一；各版本之间存在文字、篇目及其次序的差异，有必要对诸不同版本做好汇校笺注工作。② 吴文文《陈元光〈龙湖集〉用韵考》探讨了《龙湖集》的韵谱、韵例、用韵特点及其异摄通押现象，认为其用韵情况与初唐时期诗文用韵特点存在一些相互印证之处，不能因其部分出韵现象而判断《龙湖集》非陈元光所作。③

有关陈元光史料问题涉及漳州隋唐史及"开漳州王"陈元光生平评价等问题。郭联志《"开漳州主"陈元光》指出了明清以来与宋元以前相关文献性质的不同及其对漳州隋唐史及"开漳州王"陈元光生平评价的不同影响。④ 杨际平《陈政、陈元光史事考辨》认为，民国新修《福建通志》卷二《名宦传·陈元光传》所引唐高宗敕陈政出镇故绥安县地的诏书是明清时人伪作。⑤ 谢重光《〈全唐文〉所收陈元光表文两篇系伪作考》从职官、犯讳、地名、文体、用语等方面考证认为，陈元光两篇表文系后人伪作，且部分内容乃抄袭柳宗元表文而来。⑥

张嘉星《漳州〈排甲子〉产生年代考——关于陈元光时代一组歌谣的解读》认为崇武(泉州市惠安县崇武镇)本漳州《排甲子》以歌谣和民间集体记忆的特定记述方式记录了中古时期漳州地区发生的历史大事件，产生年代为陈元光入闽建漳初期的中唐(笔者按，应为初唐)，是现存漳州—闽南方言歌谣第一篇；漳州《排甲子》组歌可能是中唐(笔者按，应为初唐)流传至今的闽南方言歌谣。⑦

① 欧潭生 卢美松《〈龙湖集〉真伪与陈元光祖籍——与谢重光同志商榷》，《福建论坛(文史哲版)》1991 年第 1 期，第 72～76、53 页。
② 《闽台文化交流》，2011 年第 2 期，第 24～30 页。
③ 《漳州师范学院学报(哲社版)》，2011 年第 2 期，第 118～121 页。
④ 《韩山师范学院学报》，1996 年第 1 期，第 43～45 页。
⑤ 福建省对台办、台联、厦门大学等单位在漳州市联合举办的 1900 年 12 月 4～7 日"陈元光与漳州开发"国际学术研讨会论文油印稿。转引于谢重光《〈唐岭南行军总管陈元光考〉质疑——附论陈元光平蛮开漳的性质》，《汕头大学学报(人文版)》1991 年第 2 期，第 48～56 页。
⑥ 《中华文史论丛》，2008 年第 3 期，第 285～307、412～413 页。
⑦ 《闽台文化交流》，2009 年第 4 期，第 129～133 页。

四、陈元光历史功绩与历史地位

关于陈元光历史功绩与历史地位，研究者给予了高度关注，研究成果也较多。罗香林《唐岭南行军总管陈元光考》认为陈元光父子由河南领兵入闽，"为带有移民性质之防戍"，而今分布于闽南、闽西南、粤东之汉族一支"河老"民系，"固以元光父子所部将士之移殖为骨干"，于闽南粤东开发史、汉族移民史，以及唐代府兵制度、边疆民族政策等关系甚大。[①] 黄典诚《寻根母语到中原》认为唐初陈政、陈元光父子所率中原民众的入闽，促使了闽南方言的形成。[②] 欧潭生《台闽豫祖根渊源初探》认为唐初陈元光及所率领的五十八姓中原将校入闽是历史上中原与福建人口的第三次大交流，也是对闽南和台湾影响最大的一次，对福建的历史影响巨大。[③] 陈元煦《陈元光与漳州畲族——兼谈陈元光启漳的影响》探讨了陈元光开发漳州畲族地区所做贡献，以及治漳政绩所产生的社会影响等问题。[④] 朱维幹《福建史稿》上册第七章"唐代的福建"第二节"州县的设置"中，也高度评价了陈元光建漳治漳业绩。[⑤]

汤漳平则发表了系列文章。汤漳平、林瑞峰《论陈元光的历史地位和影响》，首次全面评价了陈元光这一历史人物与唐初中原移民入闽这一历史事件，充分肯定了陈元光及其所带领的中原移民开漳的历史功绩、深远影响，对陈元光应给予一定的历史地位：一是安定了东南局势，设置了地方政权，恢复了社会经济；二是重视发展文化教育，以建立"治教之邦"；三是致力维护国家统一和地区安定；四是为唐末王潮、王审知的入闽奠定了基础，不仅直接影响了这一地区，也间接地影响到后代对台湾地区的开发。[⑥] 汤漳平《进一步拓宽两岸和谐交流的渠道——论加强陈元光研究的力度》认为"唐初中原移民入闽，是闽地开发史上的重大事件，也是形成闽南文化的基础"。[⑦] 汤漳平《从族谱资料看开漳》通过对

① 《广州学报》，1937年第1期。

② 载《河南日报》1981年4月22日。

③ 《中州今古》1983年第5期。

④ 《福建师范大学学报(哲社版)》1984年第3期，第132~137页。

⑤ 福建教育出版社，1985年，第111~117页。

⑥ 《福建论坛》1983年第4期。又见汤漳平、林瑞峰《应还陈元光的历史地位》，《漳州方志通讯》1986年第6~7期合刊。

⑦ 《闽台文化交流》2007年第4期，第6~10页。

漳州现有 703 种姓氏入闽、肇漳的调查,从中发现唐初中原民众入闽的起因、过程、结局,以及陈政、陈元光率领中原府兵及五十八姓民众入闽,不仅成为开发建设闽南粤东的主力,还对福建社会稳定、经济发展、族群融合,闽南区域文化的形成,台湾的开发和海外的拓展等方面都产生了积极影响。①

谢重光《开漳圣王陈元光论略》亦讨论了陈元光"开漳"的历史功绩。② 王天杞《陈元光治理漳州简论》简要阐述了陈元光治理漳州的举措。③ 杨海中《陈元光以德治漳简论》简要阐述了陈元光开发和治理闽南的举措,这些举措贯穿了"为政以德"的河洛古训。④ 徐晓望《论陈元光开漳对福建开发的巨大贡献》认为"陈元光开漳是福建开发史上的重要转折点。隋末唐初的福建仍是动乱不安的地区,经常发生反抗朝廷的暴动。陈元光建立漳州之后,唐朝有效控制了中国东南区域,福建地区的形势逐渐缓和,成为经济文化发展较快的区域"⑤。

涉及陈元光开漳史迹问题的论文还有林语堂《平闽十八峒所载古迹》⑥、叶国庆《平闽十八洞研究》⑦、一鸣《首届"陈元光与漳州开发"国际学术讨论会述要》⑧、魏萼《陈元光精神与漳州的海商文化》⑨。

五、"开漳圣王"文化

"开漳圣王"文化方面研究成果主要有刘小龙《开漳圣王文化》及云霄县首部全面反映开漳圣王文化研究成果的《陈元光与开漳圣王文化》等专著。有学者强调指出,"开漳圣王"文化并非是一种迷信,而是一种文化的记忆,一种对祖先功绩的追思与缅怀:"因而泉潮漳龙地区广大民众共同信仰与崇奉陈元光为'开漳圣王',以之为共同的祖先,这其实成为一种文化的记忆,是中原移民对祖先开拓这一地区功绩的追思与缅怀,这与今日台湾民众追念颜思齐及收复台湾

① 尹全海等《中原与闽台渊源关系研究三十年(1981~2011)》,九州出版社,2012 年。
② 《海峡两岸文化交流史料》第一辑,华艺出版社,1990 年。
③ 《中南民族学院学报(哲社版)》1993 年第 3 期,第 57~60 页
④ 《闽台文化交流》2007 年第 2 期,第 30~33 页。
⑤ 《闽台文化交流》2010 年第 2 期,第 6~10 页。
⑥ 载《国学研究院周刊》(厦门大学)1926 年第 2 期。
⑦ 载《厦门大学学报》1935 年第 1 期。
⑧ 《四川社联通讯》1991 年第 1 期,第 46~47 页。
⑨ 《闽台文化交流》2011 年第 1 期,第 15~18 页。

的郑成功性质相同,以为'开漳圣王'陈元光的崇拜是一种迷信的看法,实在是对这一问题的误解。"①

陈思《论南宋政权对闽南地区的控制——以陈元光的神格化为例》指出,"随着宋权力重心的南迁,本身根基薄弱的南宋朝廷,对闽南地区的社会控制更是力有不怠。宋政府正是通过将陈元光信仰纳入到官方教义之中,并加封他为'圣'以达到目的。这正体现了国家与地方社会的互动:即民间社会通过国家对其地方神的加封来增加社会资本,国家也将这种方式作为一种实现其对地方社会控制的途径"②。

（作者为河南省社会科学院历史与考古所副研究员）

① 汤漳平《陈元光研究的回顾与展望》,《闽台文化交流》2006 年第 1 期,第 18～23 页。
② 《闽台文化交流》2011 年第 3 期,第 101～105 页。

王氏立足闽地策略考

刘晓慧

  随着五代十国史尤其是闽国史研究的深入,学界对王审知的认知更为全面和深入。福建地域文化研究日趋繁荣,闽台及海外寻根之旅的兴盛,亦使民间对于王审知的了解也更为丰富。众所周知,王氏兄弟本为光州固始人,以一旅之众转战千里,最终立足福建,生时为王,殁后称祖,实有绝伦之处。本文拟在前人研究基础上,就其立足闽地策略略加申论。

一、审时度势,乘机而起

  王氏之先人为世代耕作之农民,唐末黄巢举事之际,"江淮间群盗蜂起",有名王绪者乘机陷固始县,王氏兄弟潮、审邽、审知,时号"王氏三龙"者,即在其帐下。因避秦宗权之攻,王绪率众南奔,一路"剽掠",自然无立足之地。辗转至于临汀,此即唐光州人入闽之始。因王绪猜忌成性,"部将有出己之右者,皆诛之",以致人人自危,王潮率众人杀王绪而自立,此所谓顺应军心。

  王潮改弦易辙,整肃军纪,秋毫无犯,暂时立稳脚跟。"时泉州刺史廖彦若为政贪暴,军民苦之",王氏趁机攻取泉州,加之"平狼山贼帅薛蕴",此类举措,既为顺应民心为民除暴,又能借机扩充势力。如此,王氏兄弟渐渐被视为安定秩序者,变客军为主人。至"唐光启二年,福建观察使陈岩表潮为泉州刺史",王氏兄弟完成了从"贼"到官的华丽转身。

  陈岩逝世后,王氏攻取福州,"由是尽有闽岭五州之地"。王潮主动上表朝廷,内外交困的唐昭宗,自顾无暇,"因建威武军于福州,以潮为节度、福建管内观察使"。至此,王氏兄弟对闽的实际统治,正式得到中央王朝的认可。就形式而言,王潮成为中央政府任命的节度使。一纸诏书,结束了逆取的历史,开始了顺守的历程。至此,从法理而言,王氏兄弟完成了对八闽之地统治的合法性。

二、对外和顺,对内仁政

王氏避居闽地,以弹丸之地,立于群雄之林。取得中央王朝认可,实为关键之举。即使唐朝灭亡,后梁后唐更迭于中原,王氏一直谨守臣节,朝贡不断。王潮卒,王审知继立,唐朝命其为威武军节度、福建观察使,累迁检校太保,封琅琊郡王。因杨行密之阻断,不畏艰难,浮海朝贡。梁时,其加官至中书令,封闽王,后唐庄宗为其加功臣号,进爵邑。观《王审知墓志铭》,中央王朝对王氏的加官进爵,可谓史不绝书。对于僻居闽地的王氏而言,天朝使节的屡次降临,不仅可于境内提高威望,更是其有效统治境内为中央王朝肯定乃至赞许之明证。王审知自言,"我宁为开门节度使,不做闭门之天子也",实为明智之举。"尊王"是王氏立足于闽地的一面大旗,否则,不仅贻四邻口实,还可能因虚名而招致实祸。之后,对周边政权,王审知尽量与之友好。据《十国春秋》以及《五代闽国刘华墓发掘报告》提供的资料,可知闽和吴越、南汉王室均缔结过政治婚姻。

对内统治方面,王氏可谓深得人心。王朝末造,百姓最为苦痛。免于战乱,即无转死沟壑之虞;轻徭薄赋,即得养老育儿之意。王氏兄弟出自民间,积极鼓励农桑,"时和年丰,家给人足","但闻让畔之谣,莫闻出征一役"。虽不乏溢美,但定然离事实不远。再好的政策,需要落实,正因为起自陇亩,王氏深知整饬吏治之必要。因为吏治改善,"强者抑而弱者抚,老者安而少者怀",民间安定,统治根基日趋稳定。

三、延揽人才,重教兴学

唐代节度使以幕府"济济多士"而自豪,士人亦以依附幕府而出仕。在动乱时代,流离失所的衣冠士子,首先需要避难之所,其次才是政治上有所作为。对当地士人而言,依附节度使几乎成为唯一的出仕路径。就王审知而言,人才济济,自然有助于提高闽国知名度及个人威望,所谓国有贤人,邻国不敢窥。因此,既要延揽中原衣冠以养望,更要争取当地豪族支持以实威。对于士人而言,闽地首先是安身立命所谓避难之所,其次才是施展才华之处,故黄滔言"安莫安于闽越,诚莫诚于我公",绝非虚言,《十国春秋》整理仕闽者之传,亦可以略见一斑。

黄滔《唐黄先生文集》卷五《丈六金身碑》，可以视作王审知延揽中朝名族的成果展示，且看其衔名：

右省常侍陇西李公洵

翰林承旨制诰兵部侍郎昌黎韩公偓

中书舍人琅琊王公涤

右补阙博陵崔征君道融

大司农琅琊王公标

吏部郎中谯国夏侯公淑

司勋员外郎王公拯

刑部员外郎弘农杨公承休

弘文馆直学士弘农杨公赞图

弘文馆直学士琅琊王公倜

集贤殿校理吴郡归公传懿

欧阳修言王审知"好礼下士。王淡，唐相溥之子；杨沂，唐相涉从弟，徐寅，唐时知名进士，皆依审知仕宦。"王审知为徐寅刻《钓矶文集》，后唐庄宗以徐寅曾指斥乃父，命王审知杀之而后快，王审知依然全其性命，由中可明审知惜才之怀。

此外，《北梦琐言》载王审知开甘棠港事，得之其判官刘山甫，其人亲历开港事宜。凡《北梦琐言》言闻于刘山甫者，均系转述其记载。刘山甫其人，据同书记载："彭城刘山甫自云外祖李敬彝为郎中"，孙光宪介绍道："闽从事刘山甫，乃中朝旧族也，著《金溪闲谈》十二卷。"类似刘山甫，中朝旧族仕于闽者定然不少，唯今史料缺乏而已。

除了中州人士，争取当地豪族支持，显得尤为必要。因出身于"贼"，地方豪族对于王氏兄弟的接受，有一个较长的过程。作为中央王朝任命认可的统治者，地方豪族日渐效力于王氏，前者依靠后者而出仕，后者仰仗前者而保境安民。此类事例，前人列举不少，不再赘述。

总之，王氏设"招贤院"，延揽人才；同时兴办"四门学"，以"教闽士之秀者"。"蛮荒之地"，遂变为"海滨邹鲁"，八闽文风，为之大盛。

四、因地制宜,兴利除弊

闽地临海,对外商贸,得天独厚。外贸不仅可以获异域之珍异,更能富国。港口之疏浚,更为首要之事。《北梦琐言》载:

> 闽王王审知患海畔石碕为舟楫之梗,一夜梦吴安王(原注:即伍子胥也)许以开导,乃命判官刘山甫躬往祈祭,三奠才毕,风雷勃兴,山甫凭高观焉,见海中有黄物可长千百丈,奋跃攻击,凡三日晴霁,见石港通畅,便于泛涉,于时录奏,赐名甘棠港。

故事虽然神乎其神,但甘棠港的开辟,确为事实,确为兴利除弊之善举。

俗语云,靠山吃山,靠海吃海。福建临海,和南海诸岛贸易频繁。无论招徕外商来闽,还是出海远洋贸易,闽国可谓得人。《十国春秋》载:

> 张睦,光州固始人。唐末从太祖入闽,太祖封琅琊王,授睦三品官,领榷货务。睦抢攘之际,雍容下士,招来蛮裔商贾,敛不加暴,而国用日以富饶。
>
> 延彬再任泉州。前后历二十六年(原注:一云十七年),吏民安之。每发蛮舶,无失坠者,时谓之"招宝侍郎"。

据《唐末五代闽王王审知夫妇墓清理简报》,该墓出土有玻璃器两件,此类玻璃器非我国所产,其产地当如《十国春秋》所载,"一日有使南方回者,以玻璃瓶为献",亦可见当时海外贸易之一斑。同时,《五代史记》所载:"福州贡玳瑁、琉璃、犀象器并珍玩香药,奇品海味,色类良多,价累千万。"当均为对外贸易之结果。

总之,王氏兄弟立足于八闽之地,偶然之中却有必然之处,此乃王氏兄弟苦心经营之结果,而人物蔚起,影响福建乃至中国历史可谓深远。至其后嗣,数典忘祖,自相残杀,唯一的出路只能是覆灭而已。视其祖辈携手创业,真是天壤之别。

(作者为湖北省社会科学院助理研究员)

闽南开漳民系与海外移民社会的构建

汤毓贤

唐高宗总章二年(669年),归德将军陈政父子奉诏率领中原87姓府兵至闽南平定"蛮獠啸乱"。在平乱和建设中,遵照朝廷"剿抚并用,以抚为主"的方针,一边剿除乱源、稳定地方,一边淳化风俗、兴办学校、教化黎庶,将中原河洛文明传入闽粤边陲荒蛮之地,奠定了唐王朝治理闽南的稳固根基。漳州首任刺史陈元光是一位造福百姓、有德民众的重要历史人物,在历史演进中既为官方所褒封,又被民众所崇敬,因而逐渐被神化为了闽南大地民间信仰的神祇。

一、开漳圣王信仰积淀

陈政、陈元光父子通过对闽南、粤东、闽西的开发与经营,发展了这一地区的经济和文化,促进了民族融合与发展。

陈元光为巩固唐王朝中央集权统治、促进民族和融作出了积极贡献,从而奠定了闽南文化发展的根基,以至殉职之后,被感恩戴德的民众尊为"开漳圣王",并供奉为神。从唐、五代、宋、明直到清代,封建王朝实施怀柔神灵的政策,对陈元光的追赠褒封累计达22次,仅两宋就有15次之多。如北宋敕庙号"威惠",南宋封"开漳州主圣王"。伴随漳籍移民移神的足迹,其宫庙播及大陆、台湾、东南亚等地。

开漳圣王信仰文化是中华河洛文化的支系,滥觞于唐初闽南漳州开发和中原文化的南徙,承载着来自中原河南光州固始县华夏移民开疆辟土、和融民族、传播文明的历史积淀,是中原根亲文化的延伸和传承。开漳圣王文化传播海外,融入了漳籍移民对故国原乡的绵绵思念。明清两代,开漳将士的后裔们又渡海创业,为移居地经济文化的发展立下卓著功劳,并成为后来海外主要住民的祖先。播迁海外的漳州垦殖先民把开漳圣王的香火带到海外的同时,也将原住地的民俗一并带入新驻地,既保持了原信仰的特点,又糅合了本地风俗习惯而有所发展,可视为中原河洛文化糅合闽南风俗的跨海传播。

民间信仰活动形成的价值文化渗透于社会各个领域,支配着人们的思想观念、行为取向和审美追求。漳籍同胞带着深厚的原乡情结创业海外,将开漳圣王信仰民俗文化演绎成浓烈的民族链与中华结,维系着海内外漳籍同胞亲情和乡谊,同闽南先民开发建设南洋、台湾的历史息息相关。开漳圣王信仰文化内容涵盖陈元光及其家族和部将开漳建漳的历史,也包括自唐至今闽粤台浙等地,以及世界各地漳籍民众祭祀开漳圣王的民俗活动,始终广泛而深刻地影响着社会的各个层面。开漳祖地云霄威惠庙大门镌联云:"辟草披荆历尽关津劳剑履,建邦启土肇基文物在云霄",揭示了云霄与开漳圣王信仰的历史文化渊源。

开漳圣王文化作为民族文化遗产的一部分,是闽南文化乃至中华文化的血脉之根,凝聚着中华民族祖先开疆拓土、勤劳勇敢和艰苦创业的精神。开漳圣王信仰以民俗文化为载体,以血缘传承为纽带,兼具开基祖灵和神明崇拜双重属性,具有跨越地缘与血缘的普世价值。海内外陈氏族人将陈元光视为先祖,各姓开漳将士后裔则把他尊为共祖。历代封建帝王为凝聚人心而持续不断地褒封和推崇,助盛了开漳圣王信仰民俗及其传播。古往今来,开漳圣王宫庙广及闽南厦漳泉莆、闽西龙岩、闽北福鼎、粤东潮汕、浙南温州、江苏同里,赣南、广西、海南,以及河南固始、潢川。明清两代,开漳府兵后裔经由海洋广泛播迁,将开漳圣王信俗带往新加坡、马来西亚、泰国、菲律宾、印度尼西亚、越南、台湾等地,以及美国、日本等国家,闽南族群保境安民的民间保护神,而进也成了具有国际影响力的唐山神。

二、开漳文化衍播海外

陈政、陈元光父子是福建陈氏后裔引以为荣的入闽肇基者之一。陈元光《龙湖集·故国山川写景》有"浮光昂岳望,固始秀民乡"诗句,抒发了对浮光故土的思念。这支"浮光世泽"河洛文化衍派,是中华民族大家庭中的一支,由千里南征的中原军校兵士群体组成,先后有两批将士相继进入九龙江流域,连同军眷人数近万人,其后裔多留居漳土安家落籍,成为漳泉潮汕地区主要人口,并呈扇形源源不断地向台湾、香港、澳门、江西、浙江、广西、海南以及东南亚国家迁徙。

陈元光平定闽粤、在漳江流域始建漳州后,唐山文化逐步经中国东南海疆传播到海外。唐五代时期福建贸易港兴起,漳州、泉州、福州成为中国对外贸易的主要港口。漳州故郡云霄船舶运输发达,物流畅通、商务开放、商贾云集。公元9世纪,阿拉伯地理学家胡尔达兹比赫《道理邦国志》列举唐朝4大贸易港,并载述沿途的经济物产、风土人情等,除了"鲁金"(唐代的龙编,今越南河内一带)外,还有"汉府"广州、"刚突"扬州、"汉久"漳州(又译"建久",应为方言漳州的谐音)。民国《云霄县志》称,当时的漳州临河,有潮汐现象,与"汉府"广州有8天航程。明《八闽通志·山川》有唐嗣圣年间"胡商"康没遮到闽南经商,在云霄后埔温源溪泡浴温泉的轶闻;陈元光《龙湖集》有"山畲遥猎虎,海舶近通盐"之句。由此可知漳州建置前后,许多货物由漳江码头集散吞吐,有外国商运船舶频繁地往返于漳江上中游。南唐保太年间(943～957年),三佛齐国(今印尼巨港)"蕃商"李甫海将贩运香货所得捐建普贤院、兼顾陈政墓香火。此外,云霄境内还留下古印度高僧来往传教设坛的史迹。

受东南沿海对外开放环境的影响,加上本地生存空间窄迫,闽南部分中原将士后裔将目光投向海外,开始了新的筚路蓝缕的创业历程,极大地促进福建沿海与东南亚各国的经济文化交流。明清期间,福建海上交通持续拓展,以郑和七下西洋为契机,福建沿海与东南亚各国经济文化交流进一步展开,于是就有更多的闽南人移居海外。随着月港的崛起,漳州对外贸易和文化交流不断拓展,加快了漳籍民众移居海外的步伐。明景泰(1450～1456年)前后,漳州月港渐次成为对外走私贸易之地;隆庆元年(1567年),明廷取消海禁,月港成为合法洋市准贩"东西洋";万历年间(1573～1620年)达到全盛,前来贸易的国家与地区30多个,构成了以漳州为起点的海上丝绸之路;漳州城区"百工鳞鱼,机杼炉锤交响",手工业、纺织业空前繁荣。

"漳江思源怀固始,唐人访祖到闽南"。早期漂泊海外的闽南漳籍侨民,因其先祖多系来自中原固始的唐朝将士而自称"唐人",后成为了海外华人之通称;祖居地也因称"唐山",并衍化为对祖国的泛称,故有"唐山过台湾"、"唐人遍天下"和"唐人街"遍布海外的事实。因古漳州为河洛文化南徙的桥头堡和集散地,"唐山过台湾"其实就是"漳州过台湾"。西洋航路开启后,华人开始登上马来半岛。明万历六年(1578年),潮汕海澄人林道乾率众到达北大年,随着海上贸易市场的开发,闽南、粤东不断有人前往马来半岛谋生。据《东南亚华侨通史》载:"明末有两支逃难的移民集团,一是到春武里定居垦殖的潮州人,另一是到宋卡定居垦殖的闽南人。"据《龙海市志》载:"万历年间,葡萄牙殖民者画制的马六甲城市图中,就有'中国村'、'漳州门'。当地政府任命龙溪籍华侨郑芳扬为甲必丹,管理华侨事务。""天启二年(1622年),荷兰东印度公司在厦门、海澄招募华工,漳州大批破产农民和工匠,前往巴达维亚修公路、建房屋、辟港口,或从事造船、农垦业。"至明末清初,由于随郑成功抗清,以及清代中期发端于云霄高溪的天地会反清活动,在中国东南沿海掀起了以漳州人为主体移民东南亚的浪潮。这些移民将自己的信仰带到移民地,移神和移民几乎同时进行。从18世纪二三十年代起,闽南粤东沿海民众移民新加坡时,开漳圣王信仰与当地漳籍华人一道,在异国他乡经历着生存与发展的考验。

鸦片战争后,西方殖民者在厦门等地招募契约华工,到东南亚及美洲当苦力。漳州一带前往应募者就达6万多人。据《漳州府志》载,到19世纪末,漳州出国华侨数目为20万人。至1988年,旅外漳籍华人达70多万人,主要旅居印度尼西亚、马来西亚、新加坡、菲律宾、泰国、缅甸及欧美等20多个国家。由于出洋者绝大多数是单身男子,在异国久居落业后,即娶当地女子为妻,在开拓事业的同时繁衍生息,以致有"汉人错居番社,多娶番妇为妻"、"有唐山公,无唐山妈"的俚语流传海内外。

追随郑成功抗清前来台湾,以及此后闽南人移民入台的人很多,如被称为"开台王"的颜思齐、"阿里山之神"吴凤、"宜兰王"吴沙,祖籍都在漳州。据1953年台湾人口统计资料显示,当时台湾100个大姓中,有63姓《族谱》载其先祖自中原固始迁入闽南,再由闽南迁入台湾。经长期融合生息,他们在居住地传播开漳文化,使华夏文明不断被当地文化所吸纳与相融合,形成相对独立并颇具闽南特色的文化族群。这些来自唐山的移民,不仅成为开发海外和台湾的骨干力量,也成为河洛文化和闽南文化的传播者。

三、开漳文化薪火传承

开漳圣王信仰既是具有血脉传承的祖根文化,又是世界性的民俗文化信仰。

随着闽南人闯海荡洋的风樯,移垦者纷纷落籍于舟楫所及的海外彼岸。但无论身居何处,他们永远守望着生生不息的中华文明。

在移居海外的华人垦拓史上,开漳圣王之神伴随漂洋过海,移植到新的居住地,成为唐人航海安全、侨居平安的保护神,具有鲜明的海洋特质。陈元光信仰落籍海外,使开漳圣王既成为了侨居点的守护神,又成为搭起民俗交流的亲缘纽带与文化桥梁,具有很强的宗教民俗凝聚力。目前登记在册的漳州开漳圣王宫庙有251座,南洋诸岛约30余座,宝岛台湾有380余座,各地信众近8000万人。这些信众不少是开漳圣王陈元光及其将士的后裔。他们不忘祖先艰苦卓绝的奋斗业绩,把漳州一带开漳圣王庙的分灵,按祖籍地庙宇格式在当地营建,寄托对开漳先贤和故国热土延绵不绝的缅怀和眷念。

长期以来,开漳圣王作为海外漳籍诸姓移民的保护神,起到了支撑他们艰辛创业与发展的精神支柱之作用。一是筚路蓝缕的精神脊梁,二是团结奋斗的旗帜,三是地缘关系的组织力量。当初移民到达南洋时期,由于生活毫无保障、前途未卜,众人对开漳圣王信仰的依赖性与日俱增,并从中获得了强大的心灵慰藉。故而开漳圣王庙最多的地方,往往是落籍漳人的聚居聚会和联络场所。他们在海外侨居地,操河洛古音讲闽南话,将聚落冠以漳州原乡地名,沿用漳州郡望堂号建立宗祠,仿漳州艺术风格的建筑举目可视,从而延续着漳籍先民的原乡文化情结。

自1995年6月以来,新加坡陈氏宗义社、槟榔屿漳州会馆、浮光陈氏公会、保赤宫、舜裔宗亲联谊会、印度尼西亚苏北省棉兰颍川宗亲会、马来西亚陈氏宗亲总会等华人会馆社团,先后多次组团前来祖地云霄晋谒开漳威惠祖庙,并庄重地赠送"寻根梦圆"、"相约棉兰,促进宗谊"等锦幛,表达了海外唐人后裔崇贤尚德、追功报本的传统风范。为弘扬开漳圣王文化及联谊精神,2006年10月,新加坡保赤宫隆重举行首届国际开漳圣王文化联谊大会。来自世界各地的漳籍华人、台湾各姓宗亲云集于此,共叙漳籍后裔的血缘骨肉亲情,传承开漳圣王文化薪火。2008年5月,台湾宜兰举办第二届国际开漳圣王联谊大会。2010年6月,漳州举办第三届国际开漳圣王联谊大会。2012年6月,马来西亚世界文化遗产城槟城举办第四届国际开漳圣王联谊大会,有祭拜圣王仪式、花车大游行、学术文化交流及向下届主办方泰国移交会旗、神尊等活动,轰动了东南亚和国际社会。

在新形势下,具有融合性、开放性、和谐性等丰富内涵的开漳圣王文化,是开展海内外交流得天独厚的文化资源。以开漳圣王信仰为媒介,点燃"开漳圣王文化薪火,成就千秋大业传承",已为开展海外交流与涉台联谊打下了良好的文化理基础。这充分表明,弘扬开漳文化对扩大中华文化在海外移民社会的影响,团结海内外华人为实现民族复兴、国家富强、祖国统一的"中国梦",具有不可替代的重大作用。

参考文献:

(1)郑丰稔《云霄县志·名宦传》,卷十三秩官,云霄县修志馆,1947年。

(2)汤毓贤《两岸共仰漳台圣宗:台湾的开漳圣王信仰》第一章第二节,福建教育出版社,2012年。

(3)(阿拉伯)伊本·胡尔达兹比赫著、宋岘译注《道理邦国志》,上海中华书局,1991年,第71~72页。

(4)黄仲昭《八闽通志》卷八《地理·福州》,福建人民出版社,1990年。

(5)汤毓贤《回望清漳话城隍》第二章,(漳)新出(2007)内书第195号,2012年。

(6)吴凤斌主编《东南亚华侨通史》第四章第二节,福建人民出版社,1994年。

(7)郭上人《漳州千年历史特点探索》,《漳州社科论坛》2005年第2期第39页。

(作者系福建云霄县博物馆馆长、研究员)

对闽王王审知和开漳圣王陈元光之研究

齐卫国

一、对闽王王审知之研究

（一）王审知出生于河洛地区，河洛古称中原，是我国文化发祥地，王审知系唐咸通三年（862年）出生于河南光州固始县。他的父亲王恁，母董氏，兄弟三人，老大名王潮，字信臣；老二名王审邽，字次郎；老三王审知，字详卿，又字信通。可说是人丁兴旺，若是太平盛世，想必是和乐融融的一家人。

（二）幼年时灾祸侵袭——王审知九岁时，光州发生民变，刺史被变民驱逐。到他十三岁时，发生王仙芝聚集饥民在河南省长垣县起事。翌年，又有黄巢集结数千人响应王仙芝，抢劫州县，人民苦不堪言，就同滚雪球一般，愈滚愈大。

常言道："福无双至，祸不单行。"此时秋季，那满天遍野的蝗虫，从东方飞向西方，把太阳遮住，不见天日，树叶及田里庄稼，全被吃光，只剩下赤地千里，令人心寒。

（三）兄弟仨投效军旅——唐广明二年（881年），黄巢已称帝，国号"齐"，年号"金统"。此时王绪领兵攻下寿州，唐王任命王绪做光州刺史。王氏兄弟王潮、王审邽、王审知三人投效王绪军中，王潮做了军事执法官。唐中和五年（885年），王绪集结光州、寿州的民兵五千人，渡长江南下，攻取福建长汀、漳州，此年秋季，王绪被捕，军队拥护王潮当了统帅。

（四）王审知步步升级——唐光启二年（886年）八月，王潮率军攻下福建泉州，唐王即任命王潮当泉州刺史。

唐大顺三年（892）春季，王潮任命他三弟王审知当"监军官"，率军进攻福州，获得胜利。王潮进入福州，做行政长官。之后，唐王改福建道为威武战区，王潮做战区司令官（节度使）。

唐乾符四年(897年)冬季,节度使王潮卧病,命王审知代理主持总部军政。继而王潮病逝,唐王任命王审知为节度使。光化三年(900年),唐廷又任命王审知遥兼二级宰相(同平章事)。天复四年(904年),又封王审知为"琅琊郡王"。这真是一帆风顺,步步高升。

(五)当闽王有勇有谋——唐天祐四年(907年)三月,唐景宗(李柷)亲笔下诏,把帝位传给朱全忠(朱温)。同年四月,后梁帝国成立,朱全忠做了梁帝,进入五代十国时期。至公元1909年4月5日,梁帝朱全忠封王审知为"闽王"。

后梁开平三年(909年),此时的闽王王审知四十八岁,春秋正当盛时,经验阅历俱丰。这年九月,有弘农政府派遣使节张知远前来闽王国聘问(外交上的访问),张知远盛气凌人,毫无礼貌,闽王把他杀了,与弘农政府断绝关系,可看出他行事果断。

闽王王审知,为报答后梁朱全忠之恩,每年都派船队,从东中国海出发,在山东之登(蓬莱县)、莱(莱州)二州登陆向后梁进贡,风高浪恶,十分危险,护送的官兵民夫,中途落海溺死的有十分之四,但仍进贡不绝,可见闽王王审知是有情有义之人。后梁乾化二年(912年),朱全忠(朱温)被他的三儿子朱友珪刺死,闽王十分伤心。

后梁贞明四年(918年)夏季,南吴围攻虔州(江西赣州),刺史谭全播向闽王紧急求援,闽王王审知注重和平,厌恶战争,派军进驻雩都,并联合吴越、南楚前往救援,弭平乱事。

其前,唐天复二年(902年),王审知加授泉州刺史王延彬遥兼平卢战区司令官(空头官衔)。王延彬是他侄儿,十分负责尽职,官民安居乐业,治绩非常良好。后来听信浩源和尚的话,开始骄傲放纵,并派密使从海路向后梁进贡,请求任命自己当泉州战区司令官(节度使)。事情暴露后,王审知诛杀浩源和尚及他的同党,免除他侄儿王延彬所有官职,贬为庶民送回老家。可见闽王是公正无私的人。

后梁龙德二年(922年),闽王六十一岁,这年夏季,南汉帝国皇帝刘岩,前往梅口镇(广东梅州市),说是避难。因梅口镇紧接闽王国南境,闽军将领王延美立即率军袭击刘岩。刘见势不妙立刻逃走,闽国躲避了一场灾难。此种见微知著、弭患于未然的行动,是智勇双全的人才能做得到的,由此可见,闽王是领导有方,信任部下的好长官。

后唐同光二年(924 年),王审知六十三岁,是年夏季,南汉帝国皇帝刘岩,率军攻击闽国,进驻汀(福建省长汀市)、漳(福建省漳州市)两州边境。闽军反击,刘岩大败逃回。由此证明,闽军是养之有素、勇敢善战的优良军队。

(六)闽王病,子继其职——后唐同光三年(925 年),闽王六十四岁。五月,王审知病重,命他儿子威武战区副司令官(节度副使)王延翰主管军政(权知军府事)。同年十二月十二日,闽王王审知逝世。其子王延翰,自称威武战区后补司令官届续治理闽国。

纵观闽王王审知的一生,他出生在我国文化发祥地之中原河洛地带,年幼时又逢蝗灾,以及王仙芝、黄巢之变,真是天灾、人祸,民不聊生之大环境。他兄弟三人联袂投效军旅,立志安定社会。所幸王审知有勇有谋,步步高升,军旅驻于福建漳、泉等地,当上了闽国国王。

王审知做了闽王以后,讨厌战争,力主和平,他知道战争是无情的,和平是无价的;他自幼受河洛文化之孕育,知道在中国的土地上都是"种同根同意识同,人亲土亲文化亲"。因此他一生的作为,都以这种胸怀处之,令人钦佩。

二、对开漳圣王陈元光之研究

陈元光是唐朝初年闽、粤地区的一位重要人物,他在唐朝对闽粤边境的经略以及漳州建立后闽南的开发中,作过重要的贡献。他的武略和政绩,历来为闽南人民所传颂,也得到各方面的肯定。

有关陈元光的家世、生平,各种书刊登载不同,有的说:"陈元光不但是一位文武双全的将领,同时还是一位杰出的诗人。"有的说:"《龙湖集》是陈元光所作,这是伪造的,提出不少谬误之处。"我认为记载陈元光生平的可信者如下:

一是张鷟《朝野佥载》的一条记事:"岭南首领陈元光设客,令一袍袴行酒。光怒,令拽出,遂杀之。须臾烂煮以食客,后呈其二手。客惧,攫喉而吐。"此条记事,对陈元光形象甚为不利,有人说:"陈元光素无残暴名,此记不足采信。"亦有人说:"此条首句是'岭南首领'是正确的,'杀人食客当可存疑。'"由此说来,陈元光做岭南首领是毫无疑问。

二是明朝黄佐所修《广东通志》载:"陈元光,揭阳人,先世家颍川。祖洪丞义安,因留居焉。父政,以武功著,元光习韬钤,善用兵,累官鹰扬卫将军。……元光击降潮州盗,还军于漳。"由此可知,陈氏父子是从粤入闽。此数据与唐代陈子昂撰写的情节符合,基本可信的。

由以上摘要所述,陈元光先世为河东人(黄河流经山西省境,自北而南,黄河以东之地叫河东。秦、汉、唐、宋均此称),从祖父一代起,即居于潮州,为广东揭阳人。陈元光家世习武,本人有韬略,善用兵,曾为岭南首领,随父入闽戍守,又自闽领兵平定粤中动乱,受到朝廷奖励,官拜鹰扬卫将军。继请奏开发漳州,本人及子、孙、曾孙,世为漳州刺史,有功于漳州的开发。这就是陈元光家世与生平的基本面貌。

三、结语

本人到图书馆查找写作数据时,看到的大部头书一是《闽国的太阳:王审知》;一是《开漳圣王:陈元光》,从书名上就知道这两位先贤是如何的受到后人的尊崇了。这两位先贤,都是自我国文化发祥地之河洛——中州地带外迁,而繁衍绵延有了如此的事功,由此可知,"文化丰富了生活,生活创造了文化"。借用《大槐树》历史电视剧中的两句话作为本文的结语:"千年风雨中,一棵不老的树,不散的魂呀擎天的柱,你的根须是我们共同的家谱。"我们要本着"种同根同意识同,人亲土亲文化亲"的认知,循着古圣先贤的足迹,为和平发展而奋斗。

(作者为台湾知风草文教服务协会原理事长)

河洛文化与其他

夏商周时期河洛地区的民族融合

任崇岳

河洛地区是华夏文明的摇篮和发祥地,夏、商、周的政治、经济、文化中心都在河洛地区,《史记·封禅书》就说:"昔三代之居,皆在河、洛之间。"[1]历经夏、商、周三代,河洛地区的民族融合也逐渐形成为华夏族,这为中华民族的形成奠定了基础。

一

夏部族兴起于古代河洛地区,并首先建立国家,进入文明社会。《国语》称"昔夏之兴也,融降于崇山。"[2]韦昭注:"崇,崇高山也。夏居阳城,崇高所近。"崇与嵩字古代通用,崇山就是嵩山。嵩山属秦岭支脉,位于今河南西部的登封、新密和伊川之间,主峰在登封县北,古称太室,又称中岳,我国古代夏部族就兴起在此山周围。有许多夏代的历史故事和传说,都与河洛地区有关。夏部族的祖先是鲧和禹,他们的后继者迁到了汾水下游以夏为名的地方,改国号为夏。后来由于与东夷的斗争,又迁回到其祖居以嵩山为中心的地区与伊洛平原。从夏人的族源来看,夏人是从黄河中下游炎帝集团中分化出来,又融合了黄帝、少昊集团许多氏族部落而发展到最早建立国家的一支,他们能率先打破部落与地域的局限向国家与民族过渡,是东、西两大区系文化与部落融合的结果。[3]

夏朝的建立,加速了河洛地区民族融合的进程。夏朝为加强对各民族部落

---

①　《史记》卷28《封禅书》,《国学备览》第4集上,首都师范大学出版社,2008年,第517页。
②　《国语》卷1《周语上》,华龄出版社,2002年,第12页。
③　参见陈连开主编《中国民族史纲要》,中国财政经济出版社,1999年,第70~72页。

的控制,实行了五服管理制度。所谓五服,就是以夏朝都城为中心,按照距离远近把全国划分为五个不同地带,在每一个地带施行不同的管理方式。夏族作为夏朝的主体民族,自认为居天下之中,当然也就有四方,即东西南北的概念。夏王朝对四方不同于夏的民族称为夷,因此四方的夷人被称为"四夷"。在夏代已有了东夷、北狄、西戎、南蛮的观念和称谓,《尚书·禹贡》就有"岛夷"、"嵎夷"、"西戎"、"蛮"的记载。① 从现存的文献资料看,夏朝与东夷、南蛮关系密切。南蛮中与夏关系最密切、最活跃的是三苗,或称有苗。在传说时代,尧、舜曾与三苗发生过战争,禹即位后曾"攻三苗,而东夷之民不起"②。也就是说,东夷之人对禹征伐三苗不配合,不派人参战。尽管如此,夏与东夷的关系仍很密切:"帝禹立而举皋陶荐之,且授政焉,而皋陶卒。封皋陶之后于英、六,或在许。而后举益,任之政。"③皋陶和益都是东夷族少昊的后裔,禹为天下之君而推举皋陶和益做继承人,反映了夏族与东夷族关系的亲密无间。禹死于会稽,"以天下授益。三年之丧毕,益让帝禹之子启,而辟居箕山之阳。禹子启贤,天下属意焉。及禹崩,虽授益,益之佐禹日浅,天下未洽。"④益虽继禹之位,但能力不及禹之子启,于是又让位给禹,并搬往今河南登封市东南的箕山居住,这支东夷人后来便融入夏人之中了。

东夷人不愿接受夏朝的统治,双方曾两次发生战争。第一次是启取得政权后引起了嬴姓东夷部落的强烈反抗,首先反抗的是有扈氏,此部落乃少昊族九扈之后裔。夏启时有扈氏已迁往今陕西户县一带。第二次战争是在夏启之子太康时期。相传太康骄奢淫逸,不理朝政。百姓怨声载道,东夷族首领后羿乘机起事,攻陷夏都斟鄩(今河南巩义西南),夺取了王位。太康失国,悒郁而亡。后羿执政,又重蹈太康覆辙,东夷族的寒浞杀掉后羿,篡夺了政权。太康弟仲康之子相想夺回政权,但未逃脱被夷人攻杀的厄运。直到帝相之子少康时,才消灭了寒浞集团,恢复了夏王朝的统治,史称"少康中兴"。在长达几十年的部族纷争中,东夷族的太昊后裔有仍氏、有禹氏毫不动摇地同夏后代站在一起,这一举措加速

---

① 首都师范大学《国学备览》第 1 集,首都师范大学出版社,2008 年,第 291～293 页。
② 《战国策》23 卷《魏策》,第 310 页,新疆人民出版社,2003 年版。
③ 《史记》卷二《夏本纪》,《国学备览》第 4 集上,首都师范大学出版社,2008 年,第 15 页。
④ 《史记》卷二《夏本纪》,《国学备览》第 4 集上,首都师范大学出版社,2008 年,第 15 页。

了东夷与夏族的融合。

夏族与畎夷也有交往。《竹书纪年》说："帝癸（桀）即位，畎夷入于岐以畔。"畎夷是北方犬戎族的先民，属北狄部落集团，活动于今陕西岐山以北地区。畎夷南下进入岐山后，一度与夏族发生冲突，夏朝末年，商汤伐夏桀，夏族统治者中的一部分向北遁逃到了畎夷地区。《史记·匈奴传》云："匈奴，其先祖夏后氏之苗裔也，曰淳维。唐虞以上有山戎、猃狁、荤粥，居于北蛮，随畜牧而转移。"①班固将《史记·匈奴传》中这几句话又写入了《汉书·匈奴传》中，颜师古注曰，"淳维以殷时始奔北边"。荤粥又作薰粥、荤育、獯鬻，战国时匈奴的先民。据古史传说，黄帝曾北逐荤粥，反映出北方游牧民族，在远古时期就与黄河地区的黄帝族有接触。到了夏代，荤粥与夏族为邻，夏朝被商朝推翻，夏族中的一部分人逃往荤粥地区，后来就融入了北方游牧民族之中了。

二

已故的尚钺教授说："殷人是东夷族……到了汤时代（大约公元前1700年），击溃了中原的羌族——夏，占有了黄河中下游的肥沃地区之后，殷族便迅速发展起来。"②商人姓子，始祖名契，从契到成汤，"商人虽然有过多次迁徙，但他们的主要活动地区则在今河北、河南、山西、山东四省交界的地带，其中心在冀南豫北。"③而冀南豫北也在河洛地区的范围之内。商朝继承了夏文化，《论语·为政》就说："殷因于夏礼，所损益，可知也。"孔子是说，殷朝沿袭了夏朝的礼乐制度，废除了哪些，增加了哪些，都是可以知道的。

商朝的主体民族是夏族，朝代鼎革之后称商人。其他民族当然是少数民族，在文献记载中称"方"或"邦"，甲骨文则称"方"，其实方、邦含义相同。商朝与方国之间的关系既有和平往来，也有战争。这些方国一方面承认商王的共主地位，并通过纳贡等形式表示对商王朝的臣服，一方面又企图掠夺夏王朝的财物，因此商王朝与方国之间不断爆发战争。居住在商朝北方和西北的少数民族是土方、舌方、鬼方，他们均是游牧民族。郭沫若认为："工舌方和土方是居住在今陕西西北部直到内蒙古河套的游牧民族"，而"鬼方距离商朝更远，活动在今陕北、

①　《史记》卷110《匈奴列传》，《国学备览》第4集下，首都师范大学出版社，2008年，第1090页。
②　尚钺《中国历史纲要》，人民出版社，1954年，第6页。
③　翁独健主编《中国民族关系史纲要》，中国社会科学出版社，1990年，第54页。

内蒙古及其以北的辽阔地区,是强大的游牧部落。"①陈梦家认为鬼方在晋南,西周春秋时期在陕西境内。② 邹衡则认为,土方在今山西石楼县一带,鬼方在山西南部,夏商之时或当靠北。③ 商高宗武丁用了三年时间打败了鬼方,鬼方失败后一部分人被迫西移,一部分迁入了河洛地区。考古材料证明,商中期以后,山西境内的考古文化分为两种类型,其中的一种分布在晋东南地区,与河南郑州、安阳等地的商文化基本相同,属于商文化的一部分。北方的少数民族之所以同殷人发生战争,是因为他们居住之地气候严寒,物资匮乏,需要不断流动寻找新的牧场和狩猎场所,南下过程中与殷人发生了冲突,便不可避免地发生了战争。双方接触既多,便会有融合。

商朝西方的少数民族有西戎、氐羌、昆夷等。甲骨文中有关羌的卜辞甚多。《诗经·商颂·殷武》云:"昔有成汤,自彼氐羌,莫敢不来享,曰商是常。"常即长,君长也。这是说西方的氐羌都把商王当做君长看待。商代的羌族主要分布于岐周以西,即今之青海、甘肃一带。由于他们随牲畜迁徙,肯定有一部分向东移动,与商人产生矛盾,战争也就随之发生。据文献记载,武丁时伐羌用兵最多的一次达 1.3 万人,而对土方、工口方用兵最多才 5000 人。商人俘虏的羌人多用于奴隶劳动和祭品,生存下来的羌人后来都融入了商人中,商人与羌人还有过婚姻关系,殷王曾娶女羌为妇,这表明两族之间在民族融合的道路上已经有了进展。

商朝强盛时,南方有荆楚,西南方有庸、蜀、羌、髳、微、卢、彭、濮等。武丁时曾南征荆楚,《诗经·商颂·殷武》云:"挞彼殷武,奋伐荆楚。罙(深)入其阻,裒荆之旅。"诗中"挞"是迅即的样子,"殷武"是指商王武丁,"阻"是险要的样子,"裒"是俘获,"旅"是士兵。这几句是说,商王武丁迅速出兵,深入荆楚的险要之地,俘获了他们的士兵。考古资料表明,无论是荆楚或是吴越,都深受商文化的影响。

东夷集团在商的东方,甲骨文称东方夷人为尸方、儿方、人方。殷商时期,东夷的势力退至胶东半岛地区。商朝曾多次对东夷发动战争。《竹书纪年》说:

① 郭沫若《中国史稿》第一册,人民出版社,1976 年,第 163～164 页。
② 陈梦家《殷墟卜辞综述》,科学出版社,1956 年,第 275～276 页。
③ 参见邹衡《夏商周考古学论文集》,文物出版社,1980 年,第 279～281 页。

"仲丁征于蓝夷","河亶甲征蓝夷,再征班方。"尤其在帝乙、帝辛之世,商王对东夷发动了大规模的战争。帝乙九年,夷方欲攻商,商王迅速出兵,东夷在今河南睢县附近截击商师,被商兵击败。帝乙十年、十五年均曾率师征讨夷方,大胜而归。帝乙末年迁居于沫,即今日河南淇县的朝歌。"其子纣继位后,继续对东夷用兵,费了很大力量,打退了东夷的扩张,俘虏了'亿兆'夷人作为自己的军队。纣对东南的经营,使以后中原文化逐渐发展到了东南,对我国历史有一定的贡献。"①桀俘虏来的数量甚大的东夷人,在进入中原后,便逐渐与华夏族融合了。

<h2 style="text-align:center">三</h2>

"殷商的末期,羌族的一支——周族兴起于渭水流域。"②殷人属东夷族,与周族早有冲突,周族被迫逃往西北,至古公亶父时迁入岐山之南的周原定居。到了武王姬发时,灭掉殷朝,建立周朝。西周时期夏、商、周三族融合的雏形已日渐形成,三族交叉居住,使得民族差异逐渐减少。在民族观念上也渐趋一致,他们都拥有共同的祖先观念,奉黄帝为共同始祖;在地域上,商、周两族都认为其祖先起源与兴起的地域都是大禹开拓的,周人称其兴起的西土为"区夏"。区夏即诸夏之地,指中国。区是区域,夏是华夏。他们都有以农业为主的经济,以青铜技术与甲骨、钟鼎文字为代表的文化,都有共同的祖称——夏、中国。可以说,夏、商、周三族到西周时已具备了属于同一民族共同体的基本条件。

周平王迁都洛邑,是为东周,至此,夏、商、周的政治、经济、文化中心都在河洛地区,《史记》就说:"昔三代之居,皆在河洛之间。"③与此同时,边裔的戎、狄也乘机内徙,与河洛地区的诸夏杂居。当时河洛地区,几乎到处都有戎狄。公元前645年前后,周襄王欲伐郑,娶戎狄女为后,与戎狄连兵攻郑。不久,襄王废黜狄后,狄后愤而与襄王后母惠后引戎狄兵逐周襄王,立惠后所生之子子带为天子,于是戎狄之兵乘机进入河洛地区,"或居于陆浑,东至于卫,侵盗暴虐中国。"④陆浑在今河南嵩县一带,春秋时的卫国在今河南滑县一带。后来晋文公派公打败戎狄,杀了子带,才把周襄王迎回洛邑。《后汉书》记载,平王末年,周

①　郭沫若《中国史稿》第一册,人民出版社,1976年,第166页。
②　尚钺《中国历史纲要》第9页,人民出版社,1954年。
③　《史记》卷8《封禅书》,《国学备览》第4集上册,首都师范大学出版社,2008年,第516页。
④　《史记》卷110《匈奴传》,《国学备览》第4集下册,首都师范大学出版社,2008年,第1091页。

朝势力衰落,"戎逼诸夏,自陇山以东及乎伊洛,往往有戎……伊洛间有杨拒、泉皋之戎",陇山即陇坻,在今陕西陇县、宝鸡与甘肃清水、张家川回族自治县之间,从陕西的陇县以东至河洛地区,都有戎人的足迹,可见他们势力的强大。春秋时,"伊洛戎强,东侵曹鲁。"后来又攻"入王城,于是秦晋伐戎以救周。"①陆浑戎原居瓜州(今甘肃敦煌一带),后迁伊川(今属河南),再扩展至嵩县一带。

　　与陆浑戎同时迁往河洛地区的还有阴戎,与陆浑戎自瓜州迁于伊川的同时,"允姓戎迁于渭汭,东及轩辕。在河南山北者,号曰阴戎。阴戎之种,遂以滋广。"②渭汭即今陕西、渭河入黄河处,轩辕即轩辕山,在今河南偃师东南,接巩义、登封两市界。这就清楚地表明,春秋时允姓戎已迁入河洛地区,与周人错杂而居。阴戎所迁居的河南山北是指陕西商县以东的河南嵩县、陕县一带,《后汉书·西羌传》章怀太子李贤引杜预为《左传》作的注说:"阴地,河南山北,自上雒以东到陆浑。"上雒即上洛,今陕西商县;陆浑即今河南嵩县。允姓戎所居之地大部分在今河洛地区。到战国时晋楚争霸,陆浑戎、伊洛戎事晋,后来陆浑戎叛晋,为晋所灭,这一部分人便融入华夏族中了。后来韩、魏"复共稍并伊洛戎,灭之,其遗脱者皆逃走,西逾汧、陇,自是中国无戎寇"③。

　　戎蛮夷狄不仅杂居在河洛地区,就是周王所居住的成周周围也布满了少数民族。《国语·郑语》记载洛阳成周四方各国的分布情况是:"当成周者,南有荆蛮、申、吕、应、邓、陈、蔡、随、唐;北有卫、燕、狄、鲜虞、潞、洛、泉、徐、浦;西有虞、虢、晋、隗、霍、杨、魏、芮;东有齐、鲁、曹、宋、滕、薛、邹、莒,是非王之支子母弟甥舅也,则皆蛮、荆、戎、狄之人也。"④其中狄、鲜虞、潞、洛、泉、徐、蒲、隗都是赤狄、白狄或其他诸狄,营为东边之夷,荆为南边之蛮。他们与华夏诸国都曾活动于黄河流域,当夷狄强大时,地处中原河洛地区的小国曾一度被灭。如公元前661年前后,狄人伐卫,战于荥泽(今河南浚县西,春秋属卫),遂灭卫,次年狄人灭温(今河南温县西南),见于《左传》。至于狄人"伐郑"、"侵宋"等更是屡见记载。

　　周代的少数民族在进入中原之前,社会发展比较缓慢,既无姓氏,也不知诗、

①　《后汉书》卷117《西羌传》,上海古籍出版社,1988年,第292页。
②　《后汉书》卷117《西羌传》,上海古籍出版社,1988年,第293页。
③　《后汉书》卷117《西羌传》,上海古籍出版社,1988年,第293页。
④　《国语》卷16《郑语》,华龄出版社,2002年,第225页。

书、礼、乐、法度为何物。进入中原后,受到华夏文化的熏陶,渐渐有了姓氏,在经济、文化和风俗习惯上也逐渐向华夏族靠拢,同样,河洛地区的诸夏也从戎狄、蛮夷身上学到了不少东西。经过春秋战国 500 余年的纷争与迁徙,进入河洛地区的蛮、夷、狄、戎已大部分融入华夏族中,成为后来汉民族的重要组成部分。活动于裔地区的各族,有的也融入了华夏族,有的虽经民族融合仍保持着自身的特征,而有些形成了新的民族。这些民族都与华夏共同体保持着密切的政治、经济、文化联系,与华夏共同体一起,又成为中华民族多元共同体的组成部分。正是这种多民族的融合孕育了中华民族的"大一统"思想。

（作者为河南省社会科学院研究员）

龙文化:从河洛文化到客家文化的传承

王永宽

在当代文化研究的热潮中,学术理论界把龙的相关问题统称为龙文化。龙文化的历史久远,内容深厚。从历史的层面来看,它包括龙的起源、流变过程及文献资料;从意识形态的抽象层面来看,它包括与龙相关的文化观念、文化心态与文化精神;从社会大众接受与传播的层面来看,它包括由龙文化引起的社会习俗,以及各种文学艺术形式关于龙的反映与表现;从物质的具象层面来看,它包括在古代墓葬、各种建筑、文献著作、器用物件、艺术作品等方面表现出来的龙的造型及其载体。

河洛地区是中华民族的发祥地,河洛文化在中原文化乃至中华文化中居于源头、核心与主导的地位,河洛文化中包含着丰富的龙文化因素。对于客家民系来说,河洛地区是客家的祖根地,河洛文化是客家文化的源头,因此,在客家文化体系中也传承了神奇而丰富的龙文化。

一、河洛文化中的龙文化因素

河洛文化的产生与发展,是与中华文化的产生与发展同步的。中国龙文化起源甚早,其流变绵延不断,龙文化的产生与发展也是与河洛文化乃至中华文化的产生与发展同步的。

河洛文化中的龙文化因素主要表现在三个大的问题上。

第一,河洛文化的重要标志之一的河图洛书,其内容与龙文化密切相关。

《易经·系辞上》说"河出图,洛出书,圣人则之","河"即指黄河,"洛"即指洛河,历代关于河图洛书的研究著作一般认为,河图和洛书即出自洛河和黄河的交汇地区,这正是形成河洛文化的中心区域。远古时期关于龙的概念及相关的思想意识究竟产生于何时,已经难以详细考察清楚,但是可以肯定的是,关于河图洛书的传说已经和龙文化交织在一起。

所谓河图,是说在伏羲时黄河中跃出一匹龙马,其背上显示出表示数字关系并且暗含玄机的图形,于是传说伏羲依据此图而创立了八卦。"龙马"概念的出现,说明在当时的文化思想中,龙的图腾崇拜意识与龙的文化观念已经产生,而且,人们在这种意识与观念的支配之下,已经把龙看作是能够体现上天意志的神物;同时,由于当时的人们把河图看作是上天赐予的至宝,因而认为也必须是由龙马这样的神异动物才能充任传送这种神异宝物的使者。古代有几种说法认为,负河图而出的龙马本来就是龙,或者说龙马是像马之龙,或者说龙马是像龙之马,这都印证着河图传说中与龙文化不可分割的关系。

关于洛书,是说大禹时从洛河中爬出一只神龟,它的背上显示出表示数字关系并且暗含玄机的图形,传说大禹据此图形而创立"九畴"。后人认识到,神龟背上的数字排列是九宫图,即人类文化史上最早出现的三阶幻方,它反映了中国远祖先民的非凡才智所达到的科学高度。传说洛书是由神龟传递而来,然而龟也是人们崇拜的灵异动物之一,它和龙也有密切的关系。《礼记·礼运》云:"麟凤龟龙,谓之四灵。……龟以为畜,故人情不失。"孔颖达疏云:"但因龟是知人情之易见者,故执龟而言耳。"①据此可知,在古人看来,龟是通人性的,能辨别人情的善恶,因而它能够和麟、凤、龙这三种人们虚拟的神异动物并列于圣坛。而且,龟和龙还有更密切的类属关系。古代世俗认为,龙生九子,皆不成龙,各有所好,其中之一为龟②。根据这样的认识,负洛书出于河的神龟也可以说是龙龟,可见在洛书的传说故事所体现的龟文化中也和龙文化连在一起。

第二,三皇五帝多为龙的化身。

关于三皇五帝,尽管说法存有异议,但是从有关传说及史籍记述来看,三皇五帝的创立基业及主要活动地域,大都在以河洛为中心的中原地区,而且他们的出身及一生事迹也与龙文化有非常密切的关系。关于伏羲,《史记·五帝本纪》张守节"正义"云,其母华胥氏"与蛇感而孕",因蛇为龙之属,即是说伏羲为龙种

---

① 《礼记正义》卷二十二,《十三经注疏》,上海古籍出版社,1997 年版,下册,第 1425 页。
② 关于"龙生九子"的传说,见沈德符《万历野获编》卷七"龙子"、杨慎《升庵集》卷八十一"龙生九子"条等。

降生。关于炎帝，《史记·五帝本纪》张守节"正义"亦云"有神龙首感生炎帝"，这是说炎帝也是龙转生的。关于黄帝，《史记·天官书》记云"轩辕黄龙体"，即是说黄帝是龙转生。关于颛顼，关于尧，都有类似的传说。人们认为，三皇五帝中的多位始祖或者是龙种，或者具有龙的生理特征，或者得到龙的护佑，这些成为中华文明早期龙文化的重要内容。

而且，传说中三皇五帝的丰功伟绩，也有不少内容与龙密切相关。远古先民认为，三皇五帝的出现，每一位都是顺天应命的大人物，并有天赐神物以彰显他们君临天下的地位和至高无上的权力。因此，每一位帝王获得治理天下的权力时，都有天授河图或洛书这一类符瑞的奇遇。关于黄帝，他不仅是由龙转生，而且其逝世也是由龙接引升天的，这一传说故事，非常典型而生动地说明了黄帝与龙文化的密切关系。

三皇五帝传说中的龙文化内容在后世的影响极其深远，以至于历代帝王也多有龙转世、真龙降生一类的说法，并且以龙比喻帝王，象征皇权。于是历代的皇帝就被世俗大众称为真龙天子，皇帝的身体及其住所、服饰、器物等无不打上龙的印记。这些，都是远古时期的龙文化深远影响的结果。

第三，早期礼仪制度与传统思想观念中的龙文化意识。

中国古代的礼仪制度产生的时间非常早。远古时期原始的龙图腾崇拜意识及龙文化观念，也渗透于各种礼仪制度产生的过程中。其中官制的设立是礼仪制度的重要内容之一，在伏羲时对设置的官名就用"龙"纪号，称为"龙官"，也叫"龙师"。《左传·昭公十七年》记云："太皞氏以龙纪，故为龙师而龙名。"杜预原注云："太皞伏羲氏，风姓之祖也。有龙瑞，故以龙命官。"①《汉书·百官公卿表上·序》亦记云："宓羲龙师名官。"前人注解引汉代应劭语云："师者，长也，以龙纪其官长，故为龙师。春官为青龙，夏官为赤龙，秋官为白龙，冬官为黑龙，中官为黄龙。"这里所述五种官职，同远古时期即产生的关于五行、五方、五色的对应等认识结合起来，成为一套完整的文化思想体系。

《礼记·月令》关于四季中天子出行的礼仪有详细的解说，其中有与龙相关

---

① 《春秋左传正义》卷四十八，《十三经注疏》，上海古籍出版社，1997年版，下册，第2083页。

的内容。如春季天子出行时"乘鸾路(辂),驾仓(苍)龙"等①。天子于四季所乘之马或者以龙命名,或者是具有龙的特征的良马,这样的马和河图传说中负图而出的龙马的概念一样,凝聚着龙文化的观念。而且,《礼记》和《吕氏春秋》都记述天子出行时所用旗帜为"龙旗",这也是明显的龙文化特征。远古时期还有豢龙、御龙的官名,这更与龙文化有直接的关系。

　　另外,从远古时期即已开始的人们的祭祀活动,以及人们的生活习俗与其他文化创造成果,也多处渗透着龙文化的内容。如有一种古老的礼器名为"龙勺",是祭祀时用来舀酒浆的,它在夏代已经出现了。《礼记·明堂位》记云:"夏后氏以龙勺,殷以疏勺,周以蒲勺。"孔颖达疏云:"夏后氏以龙勺者,勺为龙头。"②夏后氏即指夏朝,这种龙勺是以勺为龙头,勺柄上刻有龙形,故名。又如,伏羲时代文字初创时,称为龙书。唐韦续《墨薮》云:"太昊庖羲氏获景龙之瑞,始作龙书。"③之所以称为龙书,一定是因为早期文字的笔画弯曲有如龙的身体之形,于是就以对于龙的认识来指称文字。当代考古发现的新石器后期的一些祭祀用的陶制器皿以及夏商时期的青铜器皿上,常见有龙的图形或图案,这说明那个时期的祭祀活动及日常生活的礼仪与习俗,已经多方面表现出龙文化观念。

二、客家文化中的龙文化传承

　　客家是在中国历史上由于中原汉民族的南迁而在长江以南形成的特殊民系。关于客家形成的大体时间,当代学界有汉末魏晋说、五代宋初说、宋元之交说、元末明初说、明末清初说等多种,其中以汉末魏晋说认定的时间为最早。《辞源》中"客家"条的释文中说:"汉末建安至西晋永嘉间,中原战乱频繁,居民南徙,宋末又大批南移,定居粤、湘、赣、闽等省交界地区,尤以粤省为多,本地居民称之为客家。"④这应当是一种比较权威的能够被较多人认同的说法。当然,即使认定汉末至魏晋时南迁的汉民为客家,然而在后来唐宋元明各代南迁的汉民也应当都属于客家民系。本文立论的问题是,历代客家民系在创业与奋斗的

---

① 《礼记正义》卷十四至卷十七,《十三经注疏》,上海古籍出版社1997年版,上册1352页至下册第1383页。
② 《礼记正义》卷三十一《明堂位》,《十三经注疏》,上海古籍出版社,1997年版,下册,第1490页。
③ 韦续《墨薮·五十六种书第一》,《丛书集成初编》第1621册。
④ 《辞源》,商务印书馆1979年修订版,第二册,第831页。

过程中形成了内容丰富的客家文化,其中,客家人对于中原龙文化在南方的传承起到了非常重要的作用。

其实,在历史上南迁的汉民被称为客家人以前,甚至从五帝时期起,中原地区的民众早就在向南方迁移了,这些移民必然带去中原地区早已产生的灿烂文化。这里单从龙文化的方面来看,从远古时期起,河洛及广义的中原地区的龙文化观念及相关的礼仪制度、风俗习惯等就开始向南方传播。五帝之一的尧时曾进行了同三苗的战争。三苗的活动地区在今西起汉水流域东至淮河流域的广大地区。《史记·五帝纪》记述"三苗在江淮、荆州",张守节"正义"云"三苗之国,左洞庭而右彭蠡",可知三苗的活动区域达到了今湖南、江西省北部一带。在这次战争的过程中,中原民众同南方民众进行了中国历史上最早的民族大融合,中原文化在南方的传播与影响也由此拉开了序幕。

商代,中原民众南迁至今湖北省黄陂一带,在那里建立了盘龙城,位于长江北岸。此地被命名为"盘龙城"的时间,尽管不能准确判定为商代,但也不能确定为当代才有此地名,它在历史上早就被称为盘龙城了。这就分明传递出一个非常重要的信息,河洛及中原地区的移民在南方的定居点很早就打上了龙文化的标记。而且,这个盘龙城是中原文化继续向江南传播的一个重要的中转站。当代考古发现的江西吴城文化遗址,出土了不少的陶器、青铜器等文物,器皿的形状、式样及图案等,同河南偃师二里头文化遗址出土的同类文物非常接近,专家考证认为,吴城文化就是江南的河洛文化①。值得注意的是,在吴城文化出土的一些器皿上,刻绘有龙、凤、蛇、虎等图案,这和河洛地区同时代墓葬器皿所反映的龙文化观念相吻合。

还有,西周至春秋时期形成的灿烂的楚文化,也已经有相当丰富的龙文化内容。楚国是西周初就已受封的南方大国,其祖先被认为是祝融,《史记·楚世家》记云,楚之先祖出自颛顼帝高阳的六世孙重黎,"重黎为帝喾高辛居火正,甚有功,能光融天下,帝喾命曰祝融"。祝融死后,被尊为楚族的先祖神,还被尊为灶神、火神,受楚国历代宗族祭祀。《礼记·月令》、《吕氏春秋·孟夏纪》、《淮南

---

① 李伯谦《试论吴城文化》,《文物集刊》第三辑,1981 年;李家和等《商殷文化与江西吴城类型文化——为〈殷都学刊〉创刊十周年而作》,《殷都学刊》,1991 年第 1 期。

子·时则训》等文献也都说祝融是南方之神。这里要特别指出的是,《山海经·海外南经》云:"南方祝融,兽身人面,乘两龙。"可知,祝融被神化的形象是以龙为坐骑的,这说明楚文化对其先祖祝融的认同也包含着对于龙文化的认同。南方早就存在的一些地名,除前述盘龙城外,还有广东龙川,秦时置县;福建龙溪,南朝梁时置县;浙江龙游,五代吴越置县;浙江龙泉,唐代置县;江西龙南,五代时南唐置县;浙江龙井(又名龙泓,也名龙泉),杭州附近地名;湖北龙山,江陵县山名;此外福建与广东二省还有龙岩、龙冈、龙潭、龙田、龙坪、龙颈、龙湾、龙镇、龙窝等地名,不胜枚举。这些地名显然都是龙文化的产物,而且其中有不少都是中原移民在被称为客家人之前就已经得名。此外,广东古代还有一种临水而居的百姓称为"龙户",即儋耳、珠崖一带的土著居民,韩愈有《送郑尚书赴南海》诗云"衙时龙户集,上日马人来"①,明胡震亨《唐音癸签》卷十八"龙户马人"一节对此有解释。清屈大均《广东新语》称之为"蛋家",并记云:"昔时称为龙户者,以其入水辄绣面文身,以象蛟龙之子。行水中三四十里,不遭物害。今之名曰獭家,女为獭而男为龙。"②这些民众之所以被称为"龙户马人",是与河洛地区龙马负图的传说有直接关系的。

　　以上引述的资料说明,江南许多地方的龙文化有悠久的历史。后来在客家民系形成之后,客家人对于龙文化的传承实际表现在两个方面:一方面是在南迁时把河洛及中原地区的龙文化带到了南方,另一方面也认同南方当地早已传入、已经存在的龙文化。这两方面的结合,使中华龙文化在南方客家人聚居区域进一步增添了不少新内容,呈现出多姿多彩的文化奇观。

　　客家文化中的龙文化内容,首先表现在他们居住的房舍建造上。最为典型的是客家围屋,客家人称之为"围龙屋"。这是由中原居民中的富贵人家的府第规制演变而成的,因建筑的后部是半圆形或马蹄形的"围龙"而得名。广东梅州的客家围龙屋是最具有代表性的客家民居,现在还保存完好有梅县白宫镇的"棣华居"、丙村镇群丰村的"仁厚温公祠"、松口镇铜琶村谢姓宗族的"荣禄第"等。梅州围龙屋的主体建筑分为正堂(厅堂)、厢房与围屋三个部分。正堂是围

---

①　韩愈《送郑尚书赴南海》,见《全唐诗》卷三四四。
②　屈大均《广东新语》卷十八《舟语·蛋家艇》。

龙屋的中心部分,又分为上中下三堂,半月形围龙屋的中心一间,正对祖龛神龛者称为"龙厅",安放着金、木、水、火、土五个神位,称为"五方龙神"。围龙屋的主要结构有:两堂两横一围龙、两堂四横一围龙、三堂两横一围龙、三堂四横一围龙,还有二围龙、三围龙直至六围龙等。从围龙屋的这些结构名称,可见龙文化在客家人的生活占有多么大的分量。笔者曾在江西龙南县参观了著名的"关西新围",其整体结构像是一个巨大的"回"字,最中间居于"口"字中央的是龙厅,以此为中心的房屋布局,是在一般客家民居"三进三开"的基础上扩大为"三进六开"。各处房舍的梁栋、门楣或门窗部位多处刻有龙凤图案。关西新围外边东侧的西昌围,是明末清初的建筑,也保留着客家民居的传统特征,其中一些厅堂的天花板上也刻绘有龙凤图案。

其次,客家文化中的龙文化内容,也表现在他们的节令习俗及日常生活诸多方面。客家人特别爱好舞龙及耍龙灯,春节及正月十五元宵节要耍龙灯,其他吉庆活动也要舞龙或者耍龙灯。客家人保留着中原民众的许多与龙有关的节庆习俗,如把二月初二日称为"龙抬头",认为这一天理发最为吉祥;六月初六日要把存放在箱柜中的衣服拿出来晒,防止发霉,称为"晒龙衣"。楚地原有端午节赛龙舟的习俗,传说是为了祭奠屈原,南朝梁宗懔《荆楚岁时记》和宋陈元靓《岁时广记》卷二十一"竞龙舟"都有较详记述。后来,这一习俗在江南各省以至赣、闽、桂、粤等地广为流行。直到当代,闽、粤、赣等地的客家人侨居海外者,如美国旧金山、纽约的唐人街,加拿大多伦多的唐人街,以及不少地方的华人居民区,原来属于客家人的那些中国人仍然保持着这些习俗。世界各国称中国人为龙的传人,称龙为中国的形象代表,这都和客家人对于龙文化的传承之功有直接关系。

（作者为河南省社会科学院研究员、河南省文史研究馆馆员）

山河破碎风飘絮:靖康之乱中原人民南迁闽南述论

张显运

　　1127 年靖康之乱,生灵涂炭,北宋灭亡,宋室南渡,大批中原居民背井离乡,流亡江南,在中国古代史上出现了第三次人口南迁的浪潮。(其他两次为西晋末年的永嘉之乱与唐朝中后期的安史之乱,北民大规模南迁)。这次移民对中原而言,原来的土著居民和外来移民纷纷逃亡江南,"衣冠人物,萃与东南"①。造成了人口的大量减少,经济凋敝,也是中原文化一次令人心酸的浩劫。同时,中原居民的大量南迁以及政治、经济、文化重心的南移,对南方社会经济的发展起了很大的促进作用,确立了南强北弱的经济、文化格局。学界关于历史上第三次大规模移民已有诸多论述,其代表性的论著有张家驹先生的《靖康之乱与北方人口的南迁》(《文史杂志》1942 年第二卷第三期),吴松弟先生的《中国移民史》(第四卷)(福建人民出版社 1997 年版)和任崇岳先生的《中原移民史》(河南人民出版社 2006 年版)等,较为深入地探讨了北方居民(尤其是中原地区)南迁的区域、过程、路线以及对江南地区造成的影响等。林国平、邱季瑞《福建移民史》(方志出版社 2005 年版)探讨了历史上各时期福建移民的概况及其对闽南社会经济文化的影响,书中第三章"宋元时期福建移民"也涉及到了本课题研究的内容,使本文写作有了很好的借鉴。此外,杨海中、鲁庆中、扈耕田等先生所著的《河洛文化与闽台文化》(河南人民出版社 2009 年版)对河洛文化与闽台文化进行了全面、系统的研究,对靖康年间河洛居民的南迁也有零星介绍。笔者在前贤研究的基础上,对这一时期中原居民南迁闽南做进一步的探讨,不足之处,

---

① 朱熹《晦庵先生朱文公文集》卷 83《跋吕仁甫诸公帖》,上海书店,1989 年版。

敬请方家指正。

一、中原居民南迁闽南概述

在探讨该问题之前,我们必须对靖康之变的时间跨度予以说明。据已故著名宋史学家张家驹先生所言:"所谓靖康之乱,亦应包括和约签订以前的全部战争,前后共十七年(1125～1142)。"①即靖康之变的时间段包括北宋灭亡前的宋与金的战争,北宋灭亡,直到南宋高宗绍兴十一年(1142 年)宋金议和,这 17 年期间中原地区向闽南一带的移民都是本文所要探讨的内容。

1125 年,即宋徽宗宣和七年,金灭辽,金将战争的矛头指向北宋,宋金之间的战争随即展开。同年十月,金军将领宗翰南下进攻太原与燕山(今北京),所向披靡,宋军望风而逃。靖康元年(1126 年),金军打到黄河岸边,京师告急,宋徽宗带领一批大臣南下避乱,"百官多潜遁"②。宋王朝风雨飘摇,山雨欲来,京师平民也是纷纷避乱江南:"男子妇人老幼,相携出东水门沿河而走者数万,遇金人杀掠者几半。"③很多居民在流亡途中惨遭金军杀害。

靖康元年闰十一月,金军攻陷开封,军民十数万人背井离乡,逃往江南。靖康二年(1127 年),金军掠走徽钦二帝,北宋灭亡,宋高宗在南京应天府(今河南商丘)即位。宋高宗改元建炎,也开始了他的流亡历程,即建炎南渡。伴随着高宗南渡,中原居民大规模南迁,"高宗南渡,民之从者如归市"④"中原之民翕然来归,扶老携幼相属于道。"⑤"靖康之乱,中原涂炭,衣冠人物,萃于东南"⑥。短短几年,黄河流域已是人去室空,荒草萋萋,诚如宋人庄绰所言:建炎元年秋,"余自穰下(今河南邓州)由许昌以趋宋城(今河南商丘),几千里无复鸡犬"⑦。当然中原这些移民并非都流亡到闽南,但不可否认,福建地区偏安一隅,远离军事战场,相对安全,是移民较为理想的卜居之所。如《藤山志》云:"(藤山)唐末宋

①　张家驹《靖康之乱与北方人口的南迁》,《文史杂志》1942 年第二卷第 3 期。
②　《宋史》卷 23《钦宗纪》,中华书局,1977 年,第 423 页。
③　徐梦莘《三朝北盟会编》卷 27,上海古籍出版社,1987 年版。
④　《宋史》卷 178《食货志》,中华书局,1977 年,第 4340 页。
⑤　《宋史》卷 390《周淙传》,中华书局,1977 年,第 11958 页。
⑥　朱熹《晦庵先生朱文公文集》卷 83《跋吕仁甫诸公帖》,上海书店,1989 年版。
⑦　庄绰《鸡肋编》卷上,中华书局,1983 年版,第 21 页。

初,居民鲜少,赵宋南渡后,避乱者渐次迁藤。"①藤山正是中原移民的南迁而发展起来。

北宋灭亡后,金军及伪齐政权占领中原,一些中原黎民不甘于异族的统治,大量流亡江南:"渡江之民,溢于道路。"②如宋高宗绍兴八年(1138年)春,金统治下的"寿、亳、陈、蔡之间,往往举城或率部曲来归"。③ 由于移民的大量南迁,"建炎之后,江、浙、湖、湘、闽、广,西北留寓之人遍满。"④据吴松弟先生研究,靖康之乱以后北方人口南迁可分为7个阶段,即靖康之役阶段(1126—1141年),南宋金对峙时期4个阶段,南宋和蒙元对峙两个阶段。靖康之乱后北民南迁的人数占整个阶段移民人数的89%,⑤而南宋时期,北方移民南迁总数约500万人。⑥ 以此推算,仅靖康之变前后就达到了445万人。宋高宗绍兴十一年(1142年),宋金议和,规定南宋不得接收金朝"逃亡之人",靖康之变前后中原居民南迁的浪潮遂告消退。

这一时期,南迁闽南的移民有多少呢?因为文献记载往往较为模糊,语焉不详,我们也就无法得出确切的数字。如前文提到,"建炎之后,江浙湖湘闽广,西北留寓之人遍满"。"遍满"到底是多少,难以作出准确的判断。笔者依据吴松弟先生的统计,靖康之变前后河南迁入福建移民中明确记载的有98人:

靖康之变前后河南移民总数统计⑦

移民总数	移入地	迁出地
66	福州	开封60 光州3,不详3人
11	泉州	济源2人,不详9人
21	其他府州	开封19人,荥阳1,蔡州1人。

由上表可知,靖康之变前后,迁入闽南的河南居民为98人,其中由开封迁入的为79人,占80%。而当时北方地区迁入闽南的总数为144人,⑧河南地区则占总数

---

① (清)蔡人奇《藤山志》卷1。
② (清)徐松辑《宋会要辑稿?食货》59之21,中华书局,1957年版,第5849页。
③ 《宋史》卷360《赵鼎传》,中华书局,1977年,第11292页。
④ 庄绰《鸡肋编》卷上,中华书局,1983年,第36页。
⑤ 葛剑雄编 吴松弟著《中国移民史》(第四卷),福建人民出版社,1997年,第272~273页。
⑥ 葛剑雄编 吴松弟著《中国移民史》(第四卷),福建人民出版社,1997年,第415页。
⑦ 葛剑雄编 吴松弟著《中国移民史》(第四卷),福建人民出版社,1997年,第343~345页。
⑧ 葛剑雄编 吴松弟著《中国移民史》(第四卷),福建人民出版社,1997年,第343页。

的 61%。需要指出的是,这些都是有一定声望的文人士大夫或皇室后裔,宋代文献或地方志有明确记载,更多无名之辈的移民则因史书缺乏记载而湮没无闻。如建炎三年(1129),仅随南宗正司迁往泉州的宗子就达 349 人。[①]

二、中原入闽移民的主要构成

靖康年间,迁移到闽南的中原移民既有皇室后裔,公卿贵族,士兵,则更多的是一般平民。

逃往闽南的中原人士不少人是皇室后裔。据康熙福建《宁化县志》记载:"宋崇宁三年(1104 年),置南外宗正司于南京(河南商丘),西外宗正司于西京(河南洛阳),各置敦宗院,仍诏各择宗室之贤者一人为知宗,掌外居宗室,而置教授以课其行艺……南渡后,南外移镇江,西外移扬州,其后屡徙。绍兴三年,西外置于福州,南外置于泉州,盖随其所寓而分辖之。赵之诸宗,分籍闽中者,各郡县悉载之。"[②]迁往福建的宗室人员几乎没有再迁他乡。泉州是南宋宗子的重要居住地。宋高宗建炎三年(1129 年)十二月,南外宗正司自镇江迁往泉州,随行的宗子349 人开始为泉州的新居民。"其后日以蕃衍",到庆元年间发展到1700余人,绍定年间达 2300 人。[③] 除了集体迁往闽南外,还有不少赵氏子孙在靖康年间独自扶老携幼,背井离乡,卜居福建。如福州赵氏"赵彦侯,字简叔,魏王廷美八世孙,曾祖叔近建炎初知秀州,抚定杭州叛卒,为副总管张俊所杀,绍兴中雪其冤,赠集英殿修撰……祖交之,赠朝请大夫,避乱入闽,遂居福州"[④]。闽南漳州府漳浦县赵氏族谱称"赵氏,造父之后,始祖赵匡胤。嗣北宋金人之役,南迁入浙,"后来定居漳浦县。[⑤] 又如,赵匡胤的八世孙赵伯述,在北宋末年护驾南迁,居住临安,伯述之子师诰在宋宁宗时期奉命入闽迁漳浦。[⑥]

---

① 真德秀《西山先生真文忠公文集》卷15《申尚书省乞拨降度牒添助宗子请给》,四部丛刊本,第11页。
② 康熙《宁化县志》卷4《人物·寓贤》,转引自林国平,邱季端编《福建移民史略》,方志出版社2005年,第40~41页。
③ 真德秀《西山先生真文忠公文集》卷15《申尚书省乞拨降度牒添助宗子请给》,四部丛刊本,第11页。
④ 林国平·邱季端编《福建移民史略》,第40~41页。
⑤ 林国平·邱季端编《福建移民史略》,第41页。
⑥ 林国平·邱季端编《福建移民史略》,第40~41页。

　　中原战乱频仍,一些名臣后裔与士人更是蜂拥云集般的迁入闽南。如北宋名臣王旦的后裔在靖康之乱后由开封迁居福建莆田县冲溪。北宋宣和年间,济源人傅察出使金国遇害,其子傅自得随母南奔,娶李邴之女,翁婿同在泉州落籍。① 东汉著名学者、颍川(许昌)人陈寔的后裔陈魁等,在靖康年间率众迁入福建宁化、上杭,今天陈姓已成了福建大姓,有"陈、林、蔡,福建占一半"之语。② 睢阳人赵子乙妻王氏,当金军占据两河时,扶老携幼迁居莆田。叶氏,"宋卜居光州固始,若祖有叶炎会者,随宋南迁,卜家仙游之古濑。简氏,宋时南渡,避乱于江西、宁化,后游福建南剑州……乾道二年迁上杭。"③尤其是河南光州固始,靖康之乱,大批衣冠士人流亡闽南。据天一阁藏嘉靖《固始县志》云:"固始衣冠南渡大较有三,按《闽中记》,永嘉之乱,中原士族林、黄、陈、郑四族先入闽,今闽人皆固始人,一也……王潮之乱,十八姓之闽,二也……又靖康南渡,衣冠文物荡然一空,三也。"由于大量士人的南迁入闽,到南宋时期,福建、江南、江西等地区因"四方流徙尽集于千里之内,而衣冠贵人,不知其几族,故以十五州之众,当今天下之半。"尤其是福建,叶适惊叹:"闽、浙之盛,自唐而始,犹为东南之望,然则亦古所未有也。"④靖康年间中原人民南迁闽南人数之多,由此可见一斑。

　　光州固始是中原人民南迁入闽的重要中转站。据吴松弟先生研究,靖康年间,中原移民南迁入闽所经过的路线是这样的:中原居民迁入光州固始,然后自淮南渡过长江进入江南,江南最重要的渡口是太平州(安徽当涂县)、建康府(江苏南京)和镇江附近。⑤ 移民登陆后,大多沿江平原进入平江和临安为中心的江南平原,渡过钱塘江后分为东西二路。东路经绍兴府、明州、台州进入温州和福建,部分移民则继续沿海岸线南迁进入福建。⑥ 近年来有人曾对闽西客家人的族谱进行了统计,发现在闽西78种姓中除了12种姓外,其余66种姓都有在宋代入迁闽西的支派。⑦ 由此可见,宋代是中原人民移居闽南的重要时期。

---

① 林国平 邱季端编《福建移民史略》,第40~41页。
② 王大良编《中国大姓寻根与取名》,大象出版社,1999年,第72页。
③ 林熊祥《台湾省通志稿》卷2《人民志·氏族篇》,1954年。
④ 叶适《叶适集·水心别集》卷2《民事中》,中华书局,2010年,第655页。
⑤ 李心传《建炎以来系年要录》卷57,绍兴二年七月辛丑,中华书局,1955年,第994页。
⑥ 葛剑雄编 吴松弟著《中国移民史》(第四卷),福建人民出版社,1997年,第419页。
⑦ 谢重光《客家源流新探》第二章《客家先民的南迁》,福建教育出版社,1995年。转引自《福建移民史》,第43页。

三、中原移民对福建的影响

靖康年间,中原居民的大量南迁不仅增加了闽南的人口,加速了当地的开发,经济的发展,还促进了福建文化教育事业的发达。

首先,促进了福建人口的大幅度增长。庄绰言道:"建炎之后,江、浙、湖、湘、闽、广,西北流寓之人,遍满。"①《嘉靖邵武府志》卷5记载,"宋都杭,入闽之族益众,始无不耕之地"。汀州(今福建长汀)太平兴国初年人口密度为每平方公里仅1.4户,宋孝宗隆兴二年(1164年)户数为174517,较元丰年间增加9.3万户,年平均增长率达9.1%。②到宋宁宗时期(1195~1200年),汀州"地狭人稠,至有赡养无资,生子不举者"。③因人多地狭,出现了生子不举的悲惨现象。今福州市桥南三叉街十锦里旧称藤山,"唐末宋初居民鲜少。赵宋南渡以后,避乱者渐次迁藤,至元朝始成村落"④。因移民的到来而逐渐形成了城市。人口的增长,还造成了人均耕地的减少。《宋史·地理志》记载福建路,"土地迫狭,生籍繁夥,虽硗确之地,耕耨殆尽,亩直浸贵,故多田讼"⑤。一些因争夺土地的诉讼案件也日渐增多。不可否认,福建路人口的增长一定程度上归功于北民的南迁。

其次,移民的迁入促进了经济的发展。福建地区山多地少,灌溉困难。移民到来后大量垦山造田,"一岭复一岭,一巅复一巅。步邱皆力稼,掌地也成田"⑥。梯田的增多必然加大了用水的需求,为此,他们大力发展水利,"七闽地狭瘠,而水源浅远……垦山陇为田,层起如阶级。然每远引谷水以灌溉,中途必为之碥,不为碓米,亦能播精。"⑦人们在山间建造梯田,将山谷之水引入田中,"泉流接续,自上而下,耕垦灌溉,虽不得雨,岁亦倍收"⑧。辛勤的劳动也带来了丰厚的回报,人们基本上不再靠天吃饭,而是利用水利工程耕垦灌溉,收获颇丰。

---

① 庄绰《鸡肋编》卷上,中华书局,1983年,第36页。

② 《永乐大典》卷7890,《文渊阁四库全书本》。

③ 杨蓉江《临汀汇考》卷1,光绪四年刊本。

④ 蔡人奇《藤山志》,转引自朱维干《福建史稿》上册,福建教育出版社,1984年,第235页。

⑤ 《宋史》卷89《地理志》,中华书局,1977年,第2210页。

⑥ 乾隆《泉州府志》,引宋人黄锐诗。

⑦ 庄绰《鸡肋编》卷3,中华书局,1983年,第15页。

⑧ 徐松辑《宋会要辑稿·瑞异》,二之29,中华书局,1957年,第2096页。

　　此外,中原移民的南迁同样促进了闽南文化教育事业的迅猛发展。唐朝以前,福建在华夏文明史上属于文化落后之区,称为蛮荒之地。北宋末年闽南学者的《勉学诗》生动描述了唐朝以前福建地区的文化状况,"七闽四海东南曲,自有天地惟重竹,无诸会拥汉入秦,归来依旧为殊俗。未央长乐不诗书,何怪天涯构板屋。人民稀少禽兽多,云盘雾结成垣限,楼船横海未入境,淮南早为愁蛇蝮。自从居股徙江淮,鸟飞千里惟溪谷。经历两世至孙氏,始闻种杏匝庐麓。依然未识孔圣书,徒能使虎为收谷。异端神怪非正学,但可出野惊麋鹿。三分南北又几年,匹士单夫无可录"。① 唐朝以前,福建地区竟然无人知晓孔孟儒学,文化之落后,人才之奇缺,令人扼腕。建炎南渡,侨居闽南的衣冠旧族在这里大力发展教育,弘扬儒学,也产生了良好的效果。福州人黄榦言道:"中原衣冠多南徙,吾乡之学彬彬矣"。② 邵武军人(今福建邵武)"喜以儒术相高,是为儒雅之俗;里人获荐、登第则厚赆庆贺,是为乐善之俗"。兴化军(今福建莆田)"秀民特多,比屋业儒,号衣冠胜处,至今公卿相望。"建宁府(今福建建瓯)"家有《诗》、《书》,户藏法律……家有伊洛之书。"③儒雅之俗在福建路各州县蔚然成风,一改唐朝以前文化落后的面貌。

　　中原移民迁入闽南后,重视自身家学渊源的同时,亦为地方社会文化事业的发展殚精竭虑、费尽心机,培养了大批人才。在侨居地,衣冠之士倡议兴办义学,设立书院,为弘扬孔门儒学培养了诸多的后继人才。南宋时期,福建出现了私人创办书院之风。以此时的建阳县为例,据嘉靖《建阳县志》记载,区区一县竟有同文书院、横渠书院、考亭书院等11家书院。私家讲学的书院兴起,促进了儒学的兴盛,闽地习俗为之大变,建州此时成为南方的"闽邦邹鲁",泉州被赞誉为"海滨邹鲁",闽地文化盛极一时。譬如建阳的熊氏家族,入闽之初,困顿窘迫。后世子孙逆势而迎,熊氏所办鳌峰书院,更是成为南方闽学的重要传播策源地。后裔之中显达者,计有十二人之多,熊克为著名史学家,熊禾则为著名理学家。诚如刘宰所言,"粤自炎祚中兴,文物萃于东南……闽、湘、江、浙,师道并建,凡

　　① 卢建其《宁德县志》卷9,乾隆六十四年刻本。
　　② 黄榦《勉斋集》卷37《潘君立之行状》,《文渊阁四库全书本》。
　　③ 祝穆《方舆胜览》卷11《建宁府》,中华书局,2003年。

异时孔孟之所传,周、程、张、邵之所讲,说之益详,炳然斯文,万世攸赖"。① 吴莱也评论道:"自东都文献之余,天下士大夫之学日趋于南,或推皇帝王霸之略,或谈道德性命之理,彬彬然一时人材学术之盛,不可胜纪。"②后人亦曾做过总结:"宋兴,闽八郡之士取名第如拾芥,相挽引居台省、历卿相不绝于世,举天下言得第之多者必以闽为首称。"③中原衣冠旧族对闽南文化教育事业的发展,功不可没。

　　总之,靖康之乱前后十余年间,中原人民流离失所,迁居闽南,他们的到来不仅带来了先进的生产力,高度发达的文化教育,使河洛文化得以在边陲生根发芽,泽被后世。尤为重要的是,移民的到来一定程度上促使了经济文化重心的南移,最终奠定了南强北弱的文化格局,对福建地区社会经济的发展也产生了深远影响。

　　　　　　　　　　（作者为洛阳师范学院历史文化学院副教授、博士）

① 　赵蕃《章泉稿》附刘宰《墓表》,《文渊阁四库全书本》。
② 　倪朴《倪石陵书》附吴莱《石陵先生倪氏杂著序》,文渊阁四库全书本。
③ 　黄仲照《八闽通志》(下册)卷46《选举》,福建人民出版社,1991年,第42页。

将河洛学术文艺播种到江东大地

——蔡邕在吴会的文化活动考论

刘德杰

　　河洛地区历代颇多旷世逸才,他们不仅个人文化造诣甚高,且长期流寓江东、江南,对河洛文化与当地文化的融合作出有个人特殊的贡献。汉代蔡邕就是其中一位佼佼者。

　　蔡邕,陈留圉县(今河南杞县南)人,汉末文坛大家,工数术、天文,妙操音律,擅长书法,东汉四大画家之一,时人誉为"旷世逸才"①。汉灵帝光和二年(179年),为躲避宦官迫害,蔡邕亡命江海,浪迹吴会(吴郡和会稽郡,即今江苏南部、浙江大部及福建全省),长达十二年。一代宗师,足迹所至,往往催生新的文化景观。蔡邕在吴会泛游各地,广交名士,收徒授艺,将当时最前沿最先进的河洛文化播种到吴会大地,也将吴会学术文艺精华带回河洛地区,引导和推动了汉魏时期南北文化的交流与发展。

　　蔡邕在吴会地区的文化活动,正史虽没有专章记载,不过,依据诸家《后汉书》、《会稽典录》,蔡邕诗文及相关史料仍可略作稽考。

一、在京洛交游的吴会文学名士

　　蔡邕到吴会之前,朝中有两位吴会文士与之交好,一位是吴郡无锡人高彪,一位是会稽人韩说。三人均是东观文学名家。东观是朝廷藏书修史之地,当时学者称东观为"老氏臧室,道家蓬莱山"②,众多博学通经的文学名家荟萃于此。

---

① 汉末名士太尉扶风马日磾语,见《后汉书·蔡邕列传》,中华书局,1965年点校本。
② 《后汉书·窦融列传附窦章传》,中华书局,1965年点校本。

当时东观文士中,蔡邕正值当年,以儒学深厚为灵帝特见亲重,是众人共推的文坛领袖,许多文学之士都得到蔡邕的延誉和奖掖。

蔡邕奖掖后进,对高彪等人多有提携。范晔《后汉书·文苑列传·高彪传》曰:"除郎中,校书东观。数奏赋、颂、奇文,因事讽谏,灵帝异之。时,京兆第五永为督军御史,使督幽州。百官大会,祖饯于长乐观。议郎蔡邕等皆赋诗,彪乃独作箴曰……邕等甚美其文,以为莫尚也。"高彪、蔡邕等人为第五永饯行应在蔡邕作《幽冀刺史久阙疏》后不久,即熹平六年。当时,蔡邕、高彪均在东观。高彪出身单寒,"有雅才而讷于言",曾受到马融冷遇。蔡邕当时文名正盛,他带头赞赏高彪的箴文,至少能为高彪延誉,这说明二人平时关系不错。高彪后来出为陈留外黄令,"有德政,上书荐县人申徒蟠等。病卒于官"。高彪为外黄县令在熹平六年之后,其时,蔡邕已获罪离京,不在朔方就在江东。可以推测,蔡邕避难吴会之时,高彪是会予以帮助的,只是史料有缺,难知其详。

蔡邕与韩说志同道合,曾共预立石经于太学之事。《后汉书·蔡邕列传》曰:"邕以经籍去圣久远,文字多谬,俗儒穿凿,疑误后学。熹平四年,乃与五官中郎将堂谿典,光禄大夫杨赐,谏议大夫马日磾,议郎张驯、韩说,太史令单飏等,奏求正定《六经》文字。灵帝许之,邕乃自书丹于碑,使工镌刻立于太学门外。于是后儒晚学,咸取正焉。及碑始立,其观视及摹写者,车乘日千余两,填塞街陌。"《后汉书·吴延史卢赵传》:"(卢植)与谏议大夫马日磾、议郎蔡邕、韩说等并在东观,校中五经记传,补续《汉记》。"这桩正定"五经"文字并书写树碑于太学门前的文化盛事,是蔡邕、韩说、杨赐、马日磾、卢植等文学之士共襄而成,影响深远。[①] 从现存史料可以看出,蔡邕与东观同僚卢植等人结下了深厚情谊。蔡邕流放朔方之时,卢植竭力营救;后来,卢植冒犯董卓,遭遇生命危险,蔡邕亦挺身相救。听说蔡邕要被王允杀害,马日磾急驰相救。杨赐卒,蔡邕为之作碑。[②]韩说亦与蔡邕友善。《后汉书·方术列传下·韩说传》:"韩说,字叔儒,会稽山阴人也。博通五经,尤善图纬之学。举孝廉。与议郎蔡邕友善。数陈灾眚,及奏

---

① 《后汉书·宦者列传·吕强传》:"(宦者李)巡以为诸博士试甲乙科争第高下,更相告言,至有行赂定兰台漆书经字以合其私文者。乃白帝,与诸儒共刻五经文于石。于是,诏蔡邕等正其文字。自后五经一定,争者用息。"
② 《后汉书》之《蔡邕列传》《卢植传》,中华书局,1965 年点校本。

赋、颂、连珠。稍迁侍中。光和元年十月，说言于灵帝，云其晦日必食，乞百官严装。帝从之，果如所言。中平二年二月，又上封事，克期宫中有灾。至日南宫大火。"蔡邕亡命江海在光和、中平之际，正是韩说得灵帝信任之时。有学者认为，蔡邕在吴，曾寓居韩说家，《翠鸟诗》写的就是当时心境。① 该诗以南方常见的翠鸟为喻，写其"幸脱虞人机，得亲君子庭"时怡然自得的心情。蔡邕亡命之初，"流离藏窜"②，仓惶困乏，沮丧忧郁。他的《九惟文》描述说："居处浮瀫，无以自存。冬日栗栗，上下同云。无衣无褐，何以自温？六月徂暑，炎赫来臻。无绤无绤，何以蔽身？无食不饱，永离欢欣。"③能够在吴地暂时安定下来，对逃亡的蔡邕来说，温暖、感激、庆幸之心同存。

二、将吴会文学名著传播到河洛

蔡邕在吴会，与当地文士多有交往，不仅使中原文化传播至此，也带动了吴会文化的北传，其中，蔡邕对吴会文学名著——王充《论衡》和赵晔《诗细》的传播最为著名。

会稽王充，明帝永平中曾入太学，师事班彪，家贫难以购书，常到洛阳书肆读书，对京洛文化应该有较为深刻的认识和体悟，当时京师文士对王充也应该有所了解，然而，在蔡邕之前，中原人对王充似乎不怎么关注，就连班固也未提携他，惟同乡会稽谢夷吾为之延誉。谢夷吾向章帝荐举王充说："充之天才，非学虽加，虽前世孟轲、孙卿，近汉扬雄、刘向、司马迁，不能过也。"为此，章帝公车往征，充因年老有病没有应征，遂潜心著述《论衡》及《养性书》等。

《论衡》完成于和帝永元初，与蔡邕避难吴会相隔已近百年，整个中州却未见流传，吴会士人也不见得有多少人赏识，《论衡》能够传出吴会，到达中原，不仅有蔡邕将其携带回河洛的直接传播之功，更得其赏识荐拔之力。《后汉书·王充列传》李贤注引袁山松《后汉书》曰："充所作《论衡》，中土未有传者。蔡邕入吴始得之，恒秘玩以为谈助。其后，王朗为会稽太守，又得其书。及还许下，时人称其才进。或曰：'不见异人，当得异书。'问之，果以《论衡》之益。由是遂见

---

① 邓安生《蔡邕集编年校注》，河北教育出版社，2010 年，第 305 页。
② 蔡邕《荐董卓可相国并自乞闲冗章》。
③ 《艺文类聚》卷三十五，上海古籍出版社，1982 年。

传焉。"李贤注又引《抱朴子》说："时人嫌蔡邕得异书,或搜求其帐中隐处,果得《论衡》,抱数卷持去。邕叮咛之曰:'唯我与尔共之,勿广也。'"《艺文类聚》卷五五所引《抱朴子》记载更详,其文说:"王充所著《论衡》,北方都未有得之者。蔡伯喈尝到江东得之,叹为高文,恒爱玩而独秘之。及还中国,诸儒觉其谈论更远,搜求其帐中,果得《论衡》。"《论衡》固然是"高文",其见解固然"高远",如果没有蔡邕的叹赏、吸收以及与京洛儒士谈话中的征引,《论衡》不知何时才能引起文化中心的文士们的关注。因蔡邕的缘故,《论衡》戴上了"异书"的光环,成了文士们竞相猎取的对象,从而流传天下。

　　《论衡》表达的思想确与中原盛行的谶纬思潮相异。该书创作,"起(缘于)众书并失实,虚妄之言胜真美也","今《论衡》就世俗之书,订其真伪,辨其实虚,非造始更为,无本于前也。"或许正因如此,蔡邕异常珍视《论衡》,中州士人也以"异书"视之。蔡邕将《论衡》带入中州,实带来了一股思想上的"异域"新风。①

　　赵晔的诗论著作《诗细》能够传播到京洛同样得益于蔡邕。《后汉书·儒林列传·赵晔传》曰:"晔著《吴越春秋》、《诗细历神渊》。蔡邕至会稽,读《诗细》而叹息,以为长于《论衡》。邕还京师,传之,学者咸诵习焉。"《诗细历神渊》一书,很可能在汉末已亡佚,除了上述记载外,至今未见到任何书籍谈及或引用此书,其内容无从得知。但是,从赵晔师承看,该书应与薛汉所传的《韩诗》体系有关;②从书名看,该书很可能是从谶纬学角度解《诗》的。无论《诗细》内容如何,单从京师"学者咸诵习焉"看,该书在当时必与《论衡》一样被中州文士视为奇书佳作。蔡邕将《诗细》及其文学思想传到中原,无疑又带回了一股吴越文学新

----

①　《论衡》以"疾虚妄"为宗旨,对谶纬中的感生、受命、生知、吹律定姓、五行相害、灾异遣告以及鬼神祭祀等俗世虚妄之说予以批评。然而,这些说法在京畿地区非常盛行。《论衡》传入中土,冲击了中州谶纬思潮,时人视为"异书"。蔡邕与琅邪王朗俱为名士,都与何进交好,二人很熟。献帝初,蔡邕将《论衡》带入中州,建安中,王朗任会稽太守,又得《论衡》。王朗对《论衡》产生兴趣,或许是从蔡邕那里开始的。

②　《后汉书·儒林列传》载,淮阳薛汉世习《韩诗》,尤善说灾异谶纬。建武初,为博士,受诏校定图谶。当世言《诗》者,推汉为长。犍为杜抚是薛汉弟子,作《诗题约义通》,学者传之,曰《杜君法》。杜抚永平中在东观做事,文才应该不错。赵晔少从杜抚受《韩诗》,穷究其术,积二十年。四家诗中,《韩诗》与阴阳五行说、谶纬说联系最紧密。赵晔乃薛汉再传弟子,生活在谶纬神学非常繁盛的明、章时期,又是崇尚巫鬼之术的越人,文学著述中有谶纬神学思维不足为奇,何况,今存《吴越春秋》的神巫色彩相当浓厚。《诗细历神渊》的题名带有谶纬痕迹,或许与《吴越春秋》一样具有较强的神奇色彩。蔡邕以为《诗细》胜过《论衡》,至少有文采上的原因。因为,《论衡》不尚华丽,以质朴平实见长。

风。

　　从现存史料看,王充与赵晔之书在吴会的流传仅限于少数人之间,得之不易。当时,造纸技术远未普及,非富庶之家难以得到大量宜于书写的简牍纸张,也就难以得到传抄的书籍。据理推之,蔡邕能够读到《论衡》和《诗细》,很可能是在与吴会望族文士的交往过程中实现的,蔡邕"读《诗细》而叹息"之事能够为他人所知,应是在蔡邕与吴会文士交往中逐渐流传开来的。

三、在吴会的文学创作

　　蔡邕与吴会文士间常用诗文酬答,这在他作于吴会的两首诗中有所表述。《答对元式诗》说:

　　　　伊余有行,爰戾兹邦。先进博学,同类率从。济济群彦,如云如龙。君子博文,贻我德音。辞之集矣,穆如清风。

　　《答卜元嗣诗》又云:

　　　　斌斌硕人,贻我以文。辱此休辞,非余所希。敢不酬答,赋诵以归?

　　这两首诗的内容,都是关于蔡邕与文彦集会及诗文酬答的和乐情景,应是在吴期间的作品。诗中提到"济济群彦"、"斌斌硕人",可见当地文士众多,且与蔡邕交好。诗中又有"辱此休辞,非余所希"等语,透露出了蔡邕作为寓居者的恭谨谦逊姿态。从蔡邕的游历看,只有在吴会之地才可能有如此情状。试考辨如下:

　　蔡邕往来中州与吴会之时,"往来依泰山羊氏"(范晔《后汉书》本传),多次路经泰山、鲁国一带,甚至游览过鲁国灵光殿,但没有史料表明他与当地文士有过聚会。① 蔡邕曾被流放朔方。朔方地广人稀,人才匮乏,蔡邕从忠孝素著的恩

---

① 《后汉书·王逸列传附王延寿传》:"王延寿,字文考,有俊才。少游鲁国,作《灵光殿赋》。后蔡邕亦造此赋未成,及见延寿所为,甚奇之,遂辍翰而已。"看来,蔡邕游览过鲁国灵光殿并作了赋。

宠之臣"无状取罪,捐弃朔野"①,路上又遭遇政敌追杀,惊魂难定,今存史料难以找到蔡邕在朔方交游名士的迹象。上引两诗从容娴雅,当是安居时所作。从现存史料看,作于吴地的可能性最大。东汉时期吴会之地早已文士济济。曾经在洛生活过的著名文士就有严光、郑弘、谢夷吾、王充、钟离意、韩说、高彪等。到了汉末,吴会之地已经形成"较固定的、普遍承认的地方当权大族,比如……吴郡有顾、陆、朱、张,会稽有虞、魏、孔、贺,更为世所习知。"②这些大家族以学问相尚,成为吴会地区的文化精英,如顾雍、陆逊、张昭、虞翻等皆汉末吴会名士,学问、韬略、文章,世所瞩目。蔡邕在吴,顾雍从其学琴学书法。顾氏为吴第一望族,必然对自己的老师尽力关照,那么,蔡邕在吴的生活也就会从容许多。蔡邕在会稽,又有好友韩说家族庇佑。据理推断,蔡邕流亡期间,只有在吴会地区的生活比较稳定且优雅从容,那么,《答对元式诗》与《答卜元嗣诗》两诗作于吴会的可能是最大的。

　　蔡邕是位艺术全才,工书画,"妙善音律"。《太平御览》七百五十引孙畅之《述画》曰:"汉灵帝诏蔡邕图赤泉侯杨喜五世将相形象于省中,又诏邕为赞,仍令自书之。邕文、画、书,于时独擅。"在吴会安定下来之后,蔡邕精心钻研琴学,编辑著述《琴操》一书。这是我国现存最早的一部解题性质的音乐专著,主要记载了汉代流行的琴曲歌辞及相关本事。今人逯钦立《先秦汉魏晋南北朝诗》卷十一辑录有汉代"琴曲歌辞",皆出自蔡邕《琴操》,共四十二首,即十二操、九引、杂弄二十一章。逯钦立认为,这些歌辞"皆两汉琴家拟作"。《琴操》还收录了五首《诗经》之诗,其中,蔡邕《琴赋》提到的有《鹿鸣》、《梁甫》、《越裳》。《初学记》卷十六引《风俗通》说:"凡琴曲,和乐而作,命之曰畅;忧愁而作,命之曰操。"蔡邕《琴操》所收琴歌确以忧伤哀愁的清商曲为主,这或许与汉末士族好尚悲哀乐曲有关,但更大的可能性是,蔡邕当时正处逃亡之处境,困厄凄苦,对人生之悲哀凄楚体悟更深。蔡邕也许还自创有琴曲。《初学记》卷十六引《琴历》曰:"琴曲有蔡氏五弄。"《文选》李善注嵇康《琴赋》也说:"俗传蔡氏五曲,《游春》、《绿水》、《坐愁》、《秋思》、《幽居》。"据此可知,自汉至唐,"蔡氏五曲"在民间流传很

---

① 蔡邕《让高阳乡侯章》语。严可均《全后汉文》卷七十一。
② 唐长孺《唐长孺文集·东汉末年的大姓名士》,中华书局,2011年,第1页。

广,影响也很大,但未见载于今本《琴操》,或是今本有亡佚,或是蔡邕另有他作。

据《会稽典录》载,蔡邕在会稽看到了邯郸淳撰写、上虞令度尚所立的《孝女曹娥碑》,并在碑阴题"黄绢幼妇,外孙齑臼"八字。《异苑》亦载:"陈留蔡邕避难过吴,读碑文,以为诗人之作,无诡妄也。因刻石旁作八字。"蔡邕读碑题字之事被吴人记录并流传,在吴地影响不小,自然也是蔡邕与当地文士交游的结果。

四、在吴会的艺术传授

蔡邕避难吴会,为当地书法、音乐等文化艺术的发展创造了奇迹。

在吴会,蔡邕将书法琴艺传授给了吴郡顾雍。《三国志·吴志》卷七《顾雍传》云:"蔡伯喈从朔方还,尝避怨于吴,雍从学琴书。"裴松之注:"《江表传》曰:雍从伯喈学,专一清静,敏而易教。伯喈贵异之,谓曰:'卿必成致,今以吾名与卿。'故雍与伯喈同名,由此也。《吴录》曰:雍字元叹,言为蔡雍之所叹,因以为字焉。"因为蔡邕的赏识和赐名,顾雍年少即获高誉,这件事记被《吴录》记载,必是在吴影响很大。顾雍的曾祖父顾奉曾任东汉颍川太守,顾雍则是东吴孙权最为倚重的谋士之一,顾氏家族正是崛起于汉末三国时期的东吴四大高门之一。[①]《三国志·吴志》卷七《顾雍传》曰:"顾雍依仗素业,而将之智局,故能究极荣位。"所谓"依仗素业",是指顾氏为江南素族,在吴地实力雄厚。《三国志》本传又载:"时访逮民间,及政职所宜,辄以密闻。若见纳用,则归之于上,不用,终不宣泄。权以此重之。"顾雍天性矜重慎言,而蔡邕金商门之祸导致的逃亡之痛也很有可能在少年顾雍心中留下深刻印记。当年,因为言事不慎且被灵帝泄露机密,蔡邕先被流放朔方,而后又亡命江海。这给蔡邕留下了刻骨铭心的痛苦记忆。蔡邕在奏疏和诗文中多次道及,如《戍边上章》云:"一旦被章,陷没辜戮。……父子家属徙充边方,完全躯命,喘息相随。……臣所在孤危,悬命锋镝,湮灭土灰,呼吸无期。"《让高阳侯章》云:"无状取罪,捐弃朔野。蒙恩徙还,退伏畎亩。"《荐太尉董卓可相国并自乞闲冗章》说:"流离藏窜,十有二年。"《九惟文》

---

① 《世说新语·赏誉》:"《吴四姓旧目》云:'张文、朱武、陆忠、顾厚。'刘孝标注:《吴录·士林》曰:'吴郡有顾、陆、朱、张为四姓。三国之间,四姓盛焉。'"田余庆《暨艳案及相关问题》解释说:"旧目,当为吴国流传的人物题目汇集……据今见吴国人物资料论之,以张温为文、朱桓为武、陆逊为忠、顾雍为厚,完全合辙。旧目无疑是以题目此四人者概括此四族,而且其说当形成于黄武之时或者略后。"见田余庆《秦汉魏晋史探微》,中华书局1993年版,第285~286页。

则以"八惟困乏"述其逃亡中的困乏之状,悲哀凄怆之情溢于纸表。这种终生之痛致使蔡邕在后来的仕宦生涯中战战兢兢,每遇升迁或爵赏皆惊恐不安,他对董卓的知遇之恩感激不尽也与这种痛苦经历不无关系。蔡邕发现顾雍"专一清静,敏而易教",乃以己名相赠,顾雍也欣然接受了蔡邕的赐名。这说明,师徒二人确为知音挚交,蔡邕的切身之痛自会有意无意之间传递给少年顾雍。以顾雍之好学,绝不可能仅从蔡邕处学得琴书而于经术文章无所得。仅就琴书而言,蔡邕教授顾雍的,也不会只是技艺,必然还有渗透在技艺中的琴书理论,蔡邕的书法理论是以"要妙入神"、心神主导技艺为宗旨的。① 顾雍从蔡邕所学琴艺,在其孙顾荣身上有所体现。《世说新语·赏誉》称赞顾荣说:"顾彦先,八音之琴瑟,五色之龙章。"此处以琴瑟为喻,恐怕与顾荣的音乐造诣有关。当然,蔡邕能够在吴长达十二年,顾氏家族也是其重要依托。

在吴会,蔡邕还留下了"焦尾琴"、"柯亭笛"等乐器制作佳话。《后汉书·蔡邕传》云:"吴人有烧桐以爨者,邕闻火烈之声,知其良木,因请而裁为琴,果有美音,而其尾犹焦,故时人名曰'焦尾琴'焉。"②李贤引晋人张骘《文士传》亦曰:"邕告吴人曰:'吾昔尝经会稽高迁亭,见屋椽竹东间第十六可以为笛。'取用,果有异声。伏滔《长笛赋序》云:'柯亭之观,以竹为椽。邕取为笛,奇声独绝也。"③《世说新语·轻诋》刘孝标注引晋伏滔《长笛赋·叙》也说:"余同僚桓子野有故长笛,传之耆老,云蔡伯喈之所制也。初,邕避难江南,宿于柯亭之馆,以竹为椽,邕仰眄之,曰:'良竹也。'取以为笛,音声独绝。历代传之至于今。"④千百年来,焦尾琴和柯亭笛传唱着蔡邕的故事,记忆着一代中州文宗在吴越大地留下的永恒魅力。

蔡邕的文学创作与其琴书造诣是一体的。今存作品中,《琴赋》就生动描述了"指掌反覆,抑案藏摧"的弹琴动作,以及琴声带来的妙丽想象与奇幻效

---

① 蔡邕《篆势》曰:"体有六篆,要妙入神。"关于蔡邕书法理论的价值,可以参见傅合远《蔡邕书法美学思想的理论价值》的研究(《山东大学学报》2006年第3期)。该文认为,蔡邕的书论揭示了书法艺术的抒情特质和艺术创造主体的心态问题,他发现了书法的"势"、"线条"、"力"的审美表现价值,使得书法艺术超越了"以类象形"再现模拟的思想局限,而走上了概括、抽象、自由创造的道路。
② 《后汉书》,中华书局,1965年点校本,第2004页。
③ 《后汉书》,中华书局,1965年点校本,第2004页。
④ 《世说新语笺疏》,上海古籍出版社,1993年版,第840页。

果——"青雀西飞,别鹤东翔……走兽率舞,飞鸟下翔"。《篆势》、《隶势》等则是关于书法理论的文章,对书势、笔力及书法审美效果的描述皆生动传神,将心神之超然、万物之微妙、琴乐与书法之美融为一体。

五、结语

一代文化大师的流徙,往往促成文化的空间流动乃至在某个特定时空形成独特的文化景观。蔡邕往来河洛与吴会之间,他所承载拥有的足以照耀时代的学术文艺光辉也随身流转,吴会士族的艺术世界因他而增添了河洛的高雅与华丽,中原文坛也因他而见识了吴会文化的"奇异"风光。在河洛与江东的文化交流及吴会文化发展史上,蔡邕的传播授受之功永不可没。

（作者为河南教育学院文学院教授）

中国文化的创世纪

——论河洛易学在中国文化建构中的基础作用

赵强海

说到创世纪,人们往往会想到《圣经》。事实上,世界上所有不同种类的文化,从它产生的那一天起,都在努力以自己的方式尝试着调适人类存在的几个基本关系——人与自然的关系、人与社会的关系、人与自身的关系——从而建构出属于自己的世界观,从而完成自身文明与文化的"创世纪"。

一、易学构建了中国文化的时空观

(一)原点假设

中国文明与文化的肇始,人们一般会从伏羲氏"一画开天"说起。这个说法的提出年代,文献中并没有明确的记载。然而,这却是一个符合知识发生规律的、天才的"原点假设";并且,与西方的神创观不同,中国文化的始作俑者,是人而不是神。

"当第一个人画出第一根线条时,人类意识的革命就无法避免了。"[1]

"最初作出标记的人类,实际上是在标记人类智力进化的飞跃,因为他们已经开始把精神世界的第一道痕迹外化出来了。"[2]

所以,易学在中国文化建构中的基础作用,就应当从"一画开天"这个中国文化的"原点假设"说起。

为了让对这个"原点假设"的说明看起来不那么孤立而抽象,我们先从比较

---

[1]　托尼博赞《思维导图》,中信出版社,2010年,第30页。

[2]　托尼博赞《思维导图》,中信出版社,2010年,第30页。

文化的角度,引用一段《旧约·创世纪》中的文字(有删节):

　　1. 起初神创造天地(乾、坤)。地是空虚混沌(屯)。神说,要有光(离),就有了光。神称光为昼,称暗为夜,这是头一日。

　　2. 神说,诸水之间要有空气(巽、震),将水分为上下。神就造出空气。事就这样成了。神称空气为天,是第二日。

　　3. 神说,天下的水要聚在一处(坎、兑),使旱地露出来(坤、艮)。于是地发生了青草和结种子的菜蔬,各从其类,并结果子的树木(巽),各从其类,果子都包着核,是第三日。

　　4. 神说,天上要有光体,可以分昼夜,作记号,定节令,日子,年岁。于是神造了两个大光,大的(离)管昼,小的(坎)管夜。又造众星,是第四日。

　　5. 神就造出大鱼和水中所滋生各样有生命的动物,各从其类。是第五日。①

　　……

　　引文中的序号、括弧中的内容是笔者添加的,为的是让人一眼就能看出,在那个遥远的、不可经验的"原点"(或称"逻辑起点"),不同文明却有着高度近似的"假设",然后才是"各从其类"和"取象比类";所不同的,因为"易"的出现,中国人的"假设方式"显得更加符号化和抽象化:

　　是故《易》有太极,是生两仪,两仪生四象,四象生八卦,八卦定吉凶,吉凶生大业。②

　　这段文字表述,如果用中国易学独有的符号体系表征,即是下图:

　　就像《圣经》的"新约"和"旧约",本质上,是人神之间就人的认知方式和认知范围作了一个总的假设和约定;而易学的太极、两仪、四象、八卦体系,则是中国古人的一种认知模式设计。它既符合由简而繁、由具体而抽象的知识发生的一般性规律,也符合张光直所谓"巫通天人,王为首巫"③——以道术未裂为特征

---

①　《圣经》,简化字现代标点和合本,中国基督教协会,2000 年,第 1 页。

②　黄寿祺、张善文《周易译注》,上海古籍出版社,2007 年,第 392 页。

③　C. K. Chang:Art,Myth and Ritual,Harvard UP,1983 年,第 45 页。

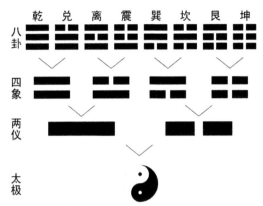

的人类文明初创期的历史唯物特征。

《箴言》上说:"敬畏耶和华是知识的开端"①,这是西方人的"原点假设";而中国文化的"原点",就是这个"易有太极"。以河洛文化为核心的中国传统文化的展开就是从这个"假设的原点"开始的:

> 天尊地卑,乾坤定矣。卑高以陈,贵贱位矣。动静有常,刚柔断矣。方以类聚,物以群分,吉凶生矣。在天成象,在地成形,变化见矣。是故刚柔相摩,八卦相荡,鼓之以雷霆,润之以风雨;日月运行,一寒一暑;乾道成男,坤道成女。②

以这个"原点"为起点,中国人的"天文"、"人文"开始分化、演绎。用恩格斯的话讲:"随着人,我们进入了历史"③;同样,随着"易",我们进入了思维着的中国文化。

需要强调的是,一方面,对于不同文化的"原点假设"的认知和把握,是我们在文化比较的大背景下,深入了解不同文化的精神内核,进一步继承和弘扬的基本前提;另一方面,对于今人来说,这个"原点"又是不可经验的。因为涉及现代研究方法中的比较静态理论,这里暂不展开,只借用爱因斯坦的一段话来为此作注:

---

①　《圣经》,简化字现代标点和合本,中国基督教协会,2000 年,第 998 页。

②　黄寿祺 张善文《周易译注》,上海古籍出版社,2007 年,第 374 页。

③　恩格斯《自然辩证法》,人民出版社,1984 年,第 18 页。

经验事实不论收集得多么全面,都不可能帮助人们提出如此复杂的方程。一个理论可以用经验来检验,但是经验中却没有通往理论的道路。①

(二)时空观

一个被普遍认同的观点是,中国传统文化的核心是经学,经学之首是易学。在这个基础上,我们可以进一步推论:易学的核心是它的时空观。之所以这么说,原因在于:以三易中的《周易》为节点,其后建立起来的整个易学体系,不仅为中国文化提供了本体描述和认识论框架,同时,也为中国人的生产生活实践,乃至政治生活,提供了方法支持。其中,基于太极——这个"假设原点"的时空观是中国文化建构和存在的框架基础。它解决的是中国人对自身在时空中所处位置的逻辑和历史认知。因此,从中国文化时空观的特征及其变化入手,对我们准确地把握中国文化的基本特征和变化的轨迹,无疑是一个捷径。

易学的时空观主要体现在以先天、后天八卦图为核心的时空意识的构建上。这里,我们集中谈一下易图中的南北方位与先后天八卦的内在关系。

打开我们现在的地图,方位是上北下南,左西右东;但中国古籍中的方位图正好与此相反,是上南下北,左东右西。如下图:

现代方位   古代方位

东西南北方位的古今认知差异,加上"先天八卦图"和"后天八卦图"不同的卦序排列,使初学者很难在短时间内了解它们的内在联系;并且,教学者在这个问题上,也常常语焉不详,一带而过。然而,问题是,如果不对这个问题做一个明确合理的正面回应,图谶附会之论就会乘虚而入,反因为果之说必然畅行无阻。在科学昌明的时代,后来者岂容出现地理方位南北颠倒、先天后天卦序排列毫无

① 阿尔伯特·爱因斯坦《相对论》,江苏人民出版社,2011年,第36页。

内在联系的解释。这是易学研究中一个值得注意的现象。

　　结合前人的解释,对这个问题,这里尝试做一个梳理。

　　我们现在看到的地图和先天后天图都是二维平面的:

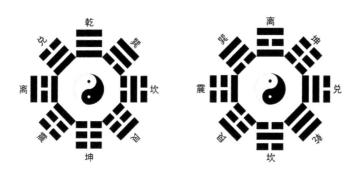

先天八卦图　　　　　　　　后天八卦图

《正义》引《易纬》:"卦者挂也,言悬挂物象,以示于人,故谓之卦。"①《上系》:"悬象著明莫大乎日月。"②《下系》:"《易》者象也。象也者,像也。"③

　　《说卦》中说:天地定位,山泽通气,雷风相薄,水火不相射。④ 对此,《尚氏学》说:"此先天卦位也。"⑤《说卦》中又说:

　　　帝出乎震,齐乎巽,相见乎离,致役乎坤,说言乎兑,战乎乾,劳乎坎,成言乎艮。万物出乎震,震东方也。齐乎巽,巽东南也。齐也者,言万物之絜齐也。离也者,明也,万物皆相见,南方之卦也。圣人南面而听天下,向明而治,盖取诸此也。坤也者,地也,万物皆致养焉,故曰"致役乎坤"。兑,正秋也,万物之所说也,故曰"说言乎兑"。"战乎乾",乾,西北之卦也,言阴阳相薄也。坎者水也,正北方之卦也,劳卦也,万物之所归也,故曰"劳乎坎"。艮,东北之卦也。万物之所成终而成始也,故曰"成言乎艮"。⑥

① 孔颖达《周易正义》,中国致公出版社,2009 年,第 9 页。
② 黄寿祺 张善文《周易译注》,上海古籍出版社,2007 年,第 392 页。
③ 黄寿祺 张善文《周易译注》,上海古籍出版社,2007 年,第 406 页。
④ 黄寿祺 张善文《周易译注》,上海古籍出版社,2007 年,第 429 页。
⑤ 尚秉和《周易古筮考·周易尚氏学》,光明日报出版社,2006 年,第 208 页。
⑥ 黄寿祺 张善文《周易译注》,上海古籍出版社,2007 年,第 431 页。

对此,《尚氏学》认为:"此言后天卦位,《周易》用之。"①

在短短的一篇《说卦》中,同时出现了对先后天八卦的方位描述,这是个很有意思的现象。这或许说明,在《周易》经文成书之时,或者,最迟在《说卦》成章之时,先后天卦位已是既成之说。②

进一步讲,《说卦》中还提到:离为火,为日,为电,为中女,为甲胄,为戈兵;其于人也为大腹,为乾卦,为鳖,为蟹,为赢,为蚌,为龟;其于木也为科上槁。③

先天后天,在这里竟然重叠成了"一个天"!

《乾凿度》说:"其位也,天在上,地在下。君南臣北,父坐子伏",④又说:"天地之道立,山泽雷风水火之象定矣。其散布用事也,震生物于东方,离长之于南方,兑收之于西方,坎藏之于北方。"⑤这可能是目前可见的有关于先天图与后天图之间关系的最早的解释了。

刘大钧先生在《历代易学研究概论》中,对先天图"绝非宋人自造,其图之出,必有所本"⑥也有非常精彩的论述。

综合以上诸说,我们尝试把先天八卦图和后天八卦图进行立体重叠,得到下面这张"先后天八卦立体方位图"。仔细研究这张新图,易学理论研究和教学中的很多既往的问题会变得简单而直观。

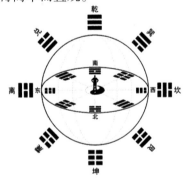

先后天八卦立体方位图

①　尚秉和《周易古筮考·周易尚氏学》,光明日报出版社,2006年,第208页。
②　刘大钧认为:"《说卦》《大象》及《彖》的成篇,虽早于《系辞》,但一般不会早于战国初期。"见刘大钧《周易概论》,四川出版集团巴蜀书社,2010年,第14页。
③　黄寿祺 张善文《周易译注》,上海古籍出版社,2007年,第439页。
④　林忠军《易纬导读》,齐鲁书社,2002年,第78页。
⑤　林忠军《易纬导读》,齐鲁书社,2002年,第79页。
⑥　刘大钧《周易概论》,四川出版集团巴蜀书社,2010年,第86页。

关于这张图,有几点说明:

第一,人是内在的观察者,而不是外在的观察者;或者说,人所在的观察点就是先后天八卦图的太极点——"原点"。

第二,中国人生活在北半球,南方代表温暖和生机,因此,《说卦》中说:"圣人南面而听天下,向明而治",这就是"面南背北"的由来。

第三,人脚踩大地,抬头看天,天(乾)就在上,地(坤)就在下,日(离)出于左而月(坎)入于右。这应该是先天方位的由来。

细心的人,从以上的几点描述就可以看出,所谓"先天图"、"后天图",无非是人们对自身所在多维时空的一种二维表达罢了;本质上,它们其实是一张图。

这张图,就是中国传统文化的时空内核。

二、易学建立了中国文化演进的范式

(一)三观两取

每一种文化类型,都有自己的"原点假设"(逻辑起点),每一个文化的发生发展,都有自己的路径倾向(实践起点);二者在人类的生产实践和文化实践中历史统一。用张五常的话说:"在科学上,现象(phenomenon)、事实(fact)、行为(behavior)或观察所得(observation)是同一回事——虽然有些现象是不能用肉眼观察到的。"[1]而始终影响、甚至决定人们能得到什么样的现象、事实、行为和观察所得的,是范式。

范式(Paradigm)是美国哲学家托马斯·库恩(Thomas Samuel Kuhn 1922—1996)在1962年提出的一个概念,是一种历史阶段论。用库恩自己的话说:"按既定的用法,范式就是一种公认的模型或模式。"[2]

"三观两取"是易学为中国文化提供的最早的演进范式。

> 古者包羲氏之王天下也,仰则观象于天,俯则观法于地,观鸟兽之文,与地之宜,近取诸身,远取诸物,于是始作八卦,以通神明之德,以类万物之

---

① 张五常《经济解释》卷一,中信出版社,2010年,第38页。
② 托马斯·库恩《科学革命的结构》,北京大学出版社,2003年,第21页。

情。①

前面讲过,中国文明的创世纪是人创而非神创,人们是在生产和文化实践的过程中,逐步建立、丰富、完善了属于自己的"范式"。

作结绳而为网罟,以佃以渔,盖取诸《离》。……上古结绳而治,后世圣人易之以书契,百官以治,万民以察,盖取诸《夬》。②

这难道不是一幅中国文明创世纪的全景图么?

有的学者认为:"这一段话可疑,很可能是后人加进去的。"③从史学的角度讲,的确有这个可能;但如果我们尝试换一个角度——比如,意象关系的角度——来阅读这段话,或许能够看到"三观两取"这个认知范式的另外一层意味。

事实上,六十四卦始终是在谈"象"什么,而没有直接说这些"象"具体"是"什么。究其原因,恐怕正是这"两节功夫"之间,还有些什么东西。如果我们借用索绪尔(Ferdinand de saussure 1857—1913)关于"所指""能指"的定义:"能指是我们通过自己的感官所把握的符号的物质形式……所指是符号使用者对符号所涉及对象所形成的心理概念。"④那么,我们就可以粗略地把易"象"前面的"意"比作"所指",而把易"辞"后面的"事"比作"能指",于是,就出现了一个新的认识模型:意(所指)——象——辞——事(能指)。再比较一下程颐提出的那个模型:"卦之为《鼎》,取鼎之象也。鼎之为器,法卦之象也。有象而后有器,卦复用器而为义也。"⑤即:象——卦——器的循环模型,我们就不能不佩服中国古人在那个时代提出"三观两取"的先知和独到了。

对此,易学的另外两组重要观念——阴阳、五行的形成过程,本身就是最好的例证,这里不再赘述。

---

① 黄寿祺、张善文《周易译注》,上海古籍出版社,2007 年,第 402 页。
② 黄寿祺 张善文《周易译注》,上海古籍出版社,2007 年,第 403 页。
③ 金景芳《周易讲座》,吕绍纲整理,广西师范大学出版社,2005 年,第 63 页。
④ 约翰·费斯克等《关键概念——传播与文化研究词典》,新华出版社,2004 年,第 262 页。
⑤ 李光地《周易折中》,刘大钧正理,四川出版集团巴蜀书社,2006 年,第 388 页。

（二）整体观

易学对中国文化的影响，还体现在它的整体观上。易学的整体观可以从两个方面看：一是起源，一是思想的辩证。

> （刚柔交错，）天文也；文明以止，人文也。观乎天文，以察时变。观乎人文，以化成天下。①

从人类学角度看，中国文化最早的形态是一种"天文""人文"不分的整体形态，孙关龙、宋正海等称之为"巫学时代"。② 时间大致为公元前五、六千年至公元前8世纪的早期。

整个巫学时代，从"第一个人画出第一根线条"——"一画开天"，到商末周初"人谋鬼谋"思想的形成，易学都是整个学术系统的主流与核心。因此，张光直才说"巫通天人，王为首巫"；李泽厚则讲得更为具体："从远古时代的大巫师到尧、舜、禹、汤、文、武、周公，所有这些著名的远古和上古政治大人物，还包括伊尹、巫咸、伯益等人在内，都是集政治统治权（王权）与精神统治权（神权）于一身的大巫。"③至于后来出现的以"道家者流"、"儒家者流"（班固语）为代表的"诸子百家"，则是平王东迁、政由方伯之后的事了。

从思想辩证的层面看，易学的辩证整体观，不仅是中国文化的哲学内核，也是人类文明的重要精神成果。

对人类来讲，环境的不确定性主要体现在"人心惟危"和"道心惟微"两个方面，对此，易学给出的应对之道是：

> 《易》之为书也不可远，为道也屡迁，变动不居，周流六虚，上下无常，刚柔相易，不可为典要，唯变所适。④

---

① 黄寿祺 张善文《周易译注》，上海古籍出版社，2007年，第132页。
② 孙关龙 宋正海《中国传统文化的瑰宝——自然国学》，海天出版社，2012年，第8页。
③ 李泽厚《说巫史传统》，上海译文出版社，2012年，第10页。
④ 黄寿祺 张善文《周易译注》，上海古籍出版社，2007年，第417页。

"混沌"（Chaos）是现代科学对无限大、无限小、无限复杂这三个"无限"中的无限复杂的另一种表述；是非线性确定性系统中，由于系统内部非线性相互作用而产生的一种非周期的行为。它对初始条件有极其强烈的敏感性，而其结果又具有随机性和不可测性。从认识论上讲，"混沌"是机械还原论的不可承受之重。这也是西方现当代思想在发展到一定阶段时，出现集体向东看的主要原因。举几个例子：

李约瑟说："早期'现代'自然科学取得伟大胜利之所以可能，是基于机械论宇宙的假定——也许这对于这些胜利是必不可少的——但这样一个时代注定要到来。在这个时代里，知识的增长使人接受一种更为有机的跟原子唯物论一样的自然主义哲学。这就是达尔文、华莱士、巴斯德、弗洛伊德、施培曼、普朗克和爱因斯坦的时代。当这个时代到来的时候，人们发现有一系列的哲人已经铺平了道路——从怀特海上溯到恩格斯和黑格尔，从黑格尔到莱布尼兹——而这种灵感也许完全不属于欧洲人，也许这种最现代的'欧洲'自然科学的理论基础受到庄周、周敦颐和朱熹这类人物的恩惠，比世人已经认识到的多得多。"①

哈肯说："协同学与东亚对世界的整体性观察方式颇相一致。"②

普利高津说："我们正向新的综合前进，向新的自然主义前进。这个新的自然主义将把西方传统同它对实验的强调和定量的表述，同……中国传统结合起来。"③

如何在新的历史背景下深入把握民族文化的内在核心、在新的基础上重新认识中国传统文化的发展趋势，这是中国更好地融入世界、进入世界多元文明体系，在更高的政治、经济、文化层面上与世界对话的基础。

（作者为河南省天孚经济文化研究所所长）

---

①　李约瑟《中国之科学与文明》第三册，台湾商务印书馆，1973 年，第 252、236 页。

②　赫尔曼·哈肯《协同学——大自然构成的奥秘》，上海译文出版社，2001 年，第 1 页。

③　孙关龙、宋正海《中国传统文化的瑰宝——自然国学》，海天出版社，2012 年，第 231 页。

论河洛文化的核心内涵

程有为

　　河洛文化是中华传统文化的源头,也是中国最重要的一种地域文化。三十多年来关于河洛文化的研究取得了可喜的成就,但仍有深入探讨的必要。对河洛文化核心内涵进行专门研讨,是河洛文化研究深入的一种表现。

　　"内涵",亦称内包,是反映于概念中的对象的本质属性的总和。[①] 与它相近的概念还有"内容",泛指事物内部所包含的一切。这两个概念既有联系和相通之处,也有一些区别。比较而言,似乎用"内涵"更合适些。河洛文化的内涵极其丰富,什么是其核心内涵,是一个值得深入探讨的问题。本文拟就此问题略述已见,以求教于学界同仁。

一、文化的内涵与层次

　　一般来说,"文化"从宏观层面可以分为物质文化、精神文化两个方面,或者物质文化、制度文化和精神文化三个方面。而单就精神文化而言,又可细分为思想哲学、宗教信仰、学术、文学、艺术、自然科学技术、教育、风俗习惯等许多方面。又有学者从文化形态学角度,将文化视作一个包括内核与若干外缘的不定型的整体,从外而内,约略分为四个层次:

　　"由人类加工自然创制的各种器物,即'物化的知识力量'构成的物态文化层,它是人的物质生产活动方式和产品的总和,是可触知的具有物质实体的文化事物,构成整个文化创造深刻的物质基础:

　　由人类在社会实践中组建的各种各种社会规范构成的制度文化层;

---

　　① 《辞海》缩印本,上海辞书出版社,1979 年版,第 193 页。

由人类在社会实践,尤其是在约定俗成的习惯性定势构成的行为文化层,它是一种以礼俗、民俗、风俗形态出现的见之于动作的行为模式。一个时代的文化集中体现在该时代的思想理论体系中,却更广泛地活跃在各种社会风尚间;

由人类在社会实践和意识活动中长期絪缊化育出来的价值观念、审美情趣、思维方式等主体因素构成的心态文化层,这是文化的核心部分。

这里所谓的心态文化,大体相当于'精神文化'或'社会意识'这类概念。"①

要而言之,这段话将文化的内涵分为四个层次,从外到内依次是物态文化——制度文化——行为文化——心态文化,而其中的心态文化,即"精神文化"或"社会意识",是文化的核心。

笔者赞同上述关于文化内涵和层次的表述。无论将文化分为物质文化、精神文化两个方面,或者物质文化、制度文化、精神文化三个方面,精神文化都是文化整体的核心。这并不难理解。因为文化是由人创造的,在人们的社会实践中,思想意识不仅支配人的行为,也影响到制度的制定和利用自然进行的物质生产。精神文化,或者说社会意识,对其他文化层面有决定作用。这种文化认知,就是我们探讨河洛文化核心内涵的出发点。文化虽然包含许多方面的内涵,但是其核心内涵应该是思想学说,与其密切相关的文化门类,是哲学、学术。

二、河洛文化的核心内涵

笔者以前曾认为,"河洛文化的内涵中有两个带有标志性的文化现象,一是河图洛书,二是二程洛学。"②二者既具有明确的地域特色,为河洛文化所独有,也构成了系统的思想学术体系,应该属于河洛文化的核心内涵。现分别予以简要阐述。

(一)河图洛书

河图洛书出现在河洛地区,是河洛文化的源头。它本来是一种关于上古时代的传说,见载于先秦文献,反映了先民的自然崇拜和祥瑞意识。但是在西周举行康王的即位大典时,朝堂上陈列有"越玉五重,陈宝,赤刀,大训,弘璧、琬、琰,

① 冯天瑜等《中华文化史》(第2版),上海人民出版社,2005年,第18页。
② 程有为《河洛文化概论》,河南人民出版社,2007年,第9页。

在西序;大玉,夷玉,天球,河图,在东序"。① 可见,在西周,河图是一种珍贵的宝器,是一种实实在在的器物。文献记载:"河出图,洛出书,圣人则之。"②又说圣人效法河图洛书,制定行为准则或国家法典,或者受河图洛书的启示,进行多种创造发明。

西汉大儒孔安国、刘歆等对河图洛书进行了解释和发挥,从而构建了一个古史系统,并把河图洛书与儒家经典《周易》和《尚书》联系起来,认为伏羲据"河图"画八卦,大禹据"洛书"作《洪范》九畴,从此河图洛书成为《易》学的源头和治国大法。此后研究易学的人都不可能回避河图洛书,于是河图洛书成为中国古代学术的一个重要组成部分。西汉后期至东汉谶纬之学盛行,儒学增添了浓厚的神学色彩,河图洛书又成为谶纬神学的一项内容。谶纬中有大量关于河图洛书的传说和五花八门的解释。此后,历代学者对它研究解释不辍。

宋代是河图洛书研究的一个新阶段,宋儒对河图洛书进行了新的阐释。象数学派邵雍、刘牧、朱震以及理学的集大成者朱熹与其弟子蔡元定是宋儒研究河洛洛书的代表人物,他们画出了河图与洛书的图式,提出了以数为本原的哲学理论。从宋代开始,有学者对河图洛书的真实性提出质疑,不同观点之间也进行了一些辩难。

明清至今人们仍不断对河图洛书进行探索,并作出了新的解释。河图洛书内容广泛,涉及中国古代哲学、医学、文字学等许多方面。王永宽研究员的《河图洛书探秘》就是当代研究河图洛书的重要成果。

人们认为河图洛书是中国传统文化的源头。北京中华世纪坛上的浮雕,第一幅就是河图洛书。自汉代以来,河图洛书的研究遂成为一种学问,简称为"图书"学或"河洛学"。它分别是一种文化起源论、神道设教论和哲学本体论。它是中国古代哲学思想发展中用作预测事物变化进行史学演算的一部分。无论从思想方面还是从学术方面说,河图洛书是前人留给我们的一份珍贵的文化遗产,值得人们去发掘利用。

(二)二程洛学

洛学是北宋著名学者程颢、程颐创立的学说。因为二程兄弟是洛阳人,又在

---

① 《尚书正义》卷十八《顾命》,十三经注疏本,中华书局,1980 年,第 127 页。
② 周振甫《周易译注》,中华书局,1991 年,第 247 页。

洛阳一带聚徒讲学,从事著述,故其学术流派称为洛学。洛学的理论形态是理学。理学亦称作"道学",或者新儒学。理学的特质是一种以儒学为主体,吸收、改造释、道哲学,在涵泳三教思想精粹之上建立起来的伦理主体性的本体论。洛学是奠基阶段的理学,在理学的形成与发展史上具有重要地位。

宋明理学是中国儒学发展演变的一个重要阶段。二程洛学是孔孟儒学的发展和升华。东汉儒家经学日益繁琐化、谶纬神学化。魏晋时玄学勃兴,对传统儒学进行了冲击。此后,由南亚传入的佛教和中国土生土长的道教迅速发展,形成了思想领域儒、释、道三家鼎足而立的局面。传统儒学不仅失去了独尊的地位,而且呈现衰颓之势。唐代中后期,韩愈和李翱等提出儒家"道统",攘斥佛老,掀起了儒学复兴运动。理学是从唐代中后期开始酝酿的儒学复兴运动的产物。北宋五子周敦颐、张载、邵雍与程颢、程颐以儒学文化复兴为先导,以韩愈、李翱开启的由外向内转化,由斥佛、排佛到"援佛入儒"为契机,探索儒学发展的新形式,同时又出入佛老,吸取其理论营养,使这个时期的儒学呈现出综合《易经》、"四书"的思想理论和概念范畴,重视天道和人道的统一,着重抉发心性理论,重视修养方法等特点,终于创建了中国封建社会后期最为精致、最为完备的理论体系——理学。

二程在构筑自身的思想体系时,十分注意从释、道二教中吸收思想精粹。二程所构制的超越万物、永恒存在的精神本体——"天理",直接取鉴于禅宗的真如佛性,二程所言的"一物之理即万物之理",承袭于华严宗的"理事说"。二程倡导的修养途径与禅宗禅定顿悟的修炼方法如出一辙。二程在坚守儒学的同时,吸收佛教、道教的思想精华,方体贴出"天理",并进而构造出包括自然观、认识论、人性论在内的完整思想体系。二程倡导对"四书"的研习。将《大学》、《中庸》与《论语》、《孟子》合称"四书",提升到与传统"六经"并立的地位,主要是从二程开始的。自此传统儒经圣典的内容开始发生变化,标志着儒学发展的一个重要变迁。

理、气问题,是宋代哲学的中心议题。围绕这一问题,二程建立了他们理一元论的本体论哲学。他们以"理"或"天理"作为宇宙本原和理学体系的最高范畴。二程所说的"天理",就是世界万事万物的最高存在,是天地万物的最高主宰,万事万物由它而生,由它而灭,天理是永恒的最高精神实体。他们认为"理"

既存在于自然界,也存在于人类社会,是世界万事万物的普遍规律和准则。二程不否认气的存在,但是"有理则有气",理在气先,理是事物之所以然,也是事物的准则。二程的"理"除了说明宇宙自然,更多的是用于说明人事。因此,"理"或"天理"又成为伦理道德规范和社会制度的总和以及人们行为规范的准则。伦理道德也被说成符合天理的东西。

二程的哲学体系中包含着朴素的辩证法思想。程颐认为世界上的事物总是处于不断地运动变化之中。程颢指出了矛盾的普遍性。二程还把矛盾的对立看作事物的产生和运动变化的内在根源。对立的双方相互作用,即"遇"或"交感",推动着事物的产生和运动变化。

在人性论方面,二程提出了"天命之性"和"气质之性"的理论。他们认为,天命之性就是天理在人身上的体现,是天赋予人的,所以为善。气质之性是每个人所禀受的性。人所禀受的气有清浊,人的气质之性才有善、恶之分和高、下之别。但是人通过自身修养可以改变气质。

二程的认识论主要是致知格物和主敬。格物就是穷理,穷理即能致知。因此格物是通向道的开端。关于认识的途径和方法,程颢提出了"以诚敬存之"的主敬说。"以诚敬存之"是一种内心体贴的功夫,人们通过这种内心体贴,才能达到"仁"的境界。程颐认为,人有两种知识,即"闻见之知"和"德性之知"。二者各有利弊,需要取长补短,才能得到真知。二程指出的认识途径是:从正心诚意到格物穷理再到脱然贯通。

在社会历史观方面,二程继承了先秦儒家"法先王"的观点。他们把"法先王"与天理论结合起来,进行了一些发挥。

二程洛学在当时及后世都有很大的影响。至北宋末南宋初,二程弟子在不同地区讲学,洛学得以在外地传播,形成了一些新的地域学派。这些学派由于受程颢和程颐思想学说差异的影响,而逐渐形成了程朱理学、陆王心学、事功之学三大学术体系。冯友兰先生说:"在道学以后的发展中,程颢的思想就成为心学,程颐的思想就成为理学。他们兄弟二人,不但创建了道学,也开始了道学中的两大派别,这在哲学史上是罕见的。"①

---

①　冯友兰《中国哲学史新编》下册,人民出版社,2004 年,第 121 页。

二程弟子闽人杨时将二程洛学由河洛地区传播到江南,又经过罗从彦、李桐的传习,朱熹的弘扬发挥,形成了闽学,这是理学发展的一个新阶段。在宋代学术中影响最大的首推由二程奠基、朱熹集大成的理学。到南宋理宗以后,程朱理学成为官学,并开启了此后理学居统治地位的历史时期。程朱理学不仅在中国南宋、元明诸代的思想学术中占据统治地位,而且对于朝鲜半岛、日本乃至东南亚都产生了重大影响。

在当前的商品经济社会,存在着拜金主义和道德缺失的现象。由二程开创和奠基、朱熹集大成的理学思想十分注重道德准则和伦理关系,继承弘扬其中的合力内核,有利于人们树立正确的人生观、价值观,也有利于和谐社会的构建。二程理学倡导天人合一,有助于人们坚持科学发展观,正确处理人与自然的关系,注重保护资源,建立环境友好型社会。

三、河洛文化精神

河洛文化体现着一种精神,一种价值观。河洛文化中蕴含的根深蒂固的中国意识,历久弥坚的大一统观念,"和合"、"中和"、"和而不同"等和谐思想,爱国奉献、大公无私与自强不息、奋发有为的精神等,都具有普遍价值,至今仍是弥足珍贵的精神财富。

（一）中国意识与大一统思想

河洛地区是最早的"中国"所在地,河洛文化强调的"中国"意识,是中国历史上多民族融合和民族团结的精神力量。从西周以来,在人们思想中逐渐形成了"中国"这一概念。《诗经》说:"惠此中国,以绥四方。"[①]"中国"是对四方而言的,最早的"中国"即指河洛地区。西周初期的"何尊"铭文称:"惟王初迁宅于成周……惟武王既克大邑商,则廷告于天,曰'余其宅此中国,自之乂民。'"[②]意思是说,周武王灭商以后,认为洛阳一带是中国,要将都城迁到此地。从最早的炎黄族团发展到华夏部族,再突破夷、夏之别融合各个少数民族进入汉族群体,直至兼容所有中国境内的民族群体构成中华民族大家庭,都是在"中国"意识基础

---

① 朱熹《诗集传》卷十七《大雅·民劳》,上海古籍出版社,1958年,第199页。

② 马承源《何尊铭文初释》,《文物》1976年第1期。

上形成的。

　　河洛地区是众多王朝的都城所在地,大一统思想根深蒂固,形成了传统的民族基因。中国历史上几次从分裂割据走向统一,无不是中原王朝所倡导的大一统思想深入人心所造成深刻影响的结果。

　　河洛文化是一种根文化,它的强劲凝聚力和向心力表现在所有受其沐浴的中国人都对自己的祖居地怀有深厚的情愫,都竭力保持自己的文化认同精神和民族归属感。例如客家人曾经多次播迁,但是无论走到哪里,都以自己来自河洛地区而感到骄傲,并坚定地保存自己拥有的河洛文化。闽台地区的闽南人也承认河洛地区是他们的祖籍地,河洛文化对他们有巨大的感召力和吸引力。

　　(二)中和、和合思想

　　河洛文化中蕴涵着丰富的和谐思想。早在西周、春秋时期就出现了"和同"之辨。史伯对郑桓公说:"夫和实生物,同则不继。"①西汉戴圣编纂的《礼记》中说:"中也者,天下之大本也;和也者,天下之达道也。致中和,天地位焉,万物育焉。"②明确提倡中和思想。《老子》说:"挫其锐,解其忿,和其光,同其尘。"③道家主张的"和光同尘",就是以谦下不争、清净无为来达到人的身心和谐,处理好人际关系。河洛文化也主张天人合一。总之,河洛文化倡导人与自然的和谐,人与社会的和谐,人与人的和谐,人自身的和谐。

　　(三)爱国为民、无私奉献精神

　　河洛文化中包含着丰富的民本思想。《老子》说:"圣人无常心,以百姓心为心。"④

　　贾谊说:"闻之于政者,民无不为本也。国以为本,君以为本,吏以为本。"⑤自古以来,河洛地区的志士仁人以天下社稷为己任,体现着高尚的爱国为民、无私奉献精神。春秋时期郑国改革家子产曾说:"苟利社稷,死生以之。"⑥在唐代的安史之乱中,张巡坚守睢阳,不惜为国捐躯;宋代民族英雄岳飞精忠报国,以收

---

①　《国语》卷十六《郑语》,上海古籍出版社,1988 年,第 515 页。
②　杨天宇《礼记译注》第三十一《中庸》,上海古籍出版社,1997 年,第 899 页。
③　朱谦之《老子校释》第四章,中华书局,1984 年,第 19 页。
④　朱谦之《老子校释》第四十九章,中华书局,1984 年,第 194 页。
⑤　阎振益 锺夏校注:《新书校注》卷九《大政上》,中华书局,2000 年,第 338 页。
⑥　杜预《春秋左传集解》昭公四年,上海人民出版社,1977 年,第 1248 页。

复中原为己任。他们可歌可泣的事迹蕴含着崇高的爱国奉献精神。范仲淹在邓州(今属河南)写的《岳阳楼记》抒发了"先天下之忧而忧,后天下之乐而乐"的高尚情操。从民本思想出发,统治者应该爱民、保民,关心民众疾苦。白居易《新制绫袄成感而有咏》诗写道:"百姓多寒无可救,一身独暖亦何情。心中为念农桑苦,耳里如闻饥冻声。争得裘褐长万丈,与君都盖洛阳城。"①程颢任晋城县令时,以"视民如伤"为座右铭。这些,表现了士人与民众同甘苦的情怀。

(四)自强不息、奋发有为精神

河洛文化中也包含着一种自强不息、奋发有为的精神。《易传》说:"天行健,君子以自强不息。"②《列子》中《愚公移山》的神话故事,反映了古人坚韧不拔的改造自然与社会的雄心壮志。为了战胜大洪水,大禹率领民众疏浚河道十三年,三过家门而不入。春秋初年,郑国从关中东迁虢、郐(今河南荥阳、新密、新郑一带),"庸次比耦,以艾杀此地,斩之蓬蒿藜藋,而共处之"。③姜戎迁至晋国南部"狐狸所居,豺狼所居"之地,"除翦其荆棘,驱其狐狸豺狼"以居④。这些,体现着一种艰苦创业的精神。

上述河洛文化精神,不仅在中华民族精神的熔铸中起到了十分重要的作用,而且在当前的现代化建设和树立社会主义核心价值观的进程中仍然值得弘扬。

(作者为河南省社会科学院研究员)

---

① 《全唐诗》卷四百五十一,中华书局,1970 年,第 5103 页。
② 周振甫《周易译注》乾卦《象》,中华书局,1991 年,第 3 页。
③ 杜预《春秋左传集解》昭公十六年,上海人民出版社,1977 年,第 1410 页。
④ 杜预《春秋左传集解》襄公十四年,上海人民出版社,1977 年,第 902 页。

从"洛阳"意象看河洛文化的核心价值

许智银

意象是融入了诗人主观情意的客观物象,或者说是借助客观物象表现出来的主观情意,作为术语,学界普遍认为意象导源于先秦《周易》,萌生于汉代解经释骚的比兴说,发展于六朝的文论,成熟于唐代的诗评家和诗人。

在多种多样的意象中,借地名为意象尤以"洛阳"为最,洛阳悠久的都城文化历史孕育了洛阳意象的独特内涵,使洛阳意象被赋予了浓厚的文化意蕴和审美意味,而洛阳在河洛文化中举足轻重,是河洛文化的标志性城市,梳理解读古代文学中"洛阳"意象的丰富含义,可以从另一个视角帮助我们进一步认识河洛文化的核心价值,即民族根魂之所在。兹从以下三个方面展开论述。

一、"京洛信名都"——认同大一统的民族伦理观

洛阳地处天下之中的优越地理环境优势成就了洛阳千年帝都的历史,司马迁云"昔三代之居皆在河洛之间",左思有"崤函有帝皇之宅,河洛为王者之里"之说,司马光发出了"若问古今兴废事,请君只看洛阳城"的浩叹。

中国传统向来以京畿为重,海疆为轻,都城的确立象征着国家一统,民族和谐,政治稳定,社会强盛。文人诗词赋作中大量的歌颂洛阳都城的意象,反映了古代民族对大一统帝王国家政治体制的认同,体现的是一种古朴的民族伦理观。如张衡《东京赋》云:"京邑翼翼,四方所视。""区宇乂宁,思和求中。睿哲玄览,都兹洛宫。"①美丽宏伟的洛阳城乃是四方边域景仰的中心,也是英明有为君主的理想定都之所。南朝诗人陈叔宝《洛阳道》之三赞叹洛阳云:"建都开洛汭,中

---

① 张震泽《张衡诗文集校注》,上海古籍出版社,1986 年 5 月,第 103 页,第 107 页。

地乃城阳。纵横肆八达,左右辟康庄。铜沟飞柳絮,金谷落花光。忘情伊水侧,税驾河桥旁。"①这首诗应当是陈后主被俘迁往洛阳以后,深为洛阳的厚重历史所震撼,用白描的笔法将洛阳的美景留在笔端。洛阳居天下之中,康庄大道四通八达,宫殿园林引人注目,伊洛景色秀丽宜人。孔奂吟洛阳诗《赋得名都一何绮》云:"京洛信名都,佳丽拟蓬壶。九华彫玳瑁,百福上椒涂。黄金络騕褭,莲花装鹿卢。咸言仪服盛,无胜执金吾。"②起首两句概括了洛阳名都的壮美,堪比蓬莱仙境,接着描写了洛阳宫殿的绮丽,宫廷坐骑佩饰的华艳,最后以赞美官员服装的威仪收束,流露了对名都洛阳的深挚热爱之情。唐人李峤咏《洛》诗云:"九洛韶光媚,三川物候新。花明丹凤浦,日映玉鸡津。元礼期仙客,陈王睹丽人。神龟方锡瑞,绿字重来臻。"③洛阳山川津浦风光秀丽,洛神、洛书等神话传说文化底蕴深厚。储光羲《送恂上人还吴》云:"洛城本天邑,洛水即天池。君王既行幸,法子复来仪。"④韦庄《北原闲眺》云:"千年王气浮清洛,万古坤灵镇碧嵩。"⑤张继《洛阳作》云:"洛阳天子县,金谷石崇乡。草色侵官道,花枝出苑墙。"⑥杨师道《阙题》描写洛阳城云:"汉家伊洛九重城,御路浮桥万里平。桂户雕梁连绮翼,虹梁绣柱映丹楹。"⑦宋之问《明河篇》云:"洛阳城阙天中起,长河夜夜千门里。"⑧张籍《洛阳行》云:"洛阳宫阙当中州,城上峨峨十二楼。"⑨马戴《雒中寒夜姚侍御宅怀贾岛》云:"夜木动寒色,洛阳城阙深。"⑩窦庠《奉酬侍御家兄东洛闲居夜晴观雪之什》云:"洛阳宫观与天齐,雪净云消月未西。"⑪刘禹锡《吟乐天自问怆然有作》云:"洛阳城里多池馆,几处花开有主人。"⑫于濆《拟古讽》云:"洛阳大道傍,甲第何深邃。"⑬李颀《送刘四》云:"洛阳十二门,官寺郁相

① 《先秦汉魏晋南北朝诗·陈诗》卷四。
② 《先秦汉魏晋南北朝诗·陈诗》卷五。
③ 《全唐诗》卷五十九。
④ 《全唐诗》卷一百三十八。
⑤ 《全唐诗》卷六百九十六。
⑥ 《全唐诗》卷二百四十二。
⑦ 《全唐诗》卷三十四。
⑧ 《沈佺期宋之问集校注》,中华书局,2001年11月,第409页。
⑨ 《张籍诗集》卷七《乐府三十三首》,中华书局,1959年1月,第90页。
⑩ 《全唐诗》卷五百五十六。
⑪ 《全唐诗》卷二百七十一。
⑫ 卞孝萱校订《刘禹锡集》卷三十二,中华书局,1990年3月,第451页。
⑬ 《全唐诗》卷五百九十九。

望。青槐罗四面,渌水贯中央。"①欧阳修《少年游》云:"洛阳城阙中天起,高下遍楼台。"晁端礼《鹧鸪天》云:"洛水西来泛绿波。北瞻丹阙正嵯峨。……卜年卜世过周室,亿万斯年入咏歌。"②宋代穆修《过西京》云"西京千古帝王宫,无限名园水竹中"。明代刘凤《京洛行》亦云:"宅中形胜涧瀍深,作洛千年王气沈。"这些诗词从城阙、高楼、宫观、池馆、甲第、御道等,多方面多视角地突出了洛阳都城的繁盛气象,向人们展示了洛阳帝都曾经的辉煌壮丽。历代王朝对洛都匠心独运,苦心经营,使洛都成为人们向往的富贵繁华之地,"京洛信名都"代表了人们对洛阳悠久古都历史的回望,也是民族大一统观念的折射。

二、"永怀河洛间"——寄寓家国梦的民族价值观

　　都城是帝王的居所,是权力的集中,是政治经济文化的中心,亦是家国的象征,在以城破则国灭的封建时代,洛阳多朝为都的历史奠定了它极其深厚的家国文化意识内涵,文人们将洛阳从一个地理坐标升华为了一个内蕴丰富的"洛阳"意象,赋予了它形形色色美丽多姿的家国情怀梦想。陆游《登城》而呼之名言"永怀河洛间,煌煌祖宗业",可谓是"洛阳"家国意象精神的高度提炼。陆游又有《梦至洛中观牡丹繁丽溢目觉而有赋》云:"老去已忘天下事,梦中犹看洛阳花。"表明了他对洛阳故国的至死不渝,感人至深。其《步虚》诗云:"曩者过洛阳,宫阙侵云起;今者过洛阳,萧然但荒垒。铜驼卧深棘,使我恻怆多;可怜陌上人,亦复笑且歌。世事茫茫几成坏,万人看花身独在。北邙秋风吹野蒿,古冢渐平新冢高。"哀伤洛阳今昔的巨大变化,借由人、事、景、物的今非昔比,抒发不得恢复中原的郁闷情感。刘克庄读陆游《示儿》诗后题曰:"不及生前见虏亡,放翁易箦愤堂堂。遥知小陆羞时荐,定告王师入洛阳!"肯定了陆游的洛阳祭祖情怀。同时代的岳飞于《满江红·登黄鹤楼有感》亦呐喊出了"何日请缨提锐旅,一鞭直渡清河洛"的铿锵誓言,振奋千古。以洛阳为核心的河洛地区是华人心中的祖先圣地,它已经超越了文字符号表面的含义而深深潜入了人们集体无意识的家国心灵深处。

---

① 《全唐诗》卷一百三十二。
② 《全宋词》卷五十七。

　　许多祖籍洛阳,或是生长于洛阳,或是在洛阳生活过的文人,对洛阳的感情更是非同一般,其诗文中的"洛阳"愈发耐人咀嚼。唐代洛阳人张说《蜀道后期》云:"客心争日月,来往预期程。秋风不相待,先至洛阳城。"①此诗为张说任校书郎出使西川时所作,表达了他急于返回洛阳城的迫切心情。这其中既有对家乡亲人的思念,亦有对都城生活的眷恋,结尾一笔情致隽永深厚。洛阳诗人王湾,开元元年出游吴地,沿运河南下瓜州,乘舟东渡大江至镇江,于北固山作《次北固山下》云:"客路青山外,行舟绿水前。潮平两岸阔,风正一帆悬。海日生残夜,江春入旧年。乡书何处达,归雁洛阳边。"②面对江南"平潮、悬帆、海日、江春"的动人美景,诗人却萌发出让北归的鸿雁捎书到洛阳城的念头,可见对洛阳城的情感之深。武元衡《春兴》云:"杨柳阴阴细雨晴,残花落尽见流莺。春风一夜吹乡梦,又逐春风到洛城。"春景惹乡思,归梦逐春风,诗人对故乡洛城的惦念借着春风得以实现回归,艺术的想象提升了洛阳城的引人魅力。明代谢榛《四溟诗话》卷二以为武元衡"梦逐春风到洛城",不如顾况"归梦不知湖水阔,夜来还到洛阳城",亦为一说,其实各有千秋。陈与义、朱敦儒亦是洛阳人,陈与义有《牡丹》诗云:"一自胡尘入汉关,十年伊洛路漫漫。青墩溪畔龙钟客,独立东风看牡丹。""靖康之难"使诗人辗转流落于江南,返回伊洛故土的梦想虽然遥遥无期,然而"独立东风看牡丹"的执着身影却打动着你我的心灵。作此诗两年后诗人即长辞人世,留下了不得回归洛阳都城的不尽遗憾。朱敦儒于西都作《鹧鸪天》云:"我是清都山水郎,天教分付与疏狂。……几曾著眼看侯王。玉楼金阙慵归去,且插梅花醉洛阳。"③词人对洛阳城侯王将相不屑一顾,却向往纵情山水的自在生活,"且插梅花醉洛阳"可谓是自我旷达洒脱形象的写照,这是一种对洛阳都城文化的反观。李处权于《梦归赋并引》序言中云:"予洛人也,既更衰乱,奔窜潜伏,烟尘阻绝,身世相吊。遑遑乎羁旅之忧,忽忽乎岁月之久也。迟暮良苦,一夕梦归故里,顾经于目而历于耳者,惨不胜乎其悲也,作《梦归赋》。"赋中"梦故国之圮城兮,陟曲隅之歇亭,俯伊洛之蜿蜒兮,仰嵩少之峥嵘","究此都之宏达兮,匪郡国之可配也","思当年之行乐兮,信承平之嘉会也。想涧瀍之始

---

　　① 《全唐诗》卷八十九。
　　② 《全唐诗》卷一百十五。
　　③ 《全宋词》卷一百一十三。

卜兮,奠九鼎而初定也"。其情凄切炽烈,动人心弦,在身不得回归故里的动荡之世,人们将家国情思寄托于魂梦追忆,可见洛阳古都承载了后人何其深重的振兴民族大业的美好心愿。要之,"洛阳"意象是家国情怀的寄托,是无数文人不停追寻的魂梦,是中华民族以之为根为魂灵的文学书写。

三、"遗迹悲千年"—— 感沧桑兴废的民族哲学观

洛阳安乐窝之安乐先生邵雍有《洛阳怀古赋》云:"洛阳之为都也,居天地之中,有终天之王气在焉。予家此始半岁,会秋乘雨霁,与殿院刘君玉登天宫寺三宝阁,洛之风景,因得周览。惜其百代兴废以来,天子虽都之,而多不得其久居也。故有怀古之感,以通讽喻。"①道出了历代文人借洛阳抒发千古兴亡沧桑变迁之感的原因所在。苏舜钦《游洛中内》云:"洛阳宫殿郁嵯峨,千古荣华逐逝波。别殿秋高风淅沥,后园春老树婆娑。露凝碧瓦寒光满,日转觚棱暖艳多。早晚金舆此游幸,凤楼前后看山河。"②"千古荣华逐逝波"是洛阳古都历史的真实写照,亦是针对洛阳千年都城历史发出的喟叹,耐人寻味。金代庞铸《洛阳怀古》云:"草树萧条故苑荒,山川惨淡客魂伤。玉光照夜新开冢,剑艺沉沙古战场。金谷更谁夸富丽? 铜驼无处问兴亡。一尊且对春风饮,万事从来谷与臧。"③可谓是对洛阳历史的由衷感叹,发人深省。元代刘质《洛阳怀古》云:"揽辔登临感兴浓,东都形胜古来雄。两关地扼东西外,一气天分子午中。云淡嵩邙高冢在,水流伊洛故城空。铜陀陌上思前事,落日惟闻牧笛声。"④山河依旧在,只是城已空。明代周叙《洛阳怀古》云:"春风吊古洛城边,一望川原思渺然。绿野堂湮空宿燕,天津桥废不闻鹃。成周故国塞烟外,汴宋诸陵久照前。独有涧瀍流水在,沧波东去自年年。"⑤诗人吊古洛城,回望历史,但见流水依旧滔滔东去。清代王鑨《哀洛阳故宫》云:"洛阳三月春不新,恼杀洛阳看花人。旧时池馆今不识,暮鸦啼破杨柳春。忆昔歌舞满宫阙,结风裛云不飞月。……壬午贼来破洛阳,杀戮劫夺如虎狼。……觚棱烧玉真龙死,荣楯裂错鬼马啼。曲径犹传碧梧

①　邵雍著 陈明点校《伊川击壤集》,学林出版社,2003 年 12 月,第 288 页。
②　苏舜钦著 沈文倬校点《苏舜钦集》卷六,上海古籍出版社,1981 年 2 月,第 59 页。
③　谭习朴 曾广开主编《历代诗人咏洛阳》,中国城市经济社会出版社,1989 年 12 月,第 244 页。
④　谭习朴 曾广开主编《历代诗人咏洛阳》,中国城市经济社会出版社,1989 年 12 月,第 245 页。
⑤　谭习朴 曾广开主编《历代诗人咏洛阳》,中国城市经济社会出版社,1989 年 12 月,第 247 页。

宫,遗墟但见狐狸踪。"①描绘了洛阳宫殿的衰败景象,令人唏嘘。

《旧唐书》卷三十八《地理志·河南道》云东都:"周之王城,平王东迁所都也。故城在今苑内东北隅,自赧王已后及东汉、魏文、晋武,皆都于今故洛城,隋大业元年,自故洛城西移十八里置新都,今都城是也。北据邙山,南对伊阙,洛水贯都,有河汉之象。"历史上形成的洛阳汉魏故城遗址在洛阳白马寺东洛水北岸,路过此地的文人常常多有所书,如杜牧《故洛阳城有感》云:"一片宫墙当道危,行人为汝去迟迟。篁圭苑里秋风后,平乐馆前斜日时。锢党岂能留汉鼎,清谈空解识胡儿。千烧万战坤灵死,惨惨终年鸟雀悲。"②清人钱谦益、何焯《唐诗鼓吹评注》卷六论曰:"此经洛阳怀汉、晋兴废之事而作也。首言过此见宫墙之危而不忍去,盖恨汉之亡也。夫其所以然者,以灵帝造篁圭、平乐以游侠,又听信谗言,兴钩党祸以害贤良耳。至晋则尚清谈,虽王衍先识胡儿之患,亦何补于败亡哉!噫!洛阳用武之地,屡经兵火之变,坤灵亦灭,惟见长年鸟雀之悲耳,能不过故城而有感乎?"杜牧又有《洛阳》诗云:"文争武战就神功,时似开元天宝中。已建玄戈收相土,应回翠幰过离宫。侯门草满宜寒兔,洛浦沙深见塞鸿。疑有女娥西望处,上阳烟树正秋风。"③清钱谦益、何焯《唐诗鼓吹评注》卷六评曰:"前四句言洛阳之盛,后四句感洛阳之衰。首言东都盛治之日,文以经邦,武以守国,其功成矣。时似开元、天宝之世,盖以明皇四十年太平天子,其初玄戈戢影,相土来归,翠幰回车,离宫巡幸,此所以言盛治也。夫何致安史之乱,东都凋败,侯门草满而潜兔,洛浦沙深而聚鸿,至今上阳虽存,疑当时女娥西望陵寝之处,当此秋风萧索,惟见草树凝烟而已,能不追慕文武之功哉!"对照两诗可以发现,诗人谈论历史上的文治武功,洛阳的盛衰变化,寄寓了对国家命运深深的忧虑。

唐代许浑《洛阳道中》云:"洛阳多旧迹,一日几堪愁。风起林花晚,月明陵树秋。兴亡不可问,自古水东流。"宋代司马光《过故洛阳城》云:"春风不识兴亡意,草色年年满故城。若问古今兴废事,请君只看洛阳城。"④清代梁佩兰吟《洛阳》云:"东都遗迹与谁寻,洛下词人自古今。……无限兴亡无可说,一春闲对牡

---

①　谭习朴 曾广开主编《历代诗人咏洛阳》,中国城市经济社会出版社,1989 年 12 月,第 249～250 页。

②　杜牧著 陈允吉校点《杜牧全集》卷三,上海古籍出版社,1997 年 10 月,第 27 页。

③　杜牧著 陈允吉校点《杜牧全集·外集》,上海古籍出版社,1997 年 10 月,第 202 页。

④　谭习朴 曾广开主编《历代诗人咏洛阳》,中国城市经济社会出版社,1989 年 12 月,第 101 页。

丹吟。"漫读诗书,总会发现不同朝代的人们,面对洛阳千年遗存古迹时,所兴发的历史沧桑轮回之感是如此的一致,体现了民族永恒的哲学观。洛阳都城阅尽王朝兴亡、人事代谢,留给后人的非物质文化遗产将是无穷无尽的。

洛阳是河洛地域的重心,洛阳居天下之中的地理位置使洛阳都城的历史源远流长,"洛阳"意象中的都城颂歌,其实是对民族大一统根源的认同,而后世赋予"洛阳"意象的家国梦想和沧桑之感,正是人们寄托魂灵于宗族的写照。河洛文化孕育了华夏之根,建构了民族之魂,形成了其对世界独特的象征意义,那就是系连起天涯海角华人侨胞的回归梦想,从来不需要想起,永远也不会忘记。河洛文化的宝贵价值,正在于其寻根觅魂的源头根基性和古朴原生态。

（作者为河南科技大学人文学院教授）

略论河洛文化的传播路径

吴　涛

　　在相当长的历史时期内,河洛地区扮演了文化源地的角色,河洛文化表现出很强的辐射性。考察河洛文化的传播扩散途径,对于我们全面认识河洛文化,有着重要的意义。大体而言,河洛文化的传播扩散,有以下四种途径。

一、由移民而带来了的迁移扩散

　　从世界范围内来看,移民都是文化传播扩散最重要的载体。每一个移民,都是一颗文化的种子。在历史上,河洛地区往往是移民的重要迁出地。这些移民在迁播的过程中,也将河洛文化扩散到天下各地。在中国移民史上,移民的产生有两种情况,一种是主动移民,一种是被动移民。

　　(一)主动移民的文化扩散

　　主动移民,是民众为了寻找更适宜的生存环境而进行的迁移。在中国历史上,因人口饱和而进行的迁移经常发生。政府也往往鼓励这样的迁移,比如通典中记载唐朝曾规定:"居狭乡乐迁就宽乡者,去本居千里外,复三年;五百里外,复二年;三百里外,复一年。"[1]

　　而且,在统一王朝控制下,出于政治的考虑,政府也往往会鼓励,甚至组织移民。比如为了稳固帝国的疆界,中国历代统治者也往往募民实边。西汉前期,晁错就向汉文帝建议:"以陛下之时,徙民实边,使远方亡屯戍之事,塞下之民父子相保,亡系虏之患,利施后世,名称圣明,其与秦之行怨民,相去远矣。"[2]后,历代

---

①　杜佑《通典》,王文锦等点校,中华书局,1988年,第109页。
②　《汉书》,中华书局,1962年,第2286页。

统治者都将移民实边作为巩固边防的一个重要措施。

主动移民,往往是社会的底层民众,伴随他们传播的往往是与生产生活密切相关的文化特质。首先是农耕的生产方式,伴随着河洛移民的脚步向四方扩张。史念海先生曾有一种观点,他认为黄河本名一个字:"河"。"河"开始变"黄"是在西汉中期以后的事情,"这应该和当时森林遭到破坏和大量开垦土地有关"。①汉武帝取得河西走廊,开始向西北地区大规模移民以后,移民在西北地区的农垦破坏了西北地区原始的植被,水土流失加剧,黄河开始变色。

语言文字的迁播也主要依靠使用它的人。河洛移民的到来,也将汉语和汉字带到了西域,丝绸之路上的众多考古发现,证明了汉语和汉字在西域的传播。现代的语言学家们也已经证实,在南方的客家方言中,保留了很多上古音的孑遗。在各地出现的所谓方言岛,大多与移民的迁播有关。甚至可以根据方言,勾勒出移民迁移的路线。

(二)被动移民的文化扩散

被动移民,往往是由于战乱和灾荒等天灾人祸而导致的移民。中原大地位居天下之中,号称得中原者得天下,所以从来就是战祸频仍之地。中原人民也因而被迫踏上了迁播之路。

早在两汉之际,就有大批中原移民为躲避战祸而向各地迁播。西汉时期,江南地区尚处于待开发状态,瓯江流域、闽江流域仅在入海口有一个县。到东汉以后,行政区划设置明显增加。对比长江流域两汉时期人口的变化,就可以发现东汉时期长江中下游地区人口明显增加,除却人口的自然增长以外,当与王莽末年以河洛为中心的中原移民大量到来有直接的关系。后世,每逢战乱,都会有大量的中原移民移居江南,或者岭南。比如两宋之际的靖康之乱,中原人民也曾大量南迁,《宋史·食货志》记载:"高宗南渡,民之从者如归市。"②史书也有"中原士大夫避难者多在岭南"③的记载。

被动移民和主动移民不同之处在于,很多社会精英,上流人物,也被迫踏上逃亡之路。他们的到来,往往改变了当地的文化结构。比如,东汉末年刘表统治

---

① 史念海《河山集》(三集),人民出版社,1988年,第151页。
② 《宋史》,中华书局,1985年,第4340页。
③ 李心传《建炎以来系年要录》卷六十三,中华书局,1956年,1084页。

下的荆州相对安宁,荆州地区成为一个重要的避难地,"关西、兖、豫学士归者盖有千数,表安慰赈赡皆得资全"。①

所以,伴随着文化精英的被动移民,处于文化结构核心层的思想文化、文学艺术也逐渐从河洛扩散到江南、岭南、辽东、河西等地。就思想文化而言,随着晋室南迁,河洛士人纷纷南下,在洛阳盛极一时的玄学也随之渡江。比如东晋之初的士人领袖王导就曾亲自召集过彻夜玄谈。不仅江南,辽东地区的文化也因移民的到来获得巨大的发展,比如史载辽东鲜卑慕容部领袖慕容皝"雅好文籍,自初即位至末年,讲论不倦。览政之暇,唯与侍臣错综义理,凡所著述四十余篇"②。在两宋之际,由于靖康之难而南下的中原士人,也推动了理学的发展重心从中原向江南、闽南的移动。比如,程颐的弟子洛阳人尹焞在绍兴初年南渡,曾充任经筵讲官,他向宋高宗上书极力要求为理学平反,为理学在南宋的传播做出了重要贡献。邵雍之子邵伯温更是在宣和年间就预感中原将乱而迁居蜀地,使邵雍之学传到了四川。

二、通过人员往来为载体的文化传播与扩散

自秦始皇统一六国以后,统一成为中国历史发展的主流。国家的统一,为人员的广泛流动提供了条件。频繁的人员流动,也促进了河洛文化的传播与扩散。

（一）各地民众到河洛地区的文化学习

河洛地区长期是政治经济的中心,文化的发展也处于领先的地位。因而,河洛地区也成为各地民众向往的文化圣地,许多人主动前往河洛地区学习深造,并承担起将河洛文化向各地传播的使命。

东汉建立后,政府更加重视太学的建设,太学的规模不断扩大。汉桓帝时,太学生的人数一度达到三万人。太学成为各地学子求学的首选目标,赵翼《陔馀丛考》曾指出:"汉时,凡受学者皆赴京师。"③为方便学生学习,汉灵帝采纳蔡邕的建议,在洛阳太学门外刻立石经,据章怀太子李贤《后汉书》注引《洛阳记》记载总共有四十六块石经:"碑高一丈许,广四尺,骈罗相接。"石经落成以后,

---

① 《后汉书》,中华书局,1965 年,第 2421 页。
② 《晋书》,中华书局,1974 年,第 2842 页。
③ 赵翼《陔馀丛考》第 282 页,河北教育出版社,1990 年。

"其观视摹写者,车乘日千余辆",填满大街小巷,盛况空前。① 当时的太学生来自于天下各地,两汉时期,太学生籍贯可考者总计167人,其中西汉96人,来自37个郡国;东汉71人,来自30个郡国。② 据1931年出土的西晋《大晋龙兴皇帝三临辟雍皇太子义再莅之德隆熙之颂碑》记载,西晋太学里甚至有来自西域的学生。这些太学生对于河洛文化的扩散发挥了重要的媒介作用。

众多太学生学习目的只为博取一官半职,但并非所有人都能如愿,更多的还是回归乡里,以教书为业,促进了河洛文化的扩散。正如赵翼所言:"及东汉中叶以后,学成而归者,各授门徒,每一宿儒门下著录者至千百人,由是学遍天下矣。"③比如来自会稽郡的王充,"后到京师,受业太学,师事扶风班彪,好博览而不守章句"。④ 王充回到家乡后,就以教书为业。即便不以教书为业,他们也往往能自觉地传播河洛文化。比如西晋敦煌人索紞"少游京师,受业太学,博综经籍,遂为通儒,明阴阳天文,善术数占候。司徒辟除郎中,知中国将乱,避世而归。乡人从紞占问吉凶,门中如市。紞曰:'攻乎异端,戒在害己,无为多事,多事多患'"⑤。

各地学子到河洛地区学习的目的地不仅局限于中央所办的太学或国子学,河洛地区著名学者所创办的私学也具有很大的吸引力,这些私学也成为河洛文化扩散的重要渠道。比如著名理学家程颢、程颐兄弟,所授弟子也都是一时俊彦。南剑(今福建南平)人杨时在中了进士之后,放弃了做官,从学于二程兄弟。"程门立雪"典故就出自杨时。杨时与另一位南剑人罗从彦俱为程门弟子,他们共同的弟子李侗也是南剑人,人称"南剑三先生",而李侗就是朱熹的老师。

至于虽不能亲受学于河洛学者,然向往河洛学术,通过各种渠道而主动学习河洛文化者,就更不胜枚举,他们对河洛文化的传播也起到了积极的作用。莆田人林光朝,"闻吴中陆子正尝从尹焞学,因往从之游。自是专心圣贤践履之学,通六经,贯百氏,言动必以礼,四方来学者亡虑数百人。南渡后,以伊、洛之学倡

① 《后汉书》,中华书局,1965年,第1990页。
② 参看华中师范大学范玉娥硕士论文《两汉太学研究》,第35~37页。
③ 赵翼《陔馀丛考》,河北教育出版社,1998年,第282页。
④ 《后汉书》,中华书局,1965年,第1629页。
⑤ 《晋书》,中华书局,1974年,第2494页。

东南者,自光朝始。"①

(二)商贸往来所带动的文化传播

在统一王朝和平时期,商贸活动往往能突破重重阻碍而有所发展。来往各地的商人所传递的不仅是商品,也包括了文化。如北宋五大名窑之中的官窑、汝窑、钧窑都在河南,这些名窑产品的销售流通对中原陶瓷文化的传播扩散起到了巨大的作用。而且商品本身也往往是文化的载体,承载了一定的精神文化和制度文化。

同时,往来各地的商人也是文化的载体,他们也促进了河洛文化的传播与扩散。河洛地区自古就是商贸发达的所在,北魏洛阳城中设有多个市场,据《洛阳伽蓝记》记载洛阳的大市"周回八里",而且在大市周围的十个里坊也都是商业繁盛之地。在河洛经商的商贾,往往来自天下各地,甚至是异域他邦。北魏时期洛阳城中,"夹御道有四夷馆。"②其中就居住着一些来自波斯、大秦的商人,此时的洛阳城成了丝绸之路东方起点。隋炀帝也曾在洛阳接待了大批异域胡商。出土文物也证实了异域商旅往来的频繁,比如洛阳博物馆里就收藏有发现于洛阳的罗马银币。各地辐辏而来的商贾,在商业贩卖之余,也必然会受到河洛文化的影响,加速了河洛文化的扩散。同时,也有大量河洛地区的商人贩运于四方,比如秦汉时期的洛阳大商人师史:"周人既纤而师史尤甚,转毂以百数,贾郡国,无所不至。"③他们在往来商贩的过程中,也将河洛文化传播向四方。

(三)戍卒、刑徒等对文化的扩散

专制集权社会里,民众除了承受经济剥削外,还要承担大量的徭役。徭役和兵役,也促进了人员的流动,也促进了河洛文化的传播与扩散。

在居延汉简之中,有不少简牍都详细记载了戍卒的里籍,可以看到有很多河洛人民在居延戍边。比如:"张掖居延库卒弘农陆浑河阳里大夫成更年二十四庸同县阳里大夫赵勋年二十九"。西汉中期,新安人楼船将军杨仆就曾到过岭南、朝鲜等地。河洛人来到边塞,必然也或多或少地将河洛文化传播到边塞。

各地民众向河洛的流动,服兵役及徭役。以汉代为例,民众一年需要承担劳

---

① 《宋史》,中华书局,1985 年,第 12862 页。
② 《洛阳伽蓝记》卷三。
③ 《史记》,中华书局,1982 年,3279 页。

役一月。后来,多不用亲自服役,而改为交纳二千过役钱。实际的劳作,往往由政府动员各地刑徒来承担。建国后,曾对汉魏洛阳城进行考古发掘,发现了大量的刑徒墓地。在刑徒墓地共出土了大量墓砖,其中一些墓砖上刻写了刑徒的籍贯,可以看出这些人来自全国各地。比如,有一块砖上就写有:"右部无任江夏鄂完城旦谢郎永初元年七月一日物故死在此下。"①当然,还有大量的刑徒最终能够生还故乡。这些来自各地的民众到达洛阳后,多少会受到一些河洛文化的影响,他们在一定程度也起到了文化扩散载体的作用。

三、出身中原的官员在各地的文化推广

自从汉武帝罢黜百家之后,儒生出身的官员逐渐增多,这些儒生出身的官员,往往对于传播文化,具有很高的热情。他们所传播的文化涵盖了生产生活文化、制度文化与思想文化等各个层面。

就农耕文化而言,河洛地区长期处于领先的地位,江南、岭南地区曾长期处于刀耕火种的阶段。出身河洛地区的官吏对于先进农桑文化的扩散,发挥了重要的促进作用。比如东汉初年的著名循吏任延,来到位于越南中南部的九真郡以后,发现当地人还不知道牛耕,任延"乃令铸作田器,教之垦辟田畴,岁岁开广,百姓充给"②东汉后期崔寔出任位于今内蒙中部的五原郡太守,发现"五原土宜麻枲而俗不知织绩,民冬月无衣,积细草而卧其中。见吏则衣草而出"。崔寔到任后"斥卖储峙,为作纺绩,织纴练缊之具以教之,民得以免寒苦"③。

历代循吏,往往将兴学当作教化之本。东汉一代名臣李膺在担任蜀郡太守时,"修庠序,设条教,明法令"。④虞溥在担任鄱阳内史时"大修庠序,广招学徒",⑤很快就有七百多人前来就学,号称"风化大行"。

也有一些出身中原的官员,虽然不具备兴庠修序的条件,但他们在游宦过程中的文化活动,也促进了河洛文化的传播与扩散。比如杜甫一生仕宦未能显达,

① 洛阳师范学院河洛文化国际研究中心编《洛阳考古集成·秦汉魏晋南北朝卷》,北京图书馆出版社,2007年,第599页。
② 《后汉书》,中华书局,1965年,第2462页。
③ 《后汉书》,中华书局,1965年,第1730页。
④ 《后汉书》,中华书局,1965年,第2192页。章怀太子注引谢承《后汉书》。
⑤ 《晋书》,中华书局,1974年,第2140页。

但是杜甫在四川、湖南等地的诗文创作,在一定程度上促进了河洛先进文化的扩散,促进了当地文化的发展。白居易在各地的仕宦虽不多兴办学校之举,但白居易在江南等地诗文创作,同样也促进了河洛文化的扩散。

专制政体下,伴君如伴虎,政治斗争极为激烈,很少有人能够在仕途上一帆风顺。官员们仕途上的升降沉浮,在客观上,倒是起到了促进河洛文化传播扩散的作用。在历史上,江南、岭南等地多被看成蛮荒之地,遭到贬斥的官员往往被罚往江南、岭南等地。比如洛阳才子贾谊就曾被排挤到长沙担任长沙王太傅。后世一些被贬江南、岭南的官员中的很多人,在到任以后很快就全力投入到自己的新角色之中,为当地的发展做出突出的贡献。刘禹锡在被贬期间,还不忘记向宰相建议兴办学校,可以想见,刘禹锡在自己职权范围内,肯定会有兴学之举。韩愈曾两次被贬岭南,都对当地的发展做出了自己的贡献,在阳山"有爱在民,民生子多以其姓字之",①韩愈在贬所,勤政之余,也不忘提携后进,在《送区册序》中就记述了他与青年区册讲论《诗》、《书》的愉悦。

四、中央政府的文化推广

统一帝国建立后,中央政府在河洛文化的扩散中所发挥的作用越来越重要。中央政府往往通过行政命令来推行文化统一,中央政府的文化推广也涵盖了物质文化、制度文化和精神文化三个层面。中央政府的文化推广,主要体现在制度文化和精神文化。

制度文化层面的传播扩散,主要得益于中央政府移风易俗的努力。自从汉武帝罢黜百家以后,历代统治者都把移风易俗放在一个很重要的位置,注重对礼乐文明、忠孝节义的推广。在汉代,皇帝诏书中经常提到对于忠、孝等伦理道德的提倡,比如汉武帝就曾要求各级官员要做到:"公卿大夫,所使总方略,壹统类,广教化,美风俗也。夫本仁祖义,褒德禄贤,劝善刑暴,五帝三王所繇昌也。朕夙兴夜寐,嘉与宇内之士臻于斯路。故旅耆老,复孝敬选豪俊,讲文学,稽参政事,祈进民心,深诏执事,兴廉举孝,庶几成风,绍休圣绪。"②中央政府的这些诏

---

① 《新唐书》,中华书局1975年,第5255页。
② 《汉书》,中华书局1962年,第166页。

令多少也促进了中原文化的传播扩散。

不仅是汉族政权对于推广河洛风俗情有独钟,进入中原的各少数民族政权对于移风易俗也有着很高的热情,他们对于河洛文化的推广力度甚至比汉族政权更大,其中最为显著的就是魏孝文帝的改革。魏孝文帝迁都洛阳后进行全面的汉化改革,比如他曾下诏推广中原语音:"自上古以来及诸经籍焉有不先正名而得行礼乎?今欲断诸北语,一从正音。年三十以上习性已久,容或不可卒革。三十以下见在朝廷之人,语音不听仍旧。"①

思想文化的传播扩散,主要得益于中央政府对于教育的关注。汉武帝以后,政府开始重新掌控教育权,到东汉以后,学校教育体系更加完善。该体系的建立,对河洛文化的传播扩散发挥了重要的作用。一些少数民族政权在进入河洛以后,在推广河洛文化上,也具有很高的热情。北魏迁都洛阳以后,不仅重新恢复了太学,还有国子学、四门小学、皇亲之学等等。各地方的学校制度也较汉代有了很大的完善。魏献文帝时规定,大郡设博士二人,助教四人,学生一百人;次郡设博士二人,助教二人,学生八十人;中郡设博士一人,助教二人,学生六十人;下郡设博士一人,助教一人,学生四十人。

其他,诸如战争、各少数民族政权与中原王朝的交往等,也都对中原文化的传播与扩散起到了一定作用。这里就不再展开了。

（作者为洛阳师范学院历史文化学院副教授、博士）

---

① 《魏书》,中华书局1974年,第536页。

从姓氏看中华文化中的"报恩思想"

——以"生廖死张"和"陈皮蔡骨"为例

廖俊杰

姓氏是中国人最重视的宗族传承标记,绝不会改变,尤其是作为传宗接代大任的男姓,对姓氏荣耀和先贤的光大和传承,更是不遗余力,认为是自己的重大使命。

因此姓氏的代代传承繁衍,造就了中华民族生命树的成长和兴茂,形成了一个中华文化的大图腾,可见,姓氏在中华民族和中华文化的发展历程中,具有重大的意义。

但是,台湾一些家族,却留传着承袭于福建先祖的习俗:活着的时候姓别人的姓氏,死后才回归自己本姓,这种习俗起因于报恩,报一代还不够,几百年来代代相传奉行,成为家族传统。

这些习俗多已列入族规,已经不可能被改变。对其深入了解,可以解释中华民族和中华文化中深入人心的"报恩思想",不仅是中华优良传统中的佳话一件,更重要的是透过对这些族规的了解,可以重新定义"感恩"这种情操在复兴中华文化中的重要意义。

一、"生廖死张"习俗的由来

台湾云林县姓廖的居民很多,尤其在西螺地区,姓廖的居民超过半数,这个廖氏宗族在清朝乾隆年间从福建诏安迁居到西螺地区(其地区包含现今西螺镇及周边的乡镇),是称为"张廖氏"的"双廖",与一般堂号为"武威"或"巨鹿"的两支廖氏系统(俗称"单廖")不同,最大的差异在于双廖是"在世时姓廖,逝世后改姓张",俗称"生廖死张"。

这种习俗很少见，不仅一般人不懂，有时候连廖氏子孙也未必了解。在西螺廖氏族人群居的村落，稍加注意会发现，整村的门牌都写"廖"，村外墓地死者的墓碑却都是"张公"、"张妈"。

"双廖"的宗亲主要分布于福建、广东及台湾，都是源自于福建漳州府诏安县二都官陂。元朝末年群雄并起，世道很乱，诏安县北邻云霄县一个叫做和尚塘的地方，有一个名叫张元子的人，避居到二都官陂，以教读为生，甚受地方敬重。二都官陂有一名殷实富有的员外，名叫廖化，又称廖三九郎，没有儿子，只有一个独生女，名叫大娘，据记载，大娘品貌端庄、聪慧贤淑，而且通读诗书、事亲至孝，廖三九郎对女儿百般疼爱，不舍得将他远嫁，但又对香火无继，感到十分忧虑。

因此，当他见到忠厚风雅的张元子，就百般结纳，详加考察，确认张元子确实是一个值得信赖的读书人，于是请人说媒，将他招赘为婿。又因为知道张元子有经营管理的长才，于是放心的把所有产业交给他管理，两人之间相得益彰；丈人将女婿当成亲生儿子一般疼惜，女婿将丈人当成亲生父亲一般敬重，在当地传为佳话。

明朝洪武二十三年，廖元子（张元子入赘后改名叫廖元子）所生独子廖友来十四、五岁时，因为官陂廖姓族人中有人触犯国法而逃逸，连累到了廖氏全族，连廖友来都遭到波及，廖元子因为学识经验丰富，不得不挺身而出，出远门前往官府申辩，这个官司拖累甚久，廖元子有很长时间离家在外。

在廖元子出远门处理讼事的时候，家中农产的管理遂由廖友来负责，这时，又发生了一个事件，产生了另一个感人的故事，影响廖氏后人一辈子的生活习惯。

原来，廖友来有一天带着一头牛和一只狗作伴，外出巡视农务，竟然在远离村落的山头边遇见一头猛虎，牛只护主，就趋前与老虎搏斗，狗则急奔回家狂吠不已，廖大娘见爱犬独自奔回狂吠，料知必是发生凶险，就急呼佃农前往相救，等到爱犬引领众佃农赶到的时候，只见廖友来已骑在牛背上，牛的前半身伤痕累累，喘息连连，却仍然与虎殊死搏斗，众人救回廖友来及牛只，对牛及狗护主救主之义行都啧啧称奇。

当场，当家的廖大娘立刻就发愿说："一点血脉，幸天地神祇庇护，牛犬及佃人相救，从今以后，子子孙孙，不食牛犬，业佃均等，以志大德"。这个誓愿一发，此后的廖氏子孙,就代代相传,终生不吃牛肉、狗肉。

这个不食牛犬的戒律,虽然代代相传,但到底是因何缘由,并不是代代了解,有人就说是因为廖氏历代务农,牛和狗为农务之最重要资产,也有最大贡献,为了感恩,所以不食牛犬。感恩之情虽一,戒食之缘由却异,因此,当晚近农业机械化普遍,农家以耕耘机代替牛只耕作后,用这种理由告诫下一辈勿食牛肉,效果就不彰了,但是如果述说了真实的故事,大多数的年轻人立刻开始不吃牛肉、狗肉,可见传统对人的影响力有多大。

洪武二十五年,廖元子讼事终于结案,多年忧苦心劳,在返家途中病重而亡,廖友来前往运回遗柩,拜接遗嘱,遗嘱中交代廖友来:"生而姓廖,图报母族,死而姓张。归宿父宗,子孙光廖者必昌,背廖者不详,存张者必宏,忘张者灭亡。"廖大娘听完遗嘱后,十分感动,也交代誓愿,修正了廖元子的誓愿:"世居官陂者,生廖死张,迁籍外出,姓廖姓张,自听其便。"

这一段从招赘到为报恩而"不食牛犬"、"业佃均等"、"生廖死张"的发愿,遂产生了廖系的第三个派别,就是源自"清河张氏"(张元子的氏系)与"武威廖氏"(张元子之妻廖大娘父亲廖三九郎的氏系)的综合体"清武廖氏",或称'清廖"、"双廖",或直称"张廖'。

而这些影响双廖后代子孙的誓愿,也就是所谓的"七嵌箴规"的由来。

"七嵌箴规"共有七条,内容如下:

> 第一嵌:生廖死张,故曰张廖。
>
> 第二嵌:不食牛犬,知恩无类。
>
> 第三嵌:得正祀位,篮轿八台。
>
> 第四嵌:嗣续为女,继绝为先。
>
> 第五嵌:制无苟且,恐生戾气。
>
> 第六嵌:堂教修谱,敦亲睦族。
>
> 第七嵌:迁籍修谱,天下一家。

这七条箴规中,第一、二条的箴规已如上述,第三条指的也是双廖氏族一个很特殊的丧葬礼节。当初张元子入赘后改名为廖元子,死后回归本姓为张元子,廖大娘死后亦依"生廖死张"的规矩而改称为张大娘,廖友来于父母双亡后,欲将两人神主牌入祀二都官陂廖氏祖祠,但张氏神主牌进入廖氏祠堂于理不合,廖氏族人又感张廖两家的知恩达礼,遂用篮子盛放神主牌挂于廊下,表示善意奉还,于是廖友来再将父母的神主迎回父亲原居之和尚塘张氏祖祠,禀告张氏族人一切因由,张氏宗族也大为感动,嘉勉说:"生存廖姓,作古姓张,是为一嗣双祧,宜自立一族,以光张廖门楣。"并用八抬大轿及鼓乐将神主篮送回官陂,于是自成张廖一族,从此以后,双廖氏在丧葬中,奉神主牌是以"篮",而不用一般人所用的"斗",这个礼节就是起于这个缘故。

而自此也就产生了"清武廖氏"这个廖氏的第三个系统。

第四条以后的箴规,讲的都是传宗与谱序流传的相关事宜。双廖氏自成一族之后,子孙不多,廖友来为独子,他连娶了三个妻室都无所出,直到再娶第四个妻室后,才由第四个妻子连生四子,由四个妻子各扶养一位。虽然如此,但仍很有系统地建立了一套传宗接代的规矩,不仅要兼嗣张、廖双祧,更要光大张、廖门楣,这些箴规的细腻和公平规划,可见双廖氏对信守承诺及知恩报恩的重视和力行体现。

有趣的是,现今双廖氏系的廖氏子孙,大部分都自认为福佬人,其实这是一个很大的错误。诏安官陂的双廖远祖其实是诏安客家人,由于诏安属漳州府,漳州其他地区则是闽南人,因此诏安客家人很早就与闽南人生活在一起,谊属同乡,而诏安廖氏更是特殊,因为廖氏的父系张姓为云霄县和尚塘的人,是纯正闽南人,母系廖氏则为诏安客家人,生廖死张,生客死闽,自然更是与闽南人水乳交融了。部分子孙移居到台湾西螺地区后,虽有少数人仍然保留了诏安客家语言,但大多数人因为生活需要的关系,多已说福佬话,过福佬式的生活,可以说都已经被福佬人同化了。

二、"陈皮蔡骨"习俗的由来

宜兰员山乡"大湖底聚落"有一个称为"菁仔脚陈氏"的家族,他们虽姓陈,但族人对外皆称自己为"陈蔡"、"活陈死蔡"或是"陈皮蔡骨",意在彰显自己虽为陈姓,但却是蔡姓的血缘。

这一个陈姓的家族虽然也是钱行"活陈死蔡",但族人多不解其由来,也无

族谱之类的记载,据传有三个说法:

第一个说法是在漳州时,当时有陈、林、李三姓械斗火并,同样居住在该处的蔡姓人家因为母亲娘家是陈姓大族,为免遭池鱼之殃,就投靠娘家母舅,而族人全部改姓陈。

第二个说法是为避战乱(元朝末年的战乱),蔡姓祖先率妇孺躲入陈家,对方要求改姓陈,蔡姓人同意,不过坚持死后回归本姓。

第三个说法则是比较有根据的,因为1995年第16代子孙三人至大陆福建省诏安县官陂陈氏祖祠及云霄县下河乡蔡氏祖祠—永思堂探源后,才了解了缘由。原来在1365年前后,福建省云霄县下河蔡氏第4世有一子弟名蔡龙田,号天文,娶诏安县官陂人曹五娘为妻,当时因朝代更迭(元朝末年)之际,战乱频仍,民不聊生,蔡龙田举家迁至曹五娘之娘家官陂暂为投靠;蔡龙田志在科考,但屡试不第,颇为苦恼,一日睡梦间得"九鲤湖"仙公托梦,告知必先抛妻别子后,子孙至第九代方可成就,蔡龙田深觉"宁可信其有,不可信其无",于是不告而别,只身返回云霄县下河乡,至死音讯全无。

曹五娘带着的三个儿子迄未有蔡氏户籍,幸得陈启泰家族相助,使蔡龙田三个儿子有所依靠,后来一方面为了感陈氏家族之恩,一方面三子长大成人欲赴科考,需有清白之家世,便随陈氏之姓。洪武三年(1370年),蔡氏后代正式入户陈启泰家族,分列三房子孙,数代过后,子孙只知曹氏五娘,而不知有父亲蔡龙田,直至康熙廿三年(1684年),三百多年后,蔡龙田显灵托梦给下河族亲至官陂报知后代,其坟葬下河,并提及神仙预言"九代有成"之事。其后果然在九代后,子孙赴科考分中贡生、举人、进士、状元等,成文武人才。

宜兰员山大湖底陈蔡氏了解了"活陈死蔡"的因由后,仍然延续这样的传统,但为了避免子孙拜错坟,就在墓碑上"蔡公"字旁另写"陈"。

而为了与纯粹的蔡氏有所分辨,遂有"清蔡和陈蔡"之别。

三、几个值得深思的问题

在台湾,相同于"生廖死张"及"陈皮蔡骨"的例子还有,如"庄皮林骨"、"张皮高骨"、"廖皮曹骨"等,都是因为入赘兼祧双姓的关系,还不如双廖和陈蔡这两个宗族的例子来得生动感人。

有趣的是,双廖和陈蔡的姓氏故事,都发生在相同的年代,元末明初,也都与漳州的云霄、诏安官陂有关。同时,这张、廖、陈、蔡四姓的先祖,也都是在唐初追随陈政、陈元光父子从河南固始到东南入闽平蛮之后留下来开发漳州的开漳将士,他们传承的是原汁原味的中原河洛文化。

但是,在双廖和陈蔡他们的传统之中,都有一些值得深思的地方,如:

1. 双廖的开基祖廖元子的遗嘱中"生廖死张"的规定,廖五娘规定子孙"不食牛犬"、"业佃均等",这些规约后来虽然形成了"清武廖氏"这个廖氏宗族的"七嵌箴规",但事实上许多廖氏后代并不知道所谓"七嵌箴规"这些规定,反而因为移居台湾后,以"七嵌"来划分群居的部落,而造成狭隘的区域名称误解。但是即使如此,双廖后人一仍既往,代代遵循"不食牛犬"、"生廖死张"的规范;同时,廖五娘在廖元子去世后曾对"生廖死张"的规约提出修正:"世居官陂者,生廖死张,迁籍外出,姓廖姓张,自听其便。"可是,双廖氏系迁徙台湾也有三百多年之久,其实姓廖姓张早可听其自便,但事实是:服膺"生廖死张"箴规者为绝大多数。

2. 陈蔡氏家族在台湾也有二、三百年的历史,他们在这么长的时间内不知道先祖为什么会"陈皮蔡骨",要"活陈死蔡",但在知道因由后,却仍继续保留这项家族的传统,不稍更易。

3. 到底是什么原因让双廖氏系及陈蔡家族代代遵循这样的传统? 是因为不了解,只能跟着习俗走? 还是认为报恩是他们的天赋责任? 还是其中有其他更深层的文化意义。

四、结论

双廖氏系及陈蔡家族在台湾的家族延续,其实都可以回归本姓"张"及"蔡",但他们坚持传统,没有中断传统,我们可以看出其中几个重要的价值。

其一,从氏族或家族的价值来说,"报恩"是一个高尚的情操,当双廖氏族和陈蔡家族的后人在向人家说明这种特殊姓氏缘由时,其实就彰显了氏族或家族的"报恩"情操,特别能显示其氏族或家族为人处世的传统和特质,同时也是光宗耀祖的事,并没有去改变的必要。

其二,我们都知道"报恩"思想是中华文化里面很重要的价值之一,在历史上充溢着不知凡几的报恩故事,但都是一己一世报答恩人,像双廖氏族及陈蔡家族世世报恩已历六百多年,仍继续报恩不辍,确属少见。由此可见中华文化中"报恩"思想的深入人心,被认为是人生的最高价值准则。

其三,"报恩"思想必须有所体现。"报恩"必须透过行为的体现,才能完备"报恩"的思想和意念,这是中华文化当中极为重要的一环,就是"实践",也就是"践履"的意思。中华文化博大精深,可以当作学问数千年研究不完,但中华文化毕竟是一种生活哲学,研究固然重要,实践才是体现中华文化的唯一途径。近年来,所有华人圈都在高唱"复兴中华文化",但都是嘴上说的多,口号呼的多,落入具体行动的少之又少,可以说只是"舌尖上的中华文化"。

其四,从双廖氏系及陈蔡家族传统的延续,可以看出中华文化中"知"和"行"的问题。"即知即行"和"能知亦能行"的"知行合一"固然是一个最佳的境界,但在实务上并无法如此完美。廖氏世系和陈蔡家族中,早期接受教育者并不多,后世教育程度虽高,但同样不解传统的缘由,却代代奉行不渝,诠释了"不知亦能行"这个中国文化实践哲学中最重要的特质;亦就是这个特性,使得中华文化的传承不需要透过正规的教育或学习就可以完善起来。从实务上来说,中华文化是一种生活哲学和生活方式,教育是一条普及的途径,但实践才是落实的唯一道路,这个实践透过上行下效,透过同侪效应,透过家族规约,透过社会价值,代代相传;甚至透过传统宗教及戏曲的深入人心而达到更大的传扬。这都是中华文化能够流传至今的重要因素,不可不察。

参考文献:

一、"生廖死张"部分

1. 西螺廖氏大族谱。

2. 西螺廖氏大祠堂。

3. 廖俊杰《云林二三事》。

二、"陈皮蔡骨"部分

1. 兰阳博物馆 26 期电子报,2007 年第 3 期。

2.宜兰大学通识教育中心教授张智钦博士《大湖底聚落"姓仔底"传奇之"清陈和陈蔡"》

3.新加坡《联合早报》1986年7月30日,第21版报导。

（作者为台湾中华侨联总会副秘书长）

洛水、洛水石与武周政权

刘玉娥

洛水是黄河南岸最大的支流,和黄河一样,是孕育河洛文化的母亲河。洛水自陕入豫后,在洛阳平原舒缓流淌,两岸留下了许多中华圣人的足迹,因而贮存了丰富的中华文化印记:曹植的《洛神赋》凄楚感人,龙门的摩崖造像令人震撼。唐代著名政治家,我国封建社会唯一的女皇,武则天的到来,更增添了这里的皇家气象。她不仅改洛阳为神都,而且利用洛水石为其政权寻找理论根据,以其非凡的魄力和智慧,开创了一个社会稳定、经济繁荣又让后世争论不休的武周时代,也为后世研究河洛文化留下了不少的话题。

一、洛水——中原圣河

洛水为黄河支流,《山海经》云:"洛水出京兆上洛县",洛水发源于京兆洛南,流经河南西部,于巩义市东北注入黄河。河流与人类的生存、发展密切相关。春秋时期政治家管子曾说:"水者,地之血气,如筋脉之通流者也。故曰:水,具材也。"[1]^(《管子·水地》)"昔三代之居皆在河洛之间……自五帝以至秦,轶兴轶衰,名山大川或在诸侯,或在天子,其礼损益世殊,不可胜记。"[2]^(《史记·封禅书》)"夏桀之居,左河济,右太华,伊阙在其南,羊肠在其北。"[2]^(《史记·吴起传》)"幽王二年,西周三川皆震,伯阳父曰:'周将亡矣。夫天地之气,不失其序;若过其序,民乱之也……昔伊、洛竭而夏亡,河竭而商亡。今周德若二代之季矣,其川源又塞,塞必竭。夫国必依山川,山崩川竭,亡之征也。川竭,山必崩。若国亡不过十年,数之纪也。……三川竭,岐山崩。十一年,幽王乃灭,周乃东迁。"[3]^(《周语上》)这些记载都反映出先民对山川的依赖和敬畏。

洛水是中原文化圣河,史书多将其与典籍联系在一起。《管子》云:"昔人之受命者,龙龟假,河出图,雒出书,地出乘黄,今三祥未见有者。"[1]^(《管子·小匡》)"河出图,洛出书,圣人则之。"[4]^(《易经·系辞上》)从史籍记载看,早在伏羲时代,洛水就已经有典籍出现。《水经注·洛水》引《地记》云:"昔黄帝之时,天大雾三日,帝游洛水之上,见大鱼,杀五牲以醮之;天乃甚雨,七日七夜,鱼流,始得图书,今《河图·视萌篇》是也。"又引《史记音义》云:"黄帝东巡河,过洛,修坛沉璧,受龙图于河,龟书于洛,赤文绿字。"[5]^(《水经注·洛水》)《宋书·符瑞志》:"黄帝游于洛水之上,见大鱼,杀五牲以醮之;天乃甚雨,七日七夜,鱼流于海,得《图》《书》焉。《龙图》出河,《龟书》出洛,赤文篆字,以授轩辕……舜乃设坛于河……黄龙负图,图长三十三尺,广九尺,出于坛畔,赤文绿错……禹东观于河……洛出《龟书》六十五字,是为《洪范》,此谓'洛出书'者也……汤东至洛,观尧坛,有黑龟,并赤文成字……武王没,成王少,周公旦摄政七年,制礼作乐……乃与成王观于河、洛,沉璧……玄龟青龙苍兕至于坛,背甲刻书,赤文成字,周公援笔以世文写之,书成文消,龟堕甲而去。"[2]^(《宋书·符瑞志》)于上述古籍记载看,中国早期的重要典籍多出自黄河和洛水,洛水被称之为中原圣河是不虚的。

最早将洛水引入诗篇的是春秋时期的诗人。

> 瞻彼洛矣,维水泱泱。君子至此,福禄如茨。鞸韐有奭,以作六师。
> 瞻彼洛矣,维水泱泱。君子至此,鞸琫有珌。君子万年,保其家室。
> 瞻彼洛矣,维水泱泱。君子至此,福禄既同。君子万年,保其家邦。

[4]^(《诗经·小雅·瞻彼洛矣》)

全诗三章,皆以洛水起笔,"瞻彼洛矣,维水泱泱","泱泱","深广貌"。洛水之滨,是周天子会诸侯讲武之要地,春秋战国时期,被视为"国之大事"者,一是祭祀,二是战争。周天子在洛水之滨会诸侯、观武习兵,足见其地理位置之重要。诗歌不仅写出洛水之深且广,而且写出天子于洛水之滨观武之盛况。

二、洛水石——武周革命的符瑞

武则天以周代唐,以传统习惯而论,则是名不正言不顺。因此,她必须为自己的政权寻找理论根据,以昭显所建政权的合理、合法性,达到稳固其政权的目的。

垂拱四年(688年)夏四月,魏王武承嗣伪造瑞石,上刻:"圣母临人,永昌帝业。"令雍州人唐同泰上表称,瑞石得之于洛水。武则天十分欣喜,当即擢升唐同泰为游击将军,并亲到洛水祭祀,封洛水神为显圣,并立庙以供奉。关于武则天利用洛水出石,为武周革命造舆论这件事,两唐书均有详细记载。

夏四月,魏王武承嗣伪造瑞石,文云:"圣母临人,永昌帝业。"令雍州人唐同泰表称获之洛水。皇太后大悦,号其石为"宝图",擢授同泰游击将军。五月,皇太后加尊号曰圣母神皇。秋七月,大赦天下。改"宝图"曰"天授圣图",封洛水神为显圣,加位特进,并立庙。就水侧置永昌县。天下大酺五日。[6](《则天皇后本传》)

承嗣伪款洛水石,导使为帝,遣雍人唐同泰献之,后号为"宝图",擢同泰游击将军。于是氾人又上瑞石,太后乃郊上帝谢况,自号圣母神皇,作神皇玺,改宝图曰"天授圣图",号洛水曰永昌水,图所曰圣图泉,勒石洛坛左曰"天授圣图之表",改氾水曰广武。……太后身拜洛受图,天子率太子、群臣、蛮夷以次列,大陈珍禽、奇兽、贡物、卤簿坛下,礼成去。[7](《高宗则天皇后》)

武则天十分注重正面宣传,遇事必亲自参与以扩大其影响。武承嗣在洛水河卵石上刻上"圣母临人,永昌帝业"八个篆字,武则天非常高兴,名此石为"宝图",后又改称为"天授圣图",并下诏到洛水举行隆重的授图大典。于是,在当年十二月廿五日,亲自拜洛受图,皇帝、皇太子及众大臣随从,内外文武百官、蛮夷(酋长),各依方叙力,珍禽、奇兽列于坛前,贡品之多,卤薄之盛,为唐兴以来未有之景象。武则天十分会做戏,对一个河卵石竟如此兴师动众,把它当作改朝换代"天授"的根据,在瑞石的铺垫下,在舆论的引导下,载初元年(690年)九月九日,武则天正式登基,称圣神皇帝,改国号为周,改元"天授"。武则天抓住洛水出石,河神显示征兆这一有利事由,大造君权神授称帝舆论,为其政权提供了一定的合理、合法根据。这充分说明武则天擅于利用宣传,制造舆论,为其称帝建周寻找理论支撑。

武则天不仅利用河洛石制造改朝换代舆论，而且还利用佛教经典，为其上台寻找理论依据。武则天对佛教经典都很重视，特别是对《大云经》和《大云经疏》，则更是极力赞颂和推广。佛经中有女人和男人一样都可以成佛的事例，这就为武则天称帝建周找到佛理的根据。如《大云经》中就有"女身现化"之说，"即以女身，当王国士"。《大云经疏》中则说"火德王，王在止戈"，止戈为武，说明武则天应为帝王。又说："谨亲孔子谶传，天生圣人，出草中者，非男之称，此乃隐语。"这就把女人与男人放到同等地位，故此，武则天便自称是弥勒佛转世，在龙门凿塑卢舍那佛，并特捐脂粉钱二万贯，其目的同样是为巩固武周政权服务的。

三、武周政权——清平盛世

弘道元年(683年)十二月，高宗驾崩，"遗诏皇太子即皇帝位，军国大务不决者，兼取天后进止。"[7]（《则天皇后本传》）光宅元年(684年)二月，废皇帝为庐陵王，立豫王李旦为睿宗，皇太后临朝称制。天授元年(690年)正月，改元载初，九月壬午，改国号周，建立武周政权。67岁高龄的武则天登上了皇帝宝座，这是中国历史上登基年龄最大的一位皇帝，也是唯一的女性皇帝。

为保大周朝的稳固和发展，武则天实行了一系列改革措施。

政治上，打击门阀旧世族，开科举，广招天下人才，拔出寒微，破格录用，以推动政治改革。"天授元年二月，策问贡士于洛阳殿前，取头名为状元。状元、殿试自此始。"[8]（殿试）为了保证科举考试的公平，武则天最早在科举制度中实行糊名弥封考试之法。在官阶晋升方面，武则天规定："其奇才异行，别有殊功者，不拘进阶定例。"武则天自弘道元年临朝称制至神龙元年退位，亲擢宰相60余人，既有士族高门之家，也有庶族地主之后，还有"衰微破落"、"役同厮养"的下等户。明经、进士和杂色入流为相的约占90%，门荫、特恩入相的仅占10%。"太后不惜爵位，以笼四方豪桀自为助，虽妄男子，言有所合，辄不次官之，至不称职，寻亦废诛不少纵，务取实材真贤。"[7]（《高宗则天皇后》）由此可见，武则天用人不拘一格，凡有用之才皆可用之，为武周王朝集聚了大批人才。

经济上，主张奖励农桑，兴修水利，开荒屯田，发展生产，养民富国。武则天早在上元元年(674年)为皇后时，就曾向高宗提出十二条治国良策，第一条便是"劝农桑,薄赋徭。"光宅元年(684年),武则天诏令全国各级官吏都要重视农耕,开垦荒田,多种菽粟,粟多则人富,政在利农富国。建国之本,在于重农、劝农,重农则家给人足,家给人足则国自安定。在武则天重农思想指导下,黑齿常之出任河源道经略大使,一面加强边防,"斥地置烽七十所";一面实行屯田,"垦田五千顷,岁收粟斛百余万。"[7] (《黑齿常之传》) 郭元振担任凉州都督后,不仅扩大了州境,阻止了突厥、吐蕃的侵犯,而且令甘州(今甘肃张掖)刺史李汉通开置屯田,"尽其水陆之利",使凉州粮价大为下跌。"旧凉州粟麦斛至数千,及汉通收率之后,数年丰稔,乃至一匹绢籴数十斛,积军粮支数十年。"[6] (《郭元振传》) 武则天提出的"劝农桑,薄赋役"政策,推动了农业、手工业和商业的发展,社会稳定,经济发展,人口由唐高宗初年的380万户至武周晚期增加到615万户,平均每年增长9.1%。这在中古时代,是一个很高的增长率。武则天的重农减赋,稳定社会,发展生产的一系列措施,不仅把"贞观之治"的成果得以巩固和提高,也为后来的"开元盛世"打下了良好的经济基础。

军事上,以战去战,平复边患,使异邦趋朝,万方翘首。武则天为了平衡文臣武将擅权,多用文臣统领军事,以平内乱和抵御外患。如裴行俭幼以门荫补弘文生,善工草书。"行俭尤晓阴阳、算术,兼有人伦之鉴。自掌选及为大总管,凡遇贤俊,无不甄采,每制敌摧凶,必先期捷日。"[6] (《裴行俭传》) 武则天称帝后,任用裴行俭为周骠骑大将军、汾州刺史,领兵出征东、西突厥,常能料敌决胜。狄仁杰亦为明经之文臣,仪凤中为大理丞,年断滞狱17000人,无人冤诉。"万岁通天年,契丹寇陷冀州,河北震动,征仁杰为魏州刺史……圣历初,突厥侵掠赵、定等州,命仁杰为河北道元帅,以便宜从事。"[6] (《狄仁杰传》) 突厥慑于大周威势,不得不退还漠北。由于文臣尽忠,武将效命,武则天执政时期,国内宴平,异族朝拜,疆土拓展,邦国安宁。正如《升仙太子碑》所说:"乾坤交泰,阴阳和而风雨调;远肃迩安,兵戈戢而燧烽静。西鶒东鲽,已告太平之符。"国家呈现出政清气和的天平景象。

文化上,招揽天下学士,聚居学馆,编纂史籍良策,传承文化。"太后尝召文学之士周思茂、范履冰、卫敬业,令撰《玄览》及《古今内范》各百卷,《青宫纪要》、《少阳政范》各三十卷,《维城典训》、《凤楼新诫》、《孝子列女传》各二十卷,《内轨要略》、《乐书要录》各十卷,《百僚新诫》、《兆人本业》各五卷,《臣范》两卷,《垂拱格》四卷,并文集一百二十卷,藏于秘阁。"[6]^(《则天皇后传》)刘祎之,以文藻知名。"上元中,迁左史、弘文馆直学士,与著作郎元万顷、左史范履冰、苗楚客,右史周思茂、韩楚宾等皆召入禁中,共撰《列女传》、《臣轨》、《百僚新诫》、《乐书》,凡千余卷。时又密令参决,以分宰相之权,时人谓之"北门学士"。[6]^(刘祎之传)李峤为赵州著姓之后,擅长文辞,武后时期颇受重用,官至中书令。"则天深加接待,朝廷每有大手笔,皆特令峤为之。"武则天封禅嵩山,令李峤随侍,作《大周降禅碑》,以记述封禅之事。崔融,齐州全节人,应科举擢第,也是武周时期著名的文学之士,"圣历中,则天幸嵩岳,见融所撰《启母庙碑》,深加叹美。及封禅毕,乃命融撰朝觐碑文。……融为文典丽,当时罕有其比,朝廷所须《洛出宝图颂》、《则天哀册文》及诸大手笔,并手敕付融。"[6]^(《崔融传》)史载有武则天激励臣下诗文唱和以竞高低的文坛佳话:"则天幸洛阳龙门,令从官赋诗。左史东方虬诗先成,则天以锦袍赐之。及之问诗成,则天称其词愈高,夺虬锦袍以赏之。"[6]^(《宋之问传》)上有所好,下必甚焉。武则天以己所好,带动诗风大畅,名家辈出,且多为所用。唐代史学家沈既济曾说"太后颇涉文史,好雕虫之艺。永隆中始以文章选士,及永淳之后太后君临天下二十余年,当时公卿百辟无不以文章达。因循日久,浸以成风。"[9]^(选举)她所宠信的北门学士和珠英学士多为当世才俊,迄今仍在学术史上知名的就有多人。如开元文章大手笔的张说,首位史学理论批评家刘知几,著名诗人沈佺期、宋之问、阎朝隐、崔融等。武则天延揽重用学士,前有北门学士,后有珠英学士,以其名义著书立说,多非躬亲之作,可以不论,但是她"兼涉文史",也作诗文,则是事实。游石淙河君臣会饮赋诗唱和就是明显的例证。武则天存世的作品,著名的有《垂拱集》100卷、《金轮集》6卷、《臣轨》2卷。可惜《垂拱集》已失传,保留下来的诗文绝大部分收录在唐代文集中,其中一些重要诗歌是靠碑刻保存下来的,如少林寺武则天御制碑和石淙河摩崖诗碑,两唐书均不见记载,仅《全唐诗》对部分诗歌有收录。嵩山《升仙太子碑》碑阴的杂言《游仙诗》则未录其中,两唐书亦阙载,独存于碑刻。从这些碑刻上的诗文看,武则天虽说不上是时代文豪大手笔,然而观其庙堂碑文之作则见其雅,观其宴游唱和之作则见其丽,称其为才女则是绰绰有余的,应该说盛唐文化气象的形成与武则天的奠基是有重要关系的。

　　我们从武则天的政治历程中,可以感受到武则天非凡的智慧和杰出的政治才能。她 32 岁利用王皇后、萧淑妃争宠当上皇后,40 岁与高宗并称二圣,50 岁晋升天后,60 岁成为皇太后,67 岁登上皇帝宝座并称帝,82 岁退位之后病逝。她的一生与嵩山、洛水、洛阳有着不解之缘,留给后人很多值得思考的东西。她的智慧不仅是中华民族思想宝库中的珍贵遗产,也是河洛文化中一颗闪亮的明珠。

参考文献:

[1]韩格平 董莲池《二十二子详注全译》,黑龙江人民出版社,2003 年,第 276. 156 页。

[2]许嘉璐《二十四史全译》,汉语大词典出版社,2004 年,第 473、902 – 903、636 – 641 页。

[3]郭国义等《国语译注》,上海古籍出版社,1994 年,第 21 页。

[4]阮元《十三经注疏》,中华书局,1980 年,第 82. 479 页。

[5]《水经注》,吴兆基武春华《中国古典文化精华》,时代文艺出版社,2001 年,第 120 – 121 页。

[6]《旧唐书》,中华书局,1975,第 119. 3044. 2803. 2889—2891. 131. 2846. 2996. 5025 页。

[7]《新唐书》,中华书局,1975,第 3480. 82. 3479. 4121 – 4122 页。

[8] 张岱《夜航船》,浙江古籍出版社,1987,第 234 页。

[9]杜佑《通典》,王文锦等点校,中华书局,1988,第 357 页。

（作者为郑州师范学院中原文化研究所所长、教授）

略论河洛文化对周边文化的传播与影响

——以客家文化、楚文化为例

陈文华

一、河洛文化的内涵

中华文化历史悠久,源远流长,河洛地区作为黄河文明的重要发源地,在中华地域文化史的研究发展中占有重要的地位。

"河出图,洛出书,圣人则之。"①巩县的洛水入河处,文献称其为"洛汭",沿其上溯至孟津,据说就是河图的出水处;沿洛水上溯至洛宁县长水镇,据说就是洛书的出水处。河洛文化上溯至传说中的五帝时期,并延续至今。"河洛地区指的是洛河流域和黄河中游地区。即以洛水和嵩山为中心,包括汝水、颍水上游地区,它北起中条山,南达伏牛山,东至京广铁路,西至潼关,与今河南省的西部和中部地区大体相当。所谓河洛文化,即指这一地区的文化。"②

《史记·封禅书》:"昔三代之(君)居,皆在河洛之间。"③张守节注曰:"夏禹都阳城,避商均也。又都平阳,或在安邑,或在晋阳。"④来自河洛地区的考古发现和文献记载大致印证了河洛文化丰富灿烂的物质文化。2012 年 9 月,考古工作者在栾川县伊河南岸孙家洞发现 6 颗古人类牙齿化石,后被命名为"栾川人"。"栾川人"是在河南境内首次考古发掘出土的直立人(猿人)化石,它的发现前推了中原地区古人类的生存历史。2011 年 4 至 8 月,北京大学考古文博学院与郑州市文物考古研究院联合对老奶奶庙遗址进行发掘,发现数以万计的文

---

① 《周易·系辞上》。
② 程有为《"河洛文化"略论》,《洛汭与河图洛书》,河南科技出版社,1996 年 3 月。
③ 《史记》,中华书局,1959 年版,第 1371 页。
④ 《史记》,中华书局,1959 年版,第 1371 页。

化遗物,包括石制品、骨制品与动物骨骼及其残片等,还有 20 多处用火遗迹,这一发现填补了过去中原地区以及东亚大陆这一阶段旧石器文化发现的空白。河洛地区还发掘有裴李岗文化、仰韶文化、龙山文化、二里头文化等文化遗存。偃师二里头发现有大型宫殿建筑遗址和文化遗址,与上古传说黄帝的玄孙帝喾高辛氏"都亳,今河南偃师是也"互相印证,证明了二里头早期文化属于夏文化。1955 年,考古工作者发掘了郑州商代城址和宫殿遗址,2006 年至今,郑州市文物考古研究院对商城外廓城进行了专项发掘、钻探,已经初步探明外廓城大致呈圆形,这种城市形制体现了中国传统文化的"外圆内方"理念。郑州商城内城居中,主要为宫殿区,外城围绕内城。说明城内主要以商代宫殿为主,普通民众则居住在外城。郑州商城的规划布局制度已基本成熟,对后世诸王朝产生了较大影响。1983 年考古工作者在偃师尸乡沟发现大型商代城址,证明了商代早期已在河洛地区发展的物质文明。洛阳还发现了西周前期大型青铜器铸造作坊遗址,三门峡上村岭虢国墓地近年出土大量珍贵文物,这些丰厚的遗存都证明河洛地区曾创造了辉煌的文化。

河洛文化还创造了丰富的精神文化。无论是中国文化的源头"河图洛书",还是"仓颉造字"的传说,无论是贾湖遗址的"刻画符号",还是商代后期的甲骨文,都记载了中国古代文字发展演变的进程。先秦时期,河洛地区保存了西周时期的礼乐制度。道家、法家思想形成了河洛地区。汉代河洛地区的文化更加繁荣,魏晋时期,洛阳成为玄学思想的中心,隋唐时期,佛教盛行。河洛地区在政治、经济、思想、文学方面涌现出一大批优秀人物。如政论家贾谊、晁错,科学家张衡,史学家班固,古文字家许慎,书法家钟繇,"诗圣"杜甫,新乐府代表元稹、白居易,"唐宋散文八大家"之一韩愈,"画圣"吴道子,理学家程颢、程颐,史学家司马光等。

二、河洛文化对客家文化的影响

诚如河南省社会科学院杨海中研究员在其论文《河洛文化及其研究中的不足与差距》中指出,河洛文化的特点在于元典性。河洛文化的主要源流是黄帝系统文化,是炎黄文化的一个重要组成部分,也是中原文化的主流。在中国历史演变的进程中,河洛文化对客家文化的影响最大。客家人先后经历五次大迁徙:

首次迁徙始于东晋初"八王之乱",此次主要迁至江淮流域皖、赣地区。唐末时,部分汉人陆续迁往赣南、闽西、粤北地区,为第二次南迁。第三次迁徙始于北宋末年。第四次大迁徙,清初康熙年间"迁海令"解除后,粤东兴梅等地客家人被大批招垦进入今惠阳、深圳和香港等地以至湘、川、桂、琼、台等省;第五次大迁徙,清同治年间太平天国失败后,西方殖民者入侵中国,部分客家人迁至东南亚和世界各国。① 历经五次迁徙,中原汉人与当地土著居民不断融合,形成今日以中原文化为主导,兼备土著文化特色的客家文化。

民系形成的主要原因有三:一是民族整合的不充分或民族发育的不完全;二是历史上分裂时期的交往障碍以及人口的迁徙运动;三是生存地域的差异性。② 历史上,客家人迁徙与形成漫长而复杂。中原汉人的南迁促进了河洛文化的南向传播,扩大了河洛文化的影响和辐射力。客家人以河洛为故乡,按其迁徙路线从河南到江西、再到广东、福建,并传至台湾,延伸海外。河洛文化对赣鄱文化、闽南文化、岭南文化、台湾文化的形成与发展都有重要的影响。

河洛文化对客家文化影响主要体现在以下几个方面。

（一）客家方言

语言是维系民系的重要纽带。客家话是中国八大方言之一,其形成与迁移有密切的关系。客家话是客家文化的重要载体,也是客家民系的主要标志。客家方言保留不仅有中原河洛古音的特点,还保存有"魏晋古音"或"六朝古音"。其方言在一定程度上还带有唐代汉语和宋代汉语的某些特点。虽然客家方言有与当地土著语言融合的特点,但保存中原语言元素较其他地区更完整和系统。究其原因,一是源于客家崇祖归宗的传统意识。《伦语·八佾》:"祭如在,祭神如神在。"③《左传·成公十三年》:"国之大事,在祀与戎。"④中华传统文化历来重视祭祀,而与祭祀有关的祭拜可从中原汉人追根溯源。客家人即使迁徙远方,仍未忘记根本,而是努力将中原传统保存下来。二是与迁移人数有关。战争导致迁移人数众多,他们仍然以合族聚居为主,即使至某地,人际间的交流也不会

① 罗香林《客家源流考》,中国华侨出版社,1989 年,第 35 页。
② 王东林《民系理论的初步探索》,《江西师范大学学报》(哲学社会科学版)1993 年第 2 期。
③ 李学勤《论语注疏(十三经注疏)》,北京大学出版社,2000 年,第 38 页。
④ 杨伯峻《春秋左传注》,中华书局,2009 年,第 861 页。

完全以当地土著语言为主。客家语既是一种语音面貌处于南方方言与北方方言之间的"中间型"方言,又是一种处于古代汉语与现代汉语之间的"过渡型"方言。三是与自然环境有关。中原汉人迁至广东、福建等地,自然环境发生改变,在山间发展出了源自河洛诗歌文化的客家山歌。著名民俗学家钟敬文先生曾指出:"至于客家人的生活,因为他们所处的环境的关系,所以每日作业于田野山岭间的,颇占多数,并且男女俱出,没有'男子事于外,女子事于内'之严格差别。至少,我们这一带客家人的情形是如此。他们的气质,大都简朴耐劳,很少慵惰浮夸的恶习,犹保存古代人民的风范。"①

(二)客家民居

客家民居建筑形式主要有赣南方楼、闽西圆楼、梅州围屋,五凤楼和走马楼等。其特点是以土楼和围屋为代表的传统民居。其坚固性、安全性、封闭性和合族聚居性,则是它们突出的共同特点。②

客家土楼的墙壁,下厚上薄,虽是以红土为主,但也掺入了适量糯米饭、红糖等。夯筑时,还要往土墙中间埋入杉木枝条或竹片,以增强拉力。最后还要在外墙上抹上一层石灰,以防止风雨侵蚀。经过反复夯筑,客家土楼坚固异常,具有良好的防风和抗震能力。

客家人南迁后,为防止盗匪和猛兽的袭击,他们建造了土楼、围屋,以保安全。客家土楼对外封闭,一般只开一个正门和一个后门,一般一层不设窗户,只开设枪眼似的石窗以防御攻击,二楼和三楼的每个房间则设有利于采光和流通的大窗。

家族祭祀和建立宗祠祭祀是客家文化的重要内容,因此土楼内有的还设有祠堂。一为家长方便议事,二为逢年过节祭拜。如在正月、中元、中秋、除夕等几个主要节日,以及婚嫁、盖房等时节,祈求祖先的庇护。

汉魏时期,中原地区出现了许多大大小小的"坞堡"和"坞壁"。南迁的客家人传承了华夏民族聚族而居的习俗。客家土楼建筑是东方血缘伦理关系和聚族

① 林晓平《客家文化特质探析》,《西南民族大学学报(人文社科版)》2005年第26卷第12期,第75页。
② 丘桓兴《客家人与客家文化》,商务印书馆,1998年,第24页。

而居传统文化的历史见证,也是世界上独一无二的大型生土夯筑的建筑艺术成就。①　土楼因地制宜,就地取材,重视地方资源的利用,对于建筑及环境的可持续性发展具有重要意义。②　土楼村落依山面水的选址,土楼的定位、朝向、平面的形状、水井的位置、污水的排放等等都讲究风水,注重与自然的和谐,创造理想的居住环境。③　建构客家土楼的先贤们借助土楼从而团结宗族,抵御盗贼,保卫家园,维护了一方的平安。

从客家民居的形制、布局、建筑方法等方面看,客家民居肇始于黄河流域。在河南安阳后岗遗址龙山文化层中发掘的 38 座圆形地面房基。这些建筑与客家圆形土楼相似,建造方法相近,都是先在地面垫土筑起高于周围地区的台基,然后在台基上挖出建墙的沟槽,再用处理过的纯黄土在槽内筑起土墙。

(三)客家节庆

客家地区传统节日多,与中原一样,主要是春节、元宵、端午、中秋、清明等节日。传统节日春节客家人从腊月十五开始打扫。腊月二十冬至要酿造黄酒,置办年货等。腊月二十三会在民间会祭灶,保佑全家平安、五谷丰登。除夕还会贴春联、烧旺火,并举行祭祀仪式,以祈求平安幸福。吃年夜饭时,也会用豆腐制作成类似饺子的食物。这是为了让子孙不要忘记自己的中原故土和北方人春节吃饺子的习俗。

河洛文化对客家文化特征的的形成产生了重大影响。其中最为突出的有以下两点。

(一)客家文化有强烈的崇祖认宗意识

由于战乱等灾害,客家人经历了几次南迁才形成今日的客家民系。随着客家的发展,他们逐渐向海外迁徙,甚至远渡海外。但他们时刻谨记自己来自中原,并以此为骄傲。客家人通过祠堂连结族人,通过族规与家谱维系家族。

客家人的聚居地多设有祠堂,用以共同祭祀祖先,处理族务,管理族众,团结宗族。在春节等节日也要通过祭拜、挂祖宗像的做法,表示对祖先的崇敬与思念。在过去,男婚女嫁时,也要在祠堂或祖厅的祖像之前表示其虔敬之意。

---

① 何嵩《土楼建筑与客家变迁》,《中国地方志》2010 年第 2 期,第 55 页。
② 施瑛《传统客家民居的特色解读及其现代价值》,《农业考古》2010 年第 1 期,第 358～359 页。
③ 黄汉民《福建土楼》,《中国历史文物》2002 年第 1 期,第 80 页。

客家的族规与河洛地区的族规相似,都提倡尊祖敬宗、孝事父母、和睦宗亲、严血统、正男女、明尊卑、防盗寇等内容。族谱是维系族权、记录世系血缘关系以及族众尊卑地位的依据。在客家社会中,只要是聚居一地的家族必有族谱。客家先民南迁后,不忘故乡河洛地区,一般都有对祖籍的记载。这也为客家保存宗族成员血缘宗法关系提供了证明。

(二)崇文重教的优良传统

河洛地区就有尊师重教的传统,商周时代就有了"庠序之教"①。客家先民来自河洛地区,文化素养较高,注重文教,力求子弟"知书识礼",乃至考取功名,光宗耀祖。究其原因,一是客家文化受中原文化影响,重视教育。二是客家人主要生活在山区,经济相对落后,读书是改变命运的最佳出路。客家人积极办祠堂学校,并还出资帮助族内一些有培养前途而经济困难的子弟继续深造,同时,奖励族内学有所成的子弟。这些措施的实施也为客家人文兴盛发达,涌现客家精英打下了坚实的基础。

三、河洛文化对楚文化的影响

楚文化,即先秦时期的物质文化和精神文化的总和。楚国从初期偏处荆山,地域不过方圆 100 里,经过楚人 800 年之久的开拓,到"地方五千里",东临大海,南抵五岭,西包巴蜀,北绕颍洄,疆域几乎是囊括了南半个中国。楚文化是楚人所创造的文化遗存,是东周南方文化的主体,还是中华文明的重要组成部分,对中华文化的发展做出了重要的贡献。楚文化研究证明了中国文化乃多元复合而主要是二元耦合的格局,对改写学术界对中国先秦史产生了巨大的影响。

楚文化可归纳为:炉火纯青的青铜冶铸、绚丽精美的丝织刺绣、巧夺天工的木竹漆器、义理精深的老庄哲学、惊采绝绝的屈骚文学、恢诡谲怪的美术乐舞六大支柱,筚路蓝缕的艰苦创业精神、追新逐奇的开拓进取精神、兼收并蓄的开放融会精神、崇武卫疆的强军爱国精神和重诺贵和的诚信和谐精神。

从源流上说,河洛文化影响了楚文化的发展。汤因比指出:对人类第一代文明来说,"挑战"主要来自于自然环境,人类对这种"挑战"的"应战",起到了文

---

① 李学勤《孟子注疏(十三经注疏)》,北京大学出版社,2000 年,第 12 页。

明发生的决定性的原动力作用,从而启动了各种互相作用的整体复杂机制,结果
导致了文明的发生。早期的楚国,恰好位于毗连豫西南的鄂西北,这种纵跨南北
的地理位置,成为楚人得以兼采华夏和蛮夷之长的优势。张正明先生在《楚文
化史》中指出,"楚文化毕竟有介乎华夏文化与蛮夷文化之间的主源,即祝融部
落集团崇火尊凤的原始农业文化,它左右着楚文化的发展方向。"[1]"楚文化的主
源可推到祝融,楚文化的干流是华夏文化,楚文化的支流是蛮夷文化。[2]

　　20 世纪上半叶至今,楚国故地的一系列重大考古发现震惊了世界。通过对
墓葬的研究发现中原文化对楚文化有重要的影响。如西周末到东周初的湖北当
阳赵家湖楚墓,其出土器类的种类和形制均与中原大同小异。而考察苗长期的
楚国时,发现楚国又根据自然地理环境创造出区别与殷式鬲和周式鬲的高足楚
式鬲。[3]

　　张正明先生在《先秦的民族结构、民族关系和民族思想》一文中提出,楚人
在先秦民族结构中所占的地位相当特殊,西周时非夏非夷,春秋时亦夏亦夷,直
到春秋末才正式与华夏认同。关于语言,楚人受华夏熏陶已久。但楚人说楚言,
也通夏声。所以在历史演变进程中有些还同当地蛮夷融合,渐渐同化,就并不如
客家语言保存那般完好。"抚有蛮夷,以属诸夏"楚国通夏语后,楚人的意识形
态也纳入华夏意识形态体系中,但楚人还是在诸多方面表现着自己的独特。

　　张正明先生认为:通过对楚国墓葬和铜器的研究发现,楚式铜器继承了中原
铜器器类组合形式,即由盛牲器(鼎)、饭器(簠、簋、豆)、酒器或水器(壶、罍、
缶)、盥洗器(盘、匜)构成,并随时代发展而变化。尤其是战国中期,文化趋同,
导致表现风格一致。楚式铜器在发展过程中亦有其自身的特点。如春秋早期,
礼器组合中,楚以簠代簋。在饭器上,中原是簋—豆—敦,楚国是簠—敦—盒等。

四、结论

　　河洛文化对客家文化产生了重要的影响,而客家人南迁后的新环境也促成
了独具特色的客家文化。一是客家方言保留了较为完整的河洛古音。二是客家

① 张正明《楚文化史》,上海人民出版社,1987 年版,第 26 页。
② 张正明《楚文化史》,上海人民出版社,1987 年版,第 26 页。
③ 张正明《楚文化史》,上海人民出版社,1987 年版,第 42 页。

民居源于黄河流域的河洛文化建筑精髓。三是客家节庆也是河洛文化的延续。

河洛文化对楚文化的影响在源流。但楚文化的发展的主流是介乎华夏文化与蛮夷文化之间的祝融部落集团的原始农业文化,其主流华夏文化对楚文化有影响,但作用有限。因此,表现出与客家文化不同的文化面貌。

因地域的不同河洛文化对客家文化和楚文化有不同的传播与影响。一是与战争迁徙有关,二受自然地理环境因素的影响,三是客家文化与楚文化有不同的文化主源,其主源决定了各自的发展。客家文化继承了河洛文化的传统,其元典性,即根源性,导致今日客家文化得以在广东、福建等地广泛流传,并延伸海外,成为海外华人与故乡联结的重要纽带。

（作者为湖北省社会科学院楚文化研究所助理研究员）

河图洛书与中国古都建制

李雪山　郭胜强

一

　　河洛文化中典型的与标志性的文化成果是浓缩了中国传统文化之精髓的河图洛书。河图洛书蕴藏着无穷的奥秘,反映了远古先民的物象崇拜意识,反映出当时人类的思维和文化认同,几乎涉及到中国古代社会生活的各个方面,许多方面甚至影响到今天的社会生活。研究河图洛书有着重要的意义,河南省社会科学院研究员杨海中先生曾指出:"图出于河,书出于洛,河图洛书从一开始就具有浓厚的神圣与神秘色彩,这是远古物象崇拜向文明社会的传承。人类社会的神

　　灵崇拜、祖宗崇拜、物象崇拜以及生命崇拜等,促进了人类思维的发达及文明的进步。河图洛书传说的出现及无数人竭其一生之力对他的解说或附会,对中国的政治学以及哲学、数学、天文、历法、医理、音律都产生了最大的影响。"①

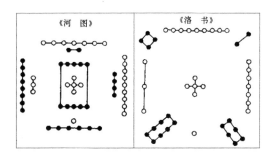

河图洛书示意图(采自杨海中《图说河洛文化》)

　　河图洛书的传说有多种,其一说上古伏羲氏时,洛阳东北孟津县境内的黄河

---

①　杨海中《图说河洛文化》,河南人民出版社,2007年12月,第43页。

中浮出龙马,背负"河图",献给伏羲。伏羲依此而演成八卦,后为《周易》来源。又相传,大禹时,洛阳西洛宁县洛河中浮出神龟,背驮"洛书",献给大禹。大禹依此治水成功,遂划天下为九州。又依此定九章大法,治理社会,流传下来收入《尚书》中,名《洪范》。《易·系辞上》说"河出图,洛出书,圣人则之",就是指这两件事。其他传说与之相似,只是受书者或唐尧或虞舜有所不同,这里不再一一列举。

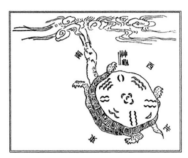

　　仔细地观察河图洛书,不难发现,这两幅图具有数字性和结构对称性两个明显特性。数的概念直接而又形象地包含在图书之中。"〇"奇数表示 1. "●●"表示偶数 2. 依次类推,河图含有 1—10 共 10 个自然数,洛书含有 1—9 共 9 个自然数。数字性是河图洛书的基本内容之一。

　　河图洛书图式的结构分布形态对称,具体表现在两个层面,其一,由黑点或白点构成的每一个数的结构形态是对称的;其二,整体结构分布对称。河图,以二个数字为一组,分成五组,以[5,10]居中,其余四组[7,2]、[9,4]、[6,1]、[8,3]依次均匀分布在四周。洛书,以数 5 居中,其余 8 个数均匀分布在八个方位。以 5 为中心,上下左右对称相等。

　　河图洛书的这种特性直接影响了中国古代的建筑,历代的皇宫和都城的建制布局都有其深刻的烙印。杨海中先生在《图说河洛文化》中提出了"城建文化",指出,郑州商城、偃师二里头遗址、偃师商城、安阳殷墟、洛阳王城的发现,"为研究我国早期产生于河洛地区的都城与宫殿建筑提供了最可靠的材料,研究表明,三代都城及宫室,从其形制、功能以及附属设施等的设计与建筑所形成的城建文化的基本思想,影响了中国都城、宫室建筑数千年"[1]。

---

　　① 杨海中《图说河洛文化》,河南人民出版社,2007 年 12 月,第 127 页。

河南省社会科学院研究员王永宽先生在《河图洛书探秘》一书中,论述到河图洛书与"明堂",指出:"历代论及河图洛书的著作,常常要论及明堂。汉代以后,把九宫和洛书联系起来,据说也是从明堂引起。明堂是古代帝王施政的场所。从内容上来说,凡是朝会、祭祀、庆赏、任命等重大事务,皆在这里举行。从形式上来说,它是一座宫廷式的建筑物。说它与洛书有密切关系,形式而言的,但其中所反映的秩序等级观念和法天象的意思 ,也与其内容有一定的联系。"①

本文在前人研究成果的基础上,根据文献资料、甲骨文资料和考古资料,进一步考察河图洛书对中国古代城建制度的影响,以探讨河洛文化的重大意义,并就教于学术界。

二

关于明堂,王永宽先生引用了《大载礼记·盛德》、《淮南子》、《通志》、《礼记·月令》、《吕氏春秋》、《易图明辨》、《蔡中郎集》、《晋书·纪瞻传》等大量文献资料,条分缕析,论述甚详,特别还绘制了明堂九室图,使人一目了然,最后得出结论:"考察明堂产生及发展的历史,可知他曾经在相当长的时间内存在过并起过重要作用。他和洛书的联系具有丰富的内容,能够引起学者多方面的思考和研究兴趣。"②但王先生仅从文献资料的角度,缺少考古资料的佐证。我们翻阅了一些三代考古资料,不见有"明堂"倒是找到了不少"四合院"的内容。

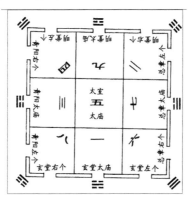

明堂九室图(采自王永宽《河图洛书探秘》)

人类进入文明社会后,随着社会生产力的不断提高,手工业的进步,建筑业

---

①　王永宽《河图洛书探秘》,河南人民出版社,2006 年 4 月,第 209 页。

②　王永宽《河图洛书探秘》,河南人民出版社,2006 年 4 月,第 214 页。

有了很大发展,夏、商、周三代在中国的大地上先后营建了许多都邑宫室。据最新考古资料统计,三代大型建筑基址有69座,其中夏代的主要是二里头遗址有4座,商代的有属于早商的郑州商城、偃师商城,中商的湖北盘龙城、安阳洹北商城,晚商的安阳殷墟共59座,周代的有陕西凤雏、扶风召陈、云塘遗址6座①。

甲骨文中也有宫室的记载,甲骨文中的宫、宅、家、宗、安、京、郭等字,均与建筑有关,是当时不同类型的建筑,其上部的"宝盖头"就是宫室屋顶的形象。杨升南先生研究指出,甲骨文中有关建筑物的名称有15种,有关建筑的活动有9种②。后来,王宇信、杨升南先生进一步研究列出甲骨文中有关建筑物的名称有17种③。宋镇豪先生则列出了20多种④。甲骨文中有"我作邑"、"我勿作邑"、"作宫"等(《甲骨文合集》13490—13499),还有"作兹邑"、"弗作兹邑"(《甲骨文合集》7853、7854)等就是建筑城邑宫室的记载。"王往宫不雨"(《甲骨文合集》33161)、"于宫无灾"(《甲骨文合集》)、"丁巳卜,于南宫",都是在宫中举行各种活动。

甲骨文中的宫乃是单体房屋的形象,宫是有多个单体房屋所构成。著名甲骨学家陈梦家先生曾指出:"由卜辞宫室的名称及其作用,可见殷代有宗庙有寝室。他们全都是四合院式的,所以东、西、南、北四方都有房屋。"⑤中国社会科学院考古研究所研究员杜金鹏先生也指出:"如果我们把考古发现的宫殿建筑与甲骨文联系起来看,不难发现,所谓'宫',正是这种大型宫室建筑群的写照——一座高大房屋组成的四合院,一个个四合院连成的建筑群。"⑥

四合院是中华民族先民独特的居住建筑形式,是中国传统城建文化精华中最富特色的一部分。新石器时代也有了四合院的雏形,郑州大河村仰韶文化遗址里的房基就已具备了四合院的特征⑦。结构完整的四合院的出现是在夏代,

---

① 宋江宁《三代大型建筑基址的几点讨论》,载中国社会科学院考古研究所夏商周考古研究室《三代考古·(二)》。科学出版社,2006年5月,第81页。

② 杨升南《商代经济史》,贵州人民出版社,1992年10月.

③ 王宇信 杨升南《甲骨学100年》,社会科学文献出版社,1999年9月,第571~573页。

④ 宋镇豪《夏商社会生活史》,中国社会科学出版社,2005年10月,第84页。

⑤ 陈梦家《殷墟卜辞综述》,科学出版社,1956年。

⑥ 杜金鹏《商代的'宫'——兼论中国四合院的起源》。载王宇信 宋镇豪 徐义华主编《纪念王懿荣发现甲骨文110周年国际学术研讨会论文集》,社会科学文献出版社,2009年8月,第452页。

⑦ 郑州市文物考古研究所《郑州大河村》,科学出版社,2001年。

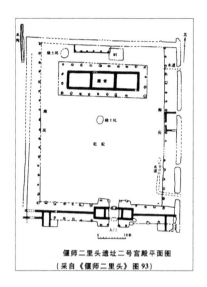

偃师二里头遗址二号宫殿平面图
（采自《偃师二里头》图 93）

河南偃师二里头遗址宫殿建筑 1 号、2 号、3 号等基址，都是四合院。如 2 号建筑基址主殿座北朝南，对应主殿的南庑偏东是门塾（门房）大门。两侧是廊庑，周围有水道、排水沟①。

商代四合院建筑的宫殿更加普遍和完善，早商的偃师商城 2 号、3 号、4 号等宫殿都是四合院的形式。郑州商城黄河水利委员会科研所 C8F15、中医院家属院 92ZSC8、郑州医疗器械厂 88C8F101 等基址，规模宏大，基址上有排列有序的柱础石。这些基址当是大型宫殿建筑，限于条件无法完全发掘暴露，发掘者根据残存遗迹分析，应该也是四合院建筑形式②。

中商的安阳洹北商城被称为 20 世纪最重要的考古发现之一，弥补了早商和晚商之间的时间缺环和重要考古遗存的缺环，从考古学上完善了商文化的编年框架。洹北商城目前已发掘的 1 号基址和 2 号基址都是典型的四合院建筑，特别是 1 号基址规模宏大，总面积近 1.6 万平方米，是迄今发掘的规模最大的商代单体建筑。整个基址的建筑物部分由主殿、廊庑、西配殿、东配殿、门塾、门道、门塾两旁的长廊组成。主殿位于基址北部正中，高出当时的地面约 0.6 米，殿面上一字排开有九间正室。主持发掘的中国社科院考古所安阳工作队队长唐际根等曾指出："基址表面清晰地柱网结构为以往发现的任何商代基址所未见，其保存

① 中国社会科学院考古研究所《偃师二里头》，大百科全书出版社，1999 年。
② 河南省文物考古研究所《郑州商城》，文物出版社，2001 年。

下来的台阶、门道、特别是周围倒塌的多类墙体和屋顶残块,可以最大限度地复原出一座规模宏大的商代宫殿。1号基址在中国建筑史上的意义不容置疑。"①

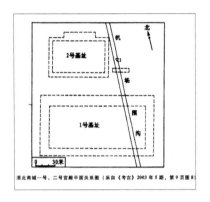

洹北商城一号、二号宫殿平面关系图（采自《考古》2003年5期,第9页图8）

晚商的安阳殷墟,在王室宫殿宗庙区分布着众多的四合院,杜金鹏先生认为,"四合院是殷墟宫殿区礼仪建筑的基本形势。""乙组和丁组基址,为以四合院为主体的建筑群……乙组基址实际上是由陆续建成的北、中、南三个四合院组合而成的。""丙组是类似四合院的建筑群体。"②著名考古学家、北京大学教授李伯谦先生完全赞同杜金鹏的见解,指出:"经验的积累,眼光的开阔,促使他在研究殷墟宫殿建筑时对殷墟宫殿的主体作出四合院形式的判断,是顺理成章的。而且后来发掘的洹北一号、二号宫殿也是四合院结构,就完全证明这种判断是正确的。"③理政和居住,是当时的政权中枢之所在。我们认为四合院实际上就是文献中所谓的"明堂",只是后世的儒生们将之规范化、理想化了。

三

河图洛书的对称性对中国古代都城的建制影响甚大,这就是以南北中轴线为中心左右对称的建筑布局。其主要体现有三个方面,一是每座宫殿单体建筑以自身的中轴线对称,二是整个宫殿建筑群即后世的皇宫有着南北中轴线对称,三是整个都城南北中轴线对称,且主要建筑的中轴线与整个都城的中轴线相重

①　唐际根 岳洪彬 何毓灵 岳占伟《洹北商城宫殿区1号基址发掘简报》,《考古》,2003年5期,第23页。

②　杜金鹏《商代的'宫'—兼论中国四合院起源》,载王宇信 宋镇豪 徐义华主编《纪念王懿荣发现甲骨文110周年国际学术研讨会论文集》,社会科学文献出版社,2009年8月,第451页。

③　李伯谦《殷墟宫殿区建筑基址研究·序二》,杜金鹏《殷墟宫殿区建筑基址研究》,科学出版社,2010年11月,第2页。

合。

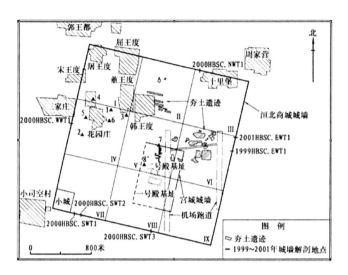

洹北商城的整体布局有宫城、外城。宫城中 1 号、2 号建筑基址位于中心南北一字排开（见图）。唐际根、荆志淳、刘忠伏曾指出：

1. 洹北商城有宫城，也有外廓城。

2. 宫城位于外廓城南北中轴线南部。

3. 整个洹北商城的建造过程应是先建邑，后营小城，再造大城。① 后来，他们进一步指出："关于洹北商城的布局，宫殿区位于洹北商城的南北中轴线南端，这是可以明确下来的一个结论，反映了中国古城布局重视中轴线的传统。"②

殷墟的王室宫殿位于殷墟的中心小屯村北地，这里地势高旷，北边和东边有洹水流过，西边和南边有人工大水沟围绕，显示了王者居中，至高无上，以水为屏，以水为景的理念。主要宫殿座北朝南一字排开，整个宫殿区中轴线对称明显（见图），依次是王室成员居住的地方，商王朝会理政处和宗庙祭祀场所。这就印证了文献中"匠人营国，方九里，旁三门。国中九经九纬，经涂九轨。左祖右社，前朝后市"（《周礼·考工记》）的记载。

---

① 唐际根 荆志淳 刘忠伏《近年来洹北商城遗址考古工作及其成果——兼论洹北商城的布局与主要遗迹的年代》，中国社会科学院考古研究所《纪念世界文化遗产殷墟科学发掘 80 周年考古与文化遗产论坛会议论文》，第 62 页。

② 唐际根 荆志淳 刘忠伏 岳占伟《洹北商城的发现与初步勘察》，载唐际根《考古与文化遗产论集》，科学出版社，2009 年，第 175 页。

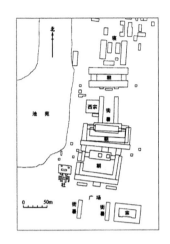

安阳殷墟宫殿区示意图（采自杜金鹏《殷墟建筑基址研究》）

从 1928 年前中央研究院历史语言研究所开始对安阳殷墟科学发掘以来，由于一般居住区、手工业作坊、墓葬等各种遗址都散布在殷墟周边地区，没有找到一条南北的主干道，人们就形成了殷墟没有中轴线对称布局的认识。近年来，殷墟文化遗存得以大面积的出现，对于研究殷墟各期的文化分布和殷墟的布局提供了许多新的资料，使我们对殷墟的布局有了新认识。

1992、1996 年，安阳市文物考古研究所（原安阳市文物工作的）在殷墟南部边缘徐家桥村发现发掘殷代墓葬 70 余座，发现殷代夯土房基 3 座。其中，两座房基面均有柱基两排，面积均在 30 平方米以上，应该是挂檐式的建筑。而像这样较大型的夯土基址，殷墟发现的数量是比较少的，发掘者认为，"这种有较厚的夯土基础，房基面分布着密集有序的柱洞，可以想像，这种宽敞高大的房子，并非一般人所居。应为当时这一带的族的首脑居室或族的宗庙建筑"[1]。

徐家桥东北的原铁路苗圃是一处重要的青铜器作坊遗址，近年考古发现，"殷墟苗圃一带，不仅发现有规模较大的铸铜遗址，其周围还分布着大量殷代房基、灰土层、灰坑、车马葬及墓葬等遗存"[2]。

2001—2002 年安阳市文物考古研究所在徐家桥村发现发掘了一处规模宏

---

① 安阳市文物工作队《安阳徐家桥村殷代遗址发掘报告》，《华夏考古》1997 年 2 期。

② 李贵昌 孟宪武 李阳《近年来殷墟边缘区域考古概论》，安阳甲骨学会《安阳甲骨学会文集》，文物出版社，2008 年，第 98 页。

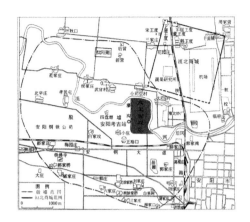

安阳殷墟和洹北商城示意图（采自杜金鹏《殷墟建筑基址研究》）

大、建筑基址密集的商代四合院式夯土建筑基址群,其中心建筑群体分为 6 排,每排 4—5 组,约近 20 组。四合院基址建筑的形式与洹北商城和殷墟宫殿区的四合院相似,只是规模要小得多,发掘者认为:"它很可能是商王室下属的一处重要官邸。"①

2008 年,中国社会科学院考古研究所安阳工作队在薛家庄东部与之紧为邻的刘家庄北地发现两条商代道路。一条为南北向,宽约 10—20 米,两侧有排水沟,使用时间较长,从一期一直到四期偏晚阶段。其上车辙甚多,使用非常频繁。另一条类似的道路为东西向,两条道路曾有共存的时期,形成"丁"字路口。发掘者指出:"在南北向道路的东、西两侧和东西向道路的南、北两侧,都分布着规模较大、且布局严谨的夯土建筑基址,显示出殷墟作为都成在早期建设过程中合理规划。"②

这条从殷墟小屯宫殿区直通刘家庄南北长近 4 公里长主干道,两侧排列着官署、居民区、手工艺作坊等,显然它是殷墟的南北中轴线。

秦汉时期,经过了战国时代的长期动荡战乱,"礼崩乐坏",三代古制多有破坏,故秦都咸阳和汉都长安"是密封式的不规则布局,以自然地势宫殿建在城中

---

① 孟宪武《殷墟四合院式建筑基址考察》,载孟宪武《安阳殷墟考古研究》,中州古籍出版社,2003年,第 66 页。
② 中国社会科学院考古研究所安阳工作队《2008 年安阳殷墟刘家庄北地发掘简报》,《考古》,2009年 7 期。

制高点上,周围散布着官署和居民区"[①],谈不上中轴线对称。经汉代"独尊儒术",三代礼制形式上多有恢复,封建主义中央集权统治日益完善和加强,天子

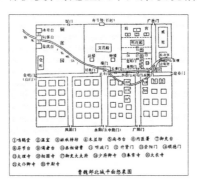

唯我独尊,是高高在上的天下之中心,故在都城建设中又恢复了中轴线对称的布局。曹魏的邺都(今河南省安阳市北部,河北省邯郸市南部)采用了以中轴线为中心对称的棋盘形封闭式布局,城市的中轴线同时也是王宫的中轴线,官署衙门和街道里坊都依它为对称均匀分布。宫殿和官署都集中在城市的北部,与民居里坊截然分开。曹魏邺都是我国都城建设的一个划时代转折,有着承前启后的重要作用,对后世的都城建设如隋唐长安、明清北京都有很大的影响。

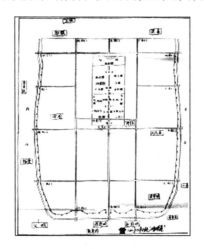

　　河图洛书对中国古代都市建设的深远影响还体现在有些城市直接就建成龟形,如建于秦代的四川成都龟城、东魏邺南城龟城、五代山西浑源龟城等。东魏、北齐的国都邺城在曹魏邺都之南,被称为邺南城。邺南城南北长、东西窄,城角

---

① 朱士光主编《中国八大古都·安阳》,人民出版社,2007年,第277页。

不是垂直的而略呈椭圆形状,城内中柚线地势也略高,状如龟。《邺中记》(晋·陆翙撰)附录记载,在修城时,"掘得神龟大逾方丈,其堵埭之状,咸以龟像焉。"古代野生动物多,筑城挖出大龟不足为奇,之所以建龟城乃是受河图洛书灵龟献书之影响。

（李雪山,安阳师范学院甲骨学与殷商文化研究中心主任、教授;郭胜强,研究中心教授）

永嘉移民与中原文化的南传

王建国

　　西晋末年,"八王之乱"严重地动摇了国家的统治基础,匈奴、鲜卑、羯、氐、羌等少数民族乘机进入中原,洛京荡覆,黄河中下游地区成为各族混战的战场,以河洛为中心的中原移民开始大规模地南渡江左避难。

　　在这次北人南迁的过程中,有相当数量的是中原士族,史书记载"中州士女避乱江左者十六七。"(《晋书·王导传》)河南、山东等地的世家大族和当时在都城洛阳任职的官僚几乎悉数南渡。他们以原籍或宗族为单位,率领所属部曲、佃户集体迁徙,有时众至千人甚至多达万人。据《晋书》记载,当时南渡的中原士族主要有:以谢鲲为代表的陈郡阳夏谢氏,以庾亮为代表的颍川鄢陵庾氏,以桓彝为代表的谯国桓氏,以褚裒为代表的颍川阳翟褚氏,以郗鉴为代表的高平郗氏,以袁瑰为代表的陈郡袁氏,以周顗为代表的汝南周氏,以钟雅为代表的颍川钟氏,以应詹为代表的汝南应氏,以范坚、范汪为代表的南阳范氏,以荀崧为代表的颍川荀氏,以殷羡为代表的陈郡长平殷氏,以蔡谟为代表的济阳考城蔡氏,以阮裕为代表的陈留阮氏,以李充为代表的江夏李氏,以何充为代表的庐江何氏,以羊曼为代表的泰山羊氏等,他们主要迁居在以建康为中心的长江下游一带。不仅建康及其附近地区麕集了许多中原士族,就是在当时被认为偏远的福建地区,也有中原大族林、黄、陈、郑、詹、丘、何、胡等八族迁入。谭其骧先生推测,截至宋世止,南渡人口约共有九十万,占当时全国境人口约共五百四十万的六分之一。葛剑雄先生《简明中国移民史》进一步推算,至刘宋大明八年,南渡移民总数可能在二百万左右。如此大规模的民族迁徙,在中国历史上是前所未见的,对中华传统文化的保存和传播具有至关重要的影响。

　　在华夏文明的发展历史上,中原地区以其特殊的地理环境、历史地位和人文精神,使中原文化在中国历史上长期居于正统主流地位。中原不仅是中国古代的政治经济中心,也是华夏文明的摇篮,中原文化是华夏文化的重要源头和核心组成部分。在五胡交侵、中原沦陷的历史背景下,中原士族的南渡,带动了华夏文明的南播。两晋之际,华夏传统文化之所以未像世界其他伟大文明因遭异族入侵而衰落和毁灭,中原南渡移民功莫大焉。谭其骧先生《晋永嘉丧乱后之民族迁徙》一文充分肯定了中原移民对江南文化发展的贡献:"中原遗黎南渡,虽为民族一般之趋势,然其间要以冠冕缙绅之流尤盛。""考东晋、南朝虽立国江左,然其庙堂卿相,要皆以过江中州人士及其后裔任之。……自是而后,东南人物声教之盛,遂凌驾北土而上之。"中原移民南渡,使中国的文化中心第一次由黄河流域移向长江流域。中原文化与江南文化的进一步交流和融合,改变了当时江南地区的文化风貌和历史进程,据葛洪《抱朴子》说,江南士人不但浸染洛下玄风,就连中原士族的书法、语言、甚至丧葬的哭法和居丧的风俗,都要亦步亦趋地模仿,由此可见中原移民对江南社会的巨大影响。在此以前,南方文化远不能与北方相提并论,至此以后,南北方不仅在治学方法和学风上因南北对峙而有明显的差异,而且在文学、佛学、道教、书法、美术、音乐等方面也呈现出迥异不同的特色而相映成辉,而中原移民对南方文化发展的作用尤其值得重视。这种作用与影响主要表现在以下数端。

其一,复兴文化传统,倡导儒学教育。魏晋以来,玄学作为玄学家抨击儒学的武器,有利于人的个性的解放和对自由的追求。东晋以后,中原南渡人士认识到儒学、礼治对稳定江东政权的重要性,提出振兴儒学的主张。如太兴初年,陈頵上书说:"昔江外初平,中州荒乱,故贡举不试。宜渐循旧,搜扬隐逸,试以经策。"王导请元帝设置五经博士,兴建学校,"择朝之子弟并入于学,选明博修礼之士而为之师。"散骑常侍戴邈、太常荀崧等上疏支持王导的主张。与王导同为东晋初年重臣的征西将军庾亮镇守武昌时,针对丧乱以来"《诗》、《书》荒废,颂声寂寞"的情况,在武昌"开置学官,起立讲舍。亮家子弟及参佐大将子弟,悉令入学。"对西晋玄学误国的沉痛反思,对儒学功能的重新肯定,奠定了东晋统治者以儒学立国的思想基础。钱穆先生《略论魏晋南北朝学术文化与当时门第之关系》说:"门第即来自士族,血缘本于儒家,苟儒家精神一旦消失,则门第亦将不复存在。"儒学观念作为凝聚家族的精神力量始终在中原南渡移民中存在着。

其二,推动了华夏学术的演进和发展。魏晋以来,以洛阳为中心的中原学术风尚渐变,玄学新思潮在黄河以南的中下游地域流行蔓延。永嘉之乱后,玄学并未因京洛倾覆而消失,而是随着中原士人的南渡风被江左,以建康为中心的江南地区成为新的玄学传播的中心。不但如此,此时的中原士人还将佛学援入玄学,使东汉即传入我国的佛学开始真正地融入中国文化。据《晋书》、《世说新语》、《高僧传》等文献记载,东晋名士王导、谢安、王羲之、孙绰、许询、殷浩、刘惔、王濛等与高僧支遁、竺法深、康僧渊、支愍度、慧远等交往密切,名士清谈,往往有名僧助兴,如《世说新语·文学》载:"支道林、许掾诸人共在会稽王斋头。支为法师,许为都讲。支通一义,四座莫不厌心。许送一难,众人莫不抃舞。但共嗟咏二家之美,不辩其理之所在。"又载谢安、许询、支遁等人集会,谈《庄子·渔父》,支遁"作七百许语,叙致精丽,才藻奇拔,众咸称善。"谢安"自叙其意,作万余语,才峰秀逸,既自难干,加意气拟托,萧然自得,四坐莫不厌心。"类似情形比比皆是。玄佛相参、玄佛合流已成为时代潮流,中古学术思想亦于是发生深刻的转型,与中原移民文化无不有着千丝万缕的联系。

其三,保留华夏文明的火种和生命之根,为华夏文化的复兴作出贡献。东晋时期,中原士人大批南渡,将中原文化带入江南,并与南方文化相融合,成为了华夏文明复兴的种子。正如雷海宗先生《中国文化的两周》中所指出的:"胡人若真过江,南方脆弱的汉族势力实有完全消灭的危险。南北两失,汉族将来能否复兴,很成问题。……北族内侵一次,汉族就大规模的渡江向南移殖一次。"中原文化的南移,犹如一颗幸运的种子,浸润于南方这块新的文化土壤,重获新生,开花结果。而迁入中原的诸族,经过长时间的民族融合不断汉化,表现为对南方汉文化、制度仰慕和效仿。如王猛告诫苻坚:"晋虽僻陋吴越,乃正朔相承。……臣没之后,愿不以晋为图。"《北齐书》高欢评价梁武帝说:"江东复有一吴儿老翁萧衍者,专事衣冠礼乐,中原士大夫望之以为正朔所在。"隋唐之大一统,则实现了华夏文化的新的复兴。

其四,家学昌盛,官学沦废,学术中心移于家族,文化传承通过家族教育得以赓续。陈寅恪先生在《崔浩与寇谦之》一文中指出:"东汉以后学术文化,其重心不在政治中心之首都,而分散于各地之名都大邑。是以地方之大族盛门乃为学术文化之所寄托。中原经五胡之乱,而学术文化尚能保持不坠者,固由地方大族之力,而汉族之学术文化变为地方化及家门化矣。"颜之推《颜氏家训·勉学》说:"士大夫子弟,数岁已上,莫不被教,多者或至《礼》《传》,少者不失《诗》、《论》。"反映了东晋至南朝以来,中原南渡士族对子弟传统文化教育的重视。不同家族,也往往体现出不同的家学特色。如琅琊王氏王彪之、王珣、王谧等人都继承了王氏尚儒务实家风,在当政时或重视礼法,或垂意经世致用。王彪之曾对典章制度作过诸多创新,后来被他的后人发展为"王氏青箱学",形成一种专门的学问。入宋以后,官至太保的王弘"造次必存礼法,凡动止施为,及书翰仪体,后人皆依仿之,谓为王太保家法。"(《宋书·王弘传》)魏晋门阀制度形成后,谱牒盛兴。东晋贾弼始创谱学,其子孙贾匪之、贾渊、贾执、贾冠承传其学,近二百年不衰。谱牒的作用在于"别贵贱,明是非",辨别士庶。同时它是姓氏文化的重要组成部分,对于凝聚宗族力量也起着重要作用。

综之,永嘉时期中原移民的南渡,是影响中国历史进程的一件大事。这不仅是人口的大迁徙,而且是文化的大迁徙。它客观上推动了中原文化的传播,促进了南北方文化的交流与融合,改变了中国文化演进的空间格局,同时也开启了江南开发的序幕。其影响至巨,波及当代,客家文化最早源头亦与此次民族迁徙有关,罗香林先生《客家源流考》称:"迄晋武帝统一中国,以见及三国割据的由来,而尽罢州郡兵权,边州因而空虚。会八王相继作乱,国力因而削弱,边区内徙的部族,便得相继乘机而起,于中国内地的一部分,建立他们的割据政权。晋代的中央政府,不得已也迁到建康,就是现在的南京,内地的人民有迁移力量的,或有迁移的机会的,都相率南迁,当时称为'流人'。"当时,福建地处东南海滨,社会较为稳定,南迁的中原移民大批涌进,与当地闽越族、畲族逐渐融合,成为早期客家人。2007 年 8 月 18 日至 20 日在河南省偃师市召开的"客家先民首次南迁出发地"国际学术研讨会认为,客家人作为中华民族的一支,一千多年来,他们从中原向外迁徙,足迹遍及大半个中国和海外各地。客家的首次迁徙发生在西晋永嘉年间,位于河洛之间的当时国都汉魏洛阳故城,正是客家人的祖根之所在,也是客家文化的源头。

"永嘉之乱,衣冠南渡,始入闽者八族。"(《三山志》)其中有林姓、黄姓、陈姓、郑姓、詹姓、邱姓、何姓、胡姓八姓,本系中原大族,入闽后先在闽北(今南平地区)及晋安(今福州)定居,而后渐向闽中和闽南沿海扩散。史称"衣冠南渡,八姓入闽"。这是中原地区人口的第一次大规模南迁,也是北方汉人与闽人的第一次大融合。当今福州市民中,林、陈、黄、郑四大姓,占一半以上,故有"林陈半天下,黄郑满街排"之说。

由于客家文化是以中原汉文化为主体的移民文化,它不仅具有中原文化的深厚底蕴,还具有十分强烈的寻根意识和故土意识,这是移民在离开祖居地之后所表现出来的对母体文化的强烈眷恋。

(作者为洛阳师范学院 河南文化传播与社会发展研究中心副教授)

河洛文化、明清乡绅与
中国基层国民性的塑造
——以江西为例

施由明

　　河洛文化即产生于河洛地区的文化,这一地区的文化是中华传统核心文化的源头,儒家虽形成于鲁,但孕育于河洛地区的周公"制礼作乐"。儒家的思想文化在西汉武帝"罢黜百家,独尊儒术"之后,成为了国家统治文化、国家塑造国民的主要文化,也即标志着河洛文化成为国家塑造国民性的主要文化。到明清时期,河洛文化与中华传统核心文化都是以儒家文化为基础的文化。

　　明清时期,塑造中国基层国民性的文化是儒家文化,也可以说是河洛文化。而中国基层国民性的塑造,教育是主要的手段。将教育贯彻到基层,乡绅①起着重要的作用。他们或延师课子,或亲自传授文化,或设法让子弟入府州县学,虽主要以科举为目的,但在让子弟与族人传承儒家文化的同时,也塑造了受教育者的国民性。同时,乡绅们还以个人的言行和人格典范引导着子弟,这种引导同样是对子弟与族人起着国民性的塑造。此外,乡绅们还通过宗族为媒介,以族谱、祠堂、族规、祭祖等引导、规范族人行为,塑造了族人们的国民性。本文以江西区域为考察中心,试着对明清时期乡绅对基层国民性的塑造作些探讨。

　　1. 孝悌

　　孝悌,这是儒家文化,同样也是中国传统文化的核心思想,源出于《论语·

---

　　①　所谓乡绅,即拥有科举功名而未出仕,或致仕居乡,或废闲居乡,或拥有基本学衔如生员等,国家给予了这些人政治、经济等方面的某些特权。关于乡绅,可参见巴根《明清绅士研究综述》,《清史研究》1996 年 3 期。

学而》:"弟子入则孝,出则悌,谨而信,泛爱众,而亲仁。行有余力,则以学文。"①

孝,就是孝顺父母;悌,就是敬爱兄长。即南宋理学家朱熹所说:"善事父母为孝,善事兄长为悌。"②

孝悌,之所以会成为儒家文化或者说中国传统文化的核心思想,因为这是中国农耕社会稳定传续的需要,也即"孝悌"思想或观念在中国社会有产生、扩展与传承的社会土壤和社会需要,因为"孝悌"是家庭稳定、和谐的必需。而家庭的稳定与和谐是社会稳定与和谐的必需,这就是孔子的弟子有子所说:"其为人也孝弟而好犯上者,鲜矣;不好犯上而好作乱者,未之有也。君子务本,本立而道生。孝弟也者,其为仁之本与!"③儒家说:早在尧舜(即在中华文明的开端)时期就已经有了"孝悌"的思想和社会规则,这就是孟子所说:"尧舜之道,孝悌而已矣!"④

自孔子明确提出"孝悌"这一理念之后,受到了历代儒家文人的推重和历代中国统治者的重视。

被称为"亚圣"的孟子对"孝悌"思想进行了深度的阐述。成书于战国至秦汉间的《礼记》对"孝悌"思想进行了深入的诠释。成书于秦汉间的《孝经》同样有深入而精辟的论述,如《孝经》中论到:"以孝事君则忠,以敬事长则顺,忠顺不失,以事其上,然后能保其禄位,而守其祭祀,盖士之孝也。"即在秦汉间已经移孝作忠,这非常迎合统治者的需要。汉代御用儒家董仲舒向汉武帝提出了"罢黜百家,独尊儒术"之后,为了给统治者提供强有力的思想统治,将"孝悌"思想神秘化、迷信化,提出了"三纲五常"说,即"君为臣纲,父为子纲,夫为妻纲也,五常:仁义礼智信也"⑤。即提出了臣对君、子对父、妻对夫的绝对服从。中国人步入了君对臣、子对父、妻对夫的绝对服从,已没有了独立人格的阶段。宋代理学家则赋予"孝悌"更高的哲学说明,把"孝悌"与天地的最高本原和精神实体"天理"联系起来,认为"孝悌"是"天理"的外在表现,从而把"三纲五常"之说变成

① 《四书今译》,江西人民出版社,1990 年,第 3 页。
② 朱熹《四书章句集注》,中华书局,2008 年,第 48 页。
③ 《四书今译》,江西人民出版社,1990 年,第 1 页。
④ 《四书今译》,江西人民出版社,1990 年,第 273 页。
⑤ 朱熹《四书或问》卷七《论语》,《影印文渊阁四库全书》第 197 册,上海古籍出版社,1987 年,第 347 页。

了"君叫臣死,臣不敢不死;父叫子亡,子不敢不亡"的理论,即"孝悌"成了愚忠愚孝,中国人更加丧失了独立的人格。中国文人对"孝悌"的推重和利用已达到登峰造极的地步。"孝悌"成了儒家伦理的最高道德要求,成了中国人做人的基本准则。

从孔子提出"孝悌"思想之后,历代统治者都看到了提倡"孝悌"思想对社会稳定和社会有序发展的重要作用。于是,有了《秦律》规定不孝为重罪,《云梦睡虎地秦简》记载:若父母告儿子不孝,官府就将"亟执勿失",立即将被治罪。有了汉代皇帝的"以孝治天下"、大力表彰"孝悌力田",以及除开国皇帝刘邦、刘秀之外,所有的皇帝都加上"孝"的谥号后,孝悌几近进入了法律,如《唐律疏议》和《宋刑统》规定子孙不得与"父母异财别居",明代皇帝朱元璋《圣谕六言》要求"孝顺父母、尊敬长上、和睦乡里、教训子孙、各安生理、毋作非为。"清代康熙皇帝的《上喻十六条》首条就是"敦孝悌以重人伦"。

明清时期的乡绅们不仅通过教育宣传孝悌,而且以其为道德核心塑造子弟。

乡绅们无论是亲自授学还是办家塾延师课子,或者让子弟成为"邑庠生",即到县儒学学习,或者让子弟到书院学习,无论是从孩童时期在乡校或义塾、私塾、家塾接受启蒙教育,还是到县儒学或书院接受较高层次的教育,那都不仅仅是读书识字学文化。都是为了让其接受人格的塑造。所以,无论是孩童时代还是成年时代,当时的学子们都是围绕着"孝悌"展开其学习,从读研经史(孔孟程朱至诸子百家)到习礼和"明人伦",学习的经典书籍主要有《大学》《中庸》《论语》《孟子》《诗》《书》《礼》《易》《春秋》,即所谓"四书五经"乃主要学习内容,即乡绅们通过让子弟或族人受教育而塑造其"孝悌"的本性。

接受儒家教育是一种塑造,在受教育之外,乡绅们的人格典范和宗族活动对族人和或乡人同样起着重要的塑造作用。

乡绅,无论是有无功名和学衔,往往都受过良好的儒家文化教育,他们本身是儒家文化的践行者,他们在日常所表现出的"孝悌"品格往往给子弟、族人、乡人起着典范作用,使子弟、族人、乡人们受着潜移默化的作用。这样的人物往往受到儒家文人们和史家们的称赞,在明清时期的文人文集和府县志中及清代的族谱中都记载有大量这样的人物。如同治《饶州府志》卷二十三《人物志·善行》就有许多记载:

　　　　李朝宗,字廷选,浮梁邑庠,性孝友,早失怙恃,恨不及奉养,遇忌日必涕泣,数十年如一日,事伯叔父母不异所生,奉寡嫂尤谨,姻戚穷乏者多所周恤,没时焚借券千余金,尤为人所难能。

　　　　刘冀时,字翊衢,万年岁贡生,性方正,言动必遵礼法,居乡敦尚约二十年,家政以一身独任,奉养母太安人甚笃,岁辛未偕侄文镒捐租谷八十石,为邑中文武乡试卷赀,善行种种不可殚述。①

　　史家将这样两个人物记入“府志”表明,“孝悌”是明清时期的乡绅们普遍具有的国民性,并代代影响与传承这种国民性。

　　家族或宗族活动是乡绅们凝聚、规范、塑造族人的重要媒介,修谱、祭祖是为了慎终追远、尊祖敬宗,这二者本是“孝悌”的表现,即宗族本是通过“孝悌”来凝聚族人,又反过来通过“孝悌”塑造族人。宗族还通过族规、家训、祠规等来明确规定族人们必须孝悌。

　　在明清时期的族谱中族规、家训、祠规等,往往摆在首要位置的是“孝悌”,并且往往会对这一条作出具体的行为要求。《(宜春)古氏族谱·家训》:“正伦纪。百行孝弟为先,鞠育之恩与天罔极,徐行后长弟道宜然,况爱亲敬长原於天性,犯上作乱岂是故家? 尔辈各宜协力自尽。至於族属尊卑原有定分,齿序难容,潜越毋论,五服之内即服尽情疏,名分犹存,交接之际须循理度,勿因小忿辄加凌犯,勿倚财力辄生亵慢,违者家法扑责,齐民穷究必严,读书明理者加等。”②又《(萍乡小库村)王氏家乘》③中《家范二十四则》对于该如何孝悌作了详细规定:

　　　　——族内子弟自年十五以上者,每岁新正必诣祖屋焚香,凡遇时祭及先人诞忌当敬谨奉祀,违者公斥不贷。

　　　　——子事父母以得亲顺为重,服劳奉养当竭其力,遇事禀命而行,疾病谨视汤药即父母怒我亦惟顺受而已。其事祖父母尤宜加谨焉,违者亲属须

①　台湾成文出版有限公司年 1975 版《中国方志丛书·华中地方·第 255 号》,第 2473、2474 页。
②　宜春古诚意修《古氏族谱》,清光绪二十三刊本,江西省图书馆藏,存七册。
③　佚名《宜春小库村王氏家乘》,光绪二年《三槐堂木活字本》,江西省图书馆藏,存一册。

早教诫,倘教诫不悛,即应告知户族,重则禀官究治,轻则家规惩责。

——子事继母固宜孝敬如事所生,倘有不敬,即以家规惩责。其事庶母亦当一体奉养,恕可上慰亲心,免蹈不孝之罪,而为其母者不得故意刻薄,惟尊压逼或并不自珍重,如遇此等情节,亲属长者当秉公理处,以全天伦之爱,否则公同处罚。

——处兄弟宜好无犹,兄固当友爱弟,弟更宜恭敬於兄弟,怡怡一堂,天伦至乐,不然者偏听闺阃之言,致起阋墙之衅,一经鸣论即以家规惩责。

——事长上宜谦卑逊顺,隅坐徐行,毋冒僭越。其事先生亦然,或有事故相触,必须既定让,不得肆行无忌,违者有犯亲属,族属长者先责不敬之咎,后论其事之曲直。

对于如何敬祖、如何事长上、如何事父母、如何处兄弟等这些"孝悌"的内在要求,《家乘》中用具体的条例进行了规定,毫无疑问,族规、家范、家训等对于塑造基层国民性有着重要作用。

2. 仁义、友善、和睦

仁义,这是儒家思想中的核心思想。孝悌虽也是儒家理论之核心,但"孝悌"仅仅是"仁"的一部分,即《论语·学而》载孔子所说:"孝悌也者,其为仁之本欤!"[1]即"孝悌"是"仁"之根本,但"仁"是一个内涵更广的概念。"仁"源出《尚书·仲虺之诰》,称赞商汤宽厚仁爱:"克宽克仁,彰信兆民。"实际上,"仁"是与氏族血缘关系俱来,如《国语·晋语》所说:"爱亲之谓仁"。在原始的氏族社会人们主讲究亲人相爱,所谓亲亲、爱亲。从《尚书》的记载可知,早在唐尧、虞舜、夏禹、商汤、周文王、周武王、周公等人时期,统治者们就极力倡导亲亲、爱亲、爱人、仁民、敬德保民、忠厚仁爱等。到孔子时把"仁"定为人生的最高道德境界,认为志士仁人应当"无求生以害仁,有杀身以成仁"。[2] 而"仁"之核心仍然是"爱亲"、"爱人",如孔子所说:"君子笃于亲,则民兴于仁。""樊迟问仁。子曰:'爱人'。"[3]被称为"亚圣"的孟子,扩展与深化了孔子"仁"的思想,提出了

---

① 《四书今译》,江西人民出版社,1990 年第 1 页。
② 《四书今译》,江西人民出版社,1990 年,第 160 页。
③ 《四书今译》,江西人民出版社,1990 年,第 73 页。

"仁义礼智"这四端：

在孟子的"仁"的含义中，"仁"是爱人、爱物、爱己、同情心、愉快。①

乡绅们由于其本身是儒家文化塑造出来的文化人，他们同样以自己的孝悌、仁义等人格作为典范，去潜移默化子弟、族人、乡人。以地方志记载的一些人物为例：

> 高世俊（彭泽县人），字又干，号谦堂，援例授州司马，性孝友，幼失怙恃，事祖母奉养诚敬，祖母年九十四，俊温清不息，兄嫂早亡，俊惧没大宗之产，俾承祧有基，爱弟如玉，同友恭，七十载生子八，教以义方俱胶庠，乾隆丙午，邻邑大饥，俊赈粥周济。农人某佃俊田，屡佃未输，俊给食并与牛种，使薪如故。亲友凡有忿争，俊赔赀劝释，力解其纷，俊管理春衣书院，隆师敬士，雅重斯文三十余年，弗解邑中大务，每推俊首，俊不辞劳瘁，不避群嚣，克底于成，历任邑令敬信之。②

在上述这些乡绅的事迹中，都表现出对长辈的"孝"，对兄弟或族人的"悌"，对贫困或灾难发生时捐助所表现出的"义"，劝解纷争所表现出的"和"。

在有些宗族的族规中会对忠义、仁义作出明确的规定。如万载县清道光年间的《李氏族谱》卷一《李氏宗祠家规十条》中"崇忠义"条规定："忠臣义士世所罕希，赤胆忠心毫发莫欺，光争日月，气贯虹霓，凛烈万古，为世表仪。"

在宗族的族规中，往往将友善、和睦具体化为"睦乡党"。《（宜春）古氏族谱·家训》："睦乡党。古者五族为党，五列为邻，睦姻任恤之教由来尚实矣。顾乡党生齿日繁，比闾相接，睚眦小失，狎昵微嫌，一或不诚，凌竞以起，自必构成大怨，故乡党之中，必贵於和睦，古云：'非宅是卜，惟邻是卜，缓急可恃者，莫如乡邻，务使一乡之中，父老子弟联为一体，安乐忧患，视同一家，农商相资，工贾相让，则里仁为美，比户可封，讼息人安，愿吾族凛遵勿失。'"道光年间的《（万载）李氏族谱》卷一《宗祠十》中的"和"条规定："阴阳和而雨泽降，夫妇和而家道

---

① 燕国材《论孟子"仁义礼智"四因素人格结构》，载《心理与行为研究》2008 年第 6 期。
② 同治《九江府志》卷三十八《孝友》，台湾成文出版有限公司，1975 年，《中国方志丛书·华中地方·第 267 号》，第 559、577 页。

成,兄弟和而争论少,邻里和而是非平。"道光间《袁氏族谱》卷首《家规十则》中的"和睦乡党"条规定:"乡邻与吾族接壤者,凡非吾渊娅即吾朋友,往来交际,固当喜相庆、患相恤、善相劝、过相规,即遇口角微嫌争斗,宜极力劝解,化大为小,为无使之忿怒两恶,亲逊和睦,方知仁里。"

在宗族的族规中,还往往将友善、和睦具体化为"息争讼"。江西是一个自宋代以来讼风就很盛的区域,直至清后期仍然如此,所以在一些宗族的族规中往往都对族人提出了不争讼的要求。《(宜春)古氏族谱·家训》中规定:"息争讼。争讼者因不平而起也,今人往往逞一时之小忿,操戈於大廷,不惟废时失业,亦且荡产破家,此大易有终离之戒。对人以无讼为贵也。愿吾族凡遇口角细故,或田互混等类,须平心息气,投族房长理论,听其秉公处断,无伤宗族之雅,勿兴争讼,得饶且饶,若非深冤极仇,切勿哓哓公廷,戒之。"道光年间的《(万载)李氏族谱》卷一《合族十议》中的"息是非"条规定:"凡族间有不平之事,当投户族理论,自能决其低昂,分其是非,切不可大小男妇撒泼放赖,辄兴颂端,勿以些小致商同族之谊。"

这些宗族的规定,给族人与乡人们灌输了"仁义""友善""和睦"等理念,族人与乡人们若不遵守,将受到谴责乃至宗族的惩处,对塑造基层国民性有着重要作用。而这些族规、家训等的制定,实乃族中有文化的乡绅们制定,实际上还是乡绅们在用儒家文化塑造基层的国民性,因为明清时期的族规、家训等,都是儒家的伦理道德要求的具体化而已。

3. 勤劳、守法、端正

勤劳、守法、品行端正、节俭等,是儒家的道德要求和人格要求的重要组成部分,和孝悌、仁义、友善、和睦等道德要求是一脉相承的,是中华民族传承不衰的优秀品德。在明清时期府县志的人物传记中,勤劳、守法、品行端正、节俭等往往作为优秀品格载入传记中。如同治《九江府志》卷三十九《善士》载清代人物:

　　　　李道合,监生,字露香,端品行,和族邻,於里有贫乏者给钱米,疾病施药饵,孤苦不能娶者,每助资玉成,遇荒岁倡义掩骼并集费重修洗心堤闸,粤逆鼠浔,捐谷,团练为地方保卫,母病,割股救瘥,以子法良,赠奉直大夫。
　　　　欧阳晟,字长寅……年二十举己卯乡试,甲辰捷南宫,闻母病,归未抵家而母故晟以缘不逮养,遂绝仕途,岁时祭奠哀毁如初丧,诚动左右与伯兄光仲兄燧友爱一堂,怡如也,性严毅,刚正不假谢,邑公事多倚赖之,人每服其公平,他如解囊全节出粟赈饥续人宗嗣其美举,更难屈指。临没,诫子勿事浮屠今人皆仰其风徽云。①

这两则人物传记主要是讲个人的优秀品行人格。而明清时期的族谱中的族规,都会有勤劳、守法、节俭和品行端正的明确要求,作为一种规定要求族人遵守。如:

关于勤奋:

《(宜春)古氏族谱·家训》:"勤职业。士农工商虽各别,皆有本职。勤则业修,懒则无成。古诗云:少年经岁月,不解早谋身,晚岁无成就,低头避故人。盖言蹉跎岁月,不勤生业,以致贫穷无藉也。传曰:民生在勤,勤则不匮。惟士而勤则博学多闻,义理充足,学不匮也。为农而勤,则禾黍丰熟,仓箱满余家不匮也,居官勤。"

道光《(万载)袁氏族谱·家规十八则》:"人生在世莫过于勤诚,使男勤于耕,女勤于织,一生衣食自然丰足,然勤而不俭,所入不胜所出。一日之费耗散终岁。财语云:常将有日思无日,莫把无时作有时。又云:量其所入,度其所出;能记此古语,则一生吃着不尽,各宜猛省。"

这些族规对于为何要勤奋、要节俭,都作了很有说服力的说明。

关于守法:

首先要完国课,光绪三十二年《(宜春)古氏族谱》中的《家规》:"我族子孙,凡于朝廷正供,每届征科,先期急公奉课,勿至吏扰追乎","此吾家规训首之以完国课终之,以息争讼,愿我族人拳膺弗失,共勉为纯良之民,而相安於保合大各之世矣。"

其次是不赌博。《(宜春)古氏族谱·家训》中说:"严赌博。丧身辱先之事非一其要,莫甚于赌博,游惰之民不务生业,往往呼朋引类,斗牌掷骰,小则倾囊,继则穿穴逾墙,渐沦盗贼,或借开场撮头,以补输钱,卜画卜夜,无外无内,遂尔贻

---

① 同治《九江府志》卷三十九《善士》,台湾成文出版有限公司 1975 年,《中国方志丛书·华中地方·第 267 号》,第 584、596 页。

羞中诉,是奸盗诈伪未有不赴祠内兜处,违者送官枷责。"

关于品行端正:

孝悌、仁义、勤劳、守法这些本都是品行端正之要义,在清代的族谱中都会对妇女要守妇道作出明确的规定,即对于妇女的品行还会有特别的要求。如《(宜春)古氏族谱》中的《家规》:"明四德三从,故纺绩井臼,事姑哺儿妇人常道。"对于"悍妒妇女咆哮翁姑,不顺夫男,离间骨肉,厚颜长舌,放泼,尤赖纵肆无忌,以致出乖露丑,深可痛恨,轻者家法昭然,重者七尺其在夫男不阻者坐罪。"①道光《(万载)袁氏族谱·家规十八则》载:"闺门乃万化之原,内外贵乎有别,妇人之职惟在主中,助夫益子而已。若厚颜长舌,波及妯娌,罪在夫主,甚至骄悍成性,不敬翁姑,不敬丈夫,七出难逃。"②

族谱中以族规的形式作出明确的规定,对于族人的思想塑造和行为规范起着一定作用。即乡绅们通过族规来塑造中国国民性。

4. 敦厚

"温柔敦厚",原本是汉儒提出来的一种文学风格,这就是《礼记·经解》中所说"孔子曰:'入其国,其教可知也。其为人也,温柔敦厚,《诗》教也;疏通知远,《书》教也;广博易良,乐教也;洁静精微,《易》教也;恭俭庄敬,《礼》教也;属辞比事,《春秋》教也。故《诗》之失愚,《书》之失诬,乐之失奢,《易》之失贼,《礼》之失烦,《春秋》失乱。'"实际上,孔子并未说"温柔敦厚",而只是说了:"《诗》三百,一言以蔽之,曰:'思无邪'。"③"温柔敦厚"与"诗无邪"这两个概念是有很大区别的。孙明君先生在《"思无邪"与"温柔敦厚"辨异》中说:"'温柔敦厚'的诗教不仅歪曲了许多《诗》三百中的作品,同时在创作领域排挤了大批怨恨之作;相比之下,'思无邪'理论因包容了诸多具有怨刺性质的作品,而显得宽容而大度,更富有活力和强大的生命力。"④汉儒继孔子之后极力提倡"温柔敦厚","敦厚"二字成为了一种受推崇和受赞美的的性格、个性,因为此种性格和个性特点正合于汉代及其以后儒家的人格要求,因而,在人物传记或人物事迹的

---

① 古诚意修 古学杰纂《(宜春)古氏族谱》中的《家规》,光绪三十二年刊本,江西省图书馆藏,存七册。
② 袁秀芝等纂修《万载袁氏族谱》,道光二十一年《汝南堂木活字本》,江西图书馆藏存五册。
③ 《四书今译》,江西人民出版社,1990年第8页。
④ 见《人文杂志》2000年第2期。

记载中,"敦厚"的性格往往作为优点而被称道,如同治《九江府志》卷三十九《善士》记载有这样几个人物:

> 余怡训,醇厚,孝友,不趋浮薄,以读书立品为先务,好善乐施,族邻有告急者,必曲为周恤。
>
> 傅善瑶,监生,素行敦厚,好施与。嘉庆甲戌被旱捐谷一百二十余石,散给乡里,其他修河、壁路、修孔垅街及文昌宫、万年桥所捐不下数百余金。
>
> 饶有任,邑庠生,举大宾,性质直,以古道自处,而待人温厚,虽对僮仆雍雍如也。至教子弟,务以礼法见,坐立跛倚必面责之曰:人家子弟多以纵而败,以严而成,吾宁为其严者。临殁以谨饬自好谆谆训诫后人。①

这几个乡绅都具有敦厚,即温和与宽厚的人格特点,影响族人与乡人。明清时期的乡绅对基层国民敦厚的性格的形成起着一定作用。

此外,儒家文化教育出的乡绅们对于基层国民性的影响还有许多方面,如为人低调、心态恬淡等。

中国基层国民性的这些特点,对于中国封建社会维持了两千多年起了重要作用,也即表明河洛文化对于中国社会两千多年的稳定传续起了重要作用。

(作者为江西省社会科学院《农业考古》杂志主编、研究员)

---

① 台湾成文出版有限公司 1976 年版《中国方志丛书·华中地方·第 267 号》,第 582、586、596 页。

西晋洛京与八王之乱、永嘉之乱说略

徐金星

宋代著名史学家司马光写有《过故洛阳城二首》,其二云:

烟愁雨啸奈华生,宫阙簪裾旧帝京。

若问古今兴废事,请君只看洛阳城。

司马光笔下的"故洛阳城",正是曾经作为东周、西汉、东汉、曹魏、西晋、北魏六代都城的"汉魏洛阳故城"。其中西晋以此为都,始自晋武帝泰始元年(265年),终于晋愍帝建兴四年(316年),凡四帝,52年。

这半个世纪西晋洛京的兴衰治乱,不仅成了我们国家政治、经济、文化、社会兴衰治乱的主要策源地,也是我国政治、经济、文化、社会兴衰治乱的集中表现。西晋洛京的陷落,最终引发了中原汉人的第一次大规模南迁,西晋洛阳由东晋建康所取代。凡此,都对我们民族、我们国家的历史和文化产生了广泛而深远的影响。

一

西晋洛京,即西晋王朝都城洛阳,位于河南省西部、今洛阳市区东约 15 公里。

西晋洛阳城,由大城、宫城、金墉城构成。其中大城为南北长方形。经实侧,东墙残长 3895 米,西墙残长 3510 米,北墙长约 2820 米,南墙以东西二墙之距计为 2460 米,整个周长接近 14 公里,大体相当于汉晋时 30 里,与《续汉书·郡国志》引《帝王世纪》,又引《元康地道记》所载里数基本相合。大城共有城门 12座,其中东垣三门,自北向南依次为建春门、东阳门、清明门;南垣 4 门,自东向西为开阳门、平昌门、宣阳门、津阳门；西垣三门，自南向北为广阳门、西明门、阊阖门；北垣二门，自西向东为大夏门、广莫门。

据段鹏琦先生考证："《三国志·魏书》及《晋书》凡讲到洛阳之魏晋宫室，皆不分南北，统统以'洛阳宫'称之"，"曹魏（以及西晋）都洛时期南北宫对峙的情况实质上业已结束。"（《汉魏洛阳故城》）准此，可知晋之宫城应位于大城内中北部。正殿为太极殿，《初学记》云："历代殿名，或法或革，唯魏之太极，自晋以降，正殿皆名之。"依晋代制度，帝王举行大的朝会在太极殿，小会则在殿东侧的东堂。太子宫，又称东宫，位于宫城东面、建春门内大路北、广莫门内道东。

大城北垣，大夏门内有用以观望的宣武观。大城内东北隅有华林园，大夏门外有宣武场。登上宣武观，南望华林园内天渊地，北瞻宣武阅兵场，气势极为壮观。华林园本为曹魏时芳林园，至晋时，在园内新建有崇光、华光、疏圃、华延、九华等五殿，繁昌、建康、显昌、延祚、寿安、千禄等六馆，立有承露盘，又有方壶、蓬莱山、曲池等。园内有百果林，各种果树自为一林。

金墉城，位于大城内西北隅，始建于曹魏明帝时，西晋时继续沿用。"早在曹魏明帝时，金墉城就具有某些离宫的性质，自魏末以降，这里逐渐成为容纳废帝、废后的场所，至赵王伦迁惠帝出居金墉城，它便取得了永昌宫这一正式的宫名。"（段鹏琦《汉魏洛阳故城》）据载：司马师废魏主曹芳，迁置于金墉城；司马炎代魏，魏主曹奂被迁置金墉城；八王之乱中失势的晋惠帝、贾后及各王也多曾被囚之金墉城。

在大城南郊，继续沿用汉魏时期的太学、明堂、辟雍和灵台。据西晋辟雍碑载，晋武帝时，太学生曾多达"万有余人"。大城外西北，有西晋最豪华的私家园林：石崇金谷园。

西晋政区为州、郡、县三级制。其中司州治洛阳，下领河南郡等12郡；河南郡治洛阳，下辖洛阳县、河南县等13县；洛阳县治在洛阳城内。

在洛阳城周围，留存至今的西晋重要遗迹遗物有：经考古勘查和研究确定的晋文帝司马昭崇阳陵，晋武帝司马炎峻阳陵，西晋辟雍碑，西晋贾皇后乳母徐美人墓、徐美人墓志，晋武帝贵嫔、左思之妹左棻墓志，西晋尚书、征虏将军、幽州刺史石尠墓志，西晋中书侍郎荀岳及妻刘简训墓志，西晋散骑常侍骠骑将军、贾皇后妹贾午之夫韩寿墓志等。另有在今孟津县征集到的西晋"归义胡王"金印等。

晋人左思有诗云："列宅紫宫里,飞宇若云浮。峨峨高门内,蔼蔼皆王侯。"西晋时的洛阳,集中代表和反映了我们民族一个时段的繁荣昌盛,见证和记载了一个时段的兴衰治乱,是包括闽南人、客家人在内的我们民族不能忘却的一段历史。

二

西晋分封制始于泰始元年(265 年)。当时晋武帝欲接受曹魏"本根无所庇荫,遂乃三叶而亡"。(《晋书·八王传序》)的教训,出于监督异姓功臣及吴、蜀地方势力的需要,曾大分封宗室 27 人为王,并允许封国置军:大国 5000 人,次国 3000 人,小国 1500 人。以后又陆续增封,前后共封了 57 个王。

武帝驾崩后,惠帝继祚。从惠帝元康元年(291 年)起,为争夺皇室最高权力,皇室八王以洛京为中心,展开了一场长达 16 年的大混战,史称"八王之乱"。这八王是:汝南王司马亮(司马懿第四子)、楚王司马玮(晋武帝第五子)、赵王司马伦(司马懿第九子)、齐王司马冏(晋武帝之侄、齐王攸之子)、长沙王司马乂(晋武帝第六子)、成都王司马颖(晋武帝第十六子)、河间王司马颙(司马懿弟司马孚之孙)、东海王司马越(司马懿弟司马馗之孙)。

晋惠帝元康元年,在贾皇后和楚王司马玮合谋诛杀掌管朝政的杨骏后,由汝南王司马亮和卫瓘执掌大权。贾后为独掌大权,又使司马玮杀司马亮、卫瓘。就在杀死司马亮后的第二天,贾后又用张华之计,以司马玮矫诏杀害司马亮、卫瓘之罪,将司马玮处死,于是贾后掌控了朝政大权。

晋惠帝太子司马遹,并非贾后亲生,与贾后及其亲信也多有矛盾。元康九年(299 年),贾后矫诏废太子司马遹,囚于金墉城,再迁幽于许昌宫。太子太傅赵王司马伦及其亲信孙秀为私利计,先使贾后杀太子遹,"贾后使太医令程据和毒药,矫诏使黄门孙虑至许昌毒太子……太子不肯服,虑以药杵椎杀之"(《资治通鉴》),之后又借此发难废去贾后;永康元年(300 年)四月,司马亮联合齐王司马冏,率兵攻入皇宫,废贾后为庶人,幽之于建始殿,再囚于金墉城,最后矫诏赐她喝下"金屑酒"而死于金墉城。

司马伦自为相国,孙秀为中书令,朝政大权为司马伦所独掌。

永宁元年(301 年),司马伦废晋惠帝,自立为帝,囚惠帝于金墉城。司马伦掌权期间,大肆封官晋爵,留下"狗尾续貂"的千古笑谈。司马伦称帝后,齐王司马冏,联合驻镇邺城的成都王司马颖、驻镇长安的河间王司马颙起兵讨伐司马伦,双方战斗 60 多天,死者近 10 万人,司马伦兵败,被囚于金墉城,也被赐喝"金屑酒"而死。

晋惠帝复位,诏任司马冏为大司马辅政。太安元年(302 年),司马冏"欲久专大政",上表请立晋惠帝之侄儿、年方八岁的司马覃为皇太子。这引起按亲疏之序当立为皇太弟的成都王司马颖的不满。

同年八月,河间王司马颙上表陈述司马冏之罪,并以李含为都督,率部将张方,举兵向洛阳进发,讨伐司马冏,又联合当时驻军洛阳的长沙王司马乂为内应。司马乂攻打司马冏,连战三日,司马冏战败,被杀于阊阖门外,"徇首六军","同党皆灭三族,死者二千余人"。政权落入司马乂之手。

司马颙不甘心大权旁落,联合司马颖共讨司马乂。太安二年(303 年),以张方为都督,领精兵 7 万,自函谷关进逼洛阳;司马颖引兵屯朝歌,以陆机为前将军、前锋都督,督王粹、牵秀、石超等军 20 多万南向洛阳。司马颖"列军自朝歌至河桥,鼓声闻数百里";张方入洛阳,烧毁清明门、开阳门,大肆劫掠,死者万计。冬十月,司马乂与陆机战于建春门,陆机大败,东赴七里涧,死者如积,涧水为之不流。司马颖杀陆机,陆机弟陆云也被下狱。司马乂奉惠帝率兵攻张方,张方退屯城西十三里桥,夜潜进近洛阳七里,筑垒数重,司马乂率军攻之,未能成功。司马颖兵逼洛阳,张方"决千金堨,水碓皆涸"。战斗中,洛阳城内,十三岁以上男子皆被迫服役,米价贵至一石万钱。

永安元年(304 年),东海王司马越乘司马乂兵疲惫,勾结禁军将领,夜捕司马乂,押送金墉城,张方又派兵抓司马乂回军营,用火烧死。司马越开城门迎司马颖入洛阳,拜为承相,司马颙官升太宰,司马越为尚书。张方劫掠奴婢万余人西还,军中缺食,杀人杂牛马肉食之。司马颙上表废皇太子司马覃,以司马颖为皇太弟。

司马颖大权在握,回到邺城,遥控洛阳朝廷。他派奋武将军石超率兵五万,驻屯洛阳十二座城门。

当年,晋惠帝任司马越为大都督,集兵 10 万讨伐司马颖。司马越奉惠帝北上,司马颖派已从洛阳返邺的奋武将军石超率兵,在荡阴(今河南汤阴)大败司马越军,晋惠帝身中三箭,石超俘晋惠帝,送至邺城。司马颙部将张方也乘机进驻洛阳。

司马越逃归封地东海(今山东郯城),其弟司马腾与幽州刺史王浚联兵攻破邺城,司马颖挟晋惠帝逃至洛阳。司马颙部将张方又迫晋惠帝和司马颖西迁长安。临行,张方军士妻略后宫,分争府藏,魏晋以来蓄积被劫掠一空。

永兴二年(305年),司马越率兵三万西屯萧县(今属安徽),兵指长安。光熙元年(306年),司马颙杀张方,送张方之首给司马越以请和,司马越不许。司马颙兵败,单骑出长安,逃至太白山。司马越迎惠帝回洛阳,被升为太傅、录尚书事,司马颖父子三人也在邺城被杀。当年十一月,司马越毒死晋惠帝于显阳殿,拥惠帝之弟、晋武帝第25子司马炽继位,是为晋怀帝。怀帝登基伊始,就下诏以司马颙为司徒,让司马颙回洛阳,结果司马颙被杀在赴洛阳途中。不久,晋怀帝改元永嘉,以太傅、录尚书事东海王司马越辅政,掌握大权。至此,混战16年的八王之乱才告结束。

八王之乱,使洛阳城惨遭烧杀劫掠,"昭阳兴废,有甚奕棋;乘舆幽絷,更同羑里。胡羯陵海,宗庙丘墟"(《晋书·八王传序》),使社会经济遭到严重破坏,并激起了各少数民族起兵反晋,最终导致了西晋王朝的覆灭。

三

晋怀帝永嘉年间(307—313年),晋王朝与北方少数民族(主要是匈奴族,其次是羯族)之间发生过多次事关晋室存亡的残酷战争,而战争攻守的中心目标就是西晋洛京。

西汉初年,与匈奴族"和亲",有宗室之女远嫁匈奴冒顿单于,其子女皆从母为刘姓。匈奴族后裔刘渊,为匈奴左部帅刘豹之子,自称"汉氏之甥",为汉皇室之后。他曾以"侄子"身份常往洛阳,交游汉官士人,熟知经史,好《春秋左氏传》及《孙吴兵法》。永兴元年(304年),在左国城(今山西离石)被匈奴贵族推举为大单于。当年建汉国,都离石,自称汉王。不少汉人和少数民族先后来归降,其中包括东莱汉族世族王弥、羯族人石勒。

永嘉二年(308年),刘渊派王弥率两万铁骑进攻洛阳。王弥进占许昌,五月,北上攻克轘辕关,与北宫纯所率的凉州"勤王"骑兵对峙于伊水,北宫纯兵败,王弥率大军进逼洛阳城下,屯于津阳门。京师大振,昼闭宫城之门。晋怀帝以司徒王衍为都督,集合军卒万人,出战王弥,北宫纯招募勇士百余人突袭王弥,弥军大败。王弥火烧建春门而东,晋军追之,战于七里涧,王弥再败,向北逃过黄河,返回平阳。冬十月,刘渊称皇帝,改元永凤。

永嘉三年(309年),刘渊迁都平阳(今山西临汾),改元河瑞。三月,刘渊派兵攻克黎阳,又在延津打败晋军。凶狠野蛮的汉兵,竟将男女三万余人沉没于黄河。秋八月,刘渊命刘聪等进攻洛阳。刘聪长驱至宜阳,弘农太守垣延诈降,夜袭刘聪,刘聪大败而还。冬十月,刘渊遗刘聪、王弥、刘曜等率精骑五万进攻洛阳,呼延翼率步兵跟后。刘聪等兵至宜阳,晋朝廷十分恐惧。几天后,刘聪兵屯西明门,夜,北宫纯等率勇士一千余人攻入刘聪军营,斩其征虏将军呼延颢,于是刘聪率兵南屯洛水,后被刘渊召回。

永嘉四年(310年),刘渊病死,太子刘和继位,后被杀,刘聪继位。冬十月,刘聪发兵围攻洛阳。刘粲、刘聪、王弥率兵四万,石勒率兵二万和刘粲会合,刘汉军在渑池打败晋监军裴邈,长驱入洛川。洛京饥困,司马越檄征各地入援洛阳,然而"九州诸侯自顾土,无人领兵来护主"(张籍《永嘉行》),竟无一处来救。晋王朝掌政的东海王司马越,以讨伐石勒为借口,留晋怀帝于洛阳,自己率领大军四万和大批公卿官吏突围出走,驻许昌,洛阳守备空虚。

永嘉五年(311年),石勒攻破许昌。晋大臣苟晞奉晋怀帝密诏讨伐司马越,司马越忧愤而死。太尉王衍秘不发丧,欲率军归葬司马越于其封国东海。行至苦县(今河南鹿邑),遭石勒骑兵追击,晋军大败,将士及西晋宗室死者达十几万人。王衍等被俘,被石勒兵夜里推墙将王衍等活活压死。石勒剖开司马越灵柩,烧其尸体,西晋主力军全部被消灭。司马越妃裴氏,被人掠卖,后来辗转渡江至建业,受到司马睿关照。

五月,苟晞上表请迁都仓垣,使刘会率船数十艘、宿卫五百人、谷一千斛,迎请晋怀帝。当时洛阳城内大饥,人相食,百官十之八九皆流亡。晋怀帝在洛阳将行时,既无宿卫,又无车马,步行出西掖门,至铜驼街,为强盗所劫掠,又退回宫城。刘聪部将刘曜、王弥、石勒20万大军围洛阳,城内军民上城,日夜守护。

六月,王弥至宣阳门,刘曜至西明门。王弥、呼延晏攻克宣阳门,入南宫,升太极前殿,纵兵大掠,悉收宫人、珍宝。晋怀帝欲奔长安,被俘,幽于端门。刘曜自西明门入屯武库,杀太子司马诠等,士民死者三万余人,又发掘皇陵,尽烧宫庙、官府。"晋家天子作降虏,公卿奔走如牛羊"(张籍《永嘉行》),晋怀帝被押于平阳。

永嘉七年(313年),晋怀帝被杀于平阳。在长安,西晋群臣拥立秦王司马邺为帝,改元建兴,是为晋愍帝,年仅13岁。建兴四年(316年),刘曜围长安,长安城内粮尽,人饿死者大半,晋愍帝与群臣出城投降,被送至平阳,不久被杀,西晋亡祚。

《晋书》云:"自永嘉丧乱,百姓流亡,中原萧条,千里无烟,饥寒流陨,相继沟壑";《晋书》又云:"俄而洛京倾覆,中州士女避乱江左者十六七";《资治通鉴》云:"时海内大乱,独江东差安,中国士民避乱者多南渡江。"八王之乱,永嘉之后,使壮丽洛京,尽成瓦砾!曾经的千般繁华,万种风流,化作云烟!西晋八王之乱、永嘉之后,洛京败落,是促成"永嘉南渡"最主要的因素,中国历史上第一次大规模南迁的中原汉人、河洛人,是今日大约一亿客家人、五千万闽南人的第一批先民,而伴随中原汉人、河洛人南播的河洛文化,则是客家文化、闽南文化(以及台湾文化)最初的主要源头。

(作者为洛阳白马寺汉魏故城文物管理所名誉所长、研究员)

河洛文化的形成与传播

李卫华　田　丽

一、河洛文化的形成与发展

河洛文化是存在于黄河中游以洛阳为中心的区域性古代文化。洛阳四周环山，地形险要；北据邙山、南眺龙门、西握函谷、右控虎牢，为虎踞龙盘之地。先后有十三朝在此建都，历史长达 1500 多年。北宋司马光曾说："若向古今兴废事，请君只看洛阳城。"

洛阳"居天下之中"的地理位置以及"河山控戴，形胜甲天下"（《读史方舆纪要·河南府》）的战略地位，以及自夏代以后 1500 多年的建都历史，赋予了河洛文化丰富的文化内涵。

以嵩山为中心的河洛地区，是黄帝和炎帝所代表的部落联盟的活动区域，以后形成了华夏民族。据考古研究，河洛地区在史前文明时期，形成了裴李岗文化——仰韶文化——龙山文化——二里头文化这一完整的古代文化链，并在发展中不断地积累，最终，河洛地区最先迈进文明的门槛，并成为中国古代文明的中心。

河洛文化历经石器文明、夏商周三代文明，这其中包括以老子、鬼谷子等代表的诸子百家，孔子问道于老子就发生在洛阳；秦统一以后至唐五代，以洛阳为中心的皇都文化，包括两汉经学、魏晋玄学、道教文化、佛教文化等，以及在政治中心和思想中心影响下的史学、文学、科技、艺术、教育等文化。在这一漫长的历史长河中，由于精英众多，成果绚丽灿烂，从而使洛阳无愧为中国的政治、经济、文化、教育中心。宋元至清代，随着政治中心的东移和北移，河洛地区失去了文化中心的地位，但是河洛文化脉络未断、泽惠深远，一直影响着中原地区的文化发展。

　　河洛文化的重要组成部分就是以研究河图洛书为内容的河洛学。河图洛书是中华文化,阴阳五行术数之源,最早记录在《尚书》之中,其次在《易传》之中,诸子百家多有记述。太极、八卦、周易、六甲、九星、风水等等皆可溯源于此。《尚书·顾命》:"大玉,夷玉,天球,河图在东序。"《管子·小臣》:"昔人之受命者,龙龟假,河出图,洛出书,地出乘黄,今三祥未见有者。"《周易·系辞上》:"河出图,洛出书,圣人则之。"认为八卦是据河图洛书推演出来的。1987 年河南濮阳西水坡出土的形意墓,距今约 6500 多年。墓中用贝壳摆绘的青龙、白虎,图像栩栩如生,与近代几无差别。河图四象、二十八宿俱全。其布置形意,上合天星,下合地理,且埋葬时已知必被发掘。同年出土的安徽含山龟腹玉片,则为洛书图像,距今约 5000 多年。可知那时人们已精通天地物理、河图、洛书之数了。据专家考证,形意墓中之星象图可上合二万五千年前。这印证了邵雍等先哲所说:"河图、洛书乃上古星图。"

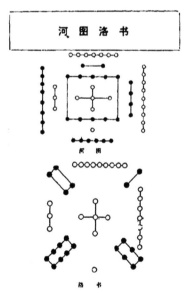

　　始创于战国时期的河洛学在西汉末年、东汉以及三国时期达到鼎盛,这与当时的统治阶级崇尚阴阳五行学说是分不开的。自孔子以来即把河图洛书看做帝王受命于天的一种祥瑞,利用河图洛书达到自己政治目的的最著名的就是王莽和汉光武帝刘秀。《汉书·王莽传》载:"是月,前辉光谢嚣奏武功长孟通浚井得白石,上圆下方,有丹书著(着)石,文曰'告安汉公莽为皇帝'。符命之起,自此始矣。莽使群公以白太后,太后曰:'此诬罔天下,不可施行!'太保舜谓太后:

'事已如此,无可奈何,沮之力不能止。又莽非敢有它,但欲称摄以重其权,填(镇)服天下耳。'太后听许,舜等即共令太后下诏曰:'盖闻天生众民,不能相治,为之立君以统理之。君年幼稚,必有寄托而居摄焉,然后能奉天施而成地化,群生茂育。《书》不云乎? '天工,人其代之。'朕以孝平皇帝幼年,且统国政,几(冀)加元服,委政而属(嘱)之。今短命而崩,呜呼哀哉! 已使有司征孝宣皇帝玄孙二十二人,差度宜者,以嗣孝平皇帝之后。玄孙年在襁褓,不得至德君子,孰能安之? 安汉公莽辅政三世,此遭际会,安光汉室,遂同殊凤,至于制作,与周公异世同符。今前辉光器、武功长通上言丹石之符,朕深思厥意,云'为皇帝'者,乃摄行皇帝之事也。夫有法成易,非圣人者亡(无)法。其令安汉公居摄践祚,如周公故事。"就这样王莽利用丹书(即洛书)取得了"居摄践祚"的地位。

《汉书·王莽传》又记载:"梓潼人哀章学问长安,素无行,好为大言。见莽居摄,即作铜匮,为两检,署其一曰'天帝行玺金匮图',其一署曰'赤帝行玺某传予黄帝金策书'。某者,高皇帝名也。书言王莽为真天子,皇太后如天命。图书皆书莽大臣八人,又取令名王兴、王盛,章因自窜姓名,凡为十一人,皆署官爵,为辅佐。章闻齐井、石牛事下,即日昏时,衣黄衣,持匮至高庙,以付仆射。仆射以闻。戊辰,莽至高庙拜受金匮神禅"。至此,王莽利用河图洛书,实现了篡夺皇位的阴谋。

汉光武帝刘秀更是利用河图洛书受命即位。《后汉书·光武帝纪上》载:建武元年四月"行至鄗,光武先在长安时同舍生强华自关中奉赤伏符,曰"刘秀发兵捕不道,四夷云集龙斗野,四七之际火为主"。群臣因复奏曰:"受命之符,人应为大,万里合信,不议同情,周之白鱼,曷足比焉? 今上无天子,海内淆乱,符瑞之应,昭然著闻,宜答天神,以塞群望。"光武于是命有司设坛场于鄗南千秋亭五成陌。六月己未,即皇帝位。燔燎告天,禋于六宗,望于群神。其祝文曰:"皇天上帝,后土神祇,眷顾降命,属秀黎元,为人父母,秀不敢当。群下百辟,不谋同辞,咸曰:'王莽篡位,秀发愤兴兵,破王寻、王邑于昆阳,诛王郎、铜马于河北,平定天下,海内蒙恩。上当天地之心,下为元元所归。'谶记曰:'刘秀发兵捕不道,卯金修德为天子。'秀犹固辞,至于再,至于三。群下佥曰:'皇天大命,不可稽留。'敢不敬承。于是建元为建武,大赦天下,改鄗为高邑。"这里的《赤伏符》就是《河图赤伏符》,刘秀得到后,在群臣的支持下,在河北高邑县登皇帝位,完成了复汉大业。

刘秀即位后仍依照河图洛书决断政务。《后汉书·祭祀志》载：

> 三十二年正月，上斋，夜读《河图会昌符》曰："赤刘之九，会命岱宗。不慎克用，何益于承！诚善用之，奸伪不萌。"感此文，乃诏松等复案索《河》、《雒》谶文言九世封禅事者。松等列奏，乃许焉……

> 维建武三十有二年二月，皇帝东巡狩，至于岱宗，柴，望秩于山川，班于群神，遂觐东后。从臣太尉熹、行司徒事特进高密侯禹等。汉宾二王之后在位。孔子之后褒成侯，序在东后，蕃王十二，咸来助祭。《河图赤伏符》曰："刘秀发兵捕不道，四夷云集龙斗野，四七之际火为主。"《河图会昌符》曰："赤帝九世，巡省得中，治平则封，诚合帝道孔矩，则天文灵出，地祇瑞兴。帝刘之九，会命岱宗，诚善用之，奸伪不萌。赤汉德兴，九世会昌，巡岱皆当。天地扶九，崇经之常。汉大兴之，道在九世之王。封于泰山，刻石著纪，禅于梁父，退省考五。"

> 《河图合古篇》曰："帝刘之秀，九名之世，帝行德，封刻政。"《河图提刘予》曰："九世之帝，方明圣，持衡拒，九州平，天下予。"《雒书甄曜度》曰："赤三德，昌九世，会修符，合帝际，勉刻封。"《孝经钩命决》曰："予谁行，赤刘用帝，三建孝，九会修，专兹竭行封岱青。"《河》、《雒》命后，经谶所传。昔在帝尧，聪明密微，让与舜庶，后裔握机。王莽以舅后之家、三司鼎足冢宰之权势，依托周公、霍光辅幼归政之义，遂以篡叛，僭号自立。宗庙堕坏，社稷丧亡，不得血食，十有八年。杨、徐、青三州首乱，兵革横行，延及荆州，豪杰并兼，百里屯聚，往往僭号。北夷作寇，千里无烟，无鸡鸣狗吠之声。皇天睠顾皇帝，以匹庶受命中兴，年二十八载兴兵，以次诛讨，十有余年，罪人斯得。黎庶得居尔田，安尔宅。书同文，车同轨，人同伦。舟舆所通，人迹所至，靡不贡职。建明堂，立辟雍，起灵台，设庠序。同律、度、量、衡。修五礼，五玉，三帛，二牲，一死，贽。吏各修职，复于旧典。在位三十有二年，年六十二。

> 乾乾日〔曰矢〕，不敢荒宁，涉危历险，亲巡黎元，恭肃神祇，惠恤耆老，理庶遵古，聪允明恕。皇帝唯慎《河图》、《雒书》正文，是月辛卯，柴，登封泰山。甲午，禅于梁阴。以承灵瑞，以为兆民，永兹一宇，垂于后昆。百僚从

臣,郡守师尹,咸蒙祉福,永永无极。秦相李斯燔《诗》、《书》,乐崩礼坏。建
武元年已前,文书散亡,旧典不具,不能明经文,以章句细微相况八十一卷,
明者为验,又其十卷,皆不昭晰。子贡欲去告朔之饩羊,子曰:"赐也,尔爱
其羊,我受其礼。"后有圣人,正失误,刻石记。

这充分说明了建武三十二年汉光武帝刘秀是依据河图洛书封禅的,"登封
泰山,禅于梁阴"。

正所谓上有好者,下必有追崇者。自王莽、刘秀之后,经师们为投君王所好,
常以图谶说经;大臣也以参加讲图谶为荣。因此研究"河图"、"洛书"的典籍如
雨后春笋般的苗壮成长,而后虽屡经焚毁,仍留存不少。据顾颉刚先生的统计就
达五十种。

河图洛书的意义在于,第一,证实了《易经》关于卜筮与天地相应的思想早
在六、七千年前就有了具体体现。第二,承认中国南方和东南亚的八角八芒图
案和美洲太阳历石为历法,就应该承认 6500 年前的相似图案也是历法。第三,
要用发展的眼光看历史,早期八卦无文字形式,良渚文化已有用数字记录的卦
文;但八卦在中华文化的漫长历史中至少八千年连续传承,并分布到环太平洋地
区是不容忽视的事实。

二、文明的传播

中原地区长期以来一直是古代中国的政治经济文化中心,《史记》说:"昔三
代之居,皆在河洛之间。"三代即夏、商、周三个王朝。这也正是华夏文明的起源
时期。上古时代,岭南地区就有人类居住,但在秦朝之前,与黄河、长江流域相
比,岭南地区的文明程度属于相当落后的蛮夷之地。而这一时期的河洛文化作
为黄帝部落和华夏部族的主体文化率先迈入了文明的大门。

洛阳史称"九朝古都",实际建都的有十三朝之多。河洛地区长期以来一直
是当时中国的政治、经济和文化中心,也就决定了河洛地区的文化既带有区域
性,也带有全国性和正统性,远非一般的区域性文化所能比拟的。有文献记载,
以河洛地区为中心建立起来的夏王朝就与东南地区的百越族有着密切的联系。
据考古发掘发现,太湖流域的马家桥文化中的确存在二里头文化的元素,而马家

桥文化里的一些典型器物又在二里头文化中找到了踪迹。这就说明了在夏王朝河洛文化的影响力已经达到了江浙一带。夏末商初商汤伐夏桀,夏桀奔南巢、商末周初的太伯奔吴等都促进了河洛文化与吴越文化的融合。

台湾的先住民是6000多年前渡海过去的,作为中华民族主要族源之一的古越人,其祖先大多是从河洛地区南迁过去的,因此台湾人自称"河洛郎"。《台湾省通志》,明确指出:"本省人,系行政上之一种名词。其实均为明清以来大陆闽粤移民即河洛与客家之苗裔。"

提到中原文化尤其是河洛文化对闽粤台地区的影响,就要提到历史上几次大的北人南迁。自中原迁居南方,总计大迁移五次。秦汉之间,赵佗自立为南越王。汉武帝发兵南下平定南越,然后在秦代南疆三郡的基础上设置了九郡,其中就有闽中郡。东汉末年的黄巾起义,群雄割据,战乱频繁,烽火连天。居住在黄河流域的大批汉族民众,纷纷往南迁移,正所谓"群雄争中土,黎庶走南疆"。三国时,曹魏曾采用招致边民内迁的政策,延至西晋。建武年间,晋元帝率臣民南渡,即"永嘉之乱,衣冠南渡"。这是第一次大迁徙,据考证,其中的河洛地区的人数就达七、八十万。东晋时期,长江流域战火纷飞,汉族民众又继续向南迁移。罗香林教授《客家源流考》称:"迄晋武帝统一中国,以见及三国割据的由来,而尽罢州郡兵权,边州因而空虚。会八王相继作乱,国力因而削弱,边区内徙的部族,便得相继乘机而起,于中国内地的一部分,建立他们的割据政权。晋代的中央政府,不得已也迁到建康,就是现在的南京,内地的人民有迁移力量的,或有迁移的机会的,都相率南迁,当时称为'流人'。"当时,福建地处东南海滨,局面较为稳定,因此南迁的中原民众一批一批涌来,沿武夷山南下或由赣南到汀州、宁化的石壁寨(现名石碧村)一带,然后继续移迁汀州郡各属地;一部分则由赣北向赣南散居各邑。入汀的中原民众与当地闽越族、畲族逐渐融合,成为汀州早期客家人。

唐高宗年间,闽粤之间有少数民族不满政府的压迫,聚众反抗。朝廷命左郎将陈政为岭南总管,统率大军入闽镇守。唐咸通年间,驻军因故反叛,以庞勋为首,率军进攻中原,后黄巢起义,十几年动乱,使得中国各地人民分头迁徙。其后,出现了五代纷争的割据局面。从东晋至五代,汉人又由长江流域南迁,这是第二次大迁徙。

北宋末年,金军南下,宋高宗率宗室百姓南渡,他们中的一部分,又由闽赣分迁至粤东、粤北。这是第三次大迁徙。这次迁徙对闽粤文化的影响深重,因为这批迁徙人群中的一部分是中原地区居于金字塔尖的知识分子,他们的到来使闽粤地区的文化教育空前的繁荣起来。第四次迁徙是明末清初受满人南下和内地人口膨胀的影响。第五次是清同治年间受广东西路事件和太平天国事件的影响。

从这五次大的迁徙中可以看出,在闽粤台地区开发的大舞台上,中原人占据了十分重要的位置。正是基于这样的一个坚实的人文基础,河南人、福建人和台湾人才血脉相通、有着难以割舍的情感。河洛人在历次迁徙过程中,也把河洛地区先进的生产方式和河洛文化带到了闽粤台地区,促进了当地的经济和文化发展。其民系在融合、形成和发展过程中,也吸收了当地原著民族的文化,但依然保留了汉民族文化的鲜明特征。其族谱、语言、风俗习惯和居住特点等,都很好地保留了北方汉民族的文化传统。直到今日,闽南语许多方言的故乡都在河洛地区,闽南语还保留了河洛语八音中的七音。闽台地区的大多姓氏根在河洛;婚丧嫁娶、民俗礼仪大多沿袭中国传统礼仪,其根植在中原、根植在河洛地区。"人同根、语同根。"河洛文化的基因在台湾保存得尤其完整,台湾唯一的"歌仔戏"就是当年的河洛戏。

在历史的长河里,闽台与中原尤其是河洛地区形成了共同的语言、共同的风俗习礼、共同的民族文化心理。无论从社会活动和民族特性等各个层面上看,闽台文化和河洛文化都是血脉相连的。源在中原、根在河洛。河洛文化作为中华民族文化之根,促进了各种文化的融合,在中华民族多元一体格局的形成中,发挥了不可替代的作用。

(李卫华,河南博物院副研究员;田丽,河南博物院副研究员)

从《诗经·邶鄘卫》诗看先秦
河洛地区的人工名物

何祥荣

一、先秦河洛地区生活器具的考察

(一)以盛水器为镜子

《邶风·柏舟》:"我心匪鉴,不可以茹。"考"鉴"为何物,《毛诗正义》并无明言,只说出"鉴"的功用。传曰:"鉴所以察形也。"[①]郑玄则进一步指出"鉴"与"监"通,作名词解是"镜子"之意。笺云:"鉴之察形,但知方圆白黑,不能度其真伪。我心非如是鉴,我于众人之善恶外内,心度知之。监本又作鉴,甲暂反,镜也。"[②]然而不论郑笺或孔疏均未有对"鉴"字作为名词,作进一步阐发。究竟"鉴"是甚么样的器物,形状、物料如何?《毛诗传笺通释》与《诗毛氏传疏》亦没有详释"鉴"字的本义。程俊英《诗经注析》则指出"鉴"是青铜制成的镜子,外形是圆形的。[③]《说文》段注亦指出监鉴相通:"考工记虽鉴燧之齐并言,鉴之为镜可知也。郑云:镜属。又注考工记云:'鉴亦镜也'。《诗》云:'我心匪鉴'《毛传》曰:'鉴所以察形'盖镜主于照形。鉴主于取明水。本系二物,而镜亦可名鉴,是以经典多用鉴字,少用镜者,鉴亦假监为之,是以《毛诗》:'宜鉴于殷',《大学》作宜监。"[④]

据陈温菊《诗经器物考释》,结合古籍记载与考古学成果,"鉴"作为周代的盛器有两种作用[⑤]:1. 盛冰祭礼,《周礼·凌人》:"凌人:掌冰。正岁十有二月,

---

①　《毛诗正义》,中华书局,1991年,第296页。

②　《毛诗正义》,中华书局,1991年,第296页。

③　程俊英 蒋见元著《诗经注析》,第63页。

④　段玉裁注《说文解字注》,上海古籍出版社,1986年,第703页。

⑤　陈温菊著《诗经器物考释》,台北文津出版社,2001年,第59页。

令斩冰,三其凌。春始治鉴,凡外内饔之膳羞,鉴焉,凡酒浆之酒醴亦如之。祭祀,共冰鉴,宾客,共冰。"①2. 盛水,《庄子·则阳》载:"灵公有妻三人,同滥而浴。"(滥通鉴)而"鉴"的外形如何?《说文·金部》:"鉴,大盆也。"②《周礼·凌人》郑玄注云:"鉴如甄,大口,以盛冰,置食物于中,以御温气。春而始治之,为二月,将献羔而启冰。"贾疏:"鉴是盛冰之器,春予家之,为二月将出冰。汉时名为甄,即今之瓮是也,故云如甄,大口以盛水。"③可见,"鉴"是一种大口的大盆,用以盛载冰块以冷藏食物。而据《庄子·则阳》篇所记,"鉴"可以用来盛水,由于体积庞大,甚至可以用来洗浴。

此外,据考古发现,春秋晋国赵卿墓曾出土装饰精美的四耳圈足铜鉴;湖北隋县曾侯乙墓则出土一个大"方鉴",内置一个方壶,鉴内放冰,壶内盛酒,用以冷藏美酒,使之冰冻。壶中有长柄铜勺,使用时,只需以勺取酒,便随时可以饮用④,这又可作为《周礼·凌人》以"鉴"盛冰的佐证。

故毛传、郑笺指出"鉴"用以察形等功用,是从"鉴"作为名词,即"镜子"引伸,由于"鉴"体形巨大,上口亦阔大,以致可把人的面形照出,故可当作镜子使用。由此亦引伸为反照物形的动词义。

(二) 以"席"为座具

《邶风·柏舟》:"我心匪席,不可卷也。"《毛传》:"席虽平,尚可卷。"笺云:"言己心志坚平,过于石席"。孔疏:"我心又非如席,然席虽平,尚可卷,我心平,不可卷也。"《毛诗正义》把"席"理解为名词,是显而易见的,但"席"为何物,亦无详释。《诗经器物考释》则指出"席"是生活器具中的"坐具"及"卧具",其产生是由于"足立"的家具产生以前,都是"席地而坐",为保持清洁,故创制"席"铺在地面作为"座垫",或铺在卧床上供人睡卧作"卧席"。⑤考之古籍,《周礼》、《尚书》及《左传》均有记载"席"的使用。《周礼·春官·司几筵》曰:

掌五几五席之名物,辨其用与其位。凡大朝觐、大飨射,凡封国、命诸

---

① 《十三经注疏》,台湾新丰文化,1995年,第六册,第214~216页。
② 段玉裁注《说文解字注》,上海古籍出版社,1986年,第703页。
③ 《十三经注疏》第六册,第214~216页。
④ 陈温菊著《诗经器物考释》,台北文津出版社,2001年,第59页。
⑤ 陈温菊《诗经器物考释》,台北文津出版社,2001年,第278页。

侯,王位设黼依,依前南乡设莞筵纷纯,加缫席画纯,加次席黼纯,左右玉几。祀先王,昨席亦如之。诸侯祭祀席,蒲筵缋纯,加莞席纷纯,右雕几;昨席莞筵纷纯,加缫席画纯,筵国宾于牖前,亦如之,左彤几。甸役则设熊席,右漆几。凡丧事,设苇席,右素几。其柏席用萑黼纯,诸侯则纷纯,每敦一几。凡吉事变几,凶事仍几。①

可见,周代的座席已很讲究,不同的场合,会采用不同的座席。因此,周代设有"司几筵"一职,专责管理不同的几案和席垫,辨别他们的用途,以及陈设的位置。例如凡是有大型的朝觐、宴飨、射仪、分封国邑、第命诸侯时,王的座位前,便铺设镶白边的"莞席",上面再加铺绣上云气花边的"藻席",然后再铺上绣有黑白斧边用桃枝竹编成的"次席"。诸侯祭祀的席,铺在最底的是绣有方格花纹边的"蒲席",上面再铺白边的"次席"。献酒的酢席,底下铺白边的"莞席",上面铺绣云气花边的"藻席"。君王四时田猎,就铺放熊皮制成的"熊席"。凡有丧事祭奠,则铺设"苇席"。棺椁下面垫绣花边的"萑席",诸侯则用白边。可知,周代的座席已有多种不同种类,因应不同的场合而使用,且大多雕镂纹饰,富艺术气息。

商代甲骨文已有"席"的象形字,显见"席"的产生,不会迟于商代。《诗经》时代的"席"有"凉席"、"暖席"两大类,凉席以竹、藤编成的称为"簟"与"簀";以蒲草编成称为"莞"及"筵"。暖席多以棉、毛、兽毛纺织而成,称为"茵"。②

(三)以战鼓振奋士气

《邶风·击鼓》篇中的鼓是"战鼓"无疑。《击鼓》云:"击鼓其镗,踊跃用兵","从孙子仲,平陈与宋",可知,诗中描述的是一次平定陈国、宋国的战事,以致击鼓以振奋士气。诗中并无明言此"鼓"的专有名称,从文意看来,应属"鼍鼓"或"鼖鼓"。考商周时代,鼓类有"鼗鼓"、"鼖鼓"、"贲鼓"、"鼍鼓"、"应鼙"、"田鼓"、"县鼓"等③。从各种不同类别的鼓的应用性质与背景可知,只有"鼖鼓"是较多用于军事,其余多用于祭礼、建筑或役事。

①　《十三经注疏》,台湾新丰文化,1995年,第六册,第850页。
②　陈温菊《诗经器物考释》,第279页。
③　陈温菊《诗经器物考释》,第73页。

"鼖鼓"最初用于祭祀,《商颂·那》诗曰:"置我鼗鼓"、"鼗鼓渊渊",郑笺云:"植鼗鼓者,为楹贯而树之,美汤受命伐桀,定天下而作濩乐,故叹之。"①可知,"鼗鼓"用于祭祀中,赞美商汤受命讨伐夏桀,卒能平定天下。"鼛鼓"则专用于劳役之事,《周礼·鼓人》明言:"以鼛鼓鼓役事。"②《大雅·绵》:"百堵皆兴,鼛鼓弗胜",高亨注:"鼛鼓,一种大鼓。在众人服力役的时候,要打起鼛鼓来催动工作。"③可见,"鼛鼓"是用以激发人们在劳役之时奋力工作的。"鼛鼓"体形较大,长一丈二尺至三尺,据毛传:"鼛,大鼓也,长一丈二尺。或鼛或鼓,则鼓言劝事乐功也。"④《宋书·乐志》则云:"长丈二尺者曰鼛鼓,凡守备及役事皆用之。"⑤"贲鼓"也是"大鼓",《诗经》的记载是用于建造灵台时奏乐。《大雅·灵台》"虡业维枞,贲鼓维镛",是描述周文王建造灵台时敲鼓击钟的情景。"田鼓",据郑玄推测是小鼓,称为"朄"《周颂·有鼓》:"应田县鼓",郑笺:"田当作朄。朄,小鼓在大鼓旁,应鞞之属,声转字误,变而作田。"⑥"朄"多用于小型祭祀或音乐演奏场合,据《周礼·小师》"凡小祭范、小乐事,鼓朄,掌六乐声音之节与其和"⑦,是用以打拍子以掌握节奏。

剩下"应鼙"及"鼍鼓"。"鼙鼓"多用于军事,《周礼·大司马》:"旅师执鼙"、"中军以鼙令鼓"⑧。可见,"应鼙"是将师号令三军时所击,用以振奋士气。白居易《长恨歌》"渔阳鼙鼓动地来",可见"鼙鼓"用于军事或沿用至唐代。"应鼙"体形较小,郑笺:"凡大鼓之侧有小鼓,谓之应鼙朔鼙。周礼曰:以鼛鼓鼓役事。"⑨《尔雅·释乐》:"小者谓之应。"⑩因此《邶风·击鼓》中的战鼓,当为"应鼙"之属。

此外,也有可能是"鼍鼓"。据安阳殷墟侯家庄墓地曾经出土"鼍鼓"⑪。邶

---

① 孔颖达疏《毛诗正义》,中华书局,1991年,第620页。
② 《十三经注疏》第六册,第514页。
③ 高亨《诗经今注》上海古籍出版社,2010年,第380页。
④ 孔颖达疏《毛诗正义》《十三经注疏》,北京大学出版社,1999年,,第988页。
⑤ 《宋书》中华书局,1974年,第555页。
⑥ 孔颖达疏《毛诗正义》《十三经注疏》,北京大学出版社,1999年,第1328页。
⑦ 贾公彦疏《十三经注疏·周礼注疏》,北京大学出版社,1999年。
⑧ 贾公彦疏《十三经注疏·周礼注疏》北京大学出版社,1999年,第616页。
⑨ 孔颖达疏《毛诗正义》《十三经注疏》,北京大学出版社,1999年,第511页。
⑩ 《尔雅注疏》,《十三经注疏》,台湾新丰文化,1995年,第十九册,第287页。
⑪ 李纯一《中国上古出土乐器综论》,文物出版社,1996年,第2页。

墉旧地即安阳殷墟一带,以此推测,《击鼓》中的鼓也有可能是"鼛鼓"。

（四）以"钥"、"翟"跳"万舞"

卫国也有跳"万舞"的风俗,而万舞分为"武舞"、"文舞"两种。周礼,有"钥师"专职教国子跳文武,文武就是手持一边羽毛,一边吹奏钥来跳舞。《周礼·钥师》:"钥师:掌教国子舞羽…祭祀,则鼓羽钥之舞。宾客飨食,则亦如之。大丧,廞其乐器,奉而藏之。"①注:"文舞有持羽吹钥者,所谓钥舞也。"②可知,羽钥之舞,一般用于祭祀或宾客宴饮的场合。故《诗经·小雅·宾之初筵》云:"钥舞笙鼓。"所有学习作"世子""学士"的都要在秋冬时节学习跳这种舞蹈,《礼记·文王世子》:"凡学世子及学士,必时。春夏学干戈,秋冬学羽钥,皆于东序。"③原因是春夏属阳,阳主动,故学武舞;秋冬属阴,阴主静,故学文舞。《周礼·钥师》疏云:"彼对春夏学干戈,阳时学之,法阳动;秋冬学羽钥,阴时学之,法阴静。诗云'左手执钥右手秉翟'者,证皆文舞所执之器也。"④朱熹《诗集传》:"万者,舞之总名。武用干戚,文用羽钥也。"⑤《邶风·简兮》描绘了舞师跳"万舞"中的"文舞"的情景:"左手执钥,右手秉翟",舞师左手会拿着钥,右手拿着雉羽,边吹边舞蹈。"钥"是一种竹管乐器。《毛传》注《简兮》:"钥,六孔。"《郑笺》:"钥,以竹为之,长三尺,执以以舞。"郑注周礼云:"三孔。部璞同云:形似笛而小。广雅云:七孔。"⑥可知,钥是一种长三尺的竹管乐器,只有三个孔或七孔以吹奏。在古籍中,"管钥"二字往往连用,《孟子·梁惠王下》:"今王鼓乐于此,百姓闻钟鼓之声,管钥之音,举疾首蹙頞而相告"⑦《荀子》:"竽笙箫和,笕钥发猛。"《庄子·盗跖》:"今富人耳营钟鼓笕钥之声"⑧。因此,用管钥跳的舞蹈,也统称为"钥舞"。

① 贾公彦疏《周礼注疏》,台湾新丰文化,1995 年,第 1015 页。
② 贾公彦疏《周礼注疏》,台湾新丰文化,1995 年,第 1015 页。
③ 贾公彦疏《周礼注疏》,台湾新丰文化,1995 年,第 975 页。
④ 贾公彦疏《周礼注疏》,台湾新丰文化,1995 年,第 1015 页。
⑤ 朱熹《诗集传》,香港中华书局,1983 年,第 23 页。
⑥ 孔颖达疏:《毛诗正义》,第 308 页。
⑦ 《先秦诸子集成》,香港中华书局,1978 年,第一册,第 60 页。
⑧ 《先秦诸子集成》,香港中华书局,1978 年,第三册,第 202 页。

二、先秦河洛地区的服饰及其习俗

(一)以"充耳"为头饰及塞耳丧葬

先秦河洛地区的卫人有用"瑱"作装饰,既是活人头冠上的装饰,也用于丧葬仪式时塞入死者耳朵,反映其时卫国的丧葬,也有塞耳的习俗。《旄丘》:"叔兮伯兮,褎如充耳",《毛传》:"充耳,盛饰也。"郑笺:"充耳,塞耳也。"程俊英《诗经注析》:"充耳是一种挂在耳旁的首饰。"①"充耳"又名"瑱",《鄘风·君子偕老》:"玉之瑱也",传曰:"瑱,塞耳也。"《淇奥》:"充耳琇莹",传云:"充耳谓之瑱。"《周礼·天官·冢宰》注云:"王后之衡笄皆以玉为之。唯祭服有衡,垂于副之两旁,当耳,其下以紞县瑱。诗云:玼兮玼兮,其之翟也。鬒发如云,不屑髢也,玉之瑱也。是之谓也。"②可知,"笄"、"瑱"都是周代王后的头饰,"瑱"是在"副"之下,用紞悬垂于耳侧的玉器。程俊英《诗经注析》亦云:"充耳,亦名瑱,古代饰物,一种垂在冠冕两侧以塞耳的玉。"③陈温菊《诗经器物考释》则指出"充耳"的应用有生人与死人之分。用于生人则为头冠下垂至耳部的精美装饰;用于死人才会塞耳。④据《仪礼·士丧礼》:"瑱用白纩"注:"瑱,充耳。纩,新绵。"疏:"诗云'充耳',充即塞也。生时人君用玉,臣用象,又着诗云:'充耳以素'、'充耳以黄之'等,注云:'所以悬瑱',则生时以黄以素,又以玉象等为之,示不听谗。今死者直用纩塞耳而已,异于生也。"⑤可知周代丧礼,死者入殓前会用白棉包着"充耳"塞入耳中,以防虫蚁进入。此外,在生的人君和臣子,也有塞耳的风俗,人君的塞耳用玉制成;臣子的塞耳用象牙制成,用以象征君臣不听信谗言之意。可见,除了王后会悬瑱外,君臣也是有的。

(二)妇女有以假发疏成发髻,并以副、笄、珈、象掃作头饰

卫国诸侯的夫人所用的头饰也很讲究,分别有"副"、"笄"、"珈"等,有"追师"专门负责管理,《周礼·天官·冢宰》载:"追师,掌王后之首服,为副、编、次、

---

①　程俊英 蒋见元《诗经注析》,第 102 页。

②　《周礼注疏》,《十三经注疏》,台湾新丰文化,1995 年,第六册,第 349 页。

③　程俊英 蒋见元《诗经注析》,第 158 页。

④　陈温菊《诗经器物考释》,第 180 页。

⑤　贾公彦疏《仪礼注疏》,《十三经注疏》,台湾新丰文化,1995 年,第九册,第 1140 页。

追衡、笄。"①《鄘风·君子偕老》："君子偕老,副笄六珈。""副"是夫人的头饰,但毛传与郑笺有不同的解说。《毛传》："副者,后夫人之首饰,编发为之。"②所谓编发,《诗经器物考释》以为是"以假发编梳成的发髻,有许多不同的名称,其中一种称为'副'者,是专指贵族夫人首饰而言"③。卫国女子有用"假发"的风俗。《君子偕老》又云:"鬒发如云,不屑髢也。"《诗经注析》:"'髢',假发制的髻。"④郑玄则以为是近似"步摇"的首饰,郑注《周礼·追师》以为:"副之言覆,所以覆首为之饰,其遗象若今步摇矣,服之以从王祭祀。"⑤但"副"若是步摇则"珈"便不知为何物,因"珈"有说就是"步摇"。程俊英《诗经注析》:"珈,首饰名。悬在笄下,垂以玉。因走路时珈会摇动,故汉时又称步摇。其数有六,因名六珈。"⑥可见,"珈"是悬挂在"笄"下的装饰,缀以玉珠,故走路时会摇摆不定。故"副"应为毛传所言之"编发"。加以长沙马王堆一号汉墓出土的竹简记载:"员付篓二,盛印副",意即一个圆形小盒(员付篓)中,盛载了"副"。对照实物,"副"就是一束假发。⑦

至于"笄",是妇女用的头簪。《说文》:"笄,簪也。"⑧《淮南子·齐俗训》:"三苗髽首,羌人括领,中国冠笄,越人劗鬋,其于服,一也。"⑨可见,不同部族、不同地域的人,均有不同的整饰头发的方式,而头戴发簪是中原人的鲜明习俗,有别于其他部族,中原正是卫国所在地。三苗人习惯束发,羌族人在领口系结,越国人喜欢剪除头发,《周礼·天官·冢宰》亦云:"追师,掌王后之首服,为副、编、次、追衡、笄,为九嫔及外内命妇之首服,以待祭祀、宾客。"⑩可见,"笄"在周代也是帝王的妃子(九嫔)的首饰。周代女子成年,也要行插笄的礼仪,《礼记·内

---

①　贾公彦疏《周礼注疏》,《十三经注疏》,台湾新丰文化,1995 年,第七册,第 348 页。

②　孔颖达疏《毛诗正义》,中华书局,1991 年),第 313 页。

③　陈温菊《诗经器物考释》,台北文津出版社,2001 年,第 176 页。

④　程俊英 蒋见元《诗经注析》,第 129 页。

⑤　贾公彦疏《周礼注疏》,《十三经注疏》,台湾新丰文化,1995 年,第六册,第 348 页。

⑥　程俊英 蒋见元《诗经注析》,第 127 页。

⑦　陈温菊《诗经器物考释》,第 176 页。

⑧　段玉裁注《说文解字注》,上海古籍出版社,1986 年,第 191 页。

⑨　陈一平校注《淮南子校注译》,广州人民出版社,1994 年,第 506 页。

⑩　贾公彦疏《周礼注疏》,(台湾:新丰文化,1995 年,第七册,第 348 页。

则》："女子…十有五年而笄。"①注："女子许嫁,笄而字之,其未许嫁,二十则笄。"②故女子十五岁又已许嫁的便要行笄礼,未许嫁而届二十岁的也要行礼。

发簪除了有"笄"之外,还有"象掃"。《鄘风·君子偕老》:"玉之瑱也,象之掃也。"《毛传》:"掃,所以摘发也。"③《诗经注析》:"象,象牙。"④《毛诗传笺通释》:"掃者,搔头之簪。《说文》:'摘,搔也'传作摛为是。《广韵》:'楴,楴枝,整发钗也。'又借作邸,《晋书舆服志》'皮弁象玉邸',注:'邸,冠下抵也,象骨为之,音帝。'盖掃本以搔发,后兼用以固冠弁也。《说文》无掃字,桂馥谓掃即摛之异文。"⑤可知,"象掃"是用象牙制成的头簪。其与"笄"的不同处,在于笄只用以簪头,"象掃"原为用以搔发,后来才兼用来固定头冠的位置。

(三)夫人的穿衣:象服

先秦河洛地区卫国夫人所穿的衣服统称之为"象服"。《鄘风·君子偕老》:"委委佗佗,如山如河,象服是宜。"后世学者多认为是诗乃描写卫宣姜的外貌,故"象服"显然是指卫宣姜所穿的衣服。郑笺:"象服,谓褕翟、阙翟也。人君之象服,则舜所云:予欲观古人之象,日月星辰之属。"⑥"象服"并非一种衣服的尊有名称,"象"是象形之意。翟是雉鸟,卫国人喜欢在夫人的衣服上绘上雉鸟的形状或雉的羽毛,故夫人得穿之"褕翟、阙翟"是衣服上绘上像雉鸟形的图象。故孔疏云:"翟而言象者,象鸟羽而画之,故谓之象,以人君之服,画日月星辰谓之象。故知画翟羽亦为象也。故引古人之象以证之。"⑦象服又称"袆衣",在袍上绘画物象,《说文》"袆,从衣韦声。周礼曰:王后之服袆衣,谓画袍"⑧,可见象衣也是袆衣。

(四)后妃的衣服:展衣、纯祥

《君子偕老》:"瑳兮瑳兮,其之展也。""展衣"据郑玄注是后妃所穿的衣服,一般为白色,配以用精细葛布制成的里衣,是夏天礼见君主或宾客时所穿的礼

---

① 孔颖达疏《礼记注疏》,《十三经注疏》,台湾新丰文化,1995 年,第 1140 页。
② 孔颖达疏《礼记注疏》,《十三经注疏》,台湾新丰文化,1995 年,第 1140 页。
③ 孔颖达疏《毛诗正义》北京:中华书局,1991 年,第 314 页。
④ 程俊英 蒋见元《诗经注析》,第 129 页。
⑤ 马瑞辰《毛诗传笺通释》,中华书局,2008 年,第 174 页。
⑥ 孔颖达疏《毛诗正义》中华书局,1991 年,第 313 页。
⑦ 孔颖达疏《毛诗正义》中华书局,1991 年,第 313 页。
⑧ 段玉裁注《说文解字注》上海古籍出版社,1986 年,第 390 页。

服,郑笺云:"后妃六服之次,展衣宜白。绉絺,絺之蹙蹙者。展衣,夏天里衣绉絺,此以礼见于君及宾客之盛服也。"①《说文》段注亦指出是王后六服的其中一服:"周礼内司服,王后之六服:祎衣、揄狄、阙狄、鞠衣、展衣、绿衣。"②《诗经注析》以为是"白纱或红绢制成的单衣"③。郑玄又以为"展"字有误,应作"襢衣",因《礼记》全用"襢"字。郑笺云:"展衣字误,《礼记》作襢衣。"④《君子偕老》又云:"蒙彼绉絺,是绁袢也","绁袢"是夫人穿着的内衣,又名亵衣,因"绁"与"亵"互为假借,故三家《诗》的"绁"直用"亵"字。《诗经注析》:"绁袢,内衣,如今汗衫。亦称亵衣,三家诗绁正作亵,绁即亵的假借字。"⑤

（作者为香港树仁大学中文系教授）

① 孔颖达疏《毛诗正义》中华书局,1991 年,第 314 页。
② 段玉裁注《说文解字注》上海古籍出版社,1986 年,第 391 页。
③ 程俊英 蒋见元《诗经注析》,第 130 页。
④ 孔颖达疏《毛诗正义》中华书局,1991 年,第 314 页。
⑤ 程俊英 蒋见元《诗经注析》,第 130 页。

从古老"河洛图腾"之新解以
迈向未来新文明

林裕仓

前言

河洛文化是中华文化的源头和核心,是中华文明的摇篮文化;《易经·系辞上》说:"河出图,洛出书,圣人则之。"《论语》云"凤鸟不至,河不出图,吾已矣乎",足见河洛文化在先哲心目中的地位。河洛文化的古代地域以洛阳盆地为中心,西至潼关、华阴,东至荥阳、开封,南至汝颖,北跨黄河至晋南、济源一带,河图和洛书是中国哲学的开端,同时儒学、道学、东传佛学等都源起于河洛。

东汉郑玄《六艺论》说:"河图洛书,皆天神之言语,所以教告王者也。"河洛之学原为古代帝王御用,五代以后,道士陈抟提出了洛书的图案与易理的结合,乃成为中国传统易理哲学重要之一部分,后不只被广泛应用于风水、占卜等术数中,亦深植于政治、社会、医学、自然科学之理论与实务之中;直至西风东渐,西方文化以其强势文明才被取而代之,而华夏子孙们视河洛文化为糟糠;孰不知现有西方科技文明正面临诸多不能处理的瓶颈,有识者已有向东方传统汲取精华的趋势。而本论正试图将这种古老中华的核心思想之启发,透过现今"讯息哲学"的重新诠释,以整全思维补足西方文明线性思维的盲点,迈向未来多元文化观全球新文明。

过去的哲学家们,无论是从外在超越性原理,或内在的心灵主体性原理,作为其哲学体系的根源,皆脱离不了人类经验界的范畴出发;但自从 20 世纪人类发现计算机原理之后,意识到除了经验世界以外,人类可能有能力利用计算机原理自行模拟无数个"可能世界",这对绝大多数的人们来说,意图模拟一个有如现象界一般的"可能世界",简直是天方夜谭,但未来岂可知? 人类的智慧有无限的可能。不管将来成就如何，"可能世界"的建构将是未来哲学的大命题。理性上，我们不能预设立场，但如果我们关心人类未来的发展，哲学家们有责任思索未来"可能世界"所产生的种种问题。

本论文是吾人建构"可能世界"理论的一小部分，乃是企图借"河图、洛书、易经"等深植华夏文化诸原理的启发，试图研拟一套作为"可能世界"建构所需之"讯息系统"以为其形上原理，并就其逻辑的展开，尝试利用"讯息流通"的概念初略诠释中国"气"的形上原理，以抛砖引玉，并呼吁有识者参与研究以解开"气"学的神秘面纱；本论诸多论述仅受"易学"之启发所作之假设命题与推论，并非一篇传统"易学研究"之文章，诸多缪误在所难免。而诸命题乃就有限智慧所能思考的范围，及本论所关心的议题提出思考方针；并先行假设未来人类在计算机及讯息科技的发展，借"可能世界"建构之路探索几项基本哲学问题，其中包含物、身、心、灵等问题，而这些问题依本论浅见最终可以化约为"讯息系统"的命题解之。

第一章、河图洛书之基本符号概念（河洛场论亦称易场论）

有关从"河洛场论"之启发所建构之"讯息系统"及"炁"的形上原理，本文节录自拙着《道可道非，常道》如下：

河洛场讯息的阴阳二元原理

气与力

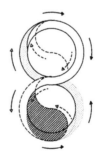

如左图阴阳二讯息元必需要有互动才能产生讯息结构，依据吾人定义："阳讯息元"之性质为主动发散之元；其元力依古者定义由左旋向外放出作用力，其形状像"9"；"阴讯息元"之性质为被动收敛之元，其元力由右旋向内吸收作用力，其形状像"6"。

前者主动积极健动,后者被动消极稳定,两者互为其根;同性相斥异性相吸;两者互动如右图所示:阴阳交易互为其根,反者道之动,由阴变为阳,由阳变为阴,其间如齿轮或趋动扭带般作∞ 永恒运动;如若同性则相互抵斥。其阴阳互动消长各变其卦性(讯息指令)。

下图阴阳消长循环往复,从线性来说即是一种波动的形象,现代学者将波动比拟中国"气"的现象,先人乃以"气"类比宇宙之力,事实上整部易经大多以"类比"为象以释玄理,否则玄之又玄之妙如何以文字表达,这也是先哲的智慧,为后来学者开辟方便之法。在此吾人以"气"表达讯息流通的现象。

否卦   咸卦   恒卦   泰卦

至于四象乃阴阳两爻两两相配之结果,其在讯息系统之性质兹以电磁学比拟之:太阳两爻皆阳乃绝对运行通路如导体;少阴为内阳外阴为半导体,其通路方向有选择性;少阳为内阴外阳为阻抗;太阴两爻皆阴乃绝对绝缘体。以上四象之原理正可以构式积体电路学(IC .)之元素,各元素相互配合可制造一台虚拟计算机。如果以此观念理解,则各种讯息系统的设计与应用即便有了基础。

先天八卦图   中天八卦图   后天八卦图

1.模拟性之讯息系统:其作用在利用各种形上指令设计各种工具软体或虚拟存有物;其以先天八卦为场域原理。

2.储存性之讯息系统:其作用在规划各种工具软体及虚拟存有物还原为简单之阴阳符号并有效储存之;其以中天八卦为场域原理。

3.生成性之讯息系统:其作用在利用各种虚拟工具软体透过虚拟计算机将已存之虚拟存有物在虚拟世界生成展开;其以后天八卦为场域原理。

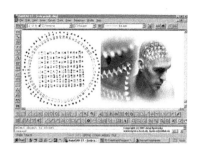

以上为各种八卦在整体讯息系统所扮演的场域之基本概念,系统设计者另可依卦性指令之不同作基础,组合成更高级的指令系统,以提升效率,为方便读者明了所指为何兹以右图为例说明之。

上图64卦为八卦相荡组合而成之指令讯息场,其功能如设计工具Autocad软体,此软体为各种指令所构成之场域,各指令各有其功能,大部分之指令由基本指令所构成,如"位移"之指令由"移动"与"固定"二指令所组合而成;比拟八卦之外震卦及内艮卦组合而成"小过",兹暂将小过卦定义为"位移"之讯息指令,以此类推便可以形成一更高级模拟讯息场;而此高级模拟讯息场便可以模拟虚拟的人体。而把各种讯息场的"讯息元"各指定一相似型场域便有了上阶及下阶的概念;应用"单子论"的原理,可无限的上下延展便是"混沌系统"的结构,此结构如何运算,另文介绍。

第二章、河洛场中五行所形构之自组织系统

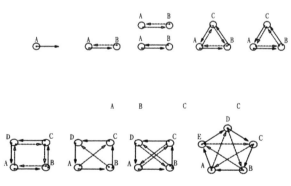

(一)讯息自组织系统"量"的研究:

1.一个讯息元:其无所对待之他者关系讯息元,自然不能称为系统。

2.二个讯息元:有二个讯息元A、B时,会产生三种对待关系均产生悖反效

应,不能称为自组织系统。

3.三个讯息元:有三个讯息元会产生二种对待关系,不管何种对待关系都会产生悖反效应。

4.四个讯息元:会产生三种对待关系,第一种及第三种都会产生悖反效应,第二种只满足相生关系,至于相克之对待只能形成二个对角关系,又变成第三种对待型态而产生悖反效应。

5.五个讯息元:即产生一种对待关系系统,即相生相克均不会产生悖反效应,内部各讯息元均有能促动与能制动及被促动与被制动的功能,而形成有机之内组织称为自组织系统。

(二)讯息自组织系统"质"与"功能"的研究:

水　　　火　　　木　　　金　　　土
(水能润下)　(火能炎上)　(木能曲直)　(金能从革)　(土能稼穑)

1.水能润下:其功能在资讯传输,其代码栏只有1。

2.火能炎上:其功能在资讯基本判别,并影响资讯属性的分类,如图示一如图地反转及仙女棒的功能,可粗分为主体及背景资讯。其代码栏只有2,即0、1。

3.木能曲折:其功能在资讯处理,依目标性发展资讯之变异,可直接决定内部资讯储存区的取舍(或进出)应用。其功能形态即是现下所发展成的拓扑学(Topology)的模型结构。可任意依目标发展出讯息仪态。配比a.资讯处理,其代码栏只有3,即1、0。

4.金能从革:其功能在作资讯分类,依目标性发展整体环境作资讯属性,对内可决定目标性质以影响资讯处理过程中的变异发展。其代码栏只有4,即太阳、少阳、少阴、太阴(类比G,A,T,C四种碱基基因码)。

5.土能稼穑:其功能在资讯储存,涵藏各种处理分类资讯零组件及资讯路径记录,对内依目标性质输出资讯并控制资讯量的输出。其代码栏有5,即前四种资讯及本有之资讯结构,即水、火、土、金、水的模态资讯。

第三章、河洛讯息系统的解构与重构（略）

第四章、河洛场讯息系統中之能构与所构（略）

第五章、河洛场讯息系統中之资料結构的生成与重建（略）

第六章、从河洛场讯息系統淺论"气"的形上原理（略）

第七章、前瞻与结论（略）

（作者为台湾中华文联协会副理事长）

二程理气论的渊源和意义

（韩国）孙兴彻

一、序言

理气论是性理学或新儒学的中心理论。理气论的特征在于，既是说明宇宙自然的原理和变化过程的理论，同时也是人之道德善恶的根源和判断标准。

性理学的理气论尽管是由朱熹（1130～1200 年）完成了其理论体系，但与其说那是他的独创性的创案，倒不如说是将中国哲学史诸多领域积累起来的理论集大成而确立的。

本文将以二程理论为中心简单梳理理气论的确立过程，由此来了解性理学的理气论不是儒学或性理学的独立概念，而是中国哲学史上展开的诸多理论综合而形成的。

二程的理气论是从"天理"和"气化"的概念开始得以确立的。本文将首先考察继承张载（1020～1077 年）的气论并将之发展为与"理"相对应的形而上学之实体的二程"气化论"和"气生灭论"。接着将分析创造"天理"概念并由此说明宇宙本体之"理"概念的确立过程。以此为中心，将考察人的道德善恶判断之根据和实践善的当为性，以及说明能够实践道德善的人之能力的形而上学理论，即"天人合一"与"理一分殊"的逻辑。

二、气化、生灭论

"气"概念的渊源很深。《周易·系辞传》提出"一阴一阳之谓道"，《道德经》42 章指出"万物负阴而抱阳，冲气以为和"。汉代王充（27～104 年）提出"元气"概念来说明自然现象和人的心性。他指出，"说《易》者曰：'元气未分，混沌为一。'儒书又言:'溟滓濛㳃,气未分之类也。及其分离,清者为天,浊者为地'"①。

北宋时张载把这种"气"概念发展为形而上学的宇宙论。他提出,"太虚者,气之体,气有阴阳屈伸相感之无穷。"②张载把宇宙自然的根源理解为气。在他看来,尽管太虚无形,万物有形,但是太虚和万物都只是由于阴阳之气的运动和变化而存在样态不同而已,实际上是一种气。张载的这种气论可以称为"气一元论"。

二程继承了张载的这种气论,确立了与"理"相对的宇宙生成论,即气化论。二程气化论的中心内容可以归纳如下。

第一,宇宙万物充满了气。二程提出:"气行满天地之中,……气充塞,无所不到。"③充满宇宙的是气。又指出:"阴阳,气也。气是形而下者,道是形而上者。"④把"气"和"道"区分为"形而下者"和"形而上者"。

天地由一种气形成。

天地之中,理必相直,则四边当有空阙处。空阙处如何,地之下岂无天?今所谓地者,特于天中一物尔。如云气之聚,以其久而不散也,故为对。凡地动者,只是气动。凡所指地者,只是土,土亦一物尔,不可言他。更须要知坤元承天,是地之道也。⑤

尽管天地由气形成,但是形成天地的气必定与理共存。天地之动是气之动,形成地的坤元承接了形成天的乾元。

第二,气形成了宇宙万物,万物因气化而形成,因形化而变化发展。二程对此说明如下:

① 《论衡·谈天》。
② 《张载集·正蒙·乾称篇》。
③ 《二程集·遗书》(卷2上),第36页。
④ 《二程集·遗书》(卷15),第162页。
⑤ 《二程集·遗书》(卷2下),第55页。

> 万物之始,皆气化;既形,然后以形相禅,有形化;形化长,则气化渐消。①

气化与形化互相交替变化,形成无限多样的事物,生生不已,没有终末。

朱熹更详细地说明了气化和形化。"气化,谓未有种类之初,以阴阳之气合而生。形化,谓既有种类之后,以牝牡之形而生。皆兼人物言之。"即宇宙万物因气化产生后,重新分化为种和类而发展。这种分化对于人和事物都是一样。

二程的这种宇宙论与因有上帝而由天命生成的天命论不同。即否定上帝创造天地,类似于元气自然论。

第三,气生灭。

张载曾经说:"太虚不能无气,气不能不聚而为万物,万物不能不散而为太虚。"即太虚、气、万物只是存在样态不同而已,都是一种气,这种气是无限的、永恒的,无所不在,是超越时空的宇宙本体。

然而,二程由于认为事物产生、变化和消灭就如同气产生和消灭一样的理致,所以主张气的生灭。这是因为,与张载的气一元论不同,二程主张理本体论,比起气,认为理是更根源的本质。

> 凡物之散,其气遂尽,无复归本原之理。天地间如洪炉,虽生物销铄亦尽,况既散之气,岂有复在,天地造化又焉用此既散之气?其造化者,自是生气。至如海水潮,日出则水涸,是潮退也,其涸者已无也,月出则潮水生也,非却是将已涸之水为潮,此是气之终始。②

"凡物之散,其气遂尽,无复归本原之理。"与"理生气"的思想相同。万物的造化虽然始于气,但其造化结束的话,气也消灭。这就是气的终始。

第四,气成为道义的根源。程颐提出,"浩然之气,所养各有渐,所以至于充塞天地,必积以后至。行不慊于心,止是防患之术,须是集义乃能生。"③

---

① 《二程集·遗书》(卷5),第79页。
② 《二程集·遗书》(卷15),第163页。
③ 《二程集·遗书》(卷15),第158页。

浩然之气是指"明确认识正义和实践正义的强烈意志力"。这种浩然之气不是一蹴而就的,而是通过长时间的学习和修养形成的。程颐认为通过培养这种浩然之气,可以实践正义和道德。"配义与道"是《孟子·公孙丑 上》里说明浩然之气的句子。程颐对此说明如下。

> 配义与道,谓以养理养成此气,合义与道。方其未养,则气自是养。及其养成浩然之气,则气与义合矣。①

程颐的这段说明成为后来性理学修养论的基础。性理学的修养论是说明如何使气纯一,并按照理的主宰遵守和实践纯善的逻辑。二程为把浩然之气说明为理气论提供了形而上学的基础。

第五,气是生命的根源。包括人在内的生物仅有气是不能诞生生命的。二程把成为其生命根源的气称为"真元之气"。

> 真元之气,气之所由生,不与外气相杂,但以外气涵养而已。若鱼在水,鱼之性命非是水为之,但必以水涵养,鱼乃得生而。人居天地气中,与鱼在水无异。至于饮食之养,皆是外气涵养之道。出入之息者,阖辟时机而已,所出之息,非所入之气,但真元自能生气,所入之气,止当阖时,随之而入,非假此气以助真元也。②

真元之气是具有不同于单纯之气特征的气。真元之气存在于个体的内面,尽管与个体的外气不相杂,但因外气而得到涵养。例如,如同鱼因水之气而得到自身的生命,人因食物而得到生命一样,但水气不是鱼的生命,食物不是人的生命。

类似这种真元之气是形成生命的纯粹至善的元气,生物和人因得到这种真元之气而获得生命,通过外气使生命力变强。

---

① 《二程集·遗书》(卷18),第206页。
② 《二程集·遗书》(卷15),第165~166页。

对此,二程认为人的寿命取决于气的善恶,提出"寿夭乃是善恶之所致。仁则善气也,所感者亦善。善气所生,安得不寿? 鄙则恶气也,所感者亦恶。恶气所生,安得不夭?"[1]即人的寿命也因气的质量而寿夭有所不同。

理气论是由二程,尤其是程颐,确立了其框架。二程的这种气化、生灭论在形成性理学的理气论方面发挥了非常重要的作用。

三、天理与理

以二程为代表的洛学之代表性特征包括"天理"概念在内。二程从这种天理出发,确立了有关"理"的理论。然而,此"理"不是二程独创性地提出的,而是他们用"天理"概念综合了有史以来"理"概念的结果。首先"理"概念的确立大体有三种渊源。

第一,源于先秦时代的"理"和"道"的观念。《诗经·大雅·烝民》里提出"天生烝民,有物有则。"这时的"则"是指事物的规则,即理。程颐在对此继承的基础上,提出:"有物必有则,一物须有一理。"[2]这里所谓"物则、物理"是指事物具有的具体的存在原理。《周易·说卦》中提出"和顺于道德而理于义,穷理尽性以至于命。"此处的"理"是指"事理合当"。

老子认为"道"是"先天地生,寂兮寥兮,独立不改,周行而不殆,可以为天下母。"[3]这里的"道"是事物的本源,二程通过这种"道"概念把天理升格为宇宙的本体。

第二,佛教的理事论。佛教的华严宗把"理"说明为"真理、理性、平等的本体"。"事"是指"事相、事法",即现象的多样差别性。这种"理"和"事"在现象里尽管不是"不即不离"关系的一体,但是在最终本体上是时间和空间上同一的"事即理、理即事"的关系。华严的这种理事论在性理学的理气论上,对体用论的形成有紧密的影响作用。

第三,北宋初期诸多学者把"理"确立为说明自然和自然法则的重要概念。

① 《二程集·遗书》(卷18),第224页。
② 《二程集·遗书》(卷18),第193页。
③ 《道德经》25章。

理学创始者周敦颐(1017～1073年,濂溪)提出"阙彰阙微,匪灵匪莹。"①对此,朱熹注释为"此言理也。阳明阴晦,非人心太极之至灵,孰能明之。"张载在《正蒙·太和篇》讲论了气的动静和变化的理。邵雍在《皇极经世书·观物内篇》提出"天下之物,莫不有理焉。"

二程认为在宇宙的本质里存在"常久不已"、"生生不穷"的"天理"。对这种"天理"概念,程颐(1032～1085年,明道)曾经提出"吾学虽有所受,天理二字却是自家体贴出来。"②通过这种天理的概念,二程完成了洛学。该洛学事实上对达到朱熹性理学发挥了非常重要的作用。当然,仅从"天理"一词本身来看,不能看作是二程最早提出的。这是因为,欧阳修(1007～1072年,醉翁)也曾经提出过"物无不变,变无不通,此天理之自然也。"③和"物有常理"④。欧阳修所谓的"天理"可以理解为仅指"自然的法则"。

然而,把天理概念看作形而上学宇宙的本质并发展为体系理论的,可以说是二程。这里首先对二程所主张的天理概念简单梳理如下。

第一,"天理"是宇宙万物的本源。二程提出"天下只有一个理"⑤、"万物皆只是一个天理"⑥。意思是说,天下即宇宙,存在一种贯通宇宙生成和变化的理。存在于现存万物中的理也是一种天理。二程提出"理则天下只是一个理,故推至四海而准,须是质诸天地,考诸三王不易之理。"⑦这里所谓"理"是宇宙的总体的理,超越时间和空间而存在。因此,这里所说的天理是指独立于个别事物而存在的"超越的实体"。

第二,天理是自然的道理。二程指出"莫之为而为,莫之致而致,便是天理"⑧。天理无关人的意志而客观存在,是不因"人为"而变化的客观法则和规律。二程将之称为"所谓天理者,自然的道理,无毫发杜撰。"⑨又提出"天理云

① 《通书·理性命》22。
② 《二程集·外书》(卷12),第424页。
③ 《欧阳文忠全集·明用》(卷18)。
④ 《欧阳文忠全集·崇文总目叙释·小学类》(卷124)。
⑤ 《二程集·遗书》(卷189),第196页。
⑥ 《二程集·遗书》(卷2上),第30页。
⑦ 《二程集·遗书》(卷2上),第38页。
⑧ 《二程集·遗书》(卷18),第215页。
⑨ 《上蔡语录》。

者,这一个道理,更有甚穷已？……是他元无少欠,百理具备。"①意思是说,天理具备主导所有宇宙万物生成和变化的理(理致)。二程又提出"凡物皆有理"。②

第三,所有事物生成和变化的必然法则。

> 诗曰:"天生烝民,有物有则,民之秉彝,好是懿德。"……万物皆有理,顺之则易,逆之则难,各循其理,何劳于己力哉。③

在事物和人的生成中,事物有事物的法则,人有人应该遵守的准则。如果人和事物都能够遵循各自天生"理致"的话,就容易存在;反之就很难。在遵循各自的理致上有何困难可言呢?

二程认为这种法则和准则即由自然的原理而被赋予,将之说明为阴阳之道。

> 一阴一阳之谓道,道非阴阳也,所以一阴一阳道也,如一阖一辟谓之变。④

主导自然生成和变化的阴阳其自身不是道或理,阴阳互相交替一阴一阳的原因即"所以然"是"道"。换句话说,是指区分事物生成的原理和该事物在现实中生成变化的规则。

第四,天理是伦理道德的根源性规范。二程把人的道德善的根据放在天理上。程颐提出:"父子君臣,天下之定理,无所逃于天地之间。"⑤意思是说,父母和子女之间的天伦与君臣的社会道理不能违背天地间的理致。

程颐更详细地加以说明。

> 夫有物必有则,父止于慈,子止于孝,君止于仁,臣止于敬,万物庶事莫不各有其所,得其所则安,失其所则悖。圣人所以能使天下顺治,非能为物

① 《二程集·遗书》(卷2上),第31页。
② 《二程集·遗书》(卷9),第107页。
③ 《二程集·遗书》(卷11),第123页。
④ 《二程集·遗书》(卷3),第67页。
⑤ 《二程集·遗书》(卷5),第77页。

作则也,唯止之各于其所而已。①

　　程颐认为,父母慈爱,子息孝道,君主仁慈,臣下敬爱,是他们遵循各自应该遵守的准则。如果万物和人的事也都完成"各自具备的所任",那么就安定;否则,就产生悖乱。由此,二程整理了有关人之伦理道德的形而上学理论体系。

　　第五,天理是天命。二程提出:"言天之自然者,谓之天道。言天之付与万物者,谓之天命。"②"命"作为与"命令"同样的意思,是天所赋予的。这里,"自然、天道、天命"其实是称为"天理"的一种实体因其所载的差异而不同的指称,实际上是一种天理。程颢对这种天理运动的方法说明如下。

　　　　夫动静者阴阳之本,况五气交运,则益参差不齐矣。赋生之类,宜其杂糅者众,而精一者间或值焉。以其间值之难,则其数或不能长,亦宜矣。吾儿其得气之精一而数之局者欤? 天理然矣,吾何言哉!③

　　该文记录于程颢在神宗熙宁元年(1086年)所写的《程邵公墓志铭》里。这里所谓的"天理",实际上是"天命"的代名词。万物之动静是阴阳之根本,事物千差万别是因五行交替变动的缘故。事物乘诸多杂气而产生,人乘精一之气而出生。这就是事物和人各自的天生之性。人和事物像这样产生和不同的现象都只是天理而已。

　　以这种理论为基础,程颐认为"张载的哲学认为气是万物的本源"的说法是错误的,并对其进行了批判。他提出"立清虚一大为万物之源,恐未安,须兼清浊虚实乃可言神。道体物不疑,不应有方所。"④即认为万物的根源不是理,而是气。其结果,程颐认为气不能成为万物的本源。这是因为,由于气有清浊和虚实,所以有产生本源之体不能完全波及的可能。

　　从结果上看,理、性、命是指基于天理这种实体的同一概念。可以说,二程提

---

① 《二程集·伊川易传》(卷4),第968页。
② 《二程集·遗书》(卷11),第125页。
③ 《二程集·文集》(卷1),第495页。
④ 《河南程氏遗书》(卷第二 上)。

出的天理是不同于自然万物而独立存在的抽象的、超越的实体和本体。二程的这种天理概念由朱熹再发展为"理"的形而上学概念,确立了性理学的体系。

四、理一分殊与天人合一

人是道德的存在。但是需要说明判断这种道德善恶的形而上学根据和人实践善的当为性,以及人有实践道德善的可能性。

程颐通过这样整理"气"和"理"的概念,说明了宇宙的产生和运行原理,将这种逻辑原封不动地发展为用来说明人之道德性的形而上学。这就是"天人合一"和"理一分殊"的逻辑。

如果用宇宙自然之原理来说明人之道德性的话,需要说明自然的原理和人的原理是相同的。这就是天人合一的理论。换句话说,"天人合一"是"作为自然生成和运行原理的天道与作为人的存在和道德原理的人道一致"的思想。

在中国哲学史上,说明自然(天)与人的关系的理论在春秋时代的《尚书·洪范》等文献中出现过。其后,还有孔孟儒学的天人相同论、道家的无为自然论、荀子的天人相分论和董仲舒的天人感应说等。但是,把自然和人的关系通过气概念说明为形而上学的是北宋的张载。他以气论为中心确立了"天人合一论"。接着程颐以"理"为中心说明"天人合一",其中心逻辑是"理一分殊"。

性理学试图通过理和气的概念形而上学地阐明天人合一的思想。本文将以程颐的理论为中心进行简单考察。

程颐提出"天人本无二,不必言合。"[1]此话是说,因为"天与人本质上是一个",所以没有必须"合一"的必要。这是由于"合一"中包含"互相不同的两个个体的合"概念的缘故。

> 天下之理一也,道虽殊而其归则同,虑虽百而其致则一。虽物有万殊,事有万变,统之以一,则无能违也。[2]
> 天下之志万殊,理则一也。君子明理,故能通天下之志。圣人视亿兆之

---

[1]　《河南程氏遗书》(卷6)。
[2]　《二程集·伊川易传》(卷3),第858页。

心犹一心者,通于理而已。①

"理一"是天理,是宇宙万物的本质和根源。"万殊"、"万变"、"视亿兆之心"是"分殊"。但是这种"分殊"由"理一"所贯通。

如此,就像个别事物贯通于"理一"一样,因为人是最卓越的存在,所以理一的本质完全原封不动地内在于人。

> 问"观物察己,还因见物,反求诸身否?"曰:"不必如此说。物我一理,才明彼即晓此,合内外之道也。语其大,至天地;语其小,至一物之所以然。"②

程颐认为,理解事物和人时没有必要彼此分离观察。如果明确理解人和事物各自的特性,那么人就能理解事物的理致,事物就能理解人的理致,互相就能很好地理解。这就是"合内外之道"。然而,现实的具体事物属性是不同的。如何能够克服不同并认识和实践一呢?

天人合一的最大特征在于把自然的运行原理还原为人的客观道德法则。换句话说,是使存在论的原理与人的价值原理一致的逻辑。由此,把人从神的支配下解放出来,使之能够自觉到人中心的主体性。

张载以气论为中心确立了新层次的天人合一。但问题在于,用张载气论中心的"天人合一"无法完整说明存在论与价值论的一致。对此,程颐把张载的著书《西铭》评价为"理一分殊"的哲学,将之发展而再构成为自身的"理一分殊"体系。

对于程颐的理一分殊,这里将从两个方向来作一分析。

第一,世间万物有共同的理。个别事物具有遵循共同的理而趋于相同的特性。程颐对《周易·睽卦·象辞》的"天地睽而其事同也,男女睽而其志通也,万物睽而其事类也。睽之时用大矣哉。"解释如下:

---

① 《二程集·伊川易传》(卷1),第764页。
② 《河南程氏遗书》(卷18)。

推物理之同,以明睽之时用,乃圣人合睽之道也。见同之为同者,世俗
之志也。圣人则明物理之本同,所以能同天下而和合万类也。……物虽异
而理本同,故天下之大,群生之众,睽散万殊,而圣人为能同之。①

《周易》睽卦(上 离：☲,下 兑：☱. 火泽 睽)的睽作为"乖"的意思,意味着
互相对立疏远。即来源于人的两眼不是共同看事物,而是各看各的。

通常来说,人的两眼各看各的事物,但是人认识事物是统合为一的事物。即
人的两眼虽然各自分殊,但以一个共同的形状来认识。男女尽管互相不同,但是
因为有寻找另一半的心,所以互相相通,万物虽然彼此不同,但因为理本来相同,
所以可以了解共同的理。对此,程颐尽管认为张载把气当作万物的根源是错误
的,但评价张载的著书《西铭》是很好地说明作为"理一分殊"的天理贯通了本源
之"理一"和个别者之"分殊"的书。

第二,人具有实践最高价值"仁"的可能性。程颐对弟子杨时(1053~1135
年,号龟山)所说的张载"民,吾同胞,物,吾与也。"②评价为"言体而不及用,恐
其流至于兼爱"③对此,程颐说明如下。

西铭明理一而分殊,墨氏则二本而无分(老幼及人理一也,爱无差等本
二也)。分殊之蔽,私胜而失仁,无分之罪,兼爱而无义。分立而推理一,以
止私胜之流,仁之方也。无别而迷兼爱,至于无父之极,义之贼也。子比而
同之,过矣。且谓言体而不及用,彼欲使人推而行之本为用也,反谓不及,不
亦异乎?④

程颐认为西铭和墨翟不同点在于"理一分殊"与"兼爱"的差异。仁是儒学
或性理学的最高概念,也是最高的道德原理。然而程颐认为,墨子的兼爱不能成
为实践仁的正确方法,理一分殊的逻辑是实践仁的具体而有现实性的方法。这

---

① 《伊川易传》(卷3),《睽卦·象辞》。
② 《正蒙·乾称篇》第十七。
③ 《二程全书》(卷41),《粹言》42a 上。
④ 《二程全书》46:21b《答杨时论西铭书》。

是由于墨翟的兼爱不仅只是没有现实基础和实践可能性的理想,而且无法越过分殊统合为理一的缘故。张载的"理一分殊"是,作为分殊的个别人可以统合为理一的有实践可能的逻辑。因此,程颐主张张载的西铭很好地说明了从差等的秩序出发朝向"理一"的过程。

墨翟的兼爱从意义上尽管看似指向"理一",但实际上分殊的个别人几乎没有轻松摆脱分殊状态和实践"理一"的可能性。张载的理一分殊虽然承认分殊的现实,但表现了作为内在于分殊的普遍原理之"理一"能够具体实现的可能性。

程颐的理一分殊论尽管也受到张载理论的影响,但是更受到佛教华严宗的很大影响。华严认为"理"与"事"互相没有障碍:

> 菩萨如是善巧思维,无有迷惑,不违诸法,不坏业因,明见真实,善巧回向,知法自性,以方便力,成就业报,到于彼岸,智慧观察一切诸法,获神通智,诸业善根,无作而行,随心自在。①

华严认为,如果善于思维,就能消除迷惑,认识事实。如果观察一切之法获得神通智慧,就能从所有行动里找到善的根本,那么心就自由了。对于华严的这种"理事",程颐提出"一言以蔽之,不过曰万理归于一理也。"②这里"万理归于一理"可以说准确表达了华严的"明见真实"、"随心自在"。但程颐明确地批判华严的"理有障碍"。他说,"此看错了理字也。天下只有一个理,既明此理,夫复何障? 若以理为障,则是己与理为二。"③

当然,华严所说的"理"与程颐所说的"理"内容不同。华严所谓的"理"是指被心所认识的事物之理致,程颐所谓的"理"是指宇宙自然之根本原理。因此,程颐认为,作为宇宙自然的生成原理之理绝不可能存在障碍。由此,程颐认为,如果内在于人的理有障碍,那么由于人不是根据天人合一的原理而诞生,所以具有与自然之理不同的个别的理,这从根本上是不对的。

---

① 《大方广佛华华严经》(卷第二十四),《理事无碍》。
② 《二程集·遗书》(卷18),第195页。
③ 《二程集·遗书》(卷18),第196页。

然而可以肯定的是,程颐的"理一分殊论"充分受到了华严"明见真实"、"随心自在"理论的影响。

五、结语

回顾性理学史,对确立性理学的重要问题和理气论作出决定性贡献的学者可以说是二程,特别是程颐。

二程接受了张载的气论,将之发展为与他们创造的天理概念相对应的形而上学理论。二程的学问业绩正在于此。

二程创造的天理理论可以说对确立性理学发挥了决定性的作用。朱熹指出,"伊川'性即理也',自孔孟后,无人见得到此。"[①]即成为性理学语源的"性即理也"是程颐所言。朱熹认为大概孔孟之后没有人提出这样的创案。二程创造的"天理"和"理"的概念在构建性理学理论体系方面是最重要的部分。

二程通过他们确立的理与气的概念,说明了宇宙和人的存在和原理,同时完成了宇宙和人之原理同一的"天人合一"形而上学,更进一步说明了人应该实践仁之道德最高价值的当为性及其实现可能性。这就是"理一分殊"。

"理一分殊"说是说明性理学的宇宙论和人性论的中心逻辑,是说明世界的统一性与特殊性、普遍与特殊相互关系的逻辑,也是把自然法则和道德价值作为一个逻辑来说明的理论,是发现儒学最高价值"仁"的方法论。

理一分殊问题与西方哲学的存在论里说明"存在与无、一者与多者、同一与非同一"的内容和相互关系的逻辑相同。即"存在与无"可以用作为实践者的"气"和作为原理的"理"来代替,"一者与多"可以用"一原、一者与万殊、分殊"来代替,"同一与非同一"可以用"同与异"来代替。在性理学上,"理一分殊论"正是用形而上学的理气论来说明这类问题的中心逻辑。

（作者为韩国国际大学校教授）

---

① 《朱子语类》59:45。

河洛文化及其研究中的不足与差距

——与楚文化研究相比

杨海中

20 世纪 80 年代以来,随着改革开放的深入和全面发展,地域文化研究在全国蓬勃发展并取得了显著成绩。河洛文化研究与徽文化、楚文化、闽文化、晋文化以及齐鲁文化、湖湘文化、陇右文化、巴蜀文化、岭南文化等研究一样,不仅成绩斐然,而且特色突出,影响十分深远和广泛。

一、河洛文化及特点

1. 河洛文化的界定

河洛文化是产生于河洛地区的文化,它具有时空的规定性和内容的规范性。

就"河洛"而言,目前大多专家认为,"河"指黄河,"洛"指发源于陕西商洛地区的洛水,洛水东下,流经豫西数县,与伊河合流后至巩义市汇入黄河。河洛地区的核心区指以洛阳、嵩山为中心的周边地区,[①]区域范围大致西至潼关,东至开封、商丘,南至南阳,北至晋南及冀豫交界之处。

就河洛文化的内容而言,它既包含有历史学文化的内容,又包含有考古学文化的内容。

河洛文化与中原文化的关系。长期以来,人们习惯称黄河中游地区的文化

---

① 北京大学汤一介教授在《河洛文化小议》(《光明日报》2004 年 11 月 9 日)中说:黄河出现龙图,洛水出现龟书,于是,黄帝效法河图作八卦,夏禹效法洛书作九畴。河洛文化肇始于此。"河洛文化"就是指"黄河"、"洛水"一带的文化。也有人认为"河"指渭河,"洛"指源于甘肃的北洛河。如冯秀珍教授在谈到客家"根在河洛"时就说:"客家'根在河洛'是广义河洛概念,'河'是渭河、'洛'是发源于甘肃的北洛河,'河洛故里'的主体是西北大地"(见《客家研究中的若干基本问题探讨》,载《首届石壁客家论坛论文集》,福建教育出版社,2013 年 10 月,第 20 页)。

为中原文化。就河洛文化与中原文化而论,两者既有相互覆盖与交叉,又有相对的独立性。因而不少专家认为,河洛文化就是狭义上的中原文化。二者之区别在于:在时段上,河洛文化专指历史上的中原文化,其下限当在明末清初,中原文化的内容则涵盖古今;在空间上,中原文化的区域较为宽泛,其地域大大超出了河洛地区而扩大到今日河南全省及与周边数省交界的县市。

2.河洛文化之特点

河洛文化与一般的地域文化一样,具有原创性、辐射性、开放性、包融性、厚重性,但其最突出的特点则主要是内容的元典性、内涵的核心性及传承的久远连续性。

内容的元典性。一是具有根源性。河洛文化在整个中华文明体系中具有肇始与母体的地位,不论其反映的史前文明,也不论其对有文字记载以来文明的概括,都具有鲜明的时代精神,而且具有跨时代的超越性。如天与人、变与通、政与德、中庸与和合等,至今仍被人们称道或借鉴,以至成为了中华民族的文化自信与文化自觉。二是具有鲜明的原创性。河洛文化中的诸多文化元素,不论政治的、经济的、哲学的、军事的、道德的、法律的、逻辑的,也不论各种官方的或民间的制度建构、传统习俗等,均在整个中华文明体系中发挥了筚路蓝缕的开创作用。加之河洛地处"天下之中",长期为中国政治、经济、文化之中心,因而其辐射力极大,辐射范围极广,影响能力极强,从而使很多地域文化都刻烙下了河洛文化的印记,具有河洛文化的某些特征,也使有些文化成为其亚文化。

内涵的核心性。一是具有基础性。在中华文化形成的过程中,河洛文化长期处于主体与主干的地位,虽经民族融合,百代发展,其基本理念一直是贯通的。比如农本理念、天人理念、民本理念、厚德理念、宗法理念等,虽历代面貌有异,外延不断拓展,但其万变不离其宗,其内涵仍是三代时所形成的初始理念。又如儒学与道教,虽然派别不一,但都是以尊奉孔孟与老子之学为本的。二是终极性。在中华文化中,不论哲学本体,也不论人的宇宙观,都涉及到人、自然、社会三者之关系,它要解决或解释的是人在发展中如何处理人与人、人与自然、人与社会的内外矛盾等一系列带有根本性的问题。上述观念在河洛地区形成后,不仅毫无时限地指导、引领着中华民族政治、经济、哲学、教育、文化、军事等问题解决与发展,而且就其内涵而言,其天人观、义利观、德法观、和合观、家国观、荣辱观、尊卑观、大同观、发展观等,虽历经时代变迁,沧海桑田,或升或沉,但至今还保持着它的完整性,体现着终极的关怀。其中,有的成为了民族的意识形态,被全社会所认同;有的成为了评判是非善恶的准则,被视为行为的规范;有的成为了人们的追求与愿景,梦梦相因,薪火相传。

传承久远的连续性。一是指源头久远。河洛地区不仅有远古三皇五帝的传说,还有与之有关的历史遗迹。更为重要的是在这里发现了贾湖文化、裴李岗文化、仰韶文化、二里头文化、二里岗文化等。夏都阳城,殷都于毫,中国最早两个王朝之都在河洛地区得到了确认。大量地下文物的发现,印证了许多历史文献记载的真实性。尤其是甲骨文的发现,破解了疑古之谜,使得一些秦汉文献中关于远古的传说成为了信史! 中国八、九千年前,六、七千年前,四、五千前的历史在这里得到了凿凿说明。二是传承的连续性。中华文明的起源是多元的。甘肃马家窑文化、长江下游太湖流域的良渚文化、辽河流域的红山文化、四川广汉三星堆文化等,不仅久远,而且无比灿烂。但由于它们发展的中断,致使人们对这些绚丽的文化是从哪里来的,又到哪里去了等问题,至今尚是一个谜团。相比之下,河洛文化不是这样,从远古至于商周,相衔如环,其传承的连续性,不仅全国所有的地域文化、乃至世界古代三大文明地区的文化,都是无与伦比的!

历史表明,河洛文化孕育了华夏文明,河洛文化是中华民族文化的核心文化,是中国传统文化的主体。河洛文化以其强大的生命力、辐射力、同化力以及它的根源性、厚重性、融合性,充分反映了中华民族文化的古老与厚重、宏博与精深。不言而喻,河洛文化代表了中华文化。

二、河洛文化研究取得了显著的成绩

近10年来,河洛文化研究工作取得了重大进展,不仅取得了引人瞩目的丰硕成果,而且在有些领域有所突破,因而影响越来越深远。

在20世纪八、九十年代洛阳举办三次河洛文化研讨会的基础上,2004年秋由河南省政协港澳台侨委员会等主办的第四届河洛文化国际学术研讨会及2006年春中国河洛文化研究会的成立,标志着河洛文化研究进入了一个新阶段,尤其全国政协领导同志的倾心关注,大大提升了河洛文化研究的规格和层次。

2010 年秋第九届河洛文化学术研讨会在改革开放的前沿城市广州召开，2012 年秋第十一届河洛文化学术研讨会在江西省赣州市召开，是河洛文化研究走出河南、走向全国的重要标志；河洛文化与岭南文化、赣鄱文化深刻的渊源关系，从一个侧面说明中华民族文化的形成既有中心辐射，又有地方动力。2011 年 4 月，第十届河洛文化学术研讨会跨过海峡在台北召开，影响更为深广，它生动地再次向世人昭示：河洛文化不仅是中华民族文化的核心文化，而且是连结海峡两岸的重要纽带；深入研究河洛文化不仅对探讨中华文明的起源、传承与影响有着重要意义，而且对全世界华人、华侨对中华民族的认同、文化的认同、祖国的认同等具有重大的现实意义，同时也表明海峡两岸民众对携手推动中华民族的复兴有着共同的心愿与企望，因而从某种意义上说，这是一次具有里程碑意义的学术聚会。

综上所述，河洛文化研究所取得的成绩可以简要概括为如下几个方面：

1. 中国河洛文化研究会成立，使各方面、尤其豫闽赣粤台五地的研究力量得到了一定的整合和提升；

2. 河洛文化作为中华民族文化的核心文化和源头文化之研究得到了新的推动与深化；

3. 河洛文化在地域文化中的特殊性尤其与客家文化的渊源关系研究更加深入和广泛；

4. 以高等院校和地方社会科学研究院所为骨干部的研究力量得到一定的整合，大量研究成果的推出，为河洛文化学理的可持续研究奠定了深厚的文化积淀；①

5. 河洛文化研究的普及工作取得了一定的成绩。

三、河洛文化研究存在的不足与差距

毋庸置疑，我们在肯定河洛文化研究取得成绩的同时，也应清醒地看到存在

---

① 河南已出版有关河洛文化研究的专著及论文集数十部，2006 年以来，又先后承担了全国社科基金项目 4 个，分别是《河洛文化研究》(2006 年，河南省社会科学院)、《河洛文化与民族复兴》(2006 年，洛阳理工学院)、《河洛文化与闽台关系研究》(2009 年，中国河洛文化研究会、河南省社会科学院)和《河洛文化与华夏历史文明的传承及创新》(2012 年，中国河洛文化研究会、河南省社会科学院)。

的不足。为了有利于此问题的说明,特与湖北楚文化研究作一简要对比。

1.河洛文化内容、内涵等的研究尚缺乏较为全面、深入、准确的学理概括。

30 年来,河洛文化研究的内容十分宽泛,诸如河洛文化的基本内涵、地理区位、文化形态、发展历史、突出特点、辐射与影响等均有涉及,河洛地区新的考古发现震惊世界,成绩多多。但从整体上说,尚没有对上述成果加以综合梳理,从纵与横的结合上加以概括和进行学理分析,从而形成明晰的河洛文化全貌。

目前,虽然给"河洛文化"下一个严格且准确的定义还比较困难,但我曾多次试图对其加以描述:河洛文化是产生在河洛地区的历史文化,其导源于远古,生成于夏商,成熟于周代,发达于汉魏唐宋各代,它既包括以农耕为中心的物质文明,也包括由此产生的政治、经济、习俗、心理等在内的政治文明和精神文明。河洛文化最具个性的特点是内容的元典性、内涵的核心性以及传承久远的连续性。

现在看来,这些研究性的描述还是很初步很肤浅的。而湖北楚文化的研究在这方面为我们做出了榜样。

著名楚文化专家、湖北社科院张正明先生将楚文化放到世界文化的座标上加以考察,认为在公元前 6 世纪下半叶到公元前 3 世纪上半叶,即通常学界所称的轴心时代,世界早期文明的中心"在西方是希腊文化;在东方,是楚文化"[1]。寥寥数语,楚文化的先进性及其历史地位由此可知。

在大量楚文化研究的基础上,张先生于 1987 年出版了《楚文化史》(上海人民出版社)。该书被冯天瑜先生誉为"新时期楚史及楚文化研究的奠基之作"[2],全面系统地对楚文化的源流、特质、内涵、外延以及地位和影响等重要问题作了精辟论证。张先生关于楚文化发展的"五个时期"、"六大支柱"之说,已成为楚学界的共识[3]。之后张先生又出版了《楚文化志》和《楚史》。在《楚史》中,他把楚文化放在中华民族历史长河中进行考察,并概括了其兼容性、独创性、中介性、集成性等文化特征。《楚文化志》首次以志的形式,横向地对楚文化进行了全面系统地总结,从而使楚文化研究的大体框架初步完成。

---

① 张正明《古希腊文化与楚文化比较研究论纲》,《江汉论坛》1990 年第 4 期,第 71 页。
② 冯天瑜《正明先生楚文化研究二三事》,《江汉论坛》2007 年第 12 期,第 123 页。
③ 刘玉堂《张正明先生的学术人生》,《江汉论坛》2007 年第 12 期,第 119 页。

张正明先生主编的《楚学文库》18 卷(1996 年湖北教育出版社出版出版),全面、深入、系统地展示了波澜壮阔、风采绝艳的楚国历史画卷,是对楚史、楚文化研究成果的全面总结。该书还首次提出了"楚学"这一概念,意味着对楚文化的研究已开始把历史学、考古学和人类学结合起来,因而在社会学界引起极大反响,著名学者季羡林、张岱年、任继愈、庞朴、刘梦溪、俞伟超、邹衡、瞿林东等人先后都对该文库编辑出版的重要意义和学术价值给予了高度评价。

在研究楚文化的基础上,张先生还以其宽广的学术视野,多学科交叉的综合性研究方法对长江文化进行了概括。张先生认为,中国古代文化"应该说是二元耦合的。所谓二元,就是长江文化与黄河文化,或者叫做南方文化与北方文化。……新石器时代南北文化二元耦合的格局,大致可以说是:南稻北粟,南釜北鬲,南丝北皮,南'巢'北'穴',南舟北车;……春秋战国时代的南北二元耦合的格局是南炎北黄、南凤北龙、南道北儒、南《骚》北《诗》;……华夏文化二元耦合的格局,不独先秦为然,它因时而异,如经学分南学与北学,禅宗分南宗和北宗,戏曲分南曲和北曲等等"①。这些言简意赅的结论性的判断,使人们在认识楚文化时感到耳目一新。

相比之下,河南虽然也出版了多部河洛文化研究的丛书,但总的来说,对河洛文化内涵及特点的概括不仅仍缺乏力度,而且还不够全面和系统,论述尚不够精到,影响所及,远无法与楚文化研究相比。

2. 研究队伍尚缺乏高水平的权威领军学术带头人

湖北楚文化研究的崛起和成绩的取得,与领军式的权威学术带头人张正明先生是分不开的。

张正明先生毕业于清华大学社会学系,是有名的社会学、民族史研究专家,1979 年就在中华书局出版了《契丹史略》,曾任湖北省社会科学院副院长,因学术造诣高而被推举为中国民族史学会副会长。

在张先生指导下,湖北省社会科学院、华中师范大学先后建立了楚文化研究所和楚学研究所,张先生不仅主持、指导两个研究所的全面工作,并招收培养了多届楚文化专业的研究生。在张先生的示范和有力的带动下,湖北省楚文化研

---

① 张正明《"长江文化研究"发刊辞》,《东南文化》1991 年第 5 期,第 36~37 页

究很快进入了快车道。从 1981 年至 2007 年，经过 26 年的不懈努力，不仅出版了数十部涵盖楚文化各个方面的专著，尤其是他指导培养的一批研究生，许多人都成了高校、科研院所、文博系统的学术骨干。今天，在谈到楚文研究之丰功及硕果时，湖北学界无不深切地怀念这位领军式的学术大师，对他的深厚学养、远大目光及组织才能感佩至深。"先生是楚文化研究的旗手和开拓者。"在张先生遗体告别仪式上，华中师范大学楚学研究所所长蔡靖泉教授如是说。

纵观河南的河洛文化研究，虽然一些专家的水平较高，造诣深厚，如许顺湛先生、朱绍侯先生、李民先生等，但由于他们各有自己的工作与专业，他们尚无法把精力全部用于河洛文化的研究，河洛文化研究还处于"业余工作"地位，因而除了少量文章之外，无一人有河洛文化的专著问世；一些后起之秀虽有心致力于河洛文化的研究，也崭露头角，有一定的潜能，但学术成就、知名度与影响力是无法与正明先生相比的。

3. 研究基地建设尚缺乏人才群体的支撑

湖北省楚文化研究之所以成绩斐然，与其重视建立稳固的研究基地也是分不开的。

张正明先生到湖北省社会科学院后，在他的建议下，1984 年 6 月正式成立楚文化研究所（原称楚国历史文化研究所，1997 年 3 月更名），这是最早以楚文化研究为对象的学术研究实体。该所组建不久，教育部就同意其招收培养硕士研究生，至今已毕业十数届数十人。该所原所长刘玉堂教授不仅是著名的楚文化专家，而且走上了院领导岗位，担任了湖北社会科学院副院长。现任所长为夏日新研究员，副所长邵学海研究员也都是著作多多的知名专家。此外，湖北省学术团体——楚国历史文化学会也挂靠在楚文化研究所。

华中师范大学历史文化学院在其多年研究的基础上成立了楚学研究所，2002 年张正明先生从湖北省社会科学院退休后应聘主持该所工作。多年来，该所立足故楚国腹地湖北，充分发挥自身学科优势，致力于楚学及楚文化研究，取得了数十项优秀成果。该所所长蔡靖泉教授原任湖北省社会科学院楚文化研究所研究员、副所长；顾久幸教授原任湖北省社会科学院楚文化研究所研究员；他们都已从事楚学研究 20 多年之久，是湖北省开创、建设楚学学科并使之处于全国领先地位的主要学者。

　　为加强楚文化的研究,位于荆州的长江大学也,于2003年年初组建了楚文化研究中心。

　　作为楚文化研究基地,上述单位均有人员编制、事业与科研经费、办公场所及中长期发展规划。

　　目前,河南省以研究河洛文化为中心任务的机构、社会团体有河南省河洛文化研究中心(设在河南省社会科学院历史与考古研究所)、洛阳师范学院河洛文化国际研究中心、河南科技大学河洛文化研究中心、洛阳理工大学东方文化研究院和洛阳市河洛文化研究会等。但就笔者所知,这些单位大多没有编制,大多是"一个单位、两块牌子",人员以兼职为主,大多没有固定办公场所,更无专项办经费。在这种情况和环境下生存的研究基地,其作为大受限制,其作用也难以发挥。在研究力量整合上,"利用社会资源"聘请兼职人员完成一定的课题的做法应予肯定,但就本单位培养专业人才而言,很难实现初衷。现实存在的问题是:相当多的"中心"成立多年,除了名义上"中心主任"对外挂帅之外,有的连一兵一卒也没有,不能不说这是一种目光不够长远的短期行为。

四、一点想法

　　河洛文化内容丰富、源远流长,在中华文明发展和中华民族建构中一直处于核心地位,深入研究河洛文化不仅是中华文明探源的需要,也是民族振兴、文化强国的需要。

　　为加强河洛文化的研究和促进研究向纵深发展,河南有关方面应认真总结十年来的成绩与不足,虚心向湖北、山东、福建等地学习,除了克服我们工作中的不足,切实加强队伍建设和基地建设之外,更要从宏观与微观的不同层面加强全面研究。省社科规划部门应在广泛征求专家意见的基础上制定出河洛文化研究的近期和中长期发展规划,并在财力、出版等方面予以支持。已经成立有河洛文化、中原文化或其他地域研究的大专院校和科研院所,应充分利用中原丰富的考古成果和文献记载,结合田野调查,从大中华文化的视阈出发,对河洛文化的内涵与形态从人类学、文化学、传播学等角度切入进行全面深入的学理探讨,用科学的方法,通过与不同地域乃至异国文化的对比,梳理其内容、概括其个性、分析其特点,以形成有分量的阶段成果。只要各方面的力量能够得到有效的整合,再经过十年二十年的努力,河洛文化的研究一定会有新的重大的成果,届时,河洛文化也可能会成为一门显学。

（作者为河南省社会科学院副研究员）